本书获暨南大学
“211工程”三期重点建设项目“华侨华人与中外关系”项目资助

教育部人文社会科学重点研究基地
暨南大学华侨华人研究院

侨情综览 2011

QIAO QING ZONG LAN 2011

暨南大学图书馆彭磷基华侨华人文献信息中心 编

主　编：朱丽娜
副主编：徐　云
编委：易淑琼　景海燕　王　华

暨南大学出版社
JINAN UNIVERSITY PRESS
中国·广州

图书在版编目（CIP）数据

侨情综览．2011 /暨南大学图书馆彭磷基华侨华人文献信息中心编．—广州：暨南大学出版社，2012．9
ISBN 978 7－5668－0244－6

Ⅰ．①侨…　Ⅱ．①暨…　Ⅲ．①侨民工作—概况—中国—2011　Ⅳ．①D634

中国版本图书馆 CIP 数据核字（2012）第 136196 号

出版发行：暨南大学出版社

地　址：中国广州暨南大学
电　话：总编室（8620）85221601
营销部（8620）85225284　85228291　85228292（邮购）
传　真：（8620）85221583（办公室）　85223774（营销部）
邮　编：510630
网　址：http：//www.jnupress.com　http：//press.jnu.edu.cn

排　版：弓设计
印　刷：佛山市浩文彩色印刷有限公司

开　本：787mm×1092mm　1/16
印　张：40.5
字　数：1017 千
版　次：2012 年 9 月第 1 版
印　次：2012 年 9 月第 1 次
印　数：1—2000 册

定　价：80.00 元

编辑说明

《侨情综览》是由暨南大学图书馆彭磷基华侨华人文献信息中心编辑的资料性综合年刊。《侨情综览 2011》秉承前两期编辑的原则和思路，对 2011 年度有关反映侨民、侨社、侨团、侨务、侨教、侨学等方面的主要信息进行删繁就简、去粗取精的甄选、分类、整合、编排，力争系统、翔实地介绍海内外侨情的发展概况、重大事件、理论动态、法律法规、政策导向、热点问题、工作实绩、学术成果以及有关统计数据和事实资料，为广大侨务工作者、华侨华人研究人员及关注侨情动态的海内外社会各界人士提供研究与工作所需的资料信息服务。

《侨情综览 2011》在大“侨”字的概念下，共设置 13 个栏目，分别为重要讲话和报告、涉侨政策法规、大事记、海外要闻、侨务信息、热点时评、华教视点、专题报道、特别关注、人物聚焦、海外华人新社团、学术动态和统计资料。本年刊增加了侨务信息的比重，并分为综合信息和地方信息两部分。《侨情综览 2011》采用分类编辑法，主体层次分栏目和条目，以条目为基本构成。

《侨情综览 2011》中的内容以原文为主，文摘和索引为辅。“重要讲话和报告”栏目里的文章，是公开发表和发布的有关领导的重要讲话、综合性报告和重要工作报告选登。“涉侨政策法规”栏目收录了国家和各省市有关部门颁布的主要涉侨法规和政策。“大事记”栏目收录了境内外华文媒体对海外华侨华人和华人社会大事记的报道。“海外要闻”、“侨务信息”、“热点时评”、“华教视点”、“专题报道”、“特别关注”等栏目里的文章均为境内外华文媒体公开报道的新闻、评论和调查报告，绝大部分采用或追溯了原文的题目和出处。为准确反映内容原意，题目中有少量地方性强的模糊表述，如境外文章中的“我国”，境内文章中的“本地”、“我省”等则更改为该国或该地的正式名称。“人物聚焦”栏目里的文章是有影响力的新闻热点人物的综合简介。“海外华人新社团”栏目对新成立的主要华人社团信息进行了收集，在原有报道的基础上进行了编辑和删减，保留原文中的主要事实资料。“学术动态”栏目里的文章为论文、会议综述和书评的选登。“统计资料”栏目里的内容为书目和索引等二次文献，由于侨情资料的分散性和检索工具的局限性，书目和索引的收集整理不是很全面，还请读者见谅。

《侨情综览》自编辑出版后，得到了侨学界有关领导和热心人士的热情支持与鼓励，同时也提出了很多宝贵的意见和建议，对此我们表示衷心的感谢，并在《侨情综览 2011》编辑过程中有所改进。暨南大学“211 工程”办公室、“211 工程”三期重点建设项目

"华侨华人与中外关系"项目组、暨南大学出版社等有关单位对本书的出版给予了大力的支持和帮助，在此一并表示感谢！

由于时间仓促和编者能力所限，本书可能存在疏漏或错误之处，恳请广大读者批评指正，以便今后修订。

编　者

2012年4月

序

由暨南大学图书馆彭磷基华侨华人文献信息中心编辑的《侨情综览 2011》面世了。三年以来，该中心以年度综览的编辑方式，对海外侨情、侨务信息和学术动态进行甄选、分类、整合、编排，旨在为涉侨政府部门、热心侨界事务人士、涉侨学术研究机构和人员提供参考工具书。

据最近的统计结果显示，全球海外华侨华人有 5 000 万左右，加上 3 000 万的归侨侨眷，这是一个庞大的特殊群体。加强对华侨华人的研究，不但是人文社科领域的重要内容，也是侨务工作深入开展的需要。不论是学术研究的需要还是侨务工作实践的需要，信息资料的提供和整理是必不可少的。因此，年度《侨情综览》的编辑出版意义非同寻常。

暨南大学是华侨高等学府，也是教育部人文社会科学重点研究（华侨华人研究）基地。多年来，暨南大学对华侨华人研究工作十分重视，在学科建设、人才培养等方面不遗余力，硕果累累。2011 年，暨南大学专门成立了华侨华人研究领导小组，在原有科研和科研队伍的基础上，进行了全面的研究力量的资源整合。同年 9 月，“国际关系学院/华侨华人研究院”正式揭牌。同时启动暨南大学“华侨华人研究”优势学科创新平台项目，旨在加大协同创新力度，多出创新型的研究成果，为不断提高国家及广东的华侨华人研究水平贡献力量。学校图书馆华侨华人文献信息中心具有多年来在侨情资料收集整理开发上的优势，其海内外侨情和学术资源整合的信息产品“华侨华人专题数据库”和“侨情简报”在侨学界有较好的声誉。《侨情综览》的编辑出版，更为侨校的特色增添了亮点。我希望编者再接再厉，以“权威”、“新颖”、“精练”为原则对原始资料删繁就简、去粗取精，将最能反映本年度侨情发展和变化的信息呈现在读者面前，打造侨情资料信息汇编类系列精品。

前两期《侨情综览》的编辑出版，得到了有关领导、专家学者和侨务工作者的热情关注，他们纷纷对《侨情综览》的编辑工作提出了很多建设性的意见和建议，这是对此项工作最好的鼓励和支持。我们相信，在各级领导的支持和侨学界专家学者、热心人士的关心与鼓励下，《侨情综览》一定会百尺竿头，更进一步。

胡军

2012 年 4 月 28 日

目　录

重要讲话和报告

涉侨政策法规

大事记

海外要闻

侨务信息

地方信息 …………………………………………………………………………… (234)

热点时评

华教视点

专题报道

特别关注

人物聚焦

海外华人新社团

重要讲话和报告

李海峰主任2011年新春贺词

亲爱的侨胞们、朋友们：

值此新春佳节即将来临之际，我谨代表中华人民共和国国务院侨务办公室，向生活在世界各地的海外侨胞和广大归侨侨眷致以节日的问候和美好的祝愿！

过去的五年，是中国发展历程中极不平凡的五年。中国共产党团结带领全国人民，励精图治，开拓进取，有效应对国际金融危机的巨大冲击，全力战胜汶川特大地震等重大自然灾害，圆满完成"十一五"规划确定的主要目标和任务，国家面貌发生了新的历史性变化。我国经济总量跃居世界第二位，主要农产品和多种工业品产量居世界第一位，成为全球具有重要影响的最大新兴经济体。国内居民人均GDP超过4 000美元，迈入中等收入国家行列。特别是神舟七号载人航天飞行、嫦娥二号探月卫星成功发射，北京奥运会、上海世博会、广州亚运会成功举办，我国发展版图由东向西、由南向北，全面拓展，百年前孙中山先生的铁路梦、三峡工程梦、世博梦、西部开发梦，都梦已成真。中华民族为之骄傲、自豪。更为鼓舞、振奋的是，中国共产党十七届五中全会以科学发展为主题，以加快转变经济发展方式为主线，描绘了中国未来五年经济社会发展的宏伟蓝图。从改革开放之初提出的"三步走"战略，到新世纪提出的全面建设小康社会奋斗目标，中华民族的现代化夙愿已经逐步变为现实！

侨胞们、朋友们，

中国的发展进步无不凝聚着广大海外侨胞和归侨侨眷的心血和努力。中国经济社会发展的每一个坚实的脚步已经并将继续证明，你们不愧为中国大发展的独特机遇，不愧为中国改革开放事业的"开拓者、参与者和贡献者"！在此，我代表国务院侨务办公室向你们表示衷心的感谢和崇高的敬意！今天，国家正站在新的历史起点上，中国巨大的市场容量、不断完善的基础设施、日臻完备的产业配套能力、公平竞争的市场环境吸引着全球的目光。我们希望广大海外侨胞继续关注、支持和参与中国改革开放和现代化进程，共享中国繁荣进步带来的机遇和成果。

中国政府历来高度重视侨务工作，切实关心海外侨胞的生存和发展。各级侨办深入贯彻落实科学发展观，积极推进各项侨务事业：我们着力实施“归侨侨眷关爱工程”，侨界民生问题取得新进展；我们着力实施“海外人才为国服务计划”、“侨爱工程——万侨助万村活动”，使海外侨胞与中国在经济科技等领域的合作交流迈上新台阶；我们积极整合海外华文教育资源，大力开展“文化中国·四海同春”等系列活动，中华优秀文化在海外的传承取得新成效。这些都赢得了海外侨胞和归侨侨眷的广泛赞誉。在新的一年里，我们将一如既往地全面贯彻中央关于侨务工作的方针、政策，切实关心海外侨胞在住在国的长期生存和发展，竭诚做好各项为侨服务工作，实现好、维护好、发展好海外侨胞和归侨侨眷的根本利益。

侨胞们、朋友们，

团结统一的中华民族是海内外中华儿女共同的根，博大精深的中华文化是海内外中华儿女共同的魂，实现中华民族的伟大复兴是海内外中华儿女共同的梦。我们衷心希望，广大海外侨胞，在民族振兴的伟大旗帜下紧密团结起来，为维护和促进国家统一、为实现中华民族的伟大复兴作出新的更大贡献！

最后，谨祝海外侨胞和归侨侨眷合家欢乐、身体健康、事业蒸蒸日上、兔年如意吉祥！

李海峰

（《侨务工作研究》2011 年第 1 期）

弘扬辛亥革命精神　团结联系广大华侨为实现中华民族伟大复兴不懈奋斗

——纪念辛亥革命100周年

林　军

1840年鸦片战争以后，中国逐步沦为半殖民地半封建社会。为改变中华民族的命运，中国人民和无数仁人志士进行了千辛万苦的探索和不屈不挠的斗争。在伟大的爱国主义者、中国民主革命的先行者孙中山先生的组织领导下，1911年，武昌起义爆发，辛亥革命风暴席卷全国。胡锦涛同志在庆祝中国共产党成立90周年大会上的讲话中指出：孙中山先生领导的辛亥革命，结束了统治中国几千年的君主专制制度，对推动中国社会进步具有重大意义。回顾辛亥革命的历史，华侨在推翻封建专制制度中发挥了极其重要的作用，作出了不可磨灭的贡献。

参与创建革命团体，展现了华侨投身革命的伟大追求。19世纪末，海外华侨中的代表人物孙中山先生目睹清王朝统治下的中国受尽列强凌辱瓜分，深感痛心，首先在檀香山向华侨宣传革命思想，并在那里倡建以华侨为主体的中国第一个资产阶级革命团体兴中会。兴中会第一次向中国人民发出了推翻帝制建立共和的号召。1905年，兴中会与华兴会、光复会等革命团体联合组成中国第一个资产阶级革命政党同盟会。同盟会推举孙中山为总理，把“建立民国，平均地权”写入章程，首次提出三民主义（民族、民权、民生）这一比较完整的资产阶级民主革命纲领。孙中山在其40余年的革命生涯中，约有一半时间奔走于海外华侨社团、留学生和侨领之间，在海外华侨中做教育启蒙、宣传鼓动、组织策划的革命工作。孙中山先生忧国忧民的情怀深为海外华侨所感动，他所推崇的政治主张深为海外华侨所赞同，从而赢得了海外华侨广泛的拥护和支持。同盟会因此在海内外迅速发展，除在国内设有5个支部外，在海外还设有南洋、欧洲、美洲、檀香山4个支部。尤其是东南亚新马地区，成为革命党人的主要活动阵地。革命者广泛开展活动，组织同盟会分会或通讯处，形成了“凡有华侨所到之地，几莫不有同盟会会员之足迹”的局面。在武昌起义爆发前后，新马各埠的同盟会员已达3万多人，成为南洋支援中国革命的重要力量，海外其他各地同盟会也成为革命党人在海外进行革命宣传、筹集经费、策划武装起义的革命基地。

积极宣传革命思想，展现了华侨弘扬革命的炽热情怀。在孙中山先生反帝反封建思想的影响下，海外华侨积极从事革命宣传，创办革命报刊，为辛亥革命的成功作了重要的思想和舆论准备。同盟会成立后，孙中山先生在海外创办了中国同盟会的机关报《民报》，大造革命舆论。其后在东南亚、美国等地，革命报刊如雨后春笋般蓬勃发展。在孙中山先生的直接领导下，革命党人大力进行民主共和思想宣传，越来越多的华侨追随孙中山先生从事革命，扩大了革命队伍，使革命党人的主张日益深入人心。同时，革命派同保皇派进行了针锋相对的斗争，“救国必须革命”的思想日益被民众所接受，确立了革命党人在华侨社团的领导地位。

大力捐助革命运动，展现了华侨支持革命的大义风范。辛亥革命中，华侨社团组织动员和积极参与捐款助饷，可谓“解囊相助，不遗余力”，为革命事业提供了数额巨大、源源不断的经费资助。无论是兴中会、同盟会等革命团体的组建、日常活动的开支及同盟会在国内外组建分会的活动经费，还是革命党人创办报刊宣传革命主张；无论是孙中山、黄兴等人奔走世界各地宣传革命、领导革命的旅费、生活费，还是历次起义的巨额军饷，大都由海外华侨鼎力资助。因此，孙中山先生由衷慨叹：“慷慨助饷，多为华侨。”海外华侨捐资输财，为辛亥革命的成功提供了重要的物质基础。

奋勇参加革命起义，展现了华侨献身革命的牺牲精神。许多海外华侨追随孙中山先生奔走革命，义无反顾，不惜抛头颅、洒热血，碧血丹心，捐躯为国。他们为民族复兴、国家富强所展现出的大无畏精神和勇于牺牲的献身精神世代传扬。从1895年至1911年，兴中会、华兴会、中国同盟会等各种革命团体，联合会党力量，共同发动了十多次反清武装起义。其中从1907年5月至1908年4月，在孙中山先生的组织下，同盟会在华南沿海和沿边地区连续发动了潮州黄岗起义、惠州七女湖起义、防城起义、镇南关起义、钦廉起义、河口起义，华侨均成为这些起义中的重要骨干，不少华侨还是起义的领导者。尤其是在1911年4月27日黄兴等人领导的广州起义中，著名的“黄花岗七十二烈士”（实考86人），华侨就占了31人。这些起义给清政府以沉重打击，加速了清王朝的垮台。

辛亥革命的成功，推翻了清王朝，结束了2 000多年的封建统治，使民主共和的思想深入人心，有力地唤起了民众的觉悟，推动了中国的思想解放，为进步潮流的传播打开了大门。百年岁月，沧桑巨变。今天，在纪念辛亥革命100周年的时刻，我们深切怀念那些为了中华民族独立和解放而顽强奋斗、英勇牺牲的华侨先驱、革命先烈。孙中山先生赞誉“华侨为革命之母”，是对华侨在辛亥革命过程中地位作用的高度概括和肯定。抚今追昔，我们可以告慰他们的是，中国共产党继承了辛亥革命的伟大遗产，在中国共产党的领导下，中国已经发生了翻天覆地的变化，中华民族伟大复兴的光辉前景已经展现在我们面前。

回顾历史，以史为鉴，我们要更加坚定地走中国特色社会主义道路。辛亥革命后，中国半殖民地半封建的社会性质和中国人民的悲惨命运并未能改变，资产阶级政党和其他政治派别都不能完成中华民族救亡图存的民族使命和反帝反封建的历史任务。只有中国共产党，才能团结带领中国人民，完成新民主主义革命，实现民族独立、人民解放；完成社会主义革命，确立社会主义基本制度；进行改革开放新的伟大革命，开创、坚持、发展中国特色社会主义。中国共产党紧紧依靠人民完成和推进的这三件大事，从根本上改变了中国人民和中华民族的前途命运，不可逆转地结束了近代以来中国内忧外患、积贫积弱的悲惨命运，不可逆转地开启了中华民族不断发展壮大、走向伟大复兴的历史进军。90年来，中国共产党人团结带领全国各族人民前赴后继、顽强奋斗，不断夺取革命、建设、改革的重大胜利。历史雄辩地证明，没有共产党就没有新中国，只有社会主义才能救中国，只有改革开放才能发展中国，中国特色社会主义道路是实现中华民族伟大复兴的必由之路。今天，我们纪念辛亥革命100周年，就要牢牢把握“振兴中华、民族复兴”的主题，自觉维护改革、发展、稳定大局，不为任何困难所惧，不被任何干扰所动，坚定信念、开拓进取，在中国共产党的领导下，使中国特色社会主义道路越走越宽广，越走越坚实。

回顾历史，以史为鉴，我们要更加积极地推进祖国和平统一大业。实现国家统一、民族复兴，是辛亥革命精神的应有之义，也是海峡两岸同胞共同传承、共同追求的目标。纪念辛亥革命，就是要继承辛亥革命先辈的革命精神，为民族独立、祖国统一奋斗不止。孙中山先生曾说：“统一是全体国民的希望。能够统一，全国人民便享福；不能统一，便要受害。”一切真正有志于继承、发扬孙中山革命理想的人士，都应将此铭记在心并为之不懈奋斗。今天，我们纪念辛亥革命100周年，追忆革命先辈的爱国壮举，更加真切地意识到，实现祖国完全统一，是中华民族的根本利益所在，也是全体中华儿女矢志不移的共同愿望和责无旁贷的神圣职责。香港、澳门已经回归祖国，台湾和祖国大陆实现和平统一日渐成为历史发展趋势。我们相信，两岸侨界同胞一定能够发扬辛亥革命的伟大精神，识大体、顺潮流，在振兴中华的历史进程中，再次“复踵相接”，成为推动祖国统一的重要力量。牢牢把握两岸关系和平发展主题，坚持求同存异、聚同化异，在一个中国共识的基础上加强交流合作，扩大两岸各界往来，努力使两岸同胞感情更融洽、合作更深化，为早日完成祖国和平统一大业作出历史新贡献。

回顾历史，以史为鉴，我们要更加努力地推动海外侨社的团结与和谐。辛亥革命对海外华侨社会的发展影响深远。100年来，海外侨胞切身体验了祖国兴衰给他们带来的荣辱，深刻理解个人命运与祖国命运生死相依的关系，因此他们始终心系祖国，愿与全国人民一起，为民族独立、国家富强做出不懈努力。在推翻封建专制统治的过程中，海外华侨在革命的旗帜下形成了广泛的团结，以各种形式联合起来参与和支持辛亥革命，这是海外华侨在革命中能够成为一支重要的骨干力量的原因之一。100年来，海外侨胞对团结的重要性有着深刻的理解，每当国家有难、民族危亡时，他们都能在祖国的向心力和爱国主义的感召下，慷慨解囊、倾力相助，赴汤蹈火、在所不辞，从而在人民解放、民族独立、国家富强的史册中留下了自己光辉的一章。今天，我们纪念辛亥革命100周年，就是要在爱国主义的旗帜下，把促进海内外同胞关系和谐作为重要任务，大力开展团结联谊工作，不断密切同广大海外侨胞的联系，积极增进海内外同胞的大团结；要在海外侨社中积极倡导和谐理念，推动建设和睦相融、合作共赢、团结友爱、充满活力的和谐侨社，进一步形成海内外中华儿女共同致力于弘扬中华民族优良传统、实现中华民族伟大复兴的局面。

回顾历史，以史为鉴，我们要更加关心海外侨胞的生存与发展。中国人移民海外的历史悠久、人数众多。海外侨胞发扬中华民族勤劳善良、自强不息的传统，经过艰苦奋斗、创基立业，在住在国站稳了脚跟。他们从自身的发展以及对新旧中国的比较中，认清了不论是没落的清王朝，还是腐败的国民党政府，都不可能像中国共产党那样，领导和带领人民实现中国的民族独立、人民解放、国家富强、民族振兴，因而发自内心地热爱中国共产党，拥护社会主义中国。今天，我们纪念辛亥革命100周年，就是要更加关心海外侨胞的生存与发展，切实把维护侨胞的正当权益、保护归侨和侨眷的合法权益作为侨务工作的出发点和落脚点。要鼓励和支持广大海外侨胞主动融入当地社会，自觉遵守住在国的法律，尊重当地的社会风俗和民族习惯，积极履行社会责任，热心参与公益事业，与当地人民友好交往、和睦相处，用自己的辛勤劳动和诚信经营赢得当地人民的信任和尊重，为当地的经济发展和社会进步贡献智慧和力量；要引导广大海外侨胞自觉当好中国走向世界、世界了解中国的重要桥梁，积极向各国人民介绍中华优秀文化，介绍中国科学发展、和谐发展、和平发展的理念，介绍中国改革开放和现代化建设的成就，帮助世界各国人民了解一个真实的中国，推动中国与世界各国的交流合作，不断增进中国人民与世界人民的友谊。

（《求是》2011 年第 18 期）

（作者系中华全国归国华侨联合会主席）

开拓创新　锐意进取

——在全国侨务工作会议上的讲话（摘登）

李海峰

一、六年来侨务工作回顾

2005 年全国侨务工作会议以来，在党中央、国务院的正确领导和有关部门的大力支持下，各级侨办认真贯彻落实胡锦涛总书记关于侨务工作“三个大有作为”的重要指示和中央关于加强新形势下侨务工作的精神，认真调查研究国内外侨情和侨务工作情况，积极研究制定侨务工作相关政策，在更广领域、更高层面、更深层次为国家大局服务和为侨服务，各项工作取得新成就。

（一）强化联谊服务引导工作，发展了一支更加宏大的、高层次的海外对我友好力量。各级侨办依托亲情乡谊，结合经济、科技、文化交流活动，加大“走出去、请进来”的工作力度。近年来，我们国家喜事连连。各级侨办抓住机遇，积极邀请海外侨胞代表回国参加新中国成立 60 周年、北京奥运会、上海世博会、广州亚运会等重大活动，海外侨胞的民族自豪感和爱国爱乡热情空前高涨。国务院侨办在广泛联谊的基础上，强化“三个重点”。一是以“世界华侨华人社团联谊大会”等侨团活动为平台，将各国主要侨团、侨领凝聚起来，大力倡导构建和谐侨社理念，夯实了国外侨务工作的基础。二是形成了以中国海外交流协会凝聚世界各领域杰出侨胞、以中国侨商投资企业协会凝聚世界著名华商、以国务院侨办海外专家咨询委员会凝聚世界华人高端人才的工作新格局。三是组织开展“华侨华人社团中青年负责人研习班”、“世界华裔杰出青年华夏行”、“华裔新生代企业家中国经济高级研修班”等特色活动，培养、结交了一大批充满活力的侨社新秀。

（二）加强引导，积极推进海外侨胞在更广领域参与我国经济社会发展。华侨华人专业人士是我国引进海外高层次人才的主体。据不完全统计，我国“千人计划”引进的 1 000 多名海外高层次人才中，98% 以上是海外侨胞专业人士。各级侨办把引进侨智工作摆到更加突出位置，积极引荐海外侨胞专业人士为国服务。国务院侨办作为中央海外高层次人才引进工作小组成员单位，在侨办系统大力实施“海外人才为国服务计划”，积极引导海外高端人才为我国经济社会发展建言献策、贡献才智。会同有关部委分别与湖北、广东、四川等省政府联合举办的“华侨华人创业发展洽谈会”、“世界华人论坛”、“海外华侨华人高新科技洽谈会”，已成为侨务引智工作的重要品牌。各级侨办积极组织开展侨资企业“西部行”等活动，引导海外侨胞参与我国西部大开发、中部崛起和振兴东北地区等老工业基地建设。国务院侨办与北京、重庆、四川、湖北、甘肃、云南、河南、安徽等省（市）政府分别签订了战略合作框架协议，发挥侨务优势，支持地方经济社会发展。6 年来，国务院侨办和省级侨办促成合同利用外资 1 100 多亿美元。

据2005年至2010年的统计，全国侨办系统接收或协助办理的侨胞捐赠总额达165亿元。由102个国家35万名海外侨胞和港澳台同胞捐款9.3亿元建造的“水立方”，已成为侨胞为奥运、为国家作贡献的标志性建筑。特别是在国家遭受重大自然灾害时，侨办系统及时启动“侨爱工程——抗震救灾温暖行动”等，协助海外侨胞向汶川、玉树等灾区捐款15亿多元。各级侨办还积极开展“侨爱工程——万侨助万村”活动，推动侨胞参与国家新农村建设，落实各类项目3 000多个，惠及农民群众1 500万人。

（三）侨务对台和涉疆、涉藏侨务工作取得新突破。以促进两岸和平发展为主题，举办两岸华文教育论坛、艺术展览、华文文学研讨会、台湾青少年“寻根之旅”夏令营等活动。以“维护中国统一——新疆、西藏的历史与现状”为主题，举办第五届世界华侨华人社团联谊大会；组织“天山南北谋发展·海协理事新疆行”、“海外华商与新疆发展论坛”、“海外华文媒体新疆行”等活动，增进海外侨胞对我国民族、宗教政策的理解，对新疆发展现状的了解。举办“看重建看藏区·海协理事四川行”活动，组织海外侨胞赴藏区考察。加强了对港澳地区侨界重点社团和人士的联谊与服务，凝聚侨界力量，促进港澳地区的繁荣稳定。

（四）加强统筹规划，海外华文教育局面喜人。党中央、国务院高度重视海外华文教育工作，胡锦涛总书记亲自倡导成立了国家海外华文教育工作联席会议和中国华文教育基金会；国家加大了对华文教育的资金投入。国务院侨办会同国家海外华文教育工作联席会议成员单位研究制定了华文教育发展规划；编辑出版了《幼儿汉语》、《中文》、《汉语》、《中国历史常识》、《中国地理常识》、《中国文化常识》等教材和读物，编写了《千岛娃娃学汉语》等“本土化”特色教材，创办中国华文教育网，构建了从幼儿到初中、从语言到文化、从平面到网络的华文教材体系。在海外开展“华文教育示范学校”工作，举办世界华文教育大会，着力推动华文学校提高办学质量和水平。暨南大学、华侨大学、北京华文学院加强学科和教师队伍建设，教学水平有所提高，办学条件明显改善。云南、广东、浙江、福建、广西、山东、上海等省（区、市）政府高度重视华文教育工作，制定规划，加大投入，较好地发挥了沿海、沿边重点侨乡省（区、市）在开展海外华文教育工作中的积极作用。

（五）精心打造品牌活动，侨务文化外宣工作的影响力显著增强。从2009年开始，国务院侨办着力将春节打造成在海外弘扬中华优秀文化的重要平台，开展规模宏大的“文化中国·四海同春”慰侨演出活动，慰藉了海外侨胞的思乡恋祖之情，扩大了中华文化对当地主流社会的影响，被侨胞誉为“海外春晚”。会同云南、四川省政府在海外举办“文化中国·七彩云南”、“文化中国·锦绣四川”等大型系列文化活动。在“文化中国”品牌之下，持续开展“名家讲坛”、“中华才艺”、“中华医学”、“中华美食”等特色文化活动。上海、广东、江苏、陕西、辽宁、吉林、安徽、湖南、贵州等省（市）侨办利用地方文化优势，组派特色鲜明的艺术团组赴海外开展慰侨演出，取得较好效果。

中国新闻社已发展成为国家增强国际传播能力建设的六大重点媒体之一，其稿件被港澳台地区和海外数百家华文媒体广泛采用，在北京奥运会、国庆60周年、建党90周年及拉萨“3·14”事件、新疆“7·5”事件等重大事件报道中发挥了重要作用。以“世界华文传媒论坛”、“世界华文媒体合作联盟”为平台，建立了海外华文媒体交流合作机制，团结、凝聚了世界主要华文媒体力量。会同各级侨办通过举办华文媒体高级研修班、海外华文媒体地方行等活动，加强对海外华文媒体的工作。北京、天津、山东、重庆、广东、江苏、江西、广西、海南等省（区、市）侨办积极借助海外华文媒体，宣传报道地方发展成就，进一步扩大了侨务外宣工作的影响力。

（六）强化服务意识，用情用心用力做好各项依法护侨和为侨服务工作。各级侨办认真贯彻《中华人民共和国归侨侨眷权益保护法》及其实施办法，积极配合全国人大常委会开展侨法执法检查和整改落实工作，得到了全国人大常委会的充分肯定。积极争取将侨法纳入全国“五五”普法规划，开展了侨法“进社区、进侨场、进侨乡”活动，建立了700多个侨法宣传角。国务院侨办会同国务院8个部门印发了《关于做好散居困难归侨侨眷扶贫救助工作的意见》，会同或配合相关部门，制定出台了身份认定、社会保险、子女教育、计划生育、祖坟保护、劳动待遇、就业培训、在华居留、捐赠管理等一系列涉侨政策。浙江省在全国率先制定了保护华侨权益的地方性法规。侨办系统开展了“维护侨商投资权益行动年”专项活动，天津、吉林、海南等省（市）侨办通过建立和完善侨商投诉协调机制，强化工作手段，协调处理了一批重大涉侨经济纠纷和经济案件。各级侨办大力实施“归侨侨眷关爱工程”，天津、海南、黑龙江、河北、山西等28个省（区、市）对城市贫困老归侨给予生活补贴，一些地方还制定了农村老归侨生活补助政策，内蒙古、青海、宁夏等省（区）侨办积极开展多种形式的“送温暖”活动，归侨侨眷民生问题得到改善。各级侨办畅通信访渠道，认真解决侨界利益诉求，6年来全国侨办系统接受来信来访45万件，办结率达90%。

（七）加大政策扶持，华侨农场的改革与发展取得显著成效。党中央、国务院十分关心84个华侨农场24万归难侨的生产生活。国务院成立了华侨农场发展改革工作小组，开展了大量调查研究和政策制定工作。国务院召开常务会议，专题研究推进华侨农场改革和发展；召开华侨农场所在七省（区）工作会议，全面部署华侨农场的改革和发展工作。七省（区）党委政府把华侨农场工作列入重要日程，加强领导，编制方案，配套资金和政策，认真完成华侨农场改革发展任务。在有关部门和地方政府的共同努力下，截至2010年底，全国华侨农场国内生产总值由2006年的153.4亿元，增长到248.86亿元，年均增长12.86%；年人均纯收入由2006年的3 840元，增长到6 739元，年均增长15.1%。华侨农场58 805户归难侨危房改造任务全部完成；土地确权发证376.98万亩，占应发证总面积的93.47%；基本养老保险参保率达到97.51%，医疗保险参保率达90.6%；采取债务重组等方式减免华侨农场金融债务16.41亿元。华侨农场体制改革稳步推进，分离办社会职能工作基本完成，基础设施建设和产业发展已纳入地方发展规划。中央和地方出台的政策力度大、含“金”量高，华侨农场面貌和归难侨生活发生了历史性变化。

（八）通过典型引路，建设一支思想过硬、作风顽强的侨务干部队伍。按照中央统一部署，各级侨办深入开展学习实践科学发展观活动，围绕侨务工作服务科学发展、实现科学发展这一主题，创新工作思路和举措。国务院侨办狠抓思想作风建设，以解放思想、真抓实干、创新发展为基本要求，在全国侨办系统深入开展学习“江苏经验”和“大庆精神”活动，号召各级侨务干部学习江苏省侨办“带着感情做深侨务工作，解放思想做新侨务工作，整合资源做大侨务工作，围绕大局做实侨务工作”的工作经验，学习大庆为国争光、为民族争气的爱国主义精神，独立自主、自力更生的艰苦创业精神，讲究科学、

"三老四严"的科学求实精神，胸怀全局、为国分忧的无私奉献精神。广大侨务干部精神面貌焕然一新，形成了围绕大局、开拓创新、顽强拼搏、奋发有为的可喜局面，呈现出相互比拼、追求卓越、用情用心用力干侨务的工作格局。为切实提高侨务干部队伍的整体素质，国务院侨办加强了干部教育培训工作，制定五年培训规划，依托中央党校、直属院校对省级和地市级侨办主任进行集中轮训，针对侨务干部不同特点开展专题培训和境外培训，广大侨务干部为大局服务、为侨服务的意识和能力不断增强，有力地推动了侨务工作的科学发展。

为提高侨务工作决策科学化水平，国务院侨办以专家咨询委员会、"中国侨务论坛"为平台，以重点课题研究为抓手，调动了100多所大专院校和科研院所、上千名专家学者的力量，组织开展了200多个课题研究，采编了500多份咨询报告，侨务理论研究取得重大成果。上海、湖北、北京、辽宁、浙江、广西、广东、福建等地成立了侨务理论研究中心（基地），促进了侨务理论研究工作的开展。

6年来，侨务工作所取得的成就，是党中央、国务院正确领导的结果，是发改委、财政部、外交部等中央有关部门和地方党委、政府大力支持的结果，是"五侨"部门团结协作、精诚合作的结果，是各级侨务干部拼搏创新、无私奉献的结果。在此，我代表国务院侨办向大家表示衷心的感谢！

在肯定成绩的同时，我们也要看到，当前对侨务资源"重利用、轻涵养"的现象仍然存在，维护侨胞在国内的合法权益、解决城乡贫困归侨侨眷生产生活困难的任务还相当艰巨；侨务工作统筹协调的机制尚需完善，政府侨务部门的协调能力和水平尚待提高；不同地区间侨务工作发展还不平衡，需要加强侨务工作的分类指导；侨务理论、政策和法规建设与形势发展的要求还不相适应，侨务干部队伍的素质需进一步提高。对此，我们必须高度重视，采取措施加以解决。

二、改革开放以来侨务工作的基本经验

改革开放30多年来，我国综合国力和国际地位的不断提高，极大地鼓舞了广大海外侨胞，这是赢得和凝聚侨心的决定性因素。侨务工作在推进改革开放的伟大实践中焕发了勃勃生机，发挥了重要而独特的作用。30多年来侨务工作的成功实践，加深了我们对侨务工作发展规律的认识，积累了宝贵的经验。

（一）坚持以科学理论为指导，是侨务工作不断与时俱进、开拓创新的根本基石。党中央、国务院始终从推进我国改革开放伟大事业、实现中华民族伟大复兴的战略高度重视侨务工作，用科学的理论指导侨务工作。邓小平、江泽民和胡锦涛等中央领导同志关于"几千万海外侨胞是中国大发展的独特机遇"、"分布于世界各地的广大华侨华人是中华民族一个重要的人才资源宝库"、侨务工作"三个大有作为"等一系列重要论述，以改革开放为时代背景，以培育、保护和发展好侨务资源为基本点，为侨务工作的拨乱反正、与时俱进和科学发展指明了前进方向，奠定了中国特色侨务理论的基石，是侨务工作始终处于时代前沿、不断开拓创新的思想指南。

（二）坚持以"三有利"为核心的政策原则，是侨务工作健康发展的根本保障。我们坚决贯彻执行中央关于侨务工作的方针政策，以有利于海外侨胞在住在国的长期生存和发展，有利于发展我国同海外侨胞住在国的友好合作关系，有利于推进我国现代化建设、维

护和促进祖国统一，即“三有利”原则为改策核心。这不仅维护了海外侨胞的根本利益，而且赢得了国际社会对我侨务工作的理解和支持。

（三）坚持以“三坚持”为核心的总体思路，是侨务工作科学发展的根本方向。坚持以人为本、为侨服务的宗旨，坚持以国内侨务工作为基础、以国外侨务工作为主导，坚持为国家大局服务和为侨服务的统一。这一侨务工作的总体发展思路，是对改革开放以来侨务工作实践经验的科学总结，体现了以人为本、执政为民的思想，体现了统筹国内国际两个大局的时代特点，体现了凝聚海内外中华儿女力量，为实现中华民族伟大复兴发挥积极作用的基本要求，为侨务工作科学发展指明了前进的方向。

（四）坚持以联谊、服务、引导为核心的工作方法，是培育、保护和发展好侨务资源的根本方法。侨务工作是做人的工作，联谊、服务和引导是开展侨务工作的基本方法。只有不断强化联谊、服务、引导功能，才能有效凝聚海外侨胞和归侨侨眷力量，把他们的积极性培育好、保护好、发展好。

（五）坚持“大侨务”的观念，是发挥侨务优势、推进侨务工作全面发展的根本要求。5 000 万海外侨胞是全国各地共同享有的宝贵资源，只有树立“大侨务”观念，打破省籍地域局限，真正认识并充分发挥侨务工作的巨大优势，才能释放出它蕴藏的巨大潜力；侨务工作对象多元，涉及领域和地域广阔，只有坚持“大侨务”观念，以开放的理念，整合协调社会各方面资源共同办侨务，侨务工作的路子才能越走越宽广。

三、要认真贯彻落实会议精神

（一）各级政府、各有关部门要加强对侨务工作的领导和支持。各地区要认真贯彻会议精神和《国家侨务工作发展纲要（2011—2015 年）》（以下简称《纲要》）的各项要求，结合本地区侨务工作实际，研究制定具体实施意见，确保《纲要》各项任务落到实处。要按照戴秉国国务委员的要求，切实加强对侨务工作的领导，把侨务工作摆上重要议事日程，定期听取工作汇报，研究解决涉侨工作的重要问题。侨办属政府序列，各地区要根据本地区侨务工作特点和实际需要，解决好同级政府侨办的机构编制和人员配备问题，进一步加强侨务工作力量。为适应侨务工作科学发展的需要，会前，中央财政已大幅增加侨务工作经费。希望地方各级政府也相应加大对侨务工作的经费投入，并将其纳入同级政府财政预算。侨务工作任务繁重的省（区、市）人民政府要建立侨务工作协调机制。各涉侨部门要加强沟通联系，进一步完善涉侨工作机制，努力形成统一领导、分工负责、相互支持、高效协调的工作机制，并结合各自职责，认真抓好《纲要》有关工作的落实。

（二）积极营造全社会尊侨爱侨护侨的浓厚氛围。加强侨务工作，要努力培育好、保护好和发展好侨务资源。各地方、各有关部门要结合各自职责，共同做好凝聚侨心、发挥侨力的工作。各地方、各有关部门要从增强中华民族在海内外凝聚力的战略高度，重视对海外侨胞和归侨侨眷合法权益的保护，努力克服在一些地方存在的急功近利、不愿在为侨服务上下工夫的消极倾向，树立服务意识，创新服务机制，提高服务水平，踏踏实实为侨办实事、办好事、解难事。既要一视同仁，依法保护海外侨胞和归侨侨眷的合法权益，又要根据他们生活在海外或具有“海外关系”的特点，给予他们符合中国国情的适当照顾，满足他们的合理诉求，为他们在出入境、居留、合作交流、办理事务等方面创造更加方便、宽松的政策环境。要加大对侨务工作的宣传力度，大力宣传党的侨务方针政策，宣传海外侨胞和归侨侨眷在我国革命、建设和改革的各个历史时期作出的重要贡献，努力在全社会营造尊侨、爱侨、护侨的良好氛围。

（三）各级侨务部门要切实提高执行力。当前，侨务工作的大政方针、主要任务和工作思路已经确定，关键就在于狠抓落实。抓落实的关键，在于提高各级领导干部的执行力。各级侨办作为政府侨务工作的职能部门，担负着《纲要》实施的组织、协调、指导和监督的重要职责，在抓好落实方面，要发挥主导作用。要迅速组织力量，协助本级政府抓紧制定贯彻《纲要》和会议精神的具体实施意见，把工作目标变成实实在在的具体任务，把原则要求变成可操作的具体措施，明确责任主体，加强督促检查，不折不扣地把中央的决策和部署落实到实际工作中去，落实到海外侨胞和归侨侨眷群体中去。各级侨办要认真分析本地区侨务工作的特点和优势，紧紧围绕党和政府的中心工作、海外侨胞的实际需求，选好工作切入点、找准工作着力点，集中力量，整合资源，强化保障，在重点突破中实现整体推进。要发挥在涉侨事务中的统筹协调作用，加强与有关部门的协调配合，加强与其他涉侨部门的沟通合作，在政策指导、工作协调方面多下工夫。要大力倡导真抓实干、雷厉风行的工作作风，不做唱高调、说大话的表面文章，有些事情看准了就下决心干，不要反反复复，既消磨斗志，又失去了机遇。希望各级侨办和广大侨务干部进一步振奋精神，用情用心用力做新做实做强侨务工作。

贯彻落实《纲要》和全国侨务工作会议精神，是各地方、各有关部门共同的责任。会后，各省（区、市）侨办要主动向省（区、市）政府汇报，争取政府常务会议听一次侨务工作专题汇报，并召开好全省（区、市）侨务工作会议。明年一季度前，各省（区、市）要制定贯彻落实《纲要》的实施意见，并将本地区贯彻落实会议精神的情况向国务院侨办提交书面报告，由国务院侨办汇总后向国务院报告。会后，国务院侨办将组织若干调研组，深入基层，与各省（区、市）的同志一起研究，共同做好“狠抓落实”这篇大文章。

（《侨务工作研究》2011 年第 6 期）

（作者系国务院侨务办公室主任）

国际话语体系中的世界华文媒体

——第六届世界华文传媒论坛主题报告（摘登）

刘北宪

一、后金融危机时代，华文媒体重现生机

进入后金融危机时代，随着世界经济的缓慢复苏，世界各地华文媒体发展态势总体趋稳向好。北美地区数量庞大的免费报刊，以门槛低、周期活、成本小、地方化等优势赢得了生存空间，成为新形态的媒体生力军。占据主要市场的华文日报出版数量和广告量基本与金融危机前持平，华文日报的内容生产和经营策略坚持稳中求变。这两年，美国三大华文日报《世界日报》、《星岛日报》和《侨报》都呈现出“日报杂志化”走向，每天辟出6~8个版对热点新闻进行报道、解读和评论。这是面对新媒体冲击，坚守纸质阵地，以设置新闻议程的方式，重新找到自己合理定位的生存策略。华文杂志则改变以量取胜的法则，专注地方、服务地方，也争取到了一定市场。

东南亚华文报纸的销量和影响力稳步提升，读者人数庞大的新加坡和马来西亚仍是华文报纸市场化程度较高的国家。2010年，马来西亚的英文和马来文主流报章销量继续下跌，华文报纸销量则逆流而上，读者群持续增长，渗透率也不断上扬。一项调查结果显示，在马来西亚600多万华人中，每天阅读中文报章的人数大约保持在230万至260万；华文媒体涵盖60%的华人家庭，若剔除20%不懂中文的华人家庭，华文媒体涵盖华人家庭的比例则更高。由此可见，马来西亚华文报章对华人影响很大，发展前景乐观。

目前印尼拥有10家华文报纸，整体平稳发展，有些报纸在经营方面进步明显。《国际日报》于2009年推出了网络数字报，手机报也已在雅加达开通，2010年接管了因经营不佳而停办的《棉兰早报》和《华商报》，在棉兰创办《苏北日报》。《讯报》从2011年起增扩至24版。总部位于泗水的《千岛日报》2011年实现在雅加达同步印刷。

在欧洲和中美洲，一些原来没有华文媒体的国家和地区过去两年开始有华文报刊诞生。比如《北欧华人报》今年1月1日在瑞典首都斯德哥尔摩创刊。去年3月25日诞生的《华商周报》开创了中美洲特立尼达和多巴哥华文报纸的历史。

香港传媒业竞争依然激烈，但整体运作尚算稳定。近两年来，香港经济持续复苏，消费信心不断加强，广告收入普遍提升，报业经营普遍好转。当前，免费中文报纸的每日发行量超过150万份，从数量而言，已超过传统报纸的销售总量。近年香港平面传媒和电子传媒的网站，纷纷推出文字、图片和视频的综合服务，彼此服务内容的差异正在缩小。随着智能手机2009年大举进军市场，手机上网趋势增长明显，数据业务量增幅惊人。手机无线上网科技取得的突破，给传播事业发展带来新的动力，也对传统媒体构成更大生存挑战。

澳门经济亦逐步走出危机，迎来复苏。随着CEPA以及珠三角区域经济合作的逐步深化，珠海横琴岛开发和一些重大交通基础设施建设陆续开工，为澳门发展带来了更多机遇，也为澳门媒体提供了丰富的新闻资源，促进了澳门媒体业的发展。

台湾地区的媒体也出现较好的发展态势。2010年台湾五大媒体广告收入同比增长19%，是过去7年以来首次出现正增长，且增幅较大。台湾媒体业态有以下特点：电视仍为强势媒体；长期以来都是读者新闻来源首选的报纸，其广告收入过往居冠，但现已让位于电视，暂时保住第二的地位；网络媒体正以较快速度挺进；广播与杂志在分众市场上找到生机。

原来华语媒体较发达的国家和地区并未停止前行的脚步。对广播电视媒体来说，全天候的不间断播出标志着实力和影响力的提升。今年，美国中文电视数位频道63.4实现了24小时中文节目的播出；美国ICN电视联播网启动两条高清频道，24小时提供华语节目。2010年旧金山先后有华语电台和电视台开播了24小时节目。这两年美国华语电视和广播不断提高节目自采比例，以本地化的新闻节目吸引广告商的投资兴趣。

世界各国主流媒体开播中文节目的消息也不断传来。2009年11月15日，伦敦国际广播电台正式推出每天1小时的普通话节目，这是英国广播历史上首次播出本地制作的普通话内容。

为谋求长期生存，提升影响力，海外华文媒体与各方多形式、多渠道合作脚步加快。《新西兰联合报》采取与本地华社社团全面合作的方式联合办报；欧洲中谊传媒与浙江卫视国际频道共同打造的《华人天地》栏目在浙江卫视开播；澳星国际传媒集团与《北京青年报》联合主办的《东方北京青年周刊》在悉尼创刊；意大利欧华网络电视的开通得益于《欧华联合时报》与中国温州市和青田县广电中心的合作；已成功运营18年的《大洋时报》与中国主流媒体合作，在墨尔本出版《大洋日报》。这些合作都是获取资金技术支持、实现资源互补的有益尝试。

一些华文媒体在所在国立稳脚跟之后，还开始兴办当地语言文字的媒体，很值得关注与期许。

总之，在后金融危机时代，全球华文媒体正重现生机，稳步发展。全球华文媒体报刊的发行量已恢复到金融危机前的水平，并略有增加。从媒体数量上看，全球华文媒体仍在持续发展之中。据统计，近两年来新创办的华文媒体总体上多于停办的华文媒体。

二、华文媒体影响力逐步提升，独特地位受到重视

过去两年中，华文媒体在提升媒体话语能力和影响力方面有了新的进步。

1. 与主流媒体对话合作，在西方主流社会发声

海外华文媒体在重大政治活动报道中正发挥越来越重要的作用。2011年中国国家主席胡锦涛访问美国芝加哥期间，时任芝加哥市长的戴利先生接受了美国中文电视的专访，并通过华文媒体表达了希望芝加哥成为中国友好城市的意愿。之后，戴利在访华前夕的媒体热身活动中，也主动邀请美国华文媒体参与。美国中文电视在美国大选时主动出击，加大力度报道华裔候选人情况和华人选民的意见，不少竞选者主动提出，希望通过华文媒体的影响力帮助他们在选举中获得更高的关注度和支持率。

就与主流媒体互动合作领域而言，美国鹰龙传媒集团在飓风灾难发生后，主动同美国

红十字会合作举办赈灾捐款活动，获得良好反响，得到了当地社会的广泛支持。此后，美国广播公司（ABC）和哥伦比亚广播公司（CBS）等当地主流媒体在一些重大新闻报道中主动联系鹰龙传媒开展合作。

加拿大《环球华报》以深度专题报道形式，深入华人社区，关注当地主流社会话题，从内容源上与主流社会对话，在联邦大选、胡锦涛访加、加总理哈珀访华等重大事件中，进行精心策划，深入报道，文章经常被当地主流报纸翻译引用，成为主流社会了解华人心声的重要渠道。

海外华文媒体的独特视角和深度分析也是促成其与当地主流媒体合作的重要原因。《中文导报》对华人社会的深度观察，引起日本社会的高度重视。日本主流媒体《朝日新闻》的“在日华人”系列专题，其日语文章就授权《中文导报》翻译转载。

2. 攻坚重大事件报道，凸显自身特色

两年来，华文媒体以坚持新闻真实性的原则和独立的新闻立场，完成了一系列重大事件的传播报道，努力发出自己的声音，为世界各地读者提供事实真相。

日本“3·11”大地震发生后，当地华文媒体反应迅捷，快速调配人员实地采访，辟出专版进行持续深入报道。《日本新华侨报》和《关西华文时报》的报道侧重于中日两国人民在地震后的情感互动，重点报道了地震中涌现出的感人事件。在《关西华人报名抢修核电站，甘做“福岛勇士”》等报道的字里行间，充满中国人民和在日华侨华人对日本灾区的深切同情。《中文导报》在震后第一时间刊发了《日本国难》的报道特辑，此后又开设专刊，着重介绍日本官方、民间力量如何应对地震事件。

对于重大新闻事件的报道，全球华文媒体联动趋势愈加明显。在上海世博会、广州亚运会期间，华文媒体协力合作，向世界传递出积极、健康的中国形象。

3. 通过活动策划拓展媒体影响力，发挥公共外交作用

2010年以来，《俄罗斯龙报》几乎每个月都组织专门的社会活动，以加强报纸在当地华人社会的影响力，也增加了与当地主流社会的交流和沟通。如2010年7月，《龙报》和圣彼得堡华侨华人联合会配合俄罗斯“汉语年”联合举办“我的中国情”征文活动，包括中新社在内的多家媒体对活动给予支持。2011年3月，《龙报》成功主办了“我为中文狂”俄罗斯人演唱中文歌曲大赛，推动了汉语在当地的传播与发展。媒体也通过这些活动逐渐提升了自身影响力。

15年来，日本侨报社通过书籍策划活动来推动中日两国间的理解与交流，如《在日中国人大全》、《新历史教科书批判》、《为新中国做出贡献的日本人》等。这些书籍的出版在澄清误解、还原历史真貌、加强中日理解，以及开展民间外交方面都发挥了一定的作用。

4. 华文媒体独特地位获多国政要肯定

海外华文媒体现已成为一支独特、重要的舆论力量，受到中国国家领导人及所在国政要的重视和肯定。

2010年9月，国务院总理温家宝赴美期间，在纽约会见了美国华文媒体负责人。温家宝在讲话中充分肯定了华文媒体的独特地位和作用。他表示：“华文媒体肩负着宣传中国和中美友好关系的重大责任，肩负着宣传祖国统一大业的重大责任，肩负着传播中华文化的重大责任，肩负着教育青年的重大责任。一定要用心努力把华文媒体办好，办出特

色，办得让人喜欢。”这是对全球华文媒体的热情勉励。

2009年11月，美国总统奥巴马访华，美国《侨报》获得当地华文媒体唯一机会，派记者随团采访。2011年2月，纽约《世界日报》庆祝建社35周年，美国总统奥巴马、加拿大总理哈珀均致函热情祝贺。

2009年10月，日本前首相村山富市来到日本侨报社，这是日本政府首脑首次走访日本华文媒体。该报社长于2009年7月还获得该年度“日本外务大臣表彰奖”，成为第一个获得此奖项的在日华人。

2011年4月30日，《大洋日报》在墨尔本举行首发式，澳大利亚总理吉拉德发信致贺。她对《大洋日报》寄予厚望，希望华文媒体成为中澳之间交流和沟通的桥梁。

华文媒体的独特地位和作用受到所在国政界的肯定与重视，许多国家的国会议员、地方政要都与当地华文媒体建立了良好的互动关系。这是媒体人坚持操守、脚踏实地、努力工作的结果，应倍加珍惜这份来之不易的信任和荣誉。

三、华文媒体应更有效地“说明中国”

华文媒体与中国有许多天然联系，最了解中国，应更全面准确有效地“说明中国”，客观报道中国经济社会发展及其对世界的贡献，客观表述中国的正当诉求。

置身西方文化与中华文化碰撞交融的大背景中，作为现代大众传播媒介重要组成部分的海外华文传媒，不仅肩负着将海外信息与中国信息互动交流的任务，同时更扮演着在海外华人社会中报道中国，与西方主流媒体对话的重要角色。

1. 客观报道中国经济社会发展

针对西方媒体经常对“中国发展模式”可持续性的质疑和“中国威胁论”的持续渲染，海外华文媒体应全面客观报道中国的发展，对西方媒体报道中存在的偏见与误差发挥某种舆论平衡作用。

2. 客观报道中国经济发展对世界的贡献

中国的经济发展，已成为世界经济增长的动力源。尤其是近两年来，中国为世界经济复苏作出了重要贡献。中国对外贸易的大发展，推动了资源在全球范围的自由流动和优化配置。中国产品不断走向世界，外国产品也大量涌入中国。中国物美价廉的出口商品不仅使全球众多消费者受益，同时，在中国采购的外国公司也降低了生产成本，提高了其产品的国际竞争力。

中国打开国门，欢迎世界各国企业家到中国发展。中国企业“走出去”，主动参与全球化分工与合作，可以繁荣当地经济，也为东道国提供了发展资金和就业机会，这在很大程度上推动了中国与相关国家政府之间的合作，推动了世界经济技术合作。

3. 客观表述中国正当诉求

在涉及主权、领土、领海、反对分裂势力、反对恐怖活动等一系列重大事件方面，中国不可能听命于西方。当中国表达自己的声音时，西方一些人会说中国“过分自信”、“日趋强硬”，有的甚至质疑中国是否会坚持走和平发展道路。海外华文媒体如能客观表述中国的正当诉求，主动公关，影响涉华国际舆论，对于提升中国国家形象和提升媒体自身话语影响力不无裨益。

4. 引导当地华侨华人守法发展

当前，海外华侨华人约有5 000万。海外华文媒体对于引导他们融入当地社会，帮助他们在当地发展可以发挥积极作用。华文媒体应引导华侨华人自觉遵守当地法律，尊重当地风俗，积极参与当地社会公益活动，以履行华文媒体的应有责任。

四、世界华文媒体发展的“中国机遇”

对于全球华文媒体来说，中国的发展则是海外华文媒体取得进一步发展的难得机遇。中国因素将为华文媒体持续健康发展提供强大动力。

当前，在全球性人口迁移大潮中，因商务、求学和技术等因素的中国移民持续增加。不断升温的全球“汉语热”为华文媒体培育新读者，不断涌现的华文读者又促生了华文媒体的勃兴。据美国《华尔街日报》估计，目前全球大约有1亿人在学习汉语，就连美国总统奥巴马的女儿、副总统拜登的孙女也在学习汉语。在西方，有人认为“汉语是一张就业的王牌”。写有“第二语言：汉语水平流利”的求职简历在跨国公司和大企业的人事部门受到重视，各种科教文卫组织、民间团体也愿与有汉语背景的人士合作。即使在零售商场和免税店，懂汉语营业员的竞争力也会高于只会讲本地话的同行。

中国实施“走出去”战略已有十年，中国企业正努力在国际上打造自己的品牌。中国企业加快走出去的步伐将给海外华商提供良机，也将给华文媒体带来发展机遇。

我们期盼，分布于世界各地的华文媒体尽快构建传输快捷、覆盖广泛的现代传播体系，以优势互补的原则进行战略重组，实现信息资源多重开发、多重利用、高度共享，以与时俱进的影响力成为国际话语体系中不可或缺的舆论力量。

中国新闻社是一家为世界各地华文传媒提供服务的媒体。我们正在努力建设成为处在世界前列、具有鲜明特点、表达中国立场、富于国际视野的国际性通讯社，建设成为面向海外读者为主、领军世界华文媒体、服务全球华人社会、影响主流舆论的世界华文传媒资讯中心和跨国新闻文化传媒集团。

我们愿与大家携手并肩，团结协作，不断提升华文媒体的整体影响力，在国际话语格局中发挥我们应有的作用，争取我们应有的地位，共同为中国的和平发展，为推动两岸联系和交往，为推动中外文化的交流和融合，为增进中国人民与世界各国人民的理解与友谊，为构建和谐世界作出我们的贡献！

（《侨务工作研究》2011年第5期）

抓住机遇　凝聚力量　共谋发展

——在第二届世界华文教育大会上的讲话（摘登）

赵　阳

按：10月30日下午，国务院侨办副主任赵阳在第二届世界华文教育大会上作了“抓住机遇　凝聚力量　共谋发展”的主题报告。现摘登如下。

当前，华文教育面临着从未有过的发展机遇，形势喜人，形势逼人。

一、华文教育发展面临新形势，时代特征愈加明显

距上一届华文教育大会已经两年，在这两年里华文教育发展的内外环境发生了很大的变化：一是世界范围内的“中国热”、“汉语热”继续升温，华文教育的外部环境不断改善。许多国家的主流学校也开设了汉语课，并且越来越关注华文教育和华文学校，希望与我国加强合作，共同办好当地的华文教育。二是华侨华人社会发展华文教育的热情空前高涨，对国内的各类需求不断增加。随着中国海外新移民的增加，华裔适龄儿童的数量也在不断攀升，华文教育的规模、内容与形式都在不断扩大和丰富，在相关领域的各类需求急剧增加，海外华校愈加希望得到国内的支持与帮助。同时，海外华社对华文教育的捐助和支持力度前所未有。三是华文教育对象结构呈现多元化趋势。在海外华校中，第二代、第三代华裔子弟数量继续增长的同时，第一代华侨华人新移民子女的数量增长更明显；不具备汉语家庭背景的华裔学生在华校学生中的比重逐渐增大。此外，非华裔学生比例也在提升。四是华文教育的办学模式正在逐渐发生变化。随着经济实力的增长，欧美地区新移民创办的中文学校开始自筹资金购买或建设校舍。办学条件的改善，也促使这些华校在办学模式、教学管理等方面发生新的变化。新移民子女回流到国内中小学跟班就读的现象在中国东部沿海地区也初现端倪。随着全球经济的发展与融合，华文教育的时代特征愈加明显。

二、华文教育得到中国政府及社会各界的广泛关注和大力支持

中国政府和社会各界对华侨华人子女的华文教育问题历来十分关注并给予了大力支持。国家主席胡锦涛多次就侨务工作和华文教育工作发表重要讲话并专程视察海外华校。国家副主席习近平在“2010年海外华裔及港澳台地区青少年‘中国寻根之旅’夏令营”开营式上也对海外华文教育提出了新的希望和要求。“国家海外华文教育工作联席会议”成员单位多次组团赴华文教育重点国家考察，多形式、多渠道给予海外华文教育支持和帮助，尤其近几年中央财政对华文教育工作的经费投入有了大幅增长。地方人民政府，如北京、重庆、四川、云南、安徽、湖北、甘肃等省市人民政府与国务院侨办签署共建协议，

承诺加大投入做好华文教育工作。国家汉办在向外国主流社会开展汉语国际推广的同时，尽力满足华侨华人社会的需求，“孔子课堂”、教师培训、汉语水平考试等项目落户华文学校，华校师生从中受益匪浅。此外，中国华文教育基金会两年来积极募集资金，全力支持华文教育项目；国内30余所华文教育基地院校充分发挥人才、资源优势，为海外华文教育提供了形式多样、内容广泛的帮助与支持。这些都为海外华文教育的发展提供了良好的环境和坚实的保障。

三、国务院侨办为华文教育发展作出多方面的积极努力

两年来，国务院侨办为促进海外华文教育发展作出了多方面的积极努力，取得了明显的效果。

（一）华文教育工作合作机制形成，国家财政对华文教育投入力度加大。国务院侨办与“国家海外华文教育工作联席会议”成员单位、国家汉办精诚合作，共同开展海外华文教育工作的机制已经形成。中央财政、地方财政对华文教育的投入力度明显加大，中国华文教育基金会作为政府主渠道补充的作用开始显现，海外华文教育发展所需资金有了较为可靠的保障。

（二）与华侨华人主要居住国政府教育部门的合作顺利，华文教育环境日趋宽松。两年来，国务院侨办先后与加拿大多伦多市教育局、澳大利亚北悉尼教育局或续签或新签华文教育合作协议；与印尼国民教育部校外教育司达成合作意向；支持广西南宁华侨学校和华侨大学与泰国清莱市政府、普吉市政府签署华文教育合作协议并付诸实施；资助华侨大学为泰国、印度尼西亚、菲律宾等国政府培训高级汉语人才。这些举措都为当地华文教育的长期、可持续发展打下了较好的基础。

（三）“海外华文教育示范学校”建设开局良好。2009年，首批58所海外华文教育示范学校挂牌，在这次大会上46所华校荣膺第二批“示范学校”称号。今后，国务院侨办和中国海外交流协会将根据发展需要，继续开展示范学校的评选工作。

（四）海外华文教育主干教材体系建设基本完成，“本土化”教材项目陆续启动。国务院侨办已经完成了从幼儿园到初中，从夏令营到师资培训，从语言到文化的海外华文教育主干教材体系的建设工作。在此基础上，“本土化”教材的编写工作陆续启动，目前，适用印尼华裔幼儿园的《娃娃学华语》教材已经出版发行，配套电子书的开发也已完成；面向东南亚地区幼儿华文教师的培训教材，适用于意大利、西班牙地区周末制学校的中文教材，适用于缅甸、泰国北部地区全日制华校使用的华文教材的立项均已启动，后续编写工作将诚邀海外华文教师参与其中。

（五）华文教师培训规模进一步加大，培训手段、内容更加丰富。通过“请进来”、“走出去”等方式，两年来国务院侨办培训海外华文教师近两万人次。依托基地院校开展海外华文教师华文教育专业本科、硕士研究生教育，以及对外汉语本、专科函授学历教育。目前学历教育的规模已达千余人，并已形成多形式、多层次相结合的培训框架，培训内容覆盖多领域、多学科。

（六）海外华文教师教育教学水平测试系统开发及教学能力认证工作进展顺利。2010年，国务院侨办正式确定开展海外华文教师教育教学水平测试系统开发及教学能力认证工作。目前，这一工作进展顺利，有关论证、立项工作已经完成。受国务院侨办委托，有关

单位和专家正在起草测试大纲，设计测试方案。

（七）外派教师待遇提高，规模扩大，海外华校负担得以减轻。自2010年起，国务院侨办较大幅度地提高了外派教师待遇，而且工资全部由国务院侨办承担，这在很大程度上减轻了海外华校的负担。外派教师规模也有所扩大。

（八）华裔青少年活动丰富多彩，侨力资源得到有效涵养。以“中国寻根之旅”、“中华文化知识竞赛”、“中华文化大乐园”等为龙头品牌的海外华裔青少年活动丰富多彩。广大华裔青少年通过参加这些中华文化体验活动，培养了学习中华文化的兴趣，增进了对祖籍国的了解，加深了与祖籍国的感情。

四、国务院侨办统筹安排、多措并举，将进一步“大力拓展华文教育”

在取得成绩的同时，长期以来困扰海外华文教育发展的外部环境、办学经费、办学条件、师资队伍、教材、学生学习兴趣等方面的问题仍然没有得到根本性的解决。这些问题的解决需要中国政府的支持，更需要社会各界和华人社会的共同努力。根据日前召开的全国侨务工作会议对新时期海外华文教育工作的部署和要求，结合海外华文教育发展面临的形势，国务院侨办就今后一个时期海外华文教育的发展作出了一些安排和考虑。

（一）抓住机遇，全力营造有利于华文教育可持续发展的外部环境。随着中国国际影响力和国际地位不断提升，双边、多边关系不断改善和发展，国务院侨办将紧紧抓住当前难得的历史机遇，根据海外华文教育发展的实际情况和不同国家、地区的特点，有计划、有针对性地继续加强与华文教育重点国家政府教育部门的沟通与合作，以争取更多理解与支持。国务院侨办希望并支持有条件的省市侨办、基地院校走出去，以多种方式与华侨华人住在国政府教育部门和主流学校开展华文教育合作，争取能与华文教育重点国家逐渐形成政府之间和院校之间多形式、多层次的华文教育合作机制，为华文教育的可持续发展营造更为有利的外部环境。

（二）争取各方支持，为海外华文教育事业的大发展提供资源保障。今后一段时期，国务院侨办除加大力度，继续做好常规工作项目外，还拟采取如下措施给予海外华文学校以更大的帮助：一是本着“成熟一批，建设一批”的原则，争取5年内建设300所华文教育示范学校，并给予重点扶持；二是每年有计划、有步骤地资助一批贫困华校，帮助其改善办学条件；三是每年帮助200所华文学校建立“育侨中文图书室”，并为之配置一批适用的中文图书及音像制品；四是资助、支持全国性或地域性的华文教育组织改善工作条件，提高服务质量，增强凝聚力。

各省市侨办，特别是已经与国务院侨办签署共建协议的省份的侨办，要积极争取当地财政支持，加大经费投入，加强对外联系，为海外华文教育事业的发展倾心尽力。中国华文教育基金会要扩大宣传，广募资金，为海外华文教育提供必要的资金保障，成为华文教育工作主渠道的有力补充。

国内华文教育基地院校要充分发挥作用，加强与海外华文学校的联系，与之建立对口帮扶关系，协助其解决有关困难、提高办学水平。国务院侨办鼓励国内基地院校因校制宜，策划、制订切实可行的帮扶计划和合作项目，并将对此给予必要的支持。暨南大学、华侨大学、北京华文学院、昆明华侨学校、南宁华侨学校，要秉承为侨服务的宗旨，全心全意帮助海外华文学校实现又好又快发展。

（三）开展海外华文教育情况普查，加强华文教育理论研究，为开展工作提供科学的决策依据和理论指导。面对海外华文教育现状，如何有的放矢地开展工作，需要相应的理论支撑和科学指导。今后，我们将充分发挥华文教育基地院校的专业优势，对海外华文学校进行全面摸底普查，并组织专家对海外华文教育现状进行科学分析，尽快研究出一批理论成果，以指导华文教育工作科学、有序推进。

（四）加强"本土化"、多样化教材体系建设，加大教辅读物和教辅材料的编写、研发力度。国务院侨办经多年努力，基本完成了华文教育主干教材的编写出版工作，很大程度上满足了海外华校教材方面的基本需求。但是，这些教材"通用性"有余，"本土化"特点不足，教辅材料未能配套。此外，可供教学使用的中国历史、地理等教材也有待进一步开发。针对这一现状，国务院侨办将在充分调研的基础上，根据不同国家和地区的个性化需求，按照轻重缓急、有序推进的原则，大力实施"本土化"、多样化教材，以及教辅读物和教辅材料的编写、研发工作，争取用五年左右的时间，完成国务院侨办"本土化"、多样化教材体系建设工作。

（五）规范和完善海外华文教师培养、培训机制，扩大外派教师规模。今后国务院侨办将采取系列措施，加大投入，扩大规模，尽快破解华校师资难题。一是通过提供奖、助学金方式，每年招收相当数量的海外优秀华裔高中毕业生和具有本科学历的在职华文教师到暨南大学、华侨大学就读全日制华文教育专业本科、硕士研究生课程，毕业后返回住在国继续从事华文教学工作；二是大力开展在职华文教师汉语言或对外汉语专业的函授学历教育；三是继续通过"请进来"、"走出去"等方式，对海外华文教师开展有关课程的系统培训，并扩大培训规模；四是把华文教师培训与能力测试、认证结合起来，尽快建立起培训、考核、认证"三位一体"的华文教师培训机制；五是进一步扩大外派教师规模，加大教学督导类人员的外派比例，变外派教师工作以输血功能为主向提高华校自身造血功能为主转变。

（六）研发海外华裔青少年华文水平测试系统。为激发海外华裔青少年的学习兴趣以及检验华文教育效果，国务院侨办决定组织力量制定海外华裔青少年"华文水平测试系统"。目前，这一项目的前期调研、论证工作已经展开，争取2013年在海外开始测试。

（七）开展丰富多彩的中华文化体验活动，让更多的华裔青少年受益。今后一段时期，国务院侨办将不断创新工作手段，丰富工作内容，着力做好新时期的海外华裔青少年工作。一是继续策划、举办以"中国寻根之旅"为品牌的各类华裔青少年夏（冬）令营活动，并将不断丰富内容、加大创新力度推出新项目。二是全面推广中华文化竞赛，举办世界华裔青少年"中华文化知识大赛"。国务院侨办先后举办了三届"海外华裔青少年中华文化知识竞赛"活动。为了让更多的华裔青少年参与此项活动，自2012年起，国务院侨办将在往届知识竞赛的基础上，与有关电视媒体、网络媒体合作，在全球举办"世界华裔青少年中华文化大赛"活动。三是策划、举办以"中华文化大乐园"为品牌、在海外就地举办的华裔青少年夏（冬）令营活动。今年，国务院侨办在部分国家举办了"中华文化大乐园"夏令营。今后，将继续组织国内的专业教师和优秀才艺学生，每年赴海外举办10余期"中华文化大乐园"夏（冬）令营，尽力满足那些不能来国内参加活动的学生学习中华文化的愿望。四是以中华优秀才艺学生赴海外交流汇演的形式，增进海内外华裔青少年的交流与联系，激发海外华裔青少年学习优秀中华才艺的热情。五是继续举办世界华人少年作文比赛，提高华裔学生的汉语技能，激发其学汉语、用汉语的兴趣。

五、华文教育在加快中华文化走出去、增进不同民族文明交流互鉴方面可以大有作为

今年10月15—18日召开的中国共产党第十七届中央委员会第六次全体会议，提出了建设社会主义文化强国、建设中华民族共有精神家园的宏伟目标。当今世界正处在大发展大变革大调整时期，文化在综合国力竞争中的地位和作用更加凸显，文化越来越成为民族凝聚力和创造力的重要源泉，增强国家文化软实力和中华文化国际影响力的要求更加紧迫。

海外华文教育形式多样、分布广泛、队伍庞大、基础雄厚、视野开阔，在加快中华文化走出去、增进不同民族文明交流互鉴方面具有独特优势，可以大有作为。

中国国家副主席习近平在2010年“中国寻根之旅”夏令营开营式上讲话时指出：“团结统一的中华民族是海内外中华儿女共同的‘根’；博大精深的中华文化是海内外中华儿女共同的‘魂’；实现中华民族伟大复兴是海内外中华儿女共同的‘梦’。”办好华文教育，让中华文化在海外生根发芽、开花结果，需要我们大家共同努力。让我们携起手来，团结一致，抓住机遇，凝聚力量，共同创造华文教育更加灿烂辉煌的明天！

（《侨务工作研究》2011年第6期）

（作者系国务院侨务办公室副主任）

国务院侨办2011年政府信息公开工作年度报告

本年度报告是国务院侨办根据《中华人民共和国政府信息公开条例》（以下简称《条例》）的规定和要求，结合工作实际编制并向社会公布。本报告内容由概述、主动公开政府信息情况、依申请公开政府信息情况、政府信息公开收费及减免情况、政府信息公开申请行政复议和提起行政诉讼情况、存在的主要问题及改进措施六个部分构成，数据统计期限为2011年1月1日至2011年12月31日。

一、概述

2011年，国务院侨办按照党中央、国务院对政府信息公开工作的要求，紧紧围绕侨务工作大局，继续认真贯彻落实《条例》精神，通过进一步加强组织领导，完善体制机制，规范政府信息公开程序，深化政府信息公开内容，加大政府信息主动公开力度，推动政府信息公开工作的持续协调发展。全办政府信息公开工作呈现“公开机制制度化、公开流程程序化、公开内容规范化”的运行态势，各项工作任务得到稳步推进，信息公开建设取得了新的成效。

（一）加强组织领导，推进机制建设。我办领导一直高度重视政府信息公开工作，将此项工作作为推进机关作风建设、促进侨务工作开展的重要举措，加大统筹协调力度，扎实推进政府信息公开各项工作的开展。我办政府信息公开工作由国务院侨办政务公开领导工作小组统一领导，并成立专门工作机构，配备专门人员负责处理日常事务性工作。为加强对政府信息公开工作的组织领导，今年我办进一步提高了领导小组的规格，对政务公开工作领导小组进行了调整，由办党组书记、主任李海峰担任组长，三位分管办领导分别担任副组长。在政务公开工作领导小组的领导下，各相关司（室）结合社会公众对政府信息公开的实际需求和自身业务工作，依法推进政府信息公开工作，形成了主要领导亲自抓，分管领导具体抓，各部门和单位密切配合，明确职责分工，做好任务分解，层层落实责任的有效工作机制。

（二）规范公开程序，加大公开力度。多年来，我办始终坚持按照“公开为原则，不公开为例外”的要求，以公开促进为侨服务能力和水平的提高，推动侨务事业发展。今年，我办从加强管理入手，进一步从内容、形式、程序和时限上对公开工作进行了规范，推进了政府信息公开工作的制度化建设。我办进一步规范信息发布制度和程序，改进工作流程和机制，使政府信息公开的要求得到了明确和落实。专门明确了向社会公开事项时的具体工作流程，从程序和时限上加大了信息公开力度。完善了监督保障、保密审查等配套措施，进一步明确了信息公开工作中各主管业务司（室）、保密办的职责，保障我办政府信息公开工作规范有序运转。特别是为保障公众获知必要政府信息的权利，防止应当公开的信息不能及时公开，我办今年还特别加强了对涉密文件保密期限的认定，在每份涉密文件上都明确标注保密期限，确保涉密公文能逾期自动解密，推动政府信息公开制度的落实。

（三）重视载体建设，丰富公开内容。公众信息网是我办政府信息公开的第一平台，有专人负责维护和更新工作，方便社会公众查询了解有关政府信息。今年，我办对公众信息网栏目设计、版面美工方面做了优化，使网站重点更加突出、公开内容更加贴近侨务工作实际。为确保信息公开内容的规范，我办就如何加强网站稿件发布的审查工作进行了专题研究，在丰富公开内容的基础上，加强了审核管理力度，有效提高了公开内容的质量。据不完全统计，我办公众信息网站共编发全国侨办系统各项工作相关重要信息资讯3 000余条，其中，我办机关相关工作信息近400条，方便了社会公众特别是海外侨胞和归侨侨眷及时、便捷、更好地了解侨务工作发展情况，提高了政府信息公开和政务服务的水平。此外，根据侨务工作的阶段性重点任务，在信息网站上设置相应专题集中发布信息，突出公开重点，增强公众获取公开信息的便利性。2011年，共推出全国侨务工作会议等各类专题6个，网络特别策划2个，有力促进了政府信息公开工作。

二、主动公开政府信息情况

我办主动公开的政府信息主要通过政府公众信息网、《侨务工作研究》和新闻发布等形式向公众公开。

2011年，全办通过公众信息网向社会新增主动公开信息共380条，内容包括国内外侨务工作动态、经济科技、文化交流、华文教育等方面的公务活动信息和相关政策法规解读等。全年页面访问量超2 500万人次，较2010年有较大幅度增长，主动公开成效明显。以公众信息网为主体，我办构建了由中国侨网、全球华侨华人专业协会协作网、中国华文教育网、中国华文教育基金会、中国侨商投资企业协会等众多子站构成的网站群，加强各部门之间的联动，更加全面、准确地公开各类政务信息，进一步丰富政府信息公开的内容。

我办在通过网站主动公开信息的同时，还通过《侨务工作研究》（双月刊）主动公开涉及侨务工作方面的方针政策等重要政府信息。该刊作为全国侨务工作指导性期刊，不仅进行相关侨务政策解读、侨务工作动态信息发布等，还专门设有政策问答栏目，对全国及各地有关侨务政策法规进行答疑解惑，提供权威指引。期刊电子版同期在办公众信息网站上刊载，便于公众查询。

此外，我办还注重通过电视、广播、报刊等新闻媒体，以发布新闻稿件、召开新闻发布会、安排新闻采访等形式，加强与新闻媒体之间的互动，为公众了解和关注有关侨务重要工作部署、工作进展情况及侨界要闻和热点事件等主动公开相关政府信息。

三、依申请公开政府信息情况

2011年度，我办共受理公开政府信息的申请0件。

四、政府信息公开收费及减免情况

2011年，我办未向公民、法人和其他组织收取任何与政府信息公开工作相关的费用。

五、政府信息公开申请行政复议和提起行政诉讼情况

2011年度，我办没有发生因政府信息公开申请行政复议、提起行政诉讼的情况。

六、存在的主要问题及改进措施

2011 年，我办政府信息公开工作虽然在加强政府信息公开基础性建设、完善政府信息公开配套制度、深化政府信息公开内容等方面取得了一定成效，信息公开的深度、广度都有所提高，但仍然存在着一些不足和问题，尚处在不断完善改进的阶段。主要表现在：一是公开信息还不能完全满足包括广大海外华侨华人在内的社会公众的实际需求，公开的内容尚需进一步梳理和规范；二是对直属单位和系统内的政府信息公开工作的指导和检查有待进一步加强，调研和培训力度尚有欠缺；三是部分单位和人员的主动公开意识需要进一步加强，监督体系和信息互动性还有待不断完善。

在今后的工作中，我办将重点抓好以下几个方面的工作：

（一）进一步加强组织领导，提高思想认识，增强主动公开政府信息的意识。要继续组织对《条例》等有关政府信息公开文件的学习、培训和宣传，适时开展我办系统政务公开和政府信息公开培训班。通过专题培训、以会代训等形式，充分认识深化政府信息公开工作的重要意义，提高全系统推行政府信息公开的自觉性和主动性。

（二）进一步加强制度建设，规范工作流程，推进政府信息公开工作的制度化、规范化、科学化。积极探讨新形势下政府信息公开工作的规律和特点，认真梳理公开事项，编制更加科学的公开目录，完善各项工作体制和管理制度，规范工作程序，严格时限要求，解决政府信息公开工作中不平衡、不巩固的问题，保证工作的规范、正常运转。

（三）进一步创新公开形式，拓宽公开渠道，以公开促进政务服务水平的提高。要在继续完善政府公众信息网等主动公开方式的基础上，逐步设立并更新政府信息公开专题网、电子公告栏等信息公开方式。要不断深化政务服务方式，加大网站互动栏目建设，在条件成熟时开通网站在线服务栏目，完善网上报名系统、构建网上信访、网上投诉等功能，并梳理各项业务办理手续，提供“一站式”在线服务。

（四）进一步加大督查调研力度，强化监督考核，确保政府信息公开工作实效。要加强工作调研，着重加大对本系统政府信息公开工作的检查指导，及时了解各单位工作的进展情况，及时发现和解决工作中存在的问题。要建立健全激励和问责机制，把政府信息公开工作纳入党风廉政建设责任制考核、行政机关绩效考核和民主评议范围，细化考核评估标准。要全面加强对政府信息公开工作的组织、领导和监督，研究改进监督的方式方法，切实提高监督实效，不断提升政府信息公开整体工作水平。

特此报告。

（国务院侨务办公室网站 2012－03－09）

（本栏目责任编辑　徐云）

涉侨政策法规

本栏目收录了2011年公开发布的全国性和地方性重要涉侨政策法规，按国家、省、市的顺序，以文件发布时间升序排列。

国务院侨办关于公布规范性文件清理结果的通知

根据《国务院办公厅关于做好规章清理工作有关问题的通知》（国办发〔2010〕28号）的要求，12月13日，国务院侨办向各省、自治区（西藏除外）、直辖市侨办、副省级城市及新疆生产建设兵团侨办下发了《国务院侨办关于侨务规范性文件清理情况的通知》，废止6个规范性文件，继续有效适用18个规范性文件，拟适时修订13个规范性文件。

一、废止的6个规范性文件

1. 国务院侨办关于华侨农场归侨职工退休、退职待遇问题的意见　(81) 侨企字第071号　1981年5月27日

2. 国务院侨办关于华侨企业归侨职工子女劳动就业问题的意见　(82) 侨企字第010号　1982年1月20日

3. 国务院侨办关于华侨农场非归侨职工退休、退职待遇问题的意见　(82) 侨企字第016号　1982年2月1日

4. 国务院侨办关于华侨农场归侨职工的子女在场外的配偶及其子女要求迁入农场团聚问题的通知　(84) 侨企字第171号　1984年11月28日

5. 国务院侨办、劳动人事部、公安部、商业部、财政部关于解决国营华侨农（林）场重新调整安置归侨、难侨的劳动指标及户口、粮食供应关系等问题的通知　(86) 侨经会字第024号　1986年7月15日

6. 国务院侨办文教宣传司、国家教委科技司关于国务院侨办所属高等学校设立重点学科科研基金的决定　(91) 宣教字第329号　1991年11月29日

二、继续有效适用的18个规范性文件

1. 国务院侨办、城乡建设环境保护部、教育部、劳动人事部关于适当照顾解决归侨、侨眷住房困难及其子女升学就业等问题的通知　(83) 侨政会字第008号　1983年3月21日

2. 民政部、国务院侨办关于华侨去世后回国安葬问题的通知　民〔1984〕民20号　1984年5月28日

3. 国务院侨办侨政司复关于自费留学人员归国后是否享受归侨待遇的问题 （86）侨政政字第032号 1986年5月27日

4. 司法部、建设部、外交部、国务院侨办关于办理华侨、港澳同胞、台湾同胞以及外国人房屋产权事宜中如何确认公证文书效力的通知 （89）司发公字第024号 1989年2月24日

5. 国务院侨办关于确认归国华侨身份的复函 （92）侨内字第019号 1992年8月28日

6. 国务院侨办、建设部关于归侨侨眷职工因私出境租住公房和参加房改买房问题的规定 侨内会发〔1998〕002号 1998年4月21日

7. 民政部、国务院侨办等六个部门关于特殊坟墓处理问题的通知 民发〔2000〕93号 2000年4月17日

8. 国务院侨办、建设部关于归侨侨眷职工参加房改买房问题的补充规定 侨内会〔2001〕132号 2001年9月3日

9. 财政部、劳动和社会保障部、国务院侨办关于对归难侨离退休人员基本养老金实行定额补助有关问题的通知 财社〔2001〕133号 2001年12月21日

10. 财政部、国务院侨办关于印发华侨事业费管理暂行办法的通知 财行〔2002〕209号 2002年11月18日

11. 劳动和社会保障部、财政部、农业部、国务院侨办关于农垦企业参加企业职工基本养老保险有关问题的通知 劳社部发〔2003〕15号 2003年6月5日

12. 教育部、国务院侨办关于在中小学校布局调整中注意保护海外侨胞捐赠财产的意见 教外港〔2003〕55号 2003年9月24日

13. 教育部高校学生司、国务院侨办文教宣传司关于暨南大学、华侨大学有关招生工作的通知 文教发〔2004〕32号 2004年5月10日

14. 教育部、国家发改委、财政部、国务院侨办关于调整国内普通高校招收海外华侨学生收费标准及有关政策问题的通知 教财〔2006〕7号 2006年7月11日

15. 人事部、国务院侨办等十六部门关于印发关于建立海外高层次留学人才回国工作绿色通道的意见的通知 国人部发〔2007〕26号 2007年2月15日

16. 国务院侨办、教育部关于印发关于华侨子女回国接受义务教育相关问题的规定的通知 侨文发〔2009〕5号 2009年1月22日

17. 国务院侨办关于印发关于界定华侨、外籍华人、归侨、侨眷身份的规定的通知 国侨发〔2009〕5号 2009年4月24日

18. 国家人口计生委、公安部、国务院侨办关于涉侨计划生育政策的若干意见 国人口发〔2009〕103号 2009年12月30日

三、拟适时修订的13个规范性文件（仍继续有效）

1. 国务院侨办、国家人事局、国家劳动总局、财政部、公安部关于归侨、侨眷职工出境探亲待遇问题的通知 （82）侨政会字第011号 1982年4月9日

2. 劳动人事部、国务院侨办、中国银行、中华全国总工会关于获准出国定居的退休、退职人员待遇问题的通知 劳人发〔1982〕42号 1982年6月17日

3. 外交部、最高人民法院、民政部、司法部、国务院侨办关于驻外使领馆处理华侨婚姻问题的若干规定 （83）部领二字第261号 1982年11月28日

4. 国务院侨办、劳动人事部、财政部关于归侨、侨眷职工因私事出境的假期、工资等问题的规定 （83）侨政会字第007号 1983年1月25日

5. 劳动人事部、国务院侨办、中国银行、全国总工会关于获准出国定居的退休、退职人员待遇支付问题的答复 劳人险局〔1983〕06号 1983年2月23日

6. 国务院侨办、劳动人事部、中国银行、中华全国总工会关于获准出境定居的退休、退职人员待遇问题的补充规定 （84）侨政会字第071号 1984年11月29日

7. 国务院侨办、劳动人事部、财政部关于发给已获准出国定居的离休、退休人员生活补贴费的通知 （85）侨政会字第017号 1985年7月3日

8. 国务院侨办侨政司、劳动人事部保险福利司关于获准出国定居的退休人员加入外国籍后仍可享受退休待遇的规定 （85）侨政政字第119号 1985年9月18日

9. 国务院侨办、财政部关于对已一次领取五年退休费的出国定居的离、退休人员生活补贴费发放问题的答复 （86）侨政会字第021号 1986年12月2日

10. 国务院侨办、人事部、外交部、劳动部、财政部关于归侨侨眷离休、退休、退职人员因私事出境有关待遇的通知 （92）侨内会字第020号 1992年11月7日

11. 国务院侨办国内司关于香港回归后对香港同胞在内地眷属管理分工等问题的复函 国内政发〔1997〕018号 1997年8月28日

12. 劳动和社会保障部、国务院侨办关于获准出境定居的归侨侨眷职工医疗保险有关政策问题的通知 劳社部函〔2001〕165号 2001年9月27日

13. 国务院侨办关于下发涉侨经济案件协调处理工作暂行办法的通知 国侨发〔2002〕6号 2002年10月15日

（国务院侨务办公室网站 二〇一一年一月五日）

中共中央组织部 人力资源和社会保障部 印发《关于支持留学人员回国创业的意见》的通知

人社部发〔2011〕23号

各省、自治区、直辖市党委组织部、人力资源社会保障厅（局），新疆生产建设兵团党委组织部、人事局，国务院各部委、各直属机构人事部门：

为贯彻落实《国家中长期人才发展规划纲要（2010—2020年）》，加大海外留学人才引进工作力度，加强对留学人员回国创业的支持，中央组织部、人力资源社会保障部会同教育部、科技部、财政部、外交部、发展改革委、公安部、国土资源部、商务部、人口计生委、人民银行、国资委、海关总署、税务总局、工商总局、侨办、中科院、外专局、外

汇局等有关部门研究制定了《关于支持留学人员回国创业的意见》，经中央人才工作协调小组同意，现印发给你们，请结合本地区、本部门的实际情况贯彻落实。

中共中央组织部
人力资源和社会保障部
二〇一一年二月二十三日

关于支持留学人员回国创业的意见

留学人员是我国人才资源的重要组成部分。吸引广大留学人员回国工作、创业或为国服务，是我国加强人才队伍建设、建设创新型国家的重要途径，也是新形势下实施科教兴国战略和人才强国战略的重要内容。近年来，回国创业逐渐成为留学人员报效祖国、服务国家经济社会发展的重要方式。支持广大留学人员回国创办企业，参与创新型国家建设，有利于学习国外先进的科学技术、促进科技成果转化，有利于推动我国企业自主创新、提高我国自主创新能力，有利于以创业带动就业，对于推动我国现代化建设事业具有重要意义。为贯彻落实《国家中长期人才发展规划纲要（2010—2020 年）》精神，按照中央人才工作协调小组的要求，结合新时期留学人员回国创业的特点，现提出如下意见：

一、大力支持留学人员回国创业

1. 留学人员回国创业是指海外留学人员以专利、科研成果、专有技术等回国创办企业。留学人员企业一般要由留学人员担任企业法人代表，或者留学人员自有资金（含技术入股）及海内外跟进的风险投资占企业总投资的 30% 以上。

2. 支持留学人员回国创业要全面贯彻落实科学发展观，坚持以科学人才观为指导，认真贯彻“支持留学、鼓励回国、来去自由”的工作方针，按照“拓宽留学渠道，吸引人才回国，支持创新创业，鼓励为国服务”的工作要求，围绕西部大开发、东北地区等老工业基地振兴、中部崛起、东部地区率先发展和行业振兴等战略规划，创造和利用更多支持条件，全方位、多渠道、多层次为留学人员回国创业予以扶持。通过支持留学人员回国创业，努力实现推动创新型国家建设、提高整体自主创新能力、优化产业结构调整的目标，为全面建设小康社会提供人才支持。

3. 支持留学人员回国创业要坚持经济效益与社会效益、人才效益相结合，对关系经济社会发展全局的项目要大力支持，并通过企业发展培养出一批掌握尖端科技的创新型人才和善于经营管理的领军型人才；坚持国家战略与区域规划相结合，优先支持我国急需发展的高新技术产业以及地方振兴进程中的重点产业项目；坚持政府投入与社会投入相结合，以政府投入引导、带动社会投入支持留学人员创业；坚持优化环境与市场调节相结合，在提供优惠政策的同时，进一步完善市场机制，充分发挥市场的基础性作用；坚持个人素质与创业前景相结合，在考虑企业科技成果创新性的同时，注重留学回国人员的诚信记录和能力水平的综合评价。

4. 支持留学人员回国创业必须营造有利于创业的良好环境。要不断创新政策、完善体制、强化服务、优化环境，为留学人员回国创办企业提供优惠的政策支持、良好的生活保障和优良的服务环境，积极构建以企业为主体、市场为导向、产学研相结合的留学人员创新创业体系，逐步发展一批具有自主知识产权的留学人员高新技术企业，培养一批专业素质高、技术前景好、海外联系广、熟悉国际运作规则的现代企业经营管理人才。

二、积极为留学人员回国创业提供政策支持

5. 要结合经济社会发展和产业结构调整的需要，研究制订专项创业支持计划，有针对性地重点引进一批本地区发展急需和紧缺的留学人员回国创业。各地区要积极加强创业载体建设，依托当地经济技术开发区、高新技术产业开发区、留学人员创业园、大学科技园、农业科技园区等创业载体，大力吸引留学人员回国创业。

6. 国家实施留学人员回国创业启动支持计划，对创新能力强、发展潜力大、市场前景好的留学人员企业，在创办初始启动阶段予以重点支持。有条件的地区可为留学人员回国创办企业提供一定数量的创业启动资金，并为领军型回国创业留学人员及其创业团队成员提供一定数额的安家费或租房补贴。

7. 有条件的地方可以设立政府创业投资引导基金，引导和鼓励国有企业、私营企业、外资企业、社会团体、自然人等各类社会资本参与创业投资事业，为留学人员回国创业拓宽融资渠道。

8. 进一步改进和完善创业贷款管理，推进金融产品和服务方式创新，研究探索“银行 + 担保 + 额外风险补偿机制”的贷款模式，加强对留学人员回国创业的金融服务。鼓励担保机构和再担保机构为留学人员回国创办企业提供贷款担保和再担保服务。

9. 符合条件的留学人员企业可以按规定参与国家和省级科技计划项目、科研项目等，对进入各类园区孵化或转化的科研项目给予减免场地租金等优惠。

10. 留学人员回国创办企业的，按有关规定享受相应的税收优惠政策。其中，属于国家需要重点扶持的高新技术企业，减按 15% 的税率征收企业所得税；企业开发新技术、新产品、新工艺发生的研究开发费用，可按实际发生额的 150% 在计算应纳税所得额时加计扣除；企业从事农、林、牧、渔业项目的所得，从事国家重点扶持的公共基础设施项目投资经营的所得，从事符合条件的环境保护、节能节水项目的所得，可以免征、减征企业所得税；企业以《资源综合利用企业所得税优惠目录》规定的资源作为主要原材料，生产国家非限制和禁止并符合国家和行业相关标准的产品取得的收入，可以在计算应纳税所得额时减计收入。

11. 外籍或取得海外永久居留权的回国创业留学人员在国内取得的合法收入，依法纳税并持有税务部门出具的对外支付税务证明后，可全部兑换外汇汇出境外。在售付汇管理上，根据收入的性质，按照相关外汇管理规定办理。

12. 回国创业留学人员以租赁方式使用国有土地进行创业，可享受各地政府优先供应土地等政策。留学回国人员可依照土地管理法律法规和土地利用总体规划，利用荒山、滩涂等特殊土地开发农业、林业项目，但不能抵押、转让、转租土地，不得改变用地性质。

13. 留学人员企业参加政府采购公开招标，按有关政策规定予以支持。

14. 鼓励留学人员企业申请专利，形成企业自主知识产权与核心技术的专利保护，加

大对留学人员企业专利申请的支持力度。回国创业留学人员的技术成果可按国家有关规定作价入股投资。

15. 积极鼓励留学人员企业申报设立博士后科研工作站，鼓励博士后科研工作站招收海外博士后进站开展科研活动，并对进站的海外博士后给予经费资助。

三、积极为留学人员回国创业营造良好环境

16. 对回国创业留学人员坚持来去自由的原则，回国创业留学人员出国学习、考察，参加有关学术活动等正常业务活动，有关部门要简化手续，优先办理。

17. 回国创业留学人员本人及其随行配偶、未成年子女，经本地人力资源社会保障部门和公安部门审核后，可在创业地或其本人原籍户口所在地落户，也可在其本人原户口注销地恢复户口。其中，北京市、上海市应当结合本地对人才的需求以及经济社会发展水平和综合承受能力，制定对非在本地注销户口或原籍不在本地的回国创业留学人员的户口迁移政策。

夫妻双方在国外连续居住 1 年以上的持中国护照的留学人员，按政策生育或在国外期间生育及在国外怀孕后回中国内地生育第二个子女的，要按照国家及本地区有关规定在计划生育服务管理等方面给予适当照顾；其子女回国，可按照国家及本地区的有关法律政策规定，随父母在当地落户。

18. 回国创业留学人员按照国家有关规定参加中国境内各项社会保险（有社会保险双边或多边互免协议的除外），包括基本养老、基本医疗、失业和工伤保险等，缴费年限以实际缴纳各项社会保险费的年限为准。

回国创业留学人员可凭劳动、聘用等有效合同和各地人力资源社会保障部门的证明在当地建立个人住房公积金账户。非本地户籍的回国创业留学人员可以按规定，在当地缴存和使用住房公积金，离开该地区时，可以按规定办理住房公积金的提取或转移手续。

已加入外国籍的回国创业留学人员在中国境内跨统筹地区流动，按照中国有关规定，办理社会保险关系转移接续，享受各项社会保险待遇的办法和个人住房公积金时，在缴费标准、转移办法和享受待遇等方面与中国公民有相同的权利和义务。

19. 回国创业留学人员在国内首次申报职称时，可比照国内同等资历人员申报相应级别专业技术职务任职资格的评审，免试外语和计算机。对其在国外取得的与国内相对应的技术职务或执业资格，经验证后，在各地人力资源社会保障部门办理确认手续。

20. 已加入外籍的回国创业留学人员初次申领机动车驾驶证，符合驾驶证申领条件的，可凭其入境时所持有的护照或者其他旅行证件、有效签证或者居留许可，以及公安机关出具的住宿登记证明和身体条件证明，经考试合格后，由公安机关核发《中华人民共和国机动车驾驶证》。

持境外机动车驾驶证的回国创业留学人员，符合驾驶证申领条件的，可凭境外机动车驾驶证、身份证明和身体条件证明，经考试合格后，由公安机关核发《中华人民共和国机动车驾驶证》。

回国创业留学人员可以凭身份证明及机动车相关证明、凭证，到公安部门申请办理机动车注册登记。

21. 妥善安排回国创业留学人员的配偶工作和子女就学。随迁配偶就业，采取个人联

系和组织推荐相结合的方法，用人单位有接收条件的，要优先安排，确有困难的，当地人力资源社会保障部门要积极帮助推荐就业。

随迁子女入托及义务教育阶段入学，由其居住地教育行政部门按照就近入学的原则优先办理入、转学手续，不收取国家规定以外费用。

22. 鼓励留学人员企业申报各级各类科技计划和科研基金项目，开展科研活动。同等条件下，对研究开发水平高、具有良好产业化前景的留学人员企业科研项目予以优先支持。进一步发挥留学人员独特优势，鼓励他们创造更多的成果和效益。

23. 鼓励各高等院校及科研机构实验室向留学人员企业开放，支持留学人员企业建立企业技术中心或与高等院校、科研院所联合组建工程技术研究中心，并享受相关优惠政策。鼓励有发明专利或科研成果的回国创业留学人员申报国家和省部级有关科技奖项。

24. 各地人力资源社会保障等部门要主动为留学人员创办企业及留学人员创业园提供支持和帮助。建立留学人员回国创业信息平台，加大信息网络建设力度，宣传引才和创业政策，提供项目需求信息等，促进资源共享。积极为留学人员回国创业搭建交流平台，鼓励和支持各地区开展多种形式的留学人员智力交流活动。建立创业投资综合性服务平台，实现留学人员回国创办企业和创业投资企业的信息互动交流。建立技术产权服务平台，为留学人员回国创业提供中外技术专利信息数据库检索、国家重点行业数据库检索和技术产权网上交易等服务。

四、加强对留学人员回国创业工作的组织领导

25. 高度重视。各地区要充分认识支持留学人员回国创业工作的重要意义，要把支持留学人员回国创业工作摆上重要议事日程，按照党管人才的原则，加强对留学人员回国创业工作的政策研究、宏观指导和组织协调，进一步发挥留学人员回国服务工作部际联席会议的积极作用。在各地人才工作领导小组的统一领导下，人力资源社会保障部门要充分发挥政府留学人员回国工作综合管理职能作用，加强与有关部门的沟通协调，指定专门机构，负责本地区的留学人员回国创业工作。各有关部门要相互支持，密切配合，形成合力，共同做好支持留学人员回国创业工作。

26. 加强协调。各地区要根据本地区的实际情况建立留学人员回国创业服务工作协调机制，综合协调当地留学人员回国创业工作。各部门要加强沟通协调，进一步加强对留学人员回国创业工作的宏观指导。建立留学人员回国创业工作定期交流制度，加大地区、部门、行业间交流合作，盘活留学人员资源，探索建立海内外留学人员组织合作机制，以留学人员服务机构为主体，发挥海内外各类留学人员组织、社会团体的积极作用，不断开创留学人员回国创业服务工作新格局。

27. 突出重点。各地区要进一步完善鼓励和支持留学人员回国创业工作的政策措施，加快培育和发展留学人员创业园，为留学人员回国创业提供专业服务，充分发挥各地国家级留学人员创业园的示范、引领和推广作用，要根据本地区经济社会发展制订专门的支持留学人员创业工作计划，把工作重点放在支持高层次留学人员回国创业工作上。集中优势力量，加大投入力度，力争在引进一批具有核心竞争力的留学人员回国创业企业方面有所突破。

28. 强化服务。各地区要将回国创业留学人员纳入当地重点人才服务对象的范围，建

立服务机制。要研究制定留学人员回国创业服务机构工作章程和制度，明确专门服务机构，设立专门服务窗口，为留学人员回国创业提供无障碍、一站式、个性化、全方位的服务。有条件的地区要根据留学人员回国创业的特点和要求，开发特色服务项目，构建多元化、立体化服务产品体系，支持广大留学人员回国创业。要积极构建以企业为主体、市场为导向、产学研相结合的留学人员创新创业体系，进一步加大留学人员回国创业服务工作力度。对作出重大贡献的回国创业留学人员，要以适当方式进行宣传和表彰，营造留学人员回国创业的良好氛围。要通过完善留学人员创业信息库，增强留学人员回国创业工作的针对性和时效性。要建立与海外留学人员联系的有效渠道，充分发挥各类社会团体机构的联络作用，加强与海外留学人员的联系，为他们回国创业牵线搭桥，提供服务。

在中国境内就业的外国人参加社会保险暂行办法

（2011 年 9 月 6 日人社部令第 16 号发布　自 2011 年 10 月 15 日起施行）

第一条　为了维护在中国境内就业的外国人依法参加社会保险和享受社会保险待遇的合法权益，加强社会保险管理，根据《中华人民共和国社会保险法》（以下简称社会保险法），制定本办法。

第二条　在中国境内就业的外国人，是指依法获得《外国人就业证》、《外国专家证》、《外国常驻记者证》等就业证件和外国人居留证件，以及持有《外国人永久居留证》，在中国境内合法就业的非中国国籍的人员。

第三条　在中国境内依法注册或者登记的企业、事业单位、社会团体、民办非企业单位、基金会、律师事务所、会计师事务所等组织（以下称用人单位）依法招用的外国人，应当依法参加职工基本养老保险、职工基本医疗保险、工伤保险、失业保险和生育保险，由用人单位和本人按照规定缴纳社会保险费。

与境外雇主订立雇用合同后，被派遣到在中国境内注册或者登记的分支机构、代表机构（以下称境内工作单位）工作的外国人，应当依法参加职工基本养老保险、职工基本医疗保险、工伤保险、失业保险和生育保险，由境内工作单位和本人按照规定缴纳社会保险费。

第四条　用人单位招用外国人的，应当自办理就业证件之日起 30 日内为其办理社会保险登记。

受境外雇主派遣到境内工作单位工作的外国人，应当由境内工作单位按照前款规定为其办理社会保险登记。

依法办理外国人就业证件的机构，应当及时将外国人来华就业的相关信息通报当地社会保险经办机构。社会保险经办机构应当定期向相关机构查询外国人办理就业证件的情况。

第五条　参加社会保险的外国人，符合条件的，依法享受社会保险待遇。

在达到规定的领取养老金年龄前离境的，其社会保险个人账户予以保留，再次来中国就业的，缴费年限累计计算；经本人书面申请终止社会保险关系的，也可以将其社会保险个人账户储存额一次性支付给本人。

第六条 外国人死亡的，其社会保险个人账户余额可以依法继承。

第七条 在中国境外享受按月领取社会保险待遇的外国人，应当至少每年向负责支付其待遇的社会保险经办机构提供一次由中国驻外使、领馆出具的生存证明，或者由居住国有关机构公证、认证并经中国驻外使、领馆认证的生存证明。

外国人合法入境的，可以到社会保险经办机构自行证明其生存状况，不再提供前款规定的生存证明。

第八条 依法参加社会保险的外国人与用人单位或者境内工作单位因社会保险发生争议的，可以依法申请调解、仲裁、提起诉讼。用人单位或者境内工作单位侵害其社会保险权益的，外国人也可以要求社会保险行政部门或者社会保险费征收机构依法处理。

第九条 具有与中国签订社会保险双边或者多边协议国家国籍的人员在中国境内就业的，其参加社会保险的办法按照协议规定办理。

第十条 社会保险经办机构应当根据《外国人社会保障号码编制规则》，为外国人建立社会保障号码，并发放中华人民共和国社会保障卡。

第十一条 社会保险行政部门应当按照社会保险法的规定，对外国人参加社会保险的情况进行监督检查。用人单位或者境内工作单位未依法为招用的外国人办理社会保险登记或者未依法为其缴纳社会保险费的，按照社会保险法、《劳动保障监察条例》等法律、行政法规和有关规章的规定处理。

用人单位招用未依法办理就业证件或者持有《外国人永久居留证》的外国人的，按照《外国人在中国就业管理规定》处理。

第十二条 本办法自2011年10月15日起施行。

广东省国土资源厅　广东省人民侨务办公室
关于切实维护华侨在农村的宅基地权益的若干意见

粤侨办〔2011〕3号

各地级以上市国土资源局（国土资源行政主管部门）、侨办（外事侨务局），佛山市顺德区国土城建和水利局、民政宗教和外事侨务局：

我省华侨众多，华侨是我省加快改革开放、促进现代化建设、传播弘扬岭南文化、提升我省海外软实力的宝贵人才资源和重要力量。为切实维护好华侨在农村的宅基地合法权益，凝聚侨心、汇集侨智、发挥侨力，促进海内外同胞关系的和谐，促进广东经济社会的发展，现就有关问题提出以下意见：

一、华侨在农村的宅基地确权登记，按尊重历史、尊重集体经济组织及其成员利益、与以往法规和政策相衔接、以使用现状确定的原则办理。

二、华侨的身份确认，由县级以上人民政府侨务主管部门依照国家、省的有关规定办理。办理土地登记时，华侨应提交由县级以上人民政府侨务主管部门出具的华侨身份确认证明文件。

三、未办理登记发证的华侨祖屋或华侨在原籍农村的唯一住房（含华侨用祖宅地的再建住房），符合法规和政策使用的宅基地，房屋产权没有变化的，可依法确定宅基地使用权。符合下列情况的，由业主凭当地村小组和村委会的有关证明，经乡镇政府批准后，向所在县（市、区）国土资源部门申请，土地使用权经公告无异议或异议不成立的，可办理登记发证：

1. 1987 年 1 月《土地管理法》施行之前华侨在农村建房占用的宅基地，地上有永久性房屋，至今未改建、扩建、加建的，可按现有实际使用面积进行登记，确定宅基地使用权；

2. 1987 年 1 月至 1999 年《土地管理法》施行期间，华侨经县级人民政府批准取得的宅基地，凭权属来源证明文件办理登记；

3. 通过继承房产取得的宅基地使用权，凭合法有效的证明文件办理登记。

四、华侨原在农村的房屋拆除或坍塌，原宅基地未安排他人使用的，经当地村民小组和村委会同意，乡（镇）人民政府审核，报县级以上人民政府批准，可将原宅基地恢复使用，宅基地面积不能超过政策规定的当地村民每户用地标准；原宅基地已安排他人使用的，原则上不再安排宅基地。有条件的地方，经当地村民小组和村委会同意，乡（镇）政府审核，报县级以上人民政府批准，可将村内空闲宅基地调整安排给华侨使用，或在农村集体统建楼中统筹安排。

符合前款规定取得土地使用权的华侨可凭当地村小组和村委会的证明、县级以上人民政府的批复等相关材料申请土地登记。

五、1999 年《中华人民共和国土地管理法》实施前，以华侨亲属名义申办了集体土地使用证的侨房，如确属华侨祖屋或者华侨在原籍农村的唯一住房，未经改建、扩建、加建的，由土地所在地村民小组和村委会出具书面证明、原土地权利人出具同意更正的书面证明，经乡（镇）政府和县（市、区）侨务主管部门审核后，向原土地登记机关申请更正登记。土地使用权经公告无异议或异议不成立的，依法重新颁发土地使用证。原土地权利人不同意更正的，华侨业主可申请异议登记，并从异议登记之日起，15 天内向人民法院起诉，按人民法院裁定结果办理。

更正登记与注销登记应同时办理，原土地权利人应当向原土地登记机关申请注销登记，逾期不办理的，原登记机关按规定程序予以注销。

六、在当地政府规划撤并的村庄范围内的华侨房屋，以及在“三旧改造”中被拆除的华侨房屋，华侨原籍属当地的，按当地人民政府规定的农村集体村民同等待遇进行补偿或安置，并依照有关法规和政策规定实施。

七、有权属争议的宅基地使用权，凭人民政府处理决定或人民法院生效法律文书办理登记。

八、香港和澳门特别行政区居民、外籍华人在我省农村的宅基地确权，适用此文的各项规定。

九、本意见由省国土资源厅会同省侨办负责解释。各地可结合本地实际制定具体的实施意见。

广东省国土资源厅
广东省人民政府侨务办公室
二〇一一年一月四日

江西省侨务办公室
关于统一发放我省老年归国华侨生活补贴有关事项的通知

赣外侨字〔2011〕5号

各设区市、县（市、区）外事侨务办公室，省直各部门、各省属集团公司：

根据省外侨办、省财政厅、省人力资源和社会保障厅、省侨联印发的《关于提高我省老年归国华侨生活补贴标准的通知》（赣外侨字〔2010〕64号）规定，从2010年7月1日起，由省外侨办统一发放省财政专项资金解决的老年归国华侨生活补贴。为使此项发放工作规范有序、方便快捷，现就有关事项通知如下。

一、统一发放对象

居住在江西并有江西户籍的离退休归侨，或者年满60周岁（即1950年6月30日以前出生，含6月30日）的男性、年满55周岁（即1955年6月30日以前出生，含6月30日）的女性归侨。除行政单位和财政补助的事业单位以外，具备以下情况之一的补贴对象：

（一）非财政补助的事业单位和未参加基本养老保险社会统筹的单位，发放生活补贴有困难的。

（二）已经参加基本养老保险社会统筹的单位。

（三）户口在农村、户口在城镇无业等其他归侨。

二、申报办法

由申请人向户籍所在地的县（市、区）外侨办提出申请，再由县（市、区）外侨办审核汇总，并逐级上报。所需材料包括：

（一）《江西省老年归国华侨生活补贴申请表》。

（二）县级以上侨务工作部门审核认定的《归侨证》或《归侨身份证明书》。

（三）县级以上侨务工作部门盖章认可的老年归侨身份证复印件和户口本复印件。

（四）县级以上侨务工作部门盖章认可的离退休证复印件。

三、统一发放程序

由于我省老年归国华侨调整后的生活补贴标准是从 2010 年 7 月 1 日起执行的，为此请各单位于 2011 年 5 月 31 日之前，将符合统一发放条件的补贴对象的申报材料以及汇总表上报省外侨办审核后，由省外侨办将所需资金数额报省财政厅审核拨付，再由省外侨办转拨各设区市外侨办补发所属市县老年归侨 2010 年半年的生活补贴。省属单位由省外侨办直接发放。补发的生活补贴务必于 2011 年 7 月 31 日之前全部发放到位。

从 2011 年开始，请各单位在每年 11 月 30 日前将当年符合统一发放条件的补贴对象的申报材料以及汇总表上报至省外侨办。各单位应按照本通知要求，务必于当年 12 月 31 日之前全部发放到位。

四、其他

自行发放生活补贴的行政事业单位的归侨，其生活补贴由主管部门汇总交县级以上同级政府侨务工作部门以及人力资源和社会保障部门审批，按本单位现行办法发放；自行发放生活补贴的各类企业的归侨，其生活补贴由所属企业集团汇总（无企业集团的自行办理）交县级以上同级政府侨务工作部门审批，按本单位工资发放办法执行。

以前年度已享受政策且符合省财政专项资金解决生活补贴条件的老年归侨，应停止原生活补贴的领取，不得重复享受。

五、工作要求

（一）提高老年归国华侨生活补贴标准，充分体现了省委、省政府对老年归侨的关怀和照顾，是我省侨界的一项好事。各单位要充分认识其重大意义，把本地、本单位老年归侨的生活补贴发放工作做细、做实、做好，不得漏发、重发。

（二）由于老年归国华侨生活补贴发放对象是动态变化的，各单位要建立人员信息档案并实行定期跟踪核定，人员增加要及时申报，户籍迁出或被注销本省户籍的归侨，其生活补贴要及时终止。各设区市、县（市、区）侨务部门在发放补贴时，要现场核实，对年老体弱者，侨务部门更要做到送钱上门。如发现虚报冒领、截留挪用等违规情况，要严肃查处。

（三）为了全面掌握全省归侨人员的基本情况，并做好生活补贴的发放工作，请各单位在统计、审核老年归侨生活补贴的同时，全面统计、分类上报本地、本单位归侨人员情况给省外侨办侨务一处。

二〇一一年三月十六日

浙江省侨务办公室
关于开展“暖巢行动”关爱归侨侨眷空巢老人的通知

各市、县（市、区）侨办：

“老吾老以及人之老”，尊老、敬老自古以来就是中华民族的传统美德。随着中国社会老龄化程度的加剧，空巢老人越来越多。其中，侨界的空巢老人是一个比较特殊的群体，他们的子女不仅不在身边，而且远居海外。对他们的关爱是党和政府关注民生、构建和谐社会治国方略在侨界的体现，也是侨务部门服务大局、凝聚侨心、积聚侨力、不断涵养侨务资源的需要。为全面实施“归侨侨眷关爱工程”，深入贯彻《浙江省“归侨侨眷关爱工程”实施意见》（浙侨〔2008〕74号），正确体现“适当照顾”的侨务政策，决定在全省侨办系统组织开展关爱归侨侨眷空巢老人的“暖巢行动”，以改善侨界民生，助推和谐侨界建设。现将有关事项通知如下：

一、活动目标

全省各级侨办要以“三个代表”重要思想为指导，以科学发展观为统领，坚持“以人为本、为侨服务”宗旨，积极依托社区侨务工作平台，从归侨侨眷空巢老人的迫切需要出发，广泛开展关爱活动，积极为他们提供心灵关爱，解决生活困难，营造和谐氛围，为促进和谐侨界建设服务。

二、活动措施

（一）摸清底数，全面掌握归侨侨眷空巢老人情况。

各地侨办要结合完善归侨侨眷信息库工作，进一步摸清辖区内归侨侨眷空巢家庭基本情况，特别是空巢或独居的困难归侨侨眷老人的详细情况（包括姓名、性别、年龄、曾侨居国、主要困难、享受低保或固定补助情况、兴趣爱好等），有针对性地开展帮扶工作。

（二）依托社区，认真落实帮扶归侨侨眷空巢老人的措施。

各地侨办要依托社区侨务工作平台，引导、帮助社区整合资源、拓展服务，积极组织动员社区干部、党员骨干、居民小组长、志愿者等社会力量组建关爱团队，通过居家养老、志愿服务、侨界互助、结对帮扶等形式做好对归侨侨眷空巢老人的关爱工作。

（三）落实帮扶，积极为归侨侨眷空巢老人提供服务。

各地侨办要按照同等优先的原则重视做好归侨侨眷空巢老人的关爱工作，主动关心辖区内归侨侨眷空巢老人的生活情况，指导、帮助社区为他们解决相关问题；协调社区医疗机构建立辖区内归侨侨眷空巢老人健康档案，全省设立“侨法宣传角”的社区和有条件的其他社区要定期组织他们参加体检或健康咨询活动，为其提供必要的健康服务；要关注归侨侨眷空巢老人的心理需求，积极为他们与海外亲人的联系提供必要帮助，要落实人员定期通过电话、走访等形式了解其精神需求，传统佳节期间要主动探望问候，并组织他们参与各种丰富多彩的娱乐活动，为其提供良好的精神服务。

三、活动要求

（一）精心组织，加强领导。各地侨办要将开展关爱归侨侨眷空巢老人的“暖巢行动”作为今年贯彻实施“归侨侨眷关爱工程”，进一步推进社区侨务工作的一项重要工作来抓，要做到分管领导挂帅，落实专人负责，工作有计划，实施有方案，年终有总结。

（二）宣传发动，典型引领。充分发挥报刊、广播、电视、网络等新闻媒体的主渠道作用，精心策划和组织开展“暖巢行动”的专题宣传报道，加大对关爱归侨侨眷空巢老人工作重大意义的宣传；对关爱活动中好的做法和经验作为典型加以推广，以点带面，全面推进这一活动的深入开展。

（三）完善机制，着眼长效。关爱归侨侨眷空巢老人是各级侨办贯彻实施“归侨侨眷关爱工程”，做好社区侨务工作的一项具体、长期的工作，不仅要形成热潮，更要着眼长效。要建立规范的工作登记制度，完善工作台账；建立检查督办制度，确保任务落实到位；严格工作考评制度，保证工作长效开展。

二〇一一年三月二十八日

浙江省人民政府侨务办公室　浙江省财政厅
关于调整困难归侨生活补贴标准的通知

浙侨〔2011〕19 号

各市、县（市、区）侨办、财政局：

为充分体现党和政府对侨界困难群体的关爱，认真落实“适当照顾”的侨务政策，2004 年 8 月，省侨办、省财政厅、省民政厅联合下发了《关于给予我省困难归侨发放生活补贴的通知》（浙侨〔2004〕108 号），从 2005 年 1 月起对符合条件的我省困难归侨每人每月发放 100 ~ 150 元的生活补贴，这对于保障困难归侨这一特殊群体的基本生活，确实起到了“雪中送炭”的作用。

近年来，受金融危机的影响，国内外经济形势发生了深刻的变化，物价上涨较快，困难归侨生活受到了较大的影响，原有补贴已难以满足他们的基本生活需求。为了改善侨界民生，认真落实国务院侨办、财政部、扶贫办等九部委联合下发的《关于做好散居困难归侨侨眷扶贫救助工作的意见》（国侨发〔2010〕10 号）要求，进一步做好我省困难归侨的扶贫救助工作，经研究，决定适当提高全省困难归侨生活补贴的标准。

1. 补助标准由原来每人每月 100 ~ 150 元增加到每人每月 200 ~ 300 元。

2. 所需经费仍由同级财政按原渠道解决。

3. 调整后的补贴标准从2011年1月1日起执行。

4. 其他事项仍按浙侨〔2004〕108号文件要求办理。

浙江省人民政府侨务办公室
浙江省财政厅
二〇一一年三月三十日

浙江省教育厅办公室
关于做好在浙海外高层次人才子女就读中小学和幼儿园工作的通知

教办基〔2011〕97号

各市、县（市、区）教育局：

根据《中共浙江省委办公厅　浙江省人民政府办公厅印发〈关于大力实施海外优秀创业创新人才引进计划的意见〉和〈浙江省“海外高层次人才引进计划”暂行办法〉的通知》（浙委办〔2009〕73号）和《浙江省人民政府办公厅关于印发浙江省海外高层次人才居住证管理暂行办法的通知》（浙政办发〔2011〕28号）规定，结合我省实际，经研究，就我省海外高层次人才子女就读中小学和幼儿园提出以下意见。

一、各地教育行政部门要切实做好海外高层次人才子女就读中小学和幼儿园工作，完善措施，健全管理制度，统筹考虑，合理安排海外高层次人才子女在当地接受基础教育。

二、经各级教育行政部门批准设立的公办和民办普通中小学、幼儿园和中等职业教育机构原则上都可以接受海外高层次人才子女就读。

三、各级教育行政部门依据由省公安厅监制的《浙江省海外高层次才人居住证》确认海外高层次人才的身份。

四、海外高层次人才子女入学享受与本地户籍适龄儿童同等的待遇，在《浙江省海外高层次人才居住证》载明的所在地学校就近入学。义务教育阶段与当地学生一样享受省统一规定的免费政策。

浙江省教育厅办公室
二〇一一年七月一日

甘肃省散居困难归侨侨眷扶贫救助实施细则

（2011年10月12日甘肃省侨办、发改委、教育局等9厅局联合发布）

全省散居困难归侨侨眷扶贫救助工作要坚持以邓小平理论和“三个代表”重要思想为指导，全面落实科学发展观，以保障归侨侨眷民生为目标，以帮扶救助困难归侨侨眷为重点，以各项惠侨政策为载体，为广大归侨侨眷排忧解难，努力实现“学有所教、劳有所得、病有所医、老有所养、住有所居”的目标，使广大归侨侨眷充分享受改革发展的成果。

坚持的基本原则是：政府主导、社会参与、同等优先、适当照顾、因地制宜、分类指导。

一、各级人民政府对生活确有困难的归侨、侨眷应当救济，并对其生产就业给予扶持。

二、各级人力资源和社会保障部门应当对归侨、侨眷就业给予帮助。

归侨、侨眷就业或者参加各类就业考试时，用人单位应当在同等条件下优先录用。对归侨、侨眷再就业，应当在就业培训和职业介绍上给予优先扶持和帮助。

三、各级民政部门应当保障丧失劳动能力又无经济来源的归侨、侨眷的基本生活。对符合享受最低生活保障条件的归侨、侨眷，应当给予及时办理，并对困难归侨给予适当照顾。对归侨侨眷中的老年人、残疾人、重病患者、未成年人等特殊困难低保对象要给予倾斜照顾。

四、各级财政部门应积极安排资金，切实帮助贫困归侨、侨眷解决生活困难。省级财政将安排专项经费予以补助。补助经费由省财政厅、省侨办根据各市州侨务部门上报的贫困归侨侨眷人数，按照相关标准审核下达。各市州侨务部门负责核实贫困归侨、侨眷补助对象，并逐级下拨发放到各人。

五、各级扶贫部门对散居在贫困乡村的贫困归侨、侨眷应纳入当地扶贫开发规划，统筹安排，优先安排扶贫资金，优先实施扶贫项目。

六、符合购买经济适用房或租住政府提供的廉租房、公共租赁住房等条件的归侨、侨眷，各级建设部门应当优先解决；对居住在棚户区（危旧房）的归侨侨眷家庭，优先纳入棚户区（危旧房）改造规划；对散居农村并符合农村危旧房改造条件的归侨侨眷危旧房，优先纳入当地农村危旧房改造工程统筹考虑，并给予适当照顾。

七、各级教育部门应当将家庭困难的归侨侨眷子女优先纳入国家资助政策体系，通过国家助学金、助学贷款、学费减免、特殊困难补助、校内奖助学金等帮助其完成学业。各级教育部门要继续落实归侨学生、归侨子女、华侨在省内的子女升学的有关政策。

八、各级民政部门、人力资源和社会保障部门以及卫生部门应当积极将归侨侨眷纳入城镇职工基本医疗保险、城镇居民基本医疗保险或新型农村合作医疗。对经济困难的归侨家庭人员参加城镇居民基本医疗保险或新型农村合作医疗所需个人缴费部分，应按规定通过医疗救助予以适当补助，并对其经城镇基本医疗保险或新型农村合作医疗补偿后仍难以负担的医疗费，及时给予补助。有条件的市州外侨机构，可对困难归侨侨眷开展免费体检、医疗义诊等活动。

各级政府部门要将解决散居困难归侨侨眷扶贫救助工作纳入政府工作考核内容，结合本地实际制定切实可行的措施，确保归侨侨眷民生问题得到有效解决。

义乌市关于进一步做好华侨华人子女回国就读中小学和幼儿园工作的实施办法

义教基〔2011〕6号

各中小学、幼儿园：

为了进一步做好华侨华人子女回国就读我市中小学和幼儿园工作，根据浙教基〔2010〕150号文件精神，结合我市实际，现提出以下实施办法：

一、充分认识做好华侨华人回国就读中小学和幼儿园工作的重要性，将华侨华人的教育纳入教育发展规划，统筹考虑和安排。

二、对华侨华人回国就读中小学和幼儿园实行“欢迎就读、一视同仁、根据特点、适当照顾”的政策。

三、祖籍或籍贯在我市的华侨其子女回国就读幼儿园或小学、初中的，按其法定监护人所在地就近安排入学，与本地学生一样享受省统一规定的免费政策，符合条件的家庭经济困难学生纳入政府资助范围。其子女回国就读高中的，享受本地户籍适龄子女入学的同等待遇。

祖籍在我市的华人，其子女回国就读幼儿园、小学、初中、高中的，到我市具有接收外籍学生资格的学校就读。

四、祖籍或籍贯非我市的华侨，其子女回国来我市就读幼儿园、中小学的，按非学区生源入学处理。

祖籍非我市的华人，其子女回国来我市就读幼儿园、中小学的，到我市具有接收外籍学生资格的学校就读。

五、中小学和幼儿园根据教育行政部门及物价管理部门的有关规定对华人学生执行收费政策。

六、华侨华人的身份甄别，由市外事与侨务办公室负责。接收华侨华人子女就读的学校和幼儿园要有专人负责此项工作。

七、学校和幼儿园应采取多种措施帮助新入学（园）华侨华人学生尽快适应学校和幼儿园的学习和生活，举办丰富多彩的活动，使他们全面了解家乡的情况，增进与当地学生的友谊。教师应积极探索适合华侨华人学生的教学方法，有针对性地帮助他们提高学业成绩。

八、市教育局、市外事与侨务办公室与学校和幼儿园一起，加强与有关部门及就读的华侨华人子女家长的联系，定期或不定期地举行咨询或协商会议，介绍华侨华人子女就读的有关情况，协商有关问题。

九、学校和幼儿园应做好涉侨和涉外安全工作，建立安全应急预案。如遇突发事件，应按照有关处理涉侨和涉外突发事件的要求向上级主管部门报告，并进行应急处理。

十、香港、澳门同胞子女，参照执行。

二〇一一年一月四日

天津市国土资源和房屋管理局关于进一步加强境外机构境外个人港澳台地区居民和华侨在我市购房管理的通知

津国土房市〔2011〕87 号

各区县房地产管理局、滨海新区规划和国土资源局、各房地产开发企业、房地产中介机构、相关单位：

为贯彻落实住建部《关于进一步规范境外机构和个人购房管理的通知》（建房〔2010〕186 号）要求，进一步加强境外机构、境外个人、港澳台地区居民和华侨在本市购房（含新建商品房、二手房）管理，现将有关意见通知如下：

一、境外机构购房管理。

境外机构在我市设立的分支、代表机构，可以在本市购买办公所需的非住宅房屋。

其中，分支机构购房办理商品房买卖合同备案、房屋权属登记手续时，还应提供在本市注册的《营业执照》和所购房屋为实际办公所需的书面承诺；代表机构购房办理商品房买卖合同备案、房屋权属登记手续时，还应提供在本市登记的《外国（地区）企业常驻代表机构登记证》和所购房屋为实际办公所需的书面承诺。

二、境外个人购房管理。

境外个人取得《外国人居留许可》（天津市出入境管理局核发）累计期限超过一年的，可以在本市购买自住的住房一套。

境外个人购房前，应到天津市房地产登记发证交易中心，申请查询在本市购买住房的情况。经确认未在本市购房的，持《天津市境外个人、港澳台居民和华侨未购房记录查询单》（以下简称《查询单》）办理购房手续。办理商品房买卖合同备案、房屋权属登记手续时，还应提供具有“外国人居留许可”记录的护照、《查询单》和个人名下在境内无其他住房的书面承诺。

三、港澳台地区居民和华侨购房管理。

港澳台地区居民和华侨因生活需要，可以在本市购买自住的住房一套。

购房人购房前，应到天津市房地产登记发证交易中心，申请查询在本市购

况。经确认未在本市购房的，持《查询单》办理购房手续。办理商品房买

房屋权属登记手续时，还应提供《暂住证》、《查询单》和个人名下在

书面承诺。

市、区、县房地产管理部门应加强相关法律法规和政策的宣传，做好房地产开发企业、中介机构对境外机构、境外个人、港澳台地区居民和华侨售房行为的监督检查。

四、本通知发布之日起施行，原天津市国土资源和房地产管理局印发的《关于境外机构境外个人港澳台地区居民华侨在我市购买商品房有关问题的通知》（津国土房市〔2007〕722号）同时废止。

特此通知。

附件：1.《关于进一步规范境外机构和个人购房管理的通知》（建房〔2010〕186号）（略）

2.《天津市境外个人、港澳台地区居民和华侨未购房记录查询单》（略）

3.《关于境外分支（代表机构）所购房屋为实际办公所需的承诺书》（示范文本）（略）

4.《关于境外个人（港澳台地区居民和华侨）购房承诺书》（示范文本）（略）

二〇一一年三月四日

兰州市关于华侨子女回国接受义务教育相关问题的通知

根据《中华人民共和国归侨侨眷权益保护法》及其实施办法和《甘肃省实施〈中华人民共和国归侨侨眷权益保护法〉办法》，以及省高等学校招生委员会等8家单位联合下发的《关于进一步加强普通高校招生享受照顾政策考生资格审核工作的通知》，省人民政府侨务办公室负责归侨学生、归侨子女、华侨子女普通高校招生享受照顾政策考生登记表的审核工作。为了加强管理、便于操作，特制定本规定。

一、身份解释。

（一）华侨是指定居在国外的中国公民。

1.“定居”是指中国公民已取得住在国长期或者永久居留权，并已在住在国连续居留2年，2年内累计居留不少于18个月。

2.中国公民虽未取得住在国长期或者永久居留权，但已取得住在国连续5年以上（含5年）合法居留资格，5年内在住在国累计居留不少于30个月，视为华侨。

3.中国公民出国留学（包括公派和自费）在外学习期间，或因公务出国（包括外派劳务人员）在外工作期间，均不视为华侨。

（二）归侨是指回国定居的华侨。

1.“回国定居”是指华侨放弃原住在国长期、永久或合法居留权并依法办理回国落户手续。

2.外籍华人经批准恢复获取的中国国籍并依法办理来中国落户手续的，视为归侨。

二、归侨学生、归侨子女身份的认定。

归侨学生、归侨子女身份由其户籍所在市（州）人民政府侨务部门认定。须提交以下材料：

（一）参加过全省1999年归侨侨眷普查和2002年新移民普查的，提供《甘肃省归侨侨眷港澳眷属登记表》复印件。

（二）未参加上述普查的，应当提供以下材料：

1. 本人的有效护照和住在国的居留签证正本及复印件或我驻外使（领）馆出具的申请人取得住在国长期或永久居留权的认证（原件）。

2. 回国定居地辖区公安机关出具的户籍（身份）证明。

3. 是归侨子女的，还应当提供其本人有效身份证件原件及复印件，和与具有归侨身份父母的关系证明。是养子女的应当提供公证机关出具的公证书。认定为归侨学生、归侨子女的，市（州）人民政府侨务部门应当为其出具身份证明。

三、华侨、华人子女身份由省人民政府侨务办公室认定。须提交以下材料：

1. 华侨、华人有效身份证件或我驻外使领馆出具的身份证明。

2. 华侨、华人子女本人的有效身份证件。

3. 与具有华侨、华人身份父母的关系证明；是养子女的应当提供公证机关出具的公证书。

四、归侨学生、归侨子女、华侨子女普通高校招生享受照顾政策考生登记表由省人民政府侨务办公室负责审核。须提交以下材料：

1. 是归侨学生、归侨子女的，应当提供认定身份的材料复印件和市（州）人民政府侨务部门出具的身份证明原件。

2. 是华侨、华人子女的应当提供认定身份材料原件及复印件。

五、市（州）人民政府侨务部门应当认真审核归侨学生、归侨子女提供的身份证明材料，确认无误后出具身份证明，并对所出具的身份证明负责。

六、归侨学生、归侨子女、华侨子女普通高校招生享受照顾政策考生登记表的审核工作自3月1日起至5月15日止。逾期不再受理。

七、港澳同胞及其子女参照执行。

兰州市外事办公室

二〇一一年四月六日

北京经济技术开发区海外高层次人才创办企业房租补贴实施办法（试行）

第一条 落实北京经济技术开发区（以下简称开发区）《关于鼓励和吸引海外高层次人才来北京经济技术开发区创业和工作的意见（试行）》（以下简称《意见》）第五条第

五款“海外高层次人才创办的企业在经过认定的孵化区域租赁办公场所和生产场地，可享受房租补贴，补贴额度相当于企业从起租日起一年实际支付租金的50%；单个企业补贴时间为两年，总额度不超过200万元”的政策规定，鼓励海外高层次人才创办的企业将先进的技术和科技成果在大兴区、开发区进行产业化，支持海外高层次人才创办的企业发展壮大，制定本实施办法。

第二条 本办法所称海外高层次人才创办的企业，是依照《北京经济技术开发区海外高层次人才创办企业认定办法（试行）》认定的海外高层次人才创办的企业（以下简称企业）。

第三条 企业房租补贴的日期从企业被认定为海外高层次人才创办企业，并缴纳房租之日开始计算。

第四条 企业注册地址、税务登记、统计登记、企业办公场所或生产场地应在开发区或大兴区范围内。

第五条 被认定为海外高层次人才创办企业以来，该企业应无因违法违规被行政执法部门处罚的记录。

第六条 企业申请房租补贴需提交以下材料：

1. 《北京经济技术开发区海外高层次人才创办企业房租补贴申请表》。
2. 企业营业执照、税务登记证。
3. 企业办公场所或生产场地房屋租赁协议。
4. 企业缴纳房租凭证的复印件。
5. 加盖工商行政部门档案查询专用章的“企业章程或章程修正案”的复印件。

第七条 北京海外学人中心开发区分中心负责受理申请，初审后报送开发区海外学人工作联席会办公室。开发区海外学人工作联席会办公室审核并征求有关行政执法部门的意见后，报开发区主管海外学人工作的领导审批。

第八条 本办法由开发区海外学人工作联席会办公室负责解释。

第九条 本办法自发布之日起实施。

二〇一一年四月十三日

（本栏目责任编辑　景海燕）

本栏目全文收录了本年度境内外华文媒体对海外华侨华人和华人社会大事记的报道，以全球、欧洲、美洲、亚洲的顺序，以媒体报道时间升序排列。

2011年全球华侨华人十大新闻

中国侨网在2011年岁末评选出“2011年全球华侨华人十大新闻”，全景回眸一年来海内外华侨华人社会发生的重大新闻事件。“十大新闻”囊括了本年度华侨华人政治、经济、科技、文化、生活等诸多方面以及中国政府的重大涉侨活动，旨在全面展现2011年海内外华侨华人的成就、荣耀与磨难。中国侨网自2001年起启动年度“全球华侨华人十件大事”评选，2004年起改为“全球华侨华人十大新闻”评选。

一、《虎妈战歌》引关注　掀中美教育方式之争

2011年初，美籍华人、耶鲁大学法学院教授蔡美儿因其专著《虎妈战歌》，成为首位试图分享在教育子女过程中的经历和经验的华裔。蔡美儿坚持不同于西方观念的育儿方式，认为美式教育对孩子的宽容超过对孩子的教育，而适当实行中国式的严格教育方式更有助于孩子未来的发展。在书中蔡美儿为女儿列出了严苛的家规“十不准”，如不准在同学家留宿，不准留在学校玩，不准看电视或玩电脑游戏，每门功课至少得到A等等。因将独特的教育方式置于东西方文化冲突和养育经验差异的大框架下，蔡美儿迅速成为《时代》、《纽约时报》等英美媒体追逐的焦点人物，并掀起一场中美家长育儿方法孰优孰劣的“口水战”，“中式教育”一时处于全球媒体的聚光灯下……可以说，“虎妈”之争凸显了中美间的文化差异。

二、中国完成大规模撤离滞留利比亚人员行动

2011年3月5日23时15分，中国政府派出的上海航空公司包机FM608航班抵达上海虹桥机场，从马耳他接回最后一批从利比亚撤出的149名人员。至此，中国在利比亚人员撤离行动圆满结束，共撤出35 860人，并已全部回国。从2月23日第一趟国航包机出发，到3月5日最后一趟包机安全返回，短短11个昼夜，3.5万中国人归国。这场新中国成立以来的最大规模有组织撤离海外中国公民的行动创下“四个第一”：第一次采用海

陆空联动的撤离方式；第一次大规模动用民航飞机，租用外国邮轮和飞机；第一次采用将人员摆渡至第三国再撤回国的方式；第一次使用只有一张纸的中国公民应急旅行证件。这场规模空前的国家救援行动，以令世界惊叹的“中国速度”彰显了中国的大国形象，令所有中国人乃至海外侨胞骄傲自豪，同时得到各国高度评价。

三、日本发生最强地震　数千中国公民撤离重灾区

2011年3月11日，日本附近海域发生里氏9.0级的历史最强地震并引发大海啸，致使上万人遇难，数万人失踪。灾难发生后，中国政府十分关心在日中国公民的安全，并作出相关部署。中国驻日本使馆，驻新潟、札幌总领馆共派出5个工作组，克服道路受阻、通讯不畅等重重困难赶赴灾区，全力为受灾中国公民提供协助。截至3月20日，总共约7 600名中国公民撤出地震灾区；与此同时，中国外交部、民航局根据在日中国公民等待回国情况，协调国航、东航、南航等航空公司增派42架航班赴日，将约9 300名中国公民运送回国，其中大部分为从灾区撤出的中国公民；中国驻日使馆也通过各方确认在日中国公民平安人数累计达到15 022人。协助在日灾区中国公民撤离至安全地区的工作顺利完成，再次实现了中国领事保护和撤侨史上的伟大创举。

四、各地开展基本侨情调查　助力新时期侨务工作

中国改革开放30多年来，新华侨与日俱增，许多人在海外取得显赫成就，也有许多人选择回国发展。但中国到底有多少归侨侨眷，至今没有准确数字。而归侨、侨眷因为身份不明确，无法依据《中华人民共和国归侨侨眷权益保护法》维护自身合法权益，给各地侨务工作带来实际困难。为了全面掌握海内外华侨情况，2011年6月1日，上海市正式启动声势浩大的基本侨情调查活动，经过前期筹备、逐户调查、数据录入等阶段的工作，8月，上海市基本侨情调查面上调查工作已经基本完成。下一阶段，将认真细致地做好侨情调查数据的质量抽查工作，确

保前期获得的侨情数据尽可能客观、真实，为今后科学制定侨务工作规划提供有效的依据。除上海市外，广东、河南、山东等地也纷纷开展了各种形式的侨情调查，掌握了第一手的侨情资料。

五、法国侨界发起大游行　抗议针对华人暴力事件

2011 年 6 月 19 日，数千名旅法华侨华人在巴黎自发举行“反暴力，要安全”游行活动，抗议针对华人的暴力行为，呼吁法国当局进一步改善、维护社会治安。这次主题为“安全、权利”的集会游行得到了巴黎警方的批准。参与集会的华人用法语高呼“和平相处，安全生活”、“停止暴力”等口号，并打出法文标语，呼吁法国政府加强社会治安，制止抢劫、殴打等暴力事件。此次集会的起因缘于 5 月 30 日晚发生在巴黎华人聚居的美丽城的一起治安事件。一名华裔餐饮业者因为试图用手机拍下一起袭击华人事件而被打成重伤，在医院处于昏迷状态。当地华人因此自发组织集会游行，抗议暴力活动。该事件不仅在华人社会引发强烈反应，也受到法国各界的关注，法国多家主流媒体均在第一时间报道了此次游行。

六、美国首位华裔驻华大使骆家辉宣誓就职

2011 年 8 月 1 日下午，骆家辉在国务卿希拉里的主持下正式宣誓就任驻华大使，成为美国首位华裔驻华大使。祖籍广东台山的骆家辉在华盛顿州西雅图出生，是华人移民的第三代。早年从耶鲁大学和波士顿大学毕业后，他投身政坛，此后相继成为美国历史上第一位华裔州长及华裔商务部长，是美国政坛当之无愧的“华裔代表”，而出任美国驻华大使更令他的仕途之路掀开新的篇章。3 月 9 日，61 岁的骆家辉被奥巴马提名为新一任美国驻华大使，接替 4 月底离职的前任大使洪博培。6 月 23 日，美国参议院外交关系委员会率先批准提名，7 月 27 日参议院又一致表决通过提名，骆家辉顺利成为美国历史上首位华裔驻华大使。骆家辉透露，在等待“出使”的日子，他以说得一口流利中文的洪博培为榜样，努力学习中文。

七、海外华媒高层重庆论道　聚焦华媒国际话语权

2011 年 9 月 17 日，第六届世界华文传媒论坛在重庆开幕。来自世界近 50 个国家和地区的 600 余位华文媒体老总、国内媒体负责人、传媒专家等围绕“联谊·交流·合作·发展”的宗旨，就“国际话语体系中的海外华文媒体”这一主题进行高层次对话。国务

院侨务办公室主任李海峰等对论坛的举行表示祝贺。论坛上，与会嘉宾就海外华文媒体如何打开市场，如何影响主流社会，如何达到合作共赢等问题进行了探讨，同时就“国际话语体系中的海外华文媒体”这一主题发表《重庆宣言》，表达了全球华文媒体共同致力于建设一个公正、平衡、合理的国际话语新体系的信心和决心。随着中国经济的发展和国际影响力的提升，学习中文在全球已成为一种热潮，这为华媒影响力向主流社会延伸提供了新机遇。

八、美参议院通过《排华法案》道歉案　向美华裔致歉

2011 年 10 月 6 日，美国参议院一致通过《排华法案》道歉案，就 1882 年美国国会制定的这项歧视性法案向全美华人致歉，这项法案的通过被视为是华裔地位提升和政治崛起的结果，极具标志性意义。《排华法案》是美国历史上唯一一个针对某一族裔的移民排斥法案。该法案于 1882 年通过，直到 1943 年 12 月 17 日被废除，但至今美国联邦政府或国会从未就此表达过歉意。该法案不允许一般华人进入美国，不允许在美合法华人加入美国国籍，要求华人随时随地携带身份证明。加州等地也出台了类似的歧视性的排华法案，禁止华人在美国拥有房地产、不允许华人与白人通婚、禁止华人在政府就职、不允许华人同白人在法院对簿公堂等等。美国首位华裔女众议员赵美心等 5 名议员于 5 月 26 日分别向国会参众两院提交议案，要求国会以立法形式就《排华法案》道歉。

九、全国侨务工作会议召开　首提“侨务公共外交”

全国侨务工作会议 2011 年 10 月 19 日至 20 日在北京召开，此次会议是由国务院在“十二五”规划开局之年召开的，对中国未来五年的侨务工作进行了研究部署。全国政协主席贾庆林、国家副主席习近平、国务院副总理李克强等会见与会代表。戴秉国充分肯定近年来侨务工作取得的成绩，并代表国务院向侨务工作者表示亲切的慰问和崇高的敬意。“侨务公共外交”的首次提出成为本次会议的一大亮点。国务院侨办主任李海峰在总结讲话中指出，此次会议主题突出，内容丰富，意义重大，影响深远。一是提高了对侨务工作战略地位的认识，进一步增强了做好侨务工作的使命感。二是深刻分析了侨务工作面临的形势和机遇，进一步增强了做好侨务工作的紧迫感。三是明确了新时期侨务工作的主要任务，进一步增强了推进侨务工作科学发展的责任感。

十、旧金山首诞华裔民选市长　李孟贤改写历史

全美瞩目的旧金山市长选举于2011年11月8日举行，共有包括5位华裔在内的16位参选人角逐，最终现任代理市长李孟贤以61.21%的得票率胜选，成为这座人口约81万的美国大城市160余年来第一位民选亚裔市长。这对占旧金山人口1/4的华裔选民来说，是参政史上的里程碑。今年59岁的李孟贤在西雅图出生，父母于20世纪30年代从中国大陆移民赴美。1978年，他从加州大学伯克利分校法学院毕业后，长期担任民权律师，1989年进入旧金山市政府工作，服务市府达22年，期间曾担任多个部门主管，前后经历四任市长。旧金山是当年金山淘金客、华工洒下无数血泪的地方，也是《排华法案》的发源之地。第一位民选华裔市长的诞生，可谓具有特别的历史意义。伴随着华人经济实力的成长，华人政治力量也在壮大，华人参政到了“旧金山时间”。

（中国新闻网 2011－12－30）

2011年全球海外华人社区十大新闻

2011年，海外华侨华人在世界各地的影响和地位日益提高，在当地社会发挥着越来越重要的作用，促进了全球经济和社会等各方面的发展。在“海外华文传媒协会”的组织下，来自全球各地32个国家的157家媒体，第五年在一起年终回首，共同选出“2011年全球海外华人社区十大新闻事件”。在这十大新闻之中，我们可以清晰地看到海外华人社区地位的日益提高，看到华人在海外的奋斗与抗争，也看到华人在海外的种种隐患。

一、全球华人纪念辛亥百年

100年前，孙中山领导的辛亥革命推翻了封建帝制，开启了中国走向民主共和与文明复兴的道路。“华侨是革命之母”，海外华侨始终是孙中山革命事业的坚定支持者，始终是辛亥革命的重要推动力量。今年，全球各地的华侨华

人以各种形式隆重纪念这一伟大的历史事件。中国国务院侨务办公室特别于9月4日至10月10日组派了3个“文化中国·辛亥百年”艺术团，分赴日韩、北美、东南亚7个国家的17个城市演出19场，与侨胞共同纪念辛亥百年。

二、美国国会就排华法案道歉

10月6日，美国参议院以全票通过一项法案，就1882年美国国会制定的《排华法案》，以及其他歧视华人的法律表示歉意。这一法案的通过对美国华裔意义重大，为他们带来了迟到的正义。《排华法案》是美国历史上唯一一个针对某一族裔的移民排斥法案，由美国国会在1882年通过。之后又扩大这一法案的适用人群，作出的规定包括不允许一般的华人进入美国，禁止华裔的配偶子女移民美国，要求华人随时随地携带身份证明等。这一系列法案直至1943年才被废除，但美国国会此前从未就此正式表示过歉意。

三、菲律宾定龙年春节为假日

12月1日，菲律宾总统府正式发布第295号总统公告，首次宣布把春节列为非工作公共假日。菲总统阿基诺签署的这份总统公告详细列明了菲律宾2012年假期安排，特别宣布2012年1月23日（龙年春节）为“特别（非工作）公共假日”。菲律宾华人近年来正致力推动国会通过立法，把春节列为菲律宾法定公共假日。当地侨界认为，这既是对中华文化的尊重，也是对菲律宾华人地位的肯定。可以加强华人对菲律宾主流社会的认同感和归属感。

四、美华裔士兵死亡案引哗然

嫌疑人杜安翔

10月3日，来自纽约的华裔士兵陈宇晖被发现死于阿富汗南部一军营瞭望塔内。他的家人最初被告知陈宇晖系“自杀身亡”，但后有消息透露，陈宇晖死前曾遭上级和其他美军士兵“不正当对待”，比如凌辱及虐打。此事引起纽约华人社区哗然，代表华埠的国会议员约见陆军部长要求解释，另多个社区组织联署，力促当局尽早给陈家一个交代。12月21日美国军方宣布，起诉8名与陈宇晖之死有关的士兵，认为他们可能涉嫌霸凌、欺负陈宇晖，并导致他的死亡。

五、英国发生华裔灭门血案

4月29日，英国北安普敦市一个富人区发生一起灭门惨案，46岁的曼彻斯特城市大学化学系高级讲师丁继峰、其47岁的妻子崔鸽以及他们的两个女儿18岁的丁欣和12岁的丁欢被人发现死在英格兰北安普敦的家中，死者身上均有刀伤。住在考文垂的华裔商人杜安翔与丁家有生意来往，案发后失踪，被警方列为头号嫌疑人。据了解，杜安翔和丁家在伯明翰合作经营中草药店，但双方有生意纠纷。英国警方发出全球通缉令，还悬赏一万英镑给那些提供线索最终导致凶手被逮捕并定罪的人。

六、加华商反禁鱼翅遭恐吓

10月25日，加拿大多伦多市议会以38票支持、4票反对通过了禁鱼翅法案。有华商感到失望，认为不公平。11月底，积极参与反对禁鱼翅附例的多伦多华商会声称接到恐吓信，声言会在唐人街食肆、商贩的食品下老鼠药。事件引起各界高度关注，华商会公开要求政府关注禁鱼翅附例通过后可能引来的歧视事件，加拿大联邦移民部长康尼特地前往华埠饮茶、吃点心，以行动表示支持，并对发出恐吓信者予以严厉谴责。

七、巴黎法庭开释无证华人

12月7日，法国巴黎大事法庭根据欧盟法院的规定取消对一个无证中国人因非法居留而实施的拘留。虽然法国的法律规定对非法居留施以惩罚。但欧洲联盟法院12月6日宣布：不能只因非法居留的理由监禁一个外国人。法官于是将他释放。这是法国法院做出的首个对无证者有利的判决。这个中国人11月30日在南泰尔的一家餐馆里接受检查期间被捕。由于警察拘留他属于“非法”行为，负责监禁与释放决定的法官下令将他释放。

八、在日中国研修生维权获胜

7月29日，在日本福井县福井市内某服装加工工厂工作过的原中国研修生孔小玲获得了260万日元的赔偿金。这场发生在日本企业与中国研修生之间的劳资纠纷以厂方补足未付工资及伤害赔偿金，双方取得和解而告终。在日中国研修生人数达到38 753人，占所有外国研修生总人数的80.7%。中国研修生与日本资方之间发生最频繁的就是关于劳动报酬的纠纷，中国研修生被日本一些企业当成“使用完扔掉”的临时劳动力，无视他们的合法权益并经常拖欠薪金。

九、波兰中国商场严重火灾

5月10日下午，位于波兰华沙市城郊30公里的中国商户聚集地“中国商城”的一处仓库和办公楼发生了严重火灾。发生大火的是距离“中国商城”主体建筑1公里外的土耳其仓库，存放的大多是中国商人的货物，多为鞋和纺织品等易燃物。许多中国商户居住在仓库内，除了货物损失外，一些商户积存的现金也毁于一旦。火灾中约有160间华人商铺仓储被烧毁，初步估计直接经济损失将超过4亿元。其中损失最惨重的商户受损货物折合金额近2 000万元。

十、非洲诞生首家中文图书馆

12月11日，南非华文图书馆正式成立，并对公众开放。它是南非华侨华人创办的非洲第一家中文图书馆。南非华文图书馆位于约堡西罗町唐人街，目前拥有两间阅览室，书库面积约为90平方米，在今年底图书馆正式成立时，藏书达到约15 000册，而明年图书馆藏书将达到3万~4万册。馆内书籍种类广泛，包括政治、法律、哲学、经济等。

（［加拿大］《环球华报》2011－12－30）

2011年西班牙华埠十大新闻

2011年不是很容易选择的一年，去留问题困扰着这个国家、社会、民众，也包括中国移民。想留的留不住，该来的总须来。拉霍伊带着他的人民党虽然艰难，可总算攀上了西班牙这株风雨飘摇的大树顶端；周小荣还是走了，或许他已听不见广场上为他的死而呐喊的侨胞们，也看不见为他哭泣的家人那止不住的悲伤眼泪…… 2011年，有人选择去乡下办居留，也有人选择黯然离开这个曾经流下热泪的国度，回故乡、祖国，甚至去天堂寻找温暖，作为华媒，只能为广大读者留下一些或震撼或销魂的片段。在此岁尾之际，希望通过回味十个瞬间，每位旅西侨胞能够满怀希望，选择明天。

一、中国工商银行落户马德里

1月24日，全球银行市值排名第一的中国工商银行正式落户西班牙，首家分行的开业典礼在马德里阿尔卡拉大街42号的大酒店隆重举行。中国工商银行董事长姜建清先生，西班牙工业、旅游与商务大臣塞瓦斯蒂安先生，中国驻西班牙大使朱邦造先生和中国工商银行副行长、执行董事王丽丽女士出席了典礼，并共同按下了象征着中国工商银行在西班牙起航的按钮，从此奠定了中国金融企业在西班牙发展的里程碑。开业典礼当晚嘉宾云集、盛况空前，来自侨界、西班牙金融工商企业、中西两国政府的各界精英，以及各大媒体共聚一堂，见证了这一具有非凡意义的历史时刻。

面对来自中国银行的登陆，西班牙银行界人士纷纷表示，并不惧怕中国的金融业进驻自己的国家。虽然西班牙银行业暂时并不因为工行在马德里的开业而感到恐惧，但是他们却认为，在银行市场开发程度上面，西班牙银行吃了亏。一位分析界人士指出，工行在马德里开业，可以享受一切和本地银行相同的待遇，但是西班牙的银行和Caja在中国大陆却暂时还有很多限制。有金融界人士指出，中国的银行暂时在西班牙的金融市场不会对西班牙本地银行提出挑战，中西银行真正的交锋地点将在南美洲。由于南美洲目前经济发展速度很快，对资金的需求很大，因此无论是西班牙银行还是中国银行，都希望能够在拉美国家迅速开拓市场。工行此次在马德里开业，被很多业内人士看成是中国金融界进军南美的第一步。

点评

西班牙华商很有钱的不少，但是以钱养钱的不多，大多通过创办实业、开店运作资金，因此进入西班牙资本市场的凤毛麟角。希望工行能作为老大、领头羊，推出一些适合旅西华商的金融产品，把民间游资集中起来，变成一把出鞘的利剑，切一块西班牙资本市场的蛋糕下来，让大家一起吃。当然，这需要一个前提条件，如果工行能把改善、提高旅西华商金融理财观念当作一种责任，受益的将是整个西班牙侨界，华商经济也将得以超越低价、恶性竞争的怪圈。

二、西班牙东方广场隆重开业

2月17日是中国元宵节，当天中午12点18分，西班牙东方广场举行盛大开业典礼。中国驻西班牙王国大使朱邦造先生、西班牙发展部部长 Jose Blanco Lopez 先生、Fuenlabrada 市长 Manuel Robles Delgado 先生出席了这次活动。近千名旅西各界华侨华人、华企商界代表、西班牙商会的朋友、上海侨商会代表团一行，共同见证了这次隆重的开业仪式。

东方广场董事局执行主席伍永平先生在致辞中介绍了东方广场的基本概况和特点。东方广场总占地面积51 000平方米，是西班牙乃至欧洲最大的批发集散中心，是在欧洲经济与金融面临困境的艰难时刻，为繁荣和振兴中西贸易，为提升华商的整体形象而打造的一个规范化、时尚化、现代化、人性化的经商平台。东方广场的筹建，被 Fuenlabrada 市政府列为重要工程项目之一。东方广场地处黄金地段，交通便利。这里位于 Fuenlabrada 仓库区 Cobo Calleja 的主干道尾端，进出方便。根据 Fuenlabrada 市政府的城市规划，近两年内，这里将与506公路相连通，马德里轻轨（Renfe）也将在这里建站。届时，东方广场将四通八达，迎接八方宾客。东方广场具备人性化环保环境，21米宽的大道把东方广场八大商业中心连成一片，车辆畅通无阻；1 800个泊车位随时恭候客户的到来；残疾人或老人也有固定的车位。商家业主卸货有固定的区域，货柜随到随卸。东方广场提供先进科学的物业管理，24小时有保安巡逻，消防设施也是按照市政府最高要求配置的，可免除业主的后顾之忧。毋庸置疑，东方广场将成为欧洲华人的商业航母，为广大华商和华侨带来无限的商机和财源。

点评

在经济危机灾难深重的西班牙，打造一艘欧洲华人的商业航母，太不容易了。同时也体现了华商、二代华人移民的魄力、财力，以及眼界和境界。但是，关键问题还在于这艘华人商业航母能航行多远？会不会因为西班牙千疮百孔的经济之水不够深而搁浅？我们看到东方广场的经营者在努力。但会不会有更多的广场商户从这艘航母起飞，真正实现商业制空权，获得量化的商业利润，让我们拭目以待。

三、马德里知名中餐馆遭暴力洗劫

位于马德里大区 Pozuelo de Alarcon 市的知名中餐馆北京烤鸭店（El Pato Laqueado）遭到了六名持枪劫匪的暴力洗劫，所幸没有人员伤亡及重大经济损失。

该餐馆位于当地的一个大型商业中心内，但有另外一扇门面向街道。案件发生在 3 月 20 日零点过后不久，当时，餐馆里的顾客们已经结束了用餐，只剩下七名工作人员在做着打烊前的收尾工作。突然，六个蒙面劫匪从面向街道的大门闯入，他们手里有的拿刀，有的拿枪，在大声的威胁和呵斥中，向仍在店里工作的老板娘索要 20 万欧元现金。当老板娘告诉劫匪，店里只有当天的营业额约 2 000 欧元时，劫匪显得非常不悦，他们马上兵分两路，留下两人将店里所有人驱赶在一起，集中看管；另外四人则强行夺过老板娘的皮包，拿走她的奔驰 CLK－200 的钥匙和住家钥匙，并挟持着她驱车向住家驶去。

当他们来到老板娘位于 Majadahonda 的住家时，她的丈夫，即该餐馆老板和他们的两个儿子正在家中。但这次“额外之旅”也没给持枪劫匪们增加什么收获，最后，因为担心“夜长梦多”，他们只能匆匆收场，拿走了 2 000 欧元，并开走了那辆市场价约为 30 000 欧元的奔驰 CLK－200。

匪徒离开后，该餐馆老板一边安抚惊魂未定的妻子，一边马上报了警。囚禁在店里的七名员工也同时被释放，这七人当中，除了一名厄瓜多尔人外，另外六名均为中国人。两名劫匪在看管人质的过程中，曾对其中三人进行殴打，导致其腿部受伤，受害者现在已被送往位于 Majadahonda 的 Puerta de Hierro 医院进行治疗。据餐馆员工口述，虽然劫匪是中国人，但讲话带着浓厚的中国南方地区口音，大家并不是听得很懂。而这起“中国人抢中国人”的案件也引起了马德里警方的关注。据警察初步分析，这群劫匪不是长时间蹲点观察这家餐馆，就是知道老板底细。他们的作案目的很单纯，就是抢钱，其手法并不娴熟，也没有伤害人的想法。

点评

法制社会还是会有强盗逻辑的生存土壤。让很多侨胞疑惑的是，为什么中国人要抢中国人？一方面，封闭的华人圈子里，中国强盗不知道哪个西班牙人很有钱；另一方面，强盗认为，抢中国人更容易一些。所以，华商们的自我保护意识要提高。

四、巴塞罗那华商周小荣被逼自杀身亡

4 月 9 日下午 7 点，刚刚过了 47 周岁生日八天的浙江同乡会常务副会长、西班牙华侨华人社团联谊总会常务理事周小荣先生被妻子发现在自己餐馆未装修好的底楼大厅自缢身亡，永远离开了他最亲爱的妻子和两个儿子。他的小儿子今年才 9 岁，由于年龄小，事发后被送到亲戚家里照看。

据记者了解，周小荣是当地一家中餐馆老板，由于市政府听信周小荣餐馆的邻居的一面之词，在缺乏详细取证调

查的情况下，一而再、再而三地勒令周小荣先生对新开张餐馆进行停业整顿。两年时间内为自家餐馆投资近百万的周小荣抵抗不住各方面的巨大压力，最后选择了自杀，以死抗争。

4月11日上午12点，在巴塞罗那 Esplugues de liobregat 市政府广场前聚集了200多位侨民，他们臂膀挽着黑纱，手里拿着白色的花朵，在华侨华人社团联谊总会林传平会长和浙江同乡会戴华东会长的带领下，陪伴周小荣的家属前来向市长请愿，控诉市政府两年来对一家中餐馆的种种不公平待遇，由于邻居投诉，周小荣的餐馆几经波折，多次被迫停业，逼得老板周小荣走投无路，最后自杀，周小荣用这种最极端的方式来表达自己的抗议和愤怒。

4月13日在巴塞罗那 Esplugues 市再次爆发三天来最大规模的华人请愿游行。在巴塞罗那华侨华人联谊总会、加泰罗尼亚华侨华人社团联合总会、西班牙浙江同乡会、西华妇女工商总会、巴塞罗那华侨华人协会、广东工商会、中西文化交流协会等几十家协会联合倡导下，400多名华人从各地赶来，参加有史以来最大规模的华人请愿示威游行。

华人社团的抗争，得到了当地政府的关注和支持，经过努力，周小荣的汉 Wok 餐厅终于开业了！

点评

逝者已矣。只是不知道，一个人的死亡是否能够给生者们留下一个更坚定的反向选择？是不是应该把更多希望和爱留给家人朋友？面临绝境，我们看到更多人留下的不是一个简单的句号，也不会带着屈辱去天堂，不会把遗憾、悲伤和困境留给家人朋友。同时，我们也应看到，华人社团的抗争和努力终于唤醒了主流社会，博得了大多数民众的同情，并得到了政府的重视。中国移民要争取自己的合法权益，团结就是力量！

五、Elche 华商赢得烧鞋案官司

2011年5月3日，西班牙瓦伦西亚自治区 Elche 市地方法院就2004年该市发生的焚烧华商仓库恶性群体性事件作出终审判决，28名肇事者被判有罪，原告华商陈九松诉讼获胜。阿方索·桑切斯等28名西班牙籍被告因扰乱公共秩序罪和损坏他人财产罪，分别被判处6个月至18个月的有期徒刑，赔偿受损华商陈九松经济损失2.6万欧元（约合3.85万美元）。法官同时宣布，这是最终判决，不可上诉。

“烧鞋案”调查是在十分困难的情况下展开的，是一次群体暴力事件，如何在混乱的人群中确定犯罪嫌疑人成为首要问题。季奕鸿律师介入本案后，对当地媒体在“烧鞋事件”中拍下的照片进行了仔细排查和辨认，从而初步锁定了8名犯罪嫌疑人。

2004年10月18日，Elche 当地法院第一次对8名被告进行询问，无一人承认控罪，被告的律师纷纷提出当事人只是碰巧经过事发地点，并没有参与骚乱和纵火，面对这种零

口供的局面如何才能取得突破是一个令人非常头疼的问题。而且当时的情形是到场的被告人亲属团加上他们的律师有50多人，原告方只有季奕鸿律师一人。随着调查的深入，被告人数不断增加，对方的声势也在不断壮大。在法不责众的心态驱使下，被告人丝毫没有悔过的表现，反而可以谈笑风生地面对指控。

“烧鞋案”调查阶段的转机出现在2005年1月，季律师向法院提出监听嫌疑人电话的申请获得了批准，嫌疑犯们在电话中毫无顾忌地谈论“烧鞋事件”，不知不觉中他们的犯罪证据也被一一收集起来。

2011年5月3日，“烧鞋案”正式开庭，控辩双方展开激烈的辩论，庭审曾一度中止，最终在强大而确凿的证据面前，28名被告全部认罪伏法，这在整个华人维权历史上也是绝无仅有的。

新闻背景：2004年9月16日晚，西班牙埃尔切市发生了一起针对当地华商的示威抗议活动。近百名当地人聚集在该市工业区内，呼喊反对中国鞋商的口号，焚烧一家华商仓库和停放在仓库外的一集装箱鞋子，造成经济损失近千万元人民币。同时，该市中国鞋城的50多位温州鞋商和鞋城仓库内价值十几亿元的温州鞋，也遭受了前所未有的威胁。

六、欧洲区中华小姐三甲出炉

8月6日晚，在距马德里南45公里的著名大赌场Gran Casino Aranjuez，由凤凰卫视欧洲台主办的2011中华小姐环球大赛隆重举行。

在时而悠扬、时而劲爆的中国古典民乐《光荣》中，14位中华小姐欧洲区候选人身披圣洁的白衣登场献舞。这是本没有舞蹈功底的她们从一周前到达马德里开始每天超过10个小时的高强度封闭式训练的成果。集体亮相之后，尉迟琳嘉、谢亚芳两位主持人走到台前宣布大赛正式拉开帷幕。两位主持人一个风趣幽默，一个沉稳干练，一个妙语连珠，一个圆熟内敛，二人相得益彰，配合默契，为大赛增色不少。

担任本次大赛评委的是凤凰卫视大型活动总监刘点点博士、凤凰卫视欧洲台台长邵文光博士、西班牙马德里香格里拉大酒店董事长刘继东先生、西班牙电讯公司总裁办总监陈弘女士、2008西班牙和世界小姐Alejandra Andreu。

2011中华小姐环球大赛欧洲区总决赛季军是当晚梅开三度的1号王如欢，给她颁奖的是2008世界小姐西班牙小姐双料冠军兼本次评委Alejandra Andreu。王如欢是最不具有身高优势的选手，却是选手中学历最高的（博士在读），娇小的身躯在大把的鲜花、宽大的绶带和灿烂的头冠包裹下显得傲然挺拔。

2011中华小姐环球大赛欧洲区总决赛亚军由5号李姗姗收入囊中，为她颁奖的是凤凰卫视欧洲台台长邵文光博士和凤凰卫视中文台副台长刘点点博士。

最受人瞩目的2011中华小姐环球大赛欧洲区总决赛冠军花落山东姑娘14号李玮，为她颁奖的是中国驻西班牙大使朱邦造和上届中华小姐环球大赛总决赛冠军田川。冠、亚、季军将代表欧洲区参加2011中华小姐环球大赛全球总决赛。至此，2011中华小姐环球大赛欧洲区总决赛圆满落下帷幕。

点评

至少令众多媒体趋之若鹜，可以证明西班牙华商是很有实力的，而且在有实力之后愿意付出财力和努力去推动文化发展。中华小姐很美，旅西华商们更美。从土八路到正规军，再到解放大江南北，少不了文化助力。有钱、有资本不是目的，要美得自然、美得放松、美得有内涵。或许选美的不如赏美的更享受，中华文化的魅力是无穷的，也是将来旅西华商们会继续开发的一种不竭资源。

七、Badalona 查封停业门

继9月下旬巴塞罗那 Badalona 仓库区四家华人仓库被政府查封，11家华人仓库收到政府整改通知信后，时隔仅20余天，10月18日上午8时，巴塞罗那政府再次派出100余名由当地税务、海关、治安警察组成的稽查人员，拿着法院搜查令，对仓库区16家华人最大仓库进行了大规模突击检查。一时间，仓库区人心惶惶、风声鹤唳，华商们纷纷揣测政府动机，仓库区正常的经营活动受到严重影响。

Badalona 仓库区一角

中国驻巴塞罗那总领馆接到侨情反映后高度重视，立即启动领事保护机制，由领事部于洋主任和马文领事在第一时间赶赴现场了解情况，走访了18日上午遭遇突击检查的全部16家商户。于洋主任同西班牙方面6个稽查小组的负责人进行了简短的接触，要求他们在进行执法检查的同时，保证我华商的人权和正常经营权不受侵犯，同时保证准许华商的律师到现场工作，保证对封存带走的票据和电脑资料开具清单。联合稽查队表示，他们在执法检查中充分尊重并保障华商的合法权益。

据了解，Badalona 仓库区大检查于18日上午10时开始，一直延续到下午8时。当日，由100余名当地税务、海关、治安警察组成的稽查人员对仓库区16家最大仓库展开突击检查。据知情人介绍说，稽查人员将仓库前后全部封住，神态严肃的稽查人员一进仓库，立即要求业主停止营业，不许与外界进行任何联系，不能动电脑和打电话。然后，他们开始检查仓库里所有人的居留，包括购物的老外顾客。与此同时，稽查人员还将仓库内的电脑资料强行拷贝到自己携带的电脑中，待检查结束后，再仔细详查。

华商表示，只要是税务介入检查，基本都能查出问题，但这些问题不仅仅是华商企业存在，即便是西班牙人经营的商铺也会有类似现象，因为有些小宗商务或是物品，很多顾客都不要求打票，即使你打给顾客，他们也不要。因此，这次的稽查给华商们造成的恐慌也是最大的。

有商家气愤地表示，西班牙经济危机没有好转的迹象，现在他们做生意如履薄冰。一方面，国内原材料价格不断地上涨，如果西班牙华商跟随国内情况，同步将中国购来的商品价格上涨，但由于西班牙消费市场疲软，涨价后的商品就会卖不动。另一方面，西班牙政府加强经济管理，动不动就查华人商铺，一步步地将华商逼入绝境。甚至有部分华商表示，现在国内经济发展很好，机会很多，要将西班牙的产业卖掉，回国发展。

点评

移民是在绝境中长大的，移民的能力不在于赚多少钱，而是善于在绝境中发现别人没发现的机会，善于利用这种机会无中生有。被查不是问题，被查出问题也不是问题，关键是今后怎么能避免被查出问题而遭到罚款封门。绝境一直都存在，即使西班牙政府不查，华商们的心里也都一直揣着这份不安。政府不查有问题的西班牙人企业，专查有问题的中国人企业，就因为中国人是移民，就因为中国人在西班牙被边缘化，被罚是个必然。

八、华人掀起下乡办扎根团聚的风潮

随着西班牙移民政策的日益收紧，现在移民办扎根居留和家庭团聚已经变得越来越难。尤其是马德里、巴塞罗那这样移民聚居的大城市，由于移民人数众多，加之相关部门执法和监督严格，移民要想在这些城市办扎根和团聚更可谓难上加难。据了解，从今年年初开始，马德里有关扎根和家庭团聚申请的拒绝率几乎达到了95%以上，而等待申请批复的时间也从以前的两三个月变为现在的半年左右，甚至更长，其难度由此可见一斑。

然而扎根居留和家庭团聚申请难的状况在西班牙并不是铁板一块。与马德里、巴塞罗那这样的大城市相比，如果在其他的中小城市申请，则要相对容易一些，并且批复的时间也短。有的地方不仅办扎根和团聚容易，而且还会有外籍劳工输入的名额，这在西班牙当前移民政策收紧的大环境下，几乎是不可思议的事。面对这种宽松的状况，很多侨胞在大城市“碰壁”以后，开始“下乡”办扎根和团聚，而其他更多的侨胞在听说了相关“前车之鉴”以后，则干脆直接到西班牙各地的中小城市和村镇去办理。如此，现在华人“下乡”办扎根和团聚已形成热潮。

由于大量办扎根和团聚的侨胞都纷纷“暗度陈仓”，到西班牙其他的中小城市寻找机会，因此一些地方的华人住家登记人数，以及劳动合同的数量激增。此外，马德里、巴塞罗那等城市的华人“下乡”办理这些事务，也基本是通过当地华人来进行，或是通过他们牵线搭桥。如此在部分华人相对较多的中小城市，华人住家登记和劳动合同激增的现象则更加突出。这样，自然会引起当地相关政府部门的注意。现在不少地区已经加强了对相关申请的审核力度。在这种情况下，许多要申请的华人又不得不向其他更偏远、华人人数更少的地区进发。然而在西班牙各地政府陆续开始关注华人异地办扎根以及团聚的做法以后，旅西华人无奈的“下乡”热潮，又会继续“热”多久呢?

点评

天网恢恢，疏而有漏。人民党登台唱戏，华人下乡办居留，这是很自然的一件事情。不想留的留不住，想留的赶不走，旅西华人的命硬，而且能屈能伸，非常柔韧，能吃尽西班牙人想象不了的苦，能赚西班牙人赚不到的钱，能办不给办的居留权。这种华人移民的形象，不能用“伟大”形容，同样也不能用“卑微”形容，只能说坚韧不拔、不屈不挠。

九、西班牙华人食品协会举行集会

11月28日早上，微寒料峭，西班牙华人食品协会组织了数百名食品店主和各界热心人士，从Banco de Espana地铁站一直走到马德里市政府门前，用标语、横幅、传单等形式抗议西班牙政府对待华人食品店的不公行为。

此次抗议示威活动，西班牙五家华文媒体悉数到场，西班牙主流媒体电视台TVE、Telemadrid、Antena3、欧洲通讯社、法语媒体A2Prod等都派出众多记者、摄影师等进行现场全方位的报道。

西班牙华人食品协会会长张建隆在抗议游行的现场发表了讲话。他说，我们这次抗议示威，就是要向马德里市政府争取我们华人和西班牙人同样的待遇。我们华人的食品店业主们有的申请酒照近十年都得不到批复，而收到的罚款单却是天文数字。反观西班牙人开的24小时店、加油站、便利店以及大公司都能顺利申请到售酒执照，为什么承担了纳税等社会责任的我们却享受不到应有的权利呢？特别是有关部门还变本加厉，利用法律漏洞借机罚款，单笔数额高达3万~6万欧元。

张建隆会长回顾了自从申请酒照的相关条例于2003年颁布以来，华人食品店的酒照越来越难申请、难批复，令华人食品店业主们过着水深火热的生活。他表示，正是在这种情况下，华人食品协会组织此次“巨额罚款与酒照申请”抗议大集会，将全体食品店业主们的心声以及实际困难转达给西班牙政府以及西班牙民众。

游行队伍举着“马德里市长，我们需要您的帮助”、“我们需要第二次申请的回复”等用西班牙语写成的标语，从出发地Banco de Espana地铁口一直走到市政府门前。

点评

“哪里有压迫，哪里就有反抗；不在沉默中爆发，就在沉默中死亡。”12月20日，人民党终于提交了“为了让所有卖吃的商店都能够卖酒，取消酒证”的议案，这个提案将在12月27日的议会上讨论。据本报记者分析，人民党的这个提案没有悬念很快就会在议会通过，因为人民党在议会中占多数席位。这一举措也许就是人民党鼓励小业主创业的措施。

如果新的法案得到批准，华人食品业主就获得了解放，西班牙华人食品协会的维权行动也将成为西班牙华人维权史上的一个里程碑。

十、Asturias针对中国店刮起检查风

阿斯图利亚斯食品卫生部门官员，日前联手各地警方，在当地的多个地区展开针对中国餐馆和食品店的大检查。短短数日已经有超过20家中国人的企业成为检查目标，大量存在可疑的食品被收缴并将被送入实验室进行检验。

这次大检查，由于发生在圣诞节之前不足一个月，因此被认为可能是政府为了保障圣诞消费高峰市民的食品安全而进行的一次特别行动。

除了首府奥维多之外，希洪、Siero 以及阿维莱斯等重要城镇都有商店或者餐馆遭到检查。不过当地警方表示，他们的这次行动得到了国际刑警的支持。一些存在问题的食品，此前在欧洲其他国家也曾经出现过，并因此引起了国际刑警组织的关注。

仅仅在 11 月 30 日这一天，Lugones 就有一家中国人的食品店遭到检查，之后，Colloto 的一家中国人开的 Wok 餐馆，以及 Siero 商业中心内的一家中餐馆，也相继遭到检查。而在希洪的 Avenida de la Constitución，上周同时有两家食品店成为检查的目标。

有关部门表示，在这次的检查中，检查人员发现了不少的问题食品，这些食品全部不符合欧盟关于食品安全的标准。检查人员收集了不少的样品，这些样品将在近期内被送往马德里的权威实验室。这些食品到底是否会危害公众健康，还有待实验室的最终报告。

不过有关部门同时指出，不少食品目前看起来可能是通过非法渠道进口的，有关情况已经通知海关，海关将对这些食品如何进入西班牙展开进一步调查。

点评

查违法现象、违法行为是政府职能，但是为什么只查中国人？为什么受害的总是中国移民？

一视同仁的检查可以理解，只针对中国人就难免有“歧视”的成分。然而，为什么每次检查都会被政府抓到“小辫子”，我们到底对这个法制社会了解多少？这到底是个形象问题，还是个心理问题？或许，在西班牙一些中国人心中的底层密码是赚钱就不能守法，难道这个密码是西政府刮多少次检查风暴都很难改变的吗？然而，这样下去，到头来受伤的只能是旅西中国人。

（［西班牙］欧华网 2011－12－23/ 湛卢）

2011 年葡萄牙华社十大新闻

葡萄牙《葡华报》日前评选出 2011 年葡萄牙华人社会十大新闻。其中，中国三峡集团入主葡萄牙电力成为十大新闻之首。

一、中国三峡集团入主葡萄牙电力

12 月 22 日，三峡集团接到葡萄牙政府的中标通知，以比主要竞争对手报价高 5% ~ 6% 的微弱优势夺标。中国三峡集团击败了德国的 E. ON 和巴西的 Electrobras，成为拥有葡萄牙电力 21.35% 股份的大股东。据介绍，此项交易金额约 26.9 亿欧元，是中国大型国有企业在竞标国际大型上市公司第一大股权中取得成功的第一例。

从长远来看，这也标志着目前拥有意大利14%国债的中国力量在欧洲市场上的崛起。中国三峡集团入主葡萄牙电力被视作三峡集团进军欧洲电力市场的第一步，为中国打开欧洲市场拉开序幕，为华人在葡萄牙创业带来利好消息。

二、葡萄牙华人批发商决议从2012起每周休息一日

Vila do Conde地区的183家中国商户参与了关于是否愿意一周休息一天的集体投票，绝大多数的商家都选择了每周休息一天。2012年起葡萄牙全体华人批发商将会每个星期休息一天，Vila do Conde每周星期六休息，里斯本大区以及Porto Alto大区每周星期天休息。

由此以来，葡萄牙华人批发商进入华侨发展的新篇章，葡萄牙境内所有华人批发商2012年起将每周休息一天。自从20世纪90年代末期北部华人商贸区形成气候以来，在这里的华人们就坚持一周工作7天，一年工作364天，为了赚钱，很多人损失了自己的身体健康，损失了看着孩子成长的喜悦，更损失了一个本来属于自己的生活。休息一天，是华侨观念的转变，也是对自己的一种尊重。

三、中国青少年足球队员抵葡　开启足球留学生涯

2011年12月14日、17日，两批中国青少年球员抵达葡萄牙，开启中国青少年足球运动员在葡萄牙为期2~3年的足球留学的序幕。拯救中国足球，从青少年足球留学开始，这些中国小球员都是葡萄牙足球俱乐部专职人员去中国挑选出来的优秀选手。

这些梯队的青少年足球运动员，在葡萄牙经过数年踢球学习，为中国足球储备后继人才，成为中国足球的希望。另外，葡萄牙华人足球队参与葡萄牙各大公司举办的联赛，是葡萄牙华人融入当地的标志之一。

四、“水立方杯”海外华裔青少年中文歌曲大赛葡萄牙预选赛

2011年“水立方杯”海外华裔青少年中文歌曲大赛葡萄牙赛区圆满举行，在复赛、决赛上，各位选手都做了充分准备，沙场秋点兵，充分展示了葡萄牙当代青少年的风采，每位歌手所具有的艺术感染力、准确把握歌曲的风格，给观众留下了深刻的印象。

歌唱比赛调动了葡萄牙华裔青少年的唱歌热情，通过积极向上的歌唱比赛，加深了他们对祖籍国文化的兴趣，让葡萄牙华人子女们获得交流机会，也使海外青少年能够更加了解水立方所代表的特殊意义。

五、"四海同春"春节赴葡萄牙演出圆满成功

张备三大使致辞

由国务院侨务办公室主办，中国驻葡萄牙大使馆及葡萄牙中华总商会牵头，葡萄牙全境十余个华侨华人社会团体共同参与的"文化中国·四海同春"慰问海外华侨华人演出活动葡萄牙站取得了圆满的成功。本次演出活动规模空前、场面宏大、节目编排精彩、观众反响热烈。

为了使本次活动进行得出色、圆满，社团纷纷捐赠款项，为演出慰问团的演出接待工作打下了坚实的"物质基础"。演出圆满成功举行后，剩余款项全部转交外交部扶贫办，捐给外交部扶贫县——云南省麻栗坡县、金平县。

六、葡萄牙博鳌商贸中心正式开工

经过一年多的精心策划，葡萄牙博鳌集团将于近日正式启动博鳌世贸中心项目，位于Porto Alto的商业圈迎来新一轮的发展机遇。20年来，在旅葡华人的精心经营下，里斯本地区一些知名度高、规模较大的批发市场相继涌现，成为旅葡华人的经济、商贸和文化交流中心。

博鳌世贸中心的推出，顺应旅葡华人经济体产业升级换代、市场转变、打造品牌的战略需要，引导旅葡华人永续经营、持续发展，提升华社各行各业的整体实力。博鳌世贸中心或将带领Porto Alto发展，成为里斯本大区乃至全葡萄牙范围的商品集散地。

七、葡萄牙中华妇女联合总会成立

2011年6月23日晚上7点半，"葡萄牙中华妇女联合总会成立大会"在里斯本隆重举行。中国驻葡萄牙大使馆、葡萄牙各侨会侨领、葡华妇联总会成员及家属先生团总计250余人参加了当日的庆典。这个以全葡萄牙华人妇女为代表的"葡华妇联"刚好是葡萄牙华社成立的第38家华人社团，正好同世界"三八妇女节"的主题交相辉映。"葡华妇联"也是葡萄牙华人社团中唯一以"妇女工作为宗旨"的社团，堪称葡萄牙华人社团之花。

金云华会长表示，妇女联合会将维护妇女和儿童的合法权益，关心儿童的教育事业，积极参与葡萄牙华人社会的各种公益活动，协助广大的华侨华人更好地融入葡国当地社会，传承中华文化。学习本土文化，加强与国内和欧洲的华人妇女的联系，互相交流。

八、首届浙江图书展、"浙江印象"摄影图片展及《认识中国》葡语版签约

2011年5月20日，首届浙江图书展、"浙江印象"摄影图片展及《认识中国》葡语版签约仪式在葡萄牙王宫后花园举行。

在具有浓郁民族文化历史特征的葡萄牙王宫后花园举办这次活动具有特别意义，从欧亚大陆的最东面来到欧亚大陆的最西面，杭州是北纬30°，里斯本是北纬38°，葡萄牙与浙江省差不多同在一个纬度上，处在欧亚大陆板块的东西两端，正好走了半个地球，这次活动加深了葡中两国人民的友谊和交流。这次图书图片展只是葡中文化交流的初次接触，目前只是开始阶段，今后的合作将越来越广。

九、里斯本中文学校荣获国侨办“华文教育示范学校”称号

2011年12月16日，国务院侨务办公室“华文教育示范学校”荣誉称号揭牌仪式在里斯本中文学校新校址举行。中国驻葡萄牙大使馆张备三大使、领事部郑希主任及葡萄牙各个华人社团等约100人共同见证了这一荣誉揭牌仪式。

2000年5月，中国城管理委员会、葡萄牙当地华文媒体和学生学者联谊会创办里斯本中文学校。11年来，从创办初期的十几名学生，发展到现在的500多名学生，取得了辉煌的成就。在这期间，它曾多次组织学生举办“中国文化周”演出，多次参加各种作文大赛，并取得骄人的成绩，到现在已成功创刊“中文乐园”，设立“华兴书屋”，组织学生回国参加“寻根之旅”夏令营等活动，为葡萄牙华人下一代在学习中华文化、传承民族文明方面作出了杰出贡献。

十、《葡华报》举办葡华沙龙　汇总侨界大事小事

为向葡萄牙华人提供适当的时间坐下来思考，让更多的人参与热点问题讨论，从别人那里学习经验，也把自己想法中的精华分享给他人，《葡华报》主办葡华沙龙，邀请葡萄牙各行各界的人士参与讨论，为广大在葡华侨服务，成为侨界的智囊团，帮助华人共同解决存在的问题。

（中国新闻网 2011－12－29）

2011年旅英华人十大新闻

2011年是不平静的一年。从窃听门到英国骚乱，再到全英大罢工，英国社会发生的一切，可谓剧情跌宕、步步惊心。在这一年里，英国华人也经历了王子大婚、伦敦奥运倒计时、纪念辛亥百年以及《非诚勿扰》走入英国等令人喜悦的事件。

从看热闹到看门道，华人既用自己的独特视角在“围观”着发生在英国的一切，又同时置身其间，是这一切的一部分。在过去的一年中，还有一系列发生在华人群体中的事件引发了人们的思考，让众多潜在的话题浮出水面，成为人们议论的热点。一些事件更反映了华人文化与西方规则的冲突与碰撞，事件带给人们的启迪令人获益良多。

英国《华闻周刊》近日特别推出“2011 年终盘点”专题，回顾过去一年中与英国华人密切相关的十大焦点事件。

一、剑桥选举风波引反思

剑桥大学学生社团的换届选举，引发了当事各方的“口水战”。经过媒体的报道，“剑桥校园选举风波”更是将事件的主角推到了风口浪尖。该事件在英国和中国舆论界引发了广泛的关注，其中关于英国的华人社团如何在西方规则下运作的话题，也成为人们争相议论的热点。

常非凡的竞选海报

早在 2011 年 7 月 20 日，某海外人气论坛的多个版块上就已出现了一条帖子，指称剑桥学联主席常非凡为“伪主席”，质疑其换届连任的合法性。帖子内容称，常非凡为了获得连任，违背学联章程，未行选举即“强行内部表态”，随后便宣布自己已经连任。

这个“内部表态”所指的，是 7 月 11 日剑桥学联工作总结大会。正是对这次会议的不同理解和态度，导致后来的一系列风波。据常非凡一方的说法，11 日的会议是工作总结大会，会上同时推举了下届主席候选人，而唯一的候选人就是常非凡。但常非凡的说法遭到了部分学联执委的质疑。而拥护和反对换届选举的双方，也对当天会议的情况有着不同的复述。

剑桥学联内部的争议继续扩大升级，并引起了剑桥大学校方的注意和介入。反对常非凡连任的一方在 7 月 11 日之后，拿着制定于 2008 年的剑桥中国学联章程去找校方投诉，结果被校方看到这份章程和学校备案的那一份有很多不一致的地方，发现学联的章程自 1992 年之后更新过多次，但都没有报给学校，有“章程混乱”的问题。

10 月 6 日，校监 Oren Sherman 发出了名为“注销剑桥中国学联立即生效”的正式邮件，标志着剑桥中国学联正式被校方注销。

在剑桥中国学联被校方注销后，11 月 3 日，校监 Oren Sherman 紧急召集学联争议双方代表常非凡和陈奇开会，将重开公开竞选作为中国学联在剑桥大学重新注册的条件，双方最终接受此条件，并最终确定公开竞选在12月2日举行。

在12月2日重开的剑桥学联主席选举中，反对常非凡一方的陈鲁滨以171票当选主席，争议多时的剑桥选举事件终于尘埃落定。

虽然12月2日重开的选举举行后，事件已告一段落，但这次风波引发了人们对于相关制度和程序的反思，从各方的表述来看，基本可以认定，剑桥中国学联被学校注销是因为其“章程混乱”（Constitutional Muddle）。西方校园的规则对于章程、制度和程序等“形式”方面的问题是极为重视的，而不仅仅是看最后的结果和成绩。当华侨华人或留学生的社团组织遭遇西方规则时，如何适应与应对，成为引人深思的问题。

二、移民签证控制来势凶猛

由保守党主导的英国联合政府从执政开始以来，对移民政策的控制来势凶猛：在关闭了Tier1 General高技术移民路径、对留学生毕业找工作签证（PSW）“痛下杀手”以及拿“工签转永居”政策“开刀”之后，英国政府不断推出咨询案，考虑下一步的移民收紧政策。

2011年是英国联合政府按照政纲大幅收紧移民政策的一年，从学生签证到技术移民工作类签证，进而扩展到家属移民，英国联合政府希望在5年任期内将非欧盟移民从每年数十万人减少到每年数万人。

就移民政策走势来看，英国政府一边提高非欧盟移民从海外来英的门槛，一边封堵已在英国工作的外来移民转为“永久居留”的路径，英国移民政策正呈现出“内外夹攻”的趋势。

对留英学生影响最大的是非欧盟留学生毕业后找工作期间的签证（PSW）将于2012年4月正式取消。尽管在英国受认可的大学毕业并获得学士学位或更高学位的毕业生可以在英国转换成Tier 2的工作签证，但英国工作签证的短缺职业名单在2011年内被两次大幅缩减。

在英国政府宣布取消PSW签证政策不久，又推出新的移民方案：Tier 2工作类签证被划归为“短期签证”，其持有者将不能在五年后获转永久居留。在Tier 2类别下，只有少数年收入在15万英镑以上的、对英国社会有突出贡献的人士才能获得永久居留申请权。

如果“5年工签换永居”政策最终被取消，那么“投资移民”（Tier 1 Investor）和“企业家移民”（Tier 1 Entrepreneur）将极有可能成为许多华人达成移民英国愿望的最后一根稻草。

2012年备受华人关注的是，英国政府如何应对PSW取消后众多雇主可能面临的劳工短缺？如何进一步调整技术移民政策，以及下一步如何调整技术移民政策，“十年永居”和“十四年永居”政策等。

三、英华人纪念辛亥百年

英国虽然不是辛亥革命的主战场，却同这场影响中国历史的革命有着深厚的渊源。

3月11日，中国驻英国大使馆举行了隆重的纪念仪式，纪念孙中山先生逝世86周年暨辛亥革命100周年，全英各华人商会、侨界社团及学生代表纷纷到场，共同缅怀中国民主革命伟大的先行者孙中山先生。中国驻英国大使刘晓明在仪式上致辞表示，孙中山先生与英国有着深厚的渊源，中英各界代表举行纪念活动，对两岸共同弘扬中山思想，具有独特而重要的意义。

在英华人还通过不同形式的文化活动来表达对革命先烈的追思。2011 年 5 月 10 日，中国驻英国使馆隆重举行纪念辛亥革命 100 周年座谈会。

旅英新老侨团、台胞企业和社团、中资企业和留学生代表、香港驻伦敦经济贸易办事处负责人以及孙中山先生老师康黎德的后人等近百人出席。与会华侨华人、留学生及中资机构代表踊跃发言，缅怀孙中山先生及辛亥革命的丰功伟绩。

由中国驻英大使馆主办，新华社伦敦分社和全英华人社团联合总会协办的“纪念辛亥革命一百周年图片展”于10月19日在伦敦开幕，来自中英各界近200名来宾出席了开幕式。

此外，英国华人学界也积极参加到纪念活动中来，英国华侨华人、专家学者和留学生代表于9月6日齐聚剑桥大学，举行“首届两岸三地纪念辛亥革命一百周年学术论坛”，共同回顾探讨了辛亥革命的深远历史影响与现实意义，并表示要将辛亥革命精神发扬光大，为中华民族的复兴和祖国的统一大业贡献力量。

四、《非诚勿扰》走进英国

中国大陆收视最高的电视节目《非诚勿扰》在2011 年将触角伸向了海外，在结束了澳洲专场和美国专场的录制之后，《非诚勿扰》节目组来到了欧洲，英国成为欧洲的第一站。《华闻周刊》作为《非诚勿扰》英国专场的独家承办方协助江苏卫视圆满完成了英国专场的活动。

这次的合作不仅对于《华闻周刊》，对于整个英国的华文媒体也是第一次同中国大陆电视交友节目进行合作。

中国驻英国大使馆李辉参赞在《华闻周刊》周年庆典暨《非诚勿扰》粉丝见面会活动现场表示：“《华闻周刊》作为媒体，不光是为大家提供资讯和信息服务，此次《非诚勿扰》活动更是把中国国内的品牌推广到了英国，也得到了英国华人的积极响应。”

9 月至 11 月的两个月间，《非诚勿扰》英国专场共招募男、女嘉宾 2 000 多人。报名通过多种方式进行，除了通过新浪微博和《华闻周刊》网站上的报名专页，还分别在伯明翰、曼彻斯特和伦敦举行了四次现场报名活动。英国专场报名首周就吸引了 500 多人报名。

11 月底，江苏卫视《非诚勿扰》英国专场报名结束，《非诚勿扰》节目组的编导们最后选定了男嘉宾 18 名，女嘉宾 20 名，并于 12 月 25 日和 26 日两天进行录制工作。英国专场节目拟在农历春节前后播出。

五、中国大熊猫抵英掀关注热潮

12 月 4 日，英国苏格兰首府爱丁堡迎来了从中国远道而来的“贵宾”——大熊猫“阳光”和“甜甜”。经过中英两国高层长达五年的政治和外交协商，在中国保护大熊猫研究中心和爱丁堡动物园的共同努力下，英国公众终于在等待了 17 年之久后，再次有机会不出国门就能观赏大熊猫的可爱。

爱丁堡动物园方面保守地估计，由于“阳光”和“甜甜”的落户，接下来一年的游

客将增长35%，而未来十年至少将增长150万到200万游客。仅门票收入一项，希望能为动物园增加约2 000万英镑的收入。如果“阳光”和“甜甜”能够顺利繁育熊猫宝宝的话，游客的增长和收入将更加可观。

爱丁堡动物园为了欢迎两只大熊猫，动物园网站首页几乎全部变为相关内容。专门开设了熊猫礼物专页，和其他所有礼物并列。爱丁堡动物园目前已经采购引进了19类价格从1英镑到45英镑不等的和熊猫相关的礼品，更多的礼品正在设计开发中。

如果“阳光”和“甜甜”在爱丁堡动物园成功生育熊猫宝宝，将带来不可估量的社会和经济效益。从中国远道而来的两只大熊猫已经为雪季阴霾的爱丁堡带来了一缕“阳光”，希望在不久的将来，能够为中英民众带来“甜甜”的惊喜。

六、华人积极应对英国骚乱

本次事件缘起于8月4日晚，名为马克·杜根的黑人男子在出租车里被警车拦截，杜根中枪死亡。警方指杜根曾向警方开枪，并致一名警员受伤。然而，有目击者称，杜根并未开枪，而是被警方按在地上射杀。8月6日下午5时后，杜根所居住的社区北伦敦托特纳姆约500人集结，要求“寻求正义”，示威人群随后与警察发生冲突，并演变成暴力骚乱，之后逐渐从伦敦蔓延至全英格兰。

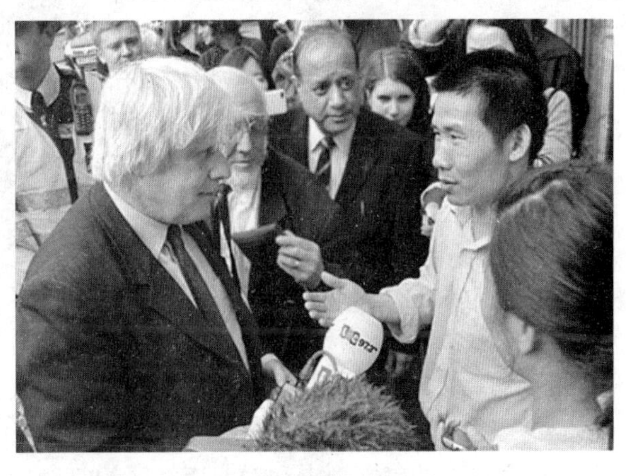

伦敦市长鲍里斯·约翰逊看望在暴乱中蒙受损失的商家

暴乱对于中国城餐馆白天的生意未形成太大影响，但是晚间生意受到了比较大的冲击。英国骚乱期间，伦敦南部克罗伊顿（Croydon）是受害最严重的地区之一。据荣业行伦敦克罗伊顿商业中心经理介绍，尽管该商业中心距离骚乱中被纵火焚烧的Reeves家居商店仅有10分钟的步行距离，但该中心的业务并未受影响，业务一切正常。

而位于伦敦西三区的Ealing，本是治安环境较好的传统“富人区”，但在这次的暴乱中，却遭遇了直接的打砸破坏，且暴徒中不仅有黑人，还有当地的白人青年。受访华人称，Ealing地区和伦敦很多地区一样，近年来治安不断恶化，居民素质下降，并直指原因来自英国的教育体制、福利体制和相关法规。

在曼彻斯特的骚乱中，位于曼城市中心的唐人街并未受太大影响。位于伯明翰的大型餐饮集团中华阁大酒楼负责人表示，骚乱事件并未影响该酒楼的正常营业，但骚乱严重的一两天的晚间，由于部分路段被警方封锁，客人出行不方便且造成客流量减少，但白天并没有受任何影响。面对骚乱，英国各华人社团和组织也积极行动应对危机。

对于这次骚乱事件，一些受访华人也从文化和教育体制的角度进行了反思。担任英国中华传统文化研究院主任的柳女士表示："为什么现在英国这么多的年轻人如此地迷失方向？我认为这既是一个教育危机，也是一个社会危机。现在英国的文化教育体制，只着眼于表面上的形式，没有触及深层次的人的思想和道德。中国讲仁义礼智信，如果缺失了仁义、仁慈，只一味讲人权和自由，就会出问题。"

七、英国大罢工此起彼伏　民众"伤不起"

英国联合政府大幅提高大学学费、改革公务员养老金，失业率不断攀升，通胀率高企不下，再加上英国逢保守党执政必然迎来新一轮罢工高潮的规律，2011 年的大规模罢工可谓一浪接一浪，一浪高过一浪。

尽管英国联合政府的公共财政紧缩计划有一定的合理性，但因为财政大幅缩减造成的经济复苏停滞，进而导致民众生计"今不如昔"，尤其是政府希望通过冻结并削减公务人员的薪酬待遇来大幅改革公务人员长期处于赤字状态的养老金，直接触动了公务人员以及相关工会的利益，大规模抗议活动此起彼伏。

从 2011 年 3 月份起，数十万民众走上伦敦街头，抗议政府削减财政开支；到 6 月份，各大工会的数十万公务员举行联合罢工游行，抗议政府养老金改革计划；11 月初，数千名大学生伦敦游行，抗议大学学费上涨；再到蓄势已久预期进行的 11 月 30 日遍及全英的 200 多万名公共部门人员的联合大罢工，创下几十年来英国罢工规模之最。

英国骚乱的熊熊烈火和对商店社区的打砸抢让全社会开始深度反省，抗议资本主义的"占领运动"，尽管关系全世界社会制度的演变和命运，但因其带着社会精英层的"傲慢与偏见"，却被社会所忽略。因为在经济不景气的艰苦岁月，人们更关心生活中的柴米油盐、衣食住行。因此，当伦敦地铁工会在节礼日罢工，给圣诞节的喜庆气氛蒙上阴影时，人们显示的愤怒更明显些。

岁末年初，公务员的养老金纷争即将因工会和政府的妥协逐渐平息，相应地，关于工会和私营企业的劳资纠纷成为焦点。几大工会开始要挟在新年举行新一轮的罢工。英国社会能否经得起如此折腾呢？包括华人在内的普通百姓伤不起。

八、"窃听门"引华人热议英国"小报文化"

拥有 168 年悠久历史的英国畅销八卦"小报"《世界新闻报》因深陷"窃听门"，被迫于 7 月 10 日之后关闭。该报纸的关门，也引发了英国华人及华媒从业者的反思。

在英国华人圈里，关于英国新闻媒体涉华报道价值取向和手法有失公允的声音也格外强烈。而华媒从业者则对“窃听门”背后反映的英国“小报文化”进行了分析。

站在华人的角度来审视“窃听门”，也可以看到这种“小报文化”与英国主流媒体中华人形象的关系。记者通过调查发现，英国“小报”惯用夸大的方式或者一些新闻的“技巧”来塑造华人的负面形象。一些报纸往往会借采访对象的口来表达对外来移民形象的负面判断。整个报纸的倾向性和风格决定了从业者报道的手法和角度。

九、华人参政从人口普查开始

2011 年是英国十年一次的人口普查年，英国各大华人社团充分认识到了人口普查对提高在英华人在社会决策程序中的地位有着至关重要的意义，无不全面动员广大华人积极参与。

从年初到 3 月 27 日人口普查日，英国华人参政计划和英国各大华人社团开展各类活动与人口普查的公益协助活动，旨在让在英华人改变“事不关己、高高挂起”的习惯。为此，英国华人社团领袖们纷纷呼吁广大华人务必参与人口普查。

英国华人参政计划主席、被英国国家统计局委任为 2011 年人口普查大使的李贞驹律师表示：“人口普查绝对不是‘事不关己’的事情。”

负责人口普查伦敦地区的总管科林 · 普里德莫尔指出，许多事关华人直接利益的公共财政拨款、图书馆、警察和治安、医疗卫生、交通配套、社工服务等资源反赔，主要依据是人口普查的结果。如果人口普查数据显示大量华人居住在某个区域，该区域将得到更多的与华人相关的财政预算和拨款。如果数据显示华人比例降低，预算也会降低。如果华人不积极参与普查，很多经费将面临被削减或停止的可能，后果将很严重。

从“沉默”到“可见的华人”，人口普查无疑提供了一次难得的机会。如今，我们静候 2011 年人口普查的统计报告，华人的参与度如何？英国各级政府如何通过普查数据对待华人居民？我们拭目以待。

十、伦敦奥运在即　华媒关注中国奥运代表团

2011 年岁末，随着伦敦奥运会超过九成的场馆已经竣工、大部分场次的门票已经售出、开闭幕式的导演方案确定并进入筹备、奥运安全保卫方案全面通过、与奥运会直接相关的临时签证政策的出台等等，2012 年伦敦奥运会的脚步临近。

岁末年初，我们从两大方面展望期待伦敦奥运会，一是伦敦奥运能否成为英国经济复苏的开始；二是作为华人媒体，我们热切关注华人运动健将们的表现。

2012 年伦敦奥运会将和英国女王继位 60 周年庆典一道，被寄予为英国经济从金融危机中恢复元气走向复苏的希望。考虑到 2011 年 8 月在伦敦爆发并迅速蔓延英国各地的严重骚乱，奥运会还承载了团结英国社会各阶层、修复社会创伤的重任。

作为历届奥运会的金牌大户，中国奥运代表团的表现将牵动千万个在英华人的心。截至目前，中国已有18个大项、159个小项的277人获得伦敦奥运会参赛资格，其中举重、体操、跳水、花游、现代五项、射箭等10项为满额。

从中国体育健儿在2011年各项世界大赛中共获得138个世界冠军，其中奥运会项目金牌和奖牌数均处于国际领先地位的状态看，中国选手已经具备了在伦敦奥运会上取得优异成绩的实力和基础。

2012年盛夏的伦敦奥运赛场，华人选手争金夺银的盛况，我们翘首以待。

（［英国］《华闻周刊》2012-01-03）

2011年罗马尼亚华人社区十大新闻

值此2012年新春来临之际，罗马尼亚华人社区“2011十大新闻评选活动”也于日前揭晓，在广大华侨华人的积极参与提议下，此次活动共评选出了2011年华人社区影响较大的十件大事，现综述如下。

罗马尼亚政府提高签证门槛，华商居留大受影响

罗马尼亚的外国人新移民法自2011年8月1日起开始正式实施。新移民法规定：凡是持商务签证在罗居留的外国人，有限公司每个股东至少需要7万欧元的注册资金以及10个当地雇员的工作合同；股份公司每个股东至少要具有10万欧元注册资金和15个雇员的工作合同等，这些规定直接影响了旅罗华商的居留签证，在华商中反应很大，多数华商认为这项新法律的规定对于外国人的居留条件太苛刻，使本来因为经济危机影响而在困境中艰难挣扎的华商将面临更为严峻的生存局面。

罗马尼亚首家华人投资的唐人街市场开业

7月19日上午，罗马尼亚首家由华侨华人联合集资参与兴建的唐人街市场举行了隆重的开业典礼，罗总理博克出席开业仪式并剪彩。

总理博克（左二）为唐人街开张剪彩

罗马尼亚第一家由华商参与投资建设的大型商贸综合社区——唐人街市场在2010年8月17日举行奠基仪式，经过11个月紧锣密鼓的施工，唐人街市场终于在7月19日全面开业。据了解，目前唐人街市场约有40%的商家入驻开店，其中多数为中国商人，也有罗马尼

亚当地和阿拉伯地区的商人等，他们大多以经营小商品批发为主。唐人街市场的建立，打破了罗马尼亚原有的小商品批发市场完全由当地或其他国家商人掌控的局面，是罗马尼亚华侨华人发展史上极其重要的一件大事。

罗马尼亚红龙市场被烧　商厦重建开业

2010 年 5 月 26 日，位于布加勒斯特郊区的红龙市场 5、6 号商厦突然遭受特大火灾，近 2 000 家商户店铺全被焚毁，其中华商经营的店铺被毁 600 多家，店里货物无一幸免。此次火灾造成旅罗华商直接经济损失达数千万欧元以上，许多华商在一夜间倾家荡产。同年 10 月，红龙市场管理方对遭焚毁的 5、6 号商厦进行重建。今年 3 月 29 日，罗马尼亚红龙市场遭受火灾的商厦举行了重建开业庆典，目前多数华商已陆续搬入商厦经营，但尚有 20 余户华商因为店铺未按原来位置进行分配而不满，至今仍未迁入商厦。

中国驻罗大使刘增文（前右一）等参观红龙市场重建商厦

华商仓库遭持续查封　中使馆密切关注

自 6 月 8 日以来，罗马尼亚布加勒斯特海关总署与经济卫队郊区警局对全市几个大仓库进行了持续的查封行动，据知华商仓库被封达 900 多家，这是近几年来罗马尼亚警方查封仓库范围最广、持续时间最长、涉及人数最多的一次大行动，很多华商仓库因为货物手续不齐或货单不齐全等原因而受到了罚款处理，最多罚金达数万欧元，还有因为提供不了货物的进货单等手续而遭警方没收大批货物，损失严重。中国驻罗使馆闻讯后非常重视，在使馆人员的多方奔走及努力下，不久大部分华商仓库基本得到解封，而仓库的相关问题也陆续获得了解决。

积极应对环境变化　中使馆举行华商代表座谈会

3 月中旬，为帮助引导华商尽快适应罗马尼亚当前不断发展变化的经营环境，中国驻罗使馆商务处与领事部联合举办红龙集团、华人社团代表座谈会，时任使馆政务参赞屠江、商务处参赞刘其威以及领事部领事等一起出席此次座谈会。使馆就华商加强自我保护意识和在当前经济形势下急需改进原有经营模式等方面提出了不少建设性的意见和建议。刘参赞还提醒华商，随着罗马尼亚法律法规的逐步规范与完善，经营环境的不断严格化，对市场监察力度的增强，华商只有摒除一切侥幸心理，积极适应当地法律法规的变化，才能得到进一步的稳定发展。

此外，入选 2011 年度罗马尼亚华社十大新闻的还有：3 月 7 日开始，罗马尼亚布加勒斯特经济卫队与海关总署联合武装警察举行大规模突击行动，对位于布加勒斯特郊区的欧罗巴市场展开全面彻底的持续整治检查，数十家华商店铺因开店手续不齐以致货物被没收，直接造成经济损失20多万美元；9月10日，中国侨联“亲情中华”艺术团在罗马尼亚华商的主要经营地红龙市场广场为侨胞举行专场慰问演出；12月22日，新任驻罗马尼亚大使霍玉珍在使馆与旅罗华侨华人社团、中资机构和华文媒体代表举行座谈会，并表示在任内将同旅罗侨团密切合作，为侨胞的生存和侨界的可持续发展创造更加有利的条件；6月15日，中国残疾人艺术团《我的梦》在罗演出成功，其中盲人舞蹈《千手观音》获广泛好评；11月3日晚，在布加勒斯特做贸易生意的两家东北籍华商因合资购买的房屋产权纠纷而发生严重冲突，其中一方亲属受重伤。

（中国新闻网 2012－01－20）

2011年加拿大华裔社区十大新闻

2011年加拿大华裔社区可谓喜忧参半。喜的是华裔参政再创历史最佳纪录，华裔参选人数和最后成功当选者比例都更上一层楼，而无论在卑诗大学海角大厦事件、多伦多禁食鱼翅事件中，都可以看到华裔社区维权力量的持续增长。忧的是再有数位华裔人士惨遭毒手，令人欷歔。花季少女柳乾、美女妈妈胡雅婷、金牌地产经纪韩建国都死于非命，我们看到加拿大也并非平安无事的人间乐土。

一、华裔参政成绩亮丽

2011年加拿大联邦大选，全国有22名华裔候选人参加，7人胜出，较上届多出2人，取得可观的进步。7位当选华裔国会议员分别是黄陈小萍、杨萧慧仪、邹至蕙、柳劳林、徐正陶、庄文浩和梁中心。在11月19日举行的卑诗省地方选举中，大温地区有37位华裔候选人参选，共产生7位华裔市议员、8位华裔学务委员，创造出历史最佳成绩。10月初，安省选举亦产生首位华裔女省议员黄素梅。

二、胡雅婷或遭丈夫杀害

7月16日，本拿比华裔女子胡雅婷失踪。警方经过近2个月的调查，相信胡雅婷遭分居丈夫牟钟鸣杀害，其尸体被藏于行李箱后弃置于菲沙河。警方在列治文史提夫斯顿河边寻获尸体，牟钟鸣涉嫌谋杀妻子已经被警方指控一级谋杀罪名。胡雅婷今年27岁，来自武汉。她于2000年5月左右来加拿大读书，因参加教会活动认识牟钟鸣，其后两人结婚，先后生下两个儿子。夫妇在2011年6月初曾达成离婚协议。卑诗最高法院裁定一对年幼儿子，交由温哥华张姓牧师照顾。

牟钟鸣（左）与胡雅婷合影

三、加国华社纪念辛亥百年

与孙中山先生及辛亥革命渊源深厚的加拿大华人社区，于8月至9月间举办辛亥革命100周年纪念系列活动，以纪念100年前辛亥革命成功推翻中国封建帝制，开创中国历史的新纪元。除不同主题的文物展览、纪念大会及纪念宴会以外，“文化中国·辛亥百年”北美艺术团在温哥华盛大演出，将大温地区纪念辛亥革命百年系列活动推至高潮。在多伦多的系列纪念活动中，韵舞蹈团推出的《孙中山在多伦多》大型音乐舞蹈史诗剧是重头戏。

四、多伦多禁鱼翅引争议

多伦多市议会10月25日以38票对4票的压倒性多数，通过禁售鱼翅产品的法律。多伦多是安省第4个通过禁售鱼翅产品法律的城市。之前，布兰福市（Brantford）、橡树市（Oakville）及密西沙加市（Mississauga）都已通过同样的法律。不过密西沙加市议会在12月14日通过决议，暂停执行禁鱼翅的法律，直至2012年6月30日。由多个华裔社区机构及社会人士组成的“维权公义联盟”宣布，将于2012年1月11日农历新年前，举办筹款晚宴，倘与多市政府沟通对话无效，将就禁鱼翅一事与多市政府对簿公堂。12月8日，联邦新民主党员唐耐励（Fin Donnelly）提出一项私人法案，要求禁止进口鱼翅。联邦总理哈珀则表示不同意联邦新民主党禁吃鱼翅的立场。

反对禁鱼翅法案的人士在市府前示威

五、女留学生柳乾多伦多被杀

4月15日，在多伦多市北约克区，来自北京的23岁女留学生柳乾遇害，留学生安全问题警钟再次敲响。警方称死者腰部以下裸体，不过没有明显受到性侵犯的痕迹。犯罪嫌疑人随后被捕，警方凶杀组拘捕一名29岁疑犯白人男子Brian Dickson，落案控以一级谋杀罪名。柳乾去年9月到多伦多，在约克大学语言班学习，已经申请了几所加拿大的大学，但还没有被录取。她今年1月搬到大学附近一栋独立屋的地下室居住。

韩建国

六、金牌经纪韩建国命断加国

多伦多地产经纪韩建国1月20日与大陆富豪费学军（Xuejun Fei，译音）在密市的一处豪宅内同时失踪，6天后，费学军安然返回，而韩建国却始终去向不明。现年 44 岁的韩建国，是多伦多市 Homelife 大鹏地产公司的金牌地产经纪。7 月 12 日，警方宣布在万锦市一处民宅地下室找到了韩建国的尸体。警方同时宣布，已逮捕 4 人并控以绑架勒索罪名，但一名之前警方追查的华裔男子吴伟国仍然在逃。吴伟国是皮尔区、多伦多和约克区三地警方都在通缉的惯犯。

七、中侨互助会行政总裁辞职

中侨互助会主席陈伟业 12 月 20 日宣布，中侨行政总裁谭阜全因个人理由辞职，将于 2012 年 6 月 15 日生效，事件在华裔社区中引起巨大反响。在中侨服务了 20 年的谭阜全称自己的请辞是艰难的决定，他担任过首席营运总监。中侨理事局已经聘请国际猎头公司开始积极物色新的行政总裁人选。此前，有消息称卑诗就业服务制度明年将出现重大改动，全省分成 73 个服务区，每区只由一家机构经营。中标名单在 12 月 9 日公布。中侨竞投失败，3 个就业中心需要关闭，50 多名员工濒临失业。中侨方面表示竞投失败和总裁辞职并无关联。

谭阜全

八、华埠建筑高度限制放宽

温哥华市政府决定放宽华埠建筑高度限制，在华人社区内受到广泛欢迎。当地四大侨团均表示高兴，称这是华埠兴衰的转折点。此前，10 余家温市华埠侨团和商会领袖联合署名上书温市市长罗品信（Gregor Robertson）和市议会，要求尽快批准相关放宽高度建议，以促进华埠繁荣。不过，对温市华埠增加建筑物高度一事持反对态度者，亦发出异议。

九、海角大厦善终中心维权

卑诗大学（UBC）拟定在校内西林荫道（West Mall）2688 号高层公寓——海角大厦（Promontory Building）附近兴建圣约翰善终中心（St. John Hospice），遭到以华人为主的公寓住户的强烈反对，并表示将抗争到底，维护自己的合法权益。由于涉及文化和族裔等敏感问题，事件引起主流社区以及中英文媒体的高度关注。6 月 2 日卑诗大学举行董事会常务委员会会议，通过卑诗大学校园及社区规划部门有关在海角大厦旁兴建善终中心的计划。华裔维权失败。

反对在海角大厦旁建善终中心的居民代表

十、士嘉堡华裔夫妇涉嫌虐母

2 月 28 日，在安省士嘉堡附近居住的一对名为严光（Kwong Yan）和谭琪云（Qiyun

Tan）的夫妇，涉嫌让 68 岁的患轻微老年痴呆症的母亲住在没有保温棉措施的车库内，警方发现后，这对夫妇被逮捕并控以未提供生活日用品和刑事过失造成人身伤害罪。10 月 11 日，此案主控官指出，受害人身上有淤痕的照片，只是她接受针灸治疗留下的痕迹。涉案男子严光承认较轻的未能提供生活必需的罪名，并被法庭当场释放。此前同样涉案的他的妻子谭琪云已在今年 4 月获保释，其控罪也同时被撤销。

（［加拿大］《环球华报》2011－12－30）

2011 年美国华人十大新闻

2011 年，美国华人社会发生了很多值得回忆的事情，其中一些已经成为美国历史的一部分。以下是《侨报》选出的美国华人十大新闻。

一、赵美心推动排华法案致歉案

10 月 6 日深夜，联邦参议院一致通过了就 1882 年《排华法案》向全美华裔致歉的提案。由联邦众议员赵美心等国会议员推动的致歉案认为，《排华法案》当年对华人的排斥以及因这一法案出炉令华人遭到不公正待遇，为此联邦政府应致歉。

致歉案获得参院通过后，即得到了 20 多名民主党众议员和 3 名共和党众议员的联署。赵美心当时表示正在争取更多的联署者，许多民主党议员愿意加入，但还必须争取更多共和党众议员的支持，使之更平衡一些。众院少数党领袖佩洛西已表态支持，但共和党领导人尚未表态支持。

赵美心指出，参议院一致通过决议案，对众议院也通过此案是非常好的事情。下一个时间点是明年底。她说："我希望众议院也能以同样的方式通过。"

一直关心并推动此道歉案的华人社区领袖在洛杉矶中国城表示，听到这一消息后深受鼓舞，他们商定将继续发动全美各地华裔选民给所在选区的国会众议员写信，恳请他们支持该致歉案在众院通过。

二、李孟贤当选旧金山市长

今年 1 月初，时任旧金山市长纽森转任加州副州长，经过市议会投票表决，李孟贤成为城市历史上首位华裔代理市长，为期一年。他当初在接受委任时曾表示不会参选市长，最后，他打破不参选的承诺，在任上宣布参选市长，也因此受到其他候选人和民众的诟病。即便遭到“捐款门”等问题指摘，但由于李孟贤政绩出色，在选前民调中也一直保持领先。

今年旧金山市长选举也堪称有史以来最激烈的选举，16 名市长候选人中共有 6 位亚裔，其中华裔 5 人，分别是代理市长李孟贤、市议会主席邱信福、州参议员余胤良、估值官丁右立、女教师彭德慧以及日裔市府公辩律师贺大器。

今年 59 岁的李孟贤在西雅图出生，父母亲于 1930 年代从大陆移民来美。1978 年，他从伯克利加州大学法学院毕业后，长期担任民权律师，1989 年进入旧金山市政府工作，服务市府达 22 年，期间曾担任多个部门主管，前后经历四任市长。

最终在选举日的第二天（11 月 9 日），优先选择投票法的非官方统计结果显示，截至当日下午 4 时，经过了 11 轮点算后，李孟贤获得 68 721 张选票，得票率为 61.21%，远远超出排在第二位的艾华乐 38.79% 的得票率，余下未点算的选票已经无关大碍。李孟贤在市长办公室门口宣布胜选。

三、首位华裔众议员吴振伟因性丑闻辞职

7 月 26 日，美国历史上首位华裔众议员吴振伟因被爆出涉嫌性侵 18 岁少女，面对不断升级的丑闻，正式宣布辞职，成为今年美国政坛上因丑闻辞职的第四位国会成员。

吴振伟给下属发送他身穿老虎服饰的照片

吴振伟波特兰选举办公室于今年春季收到一封语音邮件，一名 18 岁的年轻女性在邮件中声称吴振伟于 2010 年感恩节期间曾和她有过“令人讨厌的性接触”。后有媒体披露这位女性是吴振伟高中同学的女儿，刚满 18 岁。面对各界质疑，吴振伟坦承曾与这位女子有过性接触，但强调是双方自愿并不涉及非法行为。

事实上在被爆出性丑闻前，吴振伟就因不当言行受到媒体责难。有媒体传出他常无故暴怒、语言苛责、情绪不稳定。他还曾把自己身穿老虎服装的照片寄给同事，导致大批团队成员集体辞职，其精神状态备受质疑。事后吴振伟接受媒体访问，承认自己因丧父、家庭问题和大选导致压力过大出现精神问题，正在接受医生治疗。这一负面新闻才平息不久，就被爆出性丑闻。

隶属于民主党的吴振伟祖籍中国江苏，出生于中国台湾，毕业于耶鲁大学法学院。他

在1998年第一次成功当选国会议员，之后便一再连任，2010年第七度当选。吴振伟曾被认为是“华裔之光”，他还与骆家辉、朱棣文、陈远美、卢沛宁、方富宇被媒体称为华裔高官群。

四、洛杉矶中国总领馆遭枪击

12月15日下午2时15分，一名男子驾车向中国驻洛杉矶总领馆开枪，子弹击中领馆前门，当时约有20名领馆官员在办公室办公，所幸无人受伤。枪击案后约两小时，这名亚裔男子便向警方自首了。

洛杉矶警方迅速封锁了周边道路

洛杉矶市警察局16日公布了枪击案嫌疑人是67岁的华裔男子张宝良（音译），来自中国上海，犯罪动机不明。他是一名归化入籍的美国公民，家住拉斯维加斯。

张宝良于19日遭洛杉矶高等法院起诉，罪名为非法使用半自动武器，并向有人居住的建筑物开枪。检察官表示，如果罪名成立，张宝良将面临20年有期徒刑。

五、华裔士兵陈宇晖军中死亡　八美军被控

10月3日，年仅19岁的华裔士兵陈宇晖在阿富汗一美军哨所中饮弹身亡，当时他赴阿富汗战场还不到两个月。事发后五角大楼称陈宇晖开枪自杀，但其父母怀疑儿子被人谋杀，其后更有美军军官爆料，指陈宇晖生前曾遭上级体罚虐待与种族羞辱，令该案更加疑点重重。

纽约市唐人街陈宇晖追悼会

经过纽约华裔社区及民选官员的强烈抗议并施压，12月21日，美国南方司令部（U. S Regional Command，South）的国际安全部（International Security Force）在阿富汗宣布，起诉陈宇晖同一部队中的8名官兵。五角大楼发布公告称，包括排长丹尼尔·施瓦茨在内的8名士兵与陈宇晖的死亡有关，被控罪名包括违反军令、玩忽职守、袭击和殴打他人、过失杀人等。其中最严重的过失杀人罪将面临最高10年监禁。目前这8人还在阿富汗，但已经解除职务。未来有关方面将举行听证会，以确定是否有足够证据开庭审理。

六、赌巴翻车15人死　华裔长巴运营引关注

3月12日清晨5点半，一辆搭载32名乘客的巴士在纽约发生车祸，车子翻覆后被路旁的交通标志支架刺穿，造成15名乘客死亡，20余人受伤，其中华裔乘客死伤众多，至少6人伤势严重。这辆由纽约布碌仑世界旅游公司经营的巴士是从康涅狄格州的金神大赌场开往纽约曼哈顿的中国城。当行至New England Thruway与Hutchinson River Parkway交叉的地方，被一辆货柜联结车从后面碰撞了一下，导致巴士转向、翻覆，滑行中又撞上路旁交通标志的巨型支柱，钢架沿巴士玻璃窗将整辆车几乎切割成两半。

以低廉价格运营的华埠巴士违规和不安全的问题存在已久，不少官员希望借此整顿华埠巴士业。血的惨案为华人巴士业再次敲响警钟。

七、加州通过禁鱼翅案

华裔抗议者们向州众议员递交反对AB376提案意见书

由加州部分环保人士推动，由加州众议员方文忠和霍夫曼提出的禁止拥有、交易、贩卖鱼翅的AB376提案，方文忠于2月14日在旧金山金门公园向公众公布；同一天，加州参议员余胤良假座中国城康年海鲜酒家举行记者会，反对AB376提案。支持和反对人士从此展开了大半年的较量，最后，于9月6日经加州参议院25比9的投票结果，通过了该法案，并由加州州长于10月7日签署成为加州法律。该法律2013年1月1日正式生效，也就是说从这一日起，加州居民就不可以拥有、交易、售卖鱼翅。

提出AB376提案的众议员方文忠和霍夫曼指出，鱼翅价格十分昂贵，渔民在追逐利润的情况下大量滥杀鲨鱼，在海上捕抓到鲨鱼后，割下鱼鳍，将鲨鱼扔回海中，导致大量鲨鱼死亡，故此他们提出禁止拥有、交易、贩卖鱼翅的提案，希望以此杜绝在加州海域非法捕杀鲨鱼的行为。

反对该提案的人士则指出，鲨鱼可以被合法捕杀并利用鲨鱼鱼体的95%，也就是鱼肉、鱼油和鱼骨，却不许利用剩余的5%，完全没有道理；该法案只是禁止食用鱼翅，却不能保护鲨鱼不被捕杀，故该提案是站不住脚的，是以保护鲨鱼为名，反对华裔食用鲨鱼鱼翅文化为实的歧视性法案。

反对人士在众议院和参议院开公听会时都积极出席并提出他们的反对理由，还聘请说客游说加州议员，争取他们反对AB376提案。由于环保人士和提案者在公听会不利于他

们的情况下数次玩弄手法并取得成功，使该提案最后获得加州参众议院通过，并经州长布朗签署成为加州法律。

八、马中佩发现超级大黑洞

12 月 8 日，《自然》期刊刊登了华裔天文物理学家马中佩和研究生麦克康奈尔（Nicholas McConnell）共同发表的论文，内容是研究小组在距离地球 3 亿光年的银河系，观测到两个质量各相当于太阳 100 亿倍的超级大黑洞。

马中佩于四年前开始力邀多位具有专长的研究员组成研究小组，申请天文望远镜的观测时间，大家对大黑洞的研究都充满兴趣。她说，很大的黑洞住在很大的银河系中，那些银河系均为大家所知，我们就到附近好几百万、好几亿光年之外的银河，看其中心有没有黑洞现象。今年 6 月，马中佩与麦克康奈尔带领的八人研究小组，利用夏威夷毛纳基的三种不同望远镜设备观测到在距离地球约 3 亿光年的两个椭圆形星系内，存在两个巨大的黑洞。她的发现震动天文界，也让天文爱好者兴奋不已，而黑洞本身对普通人来说也非常神秘。

黑洞和银河系关系紧密，越大的银河中能找到的黑洞也越大。马中佩指出，在了解黑洞的同时也能帮人类了解银河系的产生。她目前的研究成果只是在分析了三个银河系的基础上完成的，正在分析的还有五六个银河系的数据，但是天文望远镜在夏威夷的天文台，同时也需要排期等待，希望未来能够观测到十多个甚至二十多个银河系的黑洞。

马中佩从十二三岁时就立志要当物理学家，她出身新闻世家，在北一女中读高二时就赴美求学，在麻省理工学院攻读天文物理及宇宙学，直至博士毕业，博士后在加州理工大学完成。毕业后在宾州大学天文及物理系先后担任助理教授和副教授，2002 年开始在伯克利加大任天文物理学教授。马中佩 16 岁获得台湾青少年小提琴大赛冠军，高中二年级获得麻省理工学院物理系入学资格，35 岁已经获得终身教职。

九、南加州风灾重创华人社区

11 月 30 日晚及 12 月 1 日最高时速近 100 英里的强风把洛杉矶地区的圣盖博谷吹得一塌糊涂，亚凯迪亚、圣盖博、柔似密等华人社区均出现电线杆被吹倒、居民停电、大树连根拔起和交通严重阻塞的现象。

1 日上午，记者发现沿途多处路段被大风吹得一片狼藉，十几棵直径在 0.91 米以上的大树被连根拔起，横卧在贯穿几个城市的杭廷顿大街上，导致该地区交通瘫痪。

南加州的这场风灾所造成的损失至少达到4 000万元。根据12月9日的统计数字，帕沙迪纳市大约遭受了2 000万元的损失，这一城市是此次风灾中受灾最严重的城市，有超过1 200百棵大树被大风吹倒，这些树木砸坏了汽车、房屋，此外，还有不少电线杆被强风刮断。

帕市的近邻圣马利诺市在此次风灾中所受损失约达560万元。南帕沙迪纳市在此次风灾中损失了约100万元。天普市也是此次风灾中受灾最严重的城市之一，该市的损失超过1 000万元。蒙罗维亚市的损失约为400万元。在上述城市中，南帕、天普、圣马利诺均是华裔及亚裔聚居城市。

南加爱迪生电业公司在此次风灾之后低效率恢复供电的情况遭到多方谴责。数千用户在经历了6天断电后才得到电力供应。加州公共事务委员会随后展开对爱迪生电业低效恢复供电一事的调查。加州州长约在一周后宣布受风灾袭击地区进入紧急状态。

十、桑兰跨国维权闹剧大洋两岸看

前中国国家体操运动员桑兰的代理律师海明，4月28日向纽约市曼哈顿美国纽约南区法院递交诉状，为桑兰索赔总金额高达18亿美元，提交的诉状起诉对象包括5个机构和3名个人，分别是美国时代华纳公司、美国体操协会、TIG名下的两家保险机构、一家名为Riverstone的保险代理公司、友好运动会创始人前时代华纳副董事长特德·特纳，桑兰受伤后的在美监护人刘国生、谢晓虹夫妇。

桑兰与律师海明

这场官司最有“轰动效应”的是将桑兰曾遭遇的“性骚扰”曝光。海明5月14日又修改了桑兰的诉讼状，起诉项目从18项变成21项，另外还增加了17名被告人。6月7日，海明向媒体称桑兰索赔案件获进展，保险公司向桑兰道歉并承诺负担桑兰在中国的医疗照顾费用。

然而，随着官司一步一步进展，桑兰、桑兰代理经纪人黄健以及律师海明之间的矛盾不断升级，海明先后以欠房租、追讨律师费等相关事宜，要求桑兰支付相关费用，直到桑兰在9月份离开纽约，双方的矛盾仍然不可调和。桑兰更是一纸诉状将海明告到皇后区民事法庭以及纽约律师公会，控告海明的不当行为，将一场高调维权案演变为一场闹剧。

（［美国］《侨报》2011－12－31）

2011 年在日华人十大新闻

据日本《中文导报》报道，在大灾难、大起伏、大变动的 2011 年岁末，该报回顾了过去一年日本华人社会的坚守和发展，归纳出 2011 年在日华人十大新闻，为共同走过的日子留存记忆。

一、3·11 大地震，在日华人紧急驰援慷慨义捐，与日本患难与共

3·11 东日本大地震，引发海啸、核泄漏危机，对日本造成重大打击，也考验着华侨华人对日本的感情和信心。在灾难发生后最艰难的日子里，在灾后恢复和重建的日子里，在日华人社会以自己的方式，通过各种渠道为受灾地区送去了温暖和鼓励。天灾无情人有情，在日华人社会与日本社会患难与共，拉近了距离，加深了感情，华人整体形象获得了提升。

大地震发生后，紧急回国避难者为数不少，但更多的华侨华人选择了留在日本，选择了坚守与义援。作为共同生活在东瀛列岛、共同经历地震灾难的人们，在日华人不仅感同身受，更是日本人民的伙伴。他们行动真诚、表现出色，传递了华侨华人的心声，给予日本国民，尤其是受灾民众以宝贵的支持和援助。

日本华侨华人联合总会、日本新华侨华人会等，在第一时间发表紧急声明，表达慰问和关心。东京华侨总会访问了重灾区宫城、岩手、福岛三县的东京事务所，首批向三县分别提供了 100 万日元的慰问金；横滨华侨总会通过横滨市役所转交了 100 万日元捐助金。新侨会携手中华料理师协会，多次向避难灾民送上中华料理，温暖人心；NPO 中国归国者日中友好会赶赴岩手县陆前高田市为灾民送饺子；日本中华总商会组织会员企业等，长途驱车 500 多公里，深入地震海啸一线重灾区宫城县气仙沼市，为灾民献美味送祝福。

经历过阪神大地震的关西华人感同身受，紧急行动，还有新潟、北海道、福冈、长崎，乃至日本全国的华侨华人，慷慨义举和爱心捐助不胜枚举。在日本遭遇到巨大天灾人祸的困难时期，旅日华侨华人通过自己的爱心和行动，表现出关爱本色，传达出人道力量。

二、农历春节、十一国庆，中国客成拉动日本消费主力

中国经济增长、中国人消费实力增强，以春节和国庆为代表的中国长假，已经成为不可错过的消费旺季。2011 年虽然日本遭受大灾，访日中国客总数锐减，但中国人的热情和实力依然带动了日本消费热潮，成为市场欢迎的主力。

在日本，每年春节以中国客为主要对象的“春节特惠”，成为百货店和电器商家继

“新年福袋”之后最动人的促销口号。中国人的购物热情、消费能力，对异国风情所抱有的体验欲望，在日本点燃“春节特惠”引线，引爆了“春节商战”的火热场景。2011 年也不例外。

尽管日元汇率持续高企，但是观光厅公布“访日外国人消费动向调查”显示：2011 财年 7—9 月（二季度），访日中国游客在日消费总额最高，达 491 亿日元，占外国人在日消费的 24.77%。中国游客人均消费最高，达 16.224 2 万日元，同比增加 13.6%，凸显了中国游客震后访日消费旺盛，也表明中国游客对日本依旧信心十足。

3·11 大地震之后迎来的第一个中国国庆长假，也是海外旅游旺季。此前的 8 月，访日中国人单月突破 10 万人，接近震前 2 月份的水平；9 月，中国游客持“银联卡”在日本消费总金额超过 55 亿日元，刷新了震前 2 月份创下 50 亿日元的历史最高纪录，同比大幅提高了 5 成。9 月末，日本引进银联卡结算系统的店铺数约为 6 万家，同比增长了 3 倍——这些带有指标性的纪录，证明中国游客数量与消费金额回升态势迅猛，访日热情正在得到释放。

三、魏巍三审被确定死刑，福冈灭门惨案最终尘埃落定

10 月 20 日，日本最高法院以抢劫、杀人并遗弃尸体等罪名为由，在终审判决中对 2003 年 6 月在福冈市制造了一家 4 口灭门血案的在日中国人魏巍处以死刑。福冈血案终于尘埃落定。

2003 年 6 月 20 日凌晨，魏巍和另外 2 名中国人潜入福冈市松本真二郎家中企图行窃，结果被户主发现。魏巍等人杀害了松本和他的妻子，还有 11 岁的儿子和 8 岁的女儿，抢走了 3.7 万日元现金。这起灭门血案极大震动了日本社会，严重损害了在日华人社群形象。

案件发生后，福冈警方经过侦查锁定了魏巍等 3 名在日中国留学生。在魏巍被抓时，另外 2 名同案犯杨宁和王亮已经潜逃回中国。通过中日警方合作，两名案犯在中国被捕。杨宁被处决，王亮被判处无期徒刑。

魏巍在日被捕后，日方经过长达 8 年的审讯，三审确定魏巍死刑，为这起案件画上了形式上的句号。但事件对中日关系的影响、对中日民间感情的伤害、对在日华人形象的损害、对日本留学制度和留学环境的拷问，迄今挥之不去，发人深思。

四、中华街关帝庙镇座 150 年，成在日华人精神护身符

在日本遭遇世纪大灾之年，坐落在横滨中华街的关帝庙迎来了关帝镇座 150 周年纪念日。中华街在 7 月 23—25 日举办了隆重的纪念庆典和彩装巡游，成为华人社会在东日本大地震之后举行的首场大型民俗祭奠活动。纪念活动既是两岸三地关帝文化的大融合大集成，也是对共同信奉关圣帝君的华人社群共同体的再确认。

日本列岛兴建关帝庙已有近150年历史了，横滨关帝庙在海外颇具影响力。第一代来日华人于1862年在横滨建设关帝庙，开始供奉关帝牌位。横滨关帝庙正式建成于明治六年（1876），后遭逢1923年的关东大地震、1945年的东京大空袭及1986年的大火灾，在灾害和战乱中三度被毁，又三度重建。现有的横滨关帝庙建筑，由生活在中华街的两岸华侨华人携手共建，于1990年8月建成。

以跨越三个世纪的关帝庙为象征，横滨中华街这个充满着血泪与传奇、洋溢着自信和进取的海外华人社区的经典样本，向世界展现着持久的魅力。关圣帝君镇座横滨150年，还将继续护佑华人社会成长壮大到永远。

五、华人力士苍国来否认大相扑假赛丑闻，法庭提诉洗清白

2010年8月30日，日本相扑协会公布秋季赛事最新排名，来自中国内蒙古的苍国来成功晋身“幕内”，成为相扑界第一位中国籍的“幕内”力士，令人骄傲。

但是，2011年日本相扑界爆发大规模假赛丑闻，苍国来受到牵连。日本相扑协会4月14日宣布，解雇现役中国籍选手苍国来，以惩处他参与了赛前交涉输赢的交易。苍国来随后召开记者会，强调他没参与输赢交易，如果相扑协会不撤回处分，他将寻求法律诉讼讨回名誉清白。

6月17日，27岁的苍国来不服日本相扑协会的解雇处分，向东京地方法院提出申诉，要求确认其相扑力士身份、依据规定给他发放工资。苍国来陈述称，4月11日，日本相扑协会特别调查委员认定苍国来在比赛中涉嫌假赛，发出劝退通知。苍国来没有按相扑协会的要求，限期提交自动退职申请书。4月14日，相扑协会直接对苍国来做出解雇处罚决定。苍国来在申诉书中声明“没有参与假赛”，主张“解雇处分无效”，表示绝不会就此放弃为自己的清白而抗争。

在日8年，苍国来经历了三段不同的人生。从最初的艰辛，到走向荣耀，再到蒙受屈辱。苍国来对重返相扑赛场充满期待，更希望还一个中国人在日本相扑界的清白。

六、140名中国留学生遭青森大学除名，学校吃空饷曝黑幕

为应对少子化引发生源减少的危机，青森大学从2006年度开始大量招收中国留学生，并与中国内蒙古等地语言学校合作招生。但学生到校后发现在当地很难找到工作，纷纷转

到外地打工，为此，该校2008年度至2010年度开除140名中国留学生学籍。

2011年1月14日，青森大学就伪装留学问题召开记者会，宣布开除学籍处分的中国留学生达到140人。据了解，被开除学籍的学生三成伪造了证明能支付学费的文件，日方重新审查了在中国实施的日语能力考试结果，发现了疑似作弊的雷同错误答案等。青森大学约有250名留学生，八成来自中国的三所语言学校。青森大学认为中国校方可能协助舞弊，因而与之解除了合作关系。此案揭示了赴日留学市场的混乱，显示了日本的留学环境恶劣、留学制度不乏漏洞和弊端。

令人吃惊的是，在伪装留学问题发生后，日本文部科学省发现了青森大学有“冒领奖学金”的舞弊行为。从2005年到2009年期间，青森大学通过吃“空饷”，不正当领取文部省发放的国家留学生奖学金达1 761万日元，包括冒用已经离校的原留学生名额。11月26日，青森大学前中国人留学生支持课长被解雇；理事长木村每月减薪50%，为期两年；校长末永洋一和其他10名教职员分别被处以减薪和警告等处分。

青森大学发生留学生舞弊案和架空名额吃空饷案，两案合一，情结严重。该案暴露出日本大学和留学市场的黑幕，发人深省。

七、无国籍华人李文彪相隔17年在日本重获中国国籍

《中文导报》在1月以“一个人的生存战争”为题，报道了无国籍华人李文彪孤身在日奋斗15年的故事，引起各界广泛关注。年末的12月，李文彪终于重新获得中国国籍，实现了他做回中国人的诺言。

出生上海的李文彪堪为那一代中国人出国寻梦的缩影。1995年4月，李文彪以玻利维亚华侨身份来日。期间，阴差阳错中失去了国籍。此后，他以无国籍之身旅日15年，经历了各种艰险和困难，不仅在日本站住了脚跟，而且通过申请特别在留和参与社会运动，在15年后获得了日本的“特别在留许可”。

2010年11月4日，法务大臣为李文彪签发“特别在留许可”。2011年8月17日，李文彪通过中国驻日大使馆正式申请恢复中国国籍。经过大使馆的努力、国内相关部门的协调，李文彪在2011年12月9日重新获得中华人民共和国护照，相隔近17年恢复了中国国籍。李文彪表示：我是一个中国人，但17年来我像一个孤儿一样，游离在祖国的大门之外，在日本过着透明人生活，任何人都无法想象一个没有再留资格的无国籍者在日生存的艰难。李文彪表示，我真正体验过失去国籍的痛苦，我会万分珍惜失而复得的祖国国籍。作为侨居日本的中国人，我将努力工作，致力于中日友好事业，为祖国的发展贡献余生。

这起绝无仅有的无国籍悬案最终以圆满方式画上句号，成为李文彪个人生涯的转折点，也体现了中国领侨工作的效率和海外护侨的力度已经今非昔比。李文彪坎坷的无国籍生存故事和执着争取恢复国籍的努力，成为一个激励样板，也成为主流媒体拍摄报道的对象。

八、华人女性三年告倒日本政府，永驻外国人纳入低保范围

大分市一名拥有在日永久居住权的79岁中国籍老太太，2008年12月申请生活保护费（低保）时遭到当地市政府拒绝。她向福冈县高级法院提起诉讼，要求大分市地方政府取消驳回生活保护费申请的决定。2011年11月12日，福冈县高级法院判决。审判长宣布，取消大分地方法院以非日本国籍为由驳回原告诉讼的一审判决结果，法院驳回生活保护费申请的决定无效。

此次判决是在日外国人因申请生活保护费而诉诸法律的首次胜诉判决，意味着拥有在日"永住资格"的外国人可以同日本人一样，享受政府提供的生活保护，领取生活保护费。该案为同类诉讼提供了一个具有历史意义的参考案例。

据了解，自1994年以来，领取最低生活保障金的外国人家庭逐渐增加，2009年达35 035户。

九、日本首相连续四年通过《中文导报》向华侨华人祝贺春节

2011农历兔年春节前夕，日本内阁总理大臣菅直人为《中文导报》送来热情洋溢的春节致辞，向在日华侨华人等贺春拜年，致以节日问候，同时表达了改善中日关系的积极心声。这是继2008年的福田康夫首相、2009年的麻生太郎首相、2010年的鸠山由纪夫首相之后，第四位日本在任首相向在日华侨华人和全球中国人致以春节问候，也是日本在职首相第五次通过《中文导报》向在日华人致意。日本首相通过华文报刊祝贺新春，是"海外华文传媒协会"展开的全球活动的重要一环。

菅直人首相在2011年"新春贺词"中积极评价了华人社会，并寄予期望。他说，当前，日中两国正在一道为充实"战略互惠关系"而付诸努力。为此，不仅需要通过两国高层及政府间的合作来提高相互信赖关系，而且亦需要在广泛领域不断积累国民层次的交流，构筑起国民间的相互理解和相互信赖关系。

从促进日中民间交流及相互理解的角度而言，现活跃和贡献于日本社会各个领域的诸位华人发挥着非常重要的作用。

十、华人主导文物回流潮，中国文物在日拍出天价

近年来，中国美术品拍卖市场风起云涌，海外中国美术品和文物出现了回流潮。日本是海外收藏中国文物的重镇，也成为中国文物回流的新据点。这其中，在日华人发挥了主导作用。以东京中央拍卖公司为代表的华人拍卖业风生水起，推动了中国文物加速回流。

东京中央拍卖公司在去年8月3日，首次尝试在日本举办中国文物拍卖会，当时募集作品520件，最后成交额逾3亿日元。2011年2月举办第二届春拍会，募集文物约750件，分为书画和古董两大部分，受到海内外中国文物鉴赏家、收藏家和买家的追捧，最终成交近10亿日元。2011年9月5—7日，东京中央拍卖公司举办中国文物秋季拍卖会。来自中国大陆、日本、中国香港、中国台湾、东南亚、欧美等地的各路买家400多人汇聚一堂，共同成就了日本迄今为止最大规模的中国文物拍卖专场。本次秋拍会推出书画、陶瓷、古玩、茶具、鼻烟壶等各种拍品超过1 400件，最终成交额达到创纪录的25亿日元，实现飞跃性增长。其中，清乾隆仿哥窑三羊开泰尊拍出6 500万日元，清康熙宫廷御制铜

鎏金阿弥陀佛拍出 6 300 万日元，令人赞叹。

中央拍卖会的成功举办，使得日本民间收藏丰富的中国文物不再只是零星地出现在海内外各大拍卖会现场，而是以集团军的方式集中呈现，惊艳文物市场和收藏业界。日本收藏中国文物很多，完全可以同中国艺术品市场并驾齐驱。通过在日华人的努力，在日文物回流中国渐成规模，日本成为中国文物回流新据点。

（中国新闻网 2011－12－27）

（本栏目责任编辑　徐云）

海外要闻

本栏目内容是对海外华侨华人社会新闻报道的选登，以反映有关人物、事件的精选事实、主流立场、观点和方法以及包括事实资料、统计数据的报道为主，按媒体报道时间升序排列。

来美待产中国产妇催生“待产宾馆”行业渐做大

这几年从中国大陆来美产子的孕妇越来越多，专事服务来美待产妇女的企业目前正在发生变化，除传统的“月子中心”外，洛杉矶地区一些宾馆已开始成批接待来自中国大陆的待产妇女。

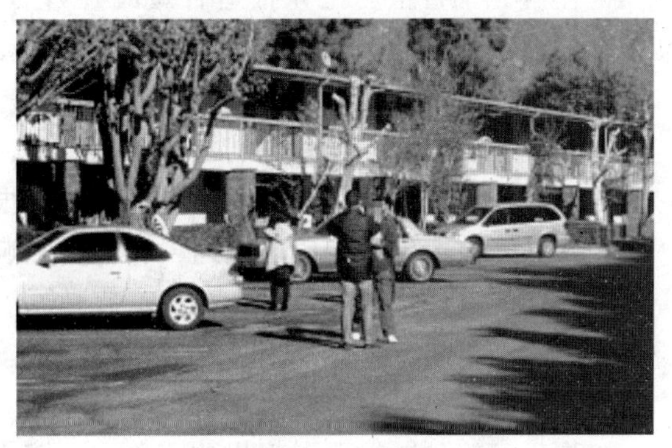

洛杉矶的一家待产宾馆

坐落在亚凯迪亚市的一家宾馆，因有数量可观的中国待产妇入住带动了生意。记者日前拜访这家宾馆时，竟看到15位腹部凸起程度不同的中国孕妇在宾馆的停车场活动，形成一道难得一见的风景线。

这些待产孕妇有些操北京口音，有些操江南口音。一些孕妇的家属陪伴在侧，少数人还带着孩子。从外表看，这些待产孕妇及家属应不属“巨富阶层”。

这家宾馆外观类似汽车旅店，但宾馆设施齐全，有喷泉瀑布及泳池。整幢宾馆仅有两层楼，方便孕妇上下。宾馆四周绿树掩映，十分隐秘。

宾馆专门为入住的客人提供了公共厨房，内设简单的灶具及家具，厨房内还设有零食贩售机。

一位操江南口音的孕妇说，在宾馆待产价格上与传统的“月子中心”相差无几。宾馆的标准房月租金虽仅有1 195元，但待产妇女需有人开车及提供日常照顾，总费用也要超过2 000元。但“住宾馆的最大好处是私人空间大，不必数位孕妇挤在一幢房子内”。

坊间传言说，亚市这家宾馆因突然出现如此数量的华人孕妇引起了人们的好奇，更有人将此事报给了市政府，而市府还派警察到宾馆查询。记者4日要求亚市警局确认传言的真伪，值班警官表示，因不是当天发生的事情，一时无法确认。亚市前市长鄂志超表示，约两年前亚市明令取缔“月子中心”，原因之一是在住宅区经商，涉嫌偷税漏税。但“待产宾馆”显然不属于住宅区经商范畴。

（［美国］《侨报》2011－01－05/邱晨）

马来西亚多个华人古坟屡遭摧毁　引政府高度关注

马来西亚槟州近日接二连三发生华人历史悠久家族私冢面对发展威胁及拆毁，引起文历研究界人士震惊，要地方政府严谨“把关”，以免类似毁古坟事件重演。大马辜氏家族私冢坟地遭毁事件也同时引起州政府关注，州政府将发出冻结令。

大马槟州地方政府委员会主席曹观友行政议员即于10日下午在郑雨周州议员、郑来兴市议员、槟城古迹信托会秘书梁超明及其他文化历史工作者等陪同下到场了解辜氏家族私冢被毁一事。在冻结令下，地方政府将冻结发出开工纸（COW），这也意味着该土地上将禁止任何的地面工程。

在《光华日报》抢先报道甘嬷园“姓甘冢”及“辜礼欢家族私冢”面对发展压力，相继遭毁事件后，公民社会在谴责任何毁灭历史遗迹事件发生时，也认为地方政府有“失职”之嫌，要求拟定“把关守则”。

其中，著名历史学者陈剑虹受访时指出，一如孙中山先生革命追随者吴世荣私冢、邱四方私冢及面对拾金威胁的姓甘冢般，槟州很多私冢及公冢都面对发展压力。他表示，辜氏家族私冢被毁已开了危险先列，它将会影响更多私冢有样学样。

槟榔屿首任华人甲必丹辜礼欢家族私冢被毁引起非政府组织震惊，槟城古迹信托会主席邱思妮即指出，辜氏家族私冢被毁敲响了槟州公冢或私冢警钟，难保其他冢地也将以发展之名让路。

辜氏家族私冢被毁引起州政府关注。槟州地方政府委员会主席曹观友行政议员受询时指出，他对该私冢被毁也感到震惊，已指示市政局针对此事报告，同时会到场了解实际情况。

引起各界关注及震惊的辜氏家族私冢被毁一事，据知有关家冢已获槟岛市政局批准允许拾金，唯只批准挖掘33个坟地。

有关官员说，市政局只批准33个坟墓，而针对超过33个坟墓即约计78个坟地被拾金一事，他将指示官员到场了解。另外，据当地一名菜农傅植漂向记者表示，他相信被挖掘的坟地肯定超过33个。

（中国新闻网2011－01－11综合马来西亚华文媒体报道）

英国华人紧急筹款　上诉反对伦敦华埠中心地带开赌场

英国华人决定采取法律行动，要求法院推翻伦敦西敏市政府发出赌牌的决定，对博彩公司在伦敦华埠核心位置石狮子旁开办赌场进行禁制。

英国多个华人团体组成的“赌博问题关注组”于1月12日早晨正式通过动议，成立紧急基金，即日在东亚银行开设户口，募集5 000英镑的上诉费用。英国华人参政计划主席李贞驹带头捐出200英镑，她呼吁华人立即行动，作出最大努力，保护石狮子的文化风貌，不要让华埠沦为赌埠。

上诉争取达成先例

“英国公民”华人社区事务组组长李彦霖表示，伦敦华埠爵禄街32号近日申请经营赌博，华人虽再三反对，但地方政府仍然批出牌照。该铺位之前是一所大型的西式酒吧，位于伦敦华埠核心位置，目前已开始装修。旁边的石狮子，是伦敦华埠著名的旅游景点，也是众多华人家庭约会聚集的地标。

“赌博问题关注组”发起人之一、华人资料及咨询中心主席杨庆权指出，由于上诉费用高昂，关注组未敢贸然上诉。幸好有大律师愿意义务支援，协助提出上诉，所以决定成立紧急基金，希望能够推翻西敏市的决定，达成先例，阻止赌场入侵华埠心脏地带，破坏唐人街的健康风貌。

他表示，研究显示赌场将带来更多家庭暴力及高利贷问题，不仅对唐人街造成影响，而且对整个华人社会都会带来冲击。

华人未获平等待遇

义务协助上诉的大律师斯坦因指出，西敏市政府在审批牌照时，只引用赌博相关法例，拒绝考虑赌牌对华人社区的影响，明显没有给予华人平等的待遇，所以华人有上诉的基础。

斯坦因指出，由于这次诉讼关乎社会的公众利益，他愿意代表华人社区义务上庭。但华人必须筹募紧急基金，支付法院堂费及对方之律师费，最终费用将由法院裁定。为保障关注组之利益，斯坦因将向地方法院申请讼费保护令PCO，确保诉讼之费用不会超出5 000英镑的上限。

（［英国］《华闻周刊》2011－01－14）

禁烟让华人酒吧业主进退两难

新年伊始，西班牙新《禁烟法》生效以后，《禁烟法》与顾客就成为华人酒吧主的两难选择。根据新法，顾客在酒吧内是不准吸烟的，可实际上许多客人来到酒吧后，都依然吸烟，因为在很多西班牙人的心目中，酒吧就是抽烟、喝酒、聊天的地方。由于经济危机，现在很多华人酒吧主都在苦苦支撑，所以顾客对于他们来说，是最重要的。看到顾客在店里吸烟，不少华人酒吧主说，自己很难上前制止，如果禁止对方吸烟，就很可能失去一位老客户。尤其是在几个朋友聊得热火朝天、气氛热烈的时候，如果上前禁烟的话，就会影响顾客的情绪和现场气氛，这样以后的生意就没法做了。

据一些华人酒吧主反映，新的《禁烟法》实施以后，大多数客人都会自觉禁烟。然而还是会有一些客人会自觉或不自觉地在酒吧里吸烟，尤其是在晚间九十点钟以后，或者客人是成群而来时，这种现象会大增。

对于这些客人，酒吧业主是最为难的。不过为了经济效益，华人酒吧主基本都会选择默许，毕竟对他们来说生存还是第一位的。

这位酒吧主还说，新《禁烟法》生效后，附近的西班牙同行也曾过来和自己谈过，希望大家一起行动，对新法采取抵制行动，允许顾客在酒吧里吸烟。对于同行的这个要求，这位华人酒吧主也很为难，作为移民，如果参与的话，一旦政府采取打击措施，自己肯定首当其冲，要比当地的业主惨很多。可如果不参与，又会得罪同行们，毕竟“强龙不压地头蛇”，思来想去，还真挺让他为难的。

（［西班牙］《欧华报》2011－01－15/郝驭）

芝加哥3 000名华侨华人冒严寒夹道欢迎胡锦涛

当地时间1月20日，芝加哥约有3 000名华侨华人在胡锦涛主席车队行经的密歇根大道，夹道欢迎胡锦涛主席的到来。

芝加哥是胡锦涛主席此次美国之行除了首都华盛顿之外唯一访问的城市。尽管当天芝加哥最低气温只有零下18摄氏度，但很多前来欢迎的民众冒着严寒等待了近5个小时，仍然热情不减。

大芝加哥地区华侨华人联合会主席胡晓军对记者表示，来自芝加哥唐人街的千余名华侨华人不但自己制作了“我爱中国”、“主席您好”等欢迎横幅，还带来了传统的舞龙舞狮队伍。胡晓军说：“胡锦涛主席能够来到芝加哥访问，是我们芝加哥所有华侨华人的骄傲。”

欢迎民众中还有不少来自中国的留学生，他们许多人是从芝加哥以外远道赶来。来自威斯康星州麦迪逊大学的李孟对记者说，他们学校有300多名来自中国的留学生包下6辆大巴，坐了3个小时的车赶到芝加哥，就为了能有机会向胡主席问声好。伊利诺伊大学香槟分校也有近500名中国留学生驱车3小时赶到芝加哥，他们在欢迎人群中高喊“中国加油”、“欢迎主席”的口号，现场一片热闹气氛。

一些美国民众也加入到欢迎队伍中，来自芝加哥的迈克和朱迪手拿中美两国国旗，一直兴高采烈地站在欢迎人群中。他们用刚刚学会的中文向记者打招呼，并高喊“你好，中国”。

（［美国］《世纪播报》2011－01－20/卡卡）

又有十名华人黑工被抓

1月12日英国移民局官员在威尔士的Gorseinon地区进行搜捕黑工，在一家中餐外卖店，发现两名非法入境华人，分别是39岁和46岁，两人当时正在包装外卖餐盒。非法打工“人赃俱获”。

上周三，移民局官员“突袭”了位于剑桥郡Great Cambourne小镇的一家中餐外卖店，当场查获五名非法打工的华人，其中两名从马来西亚来，分别是32岁的妇女和30岁的男子，他们都是旅游签证过期滞留不归。另外三人来自中国大陆，两人是非法入境，另一名也是签证早已过期。按规定，这五人都不能在英国打工。他们全部被带走扣留在警局，移民局官员表示正联系有关方面，将这五人送回原籍。这家外卖店的华人老板将面临可能高达2万英镑的罚款。

在北爱尔兰首府贝尔法斯特，1月13日移民官员协同当地警察搜查了位于Antrim大道上的一家中餐外卖店，三名没有打工身份的华人被捕。经查，他们全是非法入境者。其中两名是女子，年龄分别是43岁和47岁。她们被抓后提出难民申请，暂被释放，被要求每周去警局报到。移民局目前正审理她们的案件。另一名是男子，被扣在警局，移民局正安排送他回中国。

有统计显示，边境署最近一个时期加大了在苏格兰、威尔士和北爱尔兰的打黑力度，被搜查的餐馆、外卖店数量有明显的增加。

（［英国］《华商报》2011－01－20）

投资移民批准率六年来逐年递增

美国公民及移民服务局（USCIS）20日公布了2011年亲属移民的经济担保标准，并于当日生效。今年的标准金额比2010年略有增加。EB－5投资移民是由申请人投资50万元，创造十个本土工作机会，全家可获得临时绿卡，两年内可申请转换为永久绿卡，前提是投资项目必须顺利运行。

法新社报道，移民局是将全美贫困线标准，作为衡量移民是否会成为美国公众负担的标准，亲属移民申请人必须在I－864担保书上证明有不低于贫困线125%的收入，可由亲友个人担保或联名担保。

除了夏威夷和阿拉斯加州以外，其余48个州的亲属移民担保标准的金额为：单身移民1.353 75万元；两人家庭为1.821 25万元；三人家庭为2.288 75万元；四人家庭为2.756 25万元；五人家庭为3.223 75万元；六人家庭为3.691 25万元；七人家庭为4.158 75万元；八人家庭为4.626 25万元。超过八人的家庭，每多一人增加4 675元。

此外，移民局近日公布了EB－5投资移民的审批数据，批准率在过去六年逐年递增，在2010会计年度，投资移民临时绿卡的批准率约为87%，申请转换永久绿卡的批准率超过85%。

2010财政年度，移民局共收到1 955个EB－5临时绿卡申请（I－526），批准了1 369个，拒绝了165个；同年，移民局共收到768个EB－5永久绿卡申请（I－829），批准了274个，拒绝了56个。

根据移民局的数据，在2010财政年度，EB－5投资移民签证（包括家属，但不包括在美国调整身份的申请人）共发放了1 885个，其中中国大陆占772个；其次为韩国（295个），然后是英国（135个）、中国台湾（94个）、印度（62个）。

（［美国］《世界日报》2011－01－21）

华人捉贼反被控惹争议　加总理亲晤陈旺征修法意见

多伦多华商陈旺因捉拿偷窃自己商店的窃贼，却反遭刑事检控。在经历一年多的漫长诉讼后，终于在去年10月获判无罪。然而，该案揭示出加拿大刑法中“公民逮捕权”需修订的问题，仍在加拿大社会大众及政府中发酵。加拿大总理哈珀于21日亲自与陈旺会面，并透露保守党将在未来数周内提出法案，方便公民拘捕小偷、保护私家财产。能得到总理约见亦令陈旺受宠若惊。

加拿大联邦总理办公室22日确认，联邦保守党政府拟在国会复会之后提交一项涉及公民逮捕权的修正法案。

据加拿大《世界日报》援引加通社报道，尽管联邦保守党在通过其他法案时，常常遭遇来自反对党不少的阻力，但在修正公民逮捕权的法案方面，此前已有联邦自由党及联邦新民主党国会议员各自提交了类似的个人法案，因此联邦保守党对将要提交的修正案非常有信心，认为能够获得至少两个反对党的支持。总理哈珀办公室发言人苏达斯（Dimitric Soudas）22 日说："政府会在国会复会不久的数周内提交修法议案，而我们也认为反对党能支持政府的法案。"国会将于 1 月 31 日复会。

总理哈珀 21 日在与多伦多超市东主陈旺及投资顾问陈弘基私下会面时，也表达了同样的意愿。他说，新议案拟在三至四周内提交给国会。

2009 年 5 月 23 日，陈旺和另两人因捉拿窃贼遭警方逮捕，并被控绑架、强行禁锢等罪名。陈旺等当事人 2010 年 10 月获判无罪，这一案件引发了全加关注。按照现行加拿大刑法第 494 条款规定，民众只能在小偷正在进行行窃时行使公民逮捕权，对小偷抓现行，而陈旺 2009 年捉拿小偷，则发生在一小时后后者重返商店之时。在庭审中，小偷也承认自己返回商店的目的是伺机再偷。陈旺抓小偷案引起公众的强烈反应，此案正好发生在票源丰富的多伦多，因此无论是执政党还是反对党都对此事非常关注。

陈旺及陈弘基 22 日在另一个场合向媒体表示，与总理哈珀的私下会面给予他们非常大的鼓舞。陈旺说："商店有很多东西遭窃，但店主无能为力，因此我们希望能有法律来保护店主。"与总理哈珀私下会面时充当陈旺翻译的陈弘基 22 日补充说，哈珀看起来真的很关心陈旺等店主的处境。他说："约三至四周时间内，将有新议案提交国会。"

（中国新闻网 2011－01－24）

大陆入籍加国人数 4 年跌 5 成半　中国续居第二大移民来源地

联邦公民及移民部公布最新报告显示，截至去年第三季度，中国仍是加国第二大移民来源国，超越印度，但仅次于菲律宾。不过中国移民入籍人数，由前年头三季的 12 423 人，减至去年同期的 10 174 人，减幅为 18%。

中国移民入籍总人数虽然减幅偏高，但中国移民入籍总人数仍排第二位，仅次于印度裔。事实上，中国移民自 2006 年以来，入籍总人数呈逐年下降趋势，从 2006 年的 34 473 人降至 2009 年的 16 008 人，四年的减幅达 54%。

整体而言，移民部公布 2010 年头三季度加国新入籍公民数目共 104 787 人，较去年同期的 118 753 人，减少近 12%。申请入籍总人数为 159 040 人，被拒绝的仅有 473 人，比例很低。

移民部统计又指出，去年前三季来自中国的抵埠移民共 24 400 人，少于菲律宾的 28 146 人，但又比印度的 24 260 人多。英国及美国则分居第四及第五。

去年头三季，获永久居民签证的中国移民总人数，排名第三，较前年同期上升 6%。而头两名是菲律宾和印度，获得永久居民签证的比例，较前年同期分别增加 40% 及 12%。至于减幅最大的则是美国、英国，分别减少 20% 及 11%。

至于中国向加拿大提出移民申请的人数，去年头三季总共有 22 787 人，与前年同期 24 072 人相比较，则减少 1 285 人。

经济类别移民增近3万

整体而言，如以永久居民类别分析，家庭类别移民去年头三季总共有45 490人，较前年同期的49 019人减少3 529人。经济类别移民则有151 575人，较前年同期的121 872人，增加29 703人。

国际学生方面，中国仍是去年头三季的最大来源国，总数高达15 712人，远远领先排名第二的印度（9 109人）、第三的韩国（8 804人）。

整体计算，去年头三季抵加的国际生较前年同期增加9 046人。至于外籍劳工，头三个来源国是阿拉伯联合酋长国、墨西哥和法国。中国排第十四，去年头三季共有1 800个外劳抵加。

（［加拿大］《星岛日报》2011－01－25/张文慈）

华人社区强烈要求林博就辱华道歉

知名脱口秀主持人林博（Rush Limbaugh）嘲笑中文和中华文化的言论，不仅很快引起众多华裔民选官员的斥责和要求道歉，北加州华人社区也迅速作出反应，要求林博道歉。

已经开始运作的“坚决要求林博道歉联盟”，向各大媒体、各民选官员、各大公司（尤其是林博节目赞助的公司）、包括民主党和共和党的各个政党、各个社团及各界人士发出呼吁，强烈要求林博道歉。

“坚决要求林博道歉联盟”的联络人、美中上海友好协会、白领俱乐部负责人指出，林博是知名的公众人物，他利用自己的名气和电台节目公然嘲笑中文和中华文化，他把污辱性的言辞当作言论自由，而言论自由是美国民主重要的标的之一，这就是林博的民主和人权吗？他这样是不是在开民主和人权的倒车？

该联络人表示，林博还在他的电台节目上反击要求其道歉的加州参议员余胤良，并指责余胤良在加州州议会提出种种保护亚裔的法案。今天，有林博所谓的“种种保护亚裔的法案”，林博还敢公然污辱华人，如果没有一些保护法案，包括华人在内的亚裔还不知会受多少各种各样的歧视和污辱！难道要弱势的亚裔没有一点保护而任由林博污辱吗？

该联络人介绍说，从林博目前的态度来看，要他道歉不是一件容易的事。所以我们组成“坚决要求林博道歉联盟”，维护包括华人在内的所有人的尊严和人权。我们希望林博迷途知返，为他污辱华人向包括他的听众和华人在内的广大民众道歉，为美国人民作出正面的示范。

“坚决要求林博道歉联盟”欢迎一切不愿让少数族裔再受污辱的团体、企业、个人参加。参加者不分先后、不设发起单位，一律按中文笔画、英文字母顺序排列。欢迎参加者提出建议，参加义工的队伍，协助发电邮、联络等工作。

（［美国］《侨报》2011－01－29）

新西兰国税局“突袭” 严查当地华人餐饮行业

近日新西兰国税局对中国餐馆进行税务调查，在慢慢从经济萧条中复苏的华人餐饮业中引起不小的震荡。

圣诞节前，国税局调查人员突然造访了至少12家中国餐馆，并与所有工作人员进行了谈话。奥克兰华人餐馆协会主席Tony Cho表示，这样的调查是史无前例的。

国税局高级调查员Wing Wong说道，此次调查对象是那些上报收益低于平均值的餐馆。目前为止主要调查了一些中型餐馆，但Wong表示大型餐馆也应该在调查范围之内。Wong还说道，之前的调查会先通知被选中的纳税单位，这次则与以往有很大不同。

据报道，国税局突然造访中至少有一次是与移民局官员及警察同行的。可以理解的是，调查重点是付给员工的现金薪水及员工餐。一些餐馆拥有者说，他们并不介意为员工薪水纳税，可是有些工人就要求要现金，但他们同时表示，如果全部纳税的话，餐馆也很难维持下去。

奥克兰有大约200家中餐馆。Cho说现在的生意比起从前难做多了，虽然当地华人越来越多，可是竞争也越来越激烈。20世纪70年代，Cho开了自己的第一家外卖中餐馆。Cho认为这次国税局的调查对一些中餐馆来说可能是“灾难”，但中国餐饮业也必须反思自身的运作与行为。

（［新西兰］中华新闻网2011－01－29）

意财警大规模检查华人贸易引媒体评论

意大利媒体近日就各地财政警察的检查行动进行了全面报道，罗马省财政警察在一个名为“黄色黎明”的行动中扣押了数百万件中国商品，当地15家华人进出口批发公司接受了检查，12名华商遭到指控。

罗马省财政警察负责人在行动后宣布，此次行动还破获了一个有组织的商业犯罪集团，该集团的成员为多个华人公司，该集团专门从事进口和销售不符合安全要求的商品，所有电器商品和玩具均没有欧盟质量认证。

此次行动前该省财政警察进行了全面调查，Velletri 地区财政警察在当地一个零售店内扣押了大批违规商品，深度调查后发现了一个销售网络，并确定负责商业化进口和批发的所有人员全部是华人。位于罗马市区和郊区的 15 家华人公司成为调查重点，150 名财政警察参与了调查工作。

此次行动共对 12 名华商提出指控，并扣押 18 万件玩具、2.8 万件电器商品、260 万件化妆品，货主已经准备全部投入市场，涉及商业贸易总额 300 万欧元。

另据来自 Catania 省的消息称，当地警方在一家华人商店内扣押了产自中国的 200 万件假冒名牌玩具，两名华商为此遭到指控。

来自 Venezia 省的消息称，Venezia 省财政警察在位于 Mestre 的一家华人商店里发现了大批假冒名牌商品，为此两名华商遭到指控，同时受牵连的还包括位于米兰的一个华人仓库。财政警察共扣押 8 万件商品，商业总价值为 20 万欧元。

意大利媒体就此次大规模检查行动发表评论称，意大利海关总署反诈骗处负责人公布的数字显示，每年非法贸易给意大利企业造成的经济损失高达 75 亿欧元。特别是在意华人通过陆路、海路和空运进行国际走私活动，在得到高额回报后华人利用购买房产和汇款等形式进行洗钱。各种华人犯罪团伙也在华人非法贸易中获益，他们敲诈从事非法贸易的华人，伤害合法华商的利益，并与意大利职业小商人联手从事各种犯罪活动，合法华商在这种状态下反而更难生存。

全意华人企业超过 5 万家，Prato、Carpi、Napoli、罗马和米兰是华人工厂、贸易最集中的地区，大部分华人企业属合法企业。

这位负责人称，在意华人有经济实力，也能吃苦、肯干，但是华人社会比较封闭，外人不易进入，华人只在必要的时候与外人接触。华人警惕性极高，特别是在贸易方面，相互利益放第一位。但是第二代华人中也有一部分是享受型，追求时髦、开豪华汽车、穿名牌服装、高消费少劳动。

（［意大利］《欧洲侨报》2011－01－30）

在日外籍劳动者增长15%约达65万　中国人数量居首

日本厚生劳动省 31 日公布的外国人就业情况显示，截至 2010 年 10 月底被企业等雇用的外籍劳动者为 649 982 人，较上年调查时增长了 15.5%。雇用外籍劳动者的单位为 108 760 家，增长了 14.1%。

按行业来分，制造业雇用的外籍劳动者最多，为 259 362 人，增长 15.6%，约占全体的 40%。服务业次之，为 83 764 人。厚劳省表示："在制造业分布较多的中京地区，因经济衰退而一度失业的中国和巴西籍劳动者已开始重返短期工作岗位。"

外籍劳动者中人数最多的是中国人，为287 105人；其次为巴西人和菲律宾人，分别为116 363人和61 710人。各都道府县中东京都的外籍劳动者最多，为154 610人；其次为爱知县78 723人和静冈县38 802人。

（［日本］共同网2011－01－31）

去年华人海外安全事件1 404起　抢劫凶杀最触目惊心

海外遇险·死亡人数

共641人死亡，凶杀成第一死因

据此次调查统计，2010年华人在海外遇险事件中死亡的人数达到了641人。其中，凶杀案件的死亡人数最多，达到133人，占所有事件死亡总人数的20.7%。其次，由车祸事故导致的死亡人数也有109人之多，成为华人海外遇险的第二大致死原因。

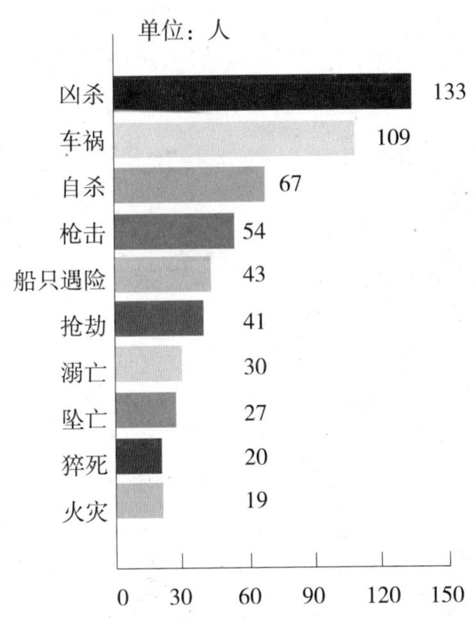

2010年十大华人海外致死事件类型图

此外，还有一个现象值得引起重视，2010年全年，在海外自杀身亡的华人达到67人。在生存压力和感情因素的影响下，海外国人、华侨华人的心理状况令人担忧。中国人爱面子，背井离乡的生存压力，以及不适应新环境造成的心理压力，都可能导致自杀事件的增多。

海外遇险·时间分布

夏天最容易出事

从华人海外遇险事件发生的时间来看，6月至7月是华人海外遇险的高发期，7月份甚至达到了152起。而相比之下，冬天遇险的频率则明显下降。

根据统计，这一时间段内，华人在海外遭遇火灾和溺水事件的数量明显增多。数据显示，7月份火灾、溺水和自然灾害事件共发生了15起，是全年中最多的一个月。

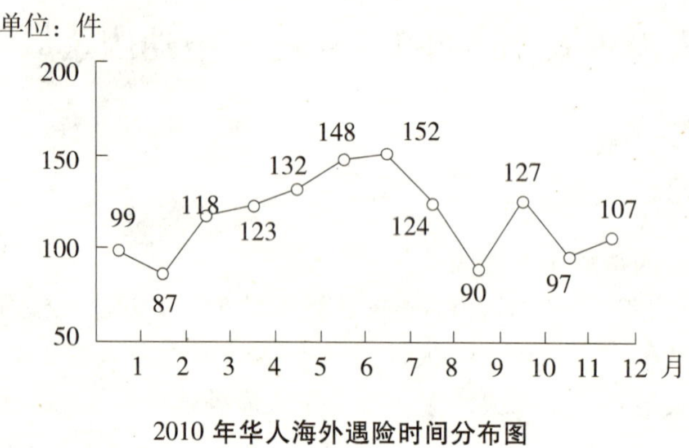

2010年华人海外遇险时间分布图

在节假日，特别是暑期，出国旅游、留学的人员较为集中，国人遇险事件也相应增多。此外，6月和7月的抢劫和盗窃事件也高于其他月份，这与夏季人们集中外出，便于犯罪分子活动有很大关系。

海外遇险·人为事件

暴力成主因　抢劫凶杀最触目惊心

据此次调查统计结果，在2010年全年发生的华人海外安全事件中，暴力事件成为华人在海外遇险的主要类型，数量之多令人触目惊心。而华人遭遇的暴力事件中，抢劫和凶杀事件最为触目惊心，华人遭抢事件达290起，占人为事件总量的28.3%，凶杀事件也有146起。

入室抢劫和夜间行凶等事件频发，导致部分海外华人的安全受到严重威胁，美国2010年就曾发生过抢匪在光天化日之下，持刀枪闯民宅，对五名华裔妇孺捆绑并洗劫的事件。

值得一提的是，部分国家的警力并不能完全保证华人安全，在菲律宾人质事件中，菲律宾警方对中国香港游客被劫持危机的处理迟缓、低效，最终酿成8人死亡的惨剧。

专家分析

不主动报案犯罪分子易得手

相比较其他群体，中国人在国外属于“弱势群体”：一是由于语言等问题，国人遭遇抢劫等暴力事件后，往往抱有“破财免灾”的思想，主动报案的少。久而久之，犯罪分子发现，针对中国人的犯罪活动既容易得手，又不受法律的制裁，便将其当作作案的主要目标；二是国人自身的一些社交和生活的行为习惯所致。许多人到国外有随身携带大量现金的习惯，这使国人容易被犯罪分子盯上。

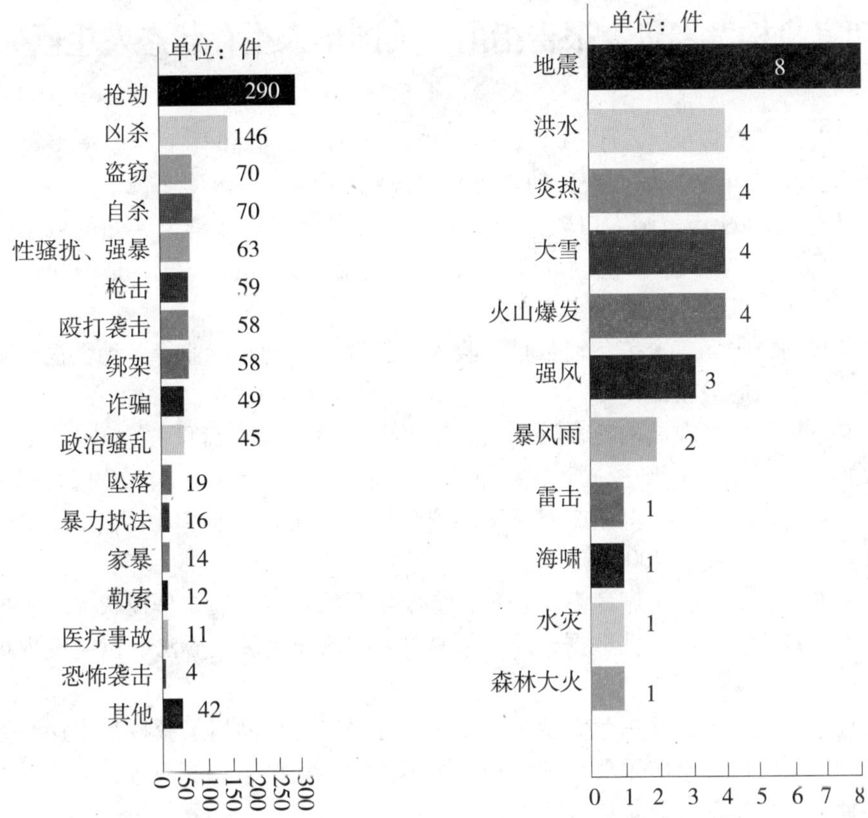

2010 年华人海外遭遇人为事件数量总计图　　2010 年华人海外遭遇自然灾害事件数量总计图

海外遇险·自然灾害

海地地震造成最大伤亡

2010 年，海外华人因遭遇自然灾害事件而出现死伤的事件有 33 起，其中地震的影响最大，共有 8 起。而造成华人最大伤亡的，是 1 月发生的海地 7.0 级强烈地震，当时联合国驻海地稳定特派团总部大楼在震中倒塌，造成中国驻海地维和人员 8 人遇难。2 月底，智利发生 8.8 级地震，一名华裔男子不幸遇难，重灾区的华人商铺遭到哄抢。

除了地震，连日暴雨引发的洪水和水灾也对华人威胁很大，7 月末，中国公司在巴基斯坦承建的都伯瓦水电项目遭受洪水袭击，曾导致 200 多名中方工程人员受困。

专家分析

自然灾害令人措手不及

自然灾害给华人造成的安全风险属不可控的安全风险，由于事发时间突然、波及范围广等特点，往往令当事人措手不及，造成难以应对的困难局面和巨大的人身伤害、财产损失。

（《法制晚报》2011－02－06）

美国两家机构发表研究报告指出：美国华人生存状态发生巨大变化

全美华人究竟有多少？2月10日，美国华人全国委员会和马里兰大学美籍亚裔中心联合推出了《2011年全美华人人口动态研究报告》。

这份报告以2009年美国人口数据为基础，首次提供了许多鲜为人知的数字：全美华裔（以下简称华裔）总数为363.858 2万人，占美国总人口的1.2%，是美国最大的亚裔群体。几乎每四个亚裔中就有一个华裔。

此次发布的报告涵盖全美华裔数量、收入、教育、婚姻、就业等各种数据，是迄今为止关于华裔美国人的最全面报告。

历史上，包括华裔在内的亚裔美国人数量很少，40年前亚裔只占全美人口的1%，并未受到重视。在过去20年中，亚裔数量迅速增长，比占全美人口数的5.5%还要多。2000年至2009年，华裔数量增加33.3%。按照目前速度，一旦2010年人口普查数据出台，华裔人口数量将超过400万。

美国华人全国委员会主席薛海培表示，从今年开始将定期发布华裔状况调查报告，不仅包括联邦人口普查中的硬性数据，还有华裔对一些敏感问题的看法，以便发现华人社会的变化曲线。

负责数据分析整理的马里兰大学美籍亚裔研究中心主任品川肇教授认为这一报告具有重要意义。作为美国社会的重要群体，华人对美国社会和美中关系都具有重要影响，所呈现出的各种特点值得深入分析研究。

该报告认为，华人在居住、教育、职业等方面呈现出明显的集中性。51.4%的华裔美国人住在纽约、洛杉矶等大城市。过去20年间，越来越多的华裔告别传统中国城，与其他亚裔群体住在郊区富裕的“亚洲城”中。华人在社会和经济方面呈现出双重模式。在就业方面，华人中有很高比例的人群从事管理、软件开发等高级白领工作，同时也有很多从事厨师、服务员等低收入的蓝领工作，这种两重性在其他亚裔中则并不明显。在教育方面，25岁以上华人拥有大学以上文凭的比例为51.8%，是美国平均水平的两倍；而华人未获高中文凭的比例为18.7%，也高于美国15.4%的平均水平。另外，华人普遍重视教育，对子女教育投入大量人力资本，但回报率却低于美国平均水平。

尽管华人中出现了市长、众议员、参议员，但数据显示，华人担任公职的意愿并不强烈。从就业取向来看，82.4%的华人在私营部门工作，在政府部门工作的仅为14.1%。

品川肇认为，华人加入美国国籍的比例在亚裔美国人中居第三位，公民数量的增多必然转化为投票率的增高。他相信未来华人担任政府公职及从事社区服务的热情会不断提高。薛海培认为，华人在未来10年有望超越犹太裔成为美国第三大少数族裔，在美国政坛的影响力将随之增大。

（《人民日报》2011-02-12/马小宁）

罗马华人仓库里秘密保存警方针对华人黑帮的重要调查文件

罗马省警察总局的最新消息称，警方曾经对位于该市东部地区的一个华人仓库进行了检查，检查人员不仅发现仓库里放有假冒材料，还发现多名华籍工人在这个仓库里非法打工。从表面上看，这个华人仓库存在这些违规问题很正常，没有新奇之处。

但是，检查人员在仓库内进一步检查后发现了这个仓库的“隐私”，一个可疑的大箱子引起了检查人员的注意。这个大箱子已经生锈，但是里面装有很多重要文件。更让检查人员不可思议的是，这些文件全部是警方对 Taranto 华人黑势力的调查资料，其中包括警方对多名华人的窃听记录。

检查人员发出疑问，是谁将警方这些重要的文件交给华人仓库的老板？华人仓库老板与意大利南部华人黑势力是否有联系？现在，罗马警方的调查人员正在进一步调查这些文件的来源。

2 月 8 日，罗马警察总局的巡警对一些华商进行了检查，此案的调查人员还查封了存放大箱子的华人仓库，罗马警察总局的这些调查人员专门负责调查外国人在罗马的犯罪活动。

不久前，同样是这些警察在同一地区发现了一个由华人非法经营的赌场，这里的客人都是很富有的华商。这个华人赌场隐藏在一家华人工厂里，检查时赌场里有很多华人，警员们当场扣押了各种赌博工具和大量欧元现金。

涉案的华人仓库老板已经接受了警方调查人员的问话，华人老板自称他对这些重要文件一无所知。调查人员早已预料到这位华人老板不会讲出真情，原因也是不言而喻的。众所周知，各种华人犯罪团伙严格遵循着他们的规则。

（［意大利］《欧洲侨报》2011－02－12／林夕）

全美移民案积压创新高　华人案件积压 24 600 件

根据各地移民法庭的最新数据，截至去年 12 月底，全美移民法庭的案件积压创下历史最高纪录，达 26.775 2 万件。案件积压数量在 2011 财年的第一季度增长了 2.6%。全美华人案件积压数量为 2.46 万件，居移民来源国第二位。

目前这一案件积压数字较 2008 年底新政府上台时高出 44%。全美平均案件处理时间为 467 天。去年 9 月底的平均等待时间为 456 天。

按移民来源国的数据分析，墨西哥移民仍是案件积压最多的一个群体，全美达到 8.450 8 万件。华人是第二大群体，全美积压数量为 2.46 万件，其中主要集中在纽约州，共有1.404 3万件，第二名为加州7 096件，第三名的伊利诺伊州仅有476件。

而纽约州的1.404 3万件华人移民案件实际上主要集中在纽约市，纽约市的华人积压案件数量为1.392 8万件。

全美华人案件的平均处理等待时间为510天，而纽约州的华人案件平均等待时间为460天。

此外，根据雪城大学（Syracuse University）下属的“联邦政府资料研究所”（TRAC）所进行的最新统计，过去两年里，联邦执法机构对移民案件的执法力度实际上大大加强，而相比之下，其他同移民相关的刑事案件却出现下降的趋势。

（［美国］《侨报》2011－02－20/管黎明）

对国家贡献大　不介意华裔控制经济

马来西亚副首相丹斯里·慕尤丁说，他不介意国家经济由华裔控制，因为华人对经济发展的贡献非常大。

华人比较重视经济

他说，华裔脑子里固然只想着如何赚更多钱，甚至有人说，华人连祈祷（拜神）也想着钱，但是无所谓，因为华人重视经济，也只有经济才能改善生活。

“正因为华人重视经济，所以今天国家经济并非由巫裔掌控，而是由华裔控制，但这并不是问题，因为我们知道华裔对国家经济发展的贡献非常大，而马来人已拥有经济基础，大家可以共同为建设国家作出努力。”

慕尤丁昨晚在麻属巴莪区华小“人间大爱，温情团拜”新春晚宴上致辞。这场晚会由国阵巴莪区会、马华巴莪区会、巴莪乡委会暨巴莪华团神庙联合筹委会联办。

国阵实行公平政策

他说，国阵实行公平政策，没有把华人利益分给马来人，也没有把马来人权益分给其他族群，没有夺取任何一个族群的权益；反之，给各族机会，同时一视同仁地扶助各族贫穷家庭。

他指出，世界上没有任何一个国家是没有问题的，我国人民面对问题，各族领袖要平和地协商与解决，而国阵已领导国家53年，首相提出的“以民为本，绩效为先”概念重视各族利益，以致“一个马来西亚”口号获得各族响应。

“我国拥有十多个族群，要领导这个多元种族的国家并不容易，各族都有不满，包括经济分配，但国阵13个成员党领袖坐下来协商解决问题，同时也肯定各族的贡献与角色，争吵又有何用?”

两商会10万捐灾民

副首相也见证麻属班卒城隍济善堂与麻坡家具同业商会职合捐献9.94万令吉新春红包予巴莪区华裔灾户，由两团体主席拿督张惠真与巫英智代表移交，灾区村长唐甸平（班卒）、施亚财（坤兰乌汝）、吴玉强（武吉哈逢）、李志海（玉射）及陈平和（岭嘉）接领。

“我不是反华人教长”

副首相慕尤丁否认本身是“反华人的教育部长”，并举证说明这种说法没有根据。

他说：“有人指我是反华人的教育部长，因为没有帮忙华小，然而，全国约1 300所华小的教师每年高达18亿令吉的薪金，是由政府支付，谁说没有帮华小？”

有关师资不足问题，事实上，慕尤丁表示，教育部已通过适当途径解决了问题。

他说，指责教长没有帮助华小，是反对党旨在打击国阵的宣传伎俩。

（［马来西亚］《南洋商报》2011－02－21）

中国在美非法移民骤减至13万或与经济发展有关

根据美国国土安全部的估算，截至2010年1月，中国在美非法移民大约有13万人，比上年同期增加1万人，但在美国十大非法移民来源国中是最少的。

国安部24日发布的非法移民数量估算数据显示，2010年1月份在美外国非法移民约为1 080万人，与2009年持平，但比2007年顶峰时的1 180万减少了100万人。

美国非法移民数量曾在2000年到2007年之间骤增，从850万人一路增至1 180万人，平均每年增加50万人，然而主要由于经济不景气而有所回落。现有非法移民600多万是在1995年到2004年之间进入美国的。

据估算，2010年在美合法居住的外国出生者（不含已入籍者）有2 116万。

2000年到2010年，来自中北美洲的非法移民从610万增加到860万，而来自亚洲的非法移民却从120万减少到100万。

2010年，在美非法移民主要的来源国分别为墨西哥（664万）、萨尔瓦多（62万）、危地马拉（52万）、洪都拉斯（33万）、菲律宾（28万）、印度（20万）、厄瓜多尔（18万）、巴西（18万）、韩国（17万）、中国（13万）。

来自中国的非法移民从2000年的19万增加到2007年顶峰时的29万，然后减少至2008年的24万，2009年更是锐减至12万。国安部没有说明中国非法移民锐减的原因，但专家估计，这与近年来中国经济高速发展，偷渡客和滞留不归者减少有关，也与美中合作加紧遣返非法移民以及中国非法移民获得庇护者数量较多有关。

非法移民最集中的地区依次是加州（257万）、得州（177万）、佛罗里达（76万）、伊利诺伊（49 万）、亚利桑那（47 万）、佐治亚（46 万）、纽约（46 万）。

（［美国］《侨报》2011－02－24／余东晖）

五年遗案审理接近尾声　2 700 多名华人获英国永居

最近又有 2 700 多名中国人通过“五年遗案”变相大赦，获得英国永居身份。从个案的统计分析，获得“自由”身份的主要还是那些有家属，特别是小孩在英国出生的福建人。

由于种种客观原因，在过去十年间，大批世界各地的真难民和假难民（又称经济难民）涌入英伦三岛。英国历届政府因政策取向不明确，导致对难民申请的审理一再延误。截至 2006 年底，有多达 45 万起难民申请未能及时处理完毕，大批无身份人士滞留在英国。对这批人，英国社会一直反响不一，有人呼吁给予大赦，让他们从地下走出来，打工交税；也有人要求严格边境管理，加快遣返，把他们送回老家。

2007 年 4 月，内政部最后作出决定，对这批 45 万外国人的案件重新处理。这个决定被俗称为五年遗案。

本报记者在去年 10 月曾报道，截至 2010 年 6 月底，45 万人中的 324 357 件个案已经处理完毕，135 280 人获得英国永居身份，其中中国人有 5 730 名。

截至 2010 年 6 月以五年遗案获得英国永居的主要亚洲人数统计表

国籍／人数／年份	中国人	巴基斯坦人	伊朗人	伊拉克人	印度人
2007 年	448	1 300	1 116	1 427	176
2008 年	1 042	2 666	1 233	1 103	1 015
2009 年	2 012	2 166	1 209	1 288	967
2010 年 1—6 月	2 228	1 422	2 826	2 103	560

近日本报记者从内政部掌握到最新消息，2010 年 7 月至 12 月间又有 2 774 名中国人获得英国永居身份，至今累计已有 8 504 名华人得到这项“殊荣”。他们可以在五年后加入英国国籍。

2010 年 7—12 月以五年遗案获得英国永居的人数统计表

国籍	中国人	巴基斯坦人	伊朗人	伊拉克人	印度人
人数	2 774	1 153	2 569	1 410	595

在英国申请难民的外国人来自世界各地，亚洲的伊朗、伊拉克、阿富汗、巴基斯坦和中国占很大比例。不过从五年遗案的审理结果来看，中国人被“网开一面”允许留下来的比例远远高于其他国家的比例。

1999 年至 2006 年有 22 195 名中国人申请难民，而截至 2010 年 12 月底已有 8 504 人获得身份，成功率高达 4 成。加上早些年已给予正式难民身份而获准在英国生活，至少有一半的华人难民申请者都拿到了英国合法身份。

2000—2006 年在英国申请难民人数统计表

国家 \ 年份	2000 年	2001 年	2002 年	2003 年	2004 年	2005 年	2006 年
伊朗	5 610	3 420	2 630	2 875	3 455	3 150	2 375
伊拉克	7 475	6 680	14 570	4 015	1 695	1 415	945
阿富汗	5 555	8 920	7 205	2 280	1 395	1 580	2 400
印度	2 120	1 850	1 865	2 290	1 405	940	680
巴基斯坦	3 165	2 860	2 405	1 915	1 710	1 145	965
中国	4 010	2 390	3 675	3 450	2 365	1 730	1 945

本报记者从多家律师楼掌握的最新成功个案分析，过去六个月获得永居身份的仍然是以有家庭、有孩子的占上风。有孩子于 2007 年前在英国出生被拒的只有极个别，绝大多数都接到了好消息。

福建人陈明 2002 年经欧洲大陆偷渡到英国，申请难民被拒后，他黑了下来，一直在餐馆打工挣钱，2005 年女友生下他们的第一个孩子，2007 年 12 月又生了一个。“五年遗案”政策公布很久，他一直没有行动，觉得自己不够条件。到了 2009 年底他在朋友的劝说下，抱着试一试的心理，到一家律师楼交了 500 英镑。结果律师帮他在移民局查到了当年申请难民的档案。按照要求，他重新填表，把老婆孩子的资料也加进去。半年后，他惊喜地收到内政部的来信，告诉他全家四人获得英国永居身份。陈明告诉记者：“太出乎意料了，我得感谢两个孩子，没有他们恐怕拿不到永居身份。”

（［英国］《华商报》2011 - 02 - 24）

马来西亚现煽动种族情绪传单　指华人是背叛者

据马来西亚《东方日报》报道，马来西亚万里茂补选即将在 26 日开始，但万里茂亲善花园居民却收到标明由马六甲土著权威组织（Melaka Perkasa）发出，指华人是大马背叛者的传单。

万里茂行动党总指挥郑国球24日在记者会上表示，亲善花园居民在早上接到有关的传单，传单以大马国语呈现，内容主要讲述在《宪法》153条文下马来人及土著的地位，不过传单下排有一排华文写着“华人是我国的背叛者”，传单上印有马六甲土著权威组织的标志及名字。

Artikel 153 Perlembagaan Malaysia memberikan tanggungjawab kepada Yang di-Pertuan Agong menjaga kedudukan keistimewaan orang Melayu dan penduduk asal Malaysia, secara kumpulannya dirujuk sebagai Bumiputera. Artikel mengspesifikkan bagaimana kerajaan pusat melindungi kepentingan kumpulan-kumpulan ini dengan mendirikan kuota kemasukan ke dalam perkhidmatan awam, biasiswa dan pendidikan awam. Ia juga biasanya dianggap sebagai sebahagian daripada kontrak sosial, dan biasanya dikatakan sebagai pertahanan legal bagi ketuanan Melayu, kepercayaan orang Melayu bahawa mereka adalah penduduk asal Malaysia

Cina khianat negara

华人是我国的背叛者

华裔感觉受侮辱

他指出，这只是一场补选，可是却有一些不负责的团体发出有关传单，玩弄种族及宗教情绪来获取选票。他指出，收到传单的华裔居民非常不满及愤怒，并觉得受到了侮辱。

郑国球强调，华人是马来西亚人，生于斯，长于斯，如今马六甲土著权威组织却说华人是大马的背叛者，这对华人不公平，有煽动种族的情绪。

因此，他要求国阵公开表态，土著权威组织是否在竞选中为国阵拉票？他们的所作所为是否得到国阵所允许及支持？

促土权组织解释

另外，甲回青团团长卡玛鲁丁表示，针对这传单，土著权威组织需要在24小时内给予解释，这是否由他们负责？

他说，传单内的内容也与首相推动的一个大马概念背道而驰，所以希望执法单位针对有关事件采取行动，并要求政府解散有关组织。

（中国新闻网 2011－02－25）

日本跨国家结婚案件激增　中国人居涉案外国人之首

为了获取一张合法留在日本的签证，一些自认为头脑灵活的中国人采取了与日本人假结婚的“违法”手段。假的就是假的，最终都将大白天下——此所谓聪明反被聪明误。而且从目前的社会认识状态来看，已经有不少获得合法身份的人参与案件的侦破过程。

据日本《日经新闻》报道，2月26日，日本警察厅公布了对2010年度假结婚案件的统计结果，结果显示，为了取得留在日本的资格等原因，2010年共有471名外国人涉及假结婚案件，较2009年增加25.6%。

从假结婚案件破案缘起看，越来越多的经由正规途径获得在日居留资格的人员参与到协助警方破获假结婚案的侦破活动中。

警察厅表示，假结婚无疑已成为滋生犯罪的“温床”，他们正在积极采取各种措施，鼓励对此类案件的举报。

日本警察厅自 2007 年开始对假结婚案件进行统计。2007 年，涉案人数为 375 人，2008 年达到 416 人，2009 年则为 375 人。2010 年的涉案人员中，担任假结婚对象以及中介等角色的日本人共 269 人，中国人 90 人，菲律宾人 54 人，韩国人 41 人。

另一方面，统计显示，2010 年盗窃、强盗等在日外国人犯罪涉案人总数比 2009 年减少 10.5%，共涉案 1.186 6 万人。而从案件数量看，共 1.982 万件，较 2009 年大幅减少 28.8%。从犯罪人员国籍来看，最多的是中国人，共 4 659 人；其次分别为韩国人 1 399 人，菲律宾人 1 128 人，越南人 798 人，巴西人 728 人。

（［日本］日本新华侨报网 2011－02－28／王婧）

“标会”不受法律保护引纠纷　华妇求助社团

华人社区流行的“标会”为许多新移民解决了买房和创业所需的资金，但由于这种正规金融体系外的融资方式不受法律保护，因此一旦产生纠纷，便会令当事人各方面临各种问题。一名林姓妇女便因为这方面的问题而于 2 日到福建同乡会求助。

据向该女子提供咨询的同乡会法律顾问黎保利律师的案件经理宋大维表示，该女子担任会长的一所标会四年前发生了一对华人夫妇标钱后去买房，但之后拒绝还款的问题。由于是会长，林姓女子不得不承担起责任，每月向标会成员还款 700 元。而那对拿钱去买房的夫妇却至今不肯还钱，多次交涉未果后，林女士愤怒之下在上个月到那对夫妇的家门口泼粪，结果却遭到警方拘捕，并被控骚扰、攻击等多项罪名，法庭下令要她本月 24 日出庭应讯。

林姓女子表示，自己替人还钱，明明是受害人，但因为一时冲动而成了犯罪嫌疑人。那对夫妇当初标得 4.2 万元款项，在布碌仑买了房子，之后便再也不参与标会的活动，也不肯还钱，甚至在林女士追到他们所在的教会的情况下也仍然拒绝还钱。

林女士因为自己的遭遇而痛哭流涕。同乡会的法律咨询人宋大维对此表示，标会的运作并不受法律的保护，但作为借贷双方，如果当时有书面证据，林女士可据此寻求法律解决的途径，但她只能代表个人来进行相关的法律诉讼，而不能够以标会的名义来诉诸法律，因为“标会”并不被法律认可。宋大维也提醒社区居民，如果参与标会的借贷行为，务必要明白这其中的风险。

（［美国］《侨报》2011－03－03／管黎明）

在日中国研修生过劳死　遗属获得 1 100 万补偿

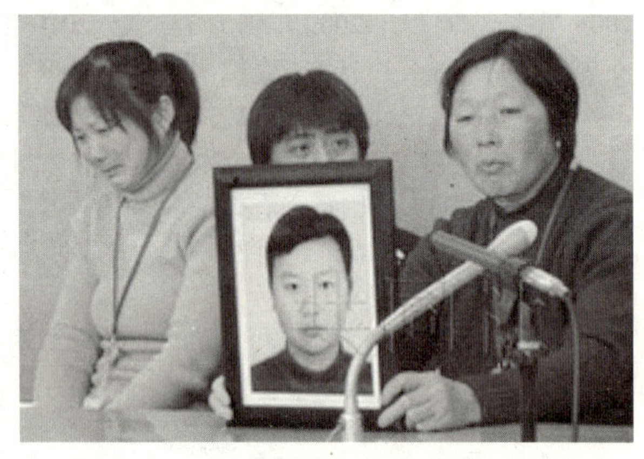

2008 年 6 月，中国研修生蒋晓东因高强度劳动导致死亡的事件轰动了整个日本。直至 2010 年末，日本鹿岛劳动基准监督署方才确认蒋晓东的死因定为过劳死。在日本的劳动灾害认定历史上，外国人研修生因过劳死而申请被认定为劳动灾害的情况尚属首次。

为了敦促日本相关的劳动管理部门将蒋晓东的死因定为过劳死，中国研修生蒋晓东的遗孀冯珠以遗属身份将蒋晓东供职的日本茨城县潮来市“富士电化工业”金属加工公司告上法庭，一方面要求相关机构认定蒋晓东的死亡原因为过劳死，另一方面要求该加工公司支付赔偿金。

据日本《每日新闻》的消息，3 月 3 日，已经被确认为过劳死的中国研修生遗属冯珠从日本鹿岛劳动基准监督署领取了作为补偿补助预付款的一部分保险金，总计约 1 100 万日元。

在担任蒋晓东过劳死索赔案代理律师指宿昭一与翻译人员的陪同下，冯珠走访了鹿岛劳动基准监督署，领取了补偿补助金。冯珠表示，“从蒋晓东因过度劳累致死来说，日本的‘外国人技能实习制度’应该被废除了。对于家属来说，亲人能够活着回来，比补偿多少钱都有意义”，言语之际已经泪流满面。

补助金发放结束后，蒋晓东供职的茨城县潮来市“富士电化工业”金属加工公司经理和最初负责引进中国研修生的机构“白帆协同组合”陪同冯珠一同前往蒋晓东宿舍，并当场向冯珠等蒋晓东的遗属赔礼谢罪。尽管如此，日本方面的协同组合相关工作人员还在说“是因为中国的研修生自己提出要加班，所以工厂才会安排的啊”。言语间对于相关机构认定蒋晓东的死亡原因系因过度劳累致死，似表示不能理解和难以接受。

3 月 3 日晚间，冯珠还走访了日本厚生劳动省，并向厚劳省提出了强化对于违反研修生制度的企业实施严格的惩罚，同时也向日本厚生劳动省递交了“研修生过劳死事件彻查”申请书。

指宿昭一律师明确指出：“如果当初不从劳动灾害的角度，提出对蒋晓东的死因实施调查的话，劳动基准监督署是不能够介入调查的。单从日本政府目前实施的《外国人技能实习 · 研修制度》看，由于制度存在很大缺陷，遗属无论如何是无法了解蒋晓东死亡的真相的。”

（［日本］日本新华侨报网 2011 - 03 - 04/米灏）

人口普查：芝加哥唐人街华人“一族独大”

根据2010人口普查具体资料，芝加哥唐人街（Armour Square 小区）华人居民人口为9 721人，10年来增长37%，华人在唐人街所在小区的人口比例已高达73%。

唐人街：华人一族独大

10年以来，唐人街所在小区的白人、黑人居民人口均呈下降趋势，拉丁裔人口数量基本不变：白人从10年前的2 107人减少到1 642人，减幅约22%；黑裔人口从2 072人减少到1 419人，减幅31.5%；拉丁裔居民10年前为446人，如今为464人，基本维持不变。

同10年前相比，在唐人街所在的Armour Square 小区，华人居民所占人口比例增加了13.61%；白人比例则减少5.25%；黑人比例减少了6.62%；拉丁裔减少了0.24%。华人人口以72.59%的比例呈“一族独大”态势。Armour Square 小区总居民人口为1.339 1万人。

桥港区：几乎与白人并列

唐人街西南方向的桥港区（Bridgeport），总人口3.197 7万人，华人居民总数为11 038，与2000年人口普查数据相比，华人人口增加了30%。10年前，桥港区仍以白人居民居多（41.19%），10年后，华人与白人几乎并列成桥港区人口最多的族裔：华人11 038人，占小区总人口的34.52%；白人总人口11 225，占小区总人口的35.1%；拉丁裔居民8 627人，占26.98%，；黑人672人，占2.1%。

同10年前相比，桥港区拉丁裔人口比例减少了约3%；白人比例减少了约6%；黑人比例虽然增加了1%，但总数可忽略不计。如今，桥港已不再是以白人居民为主的小区，多元化趋势继续增强。桥港区总人口为3.197 7万人。

麦肯利区：华人增幅最快

在华人人口集中的麦肯利小区（McKinley Park），总人口1.561 2万人，其中华人居民共2 445人。从2000年的1 199人增加到如今的2 445人，麦肯利小区华人居民数量增长超过两倍。如今，麦肯利小区总人口中，华人人口比例占15.66%（2 445人）；白人占17.08%（2 667人）；拉丁裔占64.76%（10 111人）；黑人占1.5%（234人）。

唐人街（Armour Square），以及西南方向的桥港区、麦肯利小区，是传统意义上华人聚居的小区，10年来麦肯利小区以超过两倍的增幅，成为华人人口增幅最快的小区。如今，麦肯利小区是以拉丁裔居民为主（64.76%）的小区，华人所占比例（15.66%）已趋近白人所在的比例（17.08%）。

布莱顿小区：华人人口不可忽视

在麦肯利区西南的布莱顿小区（Brighton Park），总人口45 368人，华人居民总数为2 252人。10年来该小区华人人口增幅为65.3%。如今，布莱顿小区总人口中，华人人口比例占4.96%（2 252人）；白人占8.12%（3 682人）；拉丁裔占87.49%（3.969 3万人）；黑人占1.19%（542人）。在布莱顿小区，华人居民虽然只占该小区总人口的4.96%，但总数已达2 252人。

上述四个小区华人居民人口总数为2.545 6万人。上述四个小区中华人人口资料，是以2010人口普查统计结果中的“亚裔”为准，目前尚无具体的华裔人口在各小区的分布资料。华埠更好团结联盟主席陈增华表示，从以上四个小区中的现实经验看，“亚裔”人口资料基本可100%等同于“华裔”。

特别值得指出的是，在唐人街以北，市中心Loop以南的Near South Side小区，亚裔居民人口已从432人剧增至3 307人，10年来增幅将近八倍。市中心Loop小区亚裔人口，也从10年前的1 588人猛增到4 658人，增长近三倍。

（［美国］芝加哥侨学网2011－03－04）

涉华舞弊案后　法国决心改变招收中国学生的渠道

2009年和2010年，法国相继曝出土伦大学和巴黎十三大两所高校的中国留学生买卖文凭和注册舞弊事件，一度引起法国社会强烈关注。这些造假行为既损害了中国留学生的形象，又抹黑了法国高校的声誉，也迫使法国政府采取对策，将目前中国学生作为个体自主申请入学为主的模式改为以法中政府间或大学间合作组织中国学生来法为主的模式。

该文章指出，政府依然欢迎高素质的中国学生来法留学，去年11月中国国家主席胡锦涛来法时，两国首脑都提到要把中国留法学生的数量提高到5万人。但目前的状况是很多留学生的素质并不令人满意，他们中大部分是在中国国内上不了大学的，完全称不上是中国学生中的精英；而且，素质不高的最显著表现就是法语水平不够，有的大学出于挣钱的考虑，让法语水平不够的中国学生花重金先学一年法语，加重了他们的花费，有的中介机构收取5 000欧元，让他们死记硬背考试答案，还有中国学生向法国大学出示的是假学历证明。文章也认为，中国的优秀学生更多选择英美名牌大学。文章举出数据称，十几年前，来法国留学的中国学生占14%，现在下降到5%。

文章称，目前，来法国留学的中国学生中，有4/5属于自己单独联系注册，1/5通过中法校际合作计划前来。法国高等教育部的目标是把上述比例颠倒过来，力争把通过法中校际合作计划来法留学的中国学生比例提升到4/5，并把来法国就读硕士、博士学位的比例从现在的50%提升到75%。

（［法国］欧洲时报网 2011－03－05）

在日华人李东海先生致信胡锦涛主席　倡议设立中国“华侨华人节”

在日华人李东海先生日前写信给中国国家主席胡锦涛，向胡主席提出了一项建议——设立中国“华侨华人节”。

李东海先生是日本中国和平统一促进会（统促会）的理事。去年日本统促会由陈福坡会长率领组团访问北京，在中国侨联举办的欢迎宴会上，李先生首次提出了关于设立“华侨华人节”的倡议，获得了在场领导和同仁的一致赞同。

回到日本后，李先生为此给胡锦涛主席写了一封信。他将信件转交《新华时报》，并希望公开发表。

此次中国“两会”召开之际，本报特将此信公开发表，同时还将它转交给了全国政协委员、旅日归国华侨、本报特别顾问潘庆林先生。

潘委员表示：我本人完全赞同关于设立“华侨华人节”的倡议，并会将这项倡议及李东海先生给胡锦涛主席的信，在“两会”上递交给大会秘书处。同时，我也会行使全国政协委员的职责，向有关部门正式提出议案。

（［日本］《新华时报》2011－03－10／苏灵）

“俄罗斯好兄弟”鞋厂遭搜查　查出逾百中国非法劳工

俄护法机关日前对鞋厂负责人办公室及住宅进行了系列搜查。包括俄罗斯公民和中国公民在内，该公司5名负责人被怀疑组织犯罪团伙，建立大型渠道向科州输入非法中国移民。

该州安全局新闻秘书叶莲娜·希洛娃表示，调查表明，“俄罗斯好兄弟”鞋厂为获取高额利润，制定了大量吸引并使用非法外国劳工的方案。当地护法部门消息人士透露，每天在这个成立于2006年的大型鞋厂工作的工人达500人，而且工厂特意制定了不让当地居民工作的条件。

报道称，被查出的100多名中国工人，都使用了伪造的在俄工作许可。由于鞋厂使用这些额外劳动力时不用缴税，因此大大降低了产品成本。例如，一双皮棉靴的出厂价只有700卢布（约合160多元人民币）。

据悉，科斯特罗马安全局侦讯处已对“俄罗斯好兄弟”鞋厂5名负责人立案，指控他们违反俄联邦刑法关于大规模组织外国公民非法进入并滞留俄罗斯的规定。如果罪名成立，他们将面临最高5年监禁的惩罚。

（［俄罗斯］《莫斯科华人报》2011－03－15）

中国大使馆要求新西兰政府给予遇难中国学生家人特别资助

中国大使馆要求新西兰政府向基督城地震中遇难的中国学生家属提供特别赔偿。高等教育部长 Steven Joyce 在接受 Radio New Zealand 采访时表示在新西兰现有的法律框架下，提供这项特别赔偿比较困难。

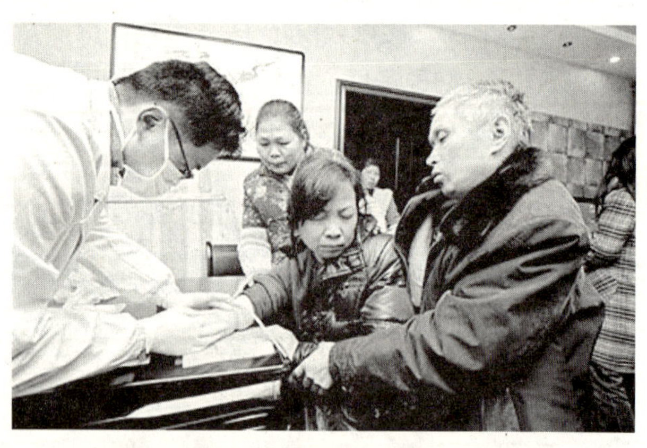

地震失踪学生家属接受 DNA 鉴定血样提取

中国大使馆负责救灾工作的程雷说因为中国的“一胎化”政策，新西兰应该为遇难学生家庭提供特别的资助。

迄今为止已经有7名遇难中国学生的身份被确认，还有超过20名学生仍然失踪。Kings English Language School 位于本次地震中倒塌的 CTV 大楼，共有70名注册海外学生。

程雷说中国学生家庭与来自其他国家的学生家庭不同，因为这些遇难学生是他们父母唯一的孩子，因此需要给予特殊考虑。他对 Radio New Zealand 说：“你可以想象他们现在是多么的孤独和绝望，不但失去了亲人，而且失去了退休后主要的经济资助来源。”

程雷先生说这些家人不是要打破新西兰法律框架下的行事规则，只是希望政府考虑他们的特殊情况。“如果可能的话，政府可以用资助的方式来进行。”

程雷先生说：“我们认为这不但是对这些学生家人的一种安慰，也能体现新西兰政府对于中国学生的重视。”

高教部部长 Steven Joyce 说他了解到了这个非常特殊的情况，对于每个在地震中失去亲人的家庭来说都是如此，然而新西兰法律不允许提供这种赔偿。

Joyce 说目前已经有一些赔偿基金在为这些家庭提供赔偿，他说：“包括保险、ACC 和红十字会的帮助，虽然这不能满足这些家人所要求弥补的损失，但也不是一笔小数目。”

Joyce 说新西兰政府已经尽了全力，但是目前还不能说后面会怎么样。

（［新西兰］《先驱报》2011－03－15）

相关链接

新西兰南岛最大城市克赖斯特彻奇 2011 年 2 月 22 日 12 时 51 分（北京时间 7 时 51 分）发生里氏 6.3 级地震。在该地震中，7 名中国留学生丧生，另有 20 余人下落不明。

日本大地震华侨华人无重大伤亡　在日华侨华人自救互助献爱心

这是一场百年不遇的地震，规模空前的灾难。3 月 11 日 14 时 46 分，日本发生里氏 9.0 级地震，震中位于宫城县以东太平洋海域，地震引发海啸及核泄漏。截至记者发稿时，此次灾难已造成至少 3 676 人死亡，7 558 人失踪。

日本侨团组织街头募捐活动

目前在日本的华侨华人留学生总数达 70 余万人。本次地震海啸受灾严重的宫城、岩手、福岛、茨城四县，有华侨华人留学生约 3 万人。重灾区宫城县有 7 000 中国人等待救援。目前尚未得到华侨华人留学生在此次大地震中有重大伤亡的报告。

中国驻日本大使馆在日本大地震发生后，立即启动应急机制，加紧确认在日华侨华人安危，全力救助受灾的中国在日公民。鉴于福岛核电站事故的严重性和不确定性，驻日大使馆和中国驻新炸总领馆根据自愿原则，安排尚在重灾区的中国公民有序撤离。截至 16 日凌晨，中国驻日使馆网站已经公布了 73 批在日中国公民平安信息，确认 11 414 名在日中国公民平安。

在日中国华侨华人也纷纷行动起来。为了表示对日本东北大地震灾区的慰问，日本华侨华人联合会很快筹集到了 50 万日元作为第一批捐款资金捐给日本东北大地震灾区。日本中国和平统一促进会也向灾区捐献了 100 万日元和 2 000 多件衣物。这场为抗震救灾捐款出力献爱心的行动，目前才刚刚开始。在日华侨华人和留学生融入日本国民的主流社会，在此次日本大地震中所表现出的淡定、有序与互助，得到了日本政府的首肯。

（［日本］《新华时报》2011－03－18／苏灵）

韩校园中国学子激增　校生双方需求所致

财政亏损　大学靠中国学生赖以生存

1992年韩中建交后，中国学生开始到韩国留学。截至去年，在韩中国留学生人数达到5.949万人（包括朝鲜族），占留学生总数（8.384 2万人）的70%。而1999年只有1 182个中国留学生，在短短10多年内人数暴增50倍。中国留学生猛增是因为因生源不足而陷入危机的地方大学积极招收中国留学生。经营困难的一些大学盲目扩招中国留学生，因此不具备语言等基础实力的中国留学生猛增。财务状况恶劣的韩国部分大学和没有实力到美国等发达国家留学的中国留学生在韩国大学界形成一种共生关系。

一些地方大学如果不能招收到中国留学生，就会立刻倒闭。在全北又石大学1.008 2万名学生中，中国留学生占10.1%（1 027人）。而培才大学和清州大学的中国留学生分别占全体学生的8.4%（962人）和8.2%（1 344人）。一位大学有关人士说："私立大学对学费的财政依存度高达70%，因此越是财政状况困难的大学，就越害怕学生人数减少。"

入学门槛低　中国学生韩语不过关也听课

在韩国留学的中国学生中，也有不少人连基本的沟通也无法进行，韩语水平较低。忠北大学国际交流院相关人士表示："很多学生虽然来韩时间在4年以上，但韩语水平仍较差。"

韩国大国家党议员朴英娥3日表示："据教育科学技术部提交的资料显示，部分大学招收韩语能力考试（TOPIK）不到3级的留学生。"韩语能力考试3级的难度只是用韩语翻译"你看上去很高"、"做菜做得很好"等简单的文章。也就是说，连这些简单的语言都听不懂的留学生正在大学听课。成均馆大学中文系教授李某表示："用韩语连简单的问候语都说不出来，还怎么听大学课程。"

对此，与中国留学生一起听课的韩国学生表示不满说"课程进行得不顺利"。D大学经营系四年级学生金某说："在工商管理课堂上与1名中国留学生同属一个组。教授让我与沟通都困难的中国学生进行讨论时，我感到很慌张。"

但这些前来听课的中国留学生，还算是想得到毕业证书的。然而也有些留学生，一开始就是以挣钱为目的来到韩国。某地方大学四年级学生魏某说："假期在空调组装厂或鸡肉加工厂等地方工作，一个月能够赚到100万韩元（约合人民币6 000元）以上。"

某地方大学教授表示："大部分中国留学生比起学习，更加关心打工挣钱或玩乐。很多学生长期逃课去挣钱。"只要中国留学生交学费，很多大学都会睁一只眼闭一只眼。

朴英娥表示："去年2月，教育科学技术部针对各大学留学生展开了出勤、成绩、违反校规等相关调查，结果留学生的中途退学率达到50%。"

（［韩国］《朝鲜日报》2011－04－05/李惠云 崔燕真）

澳查处6移民中介　涉嫌逼迫中国留学生卖淫

澳大利亚联邦政府此次查处了6家非法与卖淫团伙合作的移民中介，其中一家中介负责物色亚洲女性，包括持学生签证的女性，让她们在非法场所从事卖淫活动。记者了解到，一些移民中介虽取得澳大利亚联邦政府的注册许可，但从事的往往是违法行业。

"移民中介良莠不齐，他们背后往往有大的黑社会组织支持，如果不是大规模检查将不会受到太大影响。"澳洲一位知情人士告诉记者，假文凭、色情行业都在这些非法中介的"经营范围"中，他们通过多种方式与当地政府官员保持密切联系，有的甚至借教育之名开展活动。

该知情人士介绍说，持有学生签证的留学生中有部分是妇女，她们支付10万~20万元人民币的高额中介费来到澳洲从事性交易，中介还要从她们日后的非法所得中抽取5%~10%的费用，有的甚至更多。

"有些当地移民中介在媒体及网站上发布招聘信息，引诱留学生上钩，其背后明显隐藏着违法信息。"该人士强调说，通过正规渠道到澳洲的留学生绝大部分能辨别真假信息，但仍有极少部分人求钱心切，误入歧途。

记者多方了解到，这些非法移民中介之所以横行至今，主要原因是澳大利亚联邦政府监管力度欠缺。移民中介注册完毕后，相关部门并没有实时监测其从事的经营项目，从而令他们有机可乘。

"作为本地注册的移民中介，华人往往认为更加权威，但作为外行，不能辨别其规范性，从而上当受骗。"在国内多年从事移民留学行业的戴先生表示，真正怀有异国梦的留学生应通过正规移民中介办理手续，不要一时贪图便宜或者流程简单而掉入深渊。

出国在外，留学生逐渐脱离了父母的庇护，巨大的生活压力，有时让他们抵挡不住外界诱惑。记者从众多澳洲中国留学生处了解到，他们的生活主要以上课、打工为主，为了赚取更多的生活费，少数人就铤而走险从事色情行业。

正在墨尔本留学的北京学生小崔告诉记者，一般给华人打工是每小时7~10澳元，为老外打工为每小时15澳元左右。按照澳洲移民局规定，上学期间，每周工作时间最长不能超过20个小时（不包括含在课程内的实习工作部分），在节假日无工作时间限制。

"按照规定留学生一周只有不到200澳元的打工收入，这远远不能满足留学生的支出，所以一些人难以抵挡诱惑，从事非法行业。"小崔说，由于澳洲妓院是合法的，部分留学生放松警惕，设法加入。

据小崔介绍，当地有很多打着招聘小姐名义私下从事性交易的广告，他们开出每小时

150 澳元甚至更高的价格吸引留学生加入。“这行业水太深，曾有朋友说，有些留学生可日赚近千澳元，受欢迎的每天可以拿到 2 000 澳元，部分人甚至因此浪费了大量的上课时间。”

记者采访了解到，部分男留学生还与一些妓院联系，帮其拉客，每次赚取 10 ~ 50 澳元的中介费。这些人只占留学生的少数，且大多不愿让别人知道其从事色情工作。

生活在澳洲多年的老华侨吴建奇表示，少数留学生期望短时间内获得丰厚的金钱回报，既不耽误学习，又解决经济困难，色情行业充分利用了她们的心理，让其成为当前最佳兼职工作。当地中国留学生普遍富裕，从事色情行业的是极少数。

（《上海侨报》2011 - 04 - 07 / 彭卡 刘浩）

官方追查海外资产风声日紧　多数华人仍在观望

国税局追查海外资产风声紧，对于在大陆港台有资产的华人来说，“是否申报海外资产”成今年报税季最头疼的问题，这个问题也成今年报税季的焦点。华埠多家会计师楼表示，从目前情况看华人仍是“问得多，动得少”，许多人还在忐忑不安中犹豫、观望。会计师指出，上报海外账户是自我保护的最好方法。

在记者 8 日的随访中，华埠多家会计师事务所均表示，今年报税季节一开始，就不断有人上门或打电话来询问有关海外金融资产申报事宜。会计师杨芳说：“每个人的情况各不相同，我们会计师楼前几天来了一位客人，非常焦急地想申报海外资产，最后算下来，要交 150 万元，他又犹豫了。是存着侥幸心理继续观望，还是如实申报，接受罚款，很多人到现在仍在心中掂量。”

简森吉认为，上报海外账户和资产实际上是保护自己的好办法，比如，按现在的税法，国税局查税期限是三年，三年内不查就没事了，可如果被查出逃税，就要查过去六年。此外，现在申报，还有免予刑事处罚的宽限，如果不报而被查出，除了罚款，还有坐牢的可能。再者，国税局的海外资产自动申报计划只是一个行政法规，不是法律，这些宽限政策和罚款比率是可以调整的，“谁知道第三次的方案会是什么样的”？

也有一些在大陆有房产的纳税人咨询是否需要申报。简森吉指，国税局此次的申报方案中没有提到房地产，因此屋主不必紧张，但如果卖掉房子，就要报税。

对于只有海外存款的纳税者，杨芳建议他们还是申报，因为利息税交的钱并不多，还可以“换个安心睡觉”的安慰心情。对于即将来美的新移民，她建议来美国前处理好个人财务，如把资产卖掉后带进美国，而不是到美国后再卖资产。

（［美国］《侨报》2011 - 04 - 10/李竑）

华人弃尸案引起意社会激烈争论

两名华人死后被弃街头的新闻仍是人们议论的焦点，人们普遍认为，无论何种理由，弃尸街头令人发指。

有消息称，居住在 Via Barsanti 的大部分居民和商人认为，华人弃尸问题与多年来遗留下来的问题有着直接关系，在人们的心里，Via Barsanti 已经面目全非。

一位老者在接受记者采访时说："我与警方合作了十年，我看到了这个地区的变化，贩毒、卖淫等各种违法行为已是屡见不鲜。但是不要忘记，我们与一些移民家庭也保持着友谊，但是总体情况越来越差。"

在 Via Barsanti 经商的一位店主说："Via Barsanti 问题被政府忽视，虽然最近几个月某些方面有所好转，但是夜晚仍是危险地区，这里的商家经常遭到恶势力的骚扰。华人男子被弃街头令我感到悲伤和恐惧，我曾经看到有人在这里殴斗，但是华人犯罪只发生在他们之间。"

另一位老者说："我们的忍耐已经到了极限，Via Barsanti 变得如此陌生。弃尸本不应该发生，却在所有人的眼皮底下发生了，华人之死证明了 Prato 的现状，或许今后还会发生同类事件。一些华人只生活在华人的圈子里，他们中的一些人总是隐藏着秘密。一个文明的社会不应该发生这些问题，全体市民应该为之付出努力。"

来自 Prato 的消息称，法医正在对两具华人尸体进行尸检，其中包括毒理学测试，调查人员怀疑死者生前为了承担繁重的工作有可能服用过兴奋剂一类的药物。

另有消息称，就两名华人死亡事件 Prato 社会各界人士争论十分激烈。Prato 市政府安全事务负责人 Aldo Miloni 邀请大区政府的同行 Riccardo Nencini 向"非法"宣战，他指责 Nencini 担任领导期间做得很不够。Riccardo Nencini 还亲自到 Via Barsanti、华人男子倒下之处哀悼死者。他希望所有华籍工人勇敢地揭发雇主的违法行为，捍卫自己的权力。

（［意大利］《欧洲侨报》2011－04－13/林夕）

Prato 华人社会里到底有没有黑社会

Prato 华人社会里到底有没有黑社会又成为媒体和社会人士讨论的焦点，有人回答是：在 Prato，华人有黑社会。

不久前，Prato 媒体曾经报道称，Toscana 大区财政预算负责人 Riccardo Nencini 曾亲自到 Via Barsanti 为华人男子敬献鲜花以示哀悼。之后，这位大区负责人向检察院提出弃尸行为令人无法接受，由此使他更加意识到华人偷税漏税与华人黑社会并不是传说。Riccar-

8.6 万家，年收入 192 亿美元；得州近两万家，年收入 71 亿美元。华人企业密集的大都会地区是纽约、洛杉矶、旧金山。

（［美国］《侨报》2011 -04 -28/余东晖）

2010 年华人汇款金额达到 17 亿欧元仍居第一位

Leone Moressa 基金会的最新统计显示，2010 年在意移民汇款总额为 63 亿欧元，这一数字比 2009 年同期减少了 4 亿欧元，减少了 5.4%。2009 年在意移民汇款总额为 67 亿欧元，这是近十年来移民汇款第一次出现了下降。2010 年在意移民平均每人向境外汇款 1 508 欧元，移民向境外汇款总额占意大利国内生产总值的 0.41%。

与 2000 年相比，2000 年至 2010 年，在意移民汇款总额几乎增加了十倍。2000 年至 2004 年，移民汇款总额从 2000 年的 0.09% 增加到 2004 年的 0.19%；2005 年至 2010 年，移民汇款总额从 2005 年的 0.27% 增加到 2010 年的 0.41%。

2010 年华人汇款金额达到 17 亿欧元，平均每一位华人汇款 9 000 欧元，这一数字比 2009 年减少了 10.2%。罗马、米兰、Napoli、Firenae 和 Prato 省为华人最集中的省份，Prato 省 90% 的移民汇款来自当地的华人。其次是罗马尼亚移民汇款金额占移民汇款总额的 12.5%，为 8 亿欧元，这一数字比 2009 年减少了 3%，Torino 省的罗马尼亚移民汇款总额位居当地第一。菲律宾移民汇款金额占移民汇款总额的 11.2%，为 7.12 亿欧元，这一数字比 2009 年减少了 11.1%，平均每一位菲律宾移民汇款 5 761 欧元，Bologna 省的菲律宾移民汇款总额位居当地第一。摩洛哥移民同一数字为 2.51 亿欧元，比 2009 年减少 9.7%；位居其后的还有塞内加尔、孟加拉和秘鲁移民。

另据来自各地的消息称，Veneto 大区 Verona 市排名第一位，位于全国第十二位，2010 年该市移民汇款金额为 8 253 万欧元，这一数字比 2009 年减少了 1.8%，2010 年该市平均每一位移民汇款 815 欧元。

Lombardia 大区 Brescia 省的消息称，2010 年当地移民汇款总额为 1.2 亿欧元，这一数字说明，自 2005 年以来当地移民汇款金额第一次出现了下降。

（［意大利］《欧洲侨报》2011 -04 -29/林夕）

俄警方在鄂木斯克逮捕 71 名中国非法移民

俄罗斯警方在对鄂木斯克州多处温室大棚进行检查期间，逮捕了 71 名没有身份的中国公民。这一消息是该州内务局周一向俄新社透露的。

消息说："这些移民在当地种菜，大多数人没有任何合法工作的权利，因为他们都是以旅游签证入境的。此外，这些中国公民的居住地点与登记地点不符，甚至有的人根本没有办理移民登记的手续。"

警方工作人员已经对这些非法移民起草了有关行政违规的文件，法院将予以裁决。警方同时查明了非法移民渠道的组织者，目前正在研究是否针对组织者进行刑事立案。

（［俄罗斯］俄罗斯新闻网 2011－05－16）

华人不堪重负　纷纷逃离 Usera

马德里 Usera 是华人聚集的区域，因而这里也有"马德里中国城"的美誉。由于语言、文化等原因，华人在海外都喜欢聚居在一起，再加上 Usera 房价便宜，各种华人超市、餐馆、手机店等鳞次栉比，所以一直以来都是华人居住、经商的好地方。对此，曾经有西班牙记者说，旅西华人在 Usera 生活，就跟在中国生活差不多。华人可以在自己同胞经营的各类商店里，找到自己生活中所需要的几乎所有的商品和服务。在这里，华人可以避免因语言不通等原因而带来的很多困难。

Usera 作为马德里华人聚集的中国城，在很长一段时间里，都是华人居住、开店的首选区域。然而近来，Usera 对华人的吸引力开始锐减，当地不少华人也先后外迁。说起自己外迁的原因和经历，一些人甚至用"逃离"来形容。

逃离原因之一：频繁的身份检查

经济危机中，西班牙政府加强了对非法移民的打击力度，由此 Usera 地区的警方对移民身份的检查也比以往更加严格。以前着装警察主要在上下班的高峰时间、在地铁口以及周围的街道进行检查。而现在，在原有基础上，警方也开始出动便衣进行检查，并且检查的区域和时间也比以前有很大的扩展。在这种情况下，Usera 似乎就变成了非法移民的危险区域。不少没有身份的移民整天提心吊胆，纷纷外迁。

逃离原因之二：华人治安恶化

Usera 对于一些华人来说失去吸引力，还因为当地治安，尤其是华人内部的治安恶化。很长时间以来，在西班牙，华人都是摩洛哥等劫匪主要的抢劫对象。在华人聚居的 Usera，情况更是如此。一些外国劫匪经常会守候在华人上下班必经的街道，或是住家，店面旁边，趁华人不备，进行勒脖子抢劫。然而促使不少华人离开的因素并不止这些，除了外国劫匪以外，当地在近年来又出现了华人劫匪。

对于这些华人中的害群之马，华人店主基本都是敢怒不敢言。由于大家都处于聚居的华人圈，所以华人劫匪对各店主的情况也都是非常了解，可谓摸清了底细。在这种情况下，华人劫匪除了有的放矢地勒索、抢劫以外，更会威胁受害者，让其不敢报案。如果受害店主报案的话，很可能遭致更大的报复。所以从这方面来看，当地华人违法犯罪分子对同胞的威胁尤为严重。

逃离原因之三：华人聚居太惹眼

自从西班牙发生经济危机以来，虽然遇到困难，但华人变危机为机遇，逆流而上，延续着强劲的发展势头。在西班牙一派萧条的经济形势中，华人显得非常显眼，相应地也给当地西班牙人留下了“华人有钱”的印象。在这种情况下，西班牙社会，尤其是政府的一些执法机构开始对华人另眼相看，频频“关照”，一轮轮的大检查不断袭来。而在检查风暴中，Usera 作为华人人口和商业集中的区域，成为风暴中“受灾”最严重的地方。由于不堪忍受频繁的检查以及经商环境的恶化，不少当地的华人业主选择了离开。

逃离原因之四：华人堆里是非多

对于华人堆里是非多这一点，很多 Usera 当地的华人是有切身体会的。华人在一起难免会有“东家长，西家短”的传言，一来二去，矛盾就来了。前不久，当地一家华人餐馆遭到了黑工检查。检查过后，当地就出现了“检查是因为华人告发”的传言。而对告发者的身份，则有不同的版本。这样一来，很多人竟成了怀疑对象。在这些人中，既有曾经工作过的工人，也有附近的竞争者，甚至还有店主的老乡、朋友等。一时间，在各种传闻中，圈子里人人自危。

面对华人堆里剪不断、理不清的是是非非，最好的办法，就是离开 Usera 这个华人堆，到其他华人相对较少的地方居住和经营。由此，这也成为促使华人纷纷离开 Usera 的主要原因之一。

编后

华人封闭聚居的习惯，一直以来都是影响华人融入西班牙当地社会的主要原因。西班牙社会各方面，如政府部门和媒体等也曾多次指出。而“逃离”USERA 作为一种新的现象，恰恰打破了华人的这种习惯。所以从这方面看，这种新现象应该是具有一定积极意义的。

（［西班牙］《欧华报》2011－05－19/凌锋）

警方将涉嫌为领取低保入境的三人资料移交检察院

有关部分中国人以在华残留日本人的亲属身份来到日本后向大阪市申请最低生活保障一事，大阪府警方外事科 18 日以违反《外国人登录法》（申请作假）等嫌疑将三名中国男女的资料移交检察院。

据介绍，共有 53 名中国人以一对年迈姐妹亲属身份来到日本。其中 46 人入境后很快就申请了生活低保，有甚者在来日3天时便申请了生活低保，显露出一系列可疑之处。大阪府警方以涉嫌为获得生活低保而入境为由展开搜查。截至去年9月底，46人的低保申请全部被撤销。

据外事科介绍，三人于去年6月来到日本，包括一对50多岁男女及一名23岁女性。三人向入国管理局解释称自己是姐妹的亲生子女。DNA鉴定结果显示三人并无血缘关系，但三人又声称自己是姐妹的“养子”，警方未能实施逮捕。其中一50多岁的女性是年迈姐妹中妹妹的亲生女儿。

警方怀疑三人去年6月15日在大阪市东淀川区政府提出外国人登录申请书时填写了虚假内容并被记录在外国人登录证上。

另外，外事科以违反《职业安定法》（无许可有偿职业介绍）之嫌逮捕了贸易公司职员等三名中国人，这三人涉嫌在没有许可证的情况下将53名来日中国人中的6人介绍给人才派遣公司，并收取了约25万日元（约合2万元人民币）费用。

（［日本］共同网 2011－05－19）

英少数民族人口华裔增长最快

英国华裔人口在2001年至2009年之间，每年增长8.6%。截至2009年，英国一共有45.2万华裔人口。

由英国国家统计局（ONS）公布的数据显示，华裔人口是上述八年期间增长幅度最快的非白人单一少数民族群体。尽管华裔人口增长快速，但英国人口最多的少数民族群体是印度裔人口，一共有140万人，其次是巴基斯坦裔人口，约有100万人。非洲裔黑人在这八年期间也增长超过30万，人数约为80万。

国家统计局的数据显示，2001年至2009年之间，英国少数民族人口暴增近40%。统计显示，2001年英国少数民族人口为660万，2009年英国少数民族人口增加910万，增长了250万。其中，有175万属于外来移民，73.4万则是在英国出生的移民后代。

在这八年期间，包括东欧人、澳大利亚人、新西兰人和南非人等非英国的“其他白人”人口增长了55.3万，增长人数最多。

英格兰和威尔士目前有六分之一的居民是少数民族或非英国的其他白人。

（［英国］BBC英伦网 2011－05－19）

意大利华人洗钱案最新进展　意银行副行长被控参与华人洗钱

意大利反黑调查局针对在意华人洗钱案已经持续调查了六年，现在所有调查已经结束，检察官已经掌握了大量的证据。目前已有43人接受了调查，此案涉及金额达600万欧元。为了有更多的时间整理全部调查资料，检察官Mario Dovinola有可能向法官提出延期开庭。

检察官Mario Dovinola强调指出，这个庞大的华人洗钱团伙已经涉及43人，其中包括意大利国家劳动银行的5名负责人和4名税务人员。

针对华人的洗钱案调查被称为“末代皇帝”行动，检察官认为，所有调查资料显示，华人洗钱的主要目的是通过向中国汇款和转账逃避赢得收入纳税，转移各种犯罪活动的非法所得，其中包括销售假冒商品的非法所得。

有资料还显示，在意华人洗钱案还涉及中国多个地区的多家银行。位于罗马市中心地区Piazza Vittorio的意大利国家劳动银行分理处的副行长也被控参与华人洗钱。

（［意大利］《欧洲侨报》2011－05－20/林夕）

中国籍女性勾结日本黑社会专营假结婚

中国人涉嫌假结婚的案件层出不穷，这些人为了取得长期在日本生活的签证资格，不惜铤而走险，甚至与暴力团伙相勾结。

据日本《产经新闻》报道，关于日本黑社会组织“山口组”成员假结婚一案，5月23日，兵库县警察署组织犯罪对策科以提供并使用伪造公证书为由，对正在通缉中的42岁无业中国籍女性彭英正式实施逮捕。其隐匿前在日本地方政府登记的居住地是大阪府东大阪市。彭英却在接受警方讯问时辩称：“并没有提交虚伪的结婚证书。”

2009年8月14日，彭英为了帮助一名25岁的中国籍男子取得长期留日资格，与山口组的干部三泽光彦同谋，让其19岁的女儿与上述男子办理虚假的结婚手续。36岁的三泽光彦目前已因在此案中与彭英串谋而被检察机构以同样的罪名起诉。

警方在调查中发现，彭英很可能就是专门从事假结婚“生意”的经纪人。2011年2月，彭英出境前往中国之后一度行踪不明，再次进入日本时，被埋伏在关西机场的搜查员一举抓获。

（［日本］日本新华侨报网2011－5－24/刘芳）

无居留侨胞竟遭招工业主辱骂“都是你们这些没居留害的”

近日，记者在采访中获悉一名无居留侨胞在找工期间屡屡遭到拒绝，并在拨打其中一个招工电话时遭到招工业主破口大骂，称“都是你们这些没居留害的”！

据了解，对于餐馆、酒吧及华人服装店等“黑工”检查项目，瓦省警方在近年来一直在进行，在去年年底警方更是进行大行动，先后查出多家华人餐馆涉嫌或当场被抓雇用“黑工”，因此遭到巨额罚款。尽管检查时时刻刻都存在，但一旦风声不那么紧，雇用“黑工”就成为业内的正常现象。然而，在近一段时间，瓦省警方陆续在近郊地区查出了几家招收“黑工”的店面并予以罚款警告，而这样的情况也直接导致原本检查“黑工”区域相对安全的近郊地区也成了“不安全地带”，同时因为被查处而被抓获的无居留侨胞们也不得不寻找下一个工作点，侨胞小郑（化名）便是因为先前的一家工作餐馆被查，虽说他没被当场抓到，但业主也在随后将其辞退，因此小郑不得不重新找工作。

然而，在朋友们看来到处是工作的招工市场对小郑来说，事实并非如此，无居留想找工作还是很难的。小郑表示，在其拨打的电话中，除了个别给出十分低的待遇的餐馆肯要他以外，其余的基本在听到小郑没居留后直接拒绝。对于这样的情况，小郑并没有怨言，毕竟个人有个人的选择，业主们的招工对象也有自己的标准。但就在不久前，小郑拨打了一个张贴在货行内的招工电话后却无缘无故遭到一顿辱骂。小郑表示，在电话中他刚表示自己没有身份，甚至连下一句话还来不及说的时候，对方业主就破口大骂，“都是你们这些没居留害的”。在小郑感到莫名其妙时，电话里对方业主则依旧骂着，称其店面坚决不再收无居留的工人，并称小郑瞎了眼，他已经在招工启事上写得很清楚“备居留”，随即挂断电话。

面对这么一通莫名其妙的辱骂，小郑一阵气竭，但随即也想开了。据小郑表示，尽管因为警方检查的缘故，被查出有黑工的店面会接受巨额罚款，但所谓有利润必定有风险。招工业主在招聘无居留工人的同时也因为低于备居留人员的工资及保险费的省却而获利，同时也必然要承担被查的风险。面对这样的业主，小郑表示只能说是其素质有问题，但不得不说，正是因为有部分类似于该业主的老板，才让如今的无居留侨胞生活更艰难。

（［西班牙］欧浪网 2011－05－24／断笔）

美移民法庭积案创新高　华人移民案件大积压

最新报告显示，尽管全美各地移民法庭增加法官，试图加快案件审理，但积压案件数量到今年5月初还是创下历史最高纪录，其中华人在联邦移民法庭的积压案件数量名列第二，多达25 600件，平均等待时间长达519天。

获得执法部门数据的雪城大学TRAC项目6月7日发布的报告说，到今年5月4日，全美移民法庭积压案件数量达到创纪录的275 000多件，比2008年9月底增加了48%；全美移民案件等待时间也由2010年9月底的467天延长到了现在的482天。

到2011年5月初，华人移民在全美移民法庭积压的案件达到25 638件，亦创历史新高，仅次于墨西哥的近9万件，名列各国及地区移民的第二位。华人积案自2004年以来就持续增加，从1.08万多件升至目前的2.56万件；法院审理的平均等待时间也从2005年的368天，持续拖延至519天。

全美移民案积压最多的是加州联邦移民法庭，但华人移民案积压最多的则是纽约州联邦移民法庭，积案多达15 000件，其中积压在纽约市联邦移民法庭的华人案子就有14 900件，在各国移民中最多，平均等待时间长达463天。

加州的联邦移民法庭也有7 208件华人移民案，自2005年以来逐年大幅攀升，等待时间为680天。其中洛杉矶联邦移民法庭的华人积案有6 422件，等待时间更长达707天。

为了加快处理移民积案，过去几年全美各地移民法庭增雇移民法官。2010年，全美有在职移民法官227人，去年一年就增加了44名法官，但依然赶不上积案增长的速度。

“移民评估执行办”主任奥苏纳日前在国会作证时透露，由于经费问题，移民法庭已停止增加法官，而且移民法官数量会以每年10个左右的速度减少。这意味着移民积案今后几年仍会持续增加，移民等待时间会不断延长。

（［美国］《侨报》2011－06－07/余东晖）

2010年逾7万中国公民拿到美国“绿卡”

美国国土安全部9日公布的最新数据显示，2010年共有逾7万中国公民拿到“绿卡”，成为美国合法永久居民，这一人数仅次于墨西哥。

由国土安全部移民统计办公室汇总的数据显示，2010年，计有70 863名中国公民拿到美国“绿卡”，较2009年增加6 625人，但比2008年少了9 408人。

统计数据显示，2010年全球共有100多万人拿到美国“绿卡”，中国公民占到总人数的6.8%，仅次于美国“近邻”墨西哥，该国共有近14万人拿到“绿卡”，占到总人数的13.3%。

排名第三的是印度，计有69 000多人拿到“绿卡”，排名第四到第十的国家分别是菲律宾、多米尼加、古巴、越南、海地、哥伦比亚及韩国，另外伊拉克和伊朗也分别有19 000多人和14 000多人拿到“绿卡”。

整体上看，亚洲和北美洲依然是两大“集中地”，2010年拿到“绿卡”的人数分别占到总人数的40.5%和32.3%，合计超过七成，而南美、非洲及欧洲所占比例均不到一成。

从美国各地区的情况看，在拿到“绿卡”的100多万人中，有20多万人住在加利福尼亚州，近15万人住在纽约，10多万人住在佛罗里达州，其他居住人数较多的地区还有得克萨斯、新泽西、伊利诺伊、马萨诸塞、弗吉尼亚、马里兰、佐治亚等州。

美国国土安全部的数据也显示，与2008年和2009年相比，2010年拿到美国“绿卡”的人数有所下降。其中2009年拿到美国“绿卡”的人数超过110万人，与之相比2010年下降了7.8个百分点。

（中新社华盛顿2011－06－09/德永健）

华人黑帮被指参与苏格兰人口贩卖

苏格兰警方确认共有九大帮派在苏格兰地区从事非法人口贩卖活动，受害人被迫从事性工作或其他劳动，其中华人黑帮、东南亚黑帮、阿尔巴尼亚黑帮是其中之三。

来自苏格兰当地媒体Herald Scotland指出，黑帮通过协助移民偷渡入境，每年敛财数十万英镑，而很多贩卖来的妇女被安置在格拉斯哥、爱丁堡和阿伯丁的妓院当性奴。

Scdea情报部的高级警司Stephen Whitelock表示：“我们知道有华人和东南亚的帮派参与，尼日利亚和东欧地区的捷克、斯洛文尼亚和阿尔巴尼亚的黑帮也有。这些组织大量贩卖妇女到苏格兰地区卖淫。”

但是警方尚未掌握苏格兰非法性产业规模的情报，苏格兰边境署主要负责人批评人口贩卖活动的调查进展缓慢。

在爱丁堡举办的儿童贩卖问题会议上，苏格兰兼爱尔兰边境署分局负责人Phil Taylor表示，苏格兰方面办理人口贩卖案的效率不尽如人意，四个主要调查组至今没有将一个罪犯缉拿归案，而大量的人口贩卖问题其实也是非法移民问题。

此外，警方也承认，现在掌握的大量的情报都是关于卖淫产业的，而强制劳动或家劳问题的情报则十分有限。

（［英国］《英中时报》2011－06－10）

槟城马来族多过华族　差距达0.7个百分点

槟城最新人口统计显示，马来族人口在2009年首次超越华族人口后，两大种族的人口差距在之后一年进一步扩大。

槟州社会经济研究中心发布的2010年首季报告显示，槟州人口已达到160万，马来人占41.6%，华人40.9%，相差0.7个百分点。

在2009年，马来族人口是65.43万人，比华族人口65.16万人多出0.1个百分点。

值得关注的是，马来族人口在2009年至2010年间增加了1.58万人，华族在同时期只增加了7 100人。马来族人口增长是华族的两倍以上，这是马来人与华人人口差距持续扩大的主要原因。

槟州社会经济研究中心的数据也显示，槟州的印族人口有15.56万人，占总人口的9.7%，有7%即11.22万人是非马来西亚籍居民。

槟州社会经济研究中心是州政府成立的智囊机构。该中心董事刘镇东对槟州人口结构变化不感到意外。他说："这是全国性的趋势，毕竟这不是华族人口没有增长，而是马来族人口的增长更加快速。"

刘镇东也是升旗山区国会议员。他认为，这种人口结构变化对行动党而言是一种契机。"对我而言，这不是某个种族比例下滑的问题，而是关乎我们如何提升生活品质。"

（［马来西亚］《星洲日报》2011-06-13）

华人雇用西国工人须小心

据了解，三个月前王先生在瓦伦西亚工业区附近找到了一间转让的餐厅，由于和原店主商议的价格比较合适，王先生用比较低的价格拿到了这家餐馆。这下问题就来了，是雇用中国人还是老外？王先生有着自己的盘算。由于自己的西语水平不错，加之本身餐馆就位于工业区以内，经营的对象以老外为主，为了更符合西班牙人的胃口，王先生下定决心使用西班牙工人。经过朋友介绍，一位厨师和一位服务员来应聘，由于刚涉足老外餐馆，王先生对经营还不是很熟悉，经过简单的面试，就录用了这两位工人。王先生和两个工人共同商定了合同的条款，比如工作时间以及保险方式，两位工人都满口答应，双方签订了工作合同。

但是好景不长，由于王先生没有对工业区的实际情况进行认真的调查研究，餐馆开业后生意一直不很景气，每天的客流量都不是很大。王先生就想到了中国人常用的办法：没有收入只能节流了，于是王先生在无奈中只能裁员了，哪知道这就是麻烦的开始。

王先生辞退了那个服务员。然而不出一个星期，他就接到了一封法院的传票，通知他出庭，那个被他辞退的服务员一纸诉状将王先生告上了法庭，要求王先生对没有清算的工资进行全额支付。

王先生满腹狐疑，明明已经支付了工人全部的费用，为什么还要支付近500欧元的费用？他赶紧咨询了自己的律师，果然有这样的条款。工人如果提前被辞退，其合同期内的工资要全额支付。律师告诉王先生，这个钱是一定要给工人的，这是西班牙劳动法规定的。

无奈之下，王先生只能多给这个工人支付近一个月的工资。

由于这个案件还在上诉中，不知道王先生最后是否会胜诉，是否可以免除罚金的处罚。

王先生一脸无奈地向记者叙述，原本认为雇用西班牙当地人比起雇用中国工人省力些，不用管吃管住，只用付工资就好，没有想到如果不了解当地的法律，很容易惹上麻烦。在签订合同前，你所提出的要求西班牙工人都会答应，而一旦你想辞退工人，他们就拿出西班牙的法律让你无所适从。因此雇用或辞退西班牙工人，老板一定要了解相关法律法规，更重要的是要了解被雇用人是否还在领取失业金，不要让一些刁民钻法律的空子，同时损害正常经营者的利益。

（［西班牙］《欧华报》2011－06－13/杨仁风　伍豪）

阿根廷司法当局判决四名非法偷渡入境华人无罪

近日，阿根廷圣塔菲省Parana联邦法院的法官作出判决，对四名非法入境阿国而被国家移民局关进监狱的华人予以无罪释放，并签发了人身保护令。法官认为，所谓合法或非法的认定标准应该是指当事人的行为是否违反现有的刑法或行政法令。

这四名华人是在内河省的一辆巴士中被阿根廷国家宪兵警察发现并拘留的。他们的姓名为Dai Jianquing、Lin Wuehui、Xie Chenguang以及Zhuang Bisheng，年龄介于19岁至23岁之间（资料来源：阿《民族报》）。当时，由于这四名华人没有身份证件以及入境证明，当局决定将这四人扣留。随后，据调查这四人在阿国并没有任何违法犯罪或非法移民的前科记录。

Parana法院法官认为，任何人在此情况下都不应被认作是“违法的外国人”，而是应该考虑其行为是否有违反现有法律的情况存在。法院还认为：“任何人都不应被当作非法的人来对待。”此外，法院还强调说，移民局针对这四名华人的驱逐令存在不合理的地方。法官认为，这四名华人被扣押，以及移民局发布驱逐令后，这四名华人应该得到法律方面的援助，然而事实上他们的权利没有被得到尊重。

根据当地法院的说法，自从阿根廷25871移民法修改以后，移民的权利已经作为人权之一而得到法律的保护。在此新法律框架下，法院将寻求非法移民的正规化及合法化，或者协助其返回祖籍国，而不是用法律来惩罚没有证件的非法移民。

目前，该案的判决在阿根廷引起激烈争议。有人认为，此案的判决将会给非法移民大量进入阿根廷起到不良的示范作用。

（［阿根廷］华人在线网2011－06－16）

华人开店压力大　Bolzano 商人患有“华人恐慌症”

Bolzano 地方媒体刊登文章称，Bolzano 商人已经患有恐慌症，他们已经向主管部门提出，必须控制营业许可证的发放数量，华人已经获得了太多的许可证。

提出“华人威胁论”的大多是当地零售商店的店主，这些店主们认为，华人商店不仅低价竞争，而且无午休，营业时间几乎是 Bolzano 人的两倍，华人的这一经营策略已经对本地人形成了不正当竞争，这些店主们已向有关部门提出加强对华人商店的检查，检查华人商店是否持有合法的营业许可证，是否存在违规行为。与此同时，这些零售商店的店主们还要求有关部门减少营业许可证的发放数量，他们说：“如果有关部门继续向华人发放营业许可证，我们经营的商店将陆续被迫关闭。”

当地媒体为此发表评论文章称，现在，在 Bolzano 省可以看到各种类型的华人商店，华人的经营走向多样化，已有 150 家酒吧掌控在华人手中，华人已开始从购买酒吧转为购买理发店，上星期一家华人店开张后立即生意兴隆，Bolzano 南部已有四家华人餐馆。

联合会副会长认为，各种类型的华人商店增加过快，这一趋势毫无疑问对本地人经营的酒吧、Pizza 饼店、餐馆形成了威胁。不久前，一家华人商店刚刚开店立即引起周围本地人店主的高度紧张，他们好奇为什么本地人关店而华人却能将这些商店“起死回生”，例如，一家已经关闭许久的商店现在租给了华人，而华人店主开张后立即获得经济效益。

一名 Bolzano 人在接受记者采访时说：“我已经开店多年，我们每天平均工作 8 小时，而他们每天平均工作 15 个小时，几乎是我们的两倍。”

当地手工业联合会会长 Claudio 也认为，现在令我们担心的还有不断增加的华人理发店，他说：“如果他们能够遵守规则，那么对于所有人都有发展空间。但是我认为需要必要的监控，检查他们的雇员是否都持有合法的劳工合同，他们在开店的同时是否遵守安全法规，他们所使用的产品是否符合法律标准等等。之后，我还想说，消费者同时也需要决定该怎样做，确定自己的消费观。”

（［意大利］《欧洲侨报》2011－06－18/林夕）

法国华侨华人发起游行　抗议针对华人暴力事件

数千名旅法华侨华人 19 日在巴黎自发举行游行活动，抗议针对华人的暴力行为，呼吁法国当局进一步改善社会治安。

这次主题为“安全、权利”的集会游行得到了巴黎警方的批准。游行队伍于当日 15 时从巴黎共和国广场出发，向巴黎民族广场进发。参与集会的华人用法语高呼“和平相

处，安全生活”、“停止暴力”等口号，并打出法文标语，呼吁法国政府加强社会治安，制止抢劫、殴打等暴力事件。

据在场的一名华人向记者介绍，此次集会的起因是巴黎华人聚居的美丽城的一起治安事件。一名华裔餐饮业者因为试图用手机拍下一起袭击华人事件而被打成重伤，至今仍躺在医院昏迷不醒。当地华人因此自发组织集会游行，抗议暴力活动。

一位姓林的14岁华裔少女在接受记者采访时表示，参与游行是为了表达自身的感受。这名出生在法国的温州移民后代说，在美丽城等华人聚居的地区时常有当地其他族裔人群对华人进行恐吓和威胁，令她感到不安，因此希望通过集会游行让法国社会更加重视安全问题。

法国前总统希拉克的养女英瑶·特拉塞参与了此次游行。她对记者说，希望通过此次游行，再次向法国政府呼吁社会治安的重要性，并表示希望当局听到法国亚裔社区的声音。

记者看到，游行队伍秩序井然，在经过2小时意愿表达后和平结束。法国警方调派不少警力，为这次活动“护驾”。

中国驻法使馆对这次游行十分重视。游行前，使馆和主要华人社团一再希望他们在理性、和平中进行。

（中新社巴黎2011－06－19/卫中）

周日“被休息”　在法华商遇“文化冲突”

从1906年开始，“商店周末不得开门营业”的制度就在法国以法律的形式固定下来，法国人认为，周末休息是与生俱来的福利。然而，对于居住在巴黎13区的华人来说，周末却是“赚钱黄金时间”，正好开门营业。多年以来，这两套生活哲学一直在巴黎和平共处，相安无事，直到最近，一纸禁令打破了这个微妙的平衡。

4月底，法国劳动监察局发出通知，禁止华人商铺在周日营业，否则要处以罚款。政府认为，这是为了保障雇工的权益，而华人则抱怨称，他们“被礼拜”。

根据法国法律，以销售食品为主的商店，星期天只能开到下午1点。其他店铺则必须整天关门，比如服装店、家具店、超市等。而餐饮业是特殊行业，被允许在保证职工权益的情况下（支付双倍工资），周日可开业。但必须在星期一到星期六中找一天休息。

类似禁令不是第一次发，“很多人没当一回事”，黄先生表示。5月1日是周日，众多商家“顶风作案”，照常开门营业。没想到，政府这次动真格的了，几天之后，多家商铺收到了罚单，这才引起了13区整个华人群体的重视。“被处罚的多的是。”法国华裔互助会一名工作人员表示。罚单金额根据各家商铺的情况不同而有所不同，“你开了多长时间，你是多大的营业额，按百分比来处罚”。据称，罚金从几百到几千欧元不等。

5月8日，又一个星期天，这次，华人商铺基本选择“偃旗息鼓”，但“周日停业”引发的动荡并未就此平息，原本平静的华人圈也因这件事而喧嚣起来。

“30多年来劳工部都不闻不问，怎么突然又开始管了？”大家议论纷纷。“民不举，官不究，据说是有人向警方举报了，政府必须给出答复。”华裔互助会的工作人员表示。

《世界报》记者也向“劳动监察局”提出同样的问题。对此，“劳动监察局”回应称，“这只是对劳动法的正常检查……而过去未予追究只是一种宽容”。这个理由并不能让《世界报》记者信服。他在文章中表示，“此举不啻为向华人宣战”。

（《新京报》2011－06－19/颜颖颛　冯中豪）

去年1.77万华人被美遣返　在美被捕中国大陆人近两千

国土安全部20日发布的数据显示，2010财年共有近1.77万在美华人自愿或被强制遣返，近两千名中国大陆移民被美国执法当局逮捕。

国土安全部当天发布年度执法报告说，2010财年，美国共逮捕51.7万外国人，其中8成3是墨西哥人，高居首位。这些人多数是在边境偷渡时被捕的，也有在国内执法中被捕的在逃非法移民。被逮捕的外国人数近3年来呈现逐年大幅下降趋势。

被逮捕人数居前七位的均为拉美国家公民，中国大陆公民有1 970人被捕，居第八位。中国大陆公民被捕人数比2009财年减少近400人，但比2008财年多200人。

国土安全部总共遣返了86.3万的非法移民，其中36.3万属于有递解令和通过遣返程序的强制遣返；47.6万人属于没有递解令，在执法人员监督下的自愿遣返，他们主要是在边境地区偷渡被捕，马上递解出境的偷渡客，也有在境内没有经过移民法庭审理而自愿返国的无身份移民。

被强制遣返人数最多的是墨西哥，多达28.2万人，前十名均为拉美国家公民。华人被强制遣返的人数没有进入前十名，总共有830人被驱逐，其中中国大陆居民745人，台湾居民56人，香港居民29人。

中国大陆居民被强制遣返人数是近8年来最少的，被驱逐的745人中，只有158人有犯罪记录，587人并无犯罪记录。2010年有超过两千名华人处于递解令在身的应遣返状态。

移民执法局日前表示，今后遣返非法移民将主要针对有犯罪记录的非法移民，停止遣返只是交通轻度违规的无身份者，犯罪活动的受害者和配合警方调查犯罪的无身份者也会受到保护。

自愿遣返者亦以墨西哥人最多，高达35.5万，来自中国大陆和台港澳的自愿遣返者为16 859人，其中大陆16 454人，排名第四；台湾296人、香港106人、澳门3人。

（［美国］《侨报》2011－06－20/余东晖）

意华人“洗钱案”审理未终结　华人财产损失难索回

意大利最权威的新闻机构安莎社2010年6月28日报道了意警方破获一起重大华人洗钱案的消息，该案涉及意大利8个大区的上千名华人，涉案金额高达27亿欧元，曾在欧洲引起极大关注。

特别是意大利华人涉嫌“洗钱案”通过西方媒体的大肆渲染，一度成为全球华人关注的重大事件。受此案牵连，逾万名旅意华侨华人将蒙受损失，无法追回委托汇款公司的汇款。事件已经引起中国外交部以及中国驻意大利使馆的高度关注。

洗钱案已经过去一年时间，涉案当事人均获保释，漫长的司法审理仍在继续，涉案人员或有罪或无罪至今尚无定论，唯有所查收的财产仍然保存在政府的“保险箱”里，华人若想索回被扣押的财产恐怕比登天还难。

5月间，曾有意大利媒体报道，一项涉及华人洗钱活动的复杂调查工作终于有了新进展，负责审理该案的法官马里奥—多维诺拉（Mario Dovinola）称，该案即将开审，涉案嫌疑人共43名，多数是华人，有5名意大利国家劳动银行的负责人，4名经济师。

意大利华人洗钱案审理尚未终结，6月21日，意大利警方再次出动近500辆警车、数千名警员扫荡华人企业，托斯卡纳大区、利古里亚大区等地70多家华人企业遭到警方野蛮式检查，冻结资产超过2 500万欧元，其中有76所住宅、183辆汽车被查扣，396个华人企业银行账户被冻结。仅佛罗伦萨就有44家华人企业被查封。

警方还在公布的消息中称，2007—2009年间，意大利华人累计向祖籍国汇款超过了238亿欧元，其中存在着偷税漏税、洗钱等不法行为，此次被警方列入调查的共有13家汇款机构，73家华人企业，涉案人员达366人。

据一位被扣压两辆汽车的王先生介绍，6月21日上午，自己的住宅突然遭到警方搜查，两辆汽车被警方查扣，理由是曾经向中国汇款12万欧元。王先生说，最近几年自己从没有向中国汇过款，这完全是莫须有的罪名。王先生表示，要想拿回自己的车则需要一两年的时间，仅律师费不说，拿回来的车恐怕只有报废。王先生强调，洗钱案的负面影响投射到个人身上是巨大的，大批安分守己的华人打工者血汗钱被一封了之，这应引起社会的高度重视。

（［意大利］欧联通讯社2011－06－23/博源）

净移民人数暴跌近半　华人成永居移民首大来源

澳洲统计局（ABS）周五（24日）报道，2010年赴澳净移民仅有17.1万人，相比2008年的31.6万人严重缩水。去年的数据也是ABS在2006年年末更改了统计方法后录得的最低数据。2010年澳洲新增人口减少至325 500人，而2008年则有467 300人。

就在今年元旦前夜，ABS估计澳洲共有22 477 400名居民，相比一年前增加了1.5%。然而，这一数据几乎一刻不停地在下降。在截至去年12月的半年中，净移民人数年比狂泻了37%，从121 500人猛降至77 000万人。与此同时，澳洲储备银行作出了经济已趋近于完全就业的判断。

进入维州的净移民数量甚至跌得更惨，2010年下跌了37%，从7.6万人减至4.8万人，部分反映了印度媒体报道印度留学生在澳受到暴力袭击的影响。因为自从2003年起，印度人就一直是维州新增永久居民的最主要来源。可是，在2009—2010年度，他们的数量却收缩了14%，作为第一大永久居民来源的地位也已被华人所取代。

去年，中国移民（8 151名）和印度移民（7 739）轻而易举就超过了来自英国（4 282）和新西兰（3 698）的定居者的规模。接下来比较庞大的移民大军依次是斯里兰卡人（2 484）、菲律宾人（2 112）、马来西亚人（1 638）、南非人（1 477）和越南人（1 347）。ABS指定的其他统计数据也都无一例外地反映了2011年移民人数将继续减少的趋势。

2010—2011财年澳洲政府的技术移民配额不变，依然是168 700个移民家庭及技术移民，外加13 750个人道主义难民。不过，抵澳者的情况却展现出了和从前大为不同的趋势。

在截至4月份的十个月中，包括新西兰人在内，仅有83 750人成为澳洲的永久居民，相比一年前的104 700人下跌20%。而且其中17%的跌幅发生在今年。这项数据暗示，去年联邦大选期间联邦工党及联盟党的反移民论调或者影响了移民申请接受审核的过程，或者影响了海外人士对澳洲的兴趣，也可能两者皆有。

澳洲统计局（ABS）的数据表明净移民减少的部分原因是赴澳洲的移民数量降低，另一个原因是去年长期离开澳洲前往海外定居的人数爆炸性增至260 900人，这是历史新高，也是首次超过25万大关。数据表明大批澳洲人选择离开澳洲，在过去的6个月中，有138 400名居民离开，与之前6个月相比增加13%。

联邦移民部长宝文（Chris Bowen）周五透过一名女发言人表示，净海外移民人数的急剧减少反映了针对学生签证遭滥用和低技能移民过量的政府移民改革卓有成效。

联邦人口部长博克（Tony Burke）估计海外净移民数量还会回升，因政府已将2011—2012财年的一般移民及人道主义难民配额提高了约2万人至总共20万。他还声明，政府不会设定净移民人数上限或者澳洲总人口目标。

（［澳大利亚］《澳洲日报》2011－06－24）

在日中国研修生已过八成 日本研修生制度备受指责

根据日本财团法人国际研修合作机构（JITCO）于6月27日刚刚公布的最新统计数据，目前日本拥有的外国研修生以国别划分，中国研修生数量占据首位——人数达到3.875 3万人，占所有外国研修生总人数的80.7%，其他各国研修生数量总计不过万。

依据日本《外国人技能实习・研修制度》的相关解释，日本实施外国人技能实习及研修制度是为了帮助发展中国家培训技术人才、传授先进生产技能，以促进各国发展。但是，多年实施该制度，在日本社会内引发了大量的外国研修生与日方用人单位之间的劳资纠纷。

以在日中国研修生为例。中国研修生多来自中国大陆欠发达地区，而抵达日本后，这些研修生也多被分配到日本的劳动密集型产业中。在中国研修生与日本资方之间发生最频繁的就是关于劳动报酬的纠纷。很多日本工厂主以“遣返回国”为要挟，迫使中国研修生就范于日本资方实施的人身自由限制。近年来，“研修生制度”先后在日本社会引发了大量的争论，联合国人权组织也将这一制度指斥为“严重侵犯人权”。

6月27日，美国国务院公布了针对全球180个国家和地区买卖人口状况的统计报告。

报告将全球各国情况分为四个等级。其中专门针对日本的现状展开了阐述和批判。报告书中称日本“外国人技能实习・研修制度”在推行过程中，没有以合法的形式对待这些前往日本劳动的外国人，有些情况甚至是虐待，导致与外国人研修生相关的纠纷频发不断，由研修生而引起的纠纷频仍，连续七年占据了世界第二的位置。

在这份报告书中，特意以在日中国研修生的事例说明了日本“外国人技能实习・研修制度”的弊端。其中指摘到，日方用人单位及中日双方的中介机构是通过向研修生收取高额保证金，达到“约束研修生本人行动”和“限制其行为自由”的目的，同时，为了变向榨取更多利润，多次发生不支付劳动报酬、欠付加班工资的事实，但日本政府方面则并不承认“强制劳动”这一侵犯人权的违法行径的存在。该报告最终针对日本“外国研修生人权问题”作出结论，认为“日本社会上围绕着外国研修生发生的各种侵犯人权的事例表明，日本‘外国人技能实习・研修制度’并未遵守日本政府关于消灭‘买卖人口’而作出的承诺，甚至应该说其所作所为已经超出了最低的限度”。

（［日本］日本新华侨报网 2011-06-28/米灏）

8 000新移民独立日前宣誓入籍

来自130多个国家的8 000多名新移民6月30日在洛杉矶会展中心参加了美国公民人

籍宣誓仪式，其中华裔移民的入籍人数排名第三，仅次于西裔和菲裔移民。

移民局公共事务官员吉特默（Mariana Gitomer）在现场介绍说，洛杉矶会展中心今天共举办上下午两场入籍宣誓仪式，总人数达到8 457人。在这些来自130多个国家的新美国公民中，人数排名位居前几名的分别是墨西哥、菲律宾、中国、萨尔瓦多、伊朗、越南、亚美尼亚、韩国等。

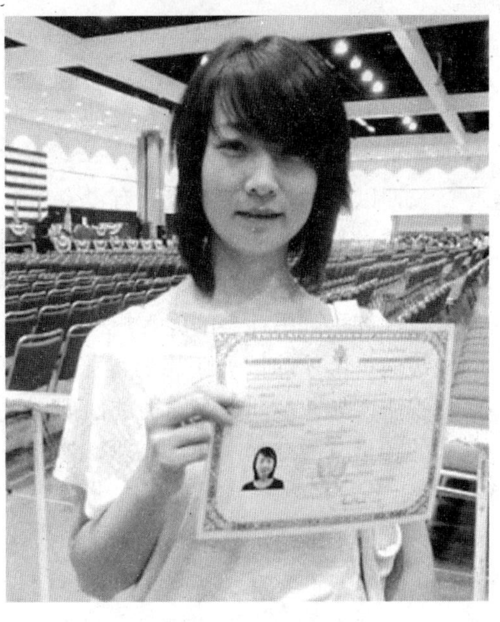
高蒂斯展示她的公民证书

加大学生高蒂斯拿着入籍证书兴奋地表示："在准备去意大利实习前夕加入了美国籍，让我免去了签证的麻烦，这就是美国公民的优越性。这一天是我爸爸用了17年在美打拼奋斗换来的，为此我要感谢他的养育之恩，是他为我的美国梦铺平了道路。"

宣誓入籍的哈岗居民林太太含着眼泪说，她能有今天，要从心里感谢美国公民的丈夫。是他通过结婚的方式，让她这个签证已经过期、人已经'黑'了下来的学生得以豁免，并顺利地取得了绿卡，拿到了今天的公民证书。她拉着丈夫的双手，给了他一个深深的拥吻。

一边宣誓一边用iPhone为自己录像的社工彭小姐要记录下这一激动的时刻，她为自己能够成为美国公民而感到自豪，"美国护照不仅可以方便我到世界各地旅游，还可以在很多国家享受免签证的待遇。成为美国公民后，还可以申请到政府部门工作"。

（［美国］《侨报》2011－06－30/高睿）

"黑帮"收"保护费"现场被抓

一直以来，被中国侨民视为洪水猛兽的华人"黑社会"，由于常人很难见到其踪迹，仅仅被锁定在街头巷尾的谈资中。6月30日上午，一名华人黑社会成员，在华人聚集区Usera明目张胆现身，大开杀戒，公开收取"保护费"，被当地警方现场擒获。

由于这名匪徒没有对公众造成太大危害，当地警方将其羁押了一天之后便将其放掉。这名匪徒非但不思悔改，就此罢手，反而继续上门滋事，索要"保护费"。此后的两周时间内，附近的多家商铺老板都遭到这名匪徒的敲诈。据受害业主告诉记者，他们几乎每天上午都能看到这名匪徒在附近游弋，有时候匪徒干脆坐在附近的露天酒吧喝东西，伺机观察店铺内人员的进出情况，而大家对此都采用了置之不理的做法，耐不住性子的匪徒就开始变本加厉。

记者在警察局了解到，由于匪徒属于累犯，警察局会报请法院早日开庭。但是匪徒虽然持械伤人，索要钱财，对社会构成威胁，警察局仍有可能将其收录在案后，将其释放。负责提审匪徒的警官告诉记者，他们对此也很无奈。如果西班牙法律能够跟中国接近，这名匪徒根本不会逍遥法外。

长期以来，华社中对究竟有没有黑社会的说法各执一词。个别侨民甚至对华人聚集区作出了“歌舞升平”、“一片大好”的轻率认定。记者通过和警官的沟通后得知，华人中的黑社会存在的确是事实，这名匪徒的行为已经完全具备了黑社会的基本要素。唯一不同的是暂没有达到黑社会的庞大规模。记者从了解中还得知，正是个别侨民给了匪徒保护费的低级做法，才助长了匪徒的嚣张气焰。否则，这个不知深浅的匪徒根本不可能屡屡上门，视法律如儿戏。这个匪徒的出现再次认证了一个事实，那就是粉饰出来的太平都是不真实的，只有团结起来面对罪恶，才能还侨民一个太平环境。

（［西班牙］《欧华报》2011－07－02／晨阳）

国庆升美国国旗　中华总会馆宣示美籍华人忠诚

中华总会馆于7月4日美国国庆日之际，由美国华人退伍军人会成员在该总会馆楼顶升挂美国国旗。中华总会馆总董余铨针、主席雷华钦、周达昌、林伯寿、谢见明、人和总会馆主席林英麟及通事陈国庆，华人退伍军人会会长李锡康等众退伍军人会会员，和部分商董、侨领出席了升旗典礼，在美国国歌声中，美国国旗徐徐升起。通事陈国庆主持升旗仪式。总董余铨针致辞说，1776年7月4日诞生了一个伟大的、自由的、民主的国家，在美国独立宣言中，最为美国人熟悉的就是：人人生而平等。在这235年来，生活在美国的人们十分珍惜得来不易的自由。

余指出，中华总会馆自2002年“9·11”恐怖袭击事件后，通过每年7月4日举行升美国星条旗的决议案，旨在宣示美籍华人也是美国人，以此表达华人的爱国反恐之心，同时展现华裔融入美国社会的热情及对美国的忠诚。余强调，生活在美国的华人应该以主人翁的身份庆祝美国国庆日，也应该积极为美国的富强、繁荣、安定而努力。

（［美国］《侨报》2011－07－07/吴卓明）

举报偷渡集团　华裔男子寻求政府庇护被拒

因为与美国政府合作举报偷渡集团其他成员，中国公民林照屯（Jiu Tuan Lin 音译）

do Nencini 说："我知道，Prato 华人社会里一定有黑社会。"

Riccardo Nencini 还认为，华人中有秘密的犯罪团伙，犯罪团伙成员间保密禁规。正如检察官 Piero Tony 所认为，仅靠法院不能解决华人问题。Riccardo Nencini 向 Prato 华人提出要求，他说："你们有权利获得合法的收入，你们应该送孩子上学，我们需要帮助当地的华人，他们应该享受应有的权力。"

记者们在 Via Barsanti 采访时发现，这里的很多人担心越来越多的华人在这里从事色情服务。前些日子，情况更加糟糕。Prato 市政府安全事务负责人 Aldo Milone 责备大区政府减少财政支出后 Prato 市政府没有财力完成安全计划。Riccardo Nencini 表示说："我不愿意与 Milone 继续争论，我已经与市长 Cenni 达成一致意见。" Riccardo Nencini 还强调指出，在这个非常时刻，大区政府应立即向 Prato 市政府拨款 20 万欧元用于打击"黑工"。

Prato 市长 Cenni 为此也表示，不仅需要继续打击华人违法犯罪，同时还需要改变方式。如果大区政府有意打击 Prato 的华人犯罪活动，那么大区政府领导人必须 360 度转变思想，集体行动起来，因为华人非法行为已经存在很长时间。

（［意大利］《欧洲侨报》2011－04－17/林夕）

美国华人企业逾 42 万家　数量最多规模偏小

根据人口普查局公布的最新数据，到 2007 年美国华人企业已达 42.360 9 万家，企业数量在亚裔中最多；华人企业当年销售收入 1 427.5 亿美元，在亚裔企业中仅次于印度人的企业。

人口普查局 28 日发布"亚裔商业拥有者调查"报告。这个在 2007 年进行的调查发现，亚裔企业增长的速度明显快于美国企业增长的速度。当年亚裔企业总数达 150 万家，比 5 年前增加 4 成，其中华人企业数量比 5 年前增加 4 成 8；亚裔企业销售总收入 5 076 亿美元，比 5 年前增长 5 成 5，其中华人企业收入增长 3 成 6。

华人企业中，有雇员的近 11 万家，销售收入 1 280 亿美元，共雇用 78 万多人，年付工资 208 亿美元，没有雇员的华人企业 31.4 万家，销售收入 147 亿美元。

与印度裔、日裔企业相比，华人企业数量多，但规模相对小，没有雇员的"夫妻店"较多。全美华人企业中，雇员在 50 人以上的企业仅 1 660 家，年销售收入在 100 万美元以上的企业只占 4.6%。在亚裔主要族裔中，只有华人企业的平均规模过去 5 年有所缩小。

华人企业中，专业和科技服务业占 1 成 6，旅馆和餐馆等服务业占 1 成 3，维护修理业占 1 成 1，房地产与零售业各占近 1 成。专业和科技服务行业、零售业和医疗服务的企业比例比印度裔企业低。批发贸易和零售业、餐馆业、旅馆业的收入占华人企业总收入的一半。

加州的亚裔企业近 51 万家，全美最多，其次是纽约和得州，分别有 19.7 万家和 11.4 万家。华人企业最集中的州是加州，16.6 万华人企业年收入 695 亿美元；其次是纽约，担心会遭到蛇头在中国国内有势力人士报复，要求美国政府庇护，不过，却因其举证并不充分，最终被上诉法庭推翻。

林照屯因为涉嫌偷运人蛇及禁锢勒索被捕，后来他承认指控并愿意与检方合作，说出其他同伙的身份，协助FBI的调查行动。因为触犯刑法重罪，林照屯要被递解出境，遣送回中国，于是其向美国政府申请政治庇护。

林照屯表示，他跟从的该名蛇头在中国很有势力，而他的父亲更是当地一名高官，假若他被强行遣送回去，得知他出卖该名蛇头，将会遭到残酷的报复，故要求美国政府进行保护。

对此，移民法官Steven Abrams于2009年裁定，否决了他的政庇申请，却以他可能受到虐待（Convention Against Torture，简称CAT）为由，准许他留在美国。不过，有关裁定被移民上诉委员会推翻，林照屯于是进一步向联邦第二巡回法院上诉。

要符合CAT的资格，申请人必须证明，当地政府明知申请人可能遭受到虐待，却没有加以制止，保障申请人的权益与人身安全。然而，在林照屯的案件中，却没有有力的证据显示他将会受到虐待复仇，以及有中国政府官员涉及其中或故意不去阻止。

移民上诉委员会亦发现，对于该名蛇头父亲是当地政府高官的身份，林照屯是从一名不相关的狱友那听来，另外，也得到该名蛇头亲口承认，然而这都只是听闻，没有确实的证据，不足以证实他可能遭受的虐待涉及政府人员参与其中，因此维持移民上诉委员会的决定，推翻移民法官的原判，即需要面临递解的结果。

（［美国］《星岛日报》2011－07－11）

聚焦“广场按摩的中国人”

周末夜里十一点的马德里Plaza Mayor，灯火通明，人潮涌动。热闹的露天咖啡座、熙熙攘攘的小吃摊、形形色色的街头艺人，愈加凸显得马德里的夜晚活色生香。

在千奇百怪的行为艺术者中间，几个中国人正来回地穿梭，他们手里拿着一张菜单一样的硬塑卡片，不断地拦住路人，用并不流畅的西语热情地介绍着什么。有些老外摆摆手，不耐烦地走开了，也有些停住了脚步，毕竟是周末的晚上，每个人都有大把的闲暇时间可以挥霍。一个个子不高、头顶略秃，穿着格子衬衫的中国男人最为活跃，他跟在一个老外身后，不停地说着什么，又伸出双手，搭上他的肩膀，主动帮他揉肩。老外是个金发碧眼的高大男人，大概是游客，趁夜色正好来到赫赫有名的Plaza Mayor体验西班牙独特的夜生活，他被这突如其来的“揉捏”吓了一跳，厌恶地甩掉了中国男人的双手，用不悦的眼神狠狠地瞪了他一眼，并迅速消失在人潮中。中国男人悻悻地笑了笑，脸上闪过一丝微妙的尴尬，但随即转向下一个目标。

从Plaza Mayor到Sol，一共有四五家这样的按摩摊，规模大点的有四五个人，小点的只有夫妻两人。找不到顾客，老公就坐在折叠椅上，老婆给他捏捏脚，敲敲腿，以吸引路人的目光。

广场上一个简易的按摩摊，几个为招揽生意四处游说的人，这是一种快餐式的消费，一种典型的中国式消费。为什么我们的产品和服务，总是以这种简陋的、廉价的、快餐式的姿态出现？

急功近利是第一个原因。中国人的聪明是举世皆知的，总能在最短的时间内占领最大的市场。曾经，某外国媒体这样形容中国人的到来：如同一群蝗虫，瞬间扫过原野，超越常人的反应之上，以迅雷不及掩耳之势，占领了大面积的土地，表现出顽强的生命力和旺盛的感受力，永远充满活力，令人心生畏惧。虽然在文章中，中国人被比作一种害虫，有不尊敬的嫌疑，但这样逼真的描写，确实十分贴切地写出了中国人的到来，他们对于市场的精准的洞察和分析、运筹帷幄的能力，引起了当地人发自内心的恐慌。

蜂拥而上是第二个原因。西班牙华文媒体曾刊登过不少“华人店铺之间的恶性竞争”的故事，两家相隔不远的食品店，为了招揽客人把面包的价格不断调低，鹬蚌相争，渔翁得利，面包赔钱卖，老外笑开颜，诸如此类的事件屡见不鲜。中国人喜欢独立作业，又热爱扎堆；彼此猜忌不信任，但往往又聚集于一处寻找集体的安全感。于是一种生意好做，马上蜂拥而上，市场瞬间饱和。

Plaza Mayor 的中式按摩，由来并不久，但一路走下来，竟也有四五家，最近两家只相距几米远。聚众扎堆的结果就是，大家大眼瞪小眼，都没生意做。哄抢客人自然形成了恶性竞争，原本简易的设备更加简易，低廉的服务更加低廉，成了无可救药的快餐消费。这一点，从那些被半强制性地按在折叠椅上，在车水马龙的喧嚣中接受按摩服务，又不情愿地起身掏腰包的老外脸上悻悻的表情中，就可窥见一二了。

（［西班牙］《欧华报》2011－07－13/小南）

平均每年2 000华人嫁英国　新移民法难挡增长趋势

7月13日，英国内政大臣对公众发表咨询文件，计划对有关通过婚姻渠道申请永居的法律进行大幅修改，进一步削减外来移民人数。究竟有多少华人与英国人结婚，他们完婚情形又是如何？这个极有可能在明年初实施的法律规定对华人有多大影响？记者近日走访了英国内政部边境署。

平均每年2 000华人与英人结婚

根据边境署的统计，在过去的10年间，每年有数千外国华人与英国人（有英国白人，更多的是英籍华人）结婚，其中多数来自中国大陆。

2009年中国大陆、台湾和香港有2 220名华人与英国人完婚，取得配偶签证，占英国这类签证总数的3%。印度、巴基斯坦和尼泊尔人与英籍人士结婚的数量历年占总人数的1/3以上。历史上华人与英国籍成婚最多的是在2006年，共有3 025人。

永居华人三成是嫁到英国的妇女

按照英国1970年的移民法，凡取得英国配偶签证的外国人只要在英国生活两年，每年在国外时间少于90天，就可申请永居身份（即绿卡）。

根据边境署的统计，以与英国人通婚取得英国永居的外国人占永居总人数的17%。但从华人来看，远远高于这个数字，2009年中国人（包括台湾）有9 370人获得英国永居，其中结婚签转永居的占32%，几乎是英国平均数的两倍。

过去5年以配偶签证申请英国永居的华人人数明显增长，不少结婚多年没计划在英国长居的都在近期申请永居。英国近年移民政策频繁变化使华人担忧将来的法规会对自己不利。

从男女比例来看，嫁到英国的华人女性占绝对多数，过去十年的男女比例关系一直是9∶1。2009年和2010年与英国人结婚的中国华人（包括台湾）中有92%是女性。记者了解到，她们中有接近1/3离异，12%带着孩子，新娘中31岁以上的占52%。

新法重点限制无业人与外国人联婚

7月13日公布的修改咨询文件中，内政部要求今后与外国人结婚的英籍人，如果是失业或者年收入不足5 000英镑（这个数目不是最终的，内政部已指示移民咨询专家委员会提出方案）将不具备资格给外籍配偶和配偶的子女申请永居。

根据边境署向记者提供的数据，过去5年的统计分析，为配偶申请永居的英籍人中7%的收入低于5 000英镑，13%的收入低于1万英镑，另有7%的收入低于1.5万英镑。

资料也显示在过去5年中与华人结婚的英籍人就业率只达83%，平均年薪1.4万英镑。与其他族群比较，失业率相当高。

英国移民部长格林在7月13日指出，与外国人结婚的英国人必须意识到，如果你不能供养你的配偶，也不要指望纳税人帮你供养。

华人新娘将源源不断

记者咨询了几家华人律师楼，律师均表示，如果以往的案例按照失业或收入5 000英镑划界，至少有20%的华人不可能申请到永居。如果以低于1万英镑划界，则会有1/3的人办不了永居。但律师们也指出，明年新法律实施后，相信大部分人为了家人的身份，会积极寻找工作，最终办不了永居的可能只是极少部分。

记者了解到，华人女子嫁给英国白人的约占两成，其余都是当地华人，有来自香港的老华侨，留学生毕业留在英国的大陆华人，以及近几年获得身份的福建人等。

不久前的人口普查显示，英国的华人人数逐渐扩大，估计有60万，急需再婚或新婚的男女人数相当可观。可以预计，英国华人从外地寻偶的现象将会持续下去，新的限制法规恐难阻止华人新娘的到来。

至于对内政部提议修改配偶签证两年变成五年，多位华人律师表示这些都不会从根本上改变现状，想嫁过来的人不会因此而退缩。

（［英国］《华商报》2011－07－21）

英华侨华人热议“双重国籍”

关于中国是否实行“双重国籍”的讨论，在海外华侨华人中并非新鲜话题。从清朝开始直到新中国建立初期，“双重国籍”经历了漫长的从承认到不承认的转变，并掺杂着复杂的历史、法律和政治因素。

由于这些复杂的历史和现实原因，中国官方在相关话题上的态度也一直十分谨慎。

“双重国籍”再成热点

中国的《国籍法》中明确规定：“中华人民共和国不承认中国公民有双重国籍”、“定居外国的中国公民，自愿取得外国国籍的，即自动丧失中国国籍”。

中国实行单一国籍制，有其历史和政治上的复杂考量。但随着时代的发展，国际间人才流动的现象也日益普遍。在海外华侨华人群体中，尤其是在欧美的华人新移民群体中再次掀起了关于“双重国籍”问题的讨论热潮。

7 月 13 日，访问英国的中国国侨办政策法规调研团在伦敦唐人街与英国华侨华人进行座谈，并聆听了侨社关于相关法规政策的意见。

调研团倾听华人呼声

参加座谈会的全英华侨华人中国统一促进会会长单声博士向调研团表示：“双重国籍问题须慎重考虑通过。”

他认为，华人入西籍很多都是因为种种现实因素所致。例如为取得所在国的居留权、工作许可权、投资保障权，或为了方便旅行和迎接家人共聚等因素。虽然入了西籍，但他们的心仍是中国心。他们热爱祖国，在祖国需要的时候出钱出力。

他还表示，实行“双重国籍”的确可带来不少好处。例如可减少中国驻外使领馆的签证工作，可以方便这些华人出入中国国境，也可以让长居国内超过 180 天以上者向中国政府缴税。

英国东北同乡会会长黎丽女士在接受《华闻周刊》记者采访时认为：“中国国侨办专门派调研团到英国，了解华侨华人的现实需求，倾听我们的呼声，这让我们感觉很欣慰。这说明祖国时刻在关怀海外华人。”

她表示，在英国有很大一批来自中国大陆的新移民，有知识有文化，在英国的高科技等领域工作。他们因为签证手续、工作保障、子女读书或者买房置业等现实原因，申请了英国永久居留或加入了英国国籍。入英籍之后，他们仍然希望能回中国为祖国的科研事业贡献力量，又因为目前的政策而难以实现自己的愿望。

“无论是什么国籍，很多华人从未忘记自己是中国人。”黎丽女士表示。

“中国即使不放开‘双重国籍政策’，如能降低外籍人士申请中国‘永久居留’的门槛，也能为海外人才回流提供便利。”她说。

另据中国国内媒体报道，中国人保部副部长王晓初在 6 月底接受媒体采访时已透露，中国相关部门正在就“双重国籍”问题进行调查研究。

据不完全统计，世界上有近70个国家承认或接受双重国籍。

（［英国］《华闻周刊》2011－07－22）

马来西亚华裔人口逾639万　过去10年仅增70万人

据马来西亚《东方日报》报道，迄至2010年，大马华裔人口在10年来，只增加70万人；反之马来人在同时期，暴增251万人。

根据2010年大马人口普查及房屋报告，迄至去年华裔人口是639.263 6万人，而10年前是569.190 8万人，换言之，华裔人口的增幅只有70万人。

大马统计局数据显示，虽然大马华裔人口逐年增加，但人口增幅不大，因为在过去10年只增加了70万人，而在1991年至2000年的10年间，华裔人口增加了106.802 6万人。

换言之，大马华裔人口的成长率，在2000年的千禧年后已放缓，比不上1990年代华裔人口的蓬勃增长，到底是华裔人口流失或是生育率降低？个中原因值得探讨。

迄至2010年，大马华裔人口，只占国民比例的24.6%，相对地，马来人比例占54.6%，是大马半岛的主流人口。

值得注意的是，马来人的人口比例自2000年突破总人口的一半（达50.2%）后，如今马来人人口继续扩张至54.6%，而达到1 419.172 0万人。

2010年大马人口普查及房屋报告，是大马统计局在去年杪进行的10年一次人口普查统计所得，勾勒出大马人口等趋势，也折射出社会、经济改革的变化。

目前，大马总人口共达2 833.413 5万人，比起10年前的2 327.469 0万人略增，人口增长率只有2%。不过，目前国民只占91.8%（2 601万人），非大马公民则占8.2%（232万人）。

土著人口共有1 752万人（67.4%），当中包括马来人、非马来人，即沙捞越及沙巴两州的土著；不过马来人人口是1 419.172 0万。沙捞越的土著分类为卡达山、杜顺、巴瑶、姆鲁族；沙巴的土著分类则是伊班、比达尤、玛拉瑙。

至于印裔，只有190万人（7.3%），其他种族是18万人（0.7%）。

（中国新闻网2011－07－30）

原中国研修生维权获赔260万日元

据日本《每日新闻》报道，7月29日，在日本福井县福井市内某服装加工工厂工作过的原中国研修生孔小玲获得了260万日元的赔偿金。这场发生在日本企业与中国研修生之间的劳资纠纷以厂方补足未付工资及伤害赔偿金，双方取得和解而告终。

孔小玲于2010年3月从中国河南省来到日本，担任为期三年的研修生，在缝制企业Toetsu从事熨烫和裁剪的工作。同年9月，因政府的政策有所调整，孔小玲的身份转换为实习生；2011年5月10日，孔小玲被企业以“失误过多”的理由解雇。

按照日本相关法律，实习生的工资应当是研修生的2倍，即12万日元。但孔小玲遭遇的实际情况却并非如此。在她实习的8个月中，除4月份之外，孔小玲只领取到每月6万的工资；由研修生身份转换为技能实习生后，企业支付给孔小玲的工资仍然为6.1万日元至6.4万日元不等。除每个月加班200小时外，承担临时工作时，每小时的计时工资仅为100至200日元，有时甚至连续15小时在缝纫机前工作。对于这些不公平的待遇，孔小玲说：“害怕被解雇或者被送回国，只能忍气吞声。”

尽管孔小玲和她的同伴们忍气吞声，她还是没有躲过被解雇的厄运。5月10日，孔小玲被福井县福井市缝制企业Toetsu解雇。

了解到孔小玲的遭遇后，专门支援外国研修生维权的人权组织“外国研修生权利网络·福井”决定出面帮助这位年轻的中国籍女研修生。5月17日，市民团体“外国人研修生权利网络·福井”要求缝制企业Toetsu向孔小玲支付拖欠的工资和加班费，并向福井劳动署提出整顿该企业的要求。

（［日本］日本新华侨报网2011－08－02）

中国血统6.25%　仁川中国城第五代华侨身份之惑

祖籍中国大陆的台湾人，现住仁川

我是国立民俗博物馆研究员Kang Gyeong-pyo。我和5名调查人员从1月20日开始在中国城租了一间房子，只为近距离观察仁川中国城华侨们的习俗、宗教、文化和日常生活等。最近，在民俗学，尤其是在城市民俗学领域，同住在一个地方详细记录调查对象生活的长期实地调查很流行。

民俗博物馆今年首次进行了城市民俗调查，可体现出最近成为韩国社会一部分的“多文化社会”，并把拥有130年历史的仁川中国城选为第一个调查对象。

中国城的历史可以追溯到1882年的朝鲜时期。壬午军乱爆发后，清朝以镇压军乱的名义，向朝鲜派军，当时清朝商人也一同前来，并在仁川（当时的济物浦）港落地生根。1884年，两国签署“为中国人提供居住用地”的协议，在现在的北城洞和善邻洞一带15 000多平方米的土地上正式形成了中国人村庄，相当于“国中国”。人口曾一度达到1万人，但如今中国城的华侨家庭只有150至200多户（695人），在仁川地区共居住着3 000多名华侨。

豆芽炒着吃，冰箱里放满饺子

随着第五代华侨的出现，华侨们的生活方式发生了翻天覆地的变化。第一代华侨大多从事“三刀职业”，即理发师、厨师、裁缝。现在从事导游工作的华侨最多，也有华侨经营中药店，从事贸易或卖杂货、食材等。

我们对家住仁川松岛的导游Wang Jo-yong一家进行了生活调查。70%的华侨家庭父亲是华侨，母亲是韩国人，他们家也是如此。两个儿子都就读华侨学校。笔者还数了数他们家的勺子数量。这是为了通过生活物品了解他们的生活。

他们家有5个《三国志》中的关羽像，甚至还有一个摆放关羽像的小祠堂。他的妻子金某说：“每当有大事时都会在以武力著称的关羽像前烧香。相信关羽能保护财产和家人的健康。”烹饪方式也有很大的不同。我们是拌豆芽吃，但他们家炒着吃。冰箱里放满了在仁川龙现洞经营中餐馆的婆婆送来的饺子。

“现在要融入韩国社会”

两国文化各异，华侨们至今对韩国抱有很多不满。在中国城经营中餐馆“万多福”的徐某却说：“如果父亲是中国人，母亲是韩国人，孩子只有50%中国血统。再下一代是25%，再再下一代是12.5%……现在是第五代，只有6.25%，所以我称他们为‘625一代’。他们的身体里流淌着的中国人血脉只有6.25%，还能称他们为华侨吗？华侨们总有一天会完全融入韩国社会。到那时候韩国人能否接受华侨？我们又将何去何从？”

（［韩国］《朝鲜日报》2011-08-04/Kang Gyeong-pyo）

投资移民来美　因“穷”吃福利

就在美国政府为了缓解财政赤字，大举进行“公民海外大追税”的时候，一些通过办理投资移民，希望成为美国公民的“有钱人”，并没有被这项“坦白从宽，抗拒从严”的税法吓倒。一些投资移民来到美国，在“高人”的指导下，甚至可以享受美国政府的各项福利。

近年来，中国的投资移民申请者大增，从原来每年申请额度用不完，到现在仅中国申请者人数就相当于所有额度。联邦公民及移民服务局（USCIS）的统计数据显示，2010财年，来自中国大陆的投资移民申请者共 772 人，居全世界之最，占移民局全年发放的 EB－5 签证总数的 41%，远超居第二位的韩国（295 人）。2009 年，这一数字更是高达 1 979 人。

那么，这些来势汹汹的“投资移民”，他们会给美国带来丰厚的税收吗？他们不害怕一到美国就陷入“海外追税”的陷阱吗？资料显示，“滥用海外避税”每年使美国财政收入损失 1 000 亿美元，过去 10 年已经损失了上万亿美元。

一位不愿意透露姓名的会计师告诉记者说，其实，这些投资移民早在进入美国政府的移民程序之前，就在国际知名的会计师事务所帮助下解决了“移民前财产”及“移民后财产”的界定问题，绝对不会心甘情愿地为“山姆大叔”的国库作贡献。

至于投资移民进入美国以后，假如他们投资的公司经营不善，让他们个人“收入不足”，甚至还可以享受政府的各项福利。从中国河南来的高齐（化名），2009 年就办好了来美国的投资移民。他的妻子带着两个女儿住在洛杉矶地区，享受免费教育。由于他们的投资项目每年仅给他们提供不到 2 万元的收入，因此，他们符合加州低收入家庭的标准。在“高人”的指导下，他们成功地申请了免费的健康保险，免费的学校午餐；现在年过 40 的高太太已经怀孕 8 个多月，即将在美国良好的医疗条件之下，“免费”为高家增添一个儿子。

会计师张强（化名）表示，美国个人所得税征收遵循属人原则。凡属美国公民，均就其来自美国国内外的所有收入纳税；非美国公民的外国人，如果在美国工作、生活，只就其来自美国国内的收入纳税。因此，在这些“投资移民”获得美国公民以前（至少需要 5 年），他们完全有条件享受美国的各种优惠。

（［美国］《侨报》2011－08－10/蔚宇）

华人移民安葬地逆动

老一代华人新移民怀着落叶归根的思想，希望百年之后安葬到自己的家乡。但这种传统习俗正在被打破，越来越多的华人因举家迁移美国，家乡几乎没有亲人，他们于是把已故父母的骨灰带到美国安葬，华人移民的安葬地点出现了逆向流动，以往是从美国迁往中国，现在是从中国迁到美国。

一个广东籍华侨不久前把 8 位祖先的骨灰都带到美国，安葬在家族购置的墓地里，等他百年之后，将与祖先共三代人安葬在一起。联成公所赵文笙说，很多华人都这么做，因为家人都在美国，以后不会回去，中国也已经没有亲戚，清明节没有人扫墓，还不如把祖宗骨灰带来美国，生时难以团聚，至少死后可以团圆。

福建同乡会的薛金官说，最近几年福建人也流行这么做，因为大陆已经没有亲人在了，美国的新一代以后也不会回去。另一个原因是，在大陆办丧事很花钱，在他家乡要花 30 万到 50 万元人民币，不仅要买墓地，摆几十桌酒席，还要给前来送葬的亲朋好友发钱，一人50到100元。

迁移祖坟与华人从落叶归根到落地生根的思想转变息息相关。刘女士的外公是早期留学生，生前他在中国购置了全家人的墓地，80年代在美国去世后，骨灰安葬到中国，她外婆长年居住在加州，去世后也回归故里。

80年代移民来美国的王先生则把父母骨灰带到美国，他说自己和姐姐弟弟都在美国定居，以后回中国的可能性不大，父母现在安葬在他家附近的墓园，时常可以去看看。

赵文笙说，香港寸土寸金，陵园很狭小，很多骨灰盒没有入土安葬，而是放在庙里。但华人讲究入土为安，把骨灰盒带来美国土葬，所以“死人也要移民”。不过手续很简单，只要有死亡证、火化纸，最好还有在美国已购置了坟地的证明，这样海关一旦检查，可以出示文件，免得骨灰盒被扣留。

（［美国］《侨报》2011－08－15/林菁）

巴塞罗那惊现隐秘华人“鸭店”

巴塞罗那华人开地下妓院已是公认存在的现象，但近期一种以男性陪侍为主的地下色情店，俗称“鸭店”，正逐渐浮现在公众的视野里，令众人啧啧称奇。虽然男妓现象由来已久，如今在国内的各大繁华城市中普遍存在，但在海外华人族群中却寥寥无几、鲜有听闻。

男妓又被称作“鸭、少爷、牛郎”，他们以为富婆或是同性恋人服务为职业，而获得不菲的收入。在巴塞罗那华人中，“鸭”是一个特殊的群体，他们隐秘地兴起。记者在巴塞罗那多家华人酒吧中采访时，很多人都知道巴塞罗那华人“鸭店”的存在，但当记者想进一步详细了解这一行业是如何操作时，一些知情者又都忌讳莫深、谨言慎行。

据一位不愿透露姓名的知情者称，巴塞罗那华人中确实存在着“鸭店”。但是这些鸭店主要是为西方人服务的，因此华人中知道的不多。他知道其中一家华人“鸭店”是香港人开的，这家店主要是招募一些华人同性恋者，为西方同性恋男人服务，他们在老外的报纸上做广告，承揽老外生意。据说西方人对东方人感觉神秘，喜爱东方男人的西方同性恋男人大有人在，因此开个“鸭店”收入颇为可观。据这位知情人说，他也想开个“鸭店”，这是一个赚钱的行业，但苦于找不到华人同性恋者。

记者曾与熟悉的朋友和读者对此话题展开讨论。通过讨论，记者们感到诧异，居然多数的朋友和读者对此现象没有表示出应有的惊讶，普遍认为此种现象没有什么好大惊小怪的。他们认为，现今是一个笑贫不笑娼的时代，收钱被有钱人玩，随后自己砸钱玩别人，这是大家必须面对的社会现实。还有读者认为，男人也可以在市场的调节下，成为一种商品，做着闭眼做事睁眼数钱的交易，这种现象很正常，为什么多数人非要认为风流行业是女性的专利，而男性就不能从事呢？甚至有部分读者对这一职业表示浓厚兴趣，他们希望有机会也尝试一下，从事这个职业，寻找新鲜和刺激，多一份人生经历。

（［西班牙］《欧华报》2011－08－17/郑正军）

东京都外国人数量减少逾万　华人首次出现负增长

受东日本大地震、海啸、福岛核电站事故的影响，东京都外国人都民明显减少。2011年1月1日，东京都外国人都民为42.222 6万人，而截至2011年7月1日，东京都外国人都民为41.184万人，仅三个多月就减少了1.204 2万人，引人关注。伴随着福岛核电站事故的长期化，东京都中国人都民也减少了1 318人，首次出现负增长。中国人都民的增减，将成为今后预测中国人能否在日安居乐业的晴雨表。

尽管东京受到地震、海啸、核污染三管齐下的影响，许多企业等纷纷将本部迁离东京，但是东北各地人口还是不断涌入东京，截至2011年7月1日，东京都的人口总数达到历史性的1 319.383万人，占日本人口总数的1/10。自2000年东京都人口超过1 200万以来，11年间东京都的人口增加了119万多。遗憾的是截至2011年7月1日外国人都民一下子减少了1.204 2万人。眼下，东京都中国人都民达16.335 4万人，占东京都外国人口（41.018 4万人）的39.8%。

自1959年日本开始统计外国人人口，在日中国人2007年跃居首位。至2007年，每100位东京都民中就有1名中国人了；2008年7月1日，江户川区中国人首次突破1万人，达1.221万人，东京都首次涌现超过万人居住的华人“社区”；2009年7月1日，东京涌现出江户川区、新宿区、丰岛区三个过万华人“社区”；2010年7月1日，东京涌现五个过万华人“社区”。

专家表示，在商业繁华的新宿、丰岛两区经商的中国人明显减少，说明日本的经济状况的确堪忧。而适合居住的江户川区、江东区、板桥区、北区的中国人都民也显著减少，则让人感觉中国人远离辐射的意愿较强。据悉，有不少东京都中国人都民已经暂时迁移到关西地区避难，还有的甚至举家搬迁回国，这种状况是否持久，还只是一时现象，还有待于进一步观察。

（［日本］《新华时报》2011－08－17）

在日外国人假结婚案件增加　中国人最多

大多数非法滞留在日本的中国人往往通过与日本人办理假结婚手续获得继续滞留日本

的资格，近年来，此类案件发生较为频繁，受到日本警方的密切关注。

据《日本经济新闻》报道，8 月 18 日，日本警察厅发布一项统计，数据显示，2011 年 1 月至 6 月全国警察共揭发外国人假结婚案件 88 起，与 2010 年同期相比增长 49.2%。涉案人数为 264 人，同比增长 34.7%。警察厅称："非法滞留的外国人通过伪装结婚的方式取得合法滞留签证的话，将更容易引发其他类型的犯罪案件，因此将对假结婚案件加强打击力度。"

涉案的 264 人中，144 为日本人，外国人为 120 人。从国籍来看，中国人最多，共计 85 人，其次为菲律宾，共计 23 人。

据警察厅统计，1 月至 6 月在日外国人参与的案件共计 9 222 起，同比增长 1.0%。但是，与 2005 年犯罪案件高峰期相比，减少将近六成。涉案人数为 4 848 人，同比减少 18.9%。

全部案件中，刑事案件共 6 949 起，同比增长 13.5%；杀人、强盗等凶杀案件同比减少 38.7%；盗窃案件则同比增长 22.6%；诈骗案件增加 4.8%。

日本"3·11"大地震发生以后，尽管有类似"灾区外国人盗窃团伙横行"的传言，但是据警察厅统计的数据来看，日本东北灾区由外国人参与的盗窃案件数量并没有明显增加。

（［日本］《日本新华侨报》2011－08－18/刘芳）

福建侨胞客死他乡　停尸数月无人问津

巴塞罗那一位福建籍侨胞因血癌医治无效，于 5 月 3 日在 vall de hebron 医院过世。死者生前没有合法身份，在西班牙没有亲属朋友，三个月时间过去了，尸体还冷藏在冰冷的小柜子里，无人过问。回想当时，死者为了能让家人过得幸福，漂洋过海，累死累活地在异国他乡打工赚钱，但最终落得客死他乡，无人问津，对死者而言，不能不说是莫大的悲哀。

据了解，该侨胞患病住院期间，曾得到一些教会人士的帮忙与照顾。据知情人介绍，死者生前曾给妻子打过电话，希望妻子能在他过世后，将他的骨灰带回中国安葬。

该侨胞过世后，有同胞打电话通知其国内的亲戚前来办理死者后事。根据法律规定，善后手续必须由其亲属办理，旁人代办不了。因此死者家属来西处理善后事宜是责任，同时也是对自己亲人最好的告慰。但是死者家庭特殊，他们对于来西一事表示有很多困难，态度消极。据了解，一是死者尚有年迈的父母，据说已有 90 岁左右，不可能来西班牙。二是死者有兄弟姐妹，可能因为出国办理后事需要花费的原因，他们互相推诿，不接电话。三是死者与妻子离婚已有十几年，其前妻表示，如果仅是开销路费，将死者骨灰带回国内，她可以做得到。但是听说西班牙火葬等一系列费用很高，折合人民币要一二十万，她恐怕拿不出来，她的生活也很困难，因此不敢贸然前往西班牙。四是死者有一个女儿，二十多岁，目前没居留滞留在加拿大，恐怕也来不了西班牙。

据了解，有两位好心人于一个星期前开始帮助死者处理善后事宜。她们与死者并不熟悉，是听了朋友介绍该侨胞的困难后，为该侨胞住院期间提供帮助才认识的。

“入土为安”是中国传统的习俗。侨胞客死他乡，已是可怜，死后没有人管，尸体无法安葬，至今仍然躺在冰冷的小柜子里，更是人间悲剧。死人也有尊严，作为逝者的同胞，我们不忍心他这么凄惨。这是这两位好心人愿意帮助逝者的直接原因。

据了解，这两位好心人已经先后三次前往总领馆协商如何帮助死者处理后事，作为与死者没有任何关系的好心人尚且能够如此热心、真诚地帮助自己的侨胞，很令人感动，值得称赞。“外交为民”是中国外交的重要内容，当自己侨胞客死他乡，无人问津时，作为中国派出的驻外使领馆应该责无旁贷地主动承担起一些责任。

后续

记者发稿时，接到好心人电话称，领馆工作人员已往国内打了两次电话，并与巴塞罗那法院进行了沟通。领馆表示会重视这件事，妥善处理好相关事宜，请好心人放心。这两位好心人也表示，如果需要，她们还愿意继续为死者做些力所能及的事情，但是自己能力有限，她们呼吁更多的社会力量参与进来，因为团结互助是中国传统的美德，侨胞应该继承和发扬这种美德。

（［西班牙］《欧华报》2011－08－22／郑正军）

去年持非移民签证来美中国人逾百万

《侨报》记者从国土安全部获悉，去年有103.8万中国公民持非移民签证进入美国，比上年猛增30万，在美国主要国际客源国中名列第11位。

据悉，去年来美中国公民中，有74.8万人持旅游和商务签证，有22.2万人持学生和访问学者签证，4.1万人持工作签证。另外，去年还有32.7万台湾居民持非移民签证来美。

中国公民来美数量在经历了“9·11”事件后连续两年减少，之后，从2004年起基本呈现年均增加1成5的持续增长态势，尤其是去年猛增4成2，前所未有。照此势头，今年中国有可能进入美国十大国际客源国行列。

据国土安全部25日公布的统计数据，2010年，有4 647万外国人持非移民签证来美经商、旅游、探亲、学习、临时工作，比2009年增加1 000万人，创历史最高纪录。来美墨西哥人最多，达1 292万，其次是英国、日本、德国、法国、加拿大、韩国、巴西、印度、意大利。

来美外国非移民中以观光客最多，达3 513万，其次是来美经商者521万，临时工人和家属282万，国际学生、学者214万。

外国人来美最大的入境口岸是纽约，有512万人从纽约入境，其次是迈阿密、洛杉矶、纽瓦克、圣伊西德罗、旧金山。外国临时访客最集中的州是加州、佛罗里达、纽约、得州。

（［美国］《侨报》2011－08－25/余东晖）

赌业繁荣靠华人　在西华人要自律

近期记者走访了位于瓦伦西亚郊区的赌场（Casino Motnte-Picayo）。这是瓦伦西亚历史较为悠久的赌场，但是随着新市政会议大厅附近大型赌场的开业，生意也出现了逐渐惨淡的迹象，于是招揽中国赌徒就成了两个赌场经营的重中之重。

晚上九点整，记者一走进赌场大门，就看到不少中国人围绕着各种各样的赌局频频地下注，有人对着老虎机拼命地敲打，近乎丁疯狂；有人将手中的筹码毫不犹豫地大把掷出，记者仔细观看筹码，竟然都是50欧元的，那豪迈的程度真可算得上是一掷千金了。真应了不少西班牙朋友的评论，在西班牙赌场里，中国人钱多且出手阔绰，中国人就是欧洲赌场的救星！

据记者目测，小小的赌场里，70%的赌徒都是中国人，很多人都顾不上品尝丰盛的大餐，他们只是对那小小的赌桌流连忘返，将中国人“锲而不舍”的精神发挥到了极致。

而赌场更是把对中国客人的服务做到了极致，问寒问暖。他们不时地为那些顾不得吃喝的赌徒们送上点心和水果。当然，赌场这样做的目的只有一个，让更多的中国人继续停留在赌桌前，同时把钱从口袋里掏干净。

中国有句俗话叫“小赌怡情”，记者认为这句话是靠不住的。不少在西班牙的华侨因为工作的压力，想通过赌博来刺激自己的神经，最后换来的却是惨痛的代价。数年前，马德里就有一位打工者挪用公款赌博，输了十多万，最后被老板告上法庭，锒铛入狱。还有人因为赌博弄得妻离子散，最后用刀剁了自己的手指，也挽回不了家人的原谅。有些打工族想去赌场碰运气，妄想一夜暴富，结果输完了所有辛苦打工的积蓄，还债台高筑，被放高利贷的人追讨得无处藏身……所有这些真实的场景历历在目，令人心寒。

由此可见，赌博造成人的贪婪，而贪婪造成很多犯罪。赌博令人丧失工作热情，破坏人的正常生活。华人同胞们在异国他乡要时刻警醒赌场给我们设置的陷阱，远离赌场，让自己的生活多一份平安喜乐。

（［西班牙］《欧华报》2011－08－30/伍豪）

近2 000华人申请永居被拒　提供假材料是失败主因

本报记者从英国内政部获悉，在过去的五年间，有1 860名来自中国大陆、台湾和香港的华人申请英国永居遭拒。据记者了解，被拒的原因主要是申请人涉嫌作假，提供了假证明、假材料。

百分之六的申请人被拒

根据内政部提供的数据显示，2006年至2010年共有840 905外国人获得英国永居，其中中国大陆、香港、台湾的华人有36 995人（不包括以五年遗案获得永居的）。

2006—2010年获得英国永居人数表

年份	2006	2007	2008	2009	2010
外国人总数	134 445	124 855	148 935	194 780	237 890
华人（中国大陆、中国香港、中国台湾）	4 280	4 225	7 930	10 060	10 500

统计数据显示，过去五年间申请永居被拒率在6%左右。记者了解到，华人永居被拒大多是因为申请材料出了问题。

2006—2010年申请英国永居被拒人数表

年份	2006	2007	2008	2009	2010
外国人总数	14 220	13 480	9 345	12 560	12 475
中国大陆华人	370	275	190	240	250
中国台湾华人	10	25	15	15	10
中国香港华人	170	145	55	60	30
以上华人共计	550	445	260	315	290

申请材料漏洞百出

梁先生是一位持工签的外卖店大厨，他工作兢兢业业，每月按时交税。2009年5月快要申请永居时遇到了大问题，他提供不了英语考试证明。由于他只有小学文化程度，在中国没有学过英语，来英国曾尝试学了几个月，但没有什么进展。当时有位朋友介绍他认识据说是专门帮人代考的“枪手”。梁先生交了500英镑，三个月后他拿到货真价实的英国生活常识考试（Life in UK）文凭。

2009年底，梁先生偕同妻儿一起申请永居，他以为自己打工交税，有各种需要的单证，应该是万无一失。结果三个月后，他被拒绝。后来他通过律师了解到，替他考试的“枪手”出事了，梁一家也跟着“倒了霉”。

另有一名华人申请人，情况与梁先生十分类似，他也请人代笔办到英语证书。他在申请永居后收到内政部边境署的来信，移民官要见他。结果他也被拒。究竟是什么原因导致移民官点名要见他，是他的英语考试出了问题，还是别的原因？至今他的律师还没有弄清楚。通常来说，移民官约见申请人的个案概率是极低的，万分之一吧。

记者了解到，在华人申请被拒的案例中，不少人是没有长期交税的。在工党执政的时期，内政部一些部长们以放宽工签来抽取更多的税收鼓励移民，因此，在官方的内部操作中，是否足额交税曾被列为审查的一个重点。据悉，目前的移民官员并不强调要审查每一个申请人的交税记录，但至少有一部分的税务记录会被移民官抽查审阅。林小姐以中医店的经理办了工签，工作第三年，公司倒闭，她换到另一家中医药公司，续签了她的工签，但只在那里挂名。公司老板收了她的钱，并没有为她交税，税单、工资单都是假的。

在被拒华人中，还有不少工签持有者，由于多次换公司（药店、餐馆或外卖店），中间断档时间太长（GAP）而没有获永久居留。也有个别华人与英籍人结婚后在申请永居时，不能提供足够令人信服的一起生活的证明而被拒。另有一些是父母以子女在英国申请永居，他们被拒的理由较多是自身经济条件较好，不需要在英子女的经济生活资助等等。

（［英国］《华商报》2011－09－01）

外侨身份卡持有者中国人最多

中国人仍然是最多持有菲律宾移民局发出的有效身份证或所谓的 ACR-I-Card 的外籍人士。

移民局局长沓密说，移民局外侨登记处的记录显示，直至今年 7 月，18.944 8 万位在移民局登记的外籍人士中，有 6.168 9 万位是中国籍。

移民局外侨登记处主任亚迷达说，排第二位的是韩国人，接着是美国人。印度人和日本人也在名单中。

直至 2011 年 7 月，有 2.754 3 万位韩国人，2.463 9 万位美国人，2.317 0 万位印度人和 8 997 位日本人在移民局做了登记。

亚迷达也说，大部分持有 I-Card 的是受雇在菲律宾的 5.908 万位外籍人士，而这些外籍人士都持有移民局给外籍人士签发的预先安排就业签证，这是取得劳工部的外侨就业许可证的条件。

据移民局的报告说，在本地出生的外籍人士有 3.165 6 万人，外籍学生有 1.968 5 万人，在名单中排列第二和第三位。

移民局的数据显示，现在有 9.111 2 万位外籍人士持有永久居民权，或移民签证，

8. 849 0 万人是非移民。有 9 846 人持有其他政府机构的特别签证。

根据规定，一名已取得签证的外籍人士必须要申请一张 ACR-I-Card，它是作为外侨在菲律宾的合法居住身份的证明。

沓密也说，该卡更换掉移民局以往签发给外侨的纸张外侨登记证书。

（［菲律宾］《商报》2011－09－02）

西班牙华人汇款总额上涨 260%

西班牙财经机构本周三发表的数据显示，在西班牙居住的华人在过去一年里成为这个国家向本国汇款额上涨速度最快的移民群体。其汇款额从去年的 7 000 万欧元跳升到了 2. 52 亿欧元的水平，上涨幅度超过 260%。

在最新的排行榜上，中国人的汇款总额飙升到了第九位，在此之前中国人的汇款数额不高，甚至都没有被列入榜单。排在第一位的巴拉圭移民，其过去一年向本国的汇款总额为 3. 23 亿欧元，仅比中国人多出了 30%，但是巴拉圭移民在西班牙的人数却比中国移民多出了好几倍。

在排名前几位的国家移民对外汇款数目不断萎缩的同时，中国人的汇款数额却出现了惊人的 2. 6 倍的增长速度，这充分表现出中国群体在经济危机面前的应对能力。负责揭露这一数据的专家表示，汇款数额代表一个国家的移民过去一段时间在西班牙赚钱的难度，中国人的汇款数额如此飙升，表明中国人的经济在危机中依然保持着旺盛的生命力。

中国人汇款额飙升的另外一个原因是，过去一年西班牙海关对于私自携带现金过海关进行了严厉打击。过去中国人汇款数目不高，是因为他们喜欢用其他途径将钱运回中国。在海关加大打击力度之后，越来越多的中国人不得不放弃铤而走险的想法，被迫使用正规渠道将钱汇入中国。

（［西班牙］《欧华报》2011－09－03）

华人“船屋”面临打击风暴

“合租房屋”在旅西华人中比比皆是。为了获得最大的经济利益，一部分华人房东将自己租来或买来的房子分租出去。一个两室一厅，六七十平方米大小的房子，多放几张上下铺式的双层床，就能搭铺住上七八个人。从前些年开始，一些华人租来房子后，还非法经营起地下旅馆。对于华人这种非常拥挤的居住条件，西班牙老外形象地称之为“船屋”。因为其情景和船上的狭小空间里的双层铺几乎是一模一样的。

可从今年年初开始，西班牙相继出台了一些限制性的法律法规，并逐渐推广实施。由此，华人的“船屋”也成为政府行政执法的打击对象。在巴塞罗那地区的一些城市中，已有华人房东因为经营“船屋”而受到重罚。

由于价格便宜，因此“船屋”成了许多底层移民，尤其是非法移民的居住首选。此外，很多人蛇团伙在组织偷渡过程中，也往往会将其作为偷渡者临时藏身的场所。这样，在一些打击偷渡的行动中，警方发现，“船屋”竟然是非法移民和偷渡者的集中藏匿之地。随着警方相关活动的一次次展开，“船屋”内拥挤不堪景象在媒体上的频频曝光，“船屋”开始成为政府日益关注的对象。

根据媒体的相关报道，最终促使一些西班牙市政府将“船屋”作为立法打击对象的原因，除了其“藏污纳垢”以外，还由于这种拥挤的居住环境，已经超出了“人道”的标准。据了解，除了打击非法偷渡行动以外，政府在打击地下经济、查黑工等行动中也发现，“船屋”现象在移民中非常普遍，不少企业主就将自己的工人安排在缺乏必要卫生和健康条件的“船屋”中居住。更令政府惊讶的是，在“船屋”的居民中竟然包括许多的妇女、儿童，甚至是孕妇。而这对于注重人权的西班牙社会来说，是无法容忍的现象。于是，立法打击“船屋”被一些西班牙的市政府提上了议事日程。

除了立法以外，西班牙各地政府也纷纷开始将执法作为打击“船屋”的重点。早在2010年4月的时候，巴塞罗那市政府就开出了对于“船屋”的第一张罚单。当时，巴塞罗那一位移民所拥有的40多平方米的房子，在3年多的时间内居然有18个人进行了住家登记。巴塞罗那市政府据此对这位房主处以6 000多欧元的罚款。从此以后，西班牙各地市政府相继根据住家登记和邻居举报等情况，对一些“船屋”的房主进行了处罚。

从今年年初开始，西班牙各地政府进一步加强了对“船屋”的打击力度，并且将地下旅馆作为打击的重点。同时，各种处罚也越来越多地通过邻居的举报来作出。

华人的“船屋”在反映了海外生活艰辛的同时，也体现出一些房主对经济利益的过于追求，以及对租客和手下工人健康的淡漠与忽视。随着西班牙各地打击“船屋”立法的颁布和实施，房屋居住超员的现象已经成为一种违法行为，并将受到几十万欧元的巨额罚款。对此，我们华人房主要有所了解，并要自觉做到遵纪守法，在出租房子赚钱的同时，也要考虑为租客提供健康和卫生的居住环境。这不仅仅是一种守法行为，也是一个群体文明的体现。

（［西班牙］《欧华报》2011－09－03/凌锋）

澳移民报告全面解析　亲属担保成捷径

澳大利亚联邦政府8月发布了上财年的移民数据报告。报告显示，中国移民人数首次超过英国，成为澳大利亚最大的移民来源国。令人惊讶的是，技术移民中的会计师人数一枝独秀，引发业界对这一行业是否已经饱和的猜测。

此外，数据显示，当局正在兑现其竞选承诺，将移民配额降至17万名以下，削减了5 750个家庭团聚移民地永居配额。

技术移民占总数的三分之二

2010至2011财年间，当局共审批了168 700份永居签证申请，与早先预定的168 785个配额仅相差15名。移民计划的三类签证中，共有113 725份技术移民签证申请获批，占移民配额总数的67.4%，家庭团聚签证则占32.3%，共有54 543人获签；其余的417个移民签证则属于特殊类别，占总数的0.3%。

去年的配额总数相比2009—2010财年不变，但是审核的申请却多63份。技术移民签证人数占总移民的百分比与2009—2010财年的63.9%相比，差不多回复到2008—2009财年时配额未受金融危机影响之前的水平。技术移民配额的增加亦相对导致家庭团聚签证配额地减少，去年度所审批的家庭团聚签证相比2009—2010财年减少了5 711名，由60 254份减至54 543份。

中国移民数近3万首超英国

数据显示，上财年的移民来源地排名有所改变。中国内地的新移民人数跃居榜首，超过之前的英国。去年共有29 547份来自中国的移民申请获批，占新移民总数的17.5%，相比2009—2010财年的24 768人增多了4 779人。

英国居次席，新移民人数为23 931名，占总数的14.2%，但相比前一个财年减少了1 807人。印度位居第三，共有21 768名新移民申请获批，占总数的12.9%，但也同比减少1 396人。

劳资合约移民锐减近7成

去年的技术移民配额由2009—2010财年的108 100人增加5%至113 850人，这反映了劳动力市场需求的回复增长。技术移民签证分为雇主担保、普通技术移民和投资技术移民。

其中，获批的雇主担保签证出现明显增长，占技术移民总数的39%。去年的签证配额为44 150个，成功获批的申请为44 345个，同比增多8.2%即3 358人。不过，截至上财年底，仍有18 000份雇主担保申请正等待审批。为满足雇主对专业技术人才的需求，本财年的配额会增至46 000个。

在雇主担保移民下的雇主提名、偏远地区移民和劳资合约三大类别中，前者比2009—2010年度增加了9.2%，而后者仅有163份申请获批，相比2009—2010财年的506份大幅下跌68%。

亲属担保移民数暴增近1.5倍

普通技术移民分为三类：独立技术移民、州或领地担保，以及亲属担保移民。普通技术移民上年度共递交了61 459份申请，占全部技术移民申请数的54%。

就独立技术移民而言，该财年全澳共批准36 167份申请，较上年略跌3.2%，但州或领地担保的获批数却锐减 16.9%，仅 16 175 份申请被成功批准，减少了 2 714 份。

与此同时，获批的亲属担保申请暴增 147.2%，由 2009—2010 财年的 3 688 份猛增至 9 117 份，成为该类移民申请的新趋势。

会计一枝独秀成移民状元职业

在所有获批的技术移民申请中，专业人士为 38 261 人，占大多数，职业技工则以 11 796 份成功申请居次，而获批永居的管理层人士有 3 610 人，垫底。

以行业分类，会计师继续过去 5 年的辉煌，仍以 14 680 个成功案例高居移民行业榜首，更相比 2009—2010 财年激增 117.9% 即 7 946 人。其他移民成功案例中，还包括 2 920 名计算机专业人士、2 307 名厨师、2 045 名注册护士和 1 658 名管理层人士。

“其他家庭成员”获批数锐减 7 成

家庭团聚移民历来是澳大利亚移民政策地重点之一。该财年间，共有 54 543 份申请获批，非常接近 54 550 的配额总数，占该年所有移民人数的 32.3%。不过，这类移民申请的配额数相比同期减少了 5 750 个。

在所有的家庭团聚申请中，伴侣获批的案例最多，占该类移民总数的 76.9%，共有 41 994 份申请获签。不过，相比上年的 44 755 份，仍减少了 2 761 份。子女永居签证类别中共有 3 300 份申请获批，而父母移民则有 8 499 份申请成功。

家庭团聚移民的最后一个类别为“其他家庭成员”，包括年迈依亲（超过 65 岁以上的单亲父母）、家庭最后一名成员和亲属照顾者三类。该财年成功获签的“其他家庭成员”仅为 750 人，比上年度锐减 1 718 人，减幅高达 70%。

（［澳大利亚］新快网 2011 - 09 - 04）

今年已有 8 381 名美华人被遣返　多为普通无身份者

最新数据显示，到今年 7 月 26 日，2011 财年已有 8 381 名华人被美国移民执法当局递解出境，其中中国大陆公民 8 258 人，居第四位，有犯罪记录者只占 106 人，98.5% 的被递解华人是普通的没有身份者。

尽管移民执法部门一再声称重点遣返对国家安全构成威胁和有严重犯罪记录的外国人，但一份针对“9 · 11”前后 20 年移民遣返数据的分析研究报告显示，“9 · 11”后非法移民遣返数量大增，但实际上被驱逐的与国家安全有关的外国人数量还不如“9 · 11”之前。

雪城大学 TRAC 项目 9 日发布的最新研究报告说，“9 · 11”事件前十年，美国通过移民法庭裁决，共遣返 160 万外国人；“9 · 11”后十年，被遣返人数增至 230 万。然而，被遣返的外国人中，有犯罪记录、威胁国家安全和恐怖分子疑犯的数量都有所下降，唯独纯粹的移民法违反者的数量从 120 万增加到 190 万。

具体而言，“9·11”之前十年，被遣返的有犯罪记录的外国人约 37 万，威胁国家安全的 384 人，与恐怖组织有关的 88 人，而“9·11”之后十年，这一数据分别降到近 36 万、360 人、37 人。在专注反恐的这十年，威胁国家安全和与恐怖主义有染而被驱逐的外国人更为稀有。

报告指出，“9·11”之后，遣返外国人的力度确实加大，从布什时期的每年不到 22 万人增加到奥巴马政府的 24.7 万人，其中针对有犯罪记录移民的遣返力度也有所加强，从每年 3.28 万增加到 3.87 万，但增加幅度有限。尤其是近几个月，非法移民遣返人数有所减少，有犯罪记录外国人被递解人数也在减少，一般不到总遣返人数的 1 成 5，回落到布什时代的水平。

奥巴马政府最近推出新政策，对非法移民遣返将逐案评估，区别对待，要把有限的执法资源主要用于对国家和社区安全真正构成威胁的人。

（［美国］《侨报》2011－09－09/余东晖）

居住首尔的外国人中近七成是中国朝鲜族

居住首尔的外国人数逼近 30 万，其中约七成是华籍韩裔（中国朝鲜族）。

据首尔市 11 日公布的《2011 年第二季度居民登录人口统计》资料，截至今年 6 月底，91 天以上长期滞留首尔的外国人数达 28.178 0 万人，占全部注册人口（1 057.006 4 万人）的 2.67%。

第二季度首尔的外国人人口分别比第一季度和去年年底增加 7 835 人（2.78%）和 1.887 8 万人（6.7%）。

按国籍看，华籍韩裔人数最多，达 18.663 1 万人，占首尔外国人口的 66%，分别比去年年底和去年第二季度增加 1.650 5 万人（8.84%）和 2.397 9 万人（12.85%）。

其后依次是中国（2.990 1 万人）、美国（9 999 人）、中国台湾（8 717 人）、日本（7 770 人）、越南（6 170 人）、蒙古国（4 485 人）。

（［韩国］韩联社首尔 2011－09－11）

华人移民投资望而却步　条件苛刻难成气候

记者从英国内政部获悉，今年上半年海外赴英国的投资移民人数有大幅上升，其中来自大中华地区的华人占了两成；但是，与美加澳三国相比，华人投资移民到英国还只是极少数。

据英国内政部有关官员向记者提供的信息，2010 年各国来英国的投资移民和企业家移民人数分别只有 210 人和 190 人。今年仅 1—6 月，以投资移民身份入境英国的人数就增加到 189 人，以企业家身份入境的有 193 人，比去年同期翻了一番。

英国历年投资移民统计人数表　　（单位：人）

年份	2008	2009	2010	2011（1—6）
投资移民签证	45	155	210	189
投资移民家属签证	95	280	370	N/A

英国历年企业家移民统计人数表　　（单位：人）

年份	2008	2009	2010	2011（1—6）
企业家移民签证	25	170	190	193
企业家移民家属签证	25	180	240	N/A

据悉，三年前，中国大陆华人以投资移民身份移居英国的屈指可数，一年不到两三个。随着经济的持续不断发展，越来越多有钱华人希望以投资移民身份前往英国。据不完全统计，去年和今年上半年以投资移民或企业家移民赴英国的华人占总人数的两成。其中主要来自香港。

尽管宣传舆论声势很大，大陆华人赴英投资或办厂开公司仍然不多。目前持投资或企业家移民身份在英国的大陆华人不超过 30 人。

比起前往美加澳三国，中国赴英的投资移民人数少得“可怜”。据美加澳三国政府的移民报告，中国的投资移民人数这几年迅速飙升。过去五年，前往美国的投资移民年增长率高达 73%。2010 年获得美国、加拿大、澳大利亚三国的投资移民签证的人数就超过 6 000 人。其中美国就有 772 人，澳大利亚的更多，华人投资移民则达 3 416 人。

由于中国投资移民人数迅速增长，一些国家提高了门槛，加拿大在 2010 年把投资移民门槛从 80 万加元提升到 160 万加元，澳大利亚也从 2010 年 9 月把投资移民的资产要求从 25 万澳元增加到 50 万澳元。

目前英国的投资移民的最新门槛是 105 万英镑，五年后才能获得英国永居。英国企业家移民虽然只需要 20 万英镑，但要创造 10 个就业机会，或三年内取得 500 万英镑的营业额。移民条件比其他西方国家要苛刻不少。

刚刚取得英国投资移民签证的张女士，今年42岁，在中国从事服装设计加工。她告诉记者："选择投资英国主要是看中它的教育环境、文化历史背景，小孩教育是我们这一批人的主要考虑因素。如果单纯从投资金额来说，英国没有优势。"

伦敦市中心的华人律师李加告诉记者，近半年来问询投资移民的华人很多，不少人有这个意向，有些人已开始着手。未来几年，中国的投资移民人数肯定会增长，但很难形成美加澳三国那样大的气候。英国的条件过于苛刻，英国给人的印象不是一个移民国家。

（［英国］《华商报》2011－09－15）

意大利外来移民已超450万　华人达21万

9月22日，意大利国家统计局（Istat）公布了一项关于居住在意大利的外国移民统计数据。

数据显示，截至2011年1月份，居住在意大利的移民已达到4 570 317人，比上一年增加了335 000人，增幅为7.9%，该数据是根据2011年1月1日前，意大利户籍部门登记的外国移民总数统计出来的。

意大利国家统计局新闻公告中还显示，外国移民占意大利总人口的比例仍在持续增长，与前一年的7%相比，已经达到了7.5%；其中86.5%的外来移民居住在北部和中部，南部和岛屿地区外来移民约为13.5%。2010年，意大利大约有78 000名移民新生儿，占总出生人口的13.9%，比上一年增加了1.3%。

意大利国家统计局新闻发言人表示，来自罗马尼亚、阿尔巴尼亚、摩洛哥、中国和乌克兰的移民数量分别排在移民排行榜的前5名，这5个国家的移民数量超过了所有移民总数的50%，其中华人移民的人数已达到209 934，比上一年增加了11.5%。

（［意大利］欧联网2011－09－23/李佳）

Prato华人家庭抛弃子女现象越发严重

Prato地方媒体报道称，Prato华人家庭抛弃子女现象值得关注。

据当地媒体报道称，Prato市政府已经接收了被父母抛弃的21名未成年华人，而且这一数字仍有增加的趋势。华人家庭不能或不愿意照顾这些孩子，他们的父母称需要工作或他们居住在其他地方，总之这些孩子遭到家长的抛弃。

这些孩子年龄在2岁至16岁之间，其中9人已经委托给意大利家庭，另外12人居住在专门的接待机构。这12人每人每天的消费为100欧元，也就是说市政府每天必须为他们支付1 200欧元。

Prato市政府社会问题负责人Dante Mondanelli希望与中领事馆与当地的华人社团合作，解决华人未成年子女被抛弃问题，同时希望华人社会关注这一问题。

（［意大利］《欧洲侨报》2011－09－23/林夕）

持野鸡学校I－20入境反入狱

据报道，最近屡次发生持F1签证赴美的中国大陆学生因I－20表出状况，入境时遭刁难，甚至被原机遣返或关押移民监狱多日。法界人士提醒，少数学校被取消接受国际学生资格后，可能仍在继续签发I－20，造成持该校签发I－20的留学生入境时遇到问题，因此学生赴美前，应透过权威机构查核学校是否正规可靠。

来自中国辽宁的90后学生小王透过中介，办理了F1签证月前赴美念书，在洛杉矶国际机场入境时，移民官当场指出签发小王I－20表的学校“根本没有接受国际学生的资格”（俗称“野鸡学校”），这一份I－20形同废纸，小王莫名其妙被移民局原机遣返。

另一位在9月份赴美念书的90后中国学生Michael周，I－20表在机场入境时也突然“作废”，移民官连解释的机会都没给他，就将他“请进”小黑屋。这晴天霹雳让Michael措手不及，海关人员后将他转移至移民监狱。在国内一直顺风顺水成长的Michael一夕之间沦为阶下囚，关押至今已三个多星期，尚未释放，也不能保释。Michael的父母在大陆得知消息，急得团团转，却也鞭长莫及。

律师张军表示，“9·11”恐怖袭击事件后美国联邦政府收紧对学生签证的核发，学校须获得联邦认可的资格才可签发I－20表，移民局对签发I－20的学校会进行不定期审查，但少数学校被取消招收国际学生的资格后仍继续签发I－20，而国务院海外使领馆数据库可能未与移民局的学校数据同步更新，时间差导致持该校I－20的学生仍能申请到F1签证赴美，但到机场被移民官发现问题，持这张I－20的学生也会遭刁难，甚至原机遣返或关入移民监狱。

律师刘龙珠指出，美国少数不正规学校，只要学生缴钱就签发I－20，此类学校一经移民局查处，持该校I－20和F1赴美的学生在美合法身份也会出现问题。刘龙珠透露，南加州地区近年有一家学校因收钱滥发I－20而遭联邦司法部查处，通过该校赴美的学生，仅司法部已查出的就有400多人。

律师薄尚乐建议，在当前的出国热潮中，家长和学生应首先查核学校是否正规可靠。正规学校除应具备移民局授权签发I－20表的资格，还应有权威教育认证机构的认可。

（［美国］《世界日报》2011－10－05/骆舒娴）

移民研究中心报告　中国第一代移民为217万

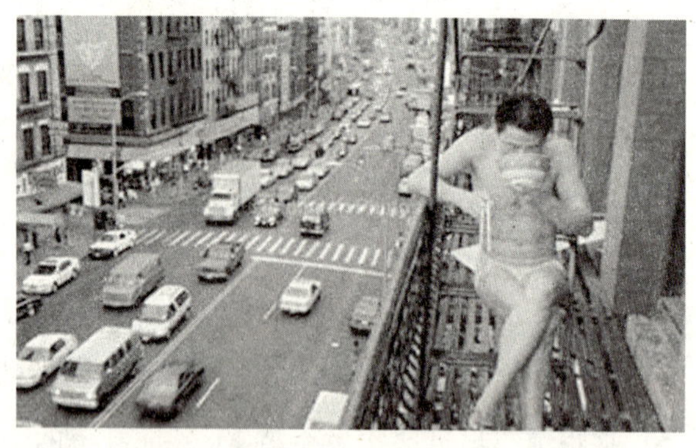
在美国的大陆移民达到217万人

在美外国出生的移民已达创纪录的4 000万，其中亚裔移民1 128万，出生于中国的旅美移民达217万，居全球第二。

华府智库移民研究中心主要根据最新人口普查数据于6日推出的研究报告显示，中国是全球来美移民第二多的国家，现有定居美国但出生于中国大陆、台湾和港澳的第一代移民216.7万，仅次于墨西哥的1 171万。中国移民数量比10年前增加了近65万，比20年前增加124万多人。随后的移民输出大国是印度、菲律宾、越南、萨尔瓦多、古巴、韩国，其在美移民也都在100万以上。

这份报告说，相较于1990年到2000年美国工作机会增加2 000万而移民只增长1 320万，过去10年美国就业机会减少40万，但移民增量却创1 390万的历史新高。现在旅美外国移民数量是1990年的2倍，1980年的3倍，1970年的4倍。

扣除移民外迁和死亡者，过去十年美国移民人口净增880万，从而使移民总量达4 000万。尽管如此，美国移民占总人口的比重还不足1成3，不如90年前移民比例最高时的1成5。

报告称，移民人口增长主要是由合法移民大量流入推动的，大约3/4的移民是合法来美的。拉丁裔移民是移民增加的主力，10年增加了747万，亚裔是第二大主力，10年增加了409万。

研究发现，移民来美落脚点更加分散，移民最密集的6个州占移民人口总数的比例从1990年的73%下降到2010年的65%。移民增长最快的州多在中南部地区，亚拉巴马、南卡和田纳西等州移民数量10年间增加8到9成；与20年前相比，北卡、佐治亚、阿肯色等州移民人口增加3.3到4.3倍。

移民总量增加最多的依然是加州、得州、佛罗里达、纽约、新泽西等传统移民聚居州。目前移民人口最多的是加州（1 015万）、纽约（430万）、得州（414万）、佛罗里达（366万）、新泽西（184万）、伊利诺伊（176万）。

（［美国］《侨报》2011－10－06/余东晖）

全球2.2万投资移民申请积压

联邦投资移民申请积压个案目前在全球超过2.2万宗，仅中国大陆、香港、台湾就占75%。有移民律师建议，联邦移民部应采用配额制，每年让500个按旧门槛40万元投资额度申请人，若自愿提高至80万元新额度的申请人先进行审批，估计每年可为加国带来2亿元经济效益。

据周五公布的最新一期《移民资讯汇编》（Lexbase）指出，联邦政府是在去年底将投资移民的投资门槛由40万元提高至80万元，但申请个案继续猛增。而联邦投资移民每年700个名额的新政策自今年7月1日起生效，不少移民公司连夜排队送件，首日即收到上千宗，随即令配额爆满。

移民部资料显示，截至2011年4月1日来自世界各地的投资移民积压个案有22 491宗，单是香港就高达15 643宗。平均等待期由2年到8年不等。此外从2007到2009年，抵加投资移民中，中国名列前5名国家的第一名。

Lexbase总编辑兼移民律师库兰（Richard Kurland）周五在接受《星岛日报》记者访问时表示，他建议移民部设立500个优先处理配额，让那些愿意主动将40万元投资额度提高至80万元的申请人先审批，每年可为加拿大额外创造2亿元现金收入。

他说，移民部目前每年处理3 000个投资移民案，扣除700个新案，可处理2 000多个旧案，加快处理其中500个旧案，完全没有问题。移民部不必要求那些自愿者重新提出申请，仅需透过行政程序询问申请人，只要申请人愿意，补缴差额即可，不会增加移民部作业负担。

此外，库兰建议，针对未来接受新申请案，由目前一年缩短为90天，同时改为一律邮递送件，避免混乱。

联邦移民部策略分析处（Strategic Policy Branch）今年3月31日完成的成本效益分析报告提到，新加坡对寻找资金避风港的中国投资者吸引力愈来愈大；美国EB－5投资移民计划的市场份额也在上升，愈来愈多的申请已获批准；此外，拉丁美洲的市场份额则不断增长。不过在争取投资移民上，加国较其他国际竞争对手，仍具优势。

原因是，虽然美国或澳大利亚投资移民计划低于80万元，但都不是立刻发给永久居民签证，同时不许贷款。相反，加国投资移民允许投资人向金融机构贷款9成，申请人仅要拿出22万元，就可办理投资移民。

报告显示，2009年，联邦投资移民计划为本国各省及特区创造4.87亿元的资本流入，在将投资额度提高到80万元后，各省及特区投资移民方案将可获挹注近10亿元，同时移民服务行业也会水涨船高。

报告指出，由于全球财富增长，80万元的投资额度令申请人更容易达到。例如，在新德里和北京一个150平方米的公寓价值可达60万到70万元，在中国香港或伦敦甚至可达200万以上。

（［加拿大］《星岛日报》2011－10－08/张文慈）

原告开庭迟到一刻钟　罪犯无罪释放

侨胞小秋是一家服装店店员，因为老板给他出了合同，帮他解决了身份问题，所以小秋一直对老板心存感激，在店里工作一向都非常认真。

今年年初，正值打折期间，几个年轻的罗马尼亚的年轻人在店里偷东西，正好被小秋看见，他立刻把他们偷东西的事情告诉了老板，这几个青年正要出门时，被老板拦下，把偷窃的衣服拿了回来。本以为事情就这样结束了，可当天晚上，怀恨在心的小偷在小秋回家的途中围追堵截，把小秋暴打了一顿后，逃跑了。

随后，小秋去医院验了伤，又去警局报了警，因为那几个罗马尼亚青年在服装店周围徘徊，没多久就被警察抓到了，几个青年对打人的事实并没有否认，案子进入司法程序，只等最后开庭了。

开庭时间一拖再拖，一直拖到了9月底。当日，小秋早早离开了家，赶往法院。可中途他发现自己把钱包和证件都落在了家里，只能回去取。结果折腾了半天，来到法院时，已经比开庭时间迟了15分钟。这时，小秋的律师和几个被告走出了法庭，他的律师非常遗憾地告诉他，因为作为原告的小秋缺席，所以法官宣布起诉罪名不成立，所以几个被告被无罪释放了。

事后，小秋咨询了律师，原来西班牙法律规定，如果被告无故缺席，起诉罪名成立；不管是不是公诉案件，而原告缺席，被告将被无罪释放。小秋万万没想到，自己苦等了几个月的判决，竟然是这样的结果。

（［西班牙］《欧华报》2011－10－08/紫隆）

搭铺之“露水夫妻”　透析西班牙华人另类情感生活

在旅居西班牙的侨胞中，有这样一类群体，称他们“搭铺”也好，叫他们“露水夫妻”也罢。不管缘于何种原因，若将此现象简单归于不道德、不合法，或人性与道德的沦丧，都无法为这一类人群的感情生活做出贴切而准确的注解？

来自北方的刘先生5年前以商务考察的名义独自来西，太太和15岁的儿子都留在国内。出国前，刘先生是一家大型企业的财务负责人，每年的收入相当可观。据他的朋友介绍，刘先生之所以选择出国这条路，很可能是害怕经济问题。为了能够有个合法身份，在生活上方便些，在西班牙待了半年后，刘先生在语言学校学习语言时遇到也在学习语言的章小姐，从而开始了公开的同居生活。

据刘先生透露，他认识章小姐没几天，双方就在同居上达成一致，原因应该从两个方面来分析，一是他已寂寞半年多；二是他想学习西语，需要有个老师，而章小姐正具备这两个条件。章小姐当时也有自己的难处，其一是当时做工的环境不理想，她想在马德里找份体面的工作，而刘先生一个人租住在马德里的一所套房，能提供住处；其二是当时她老公的来西签证又被拒，她感到，自己“不得不从梦想中回到现实”，便选择能解决实际生活问题的同居。

刘先生的朋友透露说，在和章小姐同居前，他们俩曾有过一个“君子协定”：如果有一方家属来到西班牙，同居关系就立即结束。从此，两个人便以“夫妻”名义参加各种朋友聚会，刚开始亲朋好友都讶异他们两人居然都不避讳、不否认自己在中国都有家室，时间长了，也都见怪不怪了。

对于旅居异乡的孤寡侨民来说，如何在乡愁中排解自己的思想以及情感，怎样去维系两地分居的婚姻，是值得思考的。若因为出国而失去了原本的幸福婚姻，那么出国的人生意义又何在……

（［西班牙］欧浪网 2011－10－09）

统计显示：在德生活中国人逾8万　男女比例基本平衡

据德国欧览在线报道，据德国联邦统计局发布的年度统计数字，在德国生活的中国人为81 331人，占在德外国人口的1.2%。其中男性39 825人，女性41 506人，男女比例基本平衡。

在德中国人的平均年龄为31.1岁，在德平均居留时间为6.6年。按照比例来看，在德中国人数并不多，亚洲国家中的泰国、哈萨克斯坦、伊朗在德人口都有5万多，而越南人在德人口达到84 301，超过中国人，伊拉克在德国的人口也有81 272人，几乎和中国人持平。

（中国新闻网 2011－10－11）

新西兰：华人移民的新聚集点

“新西兰，已经成为世界华人移民新的聚集点。”亚裔移民史专家、新西兰奥克兰大学叶宋曼瑛博士最近访问中国，在为中国侨史界作报告时这样总结道。她在接受记者采访时说：“支撑这种观点的，除了新西兰华人新移民人数增加的事实外，还有华人移民的新特征。”

移民人数持续攀升

叶宋曼瑛说："2001 年新西兰人口普查数据显示，华人人口在新西兰的分布可以说是到了'无孔不入'的地步，城镇、乡村、河滩、湿地以及滩涂都有华人的足迹。"

在新西兰的华人（包括香港和台湾移民）大约有 15 万人。华人移民新西兰人数，自 20 世纪 90 年代中期开始持续攀升，至 2000 年后，中国大陆一直是位居第二的移民来源国。

翻开新西兰的华人移民史，可以看到，早期华人移民大约在 1860 年来到新西兰，距今已有 100 多年的历史。在 1987 年以前虽然也有过 2 次移民高潮，但是增长幅度不大。1987 年以后，华人人口数字呈井喷式飙升。在 2001 年新西兰全国人口统计中，华人人口总数为 10 万多人，占新西兰人口总数的 3%。从 1986 年至 2001 年的 15 年间，华人移民增长了 8.5 万多人。

叶宋曼瑛说："从来源地发展的情况来看，新西兰是一个国际华人的聚集点。"

1987 年以前，新西兰的华人移民大部分是广东人。此后，华人来源地的情况发生了很大变化，香港、澳门、台湾、河南、河北、黑龙江、辽宁、陕西、四川等地的移民也开始大量增加。从世界范围来说，除中国以外，越南、柬埔寨、泰国、菲律宾、马来西亚、新加坡、澳大利亚、斐济、英国、美国、日本以及韩国等多个国家和地区的华人，受新西兰优越生活条件的吸引也纷纷移民过来。此外，还有部分在科技、教育、医学等方面的华人精英在双向选择的情况下也流动到新西兰求发展。

华人社会呈现新特征

在新西兰，华人的分布主要"集中在北岛、集中在奥克兰、集中在个别区域（中区、南区）"。第三次华人移民高潮（自 1987 年始）出现以后，华人开始在奥克兰东区、北岸这些新城区汇聚，惠灵顿、基督城、哈密尔顿等地也开始形成华人的聚居点。

"过去，华人在当地备受歧视，新西兰政府曾经单独向华人移民征收人头税，金额最高的时候达到每人 100 镑。随着时间的推移，华人虽然慢慢被当地人所接受，但对待华人移民的种族歧视仍然存在，直到 1987 年移民新法案颁布才改变，在新的社会环境之下，华人纷纷选择到新西兰移民。"叶宋曼瑛说，"除了优越的生活条件、宽松的社会环境和廉价的高素质教育外，还因为华人得到更多的重视。"

近年来，随着中国国际地位的提高，华人移民数量的增多，华人经济实力的增强，华人在当地社会地位的提升，新西兰政府对华人群体给予了越来越多的重视。

例如，为了拉近与华人的距离，新西兰政府为华人举办农历新年庆祝酒会；政府总理为 100 多年前征收华人"人头税"的问题公开道歉；华人与当地政要的关系进一步密切发展，参政议政的华人数量逐渐增加。

"新西兰政府对华人的重视，为华人的生存发展提供了一个更良好的环境。"叶宋曼瑛说，"但这其中也离不开我们华人的抗争。"

移民带来美好生活

"华人对新西兰是有贡献的。"叶宋曼瑛指着一张和华人农场主的合照说，"没有华人，当地人连黄瓜也不会种。”

很多瓜果蔬菜都是华人带来并在当地种植的，可以说，华人垄断了当地的瓜果蔬菜种植。叶宋曼瑛说：“新西兰华人园艺种植业在20世纪90年代以来得到更大发展。现在，奥克兰的蔬菜市场有如中国大陆的大集市，什么都有。健全的华人服务网络也给新移民提供了更为舒适、更为优越的生活条件。”

1987年以后的华人新移民，尤其是从中国大陆出去的这部分新移民，他们大部分受过良好的教育，有一定特长。他们是为了寻求更大的发展才移民国外的，在事业上起点较高，更容易取得成就。

网民“大头妈”在博客中，曾经对新西兰华人的工作进行过详细的分析，她认为华人移民大部分是技术移民。

那么，技术移民从事的是哪些工作呢？有的是自己开个小公司或合伙做贸易生意；有的自己买个小连锁生意，比如清洁、割草、快递等；有的是做房屋经纪人；有的是在洋人公司或者超级市场、商店里打工（现在很多超级市场里都有华人员工的身影）；有的做水管工、建筑工、电工、护士、教师等；有的利用一技之长，在家里开办补习班；还有的就是在华人公司（工厂）、餐馆、杂货店里打工。

叶宋曼瑛说：“其实技术移民很多都干得不错，年薪可以高到9万新币。在这里，决不可以有船到码头车到站的思想，你必须要准备好融入主流社会。”

（《人民日报·海外版》2011-10-24/聂传清）

美国华人人口突破400万　全美会讲中文华人238万

亚裔权益团体联盟26日发布的最新报告显示，美国华人人口已突破400万，是最大的亚裔族群；社区调查发现，全美会讲中文的华人为238万。

“亚美推进正义中心”推出的这份报告以2010年人口普查和2007—2009年社区调查数据为基础，是迄今为止关于亚裔发展状况的最全面报告之一。

人口普查发现，自报血统为“中国人”的有379.5万人，自报为“台湾人”的有23万，两者合计402.5万。

全美2010年有亚裔血统的人口1 732万，占总人口的6%，过去10年增长4成6，是人口增长最快的族裔。亚裔人口排第2到第6的依次为菲律宾人（342万）、印度人（318万）、越南人（174万）、韩国人（171万）、日本人（130万）。

亚裔中人口增长最快的族群是南亚人，过去10年华人增长约4成。有两种以上血统的亚裔占15%，其中日本裔有1/3有多种血统，华人有1成2有多种血统。

亚裔最集中的地区依然是加州（556万）、纽约（155万）、得州（111万），但亚裔人口分布开始分散至非亚裔传统聚居区，内华达、亚利桑那、北卡、佐治亚、新罕布什尔过去10年亚裔人口都增长8成以上。

亚裔人口中6成是外国出生者，第一代移民比例在各族裔中最高；出生于外国的华人比例也在6成1以上。外国出生的亚裔中，57%已入籍成为美国公民，其中6成以上的华人移民已入籍，比例高于旅美外国移民总体入籍比例的4成3。

来自中国的53万绿卡持有者中现在已有资格入籍的仅占19万，比例在亚洲主要移民国家中最低，说明来自中国的移民迅速增加，很多人是近年刚获得绿卡。过去10年有28.6万大陆人和4.6万台湾人获得美国移民签证，在亚洲排名第二。2010年获得美国绿卡的中国大陆居民中，1成7靠家庭移民，2成5靠职业移民，3成4是美国公民直系亲属，2成1靠庇护。

全美有238万华人会讲中文，英语程度有限的华人人口占4成2，全家基本都不会讲英语的家庭占2成9。有台湾背景的华人受教育程度最高，7成有学士以上学位；大陆背景的华人有学士以上学位的亦占一半，受教育程度在亚裔中居于中游。

有台湾背景的华人最富裕，人均年收入3.83万美元；大陆背景华人人均收入3万美元，在亚裔中居第6位。

根据国土安全部去年初的估算，全美有100万没有身份的亚裔，其中没有身份的华人估计为13万。

亚裔有投票权、登记为选民和实际投票的人数比例均与拉丁裔不相上下，但落后于白人和黑人。

（［美国］《侨报》2011-10-26/余东晖）

日本人口总数首次出现减少　在日中国人总数首次占首位

10月26日，日本总务省公布了2010年10月实施的日本国情调查结果。统计显示，日本籍人口数量为1.253 588 54亿人，较前一次于2005年实施的人口普查数量减少37万人，减幅为0.3%。这也是自1970年开始分别针对日本籍人口数量与外国籍人口数量展开调查以来，首次出现的减少情况。如果将在日外国人计算在内，日本总人口数量为1.280 573 52亿人，与2005年的调查结果相比，增加0.2%，但增加率却较前番减少了0.7%。

按性别分别统计日本籍人口数量，男性人口为6 102.785 9万人，与2005年时的统计相比减少30.274 2万人，减幅为0.5%；女性人口为6 433.995万人，减少6.855 2万人，减幅为0.1%。将在日外国人计算在内，则男性人口为6 232.773 7人，女性人口为6 572.961 5万人。人口总数在联合国人口基金会统计的排名与2005年相同，仍为第10位。

统计结果还表明，目前可以确定国籍的在日外国人人口数量为164.803 7万人，较2005年人口普查数量增加了5.9%，达到历史最高水平。按国籍统计，中国人最多，占全部在日外国籍人口的27.9%；其次是来自朝鲜半岛的人口，占外国籍人口总数的25.7%；

排在第三位的是巴西人，占外国人总数的9.3%。这也是自有针对外国籍人口调查以来，持有中国国籍的人数首次超出来自朝鲜半岛的人数。据总务省相关部门分析，在日中国籍人口反超，主要是由于近年来中日两国交往日益频繁，来自中国的留学生、研修生等各色人数量均呈现出增加的态势。

这一次调查中，有大约105万人在填写调查表时，“国籍”一栏选择的是“国籍不详”——这部分人口数量较2005年的调查结果有所增加，其中有可能还包括未填写此栏的日本人，因此总务省认为：“而今仅依据目前的数据统计结果武断地认定日本人口增加或者减少是不合理的。”

此外，根据日本厚生劳动省等相关机构做出的“人口动态调查”结果显示，日本人口的自然增减数量从2007年开始便一直在减少。

（［日本］日本新华侨报网2011－10－26/米）

“隐性卖淫”在华人中悄然出现

何为“隐性卖淫”

不久前，马德里一位三十出头的年轻侨胞在华文报纸上刊登了一则征婚广告。广告登出去以后，应者寥寥。可一段时间以后，他忽然接到一个应征电话。电话中对方的声音甜美，听起来岁数也不大。双方相约见面以后，男青年发现对方果然是二十多岁，长相不错，谈吐间也体现出了相当的主动和热情。在第二次见面的时候，女方就很“实在”地提出，大家都人在国外，相互都很孤独寂寞，不管以后成还是不成，既然是朋友了，就可以随时过来“陪陪”对方。只不过自己一个人在外谋生也很不容易，所以也希望男方能给予一定的经济资助，如帮忙交一下房租，或还点借款等等。

听了对方的话，男青年觉得对方是有找同居搭铺的性质，便直言自己是以结婚为目的，要找恋爱的对象。女方听后也表示，自己也是找处朋友的“对象”，并非是要同居在一起的“搭铺”。如此，在一顿晚餐之后，应征的女子随“男友”一起回了家。事后，她得到了一个月的房租三百欧元。从那以后，虽然双方经常电话往来，可女方却很少愿意出来与男青年见面，像其他恋人那样，到公园走走，或看看电影什么的。每次“男友”强烈要求见面的时候，对方就会主动提出自己可以过去陪其一夜，同时自然也会以各种方式提出要钱、要物。所要钱物的价格少则百八十块，多则上千。

“陪”了几次之后，男青年觉得对方的行为与普通恋人相去甚远，也不是旅西华人中常见的女搭铺。每当他讲到将来要结婚的时候，女方总是毫无兴趣，甚至公开说，只想做朋友。对于两人的关系，她也总是集中在“陪”和“钱”上。疑问之余，求偶心切的男青年便暗地对女方进行了明察暗访。结果发现对方确实如其所说，在一家华人百元店打工，不过业余时间却有好几位所谓的“男友”要其时不时地去“陪”。此后，相关情况也在另一位同样在征婚的老乡那里得到了证实。那位女子在同乡那里应征的言辞，以及“陪”和要钱的手法，竟与自己的经历如出一辙。

虽然最终的发现，让这位男青年懊恼不已，可在另觅佳偶的同时，他在寂寞难挨，有需要的时候，仍会打电话，要对方过来“陪”一下。而那所谓的“帮助”，也无须什么借口，双方对钱额早已达成默契，完全是赤裸裸的陪睡后，拿钱走人。

“隐性卖淫”比较常见

其实，“隐性卖淫”在华人中并非个别现象。据了解，从事隐性卖淫的华人女子除了通过应征的手段来揽客以外，还会在华人娱乐场所，以及利用平时生活中的社会关系来寻找客人。

马德里一位了解这样“暗地里卖淫”现象的华人介绍说，在一些华人娱乐场所经常会遇到这样的华人女子。大家在娱乐中认识，聊熟以后，如果男方表露出相关要求，对方就会直接亮出自己的身份和价格，双方谈好后就可以到旅馆，或到其中一方的住处去“成交”。而平时，这些女子是不会到华人那些公开营业的红灯店去坐台的。她们有的有自己的工作，只是在闲暇和业余时间出来兼职，赚外快；有的虽然不上班，完全靠卖身为生，但她们完全自己支配自己，愿意接客的时候，就接；感到累的时候，就休息，可谓真正意义上的自谋职业者。对于这些带有“暗娼”性质的女子来说，她们通常都有自己较固定的客人，很多的客人都是老相识，算是“朋友”，而一些客人也是来自朋友的介绍。在某种程度上，这些较固定，或常来的朋友和客人，就足够满足这类卖淫女的客户需要了。

谈起华人的“隐性卖淫”时，马德里一位当房东的华人说，这种现象应该是有一定历史了。几年前，她就遇到了一位奇怪的女性租客。这位房客住进来的时候，说“丈夫”在外地餐馆工作，只是周末回来小聚一下。可除了这位“怎么看都不太像她丈夫”的男子在周末定期来小聚以外，平时也经常有两三位“老乡”、“亲戚”等男人到其屋中“探亲”、“访友”，短则一两个小时，长则一个下午，或是半夜来，天亮走。这位房东说，来看她的男子，有的很固定，时不时地就过来；有的来几次，就再没看到了。到最后，来访的客人竟然常常是陌生的面孔了。平时，女租客虽然打工，但也是三天打鱼，两天晒网，工作时有时无，不过她的生活却显得衣食无忧，满身名牌的。看到陌生人在家中人来人往的，在忍无可忍之后，这位房东坚决让对方搬走了。对于这位女租客，房东的评价是“绝对是地下卖淫的”。

“隐性卖淫”滋生的背后

与红灯店、按摩房等公开打出广告揽客卖淫相比，从事“隐性卖淫”的女子，一方面可以不受他人控制，没有寄人篱下所带来的剥削与威胁，同时也可以避免警察时不时的抓捕；而另一方面，比较固定的客人也让她们在卖淫中有较高的安全卫生和收入水平。所以，很多从事“隐性卖淫”的女子都是在按摩房里做过一段接客小姐以后，再变公开为隐蔽，有选择性地自己在家接客。也有的是按摩女所谓的“从良”以后，难挨寂寞，或是难以拒绝过去老客人、老相识的要求，间或地重操旧业。

此外，从事“隐性卖淫”的女子中，还有一些是以前从未卖过淫的普通女子。她们来西以后，由于寂寞的生活，经济上的压力，对物质的不良追求，以及所处的具体社会环境等因素的影响，让她们在交过几次男朋友，或找过几次搭铺后，发现多找一些男朋友、男搭铺，多认识一些男人等，就可以实现自己多赚钱的愿望。

在马德里一家衣工厂里，不久前新来的一位女车工很是“招蜂引蝶”，独身的烫工很快就拜倒在其石榴裙下，而其他的风言风语也随着大家对她了解的加深，很快流传开来。再往后，她以前在其他衣工厂里的男工友、“老乡”、朋友也常常找上门来。到如今，衣工厂里许多人都已知道，来找那位女工的男人都要送钱、送物，才能受到“搭理”。并且根据这些男子实力的不同，钱物的多少，那位女子与他们也有远近亲疏的关系。而来找她的男人们大多也知道，除了自己以外，在她身边还有其他男子的存在。对于这种现象，有人说是生活作风问题，也有的说就是一种卖淫。

对于“隐性卖淫”，不管它是半公开，还是隐藏在一定的“外衣”之下，也不管其是生活作风问题，还是相互的“友情资助”，只要存在经常性的“金钱”与“性”的交易，那就是一种卖淫行为。

“隐性卖淫”在华人中的悄然出现，与华人色情按摩房的红火，都有着相同的社会原因。旅西华人中较高比例的独身者，华人对金钱的非理性追求，一些人道德水平的低下，海外孤独寂寞的生活等都是造成这些卖淫现象的原因。

如今，由于西班牙警方对华人非法卖淫业的打击，华人公开卖淫的按摩房已经变得越来越危险，所以很多卖淫女在被“解救”后，也都开始转入地下进行“隐性卖淫”。如此，随着“隐性卖淫”的潜滋暗长，这在今后也将会成为华人群体所要面对的又一比较严重的社会问题。

（［西班牙］《欧华报》2011－11－02/凌峰）

居留条件苛刻且生意冷淡　罗马尼亚华商进退维谷

据罗马尼亚《旅罗华人报》报道，罗马尼亚最新发布的外国人移民法自8月1日起开始正式实施。新外国人移民法其中一条规定：凡是持商务签证在罗居留的外国人，有限公司每个股东至少需要7万欧元的注册资金以及10个当地雇员的工作合同；股份公司每个股东至少要具有10万欧元注册资金和15个雇员的工作合同，且雇员合同须达到每日8小时的工作时间。新移民法自推出后，在旅罗华商中反响很大，很多华商对此表示不理解，大家认为新规定的签证居留条件“有违常理”。

罗马尼亚的新外国人移民法有关规定将使旅罗华商面临居留难问题。据记者了解的情况来看，多数华商认为这项新实施的法律对于外国人的居留条件太苛刻，甚至比起西欧国家的居留签证有过之而无不及，使本来因为经济危机影响而在困境中艰难挣扎的华商，面临更为严峻的生存局面，特别是今年下半年办理签证延期的华商，根本没有充分时间准备这些办理程序，以致这批措手不及的华商很有可能会因为不能适时办理居留手续而不得不选择回国。

关于新移民法中规定的在罗从事商业活动的外国人，每个股东至少要具有 10 个雇员的工作合同一项，很多华商认为，商业活动是有其客观规律性的，一个商业实体具体要多少个劳动力才能满足其需要，要视不同情况而定，不能在法律上给予这样强硬且有违常理的规定。

据了解，新移民法出台后，很多华商都萌生离开罗马尼亚的打算。因为公司或者每个股东根本用不了那么多雇员，但如果不按法律规定办理签证，就意味着无法获得罗马尼亚的居留，那么摆在华商面前的就只有回国或者去其他国家的选择。但是“想走”又谈何容易呢？不少华商在罗马尼亚已经居留几年，甚至十几年，他们购置了房屋、别墅、土地等不动产，仓库中还有不少剩货旧货，还有其他不少与公司相关的问题都需要解决等，因此这部分华商面临的是去留两难的尴尬境地。

（中国新闻网 2011 - 11 - 11）

2011 年罗马省警局驱逐近万名外国人 华人和菲律宾合法移民人数最多

来自罗马省警察总局的最新消息称，移民事务处负责人 Maurizio Improta 宣布，从 2011 年年初到现在，近一万名外国人被驱逐出意大利，其中 5 600 名外国人因违反居留证规定而遭到驱逐。此外，移民事务处已经发放了 11. 5 万份居留证。

罗马省警察总局下属 49 个警察分局的巡警和移民事务处的工作人员参与了检查与驱逐工作，除 5 600 名外国人因违反居留证规定被驱逐外，还有 4 000 多名外国人因参与各种犯罪活动或出现各种违规行为而遭驱逐。

罗马省警察总局移民事务处通过打击非法移民，打击卖淫活动，加强机场、道路、港口等检查成功拦截和驱逐数千名非法移民，其中大部分是男性，与此同时还扣押了大量假冒名牌商品。

2011 年年初至今，罗马省警察总局移民事务处共撤销 85 名移民的居留证，发放和延期居留证 11. 5 万份。该事务处的统计数字还显示，目前罗马省华人和菲律宾合法移民人数最多。

（［意大利］《欧洲侨报》2011 - 11 - 12/林夕）

中国富豪在美“投资换绿卡”暴增

通过在美国投资的方式获取美国公民权的中国富豪越来越多。《华尔街日报》10 日报道称，在可获得美国公民权的 EB－5 签证申请者中，中国人大幅增加。获得 EB－5 签证的条件是，最少投资 50 万美元，创造 10 个以上工作岗位。

美国移民局透露，今年申请 EB－5 签证的中国人共达 2 969 人，其中 934 人获批。在 EB－5 签证总申请人数中，中国人占 75%。与 2007 年（270 人申请，161 人获批）相比，增至 10 倍以上。获得 EB－5 签证后，如果能够维持 10 个正规工作岗位 5 年，投资者及其家人可获得公民权。

《华尔街日报》分析称，中国人想要获得美国公民权是因为，随着中国经济的发展，富豪剧增，但中国的社会基础设施等不能满足这些人的要求。最近中国银行对 980 名财产在 1 000 万元人民币以上的中国富豪进行了调查，结果显示，46% 的受访者表示“正在考虑移民”，14% 正在办理移民手续。在财产超过 1 亿元人民币的中国富豪中，55% 的人有到其他国家的想法。想要移民到美国（40%）的人最多，其次为加拿大（37%）、新加坡（14%）和欧洲（11%）。

考虑移民的最大原因就是“子女教育”。与中国银行一起制作报告的胡润研究院院长胡润表示：“因担心政治局势发生剧变后自己的财产被没收，以及对恶劣的医疗环境的不满，也使富豪们考虑移民其他国家。”中国千万富豪约有 96 万人，亿万富豪超过 6 万人。

（［韩国］朝鲜日报中文网 2011－11－12/Kim Sin-yeong）

回乡恳亲成侨社主旋律　华人赞中国改革开放

早年举办的恳亲大会绝大多数在美国本土进行，也有部分在中国香港、东南亚和中国台湾举行。虽然绝大多数传统侨团都由来自广东省各地的侨胞组成，但因为中国在 20 世纪 50 年代战乱不断，之后又因为特定的历史原因和社会环境，没有一个侨团去中国开恳亲大会。

自 20 世纪 90 年代首个侨团到中国开恳亲大会起，越来越多的传统侨团纷纷选择回家乡开恳亲大会，发展到今年，每年都有一批侨团到广东省的家乡开恳亲大会，尤其以 10 月底至 11 月初为最，而台山更是众多侨团开恳亲大会的首选，因为很多侨胞来自台山。这个变化完全是拜改革开放所赐，可以说，没有改革开放，现在就不会有侨团到中国恳亲；从侨团回乡开恳亲大会也就反映了中国改革开放 30 年取得的丰硕成果与瞩目成就。

旧金山中华文化中心前董事郑国和说，他 20 世纪 80 年代与麦礼谦带华裔青少年到广东省寻根访祖时，当时和中国方面的通讯方法只有电传，而且费用相当昂贵，没有电邮也没有手机，广东省的公路交通也还不很方便，他们一天最多只能到访一个村。现在，这种局面完全改观。

以前有很大问题的“衣食住行”，现在已完全不再是问题。以往动辄上纲上线的意识形态已被乡情、亲情、侨情所替代，侨领宗亲们和家乡的领导与乡亲可以无拘无束地谈笑风生，把酒言欢，放声高歌。此外，很多姓氏的宗祠宗庙得以修复或重建，让历史得以传承和延续，回乡恳亲的侨胞也有拜祭祖先的场所。

在积贫积弱的旧中国，很多广东省沿海民众为了生活而以“卖猪仔”或“买纸仔”（顶替别人）的方式来到美国这个异国他乡，他们不可能有回乡开恳亲大会的念头，中国家乡也没有这个接待能力。

改革开放后，中国摒弃了意识形态的束缚，发展出具有中国特色的社会主义，形成中国特色的经济发展模式，拉近了祖国和海外侨胞之间的距离，渐渐地侨胞们感觉祖国不再遥远。第一批回乡探亲的侨胞把亲身体验的家乡变化带回侨居地后，第二批、第三批、第四批返乡客频频往返于太平洋两岸。目前，有些侨胞一年回几次家乡，有的甚至待在家乡的时间比在美国还要多。渐渐地，回乡开恳亲大会也成为侨社的主旋律。

可以说，没有改革开放就没有中国的今天，也就不会吸引传统侨团回乡开恳亲大会。

（［美国］《侨报》2011－11－14/吴卓明）

越来越多中国高学历女性选择外国丈夫

今年中国女性与外国人结婚数量突破100万，这些女性有一半至少拥有大学学历。而在1982年，中国仅有14 193宗跨国婚姻，其中多数是中国女性嫁给白人男性。

江苏省某婚介杨玲（音）说：“20世纪80年代晚期，许多贫穷、没念过书的女性，把跨国婚姻当成改变命运的途径。如今，嫁给外国人的许多中国女性都很年轻，从小衣食无忧，有些曾出国留学。”

新加坡狮城婚介所的经理李曼迪（音）也表示，一些人仍错误地以为，想嫁给外国人的中国女性大多是想要钱的穷人，其实“现在大不一样了”。她的婚介所是当地撮合中国人与新加坡人的婚介机构之一，目前有600多名来自中国的女性会员，年龄都在25到45岁之间，“我的中国女性顾客多达半数都有高等学历，从事白领工作，如教师、助理经理，甚至生物医学研究员”。

据本月一家中文网站对3 200名女性进行的调查，其中4/5的中国女性表示如果爱上外国人，她们愿意与其结婚。25岁的中国人吴瑜星（音）拥有硕士学位，她表示：“如果两人来电，我不在乎他是不是外国人。”

只有7%受访者说，她们跟外国人谈恋爱首先考虑的是金钱。其他人则表示更关心对方的性格、生活方式和职业。一些受过良好教育的中国女性还认为，来自发达国家的男士通常比中国男人更有教养。

24岁的黄敏洁（音）来自中国南方的一个殷实家庭，曾出国留学。她批评中国男人的一些坏习惯，“许多中国男人爱在公共场所吸烟，高声说话，经常插队。连那些受过高等教育的也一样。我更喜欢欧洲人，他们彬彬有礼、很有风度”。

此外，对外国文化（尤其是西方文化）的喜爱，也会促使一些中国女性决定嫁给洋人。但很多中国网民对此持批评态度，觉得这给国家丢脸，是盲目崇拜西方文化。

（［新加坡］《海峡时报》2011－11－15）

美国人海外领养儿童锐减　中国仍是最大来源地

根据美国国务院最新发布的年度报告，美国人2011年从海外领养儿童9 320人，比去年减少1成5，是1994年以来的最低水平。中国依然是美国人海外领养的最大来源地，2011年被美国人收养的中国大陆儿童有2 589名，也比上年减少800多人。

美国人领养外国儿童在2004年曾达到近2.3万人的最高峰，最多时一年从中国领养近万名孩子。从1999年至今，已经有6.5万多名中国大陆儿童被美国人领养，领养中国儿童已成为美国社区常见的现象。

三年前中国收紧了领养政策，外国人领养中国孩子的条件提高，这是来自中国的被领养儿童近年减少的原因之一。专家分析，中国经济社会发展，弃儿减少，国内收养增多，也是来自中国的孩子减少的原因。

埃塞俄比亚2011年有1 727个儿童被美国人领养，名列第二。

从中国大陆领养孩子的平均费用是15 930美元，处于中等偏下水平。美国领养外国孩子最多的地方是加州、得州、纽约、伊利诺伊。危地马拉2008年曾有4 000多名孩子被美国人领养，当年超过中国，成为最大的领养来源地，但2011年减少至只有

32 人。相比之下，中国的领养政策被认为是比较规范的。

国务院儿童问题特别顾问雅各布斯指出，希望美国海外领养数量回升，但美国政府并无具体目标，问题在于如何“有道德、诚实、透明”地领养。

（［美国］《侨报》2011-11-21/余东晖）

职业移民绿卡等待时间或缩短　中印移民受益最大

美国国会众议院日前通过法案取消国别签证配额限制，移民专家认为新法案让中国和印度职业移民受益最大，职业移民绿卡等待时间有望缩短到1到1年半。

这一法案称为“高技术移民公平法案”，由代表犹他州的众议员沙费特兹（Jason Chaffetz）提出。其目的是阻止“人才外流”，因为很多外国留学生在美国完成教育后，因申办绿卡太困难而离开美国。

美国一年向外国人颁发14万个绿卡。根据现行移民法，每个国家的永久居民签证（即绿卡）配额不得超过总数的7%。新法案取消了这一限制，而实行“先来先得”原则，即谁先递交申请，先审批谁。

移民律师刘汝华表示，受益最大的是中国和印度的技术移民，大部分中国人申请第三类技术移民，目前排期在2004年，很多人用完6年的工作签证，绿卡还没拿到。如果按照“先来先得”，第三类技术移民有望1到1年半拿到绿卡。

移民小国的技术移民将来申请绿卡的时间可能会延长。目前，移民大国的技术移民需要等6至7年甚至更长的时间，而移民小国只需等1年。新法实施后，等候时间的差距将会缩小，从而更公平。

（［美国］《侨报》2011-12-03/林菁）

告诉小学生没有圣诞老人引争议　美华裔教师道歉

根据《纽约邮报》4日报道，位于纽约上州Nanuet地区的George W. Miller小学58岁华裔女老师伍安，上周二（11月29日）在课堂上给7~8岁的二年级学生讲解关于北极的知识时，其中一个学生指出北极正是圣诞老人住的地方，伍安告诉学生并没有圣诞老人，还补充说圣诞树下的礼物是他们的父母放在那里的。随后家长们认为伍安不应该告诉学生没有圣诞老人，因为这完全摧毁了他们的节日。

实际上许多家长，甚至华人教会也告诉孩子没有圣诞老人，但是多位华裔家长及教育界人士表示，老师确实不应该对学生讲没有圣诞老人，应该选择尊重美国的文化传统。

纽约华侨中文学校校长黄炯常表示，圣诞老人和圣诞节都是美国文化的一部分，老师应该尊重美国的文化传统。在圣诞节时他自己也会穿上圣诞老人的衣服，在学校给孩子派发糖果，和学生一起欢度节日，他认为老师不应该告诉学生没有圣诞老人。

信奉天主教的罗先生在美国出生长大，他表示父母从小就教育他们没有圣诞老人，礼物都是父母准备的，他现在也是这样教育他自己的孩子的，但他认为作为老师就不应该告诉学生没有圣诞老人，因为每个父母对孩子的教育都不一样，他能理解一些家长的愤怒，因为如果家长认为他们想要告诉孩子并没有圣诞老人的话，那是家长自己的选择。

华裔家长刘先生表示，背着袋子派发礼物的圣诞老人是圣诞节的象征，在孩子的印象里总与爱和美好有关，如果老师告诉学生没有圣诞老人，那圣诞节就失去了本来的乐趣，他表示老师可以这么教育自己的孩子，但不能这样教学生。

George W. Miller 小学的一位家长 Irene Hoffman 对纽约邮报表示，老师这样做（告诉学生没有圣诞老人）是不对的，但她同时认为这件事情已经被夸大得走样了，家长和老师都应该把焦点放在孩子们的教育上，继续往前走。

（中国新闻网 2011 - 12 - 06/王艾香）

欧洲刮起“打击非法移民”风　华人生活受影响

据法国欧洲时报网编译报道，非法移民问题近些年来在欧洲国家中受到越来越多关注。近日欧洲多国加大打击非法移民力度，对移民居留的检查变得格外严格。这对一部分华人来说，最为担心的事情恐怕就是警察的临检和驱逐令的问题。他们当中，大部分人一周六天都在工作，即使休息的那一天也不敢外出活动。有些非法移民更是为了避免警察的勘察，特意制备一身西装以及公文包出行，但如今这招在欧洲警察面前变

得不再好用，只要黄皮肤面孔就会被要求出示居留证。

据奥地利国家广播电视台近日报道，自今年9月以来由奥地利国家安全机构、外事警察局，以及部分刑事警察所组成的检查小组加大对移民拘留的检查。11月30日中午午餐时间，检查小组对奥地利铁城的中国餐馆进行搜查，3名中国非法移民被逮捕。事发后他们被带到警察局进行身份核实。

非法移民的工作、生活环境在警方的检查中得以关注，有些餐馆老板提供给非法劳工的住所条件极其恶劣，他们仅仅住在几平方米的屋子里，或是许多人挤在一个屋檐下。警方表示，这种情况下，餐馆的老板或被认为实施了剥削行为，最高可获刑3年。

除奥地利以外，西班牙、俄罗斯、法国都对非法移民进行大规模的搜查，随着法国大选的临近，法国政府也表示要通过严查无证黑工和加速遣返无合法居留证者来加大打击非法移民的力度。

据俄罗斯媒体消息称，三个月来俄罗斯移民局共抓获1 000多名中国非法劳工，目前他们已全部被遣返回国。西班牙一些侨民也反映，近日不少华人在大街上被警方要求出示居留证，更是有一些侨民由于没有带居留原件在身上，也同样被带到警察局。

欧洲刮起的“打击非法移民”风，无疑给生活在欧洲的中国侨胞带来或多或少的困扰。

（据［法国］欧洲时报网编译报道2011－12－07/戴玥）

移民执法趋严　合法公民中招

奥巴马上任后快速扩大“安全小区”计划，自他入主白宫至今，被递解出境的非法移民人数已达110万，创下60年来最高纪录，然而这一政策也殃及池鱼，令不少公民无辜被拘留关押。

美国联邦移民执法人员根据国安部数据库中的错误数据采取行动，令美国公民被关押在地方监狱的案件最近层出不穷。那些无辜被关进监狱的民众表示，尽管他们强烈抗议并表明自己的公民身份，但地方警察和监狱方面却充耳不闻，与此同时他们无法与联邦移民机构取得联系，以澄清自己的身份。

律师指出，任何公民因身份调查而被短暂拘留，都可能是错误的，因为移民执法官员没有法律授权拘留美国公民。

无辜被移民当局错误关押的美国公民的确切人数，由于没有系统性的记录，现在难以统计。但一份有关研究报告的作者斯提芬斯认为，在每年因递解而被关押的约40万人中，公民占了“不高但维持不降”的比例。

移民律师斯托克指出，很多通过归化入籍的外国人及通过美国籍父母或收养自动成为美国公民的人，国安部的数据库都没有记录。

不过联邦当局已经准备采取行动改善现状。移民与海关执法局（ICE）局长莫顿表示，任何人只要声称自己是美国公民，ICE 都会立即给予密切注意。莫顿还表示，将于本月稍后为被拘留人士提供一份用多种文字印刷的表格，规定警方必须告知嫌疑人他们是因移民身份被拘留，ICE 同时设立电话热线，令被拘留人士可以直接致电移民当局。

（［美国］《纽约时报》2011－12－14）

全美英语能力有限华人 155 万

全美共有 2 500 万 5 岁以上的英语能力有限（LEP）人口，占全国人口的 9%。其中 154.8 万人说中文。

全国英语能力有限人口，于 20 年内增加了 80%。

华府“移民政策研究所”14 日公布英语能力有限人口报告。这份报告是根据人口普查局以及美国社会调查（ACS）的结果所做。

英语能力有限人口报告指出，2010 年全美共有 2 500 万 5 岁以上的英语能力有限人口，占全国人口的 9%。其中 68% 的英语能力有限人口集中于加州、得州、纽约州、佛罗里达州、伊利诺伊州及新泽西州。

加州的英语能力有限人口有 690 万，占全美的 27.3%。加州人口中，英语能力有限的，占全州人口的 19.8%。

1990—2010 年，全美英语能力有限人口增加了 80%。增加最多的是内华达州，共增加了 398%；北卡州增加了 395%；乔治亚州增加了 379%。

2010 年 2 500 万 5 岁以上的英语能力有限人口中，说西语的最多，有 1 652 万人，占全国英语能力有限人口的 65.5%；说华语的次之，有 154.8 万人，占 6.1%。其次为说越南语、韩语、菲律宾语的人口。说这五种语言的人口占所有英语能力有限人口的 79%。越南语、韩语、菲律宾语取代了 1990 年位列前十名的意大利语及德语。

说华语的人口在加州、纽约州、新泽西州、华盛顿州、南卡州、犹他州及阿拉巴马州都占第二位，仅次于说西语的人口。

英语能力有限人口报告显示，大都会区的语言较多元化。例如华语在迈阿密是主要使用的语言之一，但还被排在前五名之外。

报告指出，州及地方政府应协助英语能力有限人口，也可以利用这些人士的语言能力。

（［美国］《世界日报》2011－12－15）

6岁女儿作文“爸爸，别碰我” 华人父母上法庭

26日，一位母亲来到福建同乡会求助。她说，她有一对儿女，小女儿刚刚6岁，1年前从国内接回来美国抚养。丈夫在外州打工，一家人的日子本来过得安安稳稳，只求早日通过政治庇护得到身份，但这份宁静却被6岁女儿的一篇作文打破了。12月中旬，女儿在一篇作文中提到“爸爸，我讨厌你，别碰我”，这句话引起学校老师的注意。老师在询问她女儿后，通报了儿童福利局。

21日，对此还一无所知的妈妈被叫到学校，老师向其询问了该事起因。她说，孩子他爸两三个月才从外州回来一次，回来和孩子一起玩都特别高兴。可能在晚上睡觉之前，爸爸和女儿打闹的时候打到了女儿的屁股，孩子才会说别碰我。但才6岁的女儿根本不知道“讨厌”的真正含义，孩子很喜欢和父亲一起玩。随后，母亲和孩子一起前往儿童福利局接受调查。

在儿童福利局，母亲和儿女分别接受了相关人员的问话。她承认，在家里，孩子不听话的时候打过孩子的手和屁股。她再次辩称，女儿说讨厌爸爸，可能是因为丈夫太辛劳，头发都掉光了，显得较老，孩子嫌爸爸丑，在班里其他小朋友面前觉得没面子，才说自己讨厌爸爸的。

而女儿一面的证词则是她不想回家，不想被爸爸碰到。而且女儿还指妈妈叫她不要乱说，否则爸爸会被抓。儿童福利局相关人员认为，该父亲有性侵的嫌疑。为了保护孩子，福利局当日就留下两个孩子，不让母亲带走他们。

4日后，焦急万分的母亲再次前往儿童福利局，和相关工作人员商讨了多种可能性后，达成暂时的共识，将孩子送去亲戚家寄养。母亲说，他们1月9日将再次和社工见面，解释女儿写那句话的原因。1月11日，他们还要走上家事法庭，争取孩子的抚养权。

接受咨询的戴禺律师表示，现在无论从母亲承认打过孩子、父亲摸孩子屁股，还是检察官已经介入调查的事实来看，这对父母的情况都不乐观。美国的法律对虐待儿童的处置非常严厉，他建议两人对此事不能掉以轻心，应立刻找律师，好好考虑怎么保住孩子的抚养权，甚至要考虑父亲是否会因此入狱的可能。

（［美国］《侨报》2011－12－17/苏夏竹）

争权益华人不缺席 移民占领华尔街齐呛声

包括华人在内的一百多名移民昨日（18日）在曼哈顿下城富利广场集会并游行至占

领华尔街运动发祥地祖科蒂公园，呼吁各界重视移民权益，停止移民遣返。这是移民界首次组织大规模游行，利用占领华尔街的平台为自己争取权益。

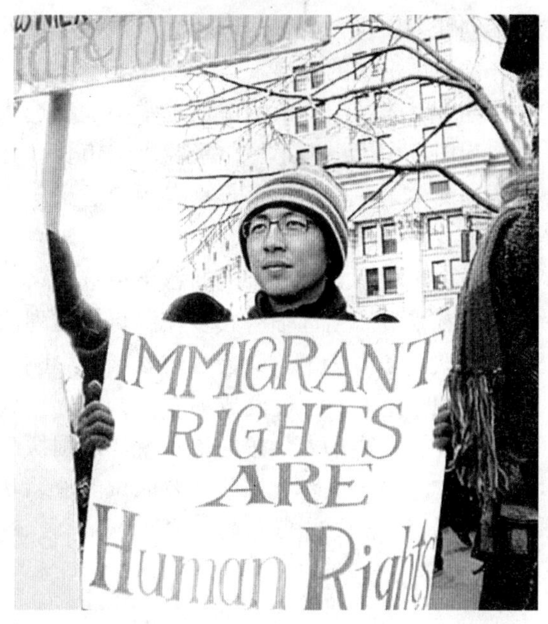

占领华尔街运动的参与者们提出的诉求五花八门，但移民的声音却一直相对较弱。包括纽约移民联盟、众志成城、城市正义中心等在内的数十个相关组织组成了“移民占领华尔街工作组”，在昨日国际移民日这一天，首次在占领华尔街运动中集体呛声。

相对人们对占领华尔街运动诉求不明确的印象，昨日到场者似乎很明白自己的诉求，家庭自由组织代表卢建华说，活动的目的是要求政府停止监禁和遣返移民，虽然联邦政府一再强调不会逮捕和遣返无犯罪记录的移民，但实际操作上，很多移民监狱是私人盈利机构，为了完成配额，还是在游说国会通过法案，使他们可以拘禁更多移民。

在现场负责活动召集的赵磊表示，他出生在昆明，5 岁随父母来美。父亲在美国取得博士学位，全家人都通过他拿到了绿卡。但赵磊说，他深知很多华人申请绿卡的过程并非这么简单，有些人更是因为身份问题不得不生活在阴影里。而反移民的势力却财力雄厚，拿出资金来支援通过反移民法案，这让他感觉自己必须出来呛声。

至于移民在占领华尔街运动中声音较微弱，赵磊认为的确如此。但他说，运动才刚刚开始，还有很大的调整空间，移民力量应当积极加入，为运动塑型，使其成为移民表达意见的平台。

同样以个人身份前来支援的新校大学艺术和设计系教授、越南华裔吴虹（Huong Ngo）表示，移民应当成为占领华尔街运动的重要力量，希望昨日的活动能够是一个好的开始，可以将更多的移民带入运动中来。

（［美国］星岛日报纽约分社 2011 - 12 - 19）

海外华人参政：越来越热

高潮迭起

2011 年，海外华人参政可谓高潮迭起。美国、加拿大、英国、法国等国家的华人参政屡创佳绩，意大利、西班牙、阿根廷等华人参政历史较短、基础相对薄弱的国家，华人也开始通过手中的选票发声。

在今年美国旧金山的市长选举中，参选人13位，其中华裔5位，而李孟贤更是高调当选为旧金山历史上第一位华裔民选市长。分析人士认为，在旧金山这个当年排华法案的发源地诞生第一位华裔市长具有历史意义，不仅激发华裔荣誉感，同时也激励华裔更加关心政治并参加投票、参选公职。

在今年加拿大卑诗省内的各市市选中，华裔参选者至少有43位，其中16位当选市议员和学务委员。当选华裔大多在温哥华、列治文和本拿比3个华裔人口比例较高的城市。参与投票的华裔多了，就会对政坛产生影响，族裔的社会地位就会提高，族裔的诉求才会得到重视。这一点已逐渐成为华裔共识。

此外，法籍华人吴振华3月就任法国执政党——法国人民运动联盟政治局委员，成为法国历史上第一位登上如此重要职位的法籍华人；在5月举行的英国地区议会选举中，9位华人参加，6人当选。

特点鲜明

曾经，埋头苦干、辛苦赚钱、不关心所在国政治是海外华人给人留下的印象，甚至到了今天，还有许多国家的民众认为当地华人圈子是相对孤立的。令人欣喜的是，最近几年，海外华人的参政意识有了显著提高。

专家指出，政治家可以改变人们的生活，所以参与政治成为少数族裔寻求更好生活的重要途径。可喜的是，新生代华裔在加快融入主流社会的同时，参政风气日渐浓厚。比如，在今年加拿大大温哥华地区的市选中，华裔参选者中有众多的第二代，以至于有媒体称“华裔参政已有普及化和年轻化的正面发展”。

曾经习惯于忍气吞声的海外华人已经开始明白主动争取自己利益的重要性。以英国为例，由于金融危机的影响，英国大幅削减公共开支，这对华人社区造成了不同程度的影响。切身利益受到影响的华人逐渐明白，如果有更多华人议员，就有更多渠道向政府反映华人的诉求，也许政府就不会削减涉及他们的拨款。有更多人在政府部门疏通，就有可能从其他渠道争取到拨款。

继续前进

2012年，地球大选年。世界各地华裔的参政意识必定更加强烈。以美国为例，据《世界日报》报道，明年有意进军美国国会的亚裔美国人，目前已达19人，将创下有史以来人数最多的纪录。此现象显示出亚裔已逐渐认识到发挥政治影响力的必要性。

参政的道路必定不是平坦的。困难面前，更需要华人团结在一起。最近，美国的华裔女市长关丽珍就因为“占领”运动焦头烂额，有人责难她优柔寡断，有人质疑她的领导才能，更有人趁此向市府提出罢免提案，要求她下台。令人感动的是，奥克兰华裔社区民众百余人16日聚集在中国城亚洲文化中心，推出关丽珍的“政绩看板”，力挺该城历史上首位华裔女市长，并表示必要时可以提出“反罢免案”。

这一貌似简单的支持活动让人看到了华人社区的团结，让人看到了华人参政的希望。当然，该如何在参政过程中，减少以至消除其他族裔的戒心，获取广泛的民众接纳和认同，是华人参政者必须正视的问题。否则，华人参政或将遭遇更大的阻力。

（《人民日报·海外版》2011－12－21/张红）

华人被授予意大利国籍　引发 facebook 侮辱性言论

普拉托12月21日消息，普拉托市议会主席 Maurizio Bettazzi 前一天在个人的 facebook 网页上发布了一张照片，并注明："今天上午在位于 S. Niccolò 广场的户籍处，我授予了一名宣誓忠于意大利共和国的原中国人国籍，欢迎加入我们的行列。"这个消息公布之后，随着一些祝贺的帖子，也出现了一些具有明显侮辱言论的评论。F. D. I. 写道："如果他已经宣誓，就应该赋税，付废品处理费，付捐税，支付罚款，遵守市政府的法规和法律。"F. B. 说："应该公开收入申报。"L. I. 表示："我不喜欢这样，他永远也不是意大利人。"

还有些人使用的言论更加激烈，已经被 Bettazzi 删除，他认为："我很遗憾出现了这些无法容忍的评论。我认为这个年轻人做出了一个关系到自己未来的重要决定，它也关系到意大利的未来。"

（［意大利］欧华传媒网 2011－12－27）

中国投资移民受骗案频传　加拿大将检视症结

在加国大西洋三省的省提名移民计划（Provincial Nominee Program，简称 PNP）投资移民项目频传丑闻令中国移民受骗后，缅省审计总长近日下令检讨 PNP 投资移民项目，至目前未发现违法事件。此外，联邦公民、移民及多元文化部长康尼（Jason Kenney）也指出，将减慢 PNP 吸纳移民的增长速度，直至相关问题获解决为止。

较早时大西洋三省的 PNP 投资移民项目爆发一系列丑闻，令缅省当局提高了警觉，要求全面检视该省的 PNP 有否出问题。

联邦政府命令皇家骑警和加拿大边境服务处（CBSA）调查爱德华王子岛的投资移民项目；纽宾士域省上月召来皇家骑警，调查一年前涉及多宗中国投资移民官司的该省投资移民项目；而邻近新斯高沙省今年初宣布，该省以3 000万元与一宗投资移民项目的集体诉讼达成庭外和解，而这移民项目自2006年就已取消，新斯高沙省表示无意近期恢复该项目。

今年10月，爱德华王子岛（PEI）大选中爆出投资移民项目丑闻，有中国移民在省议会大楼前面集会抗议，要求拿回他们的钱。据处理项目的前雇员说，有官员接受贿赂。

PEI 审计总长发现，当该省提名移民项目取消时，已经有逾 5 亿元资金流入当地商家、移民顾问、律师和政府的腰包。

康尼接受《环球邮报》（*The Globe and Mail*）访问时说，他非常关注 PNP 投资移民项目："该计划不会像过去几年那样，一直持续增长下去，直到我们能够与各省坐下来，确保把所关注的问题都解决。"

据移民部发言人表示，有关大西洋三省投资移民项目系列丑闻的检讨报告，估计将于 2012 年初公布。

来自中国大陆的鲁罗斯玛丽（Rosemary Lu，译音）和杨杰克（Jack Yang，译音），2006 年与一对 9 岁双胞胎子女，移民加东纽省圣约翰（Saint John），但他们投资移民项目遭商业伙伴诈骗，令她花了几年时间做餐厅侍应和英语教学，她的丈夫则安装窗门。他们说受够了，并且提出诉讼，搬家到多伦多。

另一对中国夫妇泉宏辰（Quan Hongchen）和郑利达（Lida Zheng，译音），两人共支付了 12 万加元，希望能够开设餐馆；可是他们发现，他们抵达之后却要与当地的一间花店联营，亦即被迫在圣约翰市卖花谋生，他们现在已经迁移出纽省。

近日，缅省审计长贝尔林格（Carol Bellringer）说："我们认为这个领域存在高风险，可能会有问题。我们希望了解整个投资如何运作，以确定是否有人在利用省提名移民计划。"

贝尔林格还说，审计可以深入到计划的任何一个程序，从财政、人力资源管理到信息系统。她说："这一切都取决于我们可以深入的细节，尤其在风险最高部分，我们会开一个新档案加以审计。"

在联邦政府今年设定投资移民上限后，愈来愈多的中国投资移民选择 PNP 投资移民项目。以缅省为例，申请人只需拥有 3 年以上经商管理经验、具备 35 万加元以上资产，并且完成 15 万加元的商业投资即可。

2010 年，加国 PNP 投资移民计划共吸纳了 36 000 人，光缅省就占去 1/3，达到 12 000 人，也是通过 PNP 吸纳移民最多的省份，显示该计划非常成功。

（［加拿大］星岛日报温哥华分社 2011－12－28/许小露）

南加州中国学生人数创纪录影响深远

美国国际教育协会最新的《门户开放报告》显示，2010—2011 学年，在美留学的中国学生达 157 558 人，比上学年净增约 3 万人。尤其在南加州，留学生人数大幅增长，在南加州大学，中国留学新生人数增加了 1/3。这反映了中国人海外留学需求的增加，同时也带来了各种挑战，并对南加州以及整个美国的经济、社会以及教育带来重要影响。

小留学生人数增加

中国留学生人数在过去几年一直在增加，但今年不仅增加幅度有了大跳跃，而且在生源上也出现了多元化的趋势，中国学生赴美留学仍以读研究生为主，占48.8%；读本科的中国学生占36.5%。

但与上学年相比，中国留美本科生增长幅度达42.7%，大大高于研究生15.6%的同比增幅。其中很大一部分是由于中国中产阶层的壮大，而中国现有的教育体系又不能完全满足所有学生的需求。

此外，由于教育经费短缺，例如帕沙迪纳社区学院这样的公立学校也在积极扩招国际学生来解决本地学生选课难的问题，而中国留学生则成为主要的扩招生源。

然而，这些小留学生与研究生相比，面临更多挑战，他们的适应能力、学习能力将均受到挑战，而且在南加州教育资源短缺的情况下，他们是否能得到理想的教育也有待观察。

留学生服务短缺　安全隐患引担忧

作为美国国际学生人数最多的南加州大学，2011年在校的中国大陆学生人数激增，达到近3 000人，为与此相关的服务带来了挑战，南加州大学中国学生会的新生接机服务暑期就出现了资金和志愿者短缺的问题。

人数激增带来的影响还不止于此，洛杉矶加州大学的新生住宿也出现了问题，由于很多本科生到校报到早，所以需要临时住宿，而且主要依靠一些志愿者来帮助他们解决临时住宿问题。

中国学生会在服务上起到的作用被凸显出来，例如南加州大学中国学生会还与丰田汽车中心合作为留学生提供到中国城的免费汽车接送服务，而且这些举措在未来有望被逐渐扩展。今年暑假留学生频出车祸，而且一些留学生的诉讼案件为社会各界尤其是华人社区敲响了警钟。

为此中国驻洛杉矶总领馆今年专门为南加州大学以及其他院校举办了安全讲座，提醒留学生注意各种安全和法律问题，相关的法律咨询服务在未来也有望覆盖到更广泛的留学生群体。

（［美国］《侨报》2011－12－29/夏嘉）

美国严查纳税人海外资产

美国国税局近日公布新印制的2011年度报税新表格。这份长达9页的新表格要求所有美国纳税人申报其在海外拥有的股票、房产、养老金以及人身保险等详细信息。这种新税表用于申报海外资产超过5万美元，或是在海外居住的美国人资产超过20万美元的纳税人。这一新举措除可能威胁数以万计美国纳税人在海外的利益外，还可能打击在美国的新移民以及第一代美国公民的利益，其中有不少是做着“美国梦”的华人。

美国有着严密的税制法律、法规。无论在哪里生活和工作，美国公民或拥有美国及他国双重国籍者每年都需要向美国国税局报税。逃税被看作是重罪，一经查明，重者甚至会倾家荡产。美国国税局的上述新举措是旨在打击美国纳税人利用海外资产逃税的行为。从今年起，纳税人须填报国外指定资产的具体种类、金额或国外的账户。这份新公布的税表说明对需申报的最低值、指定国外资产的构成、如何确定相关资产总价值、何种资产免税、必须提供何种信息等均作了严格规定。此项新举措规定美国纳税人必须申报海外股票及债券、已达退休年龄人士的海外退休金以及各种对冲基金和私募基金。凡是符合条件而逃避申报的纳税人将可能面临5万美元的罚款。

2012年为美国大选年。奥巴马政府此时最为忧虑之事是债台高筑的美国经济。2011年美国联邦赤字高达1.4万亿美元，未来几年联邦政府的财政赤字总额有可能达到8.7万亿美元。面对如此庞大的财务负担，奥巴马政府的解决之道无非是开源节流，进一步严堵税收漏洞就成为开源的重要手段。

美国国税局此举对近年来移民美国的华人影响甚大。近年来，有相当一批华人以投资移民身份前来美国。根据1990年美国国会通过的《1990移民法案》，符合条件的外国投资人可以在美国任何地方投资100万美元，并且证明这笔投资有可能为美国创造10个工作职位，就可以为自己、配偶及未成年子女取得绿卡，移民美国。2008年金融危机后，亟待经济复苏的美国更加积极推行投资移民政策，吸引各国富豪入籍，其中一项举措便是首次推出建立在投资基础上的移民绿卡EB-5项目，规定在一些特定的农村地区或失业率高的地区投资50万美金给存在投资风险的经济或建设项目，就可以移民。在此背景下，为EB-5项目做移民手续的美国法律事务所近年来生意相当红火。

不少华人新移民来到美国后，才发现真实情况根本就不像有些媒体报道的那样“在北京二环买得起房子就可以在纽约买个别墅”，且美国税收制度极为严厉，以至于美国数年前出台第一批海外资产“自首”计划后，就有不少的旅美台湾人为了保住在台湾的资产，宁愿选择放弃美国的国籍或者绿卡。然而，根据美国税法的规定，即便你放弃美国国籍，美国政府也可追溯5年，要你补交放弃国籍前五年拥有的海外资产隐匿不报而逃避的税收和罚金。

美国国税局上述新规定出台以后，针对华人客户群的美国会计师事务所生意明显增多。不少华人新移民纷纷了解情况，以便为今后的生计做打算。

（《人民日报》华盛顿2011-12-29/温 宪）

（本栏目责任编辑　徐云）

侨务信息

本栏目内容是对本年度侨务工作报道的摘选，以反映大政方针、政策导向、工作实绩和包括事实资料、统计数据的报道为主，分综合信息和地方信息两部分，按媒体报道时间升序排列。

综合信息

“万侨助万村”惠及农民逾1 500万　累计投入数十亿

2月28日，中国国务院侨办国内司司长杜志滨在江西出席“侨爱工程”——“振乾坤优良种畜推广站”项目仪式上表示，到2010年底，海外侨胞在“万侨助万村活动”中投入资金达数十亿元人民币，实施项目2 000多个，受惠农民超过1 500万人。

当天，吉安市举行“侨爱工程”——“振乾坤优良种畜推广站”项目仪式，该市九个县（区）的十个“侨爱新村”获得中国振乾坤投资集团捐赠的86万元资金，用于澳大利亚南德温肉牛养殖的推广。

杜志滨说，两年来，广大海外侨胞以投资合作、引进技术、拓展市场、培育良种、捐赠公益、科技扶贫、结对帮扶、智力支持、建言献策等各种方式，支持农村发展生产、促进农民增收、改善农村环境，成效显著、影响远播。

杜志滨表示，据不完全统计，到2010年底，海外侨胞在“万侨助万村活动”中投入资金达数十亿元，实施项目2 000多个，受惠农民人数超过1 500万人。随着活动的不断深入开展，其覆盖面日宽、受益面日广、影响力日深。

据了解，为帮助海外侨胞实现关注“三农”、参与家乡发展、助推新农村建设的良好愿望，国务院侨办联合农业部于2008年启动了“侨爱工程——万侨助万村活动”。

（中新社吉安2011－02－28／刘占昆）

李海峰吊唁朱光亚　赞其为爱国归侨杰出代表

中国国务院侨务办公室主任李海峰1日一早来到朱光亚院士家中，吊唁这位刚刚逝世的中国核科学事业主要开拓者之一、杰出科学家和“两弹一星”元勋。

吊唁朱光亚院士的灵堂内摆满了社会各界敬献的花圈、花篮，李海峰面向朱老遗像，深深三鞠躬致敬。随后，李海峰向朱光亚夫人许慧君表达慰问，并请她多保重。李海峰说，朱光亚院士不仅是杰出的科学家，也是新中国建立初期回国支援祖国建设的老一辈爱国归侨知识分子的杰出代表。

据悉，1950 年 2 月，朱光亚拒绝美国经济合作总署的旅费，告别女友取道香港回国。途中，他与 51 名留美同学联名发出《致全美中国留学生的一封公开信》，呼吁广大中国留学生积极响应新中国的号召，回国参加建设。

朱光亚是中国原子弹、氢弹科技攻关组织领导者之一，曾参与中国原子弹和氢弹的试验与研制，后又相继组织实施核电站筹建、核燃料的生产以及放射性同位素应用等项目的研究开发计划，参与“863 计划”（国家高技术研究发展计划）的制订与实施，还参与中国工程院的筹建工作并被推选为首任院长。1985 年、1988 年两次获国家科技进步奖特等奖，获何梁何利基金 1996 年度科学与技术成就奖。1999 年，中共中央、国务院、中央军委授予朱光亚“两弹一星”功勋奖章。

2004 年 12 月，为表彰朱光亚对中国科技事业特别是原子能科技事业发展作出的杰出贡献，国际小行星中心和国际小行星命名委员会批准将中国科学院国家天文台发现的、国际编号为 10 388 号小行星正式命名为“朱光亚星”。

（中国新闻网 2011－03－01/孙自法）

“四海同春”2011 年访演落幕　60 万人共享文化大餐

来自中国国务院侨办的统计数字显示，2011 年“文化中国·四海同春”艺术团共到访 13 个国家以及中国香港、中国澳门地区共 27 个城市，累计为近 60 万海外侨胞和当地民众献上 30 场精彩的文化大餐。

兔年春节期间，中国国务院侨办和中国海外交流协会共组派了 5 个阵容强大的“文化中国·四海同春”艺术团，分赴欧洲、非洲、大洋洲、北美洲和南美洲演出，行程上万公里。当地时间3月1日晚，“文化中国·四海同春”艺术团在加拿大温哥华的演出落下帷幕，至此，2011年“文化中国·四海同春”慰侨访演活动圆满结束。

历时20余天的“文化中国·四海同春”慰侨访演活动形成了四大特点：

——在往年基础上，今年进一步增加了去访的国家和地区，艺术团首次走进非洲，首次在香港、澳门访演。

“四海同春”艺术团在肯尼亚、南非的演出受到华侨华人和主流社会的欢迎。在香港湾仔会展中心，全国政协副主席董建华、香港特区行政长官曾荫权与5 000多名香港市民一同观看了“四海同春”演出，观众赞不绝口，感慨万千。

——演员阵容强大，节目越来越丰富。

“四海同春”艺术团成员包括宋祖英、阎维文、董文华、蔡国庆、吕继宏等中国著名艺术家，还有来自解放军总政歌舞团、南京军区前线文工团、广州军区战士杂技团、中央民族歌舞团和昆明民族歌舞剧院的众多专业演员。除传统歌舞、器乐表演、魔术外，今年首次增加了杂技，“柔中见难、难中有惊、惊中带险、险中生美”的表演，赢得满堂喝彩。

在演出过程中，董文华、蔡国庆、刘维维等不少演员都带着伤病坚持演出，艺术家们满怀深情慰问侨胞，用情、用心、用力，德艺双馨。

——演出反响强烈，常常“一票难求”、“座无虚席”，观众鼓掌、合唱、落泪，演员再三返场谢幕，这些已成为演出的常态。

一位20多年没有回国的华侨，看了节目后决定要回国、回家乡看看。侨胞们认为：有“四海同春”艺术团的表演，在海外过春节“年味”更浓；看“四海同春”艺术团表演，好像亲人就在身边、家就在身边。

——精美绝伦的中国顶级文艺表演、原汁原味的中华文化，不但是华侨华人“每到春节的期待”，也逐渐被当地主流社会所重视，为各族裔民众所接受和喜爱。

加拿大总理为“四海同春”发来贺电；新西兰反对党领袖专程坐飞机到奥克兰观看演出；旧金山历史上首位华裔市长李孟贤宣布2月11日为该市“文化中国·四海同春日”；纽约市长也将2011年2月26日定为“精彩杂技庆新年日”；在英国伦敦的春节庙会上，约30万英国人聚集在特拉法尔加广场，观文艺表演、看龙腾狮舞、品中国小吃；纽约麦迪逊花园广场剧院首次为来自中国的演出团队敞开大门，近6 000人的剧场座无虚席，其中有1 000余名“洋观众”。

自2009年始，中国国务院侨办和中国海外交流协会连续三年组派“文化中国·四海同春”艺术团赴海外华侨华人聚居的国家及地区开展慰侨演出。在中国驻外使领馆和当地侨社的大力支持下，“文化中国·四海同春”品牌的影响力越来越大，在海外侨界乃至主流社会积聚了相当高的“人气”，成为中华文化的一张亮丽名片。

（中新社北京2011－03－03）

李海峰会见列席全国政协会议的海外华侨华人

中国国务院侨办主任李海峰、副主任许又声11日晚在北京钓鱼台国宾馆会见来京列席全国政协十一届四次会议的海外华侨华人代表。

“邀请海外侨胞来京列席全国政协会议，体现了祖（籍）国对海外侨胞的重视和信任”，李海峰希望侨胞们畅所欲言，共同为中国的发展建设、为中华民族的伟大复兴建言献策，也希望他们把自己的所见、所闻、所感带回居住国，使更多海外侨胞了解祖（籍）国在政治、经济、文化等方面的新变化、新气象，同时积极向居住国主流社会介绍中国的民主协商、参政议政制度。

会见中，李海峰回顾了2010年中国所走过的不平凡道路，并向侨胞们简要介绍了过去一年侨务部门所做的工作，对侨胞们为促进中外友好交流与合作、支持中国经济和社会发展、推动中国和平统一大业等方面所作的贡献给予了高度评价。

此次应邀来京列席全国政协会议的海外侨胞共38人，来自21个国家和地区。马来西亚中华大会堂总会会长方天兴代表此次列席的海外侨胞发言，他说：“这是我第一次列席全国政协会议，我感到中国真的很关心民生话题，并且照顾到了各方面的发展，非常难得。作为海外侨胞，我们热爱和关心祖（籍）国，也会继续扮演好侨胞在海外的角色。”

（中新社北京2011－03－11/南若然）

我国将从国家层面支持留学人员回国创业

记者从人力资源社会保障部获悉，经中央人才工作协调小组同意，中组部、人力资源社会保障部近日联合下发《关于支持留学人员回国创业的意见》，从国家层面对支持留学人员回国创业的各方面政策作出规定。

留学人员是我国人才资源的重要组成部分。近年来，回国创业逐渐成为留学人员报效祖国、服务国家经济社会发展的重要方式。按照规定，留学人员回国创业是指海外留学人员以专利、科研成果、专有技术等回国创办企业。留学人员企业一般要由留学人员担任企业法人代表，或者留学人员自有资金（含技术入股）及海内外跟进的风险投资占企业总投资的30%以上。

两部门下发的意见分别从创业启动支持计划、创业投资引导基金、创业贷款、税收优惠、外汇管理、租金减免、土地优惠、政府采购、专利保护、技术入股以及设立博士后科研工作站等方面对留学人员回国创业给予政策优惠；从户口办理、社会保险、职称评审、计划生育、子女入学、配偶就业、科研项目申报、驾驶证办理、国际活动的参加以及与高等院校和科研院所合作等方面积极为留学人员回国创业营造良好环境；从搭建信息平台、交流平台、投资服务平台和技术产权服务平台等方面为留学人员回国创业提供支持和帮助。

（新华网 2011－04－01/赵超）

2011年度在华印支难民工作会议召开

由国务院接待安置印支难民领导小组办公室主持的“2011年度在华印支难民工作会议”近日在云南省腾冲县召开，国务院接待安置印支难民领导小组办公室领导，广西、广东、福建、云南、海南、江西六省（区）代表40余人参加会议。

国务院接待安置印支难民办公室主任康鹏全面总结了2010年在华印支难民工作，充分肯定了各安置省（区）工作人员情系印支难民、认真履职的精神，各项工作取得了较好的成绩。就2011年工作重点，他指出：要继续做好在华印支难民周转金项目和印支难民职业技能培训工作，培训工作要向分散安置的印支难民地区倾斜；国家将推动永久安置工作的启动；各安置省（区）要做好印支难民有关档案的收集、整理工作。

广西壮族自治区接待安置印支难民办公室主任陈宁出席了会议，在会上总结了广西2010年印支难民工作情况，提出了2011年工作设想，按照国务院安难办的指示精神开展今年的各项工作。

会议对周转金项目账务进行了专题培训，并专题讨论了开展印支难民档案资料的收集、整理工作。

（中国新闻网南宁 2011－04－08）

中国海外留学生超127万　成世界最大留学生来源国

中国教育部官员12日表示，截至2010年底，中国以留学身份出国在外的留学人员超过127万人。目前，中国已经成为世界上最大的留学生来源国。

中国教育部、科技部共同主办的第六届“春晖杯”中国留学人员创新创业大赛，12 日在此间正式启动。中国教育部国际合作与交流司出国留学工作处处长徐培祥在发布会上致辞时作出上述表示。

徐培祥认为，除规模庞大外，当前中国留学人员群体还呈现出其他几个特征。他介绍说，留学人员的类别多样，出国留学人员已由以公派出国留学人员为主要群体，发展成为目前以自费出国留学人员为主要群体。

据统计，2010 年度，中国自费出国留学人数占当年出国留学总人数的 93%。徐培祥称，留学人员的资助方式、培养模式、学科专业类别也都呈现出多样化趋势。

“留学人员分布相对集中。”徐培祥表示，目前，中国在外的 127 万留学人员分布在全世界 100 多个国家，其中在美国、澳大利亚、日本、英国、韩国、加拿大、新加坡、法国、德国和俄罗斯十个国家的留学人员占在外留学总人数的近 91%。

徐培祥指出，当前，留学人员安全问题日益凸显。他说，近年来，国外复杂的留学环境、留学人员自身安全意识不够强以及国内留学市场不规范等因素引发的中国在外留学人员安全问题呈现频发的态势。

他还指出，中国留学人员回国人数超半。据统计，1978 年到 2010 年底，中国有 63 万留学人员学成后选择回国发展，约占学生留学人员总数的 66%，其中，国家公派出国留学人员的回归率达 98%。2010 年度，中国各类留学回国人员总数近 14 万，同比增长近 25%。

徐培祥强调，留学回国人员在中国教育、科技、经济和社会发展等领域发挥着重要作用，部分留学回国人员成为各个领域的领军人物和建设创新型国家的重要生力军。

（中新社北京 2011－04－12/张冬冬）

博鳌亚洲论坛首次举办华商圆桌会议　探讨华商经济转型

14 日下午，博鳌亚洲论坛 2011 年会在此间举行华商圆桌会议，这是博鳌亚洲论坛成立以来首次举行的华商专题会议。

与会华商领袖围绕“华商与亚洲经济发展”这一会议主题，展开了热烈讨论。华商代表在发言中指出，亚洲经济崛起和中国转变发展方式，为广大华商提供了广阔的发展空间和无限商机：华商应当创新观念、管理和技术，调整投资布局和产业结构，密切合作，

使华商事业的发展与亚洲经济、中国经济的发展更加水乳交融、相得益彰；在促进亚洲经济的共同繁荣、推动中国经济又好又快发展方面有更大作为。

华商代表认为，遍布世界各地的华商是世界经济特别是亚洲经济发展的一支重要力量，而博鳌亚洲论坛是一个受到世界广泛关注的高层次对话平台，华商圆桌会议是博鳌亚洲论坛框架下举行的华商领袖高端会议，华商今后可以借助这一平台，为亚洲和世界经济的发展建言献策，也为促进自身事业的发展进行深入交流。

本次华商圆桌会议由泰国正大集团董事长谢国民主持，国务院侨办主任李海峰、副主任任启亮列席了会议。菲律宾航空公司董事长陈永裁、印尼力宝集团董事长李文正、香港世贸集团董事局主席许荣茂、印尼金光集团董事长黄志源、新加坡金鹰国际集团董事局主席陈江和、泰国素提工程有限公司董事长吴宏丰、马来西亚常青集团董事局主席张晓卿等30多位知名华商领袖出席了会议。

迄今为止，海外侨胞和港澳同胞创办的企业约占中国外商投资企业总数的70%，投入的资金约占中国实际利用外资总额的60%。今后，广大海外侨胞遍布世界的商业网络，对于中国实施市场多元化和走出去战略，将继续发挥其独特的作用。

（新华网海南博鳌2011－04－14/周正平）

中国“绿卡”申请将不再难

4月15日，华裔日籍专家椿范立在山西省太原市公安局拿到了“中华人民共和国外国人永久居留证”（即“绿卡”），其成为“千人计划”实施以来，山西太原第一位取得“绿卡”的海外高层次人才。同日，国家人力资源和社会保障部网站发布消息称，要进一步降低外国籍留学回国人才申请办理“绿卡”的门槛。作为一种引才方式，中国“绿卡”制度再次成为各方关注的焦点。

现行制度：中国“绿卡”施行7年

永久居留资格是一国政府依据本国法律规定，给予符合一定条件的外国人在本国居留而不受居留期限制的一种资格。外国人在居留国享有永久居留资格，所取得的合法居留的身份证件，就是人们通常所称的“绿卡”。

2004年8月15日，外交部、公安部颁布了《外国人在中国永久居留审批管理办法》

(以下简称《办法》)，规定外籍人申请合格者将获得中国政府颁发的“绿卡”。《办法》中规定的有申请资格的人，多数为对中国有重大、突出贡献以及国家特别需要的高层次人才。如今，该项政策施行了近7年，被指申请门槛过高，这对于中国吸引人才显然不利。

人保部：降低外国籍留学回国人才申请门槛

3月11日，2011年留学人员回国服务工作部际联席会议在京召开。4月15日，国家人力资源和社会保障部网站公布了人力资源和社会保障部部长尹蔚民在该会议上的发言稿，称有望降低外国籍留学回国人才申请“绿卡”的门槛。

尹蔚民称，中国将积极创新完善中国“绿卡”制度，研究解决留学人员出入境、居留等方面的突出问题；颁布实施《外国人在中国永久居留审批管理办法》，进一步降低外国籍留学回国人才申请办理“绿卡”的门槛；制定下发《关于进一步完善中国“绿卡”待遇的意见》，解决“绿卡”持有者享受相关国民待遇问题。

这次特别提出将降低外国籍留学回国人才申请办理“绿卡”的门槛，外籍华人归国定居将更加容易。

专家解读：有利于人才回流

政策将出，它对中国的海外引才到底有怎样的影响？4月19日，华侨大学人力资源研究中心主任、工商管理学院教授张向前向本报表达了自己的看法。

“‘绿卡’的作用就是吸引海外人才来中国贡献他们的力量，这包括吸引外籍华人归国和非华裔外籍人才来华。目前，中国的人才流失现象比较严重，流出人才大于流入人才。降低外国籍留学回国人才申请‘绿卡’门槛，对吸引优秀华人归国有很重要的实际意义。”张向前说。

如何设定申请“绿卡”的门槛也需认真考虑。“门槛既不能完全取消，也不能过高。这一点我们可以参照美国的做法，每年列出国家需要的人才目录，有针对性地发放‘绿卡’，吸引那些我国急需的海外人才来华。”张向前说。

(《人民日报·海外版》2011-04-21/董光耀)

我留学回国人员逾63万

人力资源和社会保障部今天公布的数字显示，从改革开放初期到2010年底，我国留学回国人员总数已达63.2万人，其中2010年回国人数为13.5万人，增幅达24.7%。

据人力资源和社会保障部新闻发言人尹成基介绍，近年来，留学人员和回国专家工作得到积极推进，成立了中国留学人员回国创业专家指导委员会。同时，推进博士后分级管理改革，批准河北等5个省市开展博士后工作，实行分级管理，印发《关于博士后创新实践基地建设有关问题的通知》，规范各地省级博士后工作平台建设工作。此外，政府特殊津贴工作取得新进展。2010 年享受政府特殊津贴人选共 3 972 人，其中专业技术人才 3 586 人，高技能人才 386 人。

尹成基透露，下一步，一是继续做好留学人员和回国专家工作。开展 2011 年度“海外赤子为国服务行动计划”、“中国留学人员回国创业启动支持计划”、“高层次留学人才回国资助试点”、“留学人员科技活动项目择优资助”等重点项目。二是推进博士后工作。举办中国（广东）博士后人才交流与科技项目洽谈会，实施第一批“香江学者计划”；制订 2011 年博士后日常经费资助计划，公布博士后工作 2010 年综合评估结果。三是实施专业技术人才知识更新工程。启动第四批新疆少数民族科技骨干特殊培养工作，组织实施 2011 年度西藏特培工作，举办 2011 年度全国专业技术人员高级研修班。

（《光明日报》2011－04－24/冯蕾）

侨界呼吁为外籍海归提供更多保障

“我当年是 001 号啊。”已在上海定居快十年的龚陆林至今仍记得自己当年在“万名海归人才”引进工程中的申请编号。2003 年，上海启动人才集聚工程，吸引万名海外人才回国工作、创业，在澳洲生活了 13 年的龚陆林成为第一个受聘回到上海并定居下来的人。

而当年的“001 号”龚陆林，如今正面临着未来可能“老无所依”的困境。

龚陆林告诉记者，由于是澳洲籍，他无法享受医疗保险、养老保险等其他中国籍“海归”都能享受的社会保障，这样的问题随着年龄的日渐增长越发突出。

“和龚陆林境况相似的海归人才有不少。”致公党嘉定区委曾作过相关调研。主委秦高荣告诉记者，“绝大多数‘海归’回来后还是靠技能吃饭，没有一些人想象得那样衣食无忧”。

据了解，由于我国不承认“双重国籍”，长期工作生活在国内的外籍华人除了无法得到职务职衔上的提升、享受不到中国籍海外人才可以得到的优惠政策外，养老保险、医疗保险、失业保险、住房公积金等也与他们“无缘”。

“这部分华人多半来自美国、加拿大、澳大利亚、新西兰等移民国家，当地政府倾向于移民归化入籍。”秦高荣说，“他们选择回国后，有的与家人分离、有的卖掉了房和车，主观上不愿回到可以享受社保的他国。”

尽管上海自 2002 年开始对海外人才施行《上海市居住证》B 证制度，但除了可以享受签证方面的便利外，这类人才居住证并没有带来其他的基本国民待遇。

今年全国两会期间，全国政协委员蔡建国提交了“给长期在华工作的华裔外籍人才以国民待遇”的提案。他告诉记者，自己曾在日本工作，了解持日本“绿卡”可以享受基本的社会保险金。“要真正引得进、留得住海外人才，必须提供更人性化的待遇。”他呼吁有关部门加大政策法规的研究力度，借鉴其他国家的经验，针对这部分海外人才制定保障措施，在多种保险难以一时做到的情况下，可以优先考虑养老保险和医疗保险。

（《上海侨报》2011－05－04/陈丽伟）

中国华侨经济文化基金会更名中国华侨公益基金会

中国华侨公益基金会（简称“华侨基金会”），前身为中国华侨文化福利基金会，由中国侨联在1992年发起成立。1998年，更名为“中国华侨经济文化基金会”。

华侨基金会系全国性公募基金会，独立的基金会法人，是对侨界及国内外企业、个人捐赠资金进行管理的民间非营利性组织，也是带“中国”字头的全国唯一涉侨基金会。华侨基金会被民政部评为4A级基金会，登记管理机关是民政部，业务主管单位是中国侨联。

自2000年以来，中国侨联围绕经济和社会发展的大局，响应“西部大开发”和“科教兴国”战略号召，顺应广大海外侨胞、港澳台同胞、归侨侨眷热心公益和心系教育的愿望，倡导了“侨爱心工程”公益品牌项目，由华侨基金会具体承办落实。“侨爱心工程”项目包括侨爱心学校、“珍珠班”、“树人班”、侨爱心卫生院、侨爱心水站、侨爱心图书室、侨爱心小学校长培训班、救灾救济项目、环保项目等。活动开展十余年来，成为全国公益事业的知名品牌，共联动各级侨联组织募集资金16亿多元人民币，捐建“侨爱心小学”1 380多所，资助科教项目6 000多个，资助贫困学生30多万人，为“西部开发”、“科教兴国”和“人才强国”战略办了实事。“侨爱心工程”因此获得2005年度、2008年度“中华慈善奖”，2006年度、2009年度“中华慈善奖”提名奖，2006年度社会公益示范工程十佳项目。

据介绍，目前华侨基金会下设4支不动本专项基金，14支动本专项基金，内容包括救助老人、奖学助教、弘扬文化、青年发展、足球事业、国粹艺术、对外交流、环境保护等。

（中国网2011－05－06/高原）

历史永远铭记海外侨胞的善行义举

在纪念“5·12”汶川大地震三周年之际，昨日（9日）至11日，由国务院侨办、中国侨联、四川省委省政府共同主办的“海外侨胞聚焦灾后重建美好新四川”活动在川举行。

来自60个国家和地区的500多名知名侨领、侨商、慈善机构人士、海外华文媒体代表齐聚四川，实地感受三年来四川灾后恢复重建取得的巨大成就和灾区人民生活的巨变。不少侨商还将寻找项目投资兴业，助力灾区发展振兴。

中国国务院侨办主任李海峰10日在此间表示，人民不会忘记海外侨胞慷慨解囊，与灾区人民携手共克时艰，全力支援灾区重建，帮助受灾同胞重拾梦想；历史永远铭记海外侨胞支援抗震救灾和灾后重建的善行义举。

据不完全统计，广大海外侨胞通过各种渠道向灾区捐款共约50亿元人民币，这是新中国成立以来，海外侨胞捐赠数额最大、参与人数最多、捐赠范围最广的赈灾行动。它生动诠释了中华民族“一方有难，八方支援”的传统美德和血浓于水、患难与共的骨肉亲情!

广大侨胞踊跃捐资援建，许多侨胞远涉重洋，亲赴灾区考察捐赠项目选址，为建设灾后更加美好的新家园尽心尽力，用爱心向灾区人民传递希望。国务院侨办组织侨资企业家两次到灾区考察灾后重建，对接重建项目，助推产业发展。

截至目前，海外侨胞通过侨务部门在四川地震灾区捐建的数百所侨爱学校和侨爱卫生院，均已建成并投入使用；海外侨胞捐建的“侨爱家园”、“侨心居”，解决了数千户受灾农民的住房问题。一所所侨爱学校、一座座侨爱卫生院、一栋栋侨爱新居，将永远铭记着海外侨胞的大爱与奉献!

同时，为了让后人铭记这段难忘的历史，国务院侨办组织力量历时两年编纂完成《国务院侨务办公室汶川特大地震抗震救灾志》，全面记录了海外侨胞踊跃支持抗震救灾和灾后重建的史实，客观反映了全国侨务部门在抗震救灾中卓有成效的工作，把海外侨胞与灾区同胞心手相牵的大爱深情载入史册，流芳百世。

（中国新闻网成都2011－05－10）

为侨解忧　中国多个省市困难归侨补助普遍提高

中国各省针对老归侨的补助标准目前各不相同的情况，近期，多个省市普遍提高了辖内困难老归侨的生活补贴标准，维护侨益举措向前再迈一步。

2010年，江西省侨联界集体提案《关于扩大我省老年归侨生活补助范围、提高补助标准的建议》，得到该省政府领导的高度重视，其后该省侨联与省外办、财政厅等单位联合发文，将辖内老年归侨补助从每人每月50元提高到了每人每月100元，资金由省财政专款解决。

2011 年 1 月起，福建对散居贫困归难侨，不分城镇和农村，都参照困难台胞补助标准，在已享受城乡低保制度之外，另按每人每月 100 元标准发放生活困难补助。截至去年 9 月，福建共有散居社会归难侨 46 817 人，其中属于贫困归难侨的有 5 636 人，这些散居归难侨大多生活在偏远或欠发达地区，普遍年岁高、文化水平低、社会关系简单，特别是其中的部分孤寡老人，处境相当困难。

2011 年 3 月，鉴于目前惠州大部分老归侨生活困难，广东省惠州市政协副主席、市委统战部部长林惠纯表示，市政协拟向市政府提出建议，为全市 60 周岁以上归侨每月发放 100 元生活补贴。

2011 年 4 月，浙江省侨办、省财政厅发出通知，调整浙江省困难归侨生活补贴标准。补助标准由原来每人每月 100～150 元增加到每人每月 200～300 元。通知称，近年来，受金融危机的影响，国内外经济形势发生了深刻的变化，物价上涨较快，困难归侨生活受到了较大的影响，原有补贴已难以适应他们的基本生活需求。为充分体现党和政府对侨界困难群体的关爱，认真落实“适当照顾”的侨务政策，经研究，决定适当提高全省困难归侨生活补贴的标准。

2011 年 5 月 6 日，济南市宣布早期归侨企业退休职工生活困难补贴标准有望提高。此前，济南市侨办曾与市财政局协商，对全市 140 名生活困难的早期归侨企业退休职工每月给予 150 元的补贴。随着物价上涨，政府能否参照上调城乡居民最低生活保障标准和城镇居民医保补助标准的做法，拟将早期归侨企业退休职工生活困难补贴标准提升至 260 元。

另据了解，其他省市对早期归侨生活困难补贴工作也在不同程度地开展。由于各地经济发展不同，早期归侨的数量不同，省、市、区级发放渠道不同，各地发放的补贴标准也不尽相同。南京、长沙、郑州、苏州、青岛等城市生活困难的老归侨、退休归侨的生活补贴标准在 100～200 元不等，有的正在积极争取提高标准。

（中国新闻网 2011－05－30）

专家称应以更开放政策促进海外人才与中国互动

中国国务院总理温家宝新近主持召开的国务院常务会议指出，在世界各地分布大量的海外侨胞，是中国的独特国情和重要资源。对此，中国欧美同学会副会长、中国与全球化研究中心主任王辉耀 30 日表示，“海外侨胞目前已经成为越来越重要的国际力量，而且源源不断地在增加”。

“中国的发展离不开华侨华人的大力帮助。”王辉耀指出，改革开放以来，大量中国人走出国门，不管是留学还是经商，已经成为新的重要的侨胞资源。新华侨、新华人专业人士，海外高层次华侨华人人才将会成为中华民族复兴大业的重要新生力量。

他说："改革开放前30年，海外侨胞把资金带进中国，未来30年，海外侨胞将会帮助中国走向世界，帮助中国企业走出去。中国政府对海外侨胞的评价是适逢其时，十分准确的。"

此次会议还确定了侨务工作的六项重点工作：引荐华侨创新创业领军人才；拓展侨务公共外交；引导海外侨胞积极推进两岸关系和平发展和祖国统一大业；加强海外华文教育，弘扬中华优秀文化；依法维护侨胞权益，促进侨界改善民生；培育和发展海外友好力量。

王辉耀表示，"上述六项工作是一个有机的整体，相互促进、相互推动"。他指出，中国在未来的发展需要大批国际化人才，海外侨胞中拥有大量高层次国际化人才，是中国的一个巨大海外人才宝库。海外人才是中国在海外需要依赖的重要力量，不仅对国内经济，也对中国的民间外交、促进祖国的统一、提升和打造中国的软实力，有着非常积极的作用。

（中新社北京2011－05－30／张冬冬）

第三届海峡论坛·两岸侨联和平发展论坛在厦门举行

6月13日上午，第三届海峡论坛·两岸侨联和平发展论坛在厦门举行。本届论坛以"共谋侨胞福祉，建设共同家园"为主题，包括台湾侨联总会、台湾印尼归侨协会在内的中国侨联海外顾问300余人与会。中华全国归国华侨联合会主席林军、副主席董中原，台湾侨联总会理事长简汉生等出席。

本次和平发展论坛由中华全国归国华侨联合会和台湾侨联总会共同主办。论坛期间，两岸侨界学者分别就"十二五"规划与海西经济发展和ECFA（海峡两岸经济合作框架协议）与两岸合作交流等议题进行发言。据悉，下午，两岸侨界嘉宾还将就两岸经济发展论坛和闽南文化论坛两个主题论坛进行深入讨论与交流。

12日晚，两岸侨界和平发展论坛举行了欢迎晚宴。中国侨联主席林军出席晚宴，并发表致辞。林军指出，闽台同是著名侨乡，一水之隔，同根同脉。在两岸关系持续保持全面改善和发展的势头下，闽台合作始终走在两岸交流的潮头。林军表示，海峡论坛已是两岸民众交流欢聚的情感大潮，闽台经济合作热潮涌动。

林军认为，大陆"十二五"规划与台湾"黄金十年"、ECFA（海峡两岸经济合作框架协议）的实施将给两岸经济、文化、社会合作提供更多的空间，将为两岸同胞带来更多福祉。林军说："两岸侨联以凝聚侨心，汇集侨力，推动两岸关系和平发展，推动侨社和谐为己任，合作的前景更加美好，交流的天地更加宽广。"

据了解，两岸侨界携手为两岸民间交流构建新平台、开辟新渠道，使越来越多的两岸同胞投身于两岸大交流、大合作的潮流之中，成为两岸关系和平发展的参与者、推动者和受益者。此次论坛是中华全国归国华侨联合会与台湾侨联总会自2006年以来第六次共同举办的年度活动。

（中国台湾网2011－06－13/李丹　宿静）

习近平会见中国侨商投资企业协会代表大会代表

17日上午，中共中央政治局常委、中央书记处书记、国家副主席习近平在人民大会堂亲切会见了出席中国侨商投资企业协会第二届会员代表大会的全体代表。他向出席大会的侨资企业家及广大海外侨胞致以亲切问候和良好祝愿。

习近平说，海外侨胞、归侨侨眷和侨商投资企业为我国革命、建设、改革事业作出了不可替代、不可磨灭的历史贡献。特别是改革开放以来，广大海外侨胞纷纷到祖国内地投资兴业，侨商投资企业及广大侨胞积极捐赠兴办公益事业和扶贫济困，惠及了包括教育、医疗卫生、文化体育、社会福利等众多领域；在支持办好北京奥运会、上海世博会、广州亚运会，参与抗击四川汶川特大地震等严重自然灾害和灾后恢复重建等方面的工作，作出了真情奉献。

习近平指出，中国侨商投资企业协会成立三年多来，秉持联谊、服务、合作、发展的宗旨，汇集了一批在中国国内投资较大、成就突出，在海内外有相当影响的知名侨资企业家，已发展成为广大侨商交流协作的重要平台和政府与侨商企业联系沟通的重要桥梁。他希望协会再接再厉，扎实稳健地开展各项会务活动，广泛凝聚侨商智慧和力量，为我国全面建设小康社会发挥更大作用。

（新华社北京2011－06－18/李亚杰　崔静）

中印现"海归"潮　美国闹人才荒

如今，全球高科技中心美国硅谷已抓不住"老外"的心了，越来越多来自中国和印度的人才更愿意回到祖国当"海归"。

美国最大的报纸之一《今日美国》近日的报道就写到，随着美国收紧移民政策、生活费高涨，以及在中印等国有更好的发展机会，越来越多的外来科技人才回到自己的国家发展。

对于这一股“海归”大潮，今晨，美国俄勒冈大学副校长斯丹凝接受《法制晚报》记者采访时表示，尽管海外人才归国的形势在改变，但是目前的情况还不理想，很多中国人采取了“脚踩两只船”的办法。中国也正在想方设法，与发达国家进行“人才争夺战”。

中国七成“海归”就职于高科技领域

中国在全球科技人才竞争格局中，一直扮演着“人才输出国”的角色。但在中国国内，高端科技人才数量严重不足，远不及发达国家，而填补这一空白的多是海外归国人员。

2009 年的《中国人才发展报告》显示，大多数成功创业的“海归”集中在高科技领域。其中，从事互联网、IT 和通信等高科技领域工作的“海归”占了 70% 以上。还有 20% 的“海归”的工作集中在咨询、法律服务和教育等领域，5% 左右在制造领域。

斯丹凝指出，在美国，很多来自中印的人才纷纷选择回国，因为此时正是新兴经济体发展的大好时机。

也有一种说法认为，现在回国既能获得政府相应的支持，也能吸引美国的投资。

对于“海归”在中国科研中担当的角色，斯丹凝说：“他们是中国科研系统的一种催化剂。‘海归’具有改革性的影响，能使中国的创新体系达到更高水平。”

中国“海归”人数变化表

时间节点	出国留学人员总数	回国人员人数
2010 年底	190.54 万	63.2 万
2009 年底	162 万	49.74 万
2008 年底	139.15 万	39 万
2007 年底	121.17 万	31.97 万
2006 年底	106.7 万	27.5 万
2005 年底	93.34 万	23.29 万
2004 年底	81.48 万	19.8 万

中外企业正在上演“人才争夺战”

对于海外人才回国的主要原因，斯丹凝说：“这正应了中国的那句老话——宁为鸡头，不为凤尾。”

据介绍，很多在美国大公司就职的中国人，逐渐萌生了这样一个想法——建立自己的公司。

而通常情况下，他们都会和一个经验丰富的人合作，以更好地吸引资金。而对于大多数中国人来说，有这种想法的都是工程师或者科学家。

不过，斯丹凝指出，目前的现实情况是很多中国人都采取了“脚踩两只船”的办法——一只脚跨在美国，另一只脚放在中国。“因为有些人想让他们的孩子在美国接受教育，有些人是配偶不愿意回国，还有些人则是不适应中国的工作环境。”他说。

此外，还有一种观点：“最好”的人才是不会回国的。因为他们在国外已经有很稳定的保障和一定的社会地位。

所以，斯丹凝指出，尽管海外人才归国的大形势在发生改变，但至今为止，这种改变还不理想，这些“海归”还不是“完全转移”，回到国内。

目前还出现一种新的情况，那就是中国企业和科研组织正在与外国企业展开竞争，抢夺同一水平和类型的人才。比如华为、联想等高科技公司，如今就和英特尔、思科和高通等公司展开了激烈的人才竞争。

斯丹凝认为，高端科技人才的短缺，使中国正在与发达国家进行“人才争夺战”，为此中国政府也在通过多种鼓励和吸引的办法，从国外找寻高端的科技人才，吸引其回国就业。

（《法制晚报》2011－06－19/王进雨）

华侨华人天津洽谈会落幕　协议投资额76亿元

为期两天的“2011华侨华人集聚天津共谋发展合作洽谈会”于19日落幕。洽谈会期间，共有47个项目签订合作协议，协议投资额76亿元人民币。

此次洽谈会的主题为“科技、创新、提升，交流、合作、发展”。来自35个国家和地区的260余位海外侨商、侨商组织代表及海外华文媒体负责人，携100余个合作项目与该市相关部门、企业对接。在会前反复交流的基础上，通过现场洽谈，融侨集团北辰区“商业地产”、正大置业“泰安道5号院”、北欧中联集团“防火保温新型建筑”等47个项目达成合作意向，协议投资额76亿元人民币。

新加坡联发集团拟用5年时间在天津北辰区打造“企业总部经济区”。该集团执行主席高泉庆在接受记者采访时表示，中国经济社会的迅猛发展和“十二五”规划，让世界看到了中国市场的巨大潜力。广大华商是中国的“独特力量”，可发挥技术、人才和资金优势，与中国企业共谋发展，实现双赢。

爱尔兰RKD公司与滨海新区政府签署了“爱尔兰商业街”项目，在华商的推动下，爱尔兰政府计划将“爱尔兰世博馆”赠送给天津，并围绕该馆用2年时间建成“爱尔兰风情街”，将爱尔兰特产、文化、习俗带到天津。

洽谈会期间，与会华侨华人听取了天津经济社会发展情况，特别是区县经济发展情况及未来规划主题报告，实地考察了天津北辰开发区、武清开发区、静海开发区、西青区汽车工业园等的投资环境和发展氛围，参观了天津市规划展、天津市文化中心、泰安道五大院等优势项目。

（中新社天津2011－06－19/刘家宇）

“第八届世界华裔杰出青年华夏行”北京开幕

由中国国务院侨办和中国海外交流协会举办的“第八届世界华裔杰出青年华夏行”于22日上午在北京人民大会堂开幕，来自五大洲58个国家和地区的540名华裔杰出青年代表济济一堂。

本届“华夏行”以“感知中华、加强联谊、共谋发展”为主题，其目的是通过专题演讲、参观考察、互动交流等系列活动安排，使来自世界各地的华裔杰出青年感知博大精深的中华文化，感受中国发展的成就和机遇，增进彼此的联系和友谊，共谋合作发展。应邀抵达此间出席活动的华裔青年都是在海外或港澳生长、事业基础较好、热心社会活动并具有较大发展潜力的各界华裔青年佼佼者。

中国国务院侨办主任李海峰在开幕式上致辞表示，“百闻不如一见”，为更好地帮助华裔新生代了解祖籍国，国务院侨办组织实施了两项大型感知活动：一是“华裔青少年中华寻根之旅夏（冬）令营”，一是“世界华裔杰出青年华夏行”。前者侧重在校就读的华裔青少年，后者侧重已步入社会的华裔青年。

李海峰介绍说，“世界华裔杰出青年华夏行”活动迄今成功举办了7届，已成为华裔青年感知中国历史、了解中国发展的重要平台，成为华裔青年加强联系交流、增进团结友谊、共谋事业发展的重要舞台。

李海峰希望广大华裔青年继承中华民族优秀文化，加强对中国和家乡的了解，发挥自身了解中外文化的独特优势，成为中国与世界各国相互了解的友好使者；积极参与中国的对外开放和现代化建设，促进中国与住在国的经济科技交流合作；担负起侨社未来发展的重任，推动和谐侨社建设，成为沟通侨社与主流社会的桥梁。

在开幕式之前，中国国务委员戴秉国和全国政协副主席万钢亲切接见了全体代表。

（中新社北京2011－06－22/张冬冬）

2011年“华创会”落幕　协议投资总额432亿元

10月17日，在湖北武汉参加第九届华侨华人创业发展洽谈会的企业代表现场签订合作项目合同和协议。本届“华创会”会议期间，海外代表与国内企事业单位在各个领域就300多个项目进行了对接洽谈。签约项目中，投资上千万元的项目有40个，上亿元的项目有16个。

“2011华侨华人创业发展洽谈会”于28日在此间收官。

在本届“华创会”上，海外代表与国内企事业单位签订了合作交流项目合同、协议167个，其中引进海外高层次人才及高新技术项目98个，引进投资合作项目69个，协议投资总额432亿元人民币。

本届“华创会”引进海外高层次人才92人，一批海外高层次人才将进入武汉留学生创业园创办高新技术企业。

中国国务院侨办副主任任启亮指出，本届“华创会”，“立足湖北、面向中西部、服务全国”的办会宗旨得到进一步体现；人才的主题、科技的主题更加突出；首次举办襄阳分会场活动，体现了“华创会”的新突破；中华科技产业园的设立，将成为“华创会”永不落幕的新载体。

据统计，本届“华创会”吸引海内外代表共计2 900余人，其中来自30多个国家和地区的海外华侨华人专业人士、侨商代表950多人。

（中国新闻网2011－06－28/ 张冬冬　张芹）

海归圆梦路　先跨四道槛

身在美国，华人们为实现美国梦而艰苦打拼。而时下华人圈子中流行起中国梦，“中国机会更多，应该回国发展”成为华人圈子的热门话题。曾在哈佛、耶鲁学习并了解中美两国社会的著名社会学家袁岳认为，中国梦虽然吸引人，但圆梦要过四道槛，做出选择要三思。

第一，要了解中国机会的实质。袁岳说，中国确实有很多机会。“美国社会成熟度高，这就造成机会总量少很多。在美国，市场已经成熟，创业门槛较高，不得不在缝隙中找市场。而在中国，普通的商店也可以连锁到上市。美国虽然有脸书、推特的成功故事，但新媒体网络公司的中国同行的成功故事量比美国就更多了。”

第二，要了解你的社会适应度。在袁岳做主持人的电视栏目《头脑风暴》中，一位海归说，真正成功的海归，100 个人中也就只有一两个。显然，中国梦并非属于所有海归的。80 后留学生，因缺乏国内工作经验，大都不能立即实现；而在海外生活了十多年的华人，渐渐与中国疏远，回国很难再重新融入。但一些在国内成长，对本土文化有一定的了解，然后去海外留学，获取系统的知识，这类在国内有根基和经验的海归则较受欢迎。可见，实现国内发展抱负，往往与其“是否了解中国社会，是否适应中国社会”挂钩。海归们都需要适应什么呢？袁岳指出，在国内发展要有政策水平。

第三，要有社会资本。袁岳走访一些地方的科技园区发现，有些海归自恃有技术，但找起其他资源却颇费周折。其实并非没有其他资源，而是他们不会找，成功的海归需要有社会关系的支撑。

第四，要有信息灵敏度。海外华人了解国内消息的渠道单一，对于商机的把握没有温州人灵敏。现在国内流行高端精品酒店，而一些海外华人拥有成熟的酒店管理经验，他们可以回国施展才华。然而现在的高端精品酒店却是一些不懂酒店管理的商人经营的，他们因为信息灵敏度高而抢得先机，留给后来者的机会就不多了。

袁岳表示，这么说似乎在给希望回中国发展的华人泼了冷水，但实际上可让海归们施展才华的地方越来越多。国内几百家上市公司，他们发展壮大，需要大量有海外背景的管理人才。这些人才了解规范化的管理，可以帮助中国本土公司与国际接轨。不过人才竞争很激烈，海归们需要度过 4 ~ 5 年的适应期。

当然，还有别的成功路径：有的人在国外学习工作一段时间，然后到跨国企业的中国公司任高管，最后出来自己创业或者做投资公司的合伙人。谷歌中国的前掌门李开复就是个中翘楚。

（［美国］《世界日报》2011 - 07 - 04）

习近平“四点希望”寄语香港侨界社团联会访京团

中共中央政治局常委、中国国家副主席习近平，13 日下午在北京人民大会堂会见来访的香港侨界社团联会访京团一行65人，并对访京团成员提出“四点希望”。

习近平说，香港回归祖国14年来，在中央的正确领导和全国各地的大力支持下，香港特别行政区政府坚持依法施政，战胜1997年亚洲金融危机、2003年非典疫情和国际金融危机的冲击，使香港经济繁荣发展，成为国内外公认的充满发展活力的地区经济体。广大香港同胞对“一国两制”、“港人治港”、高度自治方针更加认同，对管理好、建设好、发展好香港更加充满信心。

习近平充分肯定香港侨界社团联会是香港侨界最有代表性的社团组织，也是富有活力和影响力的爱国爱港社团之一。自2004年成立以来，香港侨界社团联会广泛团结香港侨界同胞，为贯彻落实“一国两制”方针和基本法，支持特区政府依法施政，维护香港繁荣稳定，为支持、参与内地改革开放和现代化建设，促进祖国和平统一大业作出了积极贡献，同时，在开展民间外交、增进中外交流方面发挥了积极作用。

香港侨界社团联会于2004年3月经香港特区政府批准注册成立，是香港侨界人士和侨界团体的非牟利民间联合组织。该会发展至今，已有团体会员53个，所属成员约3万人。

（中国新闻网2011－07－13）

全国华侨农场产业发展工作座谈会在新疆兵团召开

7月19日，全国华侨农场产业发展工作座谈会在新疆生产建设兵团召开，来自广东、广西、福建、云南、海南、江西、吉林七省（区）的侨办领导以及24个华侨农场的负责人共60余人参加会议。国务院侨办副主任马儒沛、新疆生产建设兵团副政委徐伟华出席会议并讲话。

马儒沛副主任在会上指出，新疆生产建设兵团在促进产业发展、调整经济结构方面的突出成绩和丰富实践，为七省（区）华侨农场的改革与发展提供了许多极其宝贵的启示，希望参会代表认真学习借鉴新疆生产建设兵团在农业产业化发展和工业园区建设等方面的先进经验，拓展视野、转变观念、开阔思路，为调整和优化华侨农场产业结构寻找新的突破点。

马儒沛副主任强调，七省（区）侨务干部和华侨农场干部要以加快转变经济发展方式为主线，在发展中促转变，在转变中谋发展；要认真贯彻党中央、国务院的决策部署，进一步增强责任感、使命感和紧迫感，根据华侨农场的比较优势和市场导向，主动适应工业化、城镇化和现代农业发展的趋势，调整产业结构，转变发展方式，规划产业布局，发展特色产业；要充分认识华侨农场的阶段性特征，全面分析、把握形势，把困难和风险估计得更充分一些，把思路和措施谋划得更周全一些，增强做好工作的信心和决心。

马儒沛副主任在讲话中还要求与会代表，要以认真学习胡锦涛总书记“七一”重要讲话精神、贯彻国家“十二五”规划纲要为契机，正确认识和处理好华侨农场体制改革与产业发展、促进农场发展与改善归难侨民生以及华侨农场土地开发和土地保护三个关系，实现华侨农场的全面、协调、可持续发展。

在当日的座谈会上，广东省珠江华侨农场、福建省常山华侨农场分别与新疆生产建设兵团农八师143团（新疆华侨农场）签订了友好合作框架协议，这标志着东南沿海地区华侨农场与新疆华侨农场的合作交流开启了新的篇章，为实现双方的共同繁荣与发展打下了良好的基础。

（中国新闻网乌鲁木齐 2011－07－20）

中国侨联“侨爱心工程”上半年筹集善款近2 000万

中国侨联主席林军9日在此间透露，今年以来，中国侨联进一步实施“侨爱心工程”，有多所侨爱心小学、侨心教学楼、侨心卫生院、侨爱心图书室落成，筹集善款近2 000万元。

9日上午，中国侨联八届五次常委会议在东北老工业基地哈尔滨市举行。林军在会上谈及侨联公益事业发展情况时透露，今年参加高考的2 661名“珍珠生”中一本上线率65%，二本上线率90%，被北京大学、清华大学及香港大学录取学生达32名。中国华侨公益基金会采取多种募款形式，共募集资金近3 000万元。

林军指出，各级侨联要顺应社会公益事业快速发展的新形势，充分调动归侨侨眷参与公益事业的积极性，为热心公益事业的海外侨胞、港澳台同胞开展捐赠活动搭建平台。促进“侨爱心工程”项目的深入开展，加强“侨爱心工程”项目的管理，在全社会弘扬兴学助教、扶贫济困的良好风尚。

据介绍，今年下半年，中国侨联公益事业管理服务中心将筹备举办“亲情中华2012年春节晚会”，宣传中国侨联长期以来开展公益事业取得的成就，展示广大侨界爱心人士在北川中学援建中体现的无私奉献、大爱无疆的崇高思想境界。

（中国新闻网哈尔滨 2011－08－09/张冬冬）

祖国施善政　华侨根有依

党和政府历来高度重视侨务工作，关心归侨侨眷的生产生活，先后出台了一系列政治上关怀、生活上照顾的政策。在充分调研、反复讨论、积极协调的基础上，2010年12月6日，国务院侨办、国家发改委、教育部、民政部、财政部、人社部、住建部、卫生部及国务院扶贫办联合印发了《关于做好散居困难归侨侨眷的扶贫救助工作的意见》（简称9部委文件）。8个月以来，在国务院侨办等9部委的有力督促下，各地积极贯彻9部委文件，结合实际出台了一系列的配套政策，为100多万困难归侨侨眷雪中送炭，带去了福音。

一门心思为侨

据不完全统计，截至2010年7月31日，我国归侨侨眷总人数3 140.86万人，其中归侨78万人，由于历史和自然条件的制约，目前我国低于当地最低生活保障线的归侨侨眷总人数118.04万人。随着安置在华侨农场的归难侨的历史遗留问题逐步得到解决，散居归侨侨眷生产生活困难问题日益凸显。

“党中央对民生问题的关注，为归侨侨眷扶贫救助工作提供了良好环境。9部委文件的出台，不仅贯彻了中央的要求，还落实了《中华人民共和国归侨侨眷权益保护法》，凝聚了侨心、汇聚了侨力，深度涵养了侨务资源，在海内外产生了良好的反响。”国务院侨务办公室国内司熊万鹏副司长介绍。

9部委文件强调了侨务扶贫5个方面的工作重点：一是做好社会保障和生活救助工作；二是做好医疗保障和医疗救助工作；三是做好就业培训和扶贫开发工作；四是做好保障和危房改造工作；五是做好教育救助和侨务助学工作。“归纳起来，就是解决‘老有所养’、‘病有所医’、‘劳有所得’、‘住有所居’、‘学有所教’的问题，使广大归侨侨眷能够充分享受到改革开放的成果。”熊万鹏说。

一切举措为侨

文件下发之后，如果束之高阁，终究还是废纸一张。进一步做好侨务扶贫工作的关键在于贯彻落实。各省、自治区、直辖市政府有关部门对贯彻9部委文件高度重视，积极行动，并结合实际出台了一系列配套政策和有效措施。

甘肃省在全国“归侨侨眷关爱工程”暨侨务扶贫工作会议召开之后，立即召开会议，决定从2011年开始，每年拨出240万元专款用于向省内的贫困归侨侨眷每人每月发放定额生活困难补助。

江西省对全省的老年归侨生活补贴政策进行了调整和完善，每年拨出200余万元用于发放全省老年归侨生活补助。福建省对于贫困归侨侨眷，在落实城乡低保制度基础上，每人每月再发100元生活困难补助……

国务院侨办大力贯彻落实9部委文件，把原有的“关爱工程”品牌做大做强，创新和丰富了“送温暖慰问归侨侨眷活动”、“归侨侨眷职业技能培训计划”、“归侨侨眷子女夏令营活动”等多个工作品牌，让归侨侨眷进一步感受到祖国的关怀。

“关心归侨侨眷生产生活是侨务工作的重要组成部分，广大归侨侨眷与海外有着千丝万缕的关系，我们的工作在国内，但影响在国外。加大对广大归侨侨眷的关爱和扶助，有利于深度涵养侨务资源，促进侨务资源可持续利用，有利于增强海外侨胞的凝聚力和向心力，有利于在海外发展一支宏大的对我友好力量，有利于实现祖国的完全统一和中华民族的伟大复兴。”熊万鹏表示。

一片真情对侨

事实上，扶贫救助困难归侨侨眷工作一直是国侨办和各级侨办工作的一个重点，在“十一五”期间，各地共发放困难生活补助金2.82亿元，受助归侨侨眷28.3万人，开展送温暖慰问活动1.9万次，发放慰问金1.18亿元，慰问困难归侨侨眷36.27万人；举办下岗失业归侨侨眷职业技能培训班，培训17.48万人，实现创业就业人数达8.93万人……

9部委文件出台以来，侨务扶贫工作取得了显著成绩。国务院侨办的下一步工作要点是继续贯彻落实文件精神，力争在保障、改善困难归侨侨眷民生方面多办实事。

正确处理好侨务部门与相关职能部门的协调、沟通和合作关系是首要方面。“扶贫工作是一项系统工程，从文件的制定就可以看出，侨务部门为侨服务的举措，需要相关部门和社会力量的支持。”熊万鹏说。

此外，也需要正确处理政策覆盖与因地制宜的关系。9部委文件只是一个大的原则。各地情况不一样，要针对不同地区归侨侨眷的特点出台相应的细则和实施办法，做到重点人群重点帮扶、重点工作重点推进。

最后，正确处理好适当照顾与自力更生的关系，充分调动和发挥归侨侨眷的积极性、创造性才是扶贫的目的。“9部委文件并非单纯强调对归侨侨眷予以特殊照顾，而是要求各地在同等条件下优先考虑归侨侨眷的合理需求。”熊万鹏解释，“但有些归侨侨眷还存有‘等、靠、要’的想法，只有鼓励他们自力更生，促进就业，才能从根本上使贫困归侨侨眷的生产生活条件得到不断改善。”

（《人民日报·海外版》2011－08－12／杨子岩）

2 000粤籍乡贤聚泰国，第六届“世粤联会”开幕

8月13日上午，备受海内外关注的第六届世界广东同乡联谊大会（简称“世粤联会”）在泰国首都曼谷盛大开幕。来自全球29个国家和地区的2 500多位粤籍俊彦乡贤相聚一堂，共叙乡情，共襄发展，吸引了全球侨界的广泛关注。

第六届“世粤联会”由泰国潮州会馆、泰国客家总会、泰国广肇会馆联合主办。大会

的主题是“纪念辛亥百年，推动革新发展”，旨在缅怀海外华侨对辛亥革命的丰功伟绩，增进海内外粤籍乡亲的团结合作，加强联谊交流，深化经贸合作，实现合作共赢，以促进侨社和谐革新与发展，推动粤泰经贸文化交流，实现广东经济社会发展新跨越，推动民族统一、复兴的伟大事业。

第六届“世粤联会”开幕式气氛热烈，泰国副总理差林，中国驻泰国大使管木，国侨办副主任马儒沛，广东省政府秘书长唐豪，第六届“世粤联会”筹委会总主席、泰国潮州会馆主席陈汉士分别致辞，粤籍乡贤代表围绕“弘扬华侨精神”、“推动侨社革新发展”、“促进和谐侨社建设”、“积极融入当地主流社会”等主题先后在开幕式上发言。“世粤联会”常务理事会主席、省侨办主任吴锐成作了工作报告。国侨办主任李海峰，黄华华省长，省委常委、统战部部长周镇宏为大会题词。

第六届“世粤联会”内容丰富、形式多样、精彩纷呈。粤籍青年才俊、商界精英汇聚一堂的青年论坛、经济论坛等活动陆续拉开了帷幕，期间举行“幸福广东，多彩世界——广东海外联谊会书画家作品海外巡展”剪彩仪式，“辛亥革命与华侨华人”主题演讲等活动。

据了解，广东是全国重要的侨乡，祖籍广东的华侨华人、港澳台同胞3 000多万人，广东人的足迹遍布世界五大洲的160多个国家和地区。海外粤籍乡亲念祖爱乡、团结重义、克勤克俭、自强不息，与当地人民和睦共处，积极参与当地经济社会建设，为祖（籍）国与住在国发展作出了重大贡献。统计显示，截至2010年底，广东累计实际利用港澳资金超过1 700亿美元，约占利用外资总量的68%；全省侨资企业达5万多家，占外资企业总数的2/3强；海外侨胞、港澳同胞捐赠广东慈善公益事业超过450亿元，为广东经济社会发展作出了积极贡献。

为了促进世界各地广东乡亲的互相联系，增强广东乡亲的团结和凝聚力，1999年，新加坡广东会馆和马来西亚广东会馆联合会共同向世界各地的广东社团发出举办“世粤联会”的倡议，得到了世界各地粤籍乡亲社团的积极响应。作为全世界粤籍乡亲的联谊性活动，在我省各级领导和侨务部门的支持和推动下，至今已在新加坡、中国广东、中国香港、马来西亚和印尼等国家和地区成功举办了五届，成为全球粤籍社团和乡亲联谊、交流、合作的重要平台。

（广东侨网 2011－08－14）

慈善事业公开、透明是最关键的问题

中国侨联副主席兼秘书长、新闻发言人乔卫8月19日在北京举行的新闻发布会上表示，“中国华侨公益基金会坚持公开、透明原则，是健康的公益基金会”。

乔卫谈及公众对慈善事业的“信任危机”时指出，“慈善事业的公开、透明是最关键的问题”。他说，我国华侨华人一直以来都有着关注公益事业的传统。中国华侨公益基金会“坚持公开、透明原则”，公布“每一笔”善款的走向。他以援建北川中学项目为例，表示即便有些人是通过手机短信的方式捐款，没有登记姓名，侨联也通过和通讯公司合作，做好捐款手机号和金额的统计工作。

中国华侨公益基金会（简称华侨基金会），前身为中国华侨文化福利基金会、中国华侨经济文化基金会，由中国侨联在1992年发起成立。华侨基金会系全国性公募基金会，独立的基金会法人，是对侨界及国内外企业、个人捐赠资金进行管理的民间非营利性组织，也是带“中国”字头的全国唯一涉侨基金会。登记管理机关是民政部，业务主管单位是中国侨联。

乔卫介绍说，自2000年以来，中国侨联倡导了“侨爱心工程”公益品牌项目，由该基金会具体承办落实。“侨爱心工程”项目包括侨爱心学校、“珍珠班”、“树人班”、侨爱心卫生院、侨爱心水站、爱心图书室、侨爱心小学校长培训班、救灾救济项目、环保项目等。

据统计，活动开展十余年来，共联动各级侨联组织募集资金超过16亿元人民币，捐建“侨爱心小学”1 400多所，协办“珍珠班”347个，资助科教项目6 000多个，资助贫困学生30多万人，完成了援建北川中学项目，该项目共有73个国家和地区几十万人捐款2亿元。

乔卫表示，下一步，基金会将不断壮大自身实力，提高社会影响力，继续做大做强公益事业。为此，一要加强项目的创新性；二要透明管理、规范运作，提升社会公信力；三要广纳善款，拓宽渠道，用足用好公募属性；四要打造理事参与决策的平台，切实发挥理事的参事议事职能。华侨基金会下设4支不动本专项基金，16支动本专项基金，内容包括救助老人、奖学助教、弘扬文化、青年发展、足球事业、国粹艺术、对外交流、环境保护等。尊重捐赠人意愿，在山东省、河南省、江西省侨联设立慈善专项基金，资助当地开展扶贫帮困、奖教助学活动。

（人民网2011－08－19/董菁 刘海强）

中国华侨历史博物馆9月开建　征集文物已超万件

中国侨联副主席兼秘书长、新闻发言人乔卫19日在此间透露，9月6日，中国侨联将在北京举行中国华侨历史博物馆馆舍工程奠基仪式，计划建设周期为18个月。

中国华侨历史博物馆由著名爱国侨领、中国侨联首任主席陈嘉庚于1960年提出倡议，2005年7月，经国家发改委批准立项建设，建设法人是中国侨联。乔卫介绍说，项目选址在北京市东城区东直门内北小街，征地面积5 000平方米，建设规模12 700平方米，馆舍建设计划投资2.2亿元人民币，主要由国家投资建设，计划建设资金已全部到位。

“自中国华侨历史博物馆将要建设的消息传出后，6年来，海内外侨界反应热烈。”乔卫说，截至目前，主动捐款捐物者已达到近5 000人，无偿捐赠文物已超过万件，目前捐献仍在继续。

所捐文物多有较高的人文历史价值，亦有属国内首见的华侨文物。在馆舍奠基仪式之后，还将举行接受捐赠仪式，届时，将有珍贵华侨文物现身其间。

据悉，目前在中国大陆开馆的华侨类博物馆、纪念馆、展览馆等已有10余家，从南到北均有分布，南方传统侨乡居多，各馆的专题和地域特色比较突出，主要包括福建的厦门华侨博物院、泉州华侨历史博物馆、长乐华侨博物馆，广东的江门五邑华侨华人博物馆、梅州华侨博物馆，江苏的南通华侨博物馆，黑龙江的黑河旅俄华侨纪念馆等。

秘鲁侨团捐赠的“镇会之宝”

“华侨历史文物具有时间跨度长，分布地域广，涉及题材多等特点，依靠单一机构或少数机构，很难做好华侨文化遗产的保护和利用工作。”乔卫透露，9月7日，中国侨联将成立中国博物馆协会华侨博物馆专业委员会，以国内现有华侨类博物馆、纪念馆、展览馆等为组成单位，通过业务交流与合作形成合力，共同做好华侨文化遗产的保护工作。

乔卫表示，华侨文化遗产源于中国，衍生于海外，具有中华文化的主体特征，同时吸收海外文化的合理元素，是中华文化遗产的组成部分。中国侨联和中国华侨历史博物馆将联合国内外各界，努力开展华侨文博事业，为侨胞服务，为社会服务，为国家服务。

（中新社北京2011－08－19/张冬冬）

海外华侨对辛亥革命捐赠总额约达800万港元

中国国务院侨办主任李海峰22日在此间指出，辛亥革命的经费基本来源于华侨的捐赠，海外华侨对革命的捐款总数达700万～800万港元，孙中山先生因此由衷感叹：“慷慨助饷，多为华侨。”

李海峰指出，辛亥革命期间，以孙中山先生为代表的革命党人，在组建革命团体、宣传革命思想、开展革命活动、组织武装起义的过程中，需要大量的活动经费和巨额军饷，这些大都由海外华侨鼎力支持。

李海峰说，虽然海外华侨支持革命活动受到清王朝的威胁，其国内亲属有被株连的危险，但他们为了革命而义无反顾，可谓“解囊相助，不遗余力”。在这一过程中，一般华侨商人和普通劳工成为积极支持者，哪怕是倾家荡产也在所不惜。

据资料记载，檀香山华侨邓荫南为了支持孙中山发动第一次广州起义，将变卖自己的商店和农场所得的钱财捐作起义的经费。新加坡华侨富商林受之，“毁家财数十万”，以至其子女“佣工为生”。越南华侨黄景南虽然是一个收入微薄的卖豆芽小贩，但也毫不犹豫地将大半生积蓄捐给了革命。越南华侨李卓峰多次支援革命，手中有革命党人发行的国债票券数十万元，却不求回报，“付之一炬”。

李海峰还表示，武昌起义爆发后，海外华侨对革命的经济支持有了较大增加，这对稳固新生的革命政权发挥了重大作用。

（中新社广州 2011－08－22/张冬冬）

各地纷纷开展基本侨情调查　助力新时期侨务工作

今年6月1日，上海市正式启动了声势浩大的基本侨情调查活动，掌握上海市归侨、侨眷、港澳居民眷属、归国留学人员、留学生眷属及其海外亲属的基本情况，掌握居住在上海市的华侨、港澳居民和外籍华人的基本情况，掌握上海市侨情变化的新特点，了解海内外侨胞的特殊需求以及他们对政府部门的建议和意见，重点掌握归侨、侨眷和海外侨胞代表性人物的情况。

目前，此次调查已经日程过半。

前期筹备阶段

侨情调查正式开始前，上海各区县纷纷召开专门会议，部署侨情调研工作。通过充分利用政府网络、报刊、广播、有线电视等新闻媒体以及告知书、张榜公告等多种形式进行宣传；通过对各单位负责侨情调查的工作人员进行专业培训等方式，保证侨情调查质量。

逐户调查阶段

经过前期的宣传、动员等一系列准备，侨情调查在6月转入正式入户调查阶段，进行入户核对和登记。在调查过程中，各级侨务部门开展了广泛而密集的交流、调研，对基层调查人员在工作中遇到的情况和各类问题作出解答，保证随时关注调查过程中新产生的调查对象，避免漏查，降低漏查率。

在该阶段，侨务部门及时召开各类培训，通过现场电脑演示，对表格填写步骤逐项分析介绍，使调查员们更直观地了解表格填写及数据录入时应注意的事项，以保质保量地完成此次侨情调查任务。

数据录入阶段

7月，基本侨情调查工作摸底汇总和入户调查阶段已经结束，转入数据录入阶段。

整体侨情调查信息录入工作结束后，各基层街道开展自查自纠，对侨情调查工作实行补漏查缺。针对第一阶段上交的侨情调查摸底汇总表存在的住户未签字等问题，及时做好补签工作，并对基本情况调查表进行核查。针对部分居委摸底汇总表与实际完成调查表格数据相差较大的情况，要求予以认真核实，查明原因，对于遗漏的人员抓紧时间采集信息、填写表格及信息输入。仔细检查调查表，重点查看调查表上有无信息缺失，对表格上人员姓名、填表人签名、调查时间等内容要填写完整；查看侨情调查表格有无逻辑错误，做到自查自纠。

初步调查的结果显示，涉侨人群增幅明显，以上海长宁区为例。经过近两个月的排查和摸底汇总，现辖区内侨户总数约为 2 511 户，在原有的 1 157 户的基础上实际增加了 1 354 户，增长 117%。

质量抽查阶段

8 月，上海市基本侨情调查面上调查工作已经基本完成。下一步，将认真细致地做好侨情调查数据的质量抽查工作，确保前期获得的侨情数据尽可能客观、真实，为今后科学制定侨务工作规划提供有效的依据。

侨情调查纷纷开展

除上海市外，广东、河南、山东等地也纷纷开展了各种形式的侨情调查。2010 年，广东省东莞市凤岗镇召开侨情普查工作会议，分时间、分步骤在全镇范围内进行侨情普查，对本地归侨、侨眷和侨属、未入户返乡侨胞、归国留学人员和出国留学人员、出国劳务人员的基本情况进行全面准确的调查登记。全面掌握全镇海内外华侨情况，为引导广大侨胞积极参与凤岗镇社会经济建设提供强大支撑。

新闻背景：侨情调查解决侨务工作实际困难

中国改革开放 30 年，仅在引进外资方面，广大海外华侨、华人和港澳台同胞的引资比例就占整个外资的 70% 左右。

改革开放后，新华侨与日俱增，其中许多人在海外很有成就，还有许多回国发展。但中国到底有多少归侨侨眷，至今没有准确数字。而归侨、侨眷因为身份不明确，无法依据《中华人民共和国归侨侨眷权益保护法》维护合法权益，给各地侨务工作带来实际困难。

此前，全国政协侨联界委员、宁夏侨联主席朱奕龙联名 41 位全国政协委员共同提出《建议在第六次全国人口普查工作中增加“侨情”普查项目》的提案，国家统计局以《两会复函〔2008〕1 号》文件正式答复，将在 2010 年全国第六次人口普查工作中增加侨情普查项目。

（中国新闻网 2011－08－29/南若然）

逾400名海外华商齐聚厦门寻找投资商机

作为第15届中国投洽会组委会重点推荐的16个大会论坛、研讨会之一，第五届海外华商中国投资峰会8日在厦门开幕。逾400名海外华商齐聚厦门，积极寻找投资中国的商机。

由国务院侨办主办、安徽省政府和中国投洽会组委会协办、厦门市侨办承办的本届“海华会”，主要围绕安徽省开展推介活动，邀请宿州、淮南两个有代表性的皖北城市，以及以承接产业转移为主题的国家级平台——江北产业集中区的官员作为访谈嘉宾，集中体现安徽省承接沿海产业转移及振兴皖北的两大战略决策。

国侨办副主任任启亮在接受记者采访时称，“海华会”自2007年以来已连续成功举办4届，每一届都有很多的海外华商前来参会。每届“海华会”都适时根据国家发展战略，提供平台，让海外华商更多地了解国家发展战略，了解经济、社会状况和投资环境，因而受到华商的热烈回应。

“海华会”从2008年起采用电视高端访谈为主要活动方式，邀请中国城市市长和海外知名华商作为访谈嘉宾，进行对话互动，探讨海外华商投资中国的相关话题。今年，“海华会”紧扣当前经济发展形势，推出安徽省和厦漳同城化的推介与项目对接恳谈会，探索海外华商投资中国的新领域和新商机；会后还将组织部分侨商赴安徽实地考察。

（中新社厦门 2011－09－08/杨伏山）

华文传媒促进世界更加了解中国

中国国务院侨办主任李海峰17日在第六届世界华文传媒论坛开幕式上致辞指出，华文传媒促进了世界更加了解中国。中国经济的快速增长、国际地位和影响力的提升，也为分布在世界各地的华文媒体带来了新的、难得的“中国机遇”。

李海峰表示，分布在世界各地数以百千计的海外华文传媒，植根华社，为当地侨胞提供丰富的精神食粮，为传递祖（籍）国的乡音乡情，为传播中华文明，为促进华侨华人融入当地主流社会，为促进祖（籍）国与住在国

之间的友好往来，发挥了不可替代的桥梁纽带作用。

上次申城论坛至今已有两载。两年间，中国政府和中国人民经历了许多重大事件与历史性时刻。李海峰称，扎根海外、遍布全球的华文媒体，正是这些伟大历史时刻的见证者、记录者。海外华文媒体用贴近读者的方式，向世界传播繁荣发展的中国，在全球华侨华人社会中发挥着凝聚人心、维护统一、树立中华民族崭新形象的作用。

她说，在抗击自然灾害的新闻宣传中，海外华文媒体号召华侨华人与灾区人民风雨同舟、共渡难关，书写了一曲曲感人至深的亲情之歌；在应对突发事件的舆论传播中，海外华文媒体以独立的新闻立场和坚持新闻真实性的原则，冲破西方媒体强势传播造成对中国误读的信息，努力顽强地发出自己的声音，还世界各地读者以事实真相。

今年适值辛亥革命100周年。李海峰表示，百年来，海外华侨华人不仅和我们共同见证了中国谋求独立的历程、建设新中国的艰辛、改革开放的辉煌，而且以不同方式参与到实现中华民族伟大复兴的征程中来。希望华文媒体通过纪念辛亥革命100周年的报道，进一步提升中华民族的向心力和凝聚力，促进海内外中华儿女的大团结，凝聚两岸人民的意志和力量，推动祖国和平统一大业。

李海峰还指出，希望海外华文媒体加大对新疆、西藏经济社会发展和有关政策的报道，特别是要针对国外受众关注的热点和误解较深的症结点下工夫，善于运用个性化的语言、讲故事的方式提高报道的针对性和有效性。

从2001年至今，汇聚全球华媒从业者智慧的“世界华文传媒论坛”已走过十年。李海峰称赞论坛为促进世界各地各类华文媒体之间及其与中国大陆传媒界的沟通与协作、提升华文媒体的整体竞争力和影响力、表达海外华文媒体的心声，提供了一个重要平台。

（中国新闻网2011－09－17/张冬冬）

“全球华侨华人促进中国和平统一大会”（2011·华盛顿）隆重召开

2011年9月17日，“全球华侨华人促进中国和平统一大会”在美国首都华盛顿隆重召开。来自国内有关部门负责人和省市代表，台湾及香港、澳门特别行政区和统战组织代表，全球各地反“独”促统代表，美国当地华侨华人代表，专家学者等500余人出席会议，共襄两岸和平发展、祖国统一大业。全国人大常委会副委员长周铁农、国务院侨办副主任许又声、国务院台办主任助理李亚飞、民革中央副主席郑建邦、中华文化发展促进会副会长辛旗等率团参会。中国驻美国使馆杨子刚公使出席了会议。

大会以“弘扬辛亥革命精神，促进中国和平统一，实现中华民族复兴”为主题，就纪念辛亥革命百年、两岸关系和平发展、新形势下的反“独”促统、中美关系4个议题进行热烈讨论，通过了《全球华侨华人促进中国和平统一大会2011年华盛顿宣言》，为今后一个时期的反“独”促统工作提出了明确目标，呼吁并倡导全球中华儿女继承和弘扬辛亥革命倡导的爱国主义精神，牢牢把握两岸关系和平发展的主题，共同维护两岸关系和平发展的良好局面，坚定不移地与各种分裂势力作斗争，为确保两岸关系沿着正确方向向前发展、促进中国的和平统一进程再铸新功。

（中华人民共和国外交部网 2011－09－18）

《中国侨联年鉴（2009—2010 年度）》编纂工作会议在京召开

2011 年 7 月 5 日，《中国侨联年鉴》编纂工作会议在北京举行，中国侨联副主席、秘书长乔卫出席会议并做重要讲话。

乔卫指出，中国侨联主席办公会议决定，从今年开始，每年都组织编纂《中国侨联年鉴》。首部年鉴为“2009—2011 年度《中国侨联年鉴》”，以全面、系统、客观地记载自“八代会”以来各级侨联工作取得的新成就和新经验，为各级侨联沟通信息、交流经验开辟渠道，为社会各界了解侨联工作开辟窗口。

乔卫说，做好《中国侨联年鉴》编纂工作，首先要充分认识侨联年鉴编纂工作的重要性和必要性。年鉴具有“资政、教化、存史”的功能，中国侨联年鉴收录一年来的各级侨联重要信息资料，不仅有利于侨联系统总结经验、反映成绩，而且也为政策制定者、管理者及相关部门的研究者提供丰富的精确的数据和资料。编好年鉴，能够把侨联的职责、功能和主要工作等情况展示在社会各界、海外侨胞面前，让人们去了解侨联、认识侨联，扩大侨联在社会上的影响力，充分起到了宣传侨联的作用，有利于侨联组织在党和国家大局中更好发挥作用。同时，各级侨联之间可以通过年鉴相互交流学习，取长补短，促进共同发展，拓宽侨联的工作领域，不断提高侨联工作整体水平。

乔卫强调，这次年鉴编纂工作是侨联历史上的第一次，是一项开创性工作。各级侨联领导要亲自挂帅，进行专题研究，各部门、各级侨联要加强合作意识、协调意识，增强团结作战能力，大家齐心协力，加快进度。编纂人员要精益求精，恪守行业规范，确保出版具有侨联特色的高质量年鉴。一要体现“侨”字特色，精心筛选材料；二要本着对侨联历史负责的精神，广泛取材；三要牢固树立精品意识，确保年鉴编纂质量；四要努力规范年鉴的写作，确保按时完成第一部《中国侨联年鉴》的编辑出版任务。

（中国侨联网 2011－09－27）

六百位港澳台侨胞聚首中国国务院侨办国庆招待会

专程来北京参加新中国成立 62 周年庆祝活动的近 600 位海外侨胞和港澳台同胞 28 日

晚聚首此间，出席中国国务院侨办和中国海外交流协会举办的国庆招待会。明晚，他们还将受邀登上天安门城楼，观赏鲜花装扮的广场夜景。

中国国务院侨办主任、中国海外交流协会常务副会长李海峰在招待晚宴上致祝酒词。她代表国务院侨办和中国海外交流协会向出席招待活动的嘉宾表示欢迎，并向旅居海外的广大侨胞致以诚挚的问候和良好的祝福。

今年是新中国成立62周年，也是中国共产党成立90周年，同时还是辛亥革命100周年。李海峰指出，辛亥革命结束了统治中国几千年的君主专制制度，打开了中国进步的闸门，树立起中国人民改善自身命运的历史丰碑。她说："海外侨胞是这场具有划时代意义的民族民主运动最重要的推动者和参与者，孙中山先生由衷地赞誉'华侨为革命之母'。"

李海峰指出，在探寻中国社会主义发展道路上，广大海外侨胞和归侨侨眷情系桑梓，以不同方式热情参与中国现代化建设，努力推进中国和平统一和民族振兴的伟大事业，积极促进中国与世界的接轨融合，为今日中国的繁荣发展作出了重要贡献。

李海峰表示，中国政府历来高度重视侨务工作，密切关心海外侨胞的生存和发展。今年5月25日，中国国务院总理温家宝主持召开国务院常务会议，专题听取了关于侨务工作的汇报，强调侨务工作在服务经济建设、促进祖国统一、弘扬中华文化、服务国家外交、促进各国人民友好交往方面，做了大量的工作，发挥了不可替代的重要作用。

她透露，今年10月下旬，国务院将召开全国侨务工作会议，对"十二五"期间侨务工作作出全面部署。

（中新社北京2011－09－28/张冬冬）

"2011海外高新科技暨高端人才洽谈会"

——签约投资10项目8项在成都

海外人才引进暨项目合作签约仪式昨日举行。"2011海外高新科技暨高端人才洽谈会"取得丰硕成果，大会共签约投资项目10个，合同资金101.8亿元人民币，其中8项落地成都，合同资金97.7亿元人民币。

本次活动聘请了11名四川省引进海

外高层次人才工作顾问；101 名海外高层次人才与省内 36 家高等院校、科研院所、产业园区、重点企业签订了引才引智协议，其中成都市 29 名；成都高新区生物医药产业推进办公室与美国最大的中美专业协会之一美国华人生物科技协会（简称 CBA）签订了加强生物医药产业海外人才与项目合作框架协议。

（《成都日报》2011－10－18）

全国侨务工作会议召开　部署“十二五”侨务工作

全国侨务工作会议于 19 日至 20 日在此间召开，此次会议是由国务院在“十二五”规划开局之年召开的，对中国未来五年的侨务工作进行了研究部署。中共中央政治局常委、全国政协主席贾庆林，中共中央政治局常委、国家副主席习近平，中共中央政治局常委、国务院副总理李克强会见与会代表并与大家合影留念。

全国人大常委会副委员长陈至立，国务委员戴秉国，全国政协副主席、中央统战部部长杜青林，全国政协副主席、致公党中央主席万钢参加了会见。

戴秉国、万钢出席了随后举行的全体会议，戴秉国代表国务院作了讲话。他充分肯定近年来侨务工作取得的成绩，并代表国务院向侨务工作者表示亲切慰问和崇高敬意。戴秉国强调，凝聚侨心、发挥侨力，对于全面建设小康社会、推进中国特色社会主义伟大事业、实现中华民族的伟大复兴，具有重要意义。

戴秉国要求，各地区、各有关部门要深刻把握世情、国情和侨情的新变化，进一步把握机遇、与时俱进、勇于创新，推动侨务工作在更广领域、更高层面、更深层次发挥重要作用；要进一步发挥侨务资源优势，服务国内经济社会发展；加强与海外侨胞的联系引导，传播中华优秀文化，促进中国与世界各国的友好交往，支持海外侨胞为维护和促进祖国统一作贡献；要坚持开展为侨服务，维护侨胞和归侨侨眷的合法权益。

戴秉国还指出，各级政府要加强对侨务工作的组织领导，完善统筹协调机制，深入开展调查研究，着力强化能力建设，以务实创新精神推动侨务工作科学发展。

中国国务院侨办主任李海峰在大会上发言说，此次会议对于进一步做好新形势下的侨务工作，具有重要的指导作用，体现了中共中央、国务院从全局和战略高度重视侨务工作。她就如何贯彻落实此次会议精神重点强调了几项工作：

努力涵养侨务资源，强化侨务工作优势；深化实施“海外人才为国服务计划”，提高侨务经济科技工作的实效和水平；加强侨务公共外交，增强中国文化软实力和国际影响力；制定实施华文教育工作规划，开创华文教育工作新局面；促进和谐侨社建设，树立海外侨胞新形象；加强制度和机制建设，依法维护海外侨胞和归侨侨眷的正当合法权益；加强理论研究，构建中国特色侨务理论体系等。

（中国新闻网 2011－10－20/谢萍 张冬冬）

未来5年把困难归侨侨眷全部纳入扶贫规划

中国国务院侨办主任李海峰20日在此间透露，按照“适当照顾、同等优先”的原则，100多万贫困归侨侨眷在“十二五”期间将全部纳入养老保险、医疗保险及扶贫规划，使得归侨侨眷贫困问题基本得到解决。

全国侨务工作会议19日至20日在此间举行。李海峰在会上指出，华侨农场是归侨侨眷相对集中的地区。国务院侨办和农场所在七省（区）侨办要按照国务院的督查意见进一步协助地方政府采取有力措施，推动华侨农场实现“三融入”，将归难侨的生产生活问题进一步解决好。

据介绍，过去6年间，国务院侨办会同国务院8个部门印发了《关于做好散居困难归侨侨眷扶贫救助工作的意见》，会同或配合相关部门，制定出台了社会保险、子女教育、计划生育、祖坟保护、劳动待遇、就业培训、在华居留、捐赠管理等一系列涉侨政策。

李海峰说，各级侨办大力实施“归侨侨眷关爱工程”，28个省（区、市）对城市贫困老归侨给予生活补贴，一些地方还制定了农村老归侨生活补贴政策。各级侨办畅通信访渠道，认真解决侨界利益诉求，6年来全国侨办系统接收来信来访45万件，办结率达90%。

（中国新闻网北京2011－10－20/张冬冬）

海归就业力调查揭示：46%海归流向民企

启德教育国际教育研究院近日发布《海归就业力调查》。由调查报告中提供的数据图可以看出，目前真实的情况是：高达95%的海归，其在海外工作经历少于3年。有72%的海归，月薪低于10 000元人民币。相关专家认为，多数海归缺乏为用人单位所看重的海外工作经历，这是他们短期内薪金整体水平不高的主要原因。但海归在职场上的后发优势明显。

启德教育国际教育研究院联合海外院校及教育机构所做的《海归就业力调查》报告日前发布。据该研究院相关专家介绍，报告以逾7 000名各行各业的海归为样本进行分析，从而揭示中国海归职场生存现状。

七成海归选择回国就业　薪金要求趋于理性

调查显示，现有七成海归主动选择回国就业。他们提出的月薪要求从3 000～10 000元不等。其中虽然不乏优秀的海归进入知名企业担任要职，但也出现了不少“海带”与

“海参”（海待与海剩）。

从调查结果来看，顺利步入职场的海归身居要职拿高薪的为数不多。海归的起薪一般在3 000元左右，薪金在3 000~10 000元这个区间的占受访人群逾七成，这部分海归一般在企业或机构中担任主管、经理级别的职务。

受调查者表示，现在进入世界500强和国内科研机构以及大型国企的难度越来越大，所以他们对于薪金的要求也越来越趋于理性。

在接受调查的海归中，有67%的人群集中在北京、上海、广州、深圳这4个城市，还有24%的人群在东部沿海其他城市发展，而在中西部城市就业的仅占9%。“由此可见，就业城市对于海归的薪金及发展也有很大影响。”启德教育国际教育研究院相关专家说。

就业渠道越来越广泛　民企揽才异军突起

调查结果显示，海归就业渠道越来越广泛。其中，民营企业异军突起，成为吸纳海归人才的主力军，有多达46%的海归在民企找到了职业发展的平台。

但调查数据同时显示，外资以及合资企业仍是海归的首选，国有大中型企业以及公务员职位对海归也有很大吸引力，另有部分海归则选择自主创业。

据启德教育国际教育研究院专家介绍，大多数成功创业的海归通常都集中在高科技领域，占到70%以上，还有20%的海归集中在咨询、法律服务和教育等领域，5%左右是在制造领域，这说明海归在高科技领域里创业独具优势。

专家强调，海归的薪资水平还与他们的归国时间长短、留学国家、所在行业、所学专业有很大关系，需要综合看待，不能一概而论。

大小海归同台竞技　工作经验成关键

有专家将留学生回国就业的情况分为两种类型，即“大海归”与“小海归”，二者背景不同，回国后的发展也不同。从启德教育国际教育研究院的调查数据中可以看出，过半数的海归在海外有1~3年的工作经验，或是在出国前曾有3~5年的工作经历，这部分被专家称为“大海归”，他们往往在国外生活较长时间；另有近一半海归没有相关工作经验，学成即归国，甚至在国内也未工作过，这部分被划分为“小海归”。

启德教育国际教育研究院的专家认为，在本次调查中，有43%的受访者薪金在3 000~5 000元之间，属“小海归”。但对“小海归”而言，并不能只看目前的薪金表现，因为他们的工作经验正在积累之中，只要在职场中找准位置，就会有后发优势。

来自南京的“小海归”小林就表示，出国前他就给自己设定了目标。去澳大利亚读金融硕士期间，他不放过每个学习机会，尽可能多地了解银行的运作。现在，他凭借自己的努力和规划，如愿以偿地成为了国内某知名银行的大客户经理。

（《人民日报·海外版》2011－10－27/赵晓霞）

我国人才矛盾逐渐显现　“海归”压力也很大

根据最近人力资源和社会保障部的数据统计显示，截至2010年底，我国留学回国人员总数已经达到近64万人，预计新增的留学归国人员也将达到50万人以上。在最近中国某权威调查机构所出具的一份海归就业力调查报告中显示，现在有近7成的海归人才能够主动回国就业。但同时应该注意的是，随之而来的是海归就业压力的加大，海归扎堆求职，使得几年前捧着“高薪”找海归的现象渐渐成为历史，海归人才或已不再是目前就业市场上的香饽饽。

有专家指出，海归人才的归国热潮，除了自身的“祖国情节”驱动之外，或多或少也受到了世界经济大环境的影响。金融危机下，一些国家的经济濒临崩溃，在一定程度上影响了区域经济的发展，失业率高、就业率低，在本国经济无法振作的情况下，留学生作为外来者，很难得到均等的发展机会。有能力的中国留学生们在看到了国内经济良好的发展势头之后，陆续回国发展也不再觉得奇怪。

“留学热”在近几年越来越明显，大学生出国读研、读博已习以为常，有些家长甚至在孩子还上小学就试图把孩子送出国门。但是除了要注意到国外优秀的教育理念和教育环境之外，真正应该考量的是这一做法是否真的就能对未来的发展有帮助，若是真的无法锦上添花，倒不如不走这一步。有调查显示，在大多数的海归人才中，近一半以上的人在回国后所任的职位是普通员工，而归国后任职管理层的人数仅为15%，中国自身人才培养机制的完善也成为众多海归族竞争力下降的一个因素。专家提醒，在目前留学申请依旧持续升温的今天，并不是留学回来就一定可以一步登天，路还是要一步步地走。国内的人才培养机制正在逐步完善，教育教学水平也并不比一些欧美国家差，与中国留学生回流相对应的，是国内对人才的需求。“这是一个有点矛盾的现象。”专家称，海外人才回国有着巨大的就业压力，但是在一些关键位置上国内依然处于求贤若渴的状态，“我们应该看到政府在这方面做出的努力，中国现在处于迅速发展的时期，鼓励留学人才回国，为祖国的建设作出贡献，也是一向不变的政策”。怎么做到这两方面的平衡，其实才是最应该着手解决的问题。

（光明网 2011－11－18）

中国“十二五”期间将建侨务资源数据库

国务院侨办副主任任启亮22日在2011全国侨商组织会长联席会上透露，“十二五”（2011—2015年）期间，国务院侨办将会同地方侨办建设侨务资源数据库，整合全系统的力量，形成侨务资源发展新格局。

任启亮说，未来将以中国侨商投资企业协会等侨商组织为平台，凝聚一批经营管理水平高、市场开拓和国际化能力强的华侨华人企业家，使之成为中国加快转变经济发展方式、实施“走出去”战略的重要力量，使侨商与国内企业联手到境外开展互利合作。

任启亮要求有条件但尚未成立侨商组织的地方，要尽快成立侨商组织。已经成立侨商组织的地方，要尽量将在当地投资的知名企业都吸收进来，真正将侨商组织变成涵养侨务资源的平台，完善侨商组织网络体系。

据了解，中国迄今已建立侨商组织70多家。

（新华网2011－11－22/王海鹰）

全国副省级暨省会城市侨务工作协作会在甬召开

11月22日，全国副省级暨省会城市侨务工作协作会议在宁波召开，国侨办副主任许又声在会上作贯彻全国侨务工作会议精神辅导报告，国侨办政策法规司司长王晓萍主持会议。浙江省委常委、宁波市委书记、市人大常委会主任王辉忠，市委常委、副市长刘海泉，省侨办副主任陈重，市委副秘书长王建社、叶文群，市政府副秘书长陈国强会见许又声一行并参加相关活动。

宁波是浙江省重点侨乡之一，据不完全统计，现有归侨侨眷25万人，有31万宁波籍人士及其后裔旅居在海外67个国家和地区。“十一五”期间，宁波市各级侨办把为侨服务和为经济社会发展服务有机统一起来，直接引进侨（外）商投资项目122个，实际到位外资5.26亿美元；接受捐赠项目（基金）314个，共计2.38亿元。

会议指出，各地区、各有关部门要全面贯彻落实全国侨务工作会议精神，推动侨务工作在更广领域、更高层面、更深层次发挥重要作用。要进一步发挥侨务资源优势，服务国内经济社会发展；加强与海外侨胞的联系引导，传播中华优秀文化，促进中国与世界各国的友好交往，支持海外侨胞为维护和促进祖国统一作贡献。要坚持开展为侨服务，维护侨胞和归侨侨眷的合法权益。

全国副省级城市和省会城市在会上作侨务工作经验交流。会议期间，与会人员还对该市侨务工作进行了实地考察。

（《宁波日报》2011－11－23）

李海峰吁海外高层次人才抓住中国发展机遇

11月29日，在杭州举行的第三届海外专家咨询委员会会议暨重点华侨华人创业团队授牌仪式上，中国国务院侨务办公室主任李海峰呼吁，海外高层次人才应该抓住中国发展提供的机遇。

李海峰表示，海外华侨华人中人才济济，是推动世界经济发展和中外合作交流的重要力量。“国务院侨办专门成立了海外专家咨询委员会，由海外华人中杰出的专家学者组成，为中外经济交流合作牵线搭桥。海外专家咨询委员会一直以来都发挥着智囊团的作用，为中国的重点项目提供了技术支持，为重大决策提供参考方案。”

“中国的高速发展为广大人才施展才华提供了机遇。”李海峰呼吁，海外高层次人才应该抓住中国发展提供的机遇。“希望专家们充分发挥自身的渊博才智，为中华民族的伟大复兴作出新的贡献。”

作为“东道主”代表，浙江政协主席乔传秀坦言，浙江鼓励海外高层次人才前来加盟，并且为此做好了准备。“对于浙江的发展来说，海外华侨是不可替代的力量。浙江迫切需要海外人才的人才支撑，特别是重要领域的领军人才。浙江目前正处于一个新的起点，急需人才来提升人才结构。希望能够以此次会议为契机，凝聚海外高层次人才的智慧力量，为浙江发展建言献策。”

记者从浙江省侨办获悉，目前浙江引进的海外人才中有海外华侨华人专业人士6 100多名，创办企业590多家，总投资约50亿元人民币。

（中国新闻网杭州2011－11－29/汪恩民）

中国侨务论坛开幕　许又声赞侨务研究贴近侨情

中国国务院侨办副主任许又声29日在此间表示，5 000万海外侨胞广泛分布在世界170多个国家和地区，及时了解、把握各地的侨情变化，对于有针对性地开展侨务工作具有指导意义。近年来，中国侨务理论研究“贴近海内外侨情、贴近侨务工作对象、贴近侨务工作实际”，为开展侨务工作打下了坚实的理论基础。

由中国国务院侨办主办、上海市政

府侨办承办的“第二届中国侨务论坛”于29日在上海开幕。许又声指出，近年来，中国侨务理论研究更加关注侨务工作发展的现实需要。围绕侨务工作总体布局，加强了侨务工作全局性、战略性和前瞻性重大问题的研究；针对海内外侨情的新特点、新变化，加强了基础性的侨情研究；适应当前侨务工作发展的需要，加强了对热点、难点问题的研究。

许又声说，国务院侨办先后设立了“华侨华人分布状况与发展趋势研究”、“华侨华人经济资源研究”、“新华侨华人和华裔新生代研究”、“华侨华人与居住国关系的现状和趋势研究”、“华人跨国公司成长阶段研究”、“中国侨资企业年度发展报告”等课题，并有针对性地专门设立了“海外华侨华人概述”专项委托课题，对每年的海内外侨情进行全面综合分析。通过对海内外基础侨情的量化分析和全面研究，为侨务部门决策提供了重要的依据。

他透露，国务院侨办还先后设立了“新时期侨务工作发展规律的研究”、“社会学理论前沿对新时期中国侨务工作的启示”等课题，探索侨务工作基本规律和特点。同时，国务院侨办加大调研力度，并相继设置了“华侨投资纠纷解决机制研究”、“归侨侨眷利益保护机制研究”等一系列课题，为相关政策和法律法规的制定进行了理论研讨与探索。

另据介绍，为整合侨务理论研究的力量，增强对重大研究项目的攻关能力，提高侨务理论研究的层次和水平，很多高校相继成立了专门的侨务理论研究机构。如今全国有近20所高校设立了华侨华人研究中心等专门的研究机构。

开幕式上，国务院侨办还为2007—2010年两届优秀课题论文获得者颁奖。此次优秀课题论文评选活动有110项课题论文参选，共评出特别奖2名，一等奖2名，二等奖5名，三等奖9名，优秀奖16名。参选课题论文既有基础性的侨情研究，也有实践性的对策探讨，体现了中国侨务理论研究工作的前瞻性、现实性、政策性和时代性。

“中国侨务论坛”由国务院侨办于2009年发起创办，希望以此为平台吸纳更多海内外研究华侨华人问题的专家学者开展侨务理论研究。

（中新社上海2011－11－29/张冬冬　叶艺勤）

约5 000万：全球华侨华人总数首次得出较明确统计数字

11月30日在上海举行的第二届中国侨务论坛公布的一项研究成果，首次较为明确地统计出全球华侨华人总数：2007—2008年间已达4 543万人，如今约为5 000万人。

主持国务院侨务办公室《华侨华人分布状况和发展趋势》课题研究的庄国土教授对新华社记者说，这两个数字是迄今为止对全球华侨华人总数“最接近真实的统计”，大大低于海内外曾经的测算规模，“对准确了解和把握侨情变化发展具有重要意义”。

这一课题研究成果显示，20世纪初，全球华侨华人总数为400万～500万；20世纪50年代初，总数增加至1 200万～1 300万，其中90%集中在东南亚；到2007—2008年间，在全球4 543万华侨华人中，东南亚占比已降至73%左右，北美、欧洲、大洋洲和日本、韩国等地的华侨华人数量出现较快增长。

《华侨华人分布状况和发展趋势》课题研究前后持续时间长达11年，国务院侨办2007年正式设立并发布这一课题。课题主要由厦门大学南洋研究院承担，近20人参与了课题资料收集和调查研究。庄国土是南洋研究院院长，也是这一课题的主持人。

这一课题收集了数十个华侨华人主要流向国的官方人口普查数据和出入境机构登记数据，对中国驻相关国家领使馆、全球各地华人社会所作的华侨华人数量估算和相关新闻报道进行了重新整合，引入了人口学机械增长率的研究方法，同时参考了相关历史文献。

国务院侨办专家咨询委员会委员、华侨大学和厦门大学教授庄国土认为，近百年来，全球华侨华人总数出现显著增长，一是人口自然增长因素，二是20世纪70年代以来，在发达国家修改移民政策和中国改革开放的双重推力之下，中国持续出现较大规模的海外移民潮，并成为国际移民大潮的重要组成部分。

在中国大陆，改革开放30多年来的出国移民通常被称为“新移民”。其中，留学成为中国人移民国外的主渠道之一，到2006年底，中国大陆留学人员总数即已突破100万人，主要集中在美国、日本等发达国家。其次是非熟练劳动力，他们主要以亲属团聚理由申请定居身份，少部分人选择非法途径前往海外定居。作为典型，近20年来，仅福建福州一个地方移民美国的人数就高达60多万。第三类移民为商务移民，包括投资移民、驻外商务人员和各类商贩。特别是20世纪90年代以后，中国大陆逐渐成为世界制造业中心，中国制成品广销世界各地，对发展中国家和地区的投资、工程承包数量激增，大量中国商贸人员随之“走出去”。

庄国土表示，最出乎预料的一个研究结果，就是华侨华人不再高度集中在东南亚地区，而是随着经济全球化大潮以及中国与相关国家关系的改善，真正地遍布世界各地，尤其是发达国家和地区。连近百年来中国移民鲜至的拉丁美洲、非洲和中东各地，也出现了多个数以万计的华侨华人聚居区。

据相关国家主管部门统计，截至2006—2007年间，在美国的华人移民总数达200.7万人，在加拿大的华人移民总数达76万人，在澳大利亚的华人移民总数超过30万人。截至2009年底，在日本和韩国的华侨华人总数则分别达到68万和59万人。

庄国土课题组发现，近三四十年，与中国大陆海外移民方向略显不同的是，来自中国台湾的移民大体上高度集中于美国，其次是加拿大和澳大利亚；而来自中国香港的移民则主要前往加拿大、美国和澳大利亚。

“我们研究的一个结论是：从20世纪70年代到2007—2008年间，从中国前往世界各地的移民超过1 000万人。其中，来自港澳台地区的约160万~170万，来自中国大陆的800多万。前往发达国家的中国新移民近700万，前往发展中国家的有300多万。”庄国土说。

据介绍，近百年来，海内外学者和研究机构少有对中国海外移民及其后裔的数量进行整体估算，即使有，差别也很大。如对21世纪初全球华侨华人数量的估算，少的为3 000万，多的竟达到了8 700万，以至从官方到民间大多用含糊的“几千万”的提法。

国务院侨办认为，这一课题研究综合分析了世界各地华侨华人的变迁，对华侨华人数量与人口分布作出了基本评估，预测了其发展趋势，为侨务工作提供了重要基础。

华侨，指定居在国外的中国公民。华人，指一定程度上保持中华文化（或华人文化）

和中国人血缘的非中国公民。

第二届中国侨务论坛由国务院侨务办公室主办。这一论坛的设立，在于吸纳海内外更多专家学者致力于侨务理论和实务研究，进一步贴近海内外侨情、贴近侨务工作对象、贴近侨务工作实际。

（新华网上海 2011－11－30/吴宇）

中国侨联法顾委为侨界群众挽回经济损失数十亿元

12 月 1 日，中国侨联法顾委在北京召开 2011 年会。

董中原受林军主席的委托，代表中国侨联党组向各位法顾委主任、副主任和各位委员们致以诚挚的问候和崇高的敬意。董中原说，中国侨联法顾委自 1982 年成立以来，为侨界群众解决落实政策、非诉讼及诉讼案 5 000 余件次，出具法律意见函 4 000 余件次，召开案例研讨会 400 余场次，挽回经济损失数十亿元人民币。各省（区、市）侨联法顾委帮助协调解决各类涉侨案件数以万计，为维护司法公正、推动民主法治建设、促进社会和谐稳定作出了积极贡献。实践证明，侨联法顾委是侨联维护侨益工作规范化、制度化、法制化的重要平台和载体。希望中国侨联法顾委进一步谋划维护侨益工作新格局，加强侨联法顾委队伍建设，认真总结法顾委成立 30 周年的宝贵经验，进一步做好新时期维护侨益的工作，在全面建设小康社会的全局中彰显新作为。

（中国侨联网站 2011－12－02）

中央“五侨”部门座谈：侨务政策法规工作成效显著

2 日上午，国务院侨办召开侨务政策法规情况交流会，全国人大华侨委员会、国务院侨办、全国政协港澳台侨委、中国侨联、中国致公党、中央有关部门负责人出席了座谈会。会议通报了近年来侨务政策法规情况，探讨了维护华侨华人和归侨侨眷合法权益的思路与举措。

国务院侨办政法司司长王晓萍表示，近年来国侨办与外交部、公安部、人力资源和社会保障部、国务院法制办等部门加强沟通，对涉侨政策法规的重点、难点问题攻坚克难，致力于维护海外侨胞在国内的合法权益。

座谈会上，“五侨”部门负责人重点对华侨在国内权益的保护立法，华侨、华人、归侨侨眷身份认定，华侨投资权益保护，华侨在国内身份证件以及华侨子女教育等问题进行了热烈讨论。

“华侨在国内的身份证件问题是广大海外华侨迫切需要解决的实际问题，目前国内办理日常事务过程中，居民身份证运用越来越多，而定居在海外的华侨只拥有中国护照。”王晓萍介绍说，经过多次沟通、协调，2009 年人力资源和社会保障部办公厅印发相关文件，明确规定了华侨护照可以作为参加社会保险的身份证件，这一规定大大方便了华侨办理社保事务。此外，国务院侨办正积极推动立法部门在制定有关法律中，明确华侨可以用护照作为身份证件在国内办理相关事务。

对于外籍华人反映的出入境难问题，国务院侨办相关负责人表示，近年来公安部、外交部等部门在发放多次签证方面针对华人出台一系列便利举措，特别是 2010 年公安部出台的扩大居留许可签发对象新政策，对需在华停留 6 个月以上、符合规定条件并提供相关证明材料的 5 类外籍人员，公安机关出入境管理部门可以签发“探亲”、“投靠”、“置房”、“赡养”、“寄养”期限最长为一年或两年的居留许可，这项新举措的受益对象主要为华人。

今年，国务院侨办联合公安部、国务院法制办相关部门赴欧洲对侨务政策法规进行调研，和海外侨胞进行座谈，面对面倾听侨声，了解他们在侨务政策方面的意见和建议。

（中国新闻网北京 2011－12－02/娄晓）

全国“归侨侨眷关爱工程”工作会议在苏州召开

12 月 1 日，为期两天的全国“归侨侨眷关爱工程”（以下简称“关爱工程”）工作会议在苏州召开。国侨办副主任马儒沛、人社部养老保险司副司长尹志远、住建部住房保障司处长戴玉珍等领导出席会议，来自全国各省、自治区、直辖市、副省级城市和部分地级市的侨办领导以及 30 个华侨农场的代表共 200 余人参加会议。

马儒沛充分肯定了 9 部门《关于做好散居困难归侨侨眷扶贫救助工作的意见》下发一年来，全国侨办系统在“关爱工程”工作中取得的成绩和经验。他指出，各省（区、市）侨办高度重视 9 部门文件精神的传达和贯彻落实，及时向党委政府汇报工作，主动与相关部门沟通协调，深入调研、扎实工作，掀起了新一轮深入实施“关爱工程”的高潮。

在谈到今后一个时期“关爱工程”工作的思路时，马儒沛指出，当前，“关爱工程”和侨务扶贫工作正面临着新的形势和任务。各级侨办应该注意正确处理好以下几个关系，推动“关爱工程”工作健康科学发展。一是正确处理适当照顾与自我发展的关系。一方面要坚持“根据特点，适当照顾”的原则；另一方面又要鼓励归侨侨眷自力更生、自我发展，特别要做好促进归侨侨眷就业创业的工作，使他们从根本上摆脱贫困。二是正确处理物质帮扶与文化需求的关系。一方面要下大力气改善广大归侨侨眷的生产生活条件，帮助他们创造殷实富足的物质生活条件，满足其物质需求；另一方面，也要注重满足他们日益增长的精神文化需求，使归侨侨眷的精神文化生活更加丰富多彩，努力形成积极向上的精神追求和健康文明的生活方式。三是正确处理全面实施与重点突破的关系。既要做到全面实施，整体推进，使100多万困难归侨侨眷生产生活条件得到全面改善；又要抓住重点，以点带面，做到重点人群重点帮扶，重点工作重点推进。四是正确处理侨办推进与部门协同的关系。一方面，要切实履行政府侨务部门的工作职责，用情用心用力全力推进侨务扶贫工作；另一方面，要加强部门协调，完善工作协调机制，促进工作的制度化、规范化、常态化，形成整体合力，推动“关爱工程”及侨务扶贫工作的高效务实开展。

（中国新闻网苏州 2011－12－02/黄梅）

第二届世界客商大会在梅州隆重开幕

12月5日上午，第二届世界客商大会开幕式在梅州市亮胜艺术中心隆重举行，全球近百个客属团体、1 000多名来自世界各地的知名客商汇聚客都梅州共商发展大计，中共中央政治局委员、广东省委书记汪洋宣布第二届世界客商大会开幕，中央委员、广东省原省长黄华华为“广东省客家商会”授牌，广东省委副书记、代省长朱小丹在会上发表重要讲话。

本届世界客商大会的主题是“彰显客商精神，共谋合作发展”。大会期间，除举行广东省客家商会授牌、重点项目签约仪式以外，还将举行客商研究院挂牌、客商互动交流、客家文化之夜、参观考察等系列活动。今年恰逢客商杰出代表、张裕葡萄酒创始人张弼士诞辰170年，大会还举办“张弼士为商之道”客商论坛，探讨客商经营之道。

2009年10月，梅州市委、市政府联合海内外知名客商和客属团体，举办了首届世界客商大会，推动了客商之间、客属地区之间的交流合作，获得了全球客属乡亲的赞誉。广东省政府高度重视世界客商大会，决定从第二届世界客商大会起，将世界客商大会升格为由省政府主办，由梅州市委、梅州市人民政府承办，由广东省侨办、省外经贸厅、省工商联（总商会）、省侨联、省港澳办、省台办等协办。

（广东侨网 2011－12－06/李馨）

中国侨联特聘专家委员会：一个利用侨智的新载体

中国是一个侨务资源大国，侨界高端人才云集。如何发挥侨界的人才优势，为“十二五”规划的实施贡献力量，这是中国侨联目前正在努力推动的一件事。

直指难题

12 月 3 日至 4 日，中国侨联特聘专家委员会年会在北京召开。来自海内外的 73 名特聘专家齐聚北京，为祖国的发展建言献策，气氛热烈。

欧债、美债的多米诺骨牌效应已经出现，全球经济笼罩在一片阴霾之中，中国的地方债问题也引发担忧。澳洲精算师协会主席郭生祥充分地看到了这种风险，他认为解决不好将导致中国经济四分五裂。破解这样的问题，就要“在统一协调背景下，尽可能地增加地方发债的项目主动权、规模大小权、定价权、偿还权，最好是中央代发，保留最后偿还权，并且还要有一定的调剂权”，他介绍。

小微企业是中国经济的基本细胞，中国目前有 1 000 多万家小微企业，融资始终是这些企业生存的一个“瓶颈”。中国政法大学李曙光教授认为，在立法层面，有关小微企业要么是空白，要么是限制。现有的《商业银行法》、《证券法》不利于这些企业的发展。

西安炬光科技有限公司董事长刘兴胜支招，政府应该为中小企业提供担保基金，发展产权交易市场，变“智本”为“资本”，并在税收方面有所优惠。

金融危机造成大量欧美企业破产，东方证券的花蕾总监就认为，现在是优质民企进行并购、低成本扩张的好时机。私募基金是企业并购的重要资金来源，目前的税制限制了私募资金对民营企业并购的推进，希望有关部门加以考虑。

助力发展

科技部所属中国科学技术信息研究所《华人科技人才在海外的发展现状分析》研究表明，海外华人科技人才的总数接近 100 万人，这个群体在国际科技舞台上正发挥着越来越大的影响力。

如何利用这支巨大的力量，中国侨联特聘专家委员会应运而生。这个成立于 2010 年 1 月 20 日的委员会，已经吸引了 122 名专家担任委员，其中海内外院士 21 名，涵盖人文社科、资源、能源、信息、生物医药等各个专业，成为利用“侨智”的新载体。

“我们的目标，就是把特聘专家委员会打造成侨界高端人才的聚集中心、创新成果转化的信息交流中心、服务地方转型发展的科技支撑中心、参与社会管理创新的智囊中心。”中国侨联副主席王永乐介绍。

在成立后的一年多时间里，特聘专家委员会积极建言献策，有 50 多篇建议被提交中央，并在决策中起到重大作用。

江苏无锡市委、市政府两次邀请委员会的专家来无锡，对当地的“十二五”规划提出建议。由特聘专家参与的“创业中华 · 相约杭州”活动吸引了不少海外人才归国，促成了不少创业意向。

宁波大学材料科学与化学工程学院院长陈忠仁对发展海洋经济、开发海洋新材料颇有研究，宁波市参考其意见，写入《宁波市“十二五”海洋科技发展规划草案》中。

发挥优势

为了让这些特聘专家专业优势得以更好地发挥，中国侨联正在探索一种更为行之有效的组织方式。

在年会上，根据特聘专家专业特点，特聘专家委员会细分为4个专业委员会：人文社科委员会、生物与医药专业及相关学科委员会、材料与工程专业及相关学科委员会、资源与信息专业及相关学科专业委员会。

由于专业相近，在年会的论坛上，一些专家刚说出自己关于未来工作的设想，另一位专家就“一拍即合”。有些专家刚说出自己的一些顾虑，有的专家就发挥“热心肠”，积极地出谋划策。

特聘专家委员会才成立一年多，怎么发挥这个平台的作用？中国侨联副主席王永乐有自己的设想：“继续发挥特聘专家委员会建言献策的作用，促进学术交流、跨学科合作，推动最新研究成果的转化，支持经济社会转型，这是我们以后工作的四个方面。”

（《人民日报·海外版》2011－12－07）

中国涉侨基金会年度工作交流研修会在济南召开

7日，2011年中国涉侨基金会年度工作交流研修会在山东省济南市召开。中国国务院侨务办公室国内司司长赵昆与来自中国各地的8个涉侨基金会的14位代表共同就2011年涉侨基金工作交流经验，并对未来涉侨基金会的发展进行研讨。

赵昆首先感谢侨胞的热情捐助，向与会代表介绍了中国慈善事业的发展和国务院侨务办公室华侨捐赠工作的现状。他说，国务院侨办近年开展了侨爱工程，引导海内外侨胞扶助中国国内的贫困地区，同时设立关爱工程引导各级政府帮助归侨侨眷解决困难。2010年国务院侨办共接到侨胞钱物捐赠共计47.71亿元人民币，比2009年增加近70%，2011年数据正在统计中。

赵昆表示，2011年是中国涉侨基金会等非公募基金发展较快的一年，国务院侨办国内司的工作重点就是帮助涉侨慈善基金实施项目，使得涉侨基金可以合法、安全、有效地运作，保护广大侨胞的捐赠热情。2012年国务院侨办国内司将大力引导涉侨基金会关注中国新农村建设、农村留守儿童教育、农村医疗卫生等领域的扶助，并更注重捐赠人的知情权和监督权，将加强涉侨基金会的信息公开。

（中国新闻网济南2011－12－07/李欣）

第十二届世界海南乡团联谊大会在香港举行

“第十二届世界海南乡团联谊大会·第三届世界海南青年大会暨2011海南（香港）经贸·旅游·文化活动周”12月4日至7日在香港举行。来自25个国家和地区的4 000余名海南乡亲参加了这两年一度的大盛会。这是全世界海南人每两年一次的大团聚，也是继1995年香港成功举办第四届海南乡团联谊大会后再任东道主。

海南是继广东、福建后的中国第三大侨乡，海外琼籍华侨及港澳台同胞有400多万人，分布在全世界20多个国家和地区，是海外一支重要的爱国力量。作为联络乡谊乡情，凝聚乡亲力量的组织，世界海南乡团联谊大会成立于1989年，20多年来已成为海外琼属华人及港澳台同胞沟通交流、增进乡谊的一个平台。新加坡、中国海南、泰国、中国香港、文莱、马来西亚、美国等国家和地区都相继举办过联谊大会。本次大会由海南省人民政府和香港海南商会联合主办，世界各国海南乡亲都踊跃组团参加。

本次联谊大会设立了“世界海商论坛”、“世界海南人论坛”、“世界海南青年论坛”等专题论坛，联系乡情，共谋发展。海南省政府在此间举办“2011海南（香港）经贸·旅游·文化活动周”，借此促进全球与海南在经贸、旅游、文化等领域的密切交流和广泛合作。

在大会闭幕式上举行了交接仪式，第十三届世界海南乡团联谊大会由印尼海南总会主办，并于2013年在印尼举行。第四届世界海南青年大会由海南省海外交流协会主办，于2014年在海南省召开。闭幕式上发表的《第十二届世界海南乡团联谊大会联合公报》提出，为适应时代潮流，各乡团要在变革创新中谋发展，更新理念，丰富会务内容，提升联谊和服务内涵，不断增强侨社的活力和凝聚力，以吸引更多的新华侨华人和华裔新生代加入到乡团中来；要重视乡团中青年组织的建设和青年接班人的培养。第三届世界海南青年大会发表《联合宣言》称，世界各地海南青年在融入居住国生活、文化和主流社会的同时，应更多关心和支持家乡海南的建设，面对海南国际旅游岛建设的发展机遇，要积极参与并有所作为。

（中国侨联网 2011－12－11）

中国教育在线13日发布2011出国留学趋势调查报告

根据中国教育在线13日发布的《2011出国留学趋势调查报告》，2011年中国出国留学人数有望达到35万人。

报告显示，自2008年开始，中国出国留学人数呈爆炸式增长。2008年至2010年，每年出国留学人数分别是17.98万、22.93万和28.47万，同比增长比例依次为24.43%，27.53%，24.16%，持续保持稳定增长。2010年，中国出国留学人数达到28.47万人，按24%的最低增速推算，2011年出国留学人数将逼近35万。

报告称，截至2011年10月26日，中国共有419家正规合法留学中介机构，由教育部通过教育部涉外监管信息网进行监管。根据中国教育在线对12家知名留学中介机构的调查，这12家机构2011年的业务增长多数超过30%。据此判断，巨大的留学人数将继续拉动留学经济，按今年30万留学人数的保守估计，将撬动约600亿人民币的留学市场。

报告指出，出国留学越来越突出地表现出以下特点：一是宽松的签证政策催动留学，特别是2008年全球金融危机发生后，相关发达国家大力发展留学经济，许多大学经费不足，因此积极增加留学生份额。二是低龄化发展迅速。近两年来北京、上海、南京等城市中放弃高考选择出国留学的学生，以每年20%左右的速度递增。2011年报考托福的考生中，18岁以下的考生比例增长一倍多。

从中国人留学意向上，目前最受欢迎的留学国家排名靠前的有美国、澳大利亚、英国、加拿大、法国、德国、日本、新西兰、新加坡等。

报告还对出国留学类考试的变化进行分析，指出中国每年参加雅思考试的考生人数呈10%～20%的速度增长；参加托福考试人数以年均30%的速度增长；参加学术能力评估测试（SAT）、美国研究生入学考试（GRE）以及经企管理研究生入学考试（GMAT）的人数均稳定增长。

（新华网2011－12－13/吴晶）

近30个副省级城市以上侨办成立为侨法律服务机构

截至目前，中国共有近30个副省级城市以上侨办成立了为侨法律服务机构，许多侨资企业集中的城市和沿海开放地区地市级侨办也成立了法律服务组织。这些法律顾问组织在协助支持侨务部门开展侨商投诉协调工作时发挥了重要作用。

以上是记者22日从在海口召开的中国侨商投诉协调工作会议暨为侨资企业服务法律顾问团换届会上获悉的。

北京市侨办除了成立“法律顾问团”外，还会同市司法局在北京市律师协会中设立了“涉侨法律事务专门委员会”，并将在市侨商会设立“法律维权界别组”。天津市侨办主动将维权工作关口前移，在“2010 滨海新区投资创业洽谈会”期间设立法律咨询专柜，由资深律师向参会侨商提供法律咨询服务。广东省侨办与省侨商会联合举办了“侨资企业法律咨询服务活动日”，由特聘律师向企业代表提供一对一的法律咨询服务。浙江省侨办通过组织“为侨资企业家服务月”活动、座谈咨询、实地走访等多种形式让顾问团律师为侨资企业提供全方位服务。江苏省侨办也多次组织顾问团律师在省内为侨资企业开展巡回咨询服务。2011 年 2 月，黑龙江省侨商会成立并建立了法律顾问团，法律顾问团定期为侨商会会员举行咨询讲座并提供实地法律援助服务。宁波市侨商会聘请了 4 家律师事务所作为“为侨服务定点单位”，将为侨资企业的服务前移。

侨商组织作为侨务工作的新抓手和为侨资企业提供服务的新平台，在侨商投诉协调工作中发挥了重要作用。从 1990 年全国第一家侨商组织“广州市华侨投资企业联谊会”成立至今，特别是 2008 年中国侨商投资企业协会成立后，侨商组织如雨后春笋，纷纷成立。据统计，截至目前，地市以上由侨办作为业务主管部门的侨商组织已由 2008 年的 32 家发展到 70 余家，覆盖了全国 20 多个省（区、市），联系的重点侨商企业达 1 万多家。几年来，各级侨商组织积极发挥自身优势，强化服务意识，在搭建会员投资平台、开展调查研究、沟通侨商与政府关系、保护侨商投资合法权益、引导侨商建言献策、促进会员间联谊交流等方面取得了明显成效。

（中国新闻网海口 2011 - 12 - 23/张茜翼）

地方信息

山西省投 5 030 万元引进海外人才

1 月 3 日从省财政厅传来消息：我省引进海外高层次人才“百人计划”工作顺利实施，去年全年共引进生命科学、工程材料等 8 个专业领域学科带头人和领军人物 44 人，创办重点实验室和创业基地 6 个。省财政拨付专项资金 5 030 万元，有力地支持了工作的开展。

2009 年以来，省财政累计拨付实施引进海外高层次人才专项资金 6 830 万元。

（《山西晚报》2011 - 01 - 05/兰玲）

去年宁波市接受海外捐赠5 164.9万元

据报道，2010年，宁波市接受海外捐赠款物、基金共89项（次），捐赠总额5 164.9万元人民币。华裔新生代在捐赠中崭露头角，海外捐赠主旋律依然是资助教育事业。与此同时，我办还积极引导海外捐赠助推新农村建设，细心服务、认真管理，特别是在协助捐赠机构和基金会方面，做好捐赠项目的论证、选址和立项，使捐赠势头依然强劲。

华裔新生代发扬老一辈爱国爱乡的光荣传统，积极踊跃加入捐赠行列。2010年，华裔新生代共捐赠33个项目，折合人民币1 959.3万元，捐赠项目和捐赠额都接近全年捐赠总项目和总额的40%，已经成为我市海外捐赠的生力军。

捐赠款项主要用于发展我市教育等社会公益事业。全年海外捐赠我市教育事业47项，共4 437.11万元，占捐赠总额的85.91%。其中，用于资助贫困学生和奖励优秀学生的捐赠额有所上升，共1 748.6万元。近年来，海外捐赠发展我市教育事业突破以奖助学生和捐助教学设施为主的模式，开始涉及教师培训和教育新技术推广等方面。

机构和基金会捐赠项目趋于常态化。2010年，海外捐赠有16个项目，共1 802.6万元来自捐赠机构或基金会，这些捐赠机构和基金会每年定期续资，捐赠逐步走向常态化，成为捐赠我市社会公益事业的可持续资源。

引导海外捐赠助推新农村建设。我办结合新农村建设实际，鼓励、引导海外华侨华人捐资助建农村基础设施。2010年，华侨华人捐助新农村基础设施和文化建设共7个项目，100余万元。

海外捐赠还积极响应国家西部大开发号召，加大支援西部的力度。2010年，我市海外捐赠西部9个项目，共226万元。其中，资助西部省、市发展教育事业4个项目，共174万元，用于西部抗震救灾款物5批次，共52万元。

（宁波侨网2011－01－05/朱涛）

《侨法》服务侨界　海外捐赠舟山1.6亿元

“改革开放后，舟山市接受海外侨胞、港澳同胞兴办文化教育、医疗卫生和公益福利事业的捐赠也越来越多。目前各项捐赠已超过1.6亿元，评上省爱乡楷模3人，市侨界爱心人士17人。”舟山市外侨办有关负责人说，正是因为有了《侨法》等法律的保障，捐赠行为与爱心人士都在递增。去年9月，舟山市也制定出台了《舟山市华侨（港澳同胞）捐赠项目管理实施意见》。《侨法》就像颗“定心丸”，让乡贤们的回乡捐赠行为有了保障。

“《侨法》的护侨力度不仅能保障海外乡贤的捐赠行为，它还能维护国内归侨、侨眷等各项合法权益。”该负责人说。

通过“四进”（“四进”是指进社区、进侨乡、进党校、进侨资企业。）活动，在出台惠侨政策及为侨解忧服务上都加大了力度。如旅美华人高先生在侨办的帮助下，终于解决了曾奔波30多年一直未解决的祖房归还一事。还有华侨徐先生也因祖房翻建一事被困扰多年，今年在市外侨办的调解下，得到了圆满解决。

在惠侨新政上，舟山市于两年前出台了《关于华侨华人子女在我市就读幼儿园、中小学校的实施办法》，规定凡年龄在6周岁至18周岁，有学习能力，祖籍为舟山的，或在舟投资、就业的华侨华人子女均可申请在舟山市上学。目前，全市已有17名华侨华人子女在舟就读；同时还下发了《关于建立舟山市“贫困归侨帮困金”的实施意见》。

（浙江侨网 2011－01－05/黄银凤　陈斌娜　张尔翼）

海外侨胞捐资1.8亿元支持广东梅州发展

记者6日从广东梅州市外事侨务局了解到，梅州2010年共接受海外侨胞及港澳台同胞捐资约1.8亿元人民币，这些捐资主要用于科教文卫基础建设及社会公益事业。

梅州市外事侨务局有关负责人称，近年来，梅州利用“华侨之乡”的优势，广泛邀请海外侨商前来参加各种联谊、招商、庆典活动，积极组织广大侨商参加对外经贸交流活动，巩固和激发海外侨胞关心、支持故乡建设的积极性。

2010年梅州籍海外华侨华人对家乡的捐赠热情高涨，为梅州的教育、交通、医疗、民生等社会福利事业出资出力。如香港同胞朱的先生、刘惠英女士伉俪捐资1 100万元设立留隍镇慈善教育基金，该基金主要用于资助高龄困难老人，特殊困难家庭，品学兼优的留隍籍困难大、中学生；梁亮胜先生捐资1 000万元资助梅县人民医院新建住院大楼，有效地改善了当地人们的医疗条件。

去年以来，梅州在支持和服务现有侨资企业发展的同时，积极实施“回乡创业工程”，推进招商引资，成功地推动了香港嘉应控股有限公司投资10亿元人民币，在当地进行农业、旅游、房地产、矿业等项目的投资开发，此举极大地激发了海外侨胞及港澳台同胞参与梅州经济社会各项事业建设的热情。

梅州是著名的侨乡，旅居海外的侨胞300多万人，分布在世界70多个国家和地区。改革开放至今，梅州共接受海外侨胞及港澳台同胞捐资30多亿元人民币，这些捐资有力地促进了当地社会经济发展。

（中新社梅州 2011－01－06/唐林珍　李娜）

广西侨办主任忧归难侨收入低　称加快华侨农场发展

广西壮族自治区侨办主任冯祖华7日在谈到华侨农场归难侨生活问题时坦言，当前广西还有部分归侨侨眷收入过低，生活困难问题还没有得到根本解决，只能维持基本生活，华侨农场脱困和发展还有许多困难。

接下来，广西将推进华侨农林场实现政企分离，建立属地政府行政管理部门承担经济和社会管理职能的高效灵活的体制机制，通过整合重组华侨农林场原有国有资产和土地等资源，设立按照市场机制运作、自主经营、自负盈亏的独立经济实体，破解华侨农林场产业发展难题。

冯祖华认为从根本上解决归难侨的生活困难问题，要采用聚居式的社区模式，即通过农场整体搬迁，职工一家一房一门面集中安置，然后整合土地资源引导侨资侨智项目落户的方式，提供就业机会，改善归难侨的生产生活条件。

冯祖华在会上承诺，广西侨办将会同统计、公安等有关部门开展城乡散居困难归侨侨眷专项调研活动，摸清底数，为有针对性地做好贫困归侨侨眷的扶持救助工作提供参考。广西还将实施“关爱工程”，引导和帮助归侨侨眷按规定参加城镇企业职工基本养老保险或新型农村社会养老保险；开展“全年关爱、每季一送”系列活动；深入开展“侨爱工程”，积极与农业、科技、教育、扶贫等部门沟通协调，在尊重捐赠人意愿的基础上，有意识、有目的、有规划地引导海外侨胞发挥优势和特长，以投资合作、引进技术、拓展市场、捐赠公益、结对帮扶、文明创建等多种方式推进华侨农场的经济、社会、文化建设。

据了解，华侨农林场是中国在特殊历史时期为安置归难侨而兴办的，广西共有22个华侨农林场，约占全国总数的1/4。经过努力，到目前为止广西已基本解决了农林场的危房改造、土地确权登记、社会保障等历史遗留问题，改革已进入体制性攻坚阶段。

（中国新闻网南宁2011－01－07/林浩）

2010年广东获侨捐逾14亿元　创十年来新高

自改革开放以来，海外侨胞、港澳同胞向我（广东）省捐赠捐办公益慈善事业已经有32年。然而，他们对家乡的赤子之情仍未减退。据省侨办统计，去年海外侨胞、港澳同胞向我省捐赠款物折合人民币14.3亿元，创十年来新高。尤其是揭阳、江门、汕头、汕尾、深圳、梅州、佛山七个地级以上市接受捐赠均超过1亿元。

据了解，侨捐领域主要集中在教育、扶贫救灾、文化和医疗卫生等方面，其中捐助教育事业6.8亿元、扶贫救灾2.8亿元、文化体育事业2亿元、医疗卫生事业1.1亿元。

省政府于2005年颁布《广东省华侨捐赠公益事业项目监督管理办法》以来，全省各级侨务部门通过加强侨捐项目的监管，采取各种措施保护侨捐项目，表彰慈善人士，密切了与海外侨胞、港澳同胞的联系，大力推动了侨务慈善工作的发展。据不完全统计，侨胞和港澳同胞支持首个“广东扶贫济困日”活动的认捐款项超过7.5亿元人民币，约占全省捐款的25%。另外，省侨办深入推进“万侨助万村活动”，也得到积极响应。近两年来，我省引导侨捐参与“万侨助万村活动”项目达445项，金额超过8.3亿元人民币，助推社会主义新农村建设取得了明显效果，并以“侨心居”为载体，助建安居工程。同时，侨胞和港澳同胞对于我省粤北和粤西地区受灾户、“全倒户”、华侨农场贫困归难侨、乳源瑶胞建设“侨心居”，都给予了有力支持。

（《南方日报》2011－01－12/林亚茗　沈卫红　吴苗）

西藏自治区人大设立民族宗教外事侨务委员会

西藏自治区第九届人民代表大会第四次会议16日决定，西藏自治区第九届人民代表大会设立民族宗教外事侨务委员会，以推进西藏民族宗教和外事侨务工作法制化进程。

西藏自治区第九届人民代表大会第四次会议秘书长尼玛次仁说，根据《中华人民共和国地方各级人民代表大会和地方各级人民政府组织法》的规定和形势任务要求，西藏自治区第九届人民代表大会需设立民族宗教外事侨务委员会。

他说，民族宗教外事侨务委员会主要负责西藏有关民族宗教、外事侨务方面的地方性法规草案的起草工作；负责对自治区人民政府提请自治区人大及其常委会审议的有关民族宗教、外事侨务、回国藏胞等方面的议案进行审议；负责检查自治区“一府两院”贯彻实施民族宗教、外事侨务等方面法律法规的情况；负责审议自治区人民代表大会主席团交付的有关代表议案。

新成立的民族宗教外事侨务委员会组成人员的人选，已经西藏自治区第九届人民代表大会第四次会议表决通过。委员会受自治区人民代表大会领导，在大会闭会期间，受自治区人民代表大会常务委员会领导。

（新华社拉萨2011－01－16/胡星　颜园园）

四川省侨联法律事务中心成立

1月7日，四川省侨联法律事务中心成立。省侨联常务副主席陈宪、秘书长赵建中、省司法厅老领导及四川亚峰律师事务所负责人等30余人出席了成立仪式。

随着我国改革开放的不断深化，经济体制深刻变革，社会结构深刻变动，利益格局深刻调整，思想观念深刻变化，同时也伴随着一些发展中的矛盾，出现了一些侵害侨益的案件。为适应新形势、新任务的需要，认真贯彻落实中国侨联八代会精神，切实履行侨联职能，探索并实践主动维权、依法维权、科学维权，提升侨联依法护侨的能力，更好地维护侨界群众合法权益，搭建维护侨益平台，拓宽为侨服务渠道，四川省侨联与四川亚峰律师事务所友好协商，携手组建了四川省侨联法律事务中心，这标志着省侨联维护侨益多了一个平台，多了一种手段。

四川亚峰律师事务所系一所大型综合性律师事务所，是中华全国律师协会授予的全国优秀律师事务所，四川省侨联选择与该律师事务所合作，就是借助和发挥其高素质专业律师团队和优秀的律师人才优势，坚持“以人为本，为侨服务”的宗旨，开展侨法宣传，进行维权调研，提供法律咨询，研讨侵侨案例，提供法律援助，维护归侨侨眷和海外侨胞以及侨资企业、侨商的合法权益，为他们排忧解难办实事。

（四川侨网 2011－01－17）

留学回国工作　海归符合三条件可“落沪”

近日，记者从上海市人力资源和社会保障局获悉，《留学回国人员来沪工作申办本市常住户口实施细则》（以下简称《细则》）出台。据此《细则》，留学回国人员来沪工作，只要同时具备三条件便可直接申办上海常住户口，《细则》的有效期至2015年12月31日。

《细则》规定，回国后直接来上海工作须具备以下条件之一，具有大学本科学历，回国时间在1年内且未在国内其他省市工作安置；具有硕士研究生学历，回国时间在2年内且未在国内其他省市工作安置；具有博士研究生学历，回国时间在3年内且未在国内其他省市工作安置。

对“申办落户人员年龄距法定退休年龄须5年以上”这一条件，《细则》明确，属于国家认定的高层次人才或者具有特殊专长并为本市紧缺急需的海外高层次留学人员，年龄可适当放宽。

《细则》还对留学人员的概念予以明确，即公派或自费出国（境）学习，并获得国（境）外大学本科学历、学士学位（含）以上的人员；在国内获得大学本科（含）以上学历或中级以上专业技术职务任职资格，并到国（境）外高等院校、科研机构进修一年（含）以上的访问学者或进修人员。

此外，按照规定，符合落户条件的留学回国人员，其配偶（配偶年龄距法定退休年龄须5年以上）及16周岁以下或在普通高中就读的子女，可同时申请落户。

（《上海侨报》2011－01－20/陈丽伟）

海外华侨华人及港澳同胞五年捐赠甘肃9 000多万元

在过去的五年里，海外华侨华人及港澳同胞对甘肃省的各项事业给予了大力支持，各类捐赠达9 003.9万元，修建、改建学校247所，农村卫生院32所，水窖1 200余眼，资助非义务教育贫困学生21 000余人，免费为1 500多名白内障患者实施复明手术，对甘肃省的社会经济发展形成了有力的支持。

同时，海外华侨华人及港澳同胞对“5·12”大地震、“8·8”舟曲山洪泥石流等灾害地区也伸出了无私的援助之手，捐款捐物，甚至赶赴灾难现场参与救灾，对救灾及灾后人民群众生产生活的恢复起到了巨大帮助作用。

据王永前介绍，甘肃省同时也努力做好归侨侨眷工作。五年来，共受理归侨侨眷来信来访案351件（次），结案率91%，下拨贫困救济金163万元，对470余户1 800余名贫困归侨侨眷进行了持续的救济扶持。

（新华网兰州 2011－01－23/姜伟超）

宁夏侨联逾千万元捐赠打造“侨爱心工程”

昨天，记者从自治区侨联获悉：经其牵线搭桥下，香港宁夏同乡会会长徐启政等人专程赴海原县考察，决定今年在原资助20名优秀贫困学生和10名优秀贫困老师的基础上，将“侨联班”的贫困生资助人数扩至50名。据不完全统计，自治区侨联各委员去年在扶贫帮困、抗灾救灾、捐资助学等方面累计捐资超过1 000万元。

去年以来，自治区侨联组织并引导海内外侨胞积极参与社会公益事业。在中国侨联的支持下，宁夏育才中学第一届“珍珠班”学生完成高中学业，46人高考分数上一本线，2人分别考取清华大学和北京大学，名列全国“珍珠班”高考成绩第一，受到捐助方浙江省新华教育基金会的高度评价。

今年，自治区侨联将继续做大做强“侨爱心工程”，不断丰富“侨爱心工程”内容。

相关链接

“珍珠班”指由海内外侨界人士无偿资助品学兼优却家庭贫困的初中毕业生完成高中学业，宁夏每年面向贫困山区择优录取品学兼优的贫困生50名，每名“珍珠班”的学生在高中三年里每年可获得资助2 500元，特别优秀的还可继续资助其完成大学学业，又称“捡回珍珠计划”。

（《宁夏日报》2011－01－25/李云华）

涉侨离婚案　房产纠纷多

近日，记者从上海市民政局婚姻管理处获悉，2010 年上海市居民结婚 128 532 对，离婚 37 738 对。其中，涉外国人、涉华侨、涉港澳台居民的结婚登记 2236 对，比上年下降 10.27%，涉及 73 个国家和地区。全市共办理涉外国人、涉华侨、涉港澳台居民离婚 404 对，比上年上升 0.50%。

记者咨询沪上多家受理涉外、涉侨婚姻案件的律师事务所，获悉导致涉侨婚姻解体的原因中，房产等经济纠纷比较突出。

上海市民政局婚姻管理处处长周吉祥请本报提醒今年打算领证的涉侨新人，应提前按照民政部网站的说明，将护照、大使馆证明等材料备齐，免得因为缺材料而耽误喜事。另外，春节期间上海民政部门不办理结婚登记。

（《上海侨报》2011 - 01 - 28/陈丽伟）

福建籍海外侨胞去年捐赠家乡公益事业近 13 亿元

福建籍海外乡亲爱祖恋乡、重情重义、乐善好施。2010 年闽籍海外侨胞、港澳同胞向福建省捐赠款物折合人民币 12.93 亿元，创历年新高。

福建省人民政府侨务办公室 9 日透露，2010 年 6 月闽西北遭遇特大洪灾，闻知家乡受到重大自然灾害，福建籍海外侨胞、港澳同胞在第一时间踊跃捐赠救灾，分别达到 4 亿多元和 1.06 亿元，有力地支持了故乡灾后重建。

近年来闽籍海外侨胞捐赠公益事业热情高涨，形成华侨捐赠的“福建现象”，如第一个向北京奥运会捐款的是闽籍乡亲及汶川、玉树地震后，捐款上亿元的海外侨胞中都有闽籍乡亲。2008 年“5·12”汶川大地震，福建籍海外侨胞、港澳同胞踊跃捐赠 4 亿多元。“十一五”5 年间，福建省华侨捐赠公益总额达 45.63 亿元。

改革开放以来，海外侨胞、港澳同胞向福建省捐赠捐办公益慈善事业已有 32 年。侨捐领域主要集中在教育、扶贫救灾、文化和医疗卫生等方面。经过世界金融危机的考验，海外乡亲对家乡的赤子之情仍未减退。著名侨商黄如论、曹德旺等纷纷捐赠巨资支持公益，黄仲咸基金会已向福建各地 6 万多名贫困大学生颁发助学金。改革开放以来，福建侨捐公益事业总额达到 216 亿元人民币。

（中新社福州 2011 - 02 - 09/孙贤迅　陈鸿鹏）

侨乡江门累计接收海外华侨华人慈善公益捐赠57亿港元

广东省江门市民政局相关负责人13日透露，除去在海地地震、西南抗旱、玉树地震、舟曲泥石流和“扶贫济困日”活动等捐赠活动募集的善款，江门市慈善会和各市（区）慈善会共募集善款9 004万元人民币，受惠总人数88 156人（次）。

据了解，有海外乡亲近400万的江门在近30多年来，已累计接收海外华侨华人慈善公益捐资赠物金额达57亿港元。截至2010年底，在该市正式登记的公益服务类社会组织有8个，全市慈善会及各市（区）慈善会累计筹集慈善事业发展资金5.590 4亿元人民币。

（新华网广州 2011－02－13／魏蒙）

海南侨领获2010世界杰出侨领大奖

日前，在由亚太华商领袖联合会、亚太华商领袖论坛、亚太华商领袖传媒联合主办的第十一届亚太华商杰出侨领评选中，琼籍侨领、美国海南总商会会长谢自力获得“2010世界杰出侨领”大奖，成为第一位获此殊荣的海南华侨。

谢自力是我省有名的侨领，20世纪80年代曾在我省农垦系统工作过，后来到美国创业。近年来，谢自力多次回家乡投资创业，为海南发展作出了自己的贡献，并多次捐助海南慈善事业，曾被省政府授予“赤子模范”称号。

“世界杰出侨领大奖”是亚太华侨界颇有影响的一个奖项，每年评选出十位杰出侨领，旨在表彰全球不同行业里为社会创造财富并富有社会责任感的华商领袖和杰出侨领，记录和弘扬他们在业界及侨界的非凡创造力与崇高的社会责任感，迄今已举办了十届。本届杰出侨领评出后，将在马来西亚举行的第十一届亚太华商领袖吉隆坡高峰会上举行颁奖典礼。

（《海南日报》2011－02－21）

湖南侨联全年引资近50亿元　侨资侨智促“四化两型”

过去一年，到湖南来考察访问的海外侨胞有1 500多人，全年全省侨联系统共引侨资外资近50亿元。

湖南在海外的华侨华人和港澳同胞约60万，而归侨侨眷和港澳同胞眷属超过120万，近些年来，全省以出国留学、技术移民、投资移民等多种形式出境侨居海外的湘籍新华侨华人有10多万人。

这些海外侨胞大多“具有资金雄厚、管理先进的优势”，是一支不容小觑的建设力量。全省各级侨联围绕湖南“科学跨越、富民强省”大局，每年举办各类大型招商活动，推荐邀请海外侨商，宣传湖南，对接项目。

去年一年，全省侨联系统就促成协议投资总额近50亿元人民币。

其中，阿联酋湖南商会在望城县投资IT工业园，将解决7 000余人就业。美国传统中国武术总会与道县人民政府签署了总投资1.5亿美元的美国电子产业园项目合同。耶鲁大学终身教授、中国特聘长江学者邓兴旺在怀化生态工业园（新加坡工业园）合作投资30亿元，创立北大未名（怀化）生物科技园。省侨商会常务副会长吴长云投资13亿元建立的长沙金融中心启动。副会长吴文雷前期已投资近6 000万元用于华容县的旧城改造，总投资额达6亿元。郴州市侨联顾问李兴邦在郴州投资12亿元的酒店休闲项目正式开工。

2010年，湖南还引进海外高层次人才16名，省侨联主席曹亚主持的科研项目荣获湖南省自然科学一等奖，冷水滩市侨联副主席赵文斌获得全国农业科技推广奖。

2010年，省侨联共开展“亲情中华”主题活动6次，省侨联侨心艺术团、“田汉·长郡艺术团”分别走进美国，东南亚的老挝、柬埔寨、泰国等国家进行“亲情中华”慰问演出。

（红网 2011－02－22/谢伦丁　郭剑虹）

甘肃省政府和国侨办在京签署战略合作协议

今天上午，省政府和国务院侨务办公室在北京签署了《关于发挥侨务资源优势支持甘肃经济社会发展战略合作协议》。

省委书记、省人大常委会主任陆浩，省委副书记、省长刘伟平，国侨办主任李海峰，省委常委、省委秘书长、省委统战部部长刘立军，国侨办副主任赵阳、任启亮，国侨办纪检组长王杰等出席签字了仪式。

省政府秘书长李沛文主持签字仪式。刘伟平、李海峰分别代表省政府和国侨办在合作协议书上签字。

按照协议，国侨办将重点在“侨资企业西部行”、“侨爱工程——万侨助万村”及“关爱工程”等活动中协助甘肃进一步扩大对外合作交流，以扶贫开发为主，重点帮助我省临夏、甘南少数民族地区和定西、陇南特困地区经济社会事业的发展。同时，积极推进甘肃对外文化交流和宣传，加大人才培养和交流支持力度。

任启亮在致辞中说，在我国新一轮西部大开发启动之际，国侨办与甘肃省政府签署合作协议，具有十分重要的战略意义和现实意义。国侨办将充分发挥侨务资源的独特优势，积极推进合作协议的具体实施，加大对甘肃发展的支持与参与力度，为促进甘肃社会经济实现跨越式发展作出应有的贡献。

据了解，国侨办自1998年定点帮扶我省积石山县以来，为当地群众脱贫致富办实事好事。10多年来，已累计项目投资、捐赠资金1亿多元。

（《甘肃日报》2011-03-05）

温州市侨办与市民政局共同倡议侨胞做好侨坟绿化

日前，温州市侨办和市民政局通过温州侨网、《温州日报》，共同向广大海外华侨华人、港澳同胞、归侨侨眷们发出做好侨坟绿化的倡议。

倡议书指出，温州市委、市政府历来高度重视侨务工作，努力维护侨胞朋友们的切身利益。华侨在国内的祖坟是海外侨胞牵挂的“根”，是维系海外侨胞及后裔与祖（籍）国和家乡联系的重要纽带。实行殡葬改革、治理青山白化、保护生态环境，是惠及当代、造福子孙的工程，是温州“六城联创”的重要内容之一。

倡议书希望广大侨胞朋友在清明节来临之际，努力做好以下几点：

一要积极响应市委、市政府的号召，投身我市“六城联创”行动，为美化温州，推进温州生态城市建设作出积极贡献。

二要树立文明殡葬观念，倡导文明祭祀行为。对已治理的侨坟，要通过在侨坟周围种植乔木，坟圈种植灌木，坟坦、坟背种植草坪等方式，实现坟山绿化。

三要遵守各级政府“青山白化”治理规定，不得新建侨坟，不得翻新、刷白、修复、扩建侨坟，并做好侨坟的植被覆盖。要做到在“三沿五区”［沿公路（包括高速公路、国道、省道、县道）、沿铁路、沿通航河道（即三沿）两侧和住宅区、饮用水源保护区、农保区、风景名胜区、开发区（即五区）］视线范围内看不见侨坟。

（温州侨网2011-03-08/郭显选）

东莞“自梳女”归侨　迟暮岁月回归故里

目前，东莞市侨联秘书长邓林基给记者提供了一份不完整的全市“自梳女”归侨名单。他告诉记者，由于“自梳女”群体特殊的年龄结构，绝大多数都是80岁以上的老人，每年数量都会有变化，所以一直不能掌握最准确的人数。

他预计，全市目前的“自梳女”总人数可能有40～50人，主要分布在常平、寮步、高埗、横沥、东坑、大朗、石龙、石排、茶山和望牛墩等镇街。其中，前几年以城区数量居多，近年随着老人的陆续离去，城区已基本没有“自梳女”归侨了。目前，人数最集中的是常平镇，有10余个，最少的镇街则只有1～2个。

邓林基还说，目前东莞归侨中的“自梳女”，主要是跟叔侄亲属一起居住，有的则是几个人合住在一起，还有少数老人，因亲戚家境不好，或是亲人都已去世，一人独居在家。最近几年，各地政府也邀请一些独居老人前往敬老院养老，但受传统观念等影响，多数老人都委婉拒绝。迄今，进入敬老院养老的“自梳女”老人预计不超过1成。

据悉，东莞市政府已针对这些老人设立了专门的经济补贴和医疗救助基金。2007年，东莞市委市政府决定，参照东莞市低保对象补助标准，拨出近35万元专款对生活在东莞市各镇（街）的贫困孤寡老归侨每人每月补助342元（其中生活补助款300元，医疗救助金42元）。2008年，提高至442元；2010年，又提高至482元。

不过，由于老人们年龄普遍偏高，所以对医疗的需求较为迫切。邓林基也表示，侨联将会联系居委会定期跟进了解老人生活现状，并与各镇、村一级政府一道通过各种渠道，缓解老人们的就医之困。

目前，针对“自梳女”归侨老人的社会关注和救助也在增多。节假日以及平时，一些爱心企业也会前往慰问。

（《南方日报》2011－03－08/刘进　李书龙）

相关链接：

自梳女，自行盘起头发以示不嫁的女性。过去广州与珠江三角洲的未婚女子都梳着一条长辫子挂在背后，结婚时，由母亲或女长辈替其把辫子挽成一团紧贴在脑后勺，称为髻。自梳女就通过一种特定的仪式，自己将辫子挽成发髻，表示永不嫁人，独身终老。

广西华侨农林场“华丽转身” 归难侨过上幸福生活

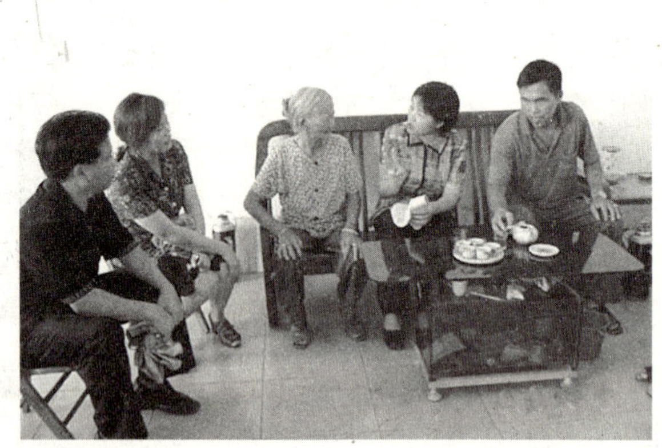

中国华侨农林场面积最大的省份广西壮族自治区对华侨农林场的改革取得新突破，许多农林场成功地开创了新的发展模式，实现“华丽转身”。

广西壮族自治区政府侨务办公室主任冯祖华说，广西近年来以提高归难侨生活水平为出发点，结合各华侨农林场的实际，创造了经济开发区、进城安置、靠城安置、设立民族乡、农业产业化发展等多种模式，很好地发展了华侨农林场的经济。实施改革后的农林场，归难侨基本上都过上了幸福生活。

冯祖华介绍，华侨农林场是特殊历史时期中国为安置归侨而设立的国有农林企业，受当时条件限制，只能以安置解困为主要目标。长期以来，很多归难侨由于语言与文化问题，难以融入当地社会，生活一度比较困难，冯祖华说：“现在随着广西经济社会的发展，很多华侨农场进行的改革取得了突破性的进展，进入了产业发展的新阶段。”

南宁市武鸣华侨农场是全国最大的华侨农场之一，安置有归侨侨眷1万余人，现已变身为“南宁—东盟经济开发区”，隶属南宁市政府直接管辖，这个开发区的管委会拥有市级管理权限，还建立了一级财政体制。经过多年的发展，这个原先落后荒芜的农场已成为一座新城，2010年实现地区生产总值42亿元人民币，人均地区生产总值8.75万元。目前有来自泰国、马来西亚、印尼等国家以及港澳台地区的210家客商在此投资落户。

武鸣华侨农场的成功并非个案。如今，在广西的桂林、来宾、崇左、防城港、柳州等地区，很多农林场都实现了华美的转身。记者在日前召开的广西华侨农场改革工作座谈会上了解到，桂林华侨农场采用“统一规划建设、集中居住、引进企业、发展服务业、拓宽归难侨就业门路”的改革模式，在农场内建起了“华侨新城”，把原先分散的农户集中到新城居住。据桂林市政府介绍，到2011年底，该农场全场646户职工将告别危旧房，全部住进新房。目前“华侨新城”已现雏形，民政、通讯、银行等服务部门亦开始入驻，各项公共基础设施逐步完善，归难侨生活大大改善。

广西中部地区来宾市的凤凰农场利用产业化发展模式，从2007年开始规划建设蔬菜生产基地，到现在农场蔬菜基地面积达2 200亩，亩产纯收入7 000元以上。农场负责人告诉记者，他们利用“公司+基地+农户”的模式，使农场成为品牌水果和蔬菜的生产基地，很多原先的归侨都成为老板，不仅建了新房，还买了小轿车。

在迁江华侨农场，当地政府采用“进城安置、整合国有土地、推进城镇化工业化建设的路子”，给归侨每人提供40平方米的住房，为他们购买社会保险，发放生活补助，帮助他们进城发展，并通过技能培训和成立企业帮助他们就业，然后利用腾出来的土地引进企业，发展经济。

截至目前，广西22个华侨农场职工社会保障、土地确权、金融债务等问题基本得到解决，进入体制改革阶段。广西侨办主任冯祖华表示，接下来侨务部门还将有规划地引导海外侨胞发挥优势和特长，以投资合作、引进技术、拓展市场、文明创建等多种方式，全面推进当地华侨农林场的经济社会发展，进一步提高归难侨的生活水平。

（中新社南宁 2011－03－18/林浩）

湖北省侨联扶贫帮困基金收到各界捐款逾350万

记者从湖北省归国华侨联合会获悉，“湖北省侨联扶贫帮困基金”17日正式成立，目前已收到各界捐款350余万元人民币。

近年来，湖北经济保持快速发展，社会全面进步，但侨界民众的贫富差距仍不同程度的存在：一方面，大部分侨界民众生活比较富裕，有能力也愿意帮助别人；另一方面，由于自然灾害、突发事件、疾病、下岗失业等因素，有些侨界民众生活仍然比较困难，急需得到社会救助。对此，部分归侨侨眷提议成立“湖北省侨联扶贫帮困基金”。

湖北省侨联相关人士18日介绍说，成立“湖北省侨联扶贫帮困基金”，正是搭建富裕阶层和困难民众之间的桥梁，为急需救助的归侨侨眷提供帮助。自该基金筹备以来，通过湖北省侨联网站、发告知书等形式，向广大海外侨胞、港澳同胞、归侨侨眷广泛宣传，扩大了社会影响，得到广大侨界的积极响应。

早在2006年前，得知湖北省侨联计划筹备成立扶贫帮困基金，港澳同胞黄英来、王文儒、林兴识、姚鸿明先生，法国华侨吴武华先生，以及中国国内的张荣国、张晓东、林仁宗、叶炳辉先生等就纷纷捐款奉献爱心。截至目前，该基金已收到社会各界捐款350余万元。其中，侨领陈少荣捐款80万元，梁亮胜、舒心、喻小平各捐款50万元。

长期以来，湖北省侨联与广大归侨侨眷和海外侨胞、港澳同胞一道，共同致力于推动侨界扶贫帮困，在为湖北侨界“献爱心、送温暖”、“捐资助学”、“光明行”等公益活动中奉献爱心。为奖励有突出贡献的侨界知识分子，湖北省侨联还成立“梁亮胜侨界科技奖励基金”。目前该基金已进行9次颁奖，共有490位湖北省侨界科学家获得殊荣。

（中新社武汉 2011－03－18/艾启平　邓佩兰）

广东省启动大规模海外侨务资源调研

记者25日从广东省侨务部门了解到，该省侨务史上规模空前的一项海外侨务资源调研活动正式启动。该项调研将为“十二五”时期广东侨务工作的科学发展，为广东“加快转型升级、建设幸福广东”提供决策咨询和理论支撑。

据悉，调研由广东侨办牵头，广东省社科院、外经贸厅、科技厅、中山大学等11家单位、科研机构、新闻媒体共35人参加，将分成六大组，于4月至5月间前往五大洲18个国家、37座城市展开调研。

调研内容包括：华侨华人与广东开放型经济、华侨华人智库与广东自主创新转型升级、华侨华人与广东软实力、华侨华人与广东公共外交、涵养侨力资源和增创侨务新优势等五专题。

广东省侨办主任吴锐成表示，调研组将通过走访各国华侨华人社团、华人商会组织、华人科技协会、华文媒体、中华文化机构以及侨领、参政华裔、华人企业家、专业人士、传媒精英等，掌握海外最新侨情，了解海外侨务资源状况，听取对广东经济社会发展和侨务工作的意见。

（中新社广州2011－03－25/郭军）

“侨字头”也可申请经适房

经适房甫一推出，就成为沪上居民关注的焦点。在沪外籍人士（包括外籍华人）能否申请经适房，记者咨询了上海经适房咨询办公室。

该办公室办公人员向记者介绍，中国国籍的海归人士如想在沪申请经适房，需具有本市城镇常住户口连续满7年，且符合有申请所在地的区（县）城镇常住户口连续满5年并实际居住于此等相关条件，才具备申请资格。外国人（包括加入外籍的华人）如欲申请上海经适房，在满足以上条件的情况下，其配偶必须为上海户籍。

据这位工作人员介绍，“目前已经有这样的‘侨字头’家庭递交了经适房申请”。徐汇区一对夫妇，德国籍妻子长期定居上海，丈夫属于海归人士，上海籍，在核实了相关情况后，符合经适房申请标准，居住地街道已为他们办理了申请提交手续。

记者还了解到，湖南、湖北、海南等多地都出台了海外归侨购买经适房的优惠政策。比如，湖南省出台政策，归侨、侨眷符合租用廉租房或购买经济适用房条件的，当地政府以及有关部门应当给予优先安排。

在采访中，不少在上海安家的海归向记者表示，“要是上海能出台针对海外归侨人才的经适房申请优惠政策就好了”。

（上海侨报网 2011－03－30/陈丽伟　陶辰）

文昌籍海外侨胞和港澳同胞捐赠家乡公益逾4亿元

记者2日从文昌市外事侨务办公室获悉，文昌籍海外侨胞、港澳同胞热心家乡公益事业，改革开放以来，捐资捐物折合人民币4.37亿元，在教育、卫生、基础设施、生态文明村创建等方面作出了巨大贡献。

据了解，文昌籍海外侨胞、港澳同胞乐善好施、回报家乡，呈现出5大特点。

一是捐赠领域广，涉及教育、文化、卫生及其他社会公共福利事业。海外侨胞、港澳同胞十分热心捐赠发展教育事业，投向文化教育方面最多，约占60%，文昌市几乎所有的中小学都得到海外侨胞的捐赠。此外，投向公益福利事业的约占20%，主要用于兴办敬老院、孤儿学校、扶助残疾人等各项慈善事业。

二是捐赠地区集中，以重点侨乡镇居多。文昌市的铺前、锦山、文教、会文等镇的侨胞人数较多，接受海外捐赠的数额也最多，侨乡镇许多重大项目得到了侨胞的积极参与和大力支持。2005年，香港同胞邢李㷧先生捐资人民币3 000多万元，为文昌东部唯一的一所完全中学——联东中学新建了教学综合楼、学生公寓、图书馆等，同时按照城市一级学校标准捐资为该校配置了教学设施。从2005年起，邢李㷧先生每年向联东中学捐资100万元，作为对该校教育教学改革的支持经费。

三是捐赠渠道宽广，形式多种多样。文昌市利用侨资设立教育基金会104个，达960万元，在文昌市捐赠兴办公益事业500万元以上的侨胞个人和团体有20多人（个），捐赠数额占捐赠总数的40%以上。日本乡亲符明潮先生带头捐款并发动海外侨胞集资扩建文昌市昌洒华侨小学，先后招集海外同村乡亲在香港成立了“海南省文昌市昌洒华侨学校教育基金会”，并以该会的名义发动海外诸位乡亲捐款。自2005年，符明潮先生发动集资200多万元，其中他本人捐款15万元，专项为学校建造一幢校舍。之后他和其他侨胞捐助18台电脑、3台复印机和多媒体教学各种教学设备。最近，符先生再次发动数位日本朋友为该校捐款，其中日本友人徐康先生捐资58万元兴建体育设施。

四是新一代海外乡亲继承传统、热心捐赠。已故新加坡华侨赵玉山之子赵锡强、赵锡盛，其父亲早年捐资建造了文昌华侨中学图书馆，父亲去世后他们还多次捐资改建该图书馆和添置图书。马来西亚著名侨领王兆松先生去世已多年，其子孙联袂捐资100多万元，修缮先辈捐建的文昌中学“兆松图书馆”、冠南小学“兆松教学楼”等。

五是破除地域观念，实现侨务资源共享。近几年来，非文昌籍的华侨华人、港澳同胞热心在文昌市捐赠款物。祖籍广东省的爱国香港同胞田家炳先生于2006年为文昌市文城中学捐资250万港元，改善该校办学条件。目前这所学校已建成文昌市直属完全中学，更名为“文昌市田家炳中学”。

海外捐赠在文昌市社会事业发展中发挥了积极的作用，主要表现在三个方面：一是改善办学条件，促进文教事业的发展。目前，文昌市已接受海外捐资新建扩建的教学楼、图书馆、科学馆、师生宿舍楼240幢，平顶校舍344座，建筑面积20.83万平方米，同时还捐建校门、围墙、校道、凉亭、花坛、草坪等，添置各种教学仪器设备。二是改善医疗条件，促进医疗卫生事业发展。据统计，有1 500多人次相继捐资文昌市28所医院（卫生院），建起门诊、妇产、留医、宿舍等楼房31幢，建筑面积2.3万平方米。此外，还给该市部分医院赠送了一批救护车、先进医疗仪器设备，给4所医院捐款81万元设立医疗基金会。三是致力于家乡建设，促进农村社会发展。据统计，全市接受侨胞资助打井409口，建自来水塔45座，拉电250多宗，造桥101座，修路388条（长708公里）。近几年，海外乡亲、港澳同胞在“文明生态村”创建活动中，慷慨解囊2 000多万元。

（中国新闻网文昌 2011－04－02／张茜翼）

济南今年投入1.4亿元“引智育才”

今年，济南将以高层次创新科技人才为重点，加快实施人才强市战略，为“十二五”开局之年提供有力的人才支撑。市财政安排人才工作专项经费1.4亿元，支持引进与培养各级各类人才工作。同时，重点打造5150引才计划、百千万引才工程、“济南名士”等人才工程。

记者从今天召开的2011年市人才工作领导小组第一次会议上了解到，今年市财政共安排人才工作专项经费14 632.45万元，其中，安排引进海内外高层次人才专项经费1亿元；安排“青年科技明星计划”和“留学人员创业计划”专项经费700万元。在人才工程方面，今年将精心实施5150引才计划和百千万引才工程。同时，启动实施“济南名士”打造工程，大力实施“泉城卫生学者”、“泉城卫生科技明星”等培养工程。实施泉城社工“双百计划”，通过政府购买、以奖代补等方式，招聘200名专业社工，重点开展居家养老、社区矫正、青少年教育、家庭服务、心理疏导等专业服务。

“海外智力为济南服务计划”，也是重点人才计划之一。今年，相关部门将视情况组团赴日韩举办引才推介会，争取在韩国首尔建立海外人才联络处。

另外，为给留学归国人员提供落户、居住、医疗、教育等“集成服务”，高新区国际社区将于今年开建。国际社区初步选址在汉峪片区南端，总规划用地面积750亩，分两期建设。

（《济南时报》2011－04－02／黄强）

广西侨联2010年引进资金近27亿元　服务经济发展

记者从广西壮族自治区侨联了解到，2010年广西各级侨联招商引资工作取得了新突破，引进资金高达26.7亿元，为广西社会经济的发展作出了重要贡献。

广西侨联主席韦干近日介绍，广西各级侨联部门对招商引资工作都高度重视，充分发挥自身与海外华侨联系密切的优势，开展多种活动积极推介广西的投资项目，仅在2010年就陪同10余批华商考察广西全区各地，在第七届中国—东盟博览会期间还邀请了50余位实力雄厚的海内外华商参观参展。

经过努力，很多华商对广西都有了很深的了解，纷纷选择在广西进行投资，其中广西华商会会长马相邕的两个热电项目已在南宁—东盟经济开发区等开发区开工，项目投资达6亿元；广西华商会会员“迪森生物质电力有限公司”在广西上思县建设的生物质发电场总投资达到4.3亿元，是广西目前已核准的最大生物质发电项目。

韦干介绍，广西各地（市）侨联在引资上的成果也非常突出，南宁市侨联2010年共引进资金1.4 113亿元，超额完成政府下达的任务；防城港市侨联成功引进英国华侨杨氏兄弟投资8 000万元人民币建设四星级宾馆；来宾市侨联引进的六个大型项目除一个尚未竣工外，其他五个项目均已完工。

（中国新闻网南宁2011－04－06/林浩　吴玲葭）

温州双潮乡侨胞恳谈　现场捐资超千万

4月6日下午，温州鹿城区双潮乡知名人士恳谈会在温州华侨饭店隆重召开。市委常委、区委书记、省侨联副主席、市侨联主席余梅生到会祝贺，区委常委、统战部部长徐强发表祝词，市、区侨联领导，双潮乡党委、政府领导，及来自世界各地的双潮籍侨胞260多人参加了恳谈会。

此次恳谈会，双潮乡推出了包括双潮华侨纪念馆暨知名人士事迹展览馆、双潮乡革命烈士遗物陈列馆、双潮乡中心幼儿园、双潮乡教育基金会、双潮乡平安基金会在内的五个建设项目，得到了双潮籍侨胞的热烈响应。短短两个小时，已有近70位侨胞现场捐资，募集资金达1 100多万元。一些未能到场的侨胞也通过亲戚朋友、电话等各种方式认捐。会后，侨胞们的捐款还在继续。

据温州市侨办介绍，近年来，双潮乡坚持科学发展观，实施生态旅游、生态农业和生态经济三大工程，先后获得“省级生态乡”、“市十佳魅力乡村”称号，2010年又被评为全国环境优美乡镇。这些成绩的取得离不开双潮籍侨胞们的贡献，他们每年为家乡教育、道路、平安治理等项目捐资都达500万元以上，在推动双潮乡社会经济的整体发展中功不可没。

（浙江侨网 2011-04-08/陈嫣）

提高归难侨生活水平　桂林华侨农场建设“华侨新城”

广西桂林市华侨农场近年来着力改善归难侨的生活居住环境，为侨场内的印尼和越南归难侨实施危旧房改造工程，当前用于提高归难侨生活水平的“华侨新城”已初具雏形，成为全国华侨农场的典范。这项改革的成功引起了社会的关注，4月13日由中新社广西分社、《广西日报》、《华声晨报》等媒体组成的新闻采访团专程到桂林华侨农场进行采访。

新闻采访团深入农场场部、华侨新城、归难侨家中进行实地采访，详细了解、探寻桂林华侨农场改革中的成功方法和创新举措，感受归难侨在改革过程中生活上的变化。

据悉，桂林华侨农场又名桂林华侨旅游经济区，位于漓江江畔，环境优美，交通便利，总面积14.8平方公里，拥有归难侨1 131人，主要是1960年回国的印尼归侨和1978年回国的越南难侨。从20世纪90年代起农场开始对归难侨的危旧房进行全面改造，经过四个阶段的“攻坚”，农场采用“集中安置”的方法把原先分散的归难侨集中到“华侨新城”居住，并引进企业、发展服务业帮助他们解决就业问题。当前这个“华侨新城”已经初具规模，预计到2011年底新城将全部完工，届时全场646户职工将彻底解决住房危、旧、差的难题。

（中国新闻网桂林 2011-04-14 /林浩）

海南省侨联法顾委去年推动解决10多起涉侨案件

记者14日从海南省侨联法顾委2011年会获悉，2010年至今，海南省侨联法顾委（律师团）共为归侨侨眷和海外侨胞提供法律咨询服务100多人次，推动解决涉侨案件10多起。

2010年，省侨联法顾委（律师团）积极参与省“五侨”部门开展纪念《中华人民共和国归侨侨眷权益保护法》颁布20周年征文、侨法知识竞赛及下乡宣传侨法的活动，并协助海南省“五侨”单位组织开展系列纪念活动。

2010年中国侨联八届二次会议做出了《中国侨联关于进一步加强新形势下参政议政

工作的意见》。省侨联法顾委（律师团）积极配合省侨联为省“两会”撰写《关于推动留学人员创业园新建设的建议》、《关于在农村集体土地上征收华侨宅基地，要切实维护其权益的建议》等提案议案，并提出了建议与意见，为侨联更好地维护侨益工作出力。

2010 年，省侨联法顾委（律师团）积极参与重点涉侨案件的调研调解工作，有效地推动了海南通澳公司、琼海涤纶厂和海南日富公司等重点涉侨案件的解决。

（中国新闻网海口 2011 – 04 – 15/张茜翼）

广东最大华侨农场兴建产业园区　总投资 300 亿元

记者近日从广东英德市政府获悉，总投资 300 亿人民币的“广东顺德（英德）产业园”正在广东省最大的华侨农场——英红华侨茶场兴建。

记者近日在这里走访时看到，园区内“打造百亿侨镇”的标语随处可见，各种基础设施正在如火如荼地建设。

始建于 1951 年的英红最初是一个厅级编制的劳改农场，1978 年，多达 1.5 万之众的越南华侨来到了英红，组建了当时中国最大的难侨安置茶场。有文化的被分进了机关单位，会中文的、文化素质稍低的被安置进了学校，没多少文化的则安排进了茶场，以种茶为生。

最开始的时候，难侨的心并不定，他们将金银绑在腰间，将政府每月派发的 30 斤大米都煮熟晒干背在身上，随时做着逃亡的准备。人心安定后，难侨全心投入茶场建设，英红茶场所产的红茶不仅远销 60 多个国家和地区，还成为了英国皇室的专用红茶，20 世纪 80 年代到 90 年代初，英红茶场达到鼎盛。

市场开放后，由于人员负担重，体制受限，英红茶场经营愈发困难。2003 年，英红茶场负债 1 亿多元，被迫撤场改镇。4 500 多名职工被迫下岗，每月仅能领取到 430 元的工资。

去年年底，佛山市顺德区区长梁维东和英德市市长马家庆分别代表两地政府签署区域经济合作协议，投资 300 亿元在英红农场共建“广东顺德（英德）产业园”。此举的目的是通过区域经济合作，促进资源、要素和产业的跨区域流动，实现合作双方的共赢。合作年限 25 年，税收和 GDP 共享。

54 岁的老华侨姚洞指着通往产业园区的产业大道告诉记者：“这是八车道的路，英德最好的公路，已经进入收尾工作了，旁边是武广高铁，广乐和昆汕高速在我们这里都有出口。”

姚洞说：“当年我们茶场效益之好是远近闻名的，20 世纪 80 年代初不少人家里就买了彩电，用上了摩托车，后来居然连一日三餐都紧张，现在终于可以翻身了。”如今，姚洞承包了一部分园区的绿化工程，日子过得有滋有味。

（中国新闻网清远 2011－04－18／李凌）

海外侨界 23 年捐赠海口 4.5 亿元

记者 4 月 25 日从（海南）省人大常委会以及省外事侨务办获悉，自海南建省办经济特区以来，海外侨胞、港澳同胞向海口市（含原琼山市）捐款捐物折合人民币约 4.5 亿元。

海口市有海外华侨华人、港澳同胞约 50 万人，归侨侨眷近 30 万人。据介绍，建省初期，华侨华人、港澳同胞捐赠物款仅局限于祖籍地，且大多是为当地修桥、铺路等。此后，捐赠数量呈持续上升趋势，并由传统的积德行善转向兴办教育、文化、卫生和公益事业。

香港著名实业家、社会慈善家邢李㷧先生于 2008 年向海口旅游职业学校捐赠 5 000 万元建设白水塘新校区；香港同胞、海口市侨资企业发展促进会常务副会长钟保家于 2010 年捐赠 102 万元给海南华侨中学用于奖励品学兼优学生；自 2005 年起，旅港海南同乡会会长、侨资企业家张泰超每年捐赠 20 万元给琼山区政府用于奖励优秀高考毕业生，已累计捐款 120 万元。

海外侨胞捐赠主体也日趋多元化，以华侨个人、家族、侨团名义或以回国内投资企业名义的捐赠不断出现。旅居加拿大的琼籍华侨潘先钾、黄玉珍夫妇（已故）不仅向海南华侨中学捐资 80 万元兴建“潘先钾、黄玉珍教育基金楼”，还设立“潘先钾、黄玉珍教育基金”，现已颁发奖助学金累计 90 多万元，近 600 名学子受惠。

2010 年 10 月，海口市遭受 60 年不遇的洪涝灾害。据不完全统计，此次海内外侨界共向海口灾区捐款捐物 2 000 多万元。

海外侨胞还热情捐赠支持海口市的新农村建设。2006 年，泰国王统守、王统忠各捐 15 万元用于美兰区下湖村道路硬化。旅泰侨胞吴多祯先生等人向美兰区大致坡镇栽群村捐赠 17.6 万元，为村民打井，帮助解决 7 个自然村的饮水难问题。

（《海南日报》2011－04－26/林伟　蔡发信）

湖南侨联年引资50亿元　侨资侨智成经济发展重要引擎

近日，记者从在湖南长沙举行的全国侨联文化宣传工作会议上获悉，2010年湖南省生产总值增长14.5%，GDP突破1.5万亿元，主要经济指标的增速高于全国水平，而侨资侨智成为湖南经济发展的重要引擎。

湖南省委常委、统战部部长李微微在会上指出，湖南经济社会发展取得的成就离不开广大归侨侨眷、海外侨胞的关心、支持与帮助。据统计，2010年到湖南考察访问的海外侨胞有1 500多人，湖南省侨联系统共引侨资、外资近50亿元。

去年，阿联酋湖南商会在望城县投资IT工业园，可提供7 000多个就业岗位。美国传统中国武术总会与道县人民政府签署了总投资1.5亿美元的美国电子产业园项目合同。耶鲁大学终身教授、中国特聘长江学者邓兴旺在怀化生态工业园合作投资30亿元，创立北大未名（怀化）生物科技园。省侨商会常务副会长吴长云投资13亿元建立的长沙金融中心启动。副会长吴文雷计划投资6亿多元用于华容县旧城改造工程，前期已经投资6 000多万元。郴州市侨联顾问李兴邦在郴州投资12亿元的酒店休闲项目也已正式开工。

（《上海侨报》2011－04－27/李宇萍）

“暖侨聚力”牵侨心　苏州累计接受华侨捐赠近7亿元

着力打造“暖侨聚力”品牌，温暖侨心、汇集侨智、发挥侨力。来自（苏州）市侨办的消息，今年该办将推出营造政治环境、优化政策环境、改进服务环境三大举措，服务广大华侨华人、归侨侨眷、港澳同胞和侨资企业。

据介绍，这三大服务举措包括：一是营造政治环境暖侨心。市侨办将深入基层调研，提出合理化建议，发挥侨商在“十二五”建设中的作用。二是优化政策环境暖侨心。今年市侨办将重点对新华侨华人在苏创业情况进行调研，向市有关部门提出建议，同时做好海外华侨华人高层次人才居住证、驾驶证、家属就业、小孩入学等问题的受理和解决工作，努力为华侨华人来苏创业提供良好的政策环境。三是改进服务环境暖侨心。市侨办将充分发挥苏州侨网方便、快捷的功能，及时公布涉侨政策和涉侨信息，同时进一步规范和公开办事流程，及时在网上办理涉侨事务；及时走访侨资企业和华侨华人领军人才，提供热心、细心和贴心服务。

与此同时，今年，市侨办还将着力为华侨华人高层次人才回苏创业搭建“苏州国际精英创业周”、“海外华侨华人高层次人才江苏行”、“国务院侨务办公室引智引资重点联系单位”三个平台，第一时间获取侨务资源和信息，充分发挥侨办在海内外的影响力，协助市人才办做好海外高层次人才的邀请、联系和协调工作，同时组织海外高层次人才赴各市区考察洽谈，积极为人才和项目落户牵线搭桥。

据介绍，目前，苏州籍海外侨胞有5万多人，侨眷有7万多人，归侨有205人。全市侨资企业累计注册近9 000家，占外资企业的1/3。去年来苏州创新创业的高层次人才为6 010人，海外人才为2 280人。全市入选国家“千人计划”30人，全部是华侨华人。入选省“双创”人才138人、姑苏创新创业领军人才135人，85%以上是华侨华人。作为华侨华人的“娘家”，市侨办始终坚持把服务放在第一位，注重在“暖”字上下工夫，着力为华侨华人营造创新创业、温馨和谐的环境。近年来，市侨办积极引导和服务华侨捐赠，动员和激发侨界人士为苏州经济转型升级和“三区三城”建设作贡献，目前全市已累计接受华侨捐赠近7亿元，位居全省第一。

（《苏州日报》2011-04-27）

江苏省首个“侨爱新村”落户镇江　见证港胞爱心

4月22日，江苏省侨办与句容市白兔镇太平村签署协议，共同建设“钜能侨爱新村”，这是江苏省首家“侨爱新村”。

2011年江苏省侨办大力实施“侨爱工程——万侨助万村活动”计划，推动全省新农村建设。镇江市侨办积极争取国、省侨办的大力支持，促成香港爱心慈善家李钜能向镇江市句容县白兔镇太平村捐赠20万元人民币建设文化卫生中心，项目预计2011年8月完工。该中心总面积800平方米，主要设置图书阅览室、教育培训室、文体娱乐室、卫生室、诊断室、理疗室等，项目建成后，将极大丰富农民精神文化生活，提高卫生服务水平，使村民生活在村容整洁、文明和谐、健康有序的环境中。

李钜能先生是镇江侨办的老朋友，曾在2009年10月向镇江市特教中心捐赠25万元善款，购置聋童语言康复语训设备，为广大聋童带来福音。

（中国新闻网2011-04-27/胡健）

海外侨胞和港澳同胞捐赠侨乡儋州公益逾4 000万元

记者从海南省人大常委会华侨外事工委在儋州开展的“《海南省华侨捐赠公益事业若干规定》执法调研座谈会”上获悉，改革开放以来，儋州市直接或间接接受海外侨胞、港澳同胞捐赠款物或其他形式的捐赠项目累计折合人民币约 4 500 万元。

儋州市是海南省第五大侨乡，有归侨侨眷 15 151 户，总人数 68 133 人。归侨中祖籍在广东、广西和海南文昌、琼海等地的占 70%。归侨侨眷主要分布在儋州市七大国营农场、四个地方国营农场，以及那大镇、南丰镇、兰洋镇、和庆镇、峨蔓镇、东成镇及所辖管的农村等，以从事橡胶种植业为主。目前，儋州市在海外定居并保持联系的华侨华人和港澳台同胞共 76 000 人，主要分布在马来西亚、印尼、美国、新加坡、加拿大等 10 多个国家。

海外侨胞和港澳同胞为儋州捐赠公益形式多样。在捐赠的项目中，有的捐赠人直接捐助现金给单位或个人，如美国南加州海南会馆“四海一家”的成员，直接捐献美元给儋州市贫困中、小学生；有的捐赠人捐赠物品、设施；有的则以资助学习培训的方式进行，如新加坡淡马锡基金会资助儋州市医务护理人员赴新加坡培训等。

海外侨胞捐赠主要投向教育事业，在教育事业上捐赠的资金折合人民币 3 036 万元，约占捐赠总数的 67%；用于医疗卫生事业的资金折合人民币约 1 000 万元，占捐赠总数的 22%，其余的捐赠用于建桥修路、会馆场所建设及活动举办等。

（中国新闻网儋州 2011－04－29／张茜翼）

5 月 1 日起温州市出入境推出八条便民措施

归国华侨要恢复户口可提前 20 天受理，市民办证可上网查询进度，办理的护照可由他人代领……昨天，记者从市公安局出入境管理局获悉，该局推出 8 条便民措施，该 8 条措施从 5 月 1 日起开始实施。

外国人投资居留最长时间延至 5 年

来温投资的外国人及其随行家属（配偶和不满 18 周岁的子女）签发居留许可时间本来为 2 年，调整后居留许可最长可签发 3 年；在温投资 300 万（含）美元以上的外国人原来签发居留许可时间为 3 年，此次调整为最长可签发 5 年居留许可，签发次数不限。

外国人来温商务签证期限放宽

来温外国人商务 F 签证，原本签发有效期为 1 个月至 3 个月零次或者一次 F 签证，现调整为签发有效期为 1 个月至 6 个月零次、一次或者二次 F 签证。如果接待单位为等级评定“一级优秀单位”的企（事）业单位，可签发 6 个月至 1 年多次 F 签证，签发次数不限。

海外高层次人才居留许可期限放宽

国家和省（部）级科研机构、重点高等院校聘用的学术、科研带头人，以及有关单位聘用的具有副教授、副研究员以上职称，或者享受同等待遇的学术、科研骨干以及其他符合规定的高层次人才及其随行家属（配偶和不满18周岁的子女），由原来最长签发2年居留许可，现在最长可签发5年居留许可，且签发次数不限。

为重点企业管理人员签发一年多次赴港商务签注

为给我市重点企业转型发展、开拓市场提供便利，对市政府确定的“百龙企业”（百家行业龙头企业）、年度“纳税百强企业”副总经理以上高级管理人员，和其他确需多次赴香港商务的企业人员，可以签发一年多次往返香港的商务签注。

华人来温探亲期限延至半年

华人来温探亲，本来其L签证（探亲旅游签证）签发有效期为3个月，现调整为可签发有效期6个月以内的零次或者一次L签证，而且可签发两次。

归国华侨户口恢复提前受理

根据省公安厅“入境后在拟定居地连续住满或1年内累计住满90天”的政策规定，提前20天，即在国内住满70天，受理华侨回国定居恢复户口申请材料，通过提前审核和报送申请材料，满90天即可由省公安厅对申请材料进行审批，为申请人缩短办证时间20天。

办证进度可网上查询

5月1日开始，我市居民申请办理普通护照、往来港澳通行证、往来台湾通行证，可以通过互联网登录温州市公安局网站（网址：http：//www. wzga. gov. cn）实时查询相关证件办理进度，这大大方便了市民安排出境行程。

护照、港澳通行证、往来台湾通行证可代领

居民申办普通护照、往来港澳通行证、往来台湾通行证，本人不能到场领取证照的，可凭申请回执单、发票、持证人和代领人的有效身份证件，委托他人代领。

（《温州都市报》2011－04－29/黄云峰）

广东江门改革开放以来接受港澳同胞、海外侨胞捐赠60亿港元

据江门市侨联消息，日前，江门市第六次归侨侨眷代表大会隆重召开。江门市归侨侨眷代表、港澳同胞代表、海外乡亲共300余人欢聚侨乡，共商侨联事业发展大计。

江门市委副书记、市政协副主席谭继祖在会上说，江门是著名侨乡，祖籍江门的海外华侨华人、港澳台同胞超过376万人，全市归侨、侨眷200多万人。改革开放以来，江门

市共接受海外华侨华人、港澳同胞捐赠物资超过60亿港元。现在江门市有侨资企业3 000多家，对江门市的社会繁荣、经济发展发挥了重要作用。江门的快速发展离不开“侨”字，各级党委、政府将继续加强对侨联工作的领导和支持。

大会总结了江门市侨联过去5年的主要工作，提出了今后5年的主要任务，审议并通过了市侨联第五届委员会工作报告，选举产生了市侨联第六届委员会。张国富当选为主席，林春晖等12人当选为副主席，雷久艳当选为秘书长，马日新等92人当选为常务委员。大会还聘请了寸迎新、区仲贤、邓柏禧等热心侨联事业的知名人士共157人，担任第六届市侨联名誉主席、名誉委员和顾问。会上，市侨联与港澳及海外25个侨团缔结为友好社团，珠海、中山、江门三市侨联还签订了《珠海、中山、江门侨联加强交流合作框架协议》。

（中国新闻网 2011－05－04/周瑞琴　余泽权）

福建省明溪县“六举措”关爱新华侨留守孩童

父母在国外打拼，家中留守儿童的生活、教育成了问题，福建省三明市明溪县出台“六举措”关爱留守孩童，深化新华侨二代工程。

第一，在教师中倡导“温馨”教育、“赏识”教育，让“留守孩童”感受学校、班级温馨的“家”的氛围。

第二，让学校及每一个班主任都成为心理咨询的行家里手，让每一个办公室都成为他们的心灵驿站。每个教师每周不少于一次与“留守孩童”谈心、交心。班主任每两周撰写一篇留守孩童工作随记。

第三，让留守孩童与班主任结对。教师每月至少一次通过电话、书信等方式与家长或托管人联系，家长及托管人每月至少一次通过书信、电话与学校联系。家长与学生也要增加亲子互动与沟通。

第四，建立学校家庭联系制度。要求教师要重点做好家访工作，每位教师对留守孩童每学期实地家访不少于20次，每月与留守孩童家长至少联系一次，促使这项工作落到实处，取得实效。

第五，建立结对帮扶制度。首先是组织教职工与“留守孩童”结成对子，加强个别辅导，实行全程跟踪教育。其次是组织同龄优秀学生与“留守孩童”结对子，开展生活、学习互动互帮活动。第三是通过“优秀留守孩童”与“留守孩童”结对，帮助、引导“留守孩童”健康快乐成长。

第六，充分利用农村中、小学校现有资源，集中力量办好寄宿制学校。让在国外打工的父母的孩子能寄宿学校或能集中到类似托管中心的机构。

（中国新闻网三明 2011－05－05/陈小娥）

北京首次明确规定留学生也可应聘大学生“村官”

北京市人力资源和社会保障局相关负责人9日表示，具有北京户籍、在国外正规院校留学、最近一年以内毕业并取得学士以上学位的留学回国毕业生，可视同应届毕业生报名应聘北京市大学生“村官”。

据了解，这是北京首次明确规定留学生也可以参加大学生“村官”的应聘。今年，来自美国、英国、法国、俄罗斯、澳大利亚、日本、韩国等国家和地区的20名回国留学生报名参加应聘。

据介绍，2011年北京选聘大学生“村官”报名工作已经结束，共有11 437名应届高校毕业生报名应聘3 127个村党支部书记助理、村委会主任助理、农民专业合作社理事长助理岗位，供需比为3.7∶1。

在报名人员中，本科及以上学历占七成以上；北京生源5 474人，占47.9%；中共党员4 207人，占36.8%。

据悉，北京市13个区县2009年、2010年共计4 759名合同期满大学生“村官”，在合同期满当年，有4 393人走上新的工作岗位，基本实现有就业意愿的合同期满大学生“村官”圆满转岗再就业的目标。

（新华网2011－05－09/张森森）

1 258名莆田籍乡亲回乡投资创业　总投资近2 000亿元

近年来，“妈祖故里”福建莆田加快实施民营资本回归工程，引导民营资本回流，成效显著。6日，记者从莆田市有关部门获悉：截至目前，已有1 258个莆籍乡亲回乡投资项目，总投资额近2 000亿元。

福建莆田是全国著名的侨乡之一，有旅居在外的侨胞100万人，港澳台同胞40多万人，归侨、侨眷30万人，其中涌现出一大批业界精英，在国内其他省市的乡亲也是人才济济，资本雄厚。据不完全统计，莆田在外的人才队伍中，高级专业技术人员5 000多名，两院院士13人。外出经商、务工人员50多万人，在全国各地创办企业2万多家，其中年产值（贸易额）在500万元以上的3 000多家，超亿元的30多家。

伴随着湄洲湾港口大开发的持续展开，投资环境的不断改善，莆籍乡亲纷纷回乡投资创业，热情高涨。根据统计显示，已有1 258个莆籍乡亲回乡投资项目，总投资额近2 000亿元。

莆田市一官员告诉记者，如今，莆籍乡亲的回乡投资创业已与央属大型国有企业以及外资企业一道成为莆田经济加速增长的三大驱动力。

仅5月份以来，当地开建的超千万级别回归民资项目就有5个。其中，东海鞋服辅料生产基地项目总投资达9.1亿元，仙游县综合建材城项目总投资为6亿元，中港实业锦江大楼项目总投资为4.5亿元，福建禾欣合成革项目总投资为1.6亿元。

（福建侨网 2011－05－09/龙敏　徐向阳）

青田华侨村官人数激增六成

近期，全国县、乡两级人大选举启动，按照中央和省、市统一部署，著名侨乡浙江省青田县顺利完成了403个行政村的两委换届选举工作。

在这次换届选举中，共选举产生华侨村官57人，总数比上一届增加了60%，其中41人还担任了村两委“一把手”。上届36名华侨村官今年有32人再度当选，他们敢干事、能干事，得到了群众的普遍认可。

备受媒体关注的“公益型华侨村官”洪树林今年再次当选船寮镇朱店前村村委会主任。过去三年他带领村民完成了建文化大楼、改造村庄道路、办来料加工业等一批大事实事，深受村民的赞赏。他表示，今后仍然要带头办公益，为村民办实事。至于自己的生意，洪树林说：“柬埔寨的生意还是顾不上，因为村里4处桥梁建设工程已经启动了。”

方山乡龙现村新当选的村委会主任吴碎明是一位意大利华侨。刚上任一个月，他就忙着整治村里卫生环境、发展稻田田鱼品牌和建设改水工程等工作。吴碎明认为，当村官，顺应民心是最重要的，“正是这种民主的方式让村民们对我有了信心，同时也增强了村民本身参与建设的积极性”。

2006年回仁庄镇小令村定居的保加利亚华侨徐文俊，去年因帮助村里监管自来水修建工程而深受村民信任，今年被选为村委会主任。刚上任他就开始为村里的道路建设项目四处奔走、寻求支持。他说，虽然自己当村官是因为难拒乡亲盛情，但只要能为村里办实事，就要努力争一争、好好干一干。

丽水市侨办自2006年开展“百名侨胞助百村”活动以来，涌现出大量回乡服务的华侨村官。这种后金融危机以来海外侨胞突破瓶颈、创新发展的新尝试，是华侨要素回流的新途径。华侨当村官，不但促进了农村生产生活条件的改善和各项社会事业的发展，为当地新农村建设作出了积极贡献，许多侨胞也实现了自身事业的新发展。

（上海侨报网 2011－05－11/王晓波）

上海市政府侨办推出“侨帮侨”举措　为海外人才来沪创业提供服务

为配合中央及上海“千人计划”的顺利实施，市政府侨办全面推进以吸引海外人才为国服务为核心内容的“海星工程”，大力为海外人才在上海创业提供帮助和服务。市政府侨办于今年推出“侨帮侨”新举措，充分发挥在沪侨商的作用，帮助海外人才解决创业初期的具有共性的困难。“侨帮侨”内容包括：侨商提供企业资源、免费提供办公等创业场地、结合侨商自身产业特点为海外人才创业提供市场和资金等各种资源。同时，结合侨商自身在国内的发展经验，对创业人才提供创业指导。首批推出的“侨帮侨”创业基地主要由侨资企业东锦、瑞华、绿环等提供，总建筑面积超过8 000平方米，可接纳100个创业初期企业，主要支持食品科技、生物医药、电气电力、电机机械、环保设备、电子信息制造、新能源、新材料、新能源汽车、软件和信息服务业及其他现代服务业领域项目申请。申请项目将主要由提供场地的侨资企业筛选，各企业都把支持创业人才作为一项重要工作。东锦集团提供的东锦国际大厦是去年年底落成启用的，有全新的大楼外观及极其优越的内部环境。

今年7月，上海市政府侨办将在浦东干部学院举办海外人才创业培训班，报名参加此次培训班的海外人才有可能成为首批“侨帮侨”资助和支持的对象。创业培训班将于7月16日至19日举办，创业培训班得到国务院侨办和上海市引进海外高层次人才工作专项办公室的支持。培训班将邀请国内知名专家学者和政府官员详解中国与上海的创业环境，并邀请在上海创业成功的知名企业家进行创业指导。今年的创业培训班和同步推出的“侨帮侨”举措，是上海市政府侨办连续三年在张江成功举办“华侨华人回国创业培训班”的基础上，整合社会资源，吸引并支持海外高层次人才在上海创业的又一尝试。

（上海侨务网 2011－05－17）

福建海归评职称有了“绿色通道”

福建省公务员局近日出台引进高层次人才专业技术职务任职资格确认新政策，为高层次人才职称评审开辟“绿色通道”。

凡是国家“985”工程高校、中国科学院系统及海外留学回国的高层次引进人才，在国家“985”工程高校、中国科学院系统聘任相应职务一年以上，或在海外取得与国内相对应的专业技术职务，赴闽创办企业或与福建企事业单位签订3年以上期限工作（聘用）合同的，将直接确认其专业技术职务任职资格，并颁发职称证书。

据介绍，新举措简化了高层次引进人才职称评审程序，提升了职称工作服务引进人才的能力，有利于福建省引进紧缺急需的高层次人才。

（上海侨报网 2011－05－18/陈丽伟）

中国首个藏族自治州侨联在云南迪庆成立

云南省迪庆藏族自治州第一次归侨侨眷代表大会2日在此间举行，这标志着中国首个藏族自治州侨联组织正式成立。

中国侨联主席林军到会祝贺并致辞。他表示，迪庆藏族自治州独特的区位优势、民族风情文化和侨务资源为做好侨联工作奠定了良好基础。

“海外藏胞是特殊历史条件下形成的侨居在国外的少数民族群体。”林军指出，藏族侨胞是海外华侨华人社会的重要组成部分，他们绝大多数是热爱祖（籍）国的，是支持中国统一的，是反对民族分裂的。

林军还勉励迪庆藏族自治州侨联充分发挥侨界人才荟萃、智力密集、联系广泛的优势，团结带领归侨侨眷积极投身社会经济建设，引导海外侨胞到藏区投资兴业和参与社会慈善事业活动，科学、主动、依法维护侨益，为藏区的改革开放和跨越式发展献计献策、贡献力量。

来自迪庆藏族自治州的101位归侨侨眷代表和来自中国侨联、云南省侨联、云南省各市州侨联的特邀嘉宾出席了大会。藏族侨眷和强当选迪庆藏族自治州侨联首届主席。大会上，还举行了意大利侨商援建香格里拉侨心小学捐赠仪式。

云南省迪庆藏族自治州地处中国西南边陲，是中国重要的藏族同胞聚居地区。云南省侨联统计数据显示，迪庆藏族自治州境内有归侨侨眷20 000余人，海外侨胞4 000余人，分布于印度、美国、英国等十多个国家。

（中新社迪庆 2011－06－02/张冬冬）

厦门市侨办抓好源头　让三侨子女高考加分“更阳光”

高考加分操作中的乱象，很大程度上与权力运行有关。为有效防范领导干部和关键岗位人员在执行公务中可能发生的腐败行为，厦门市侨办党组严格按照《廉政准则》要求，加强对重点岗位、重点人员的监管，纪检监察派驻机构加强行政监察，配合业务部门检查“三侨子女”原始材料，严格把关，仔细审核出具身份证明材料。

据统计，今年我市共出具高考“三侨学生”身份证明41份，其中归侨子女34人，华侨子女5人，归侨青年2人。与此同时我们还向社会公开咨询电话，接受群众的咨询、举报和监督，扩大宣传，增加办事的透明度。

此外，为维护高考加分的公正性和严肃性，使党的侨务政策落到实处，确保每位“三侨子女”考生的切身利益得到有效保护，厦门市侨办提前一个月通过市长专线平台，由市侨办主要领导和业务处室负责人专题解答有关“三侨子女”身份证明出具工作的政策，并根据有关文件精神，拟定了出具“三侨子女”考生证明的条件和程序，对出具证明所需提供的材料和要求做了详细的说明，并在侨办网站上公开发布，以便考生及考生家长及时了解政策信息。

今年厦门市“三侨子女”身份证明出具工作仍实行侨办（市、区）两级管理，参加高考的“三侨子女”身份证明由市侨办统一办理。市侨办严格按照《廉政准则》中“严禁弄虚作假”和进一步规范行政权力运行的工作要求，本着“为侨服务，清正廉洁”的工作作风，在侨务工作中特别是在出具“三侨子女”身份认定这个比较敏感问题上，通过经办、审核、确认三个关口，认真对每一份考生材料进行仔细反复的甄别。市侨办在把握好程序的同时更注重抓好源头。按照《福建省归侨侨眷身份认定试行办法》，根据我市实际，对已办理归侨证的，我们要求提供户口本证明亲属关系；对华侨子女，除要求提供亲属关系公证书、护照等原件及复印件外，还要求提供驻外使（领）馆的公证书等。以此把关，提高办事效率，杜绝弄虚作假。同时也通过《厦门晚报》、市招生考试中心网站对开具身份证明考生名单予以公示，接受社会的监督。

厦门市侨办把高考中“三侨子女”的加分公开化、透明化，加强社会对其监督，铲除了高考加分腐败的决定因素——不完善的社会监督机制。只有通过有效监督，腐败才不会穿上各式各样的马甲，高考加分政策才能更加公开透明、更加阳光。

（福建侨网 2011－07－01）

湖南新化县三个“新”　彰显外事侨务工作成效

自2009年被列入湖南外事侨务港澳工作服务县域经济社会发展试点单位以来，湖南娄底市新化县在政策上得到娄底市旅游外事侨务局的大力支持，外事侨务工作取得显著成效。

在6日召开的湖南省外事侨务港澳工作服务县域经济经验交流会上，娄底市旅游外事侨务局局长康艳华作了典型发言。她说，新化县外事侨务工作成绩主要表现为三个“新”字。

一是外事侨务招商有新贡献。“试点县”创建工作开展以来，新化县外事侨务部门成功发布招商项目40个，签约项目合同22个。2010年，新化县实际到位外资2 288万美元，外商投资企业增资857万美元。目前，全县共有侨资企业12家，其中规模上千万的有6家。

二是外事侨务捐助有新突破。2009年以来，新化县成功争取了外事侨务捐赠资金815万元，援建村级卫生室、乡村公路等新农村建设项目。去年，由香港烛光教育基金会出资30万元援建的娘家小学，香港雁心会乐幼基金出资援建的油坪小学、白水小学和文田联校顺利竣工。今年，香港雁心基金会将再援建、危改学校3所，援建资金达60万元。

三是外事接待工作有新亮点。两年多来，新化县先后邀请接待了法国、日本、美国、韩国、朝鲜、俄罗斯等外国友人及港澳台同胞达100余人次。他们来新化考察梅山文化、蚩尤文化、梅山武术，并就旅游开发签订合作意向。上海世博会期间，新化县的紫鹊界有机贡米、梅山竹编工艺品、新化双语实验小学曾阳峥老师的文琴表演，还被选送到上海世博会湖南馆展览。

（中国新闻网长沙2011－07－07/邓霞）

30年间华侨捐赠海南公益事业逾13亿元人民币

1978年至2010年，海外华侨华人、港澳同胞捐赠海南省公益事业的款物逾13亿元人民币（下同），捐赠涉及教育、文化、卫生及其他社会福利事业，其中投向教育卫生方面的捐赠款项最多，为11.4亿元，占85%。

海南是中国重点侨乡。据海南省外事侨务办公室统计，至2010年底，琼籍海外乡亲、港澳同胞达300万人。

海南省人大常委会华侨外事工委近日发表《海南省华侨捐赠公益事业若干规定执法调研情况报告》（下称《调研报告》）称，文昌市几乎所有的中小学和乡镇医院都得到海外侨胞和港澳同胞的捐赠。琼海市籍侨胞投向教育事业的捐款总额在2010年年底达6 168.2万元。此外，海外侨胞还热心支持海南新农村建设，资助乡村打井建水塔、修路造桥，不断改善农民的生产、生活条件。

《调研报告》透露，华侨华人以个人、家族、侨团或以侨资企业、基金会名义的捐赠不断出现，特别是以基金会的形式捐赠已成为海南省华侨捐赠的一个新趋向。据统计，香港邢李㷧先生创办的言爱基金会在海南累计捐赠总额4.227亿元。其中，教育项目20个，总额31 729万元；医疗项目3个，总额10 545万元。此外，李嘉诚基金会捐助海南省的农村卫生建设扶贫项目、新加坡淡马锡基金会在海南实施的护理培训项目均取得了显著成效。

（中新社海口2011-07-20/付美斌）

光明56名归侨侨眷喜获高等学历

日前，光明办事处57岁的越南归侨吴裕光拿到了盼望已久的毕业证书，喜笑颜开。此次光明办事处共有152人拿到了成人高等教育的本、专科毕业证书。其中归侨侨眷56人，超过1/3。

和吴裕光同批本科毕业的归侨侨眷还有12人，另外43人则拿到了大专毕业证书。由于特殊历史原因，数千名1979年前后回国并被安置在原光明农场的越南归侨，由于接受的学校教育有限，大多数人文化水平不高。现在生活条件得到很大改善后，他们中的不少人虽然已过知天命之年，但尊重知识、向往学习的心思不减反增，于是纷纷采用自考、远程教育等方式为自己“充电”。

（《深圳侨报》2011-08-06/江浩　康元）

汪洋调研华侨农场：让归难侨更好分享发展成果

昨日，广东省委书记汪洋（右）就华侨农（林）场改革解困发展情况进行专题调研。汪洋强调，广东是侨务大省，华侨农（林）场改革解困发展得好坏事关国家形象、广东形象，必须抓紧抓好，让归难侨更好地分享改革发展成果。

汪洋与省委常委、秘书长徐少华，副省长招玉芳一道，在惠州市委书记黄业斌等的陪同下，首先来到惠州市仲恺新区潼侨镇。

潼侨镇原是惠州华侨农场，2003年撤场设镇，2010年划归仲恺新区管辖。在20世纪60、70年代，先后两次安置印尼、越南等14个国家和地区的归难侨及侨眷8 000多人。

潼侨镇委书记廖爱荣介绍，设镇前，农场长期政企不分的管理体制造成了债务沉重、管理混乱、基础设施滞后、归难侨生活贫困等诸多问题。近年来，通过重点抓好招商引资、安居工程、社会保障等工作，实现了社会经济的跨越发展。

汪洋认真听取情况介绍后，对潼侨镇通过改革发展逐步解决农场遗留问题的做法给予充分肯定，希望他们抓住产业转移机遇，大力发展经济，努力改善民生，使华侨农场在新的历史条件下焕发新的活力。

汪洋来到越南归难侨林远进的家里，深入了解他们家的生产生活情况。汪洋说，归难侨和侨眷长期在海外为传承中华民族的优秀文化、彰显中国人勤劳朴实的形象作出了积极贡献。他们在最困难的时候选择回到祖国，这是对祖国的热爱和信任。省委、省政府正在研究帮助归难侨和侨眷改善生产生活条件，希望归难侨和侨眷与党委政府一道，为改善生活、建设美好家园而共同努力奋斗。

（《南方日报》2011－08－19）

河南着力解决困难老归侨侨眷生活问题

河南省侨办消息，河南省高度重视贫困侨归侨侨眷的生活问题，省财政厅专门下发《关于为困难老归侨发放生活补助的通知》，出台了三项政策措施，解决困难老归侨侨眷的生活补助问题。

措施规定，第一，对55岁以上或1969年12月31日前回国定居的老归侨及其配偶，人均月收入达不到当地城镇最低生活保障线三倍的，由财政补足到三倍。

第二，由省政府相关部门联合下发的《关于调整早期归国华侨退休生活补贴标准的通知》，对1969年12月31日前回国定居并参加工作的退休归侨，每人每月发放退休生活补贴由原来的50元提高为100元。

第三，参照省政府豫政（1999）38号有关破产、撤销单位退休人员基本医疗保险处理的规定，1978年12月31日以前回国定居并达到法定退休年龄的困难企业老归侨，凡未享受基本医疗保险待遇的，由同级财政部门按照当地上年度退休人员人均医疗费一次性缴纳10年的基本医疗保险费后，由当地社会保险机构负责其基本医疗待遇。

该措施的实施，有效地解决了贫困侨归侨侨眷的生活问题，受到了侨界和社会的肯定与赞誉。

（中国新闻网郑州 2011－08－24/马艳梅）

华侨来渝工作不落户　购房、子女入学享市民待遇

“到重庆工作、生活的华侨，即便不把户口迁到重庆来，只要凭有效证件，在购房、子女入学、升学等方面，仍可享受‘重庆市民’待遇。”这是昨日提交市三届人大常委会第二十六次会议审议的《重庆市实施〈中华人民共和国归侨侨眷权益保护法〉办法（修订草案)》（以下简称“修订草案”）中的规定。

鼓励和吸引更多归国学成人员来重庆创业，服务重庆内陆开放高地和西部人才高地建设，是此次“修订草案”的核心。在“修订草案”中，删除了对归国学成人员到重庆工作、定居及安置等方面一些操作性不强的内容。

“修订草案”还专门保留了“各级政府应当鼓励、支持和引导归侨、侨眷以各种形式依法投资兴办产业，特别是高新技术产业”。

“修订草案”规定，到重庆工作的华侨，即便是没有将户口迁至重庆，只需凭有效证件，在购房、子女入托、入学、升学、乘车等方面仍可享受“重庆市民”待遇。属我市紧缺人才的归侨、侨眷，有关部门要优先办理来我市定居、工作等手续。

“修订草案”中，给予归侨、侨眷同等“市民待遇”的不止这些。比如，出境定居了又回国就医的归侨、侨眷，可以按照当地有关规定享受相应的医疗待遇。丧失了劳动能力的归侨、侨眷，当地政府将按规定保障其基本生活。

“修订草案”还新增设了一些条款。比如，各地政府和民政部门，对于生活确实有困难的归侨、侨眷，将给予救济，保障其基本生活。

（《重庆晨报》2011－09－22/罗强）

广东省华侨农场2010年总产值超千亿元

广东省官方27日公布的专题调研报告显示，2010年全省华侨农场区域实现工农业总产值超过1 000亿元人民币。

这是记者从27日在广州召开的广东省十一届人大常委会第二十八次会议上了解到的数据。广东省人大华侨民族宗教委员会主任委员郑盛廷，在会上公布了《关于广东省华

侨农场改革发展中期规划实施情况的调研报告》。

2008 年 1 月，广东出台《广东省推进华侨农场改革和发展实施方案》，对推进华侨农场改革发展工作进行部署。今年 6 月下旬至 7 月初，该省人大常委会专题调研组对广州、汕尾、江门等市的华侨农场进行了实地调研。

报告指出，广东共有 23 个华侨农场，其中归难侨 6.9 万人，占全国华侨农场归难侨总数的 43%。2010 年，广东省华侨农场区域人均生产总值达 4 万元，是全省平均水平的 85%；人均纯收入 8 200 元，比全省农民居民人均纯收入高 309 元。

郑盛廷表示，目前华侨农场的民生问题基本得到了解决，其中包括：中央、省级、市县两级补助共约 3.65 亿元，新建、修缮归难侨安居房 1.6 万多户，7.3 万名归难侨及其家属实现居者有其屋；归难侨职工养老保险稳步纳入地方统筹，社会保障体系初步完成；广东的华侨农场先后组织 1.85 万人次参加各类职业培训，1.36 万人实现了就业或创业。

郑盛廷指出，2008 年以来，广东全省的华侨农场对公路、自来水管道、医院、学校等进行新修、新建，基本解决了华侨农场归难侨及职工的“出行难”、“饮水难”、“就医难”等问题。

郑盛廷还指出，广东华侨农场仍存在不少涉及民生的问题有待解决。如长期生活在华侨农场区域内的非归难侨职工、并场队人员和归难侨子女等，还存在较大数量的危房户，危房改造任务繁重；部分人员、职工的养老保险和医保续保问题比较突出；部分华侨农场基础设施建设相对滞后等。

郑盛廷说，广东是中国侨务大省，各级政府要注重研究和解决华侨农场存在的问题，进一步巩固和发展华侨农场改革成果，力争到 2015 年全面实现华侨农场改革发展的远期目标，全省侨、镇、办（区）彻底告别华侨农场管理体制，与当地实现同地同城同步可持续发展的格局。

（中国新闻网 2011 - 09 - 27/莫非　吴敏平）

“广东最穷华侨农场”的困境与希望

每天上午 8 时，年过五旬的苏维芳仍会习惯性地来到他的龙眼地，为这里的 300 棵龙眼树除草施肥。“虽然种了不少龙眼，但毕竟靠天吃饭，收入很不稳定，有时一年下来才赚 2 000 元。”苏维芳无奈地说，“希望这贫穷的日子能够有所好转。”

20 世纪 70 年代后期，在越南生活的一些华侨华人遭到驱赶，被迫逃难回到中国，苏维芳就是其中一员，回国后他被安置在广东恩平的大槐华侨农场。

据统计，中国现有华侨农场 84 个，其中有 43 个（占一半以上）是为安置越南归国难侨而设立或扩建的。广东作为中国侨务大省，其 23 个华侨农场里的归难侨人数占了中国国内华侨农场归难侨总数的 43%。

由于华侨农场管理体制以及其他各种原因，大多数华侨农场发展缓慢，经济效益比较差。广东省官方27日公布的专题调研报告显示，目前广东华侨农场仍存在不少民生问题有待解决。

恩平市大槐镇镇长周荣嘉介绍说，过去30余年里，农场将归难侨职工纳入恩平市社保统筹，并落实了医疗保险，改善了他们的住房条件。尽管如此，大槐华侨农场还是成了广东最穷的华侨农场之一。农场里的归难侨靠小面积农业耕作、养殖和到企业打工维持日常生计，大部分人的生活和居住环境比较落后，人均年收入仅为3 350元。

三十几年前为安置归难侨而建的安置房，现大多已是危房

苏维芳说，虽然他家新建了大房子，但是村里的道路还是很不通畅，给外出带来诸多不便。此外，农场里仍有19个侨居村的村民在饮用不安全地表水。

大槐镇华侨农场的广华村有46户人，其中33户是归难侨。走进该村，只见在一排排老房子前面，新建了几排居民房。村民徐秀海称，老房子是三十几年前为安置归难侨而建，由于年代久远大多已成为危房，所以当地政府又给归难侨拨款重建了新房。

“这里平均每户可以拿到20 000元的补贴，建房所需的其他费用仍需归难侨自己出，所以就有了我们现在看到的参差不齐的新房。”周荣嘉指着那排新房说，家境稍好的已经装修齐整并入住了，但有些房子因资金问题，导致建成后内外部装修都无法继续进行。

大槐镇华侨农场生活水平在广东省各大农场中处于弱势，恩平市委副书记郑少强认为这是有很多原因的。曾任大槐镇委书记的郑少强说，华侨农场是历史的产物，归难侨属于弱势群体，所以一直备受关注并得到支持。国家给他们提供了各种各样的优惠政策，这在一定程度上也催生了他们“等、靠、要”的懒惰思想，自身发展动力不足。

在郑少强眼里，如今部分已长大的归侨二代，也会因享受不到与父辈相同的优惠政策，而在农场里制造不稳定因素，“他们要求给各种归侨一代所能享受到的福利优惠，甚至有人要求给工作”。他认为，当下在农场里，必须培养归难侨尤其是归难侨二代的自立精神。

客观上讲，大槐镇华侨农场的经济底子比较薄弱，加上土地贫瘠，不太适合发展农业。考虑到当下中国华侨农场的发展大多是靠“补”，而单靠“补”只是个“供血”过程，不能解决农场长期发展的根本问题，只有增强“造血”功能，才是农场发展的长久之计。因此，大槐镇华侨农场想到了发展工业园区，用工业反哺农业，带动整个农场经济的转型和发展。

大槐镇华侨农场自2003年开始，建起了六家工业园，发展起五金、皮具和制鞋等轻工产业，解决了1 100多名归难侨及其子女的就业问题。周荣嘉说，农场想通过工业建设，争取解决更多归难侨二代的就业问题，让他们看到未来发展的新希望。

该工业园目前有企业60余家，其中由农场内归难侨在港澳台或海外的亲戚返乡投资的企业已达23家。周荣嘉透露，接下来华侨农场的改革仍将继续打“侨牌”，走“工业强场”的发展道路。

（中国新闻网2011－09－28/奚婉婷　陆春艳）

《上海市归侨证》（新版）首发仪式隆重举行

9月23日下午，市政府侨办在长宁区隆重召开《上海市归侨证》（新版）首发仪式，市政府侨办主任崔明华、副主任陈文佳等领导同志出席仪式。全市归侨代表、各区县侨办、大口、高校、重点联系单位侨务部门共计100余人出席大会。

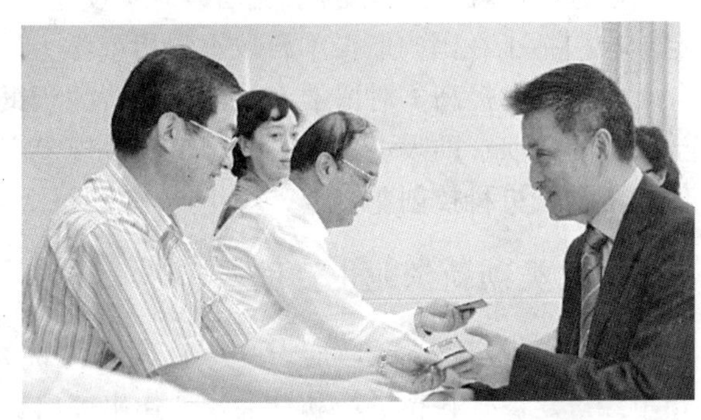

会上，市政府侨办国内处处长沈洪波介绍了新版《上海市归侨证》制作和换发工作等相关情况。随后，大会举行发证仪式，崔明华主任（左）等向20位归侨代表颁发了新版《上海市归侨证》。上海长宁明日进修学校理事长欧涛先生作为代表上台发言，畅谈了自己新近归国创业及领取新版《上海市归侨证》的感受。最后，市政府侨办主任崔明华作讲话。崔主任在讲话中说明了换发新版《上海市归侨证》的原因，特别指出今年颁布实施的《上海市实施〈中华人民共和国归侨侨眷权益保护法〉办法》为换发工作提供了法律依据。崔主任还就进一步做好全市的归侨、侨眷工作提出了三点要求：一要进一步做好归侨、侨眷的权益保障工作；二是进一步做好归侨、侨眷的“关爱工程”工作；三要进一步做好新时期侨界重点人士工作。

目前上海市已有近20 000名归侨办理了身份认定，全市的归侨证换发工作将于明年上半年完成。

（上海侨务网2011－09－28）

海归学士来穗不再享受优惠

昨日，广州市法制办公布《广州市鼓励留学人员来穗工作规定（修订稿）》草案，并公开征求公众意见。记者注意到，修改草案对享受优惠的留学人员适用范围提高到硕士及以上学位，并新设“广州十大优秀留学回国人员”奖项，同时对留学人员创业经费的资助力度将大幅度提高。

现行的《广州市鼓励留学人员来穗工作规定》于1999年11月12日由广州市政府颁布，目前亟待进行修订。

优惠范围至少得是硕士

修订草案规定，符合下列条件的留学人员，经认定并取得《广州市留学人员优惠资格证》后，可享受本规定各项优惠待遇：（一）在海外取得硕士及以上学位的人员。（二）在国内取得研究生以上学历或硕士以上学位后，到海外进修、作为访问学者工作2年以上，或从事博士后研究，在某些领域取得一定科研成果的人员。

通过对比现有《规定》，记者发现享受优惠政策的留学人员层次有所提高。现有《规定》中包括了在国内取得本科以上学历或学士以上学位的访问学者。

修改稿中提高了对留学人员创业经费的资助力度，原《规定》生效于1999年，对留学人员的各项资助吸引力度不大。修改稿规定市人民政府每年从科技经费中安排一定经费作为留学人员科技创业资金，每年50个，每个最高100万元。

文化类创新创业也资助

修改稿规定市人民政府设立“广州十大优秀留学回国人员”奖项，表彰、奖励对广州市经济建设、科技进步和社会发展作出突出贡献的留学人员。每两年评选一次，每次表彰人数不超过10人。

修改稿增加了对非科技（文化、艺术、教育、社会管理等领域）项目的资助和专利申请资助。修改稿规定，对留学人员优秀的非科技创业项目，可向市人力资源和社会保障行政部门申请项目启动资助，每年30个，每个最高30万元。拟进一步加大对文化类创新创业项目的支持力度，为建设文化名城提供支持。

（《广州日报》2011－10－20/练情情　章程）

深圳6 696万元补贴“海归”创业
留学生创业园已累计孵化企业634家

昨日，深圳市外专局对2010年度出国留学人员来深创业前期费用补贴企业资金使用情况进行了实地考察。记者在走访中了解到，截至去年年底，深圳留学生创业园已累计孵化企业634家，深圳先后为611名留学人员发放前期费用补贴共计6 696万元。

去年“海归”人数激增

据外专局介绍，来深工作创业的留学人员持续升温，呈现“放量增长”的态势。仅2010年，全市就有3 200多人办理海外学历认证，1 600多人办理留学人员资格证明，是留学人员增长最快的一年。

最近两年更出现“群雁结伴而来”的新景象，如刘若鹏团队、盛司潼团队、周慧君团队等，他们从事的新材料、生物、新能源等行业，是深圳重点发展战略性新兴产业的一支生力军。

通过政府“扶上马、送一程”的政策扶持，“海归”企业在深圳快速成长，朗科、迅雷等一批留学人员企业更从创业园孵化“毕业”，从被孵化的“金蛋”变成了会下蛋的“凤凰”。

据了解，成立11年的深圳留学生创业园现有孵化场地33 364平方米，创园初期首批入园企业14家，截至2010年，已累计孵化企业634家，“毕业”企业374家，而目前在园企业有179家。

十多年来，累计吸引来自美、英、法、加、日等20多个国家和地区的留学人员870人，其中博士326人，硕士496人。

每年1 000万元补贴“海归”

“资金”是每个创业者头上的金箍，为了解决留学人员的创业之急，深圳每年投入1 000万元用于留学人员创业前期的补贴费用。据外专局介绍，截至去年年底，深圳已先后对11批、611名留学人员发放前期费用补贴共计6 696万元。

2009年回国创立了“深圳锐迪芯电子有限公司”的孙茂友表示：“公司的注册资本是100万元，但目前已经投入了200多万元进行研发，资金是创业过程中遇到的最大的困难。”他告诉记者，射频集成电路芯片主要应用于消费类电子产品及工业用电子产品，目前国内90%依赖进口，他相信其创业项目市场前景会非常好。正因如此，创业至今，他前后获得了深圳市、国家的创业资助140万元，“这大大缓解了资金的压力”，他说。

外专局表示，深圳今年对2005年至2009年出国留学人员来深创业前期费用补贴资金的效果进行了绩效评估，目前已完成评估报告并将修订《深圳市出国留学人员创业前期费用补贴资金管理办法》。

（《广州日报》2011－10－25/廖嘉明）

首届世界浙商大会召开　近500名侨商聚杭城话发展

10月25日至27日，首届世界浙商大会在杭州隆重举行。来自世界各地的近500名浙江籍侨商与国内浙商代表汇聚一堂，共话桑梓之情，共谋发展大计。

国家副主席习近平、国务院副总理张德江分别为大会发来贺信。全国政协副主席、全国工商联主席黄孟复，全国政协副主席董建华出席开幕式并讲话。

浙江省委书记、省人大常委会主任、首届世界浙商大会主席赵洪祝在开幕式上致辞。省委副书记、代省长、首届世界浙商大会主席夏宝龙作主旨演讲。省领导乔传秀、茅临

生、王永明、金德水、龚正、毛光烈、王建满、盛昌黎、汤黎路等参加开幕式。国务院侨务办公室副主任任启亮、浙江省侨办主任王晓峰出席活动。

赵洪祝说，进入“十二五”时期新的发展阶段，我们又迎来一系列新的重大机遇，这也为浙商实现新发展、新飞跃提供了重大机遇。希望广大浙商树立战胜挑战的坚定信心，开启创业创新新征程；坚定科学发展的毅力、恒心，再创转型升级新优势；胸怀反哺浙江的赤子丹心，投身家乡建设新热潮，努力在新一轮发展中实现新的跨越。

夏宝龙在主旨演讲中说，我们将以更诚挚的真情感召浙商反哺家乡，合心合力强浙江；以更坚定的决心，大力实施三大国家战略，为浙商提供更广阔的发展空间；以更扎实的举措，大力推进“四大建设”，为浙商提供更大的发展平台；以更有力的政策，大力推进经济转型升级，为浙商提供更多的发展机会；以更高效的服务，大力优化创业创新环境，为浙商创造更宽松的发展氛围。

以“创业创新闯天下，合心合力强浙江”为主题的首届世界浙商大会，是我省迄今规格最高、规模最大的浙商精英聚会。大会期间举办了世界浙商论坛、浙商对话世界500强企业、浙台企业家合作峰会等一系列活动，为海内外浙商、专家学者和社会各界搭建起增进友谊、共商发展的高层对话平台。

（浙江侨网 2011－10－26）

广东吁海内外社会力量积极参与保护侨乡碉楼文化

29日，记者从广东华侨博物馆举办的保护华侨文化遗产（碉楼与村落）工作汇报展上获悉，四年前成功申报成为中国第35个世界文化遗产的“开平碉楼与村落”，因资金缺乏而陷入保护乏力的困境。目前，中国文物保护基金会以及广东省有关方面正积极探索动员海内外社会力量通过“认养”等形式积极参与保护碉楼与村落。

中国文物保护基金会开平碉楼与村落专项基金管委会秘书长江汉表示，早在去年3月31日，广东省委书记汪洋就提出“社会参与、认养碉楼”的号召。开平碉楼与村落专项基金积极响应，目前已初步完成首批可供认养碉楼、洋楼、村落、街墟的准备工作，正期待海内外社会力量积极前往探讨共同推进公益保护的具体事宜。

据了解，开平碉楼登记在册的有1 833座，分五级保护，重点保护的一、二级碉楼目前有500多座。由于财力有限，政府将主要精力放在马降龙村落群、自力村村落与方氏村落、锦江里村落、三门里村落等申报世界文化遗产的四处核心区，对其中几十座碉楼、居庐和村落进行维修保护。而在开平市近3 000个自然村中成千上万座有着近百年历史的近代乡土民居，由于历史变迁的原因而人去楼空、日渐衰败，面临毁坏、不可修复的局面。这些碉楼与村落所承载的丰厚的中国华侨历史文化内涵，亟待保护和传承。

广东开平碉楼，蚬冈镇锦江里

据介绍，为更好地保护“开平碉楼与村落”世界文化遗产，开平市已重新编制《开平碉楼与村落保护规划》，预计今年年底可正式通过。目前，广东省以及江门和开平两级文物行政部门正积极通过多种途径筹集碉楼保护资金。国家文物局已将开平碉楼与村落保护资金列入“十二五”规划。但开平碉楼与村落保护仍然存在巨大的资金缺口。

为了解决保护资金不足和可供开放碉楼较少的难题，开平市推出了认养碉楼的举措，对位于开平碉楼世界遗产地缓冲区的188座碉楼，采取认养的办法，通过租赁的形式，给予投资发展的企业（单位）或个人享受碉楼使用权。认养者必须得到碉楼所有者的同意才能进行认养，被认养的碉楼由认养者提供养护管理资金。具体资金根据认养年限和碉楼情况而定，估计每栋需要30万~50万元人民币。

据当地媒体透露，广东省计划在今年11月召开开平碉楼认养大会。届时有望吸引众多海内外热心人士与机构参与认养工作。

（中国新闻网2011-10-29/郭军）

“百侨助百村联千户” 海外温州人投入资金逾7 000万元

日前，从温州市侨办获悉，温州市侨办于2008年联合市农办、市经合办开展的“百侨助百村联千户——海外温州人牵手‘139’行动”，取得良好成效。截至目前，已结对帮扶135个村，落实帮扶项目135个，投入资金达7 328万元。

据了解，海外侨团、侨胞和侨资企业参与新农村建设，有的直接帮助村里开展基础设施建设，如道路拓建、水利工程、桥梁建设、绿化亮化等配套设施，改善农村生活环境。如意大利华侨华人友好协会会长胡圣銮出资100万元，兴建文成县玉壶镇龙坑村连村公路，解决了村民出行难问题；有的支持农村搞好社会事业，帮助建造老人活动中心、主题公园、体育健身场所等。如30余位瓯海区丽岙籍华侨捐资400多万元，帮助丽岙镇下川村、王宅村兴建活动中心、公园和图书室等，使村民们有了休闲、娱乐的场所。有的支持农村兴办教育事业，如建设教学楼、设立教育基金等。如旅法侨领韩天进捐资50万元，兴建鹿城区双潮乡中学教学楼，使当地的办学条件得到改善。更多的则是支持农村造血，发展农村经济。如美国洛杉矶温州商会出资130万元，帮助泰顺雅阳镇新联村开垦茶园，促进地方特色农业发展和农民增收。

一项项侨爱民生工程的实施，给温州贫困村带来实惠、送去温暖，受到社会的广泛赞誉。

（浙江侨网 2011－11－10）

福建晋江侨联帮助贫难侨获“五保户”供养金

老无所依的82岁印尼归侨吴固几经波折，终于于日前取得晋江市“五保户”资格认证。从此，她每月可领取由晋江财政拨付的“五保户”供养金，解决了今后的养老问题。

吴固1957年随丈夫李法滑旅居印尼，夫妇俩在印尼期间，热心家乡公益事业，曾先后捐资参与投建洋宅莲峰小学、洋宅小学、洋宅村侨兴公路、洋宅村间道路等基础设施。

后来，吴固丈夫逝世，生意没落，膝下无子女的吴固在外生活困难无助。1997年经同村旅居印尼乡亲帮助，吴固回乡定居，住在家族祖厝的一间砖木结构房屋内，靠些许积蓄维持生计，无任何生活来源。

在2011年的春节慰问活动中，磁灶镇洋宅村党支部书记向晋江市侨联反映了吴固的问题。随后，在各级公安部门及侨联的帮助下，吴固于今年10月加入晋江户籍。同时，晋江市侨联还与晋江市民政局取得联系，帮其办理了“五保户”资格认证。

据悉，晋江市侨联多年来对海外“三胞”、归侨及侨眷的事，总是竭尽所能给予帮助。为关心帮扶贫难侨，晋江市侨联还从2009年开始在全市100户贫难侨中发放旅菲侨领陈祖昌先生每年捐资10万元人民币的专款春节慰问金，受到社会各界的广泛好评。

（中国新闻网晋江 2011－11－15/苏巧凤　蔡婉婷）

53 位华侨华人获聘第二届海口市海外智囊团顾问

来自 18 个国家和地区的 53 名海外华侨华人于 20 日获聘第二届海口市海外智囊团高级顾问。

2008 年 4 月，海口成立首届智囊团。第二届海口市海外智囊团会议于今年 11 月 20 日在海口召开，本届成立的智囊团比上届增加了 15 名成员，成员所在专业涉及金融、医学、交通、环保、教育等诸多领域。

在 20 日的会议上，海口副市长邓小刚向海外顾问介绍了椰城的人文历史、社会经济发展现状等市情，以及未来 5 年重点发展的领域。海口市长冀文林表示，希望新一届智囊团成员在高新技术产业、现代农业、现代服务业和城市建设管理以及解决民生等方面，为海口提供更多的国际上可资借鉴的成功经验和做法。

国务院侨务办公室经科司巡视员张健青祝贺第二届海口市海外智囊团成立。她说，智囊团是海口引资、引智的重要平台，国侨办支持这一平台的建设，智囊团成员可在助推海口提升国际知名度和建设国际旅游岛等方面发挥优势。

海外顾问当日就海口人才引进、生态保护、旅游特色、农村建设、生物科技等建言献策。

（中国新闻网 2011 - 11 - 20/王辛莉　张茜翼）

柳城华侨农场向归侨侨眷子弟学生发放助学奖励金

近日，广西柳州市柳城华侨农场将2011年度的13 300元助学奖励金发放到在今年高考中考中取得优异成绩的王琴等22名归侨侨眷子弟学生及柳侨学校手中。

为进一步鼓励农场归侨侨眷子弟努力学习，提高文化知识，柳城华侨农场于2005年制定出台了给予考取优异成绩的学生及学校奖励的政策，给予以成绩优异考取并就读大学和市县内重点中学的归侨侨眷子弟学生以及培养学校——柳侨学校助学奖励金。

据统计，自2005年以来，柳城华侨农场共给予93名成绩优异的归侨侨眷子弟学生及柳侨学校发放助学奖励金53 600元。

（中国新闻网柳州2011－11－23/邱文康　黄颖）

广东东莞为困难归侨发放医保卡　解决就医难题

广东东莞市困难归侨医保卡发放仪式日前在东莞常平镇举行，来自东莞17个镇街的归侨代表领取了医保卡。这次发放医保卡共为东莞市51个未能入户的老年归侨解决了就医难题，让他们老有所医，感受党和政府的关怀和爱护。

据悉，东莞市一直非常关注困难归侨，自2007年开始每月向他们发放生活补助以改善他们的生活。经过东莞市侨务、民政和社保等有关部门的共同努力，东莞市政府决定从今年8月开始由市财政统一为东莞市符合条件的老年归侨购买医疗保险，以更好解决各位老年归侨的就医难题。

在医保卡发放仪式上，归侨代表领取了《东莞市困难归侨身份确认证》和医保卡，今后，凭这一证一卡到东莞市60多家定点医院看病可享受东莞市户籍人口同等的医疗保险待遇。

归侨周月笑说："我1956年到马来西亚打工，去了几十年，现在回到祖国，我们都很开心，政府一直给予我们支持和关爱，现在又拿到医保卡，生活更加有保障了。"

（中国新闻网东莞2011－11－28/李映民　李获）

常州侨办发放为侨服务信息卡

近日，常州侨办在世界遗址圩墩公园举行为侨服务信息卡发放仪式。

常州市目前有26家乡镇（街道）被评为社区侨务工作达标单位，这26家单位遍及全市七个辖市区。近年来，常州侨办积极倡导“以人为本、双向服务”的理念，把服务落到实处，把温暖送进家门。这次将医疗保险、健康咨询、心理咨询、养生热线、急救呼叫等家庭常用电话制成一张精美、实用的健康信息卡发给常州的归侨侨眷，特别方便了空巢老人的日常生活。

活动期间，归侨侨眷们还兴致勃勃游览了圩墩公园。来自不同社区的侨领们相互交流，探讨着明年如何开展侨爱工程。

此次活动是常州侨办“侨爱工程—送温暖医疗队”系列活动之一，丰富了常州归侨侨眷的文化生活，再次体现了政府对归侨侨眷的关爱。常州侨办副主任恽爽、戚区侨办主任郭婷、侨眷分会的20多位侨领和归侨侨眷出席了此次活动。

（中国新闻网常州 2011－11－28）

广西丽光华侨农场积极推进农村D级危房改造

2011年农村危房改造工作自6月份启动以来，丽光华侨农场按照钦南区农村危房改造工作的要求，专题部署、明确责任、落实任务，经过5个多月的扎实推进，该场农村危房改造工作进展顺利，取得了阶段性成果。截至目前，55户的农村危房改造任务已全面开工建设，开工率达100%，其中已竣工12户，达总户数的21.8%。

农村危房改造工作是一项事关人民群众切身利益的惠民工程，体现了党和政府对农村弱势群体的关心与爱护。该场领导干部积极发挥引导和帮扶作用，努力克服危房改造工作推进过程中遇到的危改户盖房难度大、农村危房改造时间紧、施工队不好找等困难，全力以赴确保如期完成2011年度农村危房改造任务。在管理上，丽光华侨农场把危房改造的文字、图片等资料的收集工作作为农村危房改造工作的重要组成部分，明确专人进行收集、整理、保管和信息录入。

（广西壮族自治区侨务办公室网站 2011－11－30/韦信图）

温州市玉壶镇侨联调解委员会3年化解“跨国”纠纷59起

浙江省温州市玉壶镇是全省的著名侨乡，户籍人口4.02万人，海外侨胞却有3.8万多人，分布在全球35个国家和地区，且有400余人在国外担任社团组织副会长以上的职务，俨然一个“小小联合国”。镇里一些家庭、邻里矛盾，以及土地、宅基地、林地等纠纷，不经意间就升格为“跨国纠纷”。这引起了玉壶镇党委、政府的高度重视，通过对镇侨联的引导和支持，邀请当地与侨胞联系紧密的知名侨领、老华侨、侨联老干部、老教师以及村级老干部等30人，采用调解员均不计报酬，实行省、县、镇三级“以奖代补”的政策，于2008年11月组建了民间性质的镇侨联调解委员会，专门受理调解涉侨纠纷。

3年来，玉壶镇侨联调解委员会已成功化解“跨国”纠纷59起，涌现一批优秀的调解员，并且在每年清明节、中秋节、年会期间召开华侨联谊会，把人民调解工作纳入华侨联谊活动，真正把华侨、侨眷、侨属之间的矛盾纠纷放在重要位置，保护华侨、侨眷、侨属的合法权益，发挥人民调解“第一道防线”作用。

（中国新闻网温州 2011－12－01/钟新　通讯员　刘李赟）

广东省侨办档案管理跃升为“省特级”单位

12月9日，广东省侨办档案管理工作通过了省档案局组织的综合考评，跃升为“省特级”单位。

近年来，省侨办领导高度重视档案管理工作，要求档案管理要达到“省特级”标准，并投入大量人力、物力和财力，列为办里的重点工作。在侨办领导的关心重视及省档案局的大力支持和指导下，省侨办下大力气重新配置库房设施，将历年来积存的文书档案、实物档案规范整理、归档，做到档案管理电子化，并与机关内部办公系统衔接，保证档案管理硬件、软件均达标。

经过大半年的努力，省档案局于12月9日组织评审组进行了综合评审，一致认为省侨办档案综合管理达到了“省特级”标准，并授予“省特级档案综合管理单位”牌匾。

据悉，省侨办档案综合管理是自1992年被评为“省二级”单位后的首次升级。

（广东侨网 2012－12－13/岑慧军　何新中）

温州侨办建13个侨情资料库　促侨务工作科学发展

近日，温州市侨办在广泛调研的基础上，逐步建立、完善13个侨情资料库，进一步增强了侨务工作的针对性、前瞻性和实效性。

据悉，温州市侨办各处室按照各自的工作职责，将海外侨团、海外温州人、海外高层次人才、海外投资促进联络处、海外新生代、海外信息员、华裔青少年夏令营、海外华文媒体、海外温籍中文学校、华文教育基地、三侨生身份认证、华侨捐赠、困难归侨侨眷的基本情况全部编录入库，形成了13个内容翔实、信息准确、联络畅通的侨情资料库。13个侨情资料库具有很强的可视性和可操作性，所具有的“模糊搜索”功能，使操作者只要键入需要查找的关键字，就可以方便快捷地找到相关内容。

温州市侨办主任鲍卫翔表示，温州市侨办还将采取日常随时更新的办法健全侨情资料库，确保侨情资料库数据新、情况实、资料全。同时要求各县（市、区）侨办也建立相应的侨情资料库，为今后进一步做好侨务工作夯实基础。

（浙江侨网 2011－12－19/刘时敏）

四川侨务部门6年累计争取海外捐款约4亿元

记者21日从四川省侨办获悉，6年来，该省侨务部门累计争取海外捐款约4亿元，在农村新建了“侨爱（心）学校”和卫生院500多所，建立数十个奖助学基金。

据了解，四川省各级侨务部门坚持每年元旦、春节期间开展“侨务冬赈”扶贫活动，先后联合涉侨部门、地方政府开展“侨务援藏”、“侨务援助四川革命老区和凉山彝族地区”、“侨务促卫”等活动，救济贫困农牧民50 000余户、250 000余人，资助贫困学生和孤儿40 000多名，义诊1 200多人次，受到群众的欢迎。

“5·12”汶川大地震后，广大海外华侨华人、港澳同胞倾情倾力支援四川抗震救灾和灾后恢复重建工作。据不完全统计，通过各个渠道捐助的资金和物资达数十亿元，这是新中国历史上海外侨胞捐赠最多、时间最快、参与最广、影响最大的一次赈灾行动。同时，四川省各级侨务部门全力投入抗震救灾和灾后恢复重建，先后实施了“侨爱赈灾行动”、“侨爱赈灾学校计划”、“侨爱赈灾就业计划”和“灾区儿童心理抚慰计划”，推出“侨爱工程——四川地震灾后重建计划”，组织“携手共建——知名侨资企业家四川行”等活动，吸引了大批海外侨胞和侨资企业关注并参与灾后重建。

此外，自2008年以来，四川省各级侨办积极实施“侨爱工程——万侨助万村”活动，努力发挥侨务工作优势，探索促进四川省社会主义新农村建设的新思路，在引进海外侨胞资金支持农村教育卫生等公益事业、建设“侨爱家园”及“侨爱新村”的同时，主动引导侨资侨智参与农业产业化发展，促进农民增收，实现从“输血”到“造血”的转变。目前，已促成了25个帮扶对子，使上百万农户受益。

（中国新闻网 2011－12－21）

海南省出实招维护侨商合法权益

近年来，我省侨务部门发挥侨务资源优势，整合“五侨”机制力量，积极营造海南投资发展良好环境，在解决涉侨投资历史遗留问题、维护侨商合法权益工作中取得显著成绩。

截至2011年6月，我省审批外资企业10 175家，其中侨资、港资企业8 140家，约占八成。近几年，我省侨务部门出实招、办实事，妥善解决了319例涉侨经济纠纷和案件，占受理件的96%。

比如，在省领导的直接督办下，由省财政借资，促使文昌市政府于2006年11月将拖欠长达12年之久的泰国泰南公司2 660.6万元土地补偿款一次性偿还。该公司主要股东泰国知名侨领郑有英、吴多禄、吕先芙等人专程来琼表示感谢，并表示要回海南投资。

港商钟保家的海南通澳经济开发投资有限公司与五指山市政府出资纠纷案，历时17年之久，涉案金额达亿元，案情复杂，经多次审理、调解均未果。在国务院侨办的指导下，省委、省政府对该案件高度重视，积极参加调解，终于在2010年7月，双方签订和解协议。

据省外事侨务办负责人介绍，由于各种原因，我省涉侨投资历史遗留问题较多，情况复杂，解决难度较大。我省一直坚持从实际出发，“五侨”部门协调配合，共同研究，共同调研，形成联动，监督检查，推动一系列涉侨纠纷和案件得到妥善解决。

此外，在开展侨商投诉协调工作过程中，省侨务部门注重发挥省侨商会的纽带和平台作用，认真听取侨商对侨商投诉协调工作的意见和建议，鼓励和动员侨商会深入基层企业定期了解企业情况，及时反馈新情况、新问题、新见解，为我省有关部门协调解决涉侨纠纷和案件提供了基础保障与决策参考。

（《海南日报》2011－12－22）

河南出台专项《意见》　做好归侨侨眷扶贫救助工作

近日，由省政府外侨办牵头，联合省发展改革委、省扶贫办等省直九单位共同出台了《关于做好困难归侨侨眷扶贫救助工作的实施意见》（以下简称《实施意见》）。

《实施意见》指出，河南省归侨侨眷约有100万人，他们与海外侨胞联系密切。长期以来，归侨侨眷、海外侨胞为河南省的对外开放、经济建设和社会发展作出了突出贡献。由于历史因素和自然条件的制约，还有一部分归侨侨眷的生活比较困难，成为亟须政府扶持救助的特殊群体。

在新的形势下，做好困难归侨侨眷的扶贫救助工作，帮助他们解决生产生活中存在的实际困难和问题，是贯彻落实《中华人民共和国归侨侨眷权益保护法》及其实施办法的重要任务，是凝侨心、聚侨力、深度涵养侨务资源的有效途径，是服务中原经济区建设、全面建设小康社会、构建社会主义和谐社会的客观需要。

《实施意见》中通过，做好社会保障和生活救助工作；做好医疗保障和医疗救助工作；做好就业培训和扶贫开发工作；做好住房保障和危房改造工作；做好教育救助和侨务助学工作。从五方面详细说明了如何在新形势下做好困难归侨侨眷的扶贫救助工作。

《实施意见》提出，要充分调动和发挥归侨侨眷的积极性、创造性。在做好困难归侨侨眷扶贫救助工作的同时，要加强政策宣传和思想教育工作，扶贫与扶志相结合，鼓励归侨侨眷继续发扬自力更生、艰苦奋斗的精神，克服“等、靠、要”的思想，通过自身的不懈努力，早日走上富裕文明之路。

（中国新闻网 2011－12－24）

南安连续18年侨捐超亿元　全国县市中唯一

南安市外事侨务办公室22日向记者透露，2011年，福建南安侨捐公益事业额逾1.2亿元人民币。至此，南安成为全国唯一侨捐连续18年超亿元的县市。

南安是中国著名侨乡，目前共有海外华侨华人及港澳台同胞330多万人，广大侨胞在海外艰苦创业，事业有成之后一直秉承着乐善好施、回馈家乡的传统。

据不完全统计，1979年至2011年，南安共接受海外华侨华人和港澳同胞捐资总额超过23亿元人民币，现有海外华侨华人、港澳同胞捐赠设立的各种基金或基金会500多个，总额超过3.5亿元人民币。南安的教育、医疗、农村公共设施等无不彰显“侨捐”特色。

据南安市外事侨务办公室介绍，2011年，南安侨捐45%用于捐建校舍、资助学生、捐赠图书等教育事业；23%用于捐建医院、捐赠医疗设备、开展义诊等卫生事业；12%用于捐建养老院、孤儿院、聋哑学校，敬老、慰问、救济困难群体等社会事业，其余用于捐助文体事业、生产生活设施、救灾等。

近年来，南安大力实施“回归创业”系列工程，组织邀请海外社团和侨商返乡参加大型经贸及涉侨活动，鼓励引导海外侨亲回乡创业，为家乡的经济发展献计出力。南安海内外乡贤亦由此掀起“资本返乡”的大潮。

据统计，南安海外乡亲在家乡投资的项目目前已有1 300多个，总投资额30多亿美元，投资来源地由以往的中国香港、中国澳门及东南亚地区，拓展至日本、韩国、意大利等国，实现招商项目数量与质量的双突破。

（福建侨网 2011－12－25）

（本栏目责任编辑　徐云）

热点时评

本栏目内容是对本年度涉侨时评的选登，以对具有普遍意义的新闻事件和迫切需要解决和解释的问题直接发表意见、表达鲜明观点的报道为主，按媒体报道时间升序排列。

华裔老人遭虐　中华传统文化不可丢

报载芝加哥罗希大学医学中心发表的调查报告，显示美国华裔老人受虐待的情况十分普遍，引起了各方关注。华裔老人所受到的虐待，主要是精神方面的虐待。例如对老人或表现冷淡，或置之不理，有的以恶言相待，甚至对老人说出大不敬话语。此外，在物质上也有虐待行为，让老人忍饥挨饿，更为恶劣的是骗取老人的福利和食品券。种种表现令人心寒。

中华文化传统美德，最重要的一点是孝悌。从社会文化学的角度，敬老是社会文化传承和积累的重要载体。中国人讲究“家和万事兴”，尊敬老人，孝顺父母，是家和的根基，也是社会稳定的重要因素。孟子曾说过：“老吾老以及人之老。”意思是要孝敬自己的老人，然后还要孝敬其他老人。这种说法，与孔子的“人不独亲其亲，不独子其子，使老有所终……”之理想是相通的。

在中国，也有虐待老人的现象，但是这类现象一经发现，就会受到舆论谴责。曾有报道，美国一对华裔夫妇虐死老人被起诉后，弃保逃回中国，遭到中国亲友的唾弃，无地自容，最后只好回美国投案。相比之下，海外华裔老人一旦遭到虐待，处境较糟，原因是华裔老人大多语言不通，很多人投靠子女来美后，与外界几乎无法沟通，遇到虐待，求助无门，只能忍气吞声。还有的老人受传统的面子心理影响，认为“家丑不能外扬”。有的则怕说出去会遭到子女的报复，未来日子更加难过等。同时，美国人的习惯是，只要不触犯法律，没有人愿意多管别人家的私事，许多华人也受此影响。这些因素都加剧了受虐待老人的困难处境。

不过，华裔老人受虐待的情况并不普遍，以笔者的观察，总体上，华人还是保留中华文化的敬老美德。华人移民在美国生存不易，现在经济不好，很多人觉得压力太大，确实有人把压力转而发泄到老人身上。也有人自认为在观念上融入主流社会，应该像美国人那样不必承当养老责任，而把老人当作包袱推向社会。

前者是一种很自私的行为，后者则是对现代观念的误读。他们忽视了一点，西方人认为在子女 18 岁以后，养育的职责就算完成了，父母亲不再管孩子的生活，孩子将来也不赡养父母。但是，很多华人，不仅 18 岁以后还靠父母付学费、生活费，自己有了子女，也常常靠着父母的帮助养育，等到父母年老了，自己不需要帮助了，就视父母为包袱。

现在，西方许多社会学家在研究东西方文化对家庭的影响时，已开始认识到中国传统文化对家庭稳定以至对社会结构稳定所起的重要作用。海外华人离开祖籍国在外谋生，应努力融入当地社会，但是也应把中华民族文化的优良传统传承下去。

（［美国］《侨报》2011－01－03/一娴）

中国投资移民涌向世界各地　风险不容小觑

世界金融危机后愈演愈烈的海外投资移民风潮备受关注，中新社记者就此专访了中国华侨华人问题专家，他们指出，投资移民已经成为中国新富阶层向海外移民的主要方式之一，今后几年，中国投资移民还将继续涌向世界各地，其中风险不容小觑。

记者了解到，目前绝大部分投资移民的目的地是北美、澳大利亚、新西兰等华人社区较成熟的发达国家，或者新加坡、菲律宾、泰国等华人社区较安定的东南亚国家。

暨南大学华侨华人研究院教授廖小健指出，美国本土爆发金融危机后至今未走出衰退，为促进就业，美国放宽投资移民政策，甚至地方政府也纷纷到华宣讲，希望吸引更多的投资移民。

“为增加就业，美国还将继续放宽投资移民政策，直到经济明显复苏、失业率明显下降为止。”廖小健指出，中国居民财富增加、人民币升值等内因，也将推动大陆向海外投资移民的持续升温。

投资移民不仅吸引了资产众多的房产商人和金融巨子，也开始受到中国大陆中产阶级的青睐。目前，不仅上海、北京、浙江、广东、江苏等中心城市和省份，在大连、青岛、天津、重庆、海南和内蒙古等地，也有不少人加入了申请投资移民的大军。

廖小健认为，金融危机以来中国公民投资移民赴海外的风险日益加大，应引起关注和重视。以美国为例，“目前中国大陆对美国的投资移民，主要采取向区域中心投资的方式，这些区域中心其实是民营机构，没有官方背景或者政府担保，地处偏远地区或失业率较高。投资移民只能获得临时绿卡，如投资失败就不能转为正式绿卡，移民更无从谈起”。

厦门大学国际关系学院、南洋研究院院长庄国土认为，投资移民与留学移民异曲同工，不同于中国国企、民企的对外投资，而是“精英外流潮”的表现形式之一。

“大多数所谓‘投资移民’，是在中国成功获得财富或社会地位的‘精英’，通过留学、技术移民、投资移民等方式，将家庭、子女、财富转移到国外，或在国外留下随时可用的退路。”庄国土表示，今后，中国的投资移民将根据其财力能力，选择相应成本低的国家，继续涌向世界各地。

有不愿透露姓名的侨务官员向中新社记者表示，目前分布在世界各地的华侨华人，心系祖（籍）国，为中国的经济发展、对外交流贡献卓著。他认为，走向海外的投资移民们，对于中华文化走向世界、中国企业对外投资等，也有望发挥新一代桥梁作用。

（中国新闻网2011－01－05/南若然）

西社会学学者眼中的旅西华人

随着旅西华人的发展，以及在商业上的成功，西班牙社会已经越来越关注旅西华人群体。虽然华人在西班牙各移民群体中属于少数族群，但其所取得的经济成就却令人瞩目。尤其是在目前经济危机所造成的商业萧条中，旅西华人一枝独秀，不断扩张发展，这更令西班牙当地社会感到吃惊和不可思议，于是华人也越发成为当地社会关注的焦点。

近几年来，西班牙媒体上有关旅西华人的新闻越来越多，华人及其商业发展也日益成为西班牙社会各界，尤其是各地商业团体关注的对象。在这些关注中，既有对旅西华人的称赞和褒奖，也有指责和抱怨。而这些反应，不管是正面的，还是负面的，都不断提高了旅西华人在当地受关注的程度。于是，旅西华人的经营与发展也开始成为一些西班牙社会学者和研究机构所关注的重要社会现象之一。

12 月初，马德里 Complutense 大学人类社会学系公布了一份有关旅西华人的调查报告，对旅西华人群体从方方面面进行了详细的介绍。此次对旅西华人的调查研究项目是由 Complutense 大学人类社会学系与西班牙有关地方政府的一些部门合作进行的，由马德里 Complutense 大学教授 Jorge Moraga 领衔，历时两年时间完成。虽然此次调查的内容比较广泛，但主题非常简单，就是要找出旅西华人商业成功的背后原因。

在这份刚刚出炉的调查报告中，西班牙知名学府的社会学学者对旅西华人给予了相当正面的极高评价。他们认为旅西华人勤劳，有创业精神，是在世界全球化进程中抢占了先机的一群人。同时，通过调查，西班牙学者也打破了当地社会有关华人的一些传闻和负面看法，在用各种事实以及数据盛赞旅西华人各种优点的同时，西班牙学者还用华人这些独有的优点与当地人的一些习惯和观念进行了对比与反思，这也从另一方面加强了他们对旅西华人的赞扬和肯定。

华人在全球化浪潮中逐利而来

在调查中，西班牙社会学学者发现旅西华人主要来自中国浙江的青田和温州两个地方，并且基本都是最近十几年来到西班牙的。在旅西华人中，有相当一部分人是辗转从意大利来到西班牙的。对此，西班牙社会学学者们说，华人从意大利辗转来西班牙，一方面是由于意大利的移民政策要比西班牙严格，另一方面，华人也是循着西班牙所提供的良好商机而来。

华人来到西班牙以后，大部分都留了下来。在西班牙社会学学者看来，是西班牙的商机和良好的生意状况留住了这些华人。华人能够在西班牙定居的关键是“生意获得发展”。在这一点上，华人与旅居西班牙的其他移民有着很大的不同。对于西班牙最主要的移民群体——南美的移民来说，他们来到这里是为了打工和生活，而不像中国人那样，以生意的发展作为衡量标准。

在西班牙社会学学者的研究中，他们发现华人都是天生的商人，并以商人的身份而感到自豪。通过对旅西华人家庭以及亲属等关系的研究，西班牙学者们吃惊地发现，旅西华人竟然是适应世界全球化发展浪潮，并且在这一过程中取得先机的一群人。

在调查中，西班牙社会学学者发现旅西华人的家庭是跨国性的，不仅家庭成员和亲属分布于西班牙各地，而且在其他的国家和城市，如意大利、法国的巴黎，甚至非洲、南美等国与地区都有其亲戚。对于旅西华人家庭关系如此全球化的状况，西班牙学者说，很显然这些散布于世界各地的华人不是为了闲逛，他们都在各自的迁居地发展自己的生意，同时也最终留在了那里，并形成全球性的商业网络。

尤其令西班牙社会学学者感到惊叹的是，虽然老一辈旅西华人的圈子是较为封闭的，但他们的子女——新一代旅西华人，却是在当地融入得非常好的一代。同时，老一代旅西华人也都期望他们的子女能够融入西班牙社会。在这种情况下，旅西华人的子女更是在其父母生意的基础上，占据了世界全球化浪潮的先机。相对华人子女所具有的优势地位，西班牙学者还用实例与西班牙年轻人做了对比。这些学者说，华人通常会把子女送回中国，由其爷爷和奶奶抚养，等到成长为青少年的时候，再接到西班牙来进行教育。而一个中国少年进入到西班牙学校的时候，他首先要适应的竟是西班牙学校松散的纪律和缺乏严谨的学习环境，由此可见，旅西华人的孩子在治学上也已经比西班牙的学生占了先机。

关系和“面子”是华人发展的动力

对于旅西华人所取得的商业成功，西班牙学者是非常好奇的，而这也是他们此次研究的重点。在研究中，西班牙学者发现，华人商业成功的动力和关键就是华人间的相互关系，以及华人所看重的“面子”。

西班牙学者的此次研究非常细致，投入了大量的精力。他们首先对青田和温州这两大旅西移民来源地进行了详细的调查与了解，通过两地的自然、社会、经济状况，以及青田和温州在中国的城市定位等来研究旅西华人移民的社会背景及传统习惯。

西班牙学者发现，旅西华人群体中最重要的社会基础是人与人之间的关系。他们说，中国人在建立人际关系之初是相当谨慎的，当经过一段时间的接触，相互熟识以后，就会结成紧密的相互关系。同时，旅西华人的亲属关系也是相当重要的。大多数旅西华人所经营的生意都是夫妻两人一起在做。华人夫妻从共同生活开始，就有当老板的梦想。为了实现这个梦想，夫妻二人辛勤劳动，积攒家业。当他们攒了足够的钱时，就会选择开店，并且不断扩张，同时还会把其他家人也带来，共同创业发展。

在西班牙学者看来，华人间的关系和各自的“面子”不仅是华人成功的动力，也是衡量一个人社会地位高低的重要“参数”。西班牙学者说，几乎所有华人都非常看重这两点，每个人都要努力使自己变得有“面子”。而当一个人有了“面子”，也就有了其自身的价值。在旅西华人中，所有这些都是通过“钱”体现出来的。如果一个华人没有钱，那么他就没有“面子”。而一个华人与他人没有良好的关系，也就得不到钱。虽然西班牙学者认为，随着华人来到西班牙这样的西方现代社会，相互间的关系越来越趋向于实用主义，但在华人群体中仍强烈地保持着一种互助关系，而这恰恰就是华人成功的关键。

对于华人间的互助关系，西班牙学者将其描述为一种平等的分享关系。在这种关系中，当一个人有了什么东西以后，就必须拿出来，然后与其他人进行分享。同时，那些收到这些东西的人也必须要回报。这种东西或回报，可以是礼物、帮助或是资助。在这种逻辑下，在旅西华人中，给予最多的人就是最有能力和声望的人。这种逻辑同样体现在华人的市场关系中。华人的市场关系是以信任为基础的，而不是西班牙通常所用的合同。在现代生活中，旅西华人的这种关系虽然看不到，但却无处不在。由这种关系结成的网络，既可以是友谊方面的，也可以是帮助、资助等领域的。在华人的这种关系网中，法律和市场所起的调节作用几乎没有。同时在华人的这种关系中，所有个体的实力都得到相互的增长，并最终在生意上获得巨大的成功。

有关华人的“传说”是不存在的

一直以来，西班牙社会上有许多有关旅西华人的传说，例如“华人都长生不死”，“在西班牙没有华人的坟墓”；“华人很多人从事偷渡，地下工厂”；“华人的餐馆用猫肉做菜”等等。在此次调查中，西班牙社会学学者专门针对这些传说，在华人中进行了调查和了解。

西班牙学者在相关统计资料中发现，旅西华人中超过 65 岁的人，只占群体人数的 1.7%。由此说明华人在西班牙的自然死亡率是相当低的，几乎是没有的。此外，在调查中，他们也清楚地了解了华人“叶落归根”的传统。在报告中，西班牙社会学学者说，旅西华人上了岁数以后，就会希望在自己的家乡离世，并葬在故土上，所以华人在西班牙下葬的情况是非常少的。

对于华人的偷渡问题，西班牙学者用统计数据做了说明。他们说根据官方的估计，从总体上看，旅西华人中非法移民的人数不超过其群体人口总数的 12%。这个比例是非常低的，在西班牙其他的一些移民群体中，这个数字都是中国人的两倍。有关华人的其他传闻，如“不交税”等方面，西班牙学者们说，对这些传闻，西班牙各地的市政府以及商会等组织都曾做出过澄清，华人与西班牙其他商人一样，都是依法纳税的。

谈到西班牙社会对华人有着如此多的传闻和误解，西班牙社会学学者们说，这是由于：一方面西班牙当地人对旅西华人缺乏认识，另一方面旅西华人的生活也过于封闭。由此，他们也希望华人能主动走出自己的圈子，向西班牙公众展示自己的文化、真实的生活，以及在西班牙所遇到的问题等。如此，一些误解和传闻也就不攻自破了。

（［西班牙］《欧华报》2011－01－05／凌锋）

也谈华人异国维权

2006 年“东方行动”导致超过 1/3 的中餐馆歇业，2010 年葡萄牙权力机构疯狂地发起对 Martim Moniz 的多次大检查，2011 年中部大型百货店遭到火烧等。其实 Martim Moniz 商业中心从商业性质上来讲与里斯本最大的商业中心哥伦布（Colunmbo）以及瓦斯科达迦马（Vascoda Gama）并没有什么本质的区别，都是集中的商业销售点，为什么又凭什么葡萄牙的权力机构就胆敢对 Martim Moniz 的商业中心进行肆无忌惮的疯狂检查呢？

试想一下，如果有一天出现治安警察、移民警察、税务警察、防暴警察、ASAE 警察组成的检查团前后围堵哥伦布商业中心，只准出不准进，挨家挨户地检查，向商业中心中所有人员要身份证件会是一种什么样的效果？大家都知道哥伦布的经营者是葡萄牙第一财团索耐（Sonae）集团，其董事长是葡萄牙首富埃莫林（Amorim），如果权力机关胆敢对哥伦布如此行事，我相信不要说葡萄牙的警务部门，就连总理府、总统府都会被埃莫林集团掀翻。

反观我们华人呢？一次又一次的逆来顺受，我们有没有想过是什么导致权力机构胆敢对我们如此猖獗又肆无忌惮？追根究底都是我们自己的错，我们中国人都知道勤恳工作踏实做人，用自己的劳动一点点地创造自己的小小生活。同样道理，我们的地位、我们的权利也需要踏踏实实勤勤恳恳地一点一点地为自己创造和争取。

中国有句古话说得好，人善被人欺、马善被人骑。我们在这个社会中充当着良民的角色，却因为太容易善罢甘休才导致一次又一次的不公正来袭，因此不懂得用法律保护自己才是一切的根本。

可能接下来要说的会引起一些人不满，不过请各位看官见谅。我们的侨会、商会甚至官方机构在很多事务上并没有发挥应该发挥的作用，我们是少数群体更是弱势群体，面对这些不友善甚至有时候是违法的行为，我们华人的团体、群体，我们国家的代表有没有站出来表示我们的不满、抗议权力机构的不公。我们没有声音，因为我们并没有震动声带，法律是公正的，因为白纸黑字成文成典，不公正的是执行法律的人，为什么我们没有拿起法律的武器来抗击不公正、拒绝不公平呢？

当然，光是发感慨是没有实际作用的，到底如何来抗击这些不公正？华人群体是所有中国人的群体，我们每一个人都是其中的一分子，在葡萄牙人的报道中一提到我们就是整个华人社会，既然我们被一概而论了，为什么我们不发挥出团体的优势？

葡萄牙人都觉得中国人很有钱，而被认为“有钱”的我们却受到不公正的待遇，其实说中国人是一个商业群体也不为过，然而商业群体该如何来保护自己的利益呢？比如索耐集团就有实力雄厚的律师团，无论哪个机构或者个人作出对这个商业团体不利的事情，就会立刻遭受律师团的围剿。我们华人也到了需要一个法律集团来维护我们的利益的时候了，这一点毋庸置疑，而到底由谁来出面，又由谁来管理负责才是值得讨论的重点！

（［葡萄牙］《葡华报》2011－01－10）

中国人在日本购房位居第三的背后原因

据日本都市开发厅近日公布的相关统计，包括持有“永住者”签证的外国人在内，仅2010年4月至6月的购房量就比前年同期的496户增加了近3倍，达到1 418户。在日外国人购房量已经从占日本总体购房量的15.5%上升到20.5%。

统计还表明，在日外国人购房比例中，马来西亚人最多，占29%，印尼人占20%，中国人占15%，还有一些缅甸人。

在此，值得探讨的是，日本经济低迷之际，房地产却一枝独秀。外国人为什么对此独有青睐呢？分析开来，应有以下几点：

首先，日本的地产便宜且投资回报率较高。日本房地产市场价格连续第十九年下跌，业内人士预测，这一趋势2011年将更加明显，这是吸引不少境外亚洲投资者前往购置房地产的重要原因。日本房地产经济研究会和瑞士信贷提供的数据显示，截至2005年3月，日本住宅用地的平均价值在15年里下跌了33%。包括东京在内，日本6个大城市的住宅用地价格平均下跌65%，商用土地价格则暴跌87%。

相比中国大陆、中国香港和新加坡的价格，日本房地产市场不仅价格占优，回报率同样颇具吸引力。据《华尔街日报》报道，东京房地产的年度净收入和资产价格比为4.5%至5%，这一数字在香港不到3%。与此同时，日本信贷利率保持在接近零的水平，信贷宽松政策初步显现效果。德意志银行数据显示，日本银行业进入房地产的新增信贷在今年第三季度同比增长6.6%。

其次，求稳心态。亚洲国家，尤其是中国经济发展，使得个人资产增加，但同样也看到房地产泡沫在生长。很多投资者为了规避风险，不会把鸡蛋放在一个篮子里，所以选择了房地产市场较为稳定、相应制度体系较为健全的日本。日本已经形成了成熟的房产租赁市场，房产的性价比颇高，租金回报稳定。这些条件，使得近年来亚洲投资者投资日本房地产掀起了一个小高潮。另外，在中国房主对房屋是没有所有权的，只有一定时期内的使用权。而在日本即使是外国人，房屋的所有权也能够得到保证，这也是中国的富裕阶层来日投资买房热情很高的原因之一。因而，新富阶层多元化配置资产显露出的是他们的求稳心态，而日本房地产市场恰恰能够满足他们的诉求。

再次，政策优势。随着日本房地产市场重新启动、各种购房商业贷款纷纷出笼、针对外国人购房的条件和手续不断缓和，专为外国人提供服务的房产中介应运而生。日本的房贷条件放宽，华人契约社员和打工者都可以贷款买房。而此前，只有取得日本国籍或取得永住身份的人才有资格申请贷款买房，但是近几年情况发生了变化。只要有在留签证，有正常的纳税记录，都可以申请银行的住宅贷款。

日本经济经历了20世纪90年代初期泡沫经济崩溃后漫长的不景气，同时，日本国民的收入没有增加，反而面临世界性的能源和粮食价格高涨所带来的经济压力。在物价上升、生活压力加大的情况下，日本人的购房能力大打折扣，显然，亚洲投资者的加盟激活了日本的房地产界，刺激了日本的内需，给日本的经济注入了源头活水。

（［日本］日本新华侨报网 2011－01－13／侯金亮）

“华人救助中心”：海外华人千呼万唤

去年，本报曾针对在意大利一些华人由于暂时找不到工作，从而在生活上出现困难，四处漂泊，流浪街头的现象，发表了一篇题为“伸出你的手 相扶共同走”的文章，呼吁中国派驻机构及华人社会关注这种现象，希望建立有效的救助机制，动员华人社会伸出援手、奉献爱心，帮助自己的同胞们度过困境。然而过去很长一段时间，“星星还是那颗星星，月亮还是那个月亮”，对这些人的救助队伍居然大多是意大利教会及如圣艾智德慈善团体等，这的确令意大利的华人社会感到“汗颜”及需要引起反思。

华人自古就有重情重义的光荣传统。办“慈善堂”，救困扶危，历史上比比皆是；“乐善好施”的人更是被国人尊敬和推崇；然而华人来到了海外，似乎“南橘北枳”了，人变得冷漠，亲情疏远，唯利是图了。

照说祖国出现自然灾害时，海外华侨也慷慨解囊；弘扬中华文化、举办各类庆典花钱也不吝啬；侨团迎来送往更是让国人感到海外华人热情之极，然而为何对身边发生的华人援助问题缺乏热情及兴趣呢?

问及缘由，一个侨领竟然如此回答：我们当初来到意大利也都是自己闯的，也没人同情过我们；捐款、请客那是上面有人让的，抹不开面子，再说有事今后还得求他们；捐助流浪的华人既不能出名又不能获利。这些“实话”不知是让人恭维还是让人感到悲哀。

天主教、基督教、佛教尽管教义有别，但都倡导进德公益，多行仁爱；中国政府侨务政策更是体现“以侨为本”。目前，在意大利华人有三十多万人，由于语言障碍等问题，许多华侨在生活、法律、医疗、就业及换居留地等方面需要帮助，一些华人团体和媒体也曾多次建议及呼吁在海外建立华人救助机制，但在具体实施上，派驻机构及海外华人却没有像建立侨团、举办活动等那么热心。

在海外建立华人救助中心，首先驻外使领馆的重视是关键。中国驻意使领馆应发挥权威作用，牵头和落实办理此事。“领事保护”是国家赋予你们的职责，弱者比“富”者更需要你们的“照顾”，“胡总”和“温总”也常去看望、慰问“平民”，关心百姓疾苦，你们的“政绩”虽然老百姓投不了票，但为侨民办实事、办好事，侨民会永记心头。

其次，充分发挥侨团，各地华人天主教、基督教、佛教协会等的作用，开设救助机构，帮助当地华人解决困难，引导华人社团为侨民多办实事，少做形式。多宣传和鼓励热心公益的人士，形成华人团结互助的氛围，招募爱心人士及留学生作为志愿者，共同参与援助工作。

最后，华人要理解慈善及公益的真正内涵。西方一些慈善家都是匿名捐助的，他们不是图名而是出于真心帮助那些需要帮助的人，是自愿的，值得学习和借鉴，他们做公益不是做给“领导”及他人看的。

中国传统春节将至，衷心祈福所有海外华人“寒士们”能与所有炎黄子孙一样“俱欢颜”，同是中国人，同胞是手足，只要人人献出一份爱，我们大家的明天都会更加美好。

意大利“华人救助中心”，希望能早日掀开你的“红盖头”。

（［意大利］《新华时报》2011-01-19/游子）

要正确宣导族裔文化，避免误解

在加拿大，或者缩小到温哥华，在笔者的印象中，鲜有涉及华裔社区的事情成为主流媒体的头版头条。2008 年北京奥运会时，加拿大连续多天奖牌榜挂零，全国人民都急得抓耳挠腮，突然华裔摔跤选手黄嘉露勇摘金牌。这么大的新闻，有的英文报纸愣是甩到二版里面，要是黄嘉露是西人或者是非华裔，一版肯定是大特写。

时来运转，华裔在主流媒体的一版大特写终于有了！卑诗大学（UBC）原定今年 7 月于校园内，兴建容纳 15 人的善终医院（hospice），但毗邻的公寓业主担心冲击房价而群起反对。这桩事情成了主流媒体爆料的头版头条，大幅照片中，出面反对者多为华裔。这次为什么主流媒体如此开窍？根本原因就是他们把这个事情当作“负面新闻”来报道的。有华裔业主指出与临终者为邻将招来噩运，抵触中国传统文化及信仰，主流媒体遂称之为“垃圾文化”。

且先不评论“垃圾文化”的说法是否过分，单就华裔业主在这种场合下拿中国传统文化及信仰这么大一个题目说事，这种做法似乎有些不妥，徒然给主流媒体提供了一个说长道短的把柄，就不怪人家借题发挥了。

其实在民主国家如加拿大，对某一件事情感到不满意，对方不管是三级政府还是某个行政单位，平民百姓都可以表达自己的意见，甚至惊官动府上诉法庭对簿公堂，这些都是很稀松平常的做法。对于不喜欢与善终医院为邻，公寓业主们发泄不满，希望卑诗大学校方对此进行重新考量，是再正常不过的了，由于该计划离提交校董会讨论仍有几个月时间，校方也表示会与持反对意见者沟通。不排除最后拿出一个皆大欢喜的方案，真的能让善终医院最后“善终”。

本来是一件可以就事论事的事情，有一说一，有二说二，譬如担心由此影响房价，譬如担心影响安宁，譬如本人有所忌讳，譬如对校方事前完全未与住户沟通感到愤怒等，只是不应该就此指责校方的做法欠缺“文化敏感度”（culturally sensitive），并推说整个中国传统文化不希望临终者出现在自家后院，认为会招来噩运，住户们不能接受这种明显抵触华人信仰与文化的安排。依笔者个人判断，本来一个挺好的请愿活动，亦不乏正当理由，结果让“中国传统文化和信仰”一搅和，整个事态就变了味道，让人家有机可乘借题发挥，人为地挑起一场“文化冲突”。本来对中华文化就心存误解的部分西人，这回就好像突然打了一剂鸡血似的，情绪激昂地评头品足。据不完全了解，对该事件的报道一上网，英文跟帖急剧增至数千条，几乎都是同仇敌忾，对“垃圾文化”讨伐之问罪之。这种情绪由文化转移到华社，上升到对整个华裔的人格评价。在这里说句得罪人的话，本来是一己之事，结果却让整个族裔买单。

从校方对“请愿活动”的处理来看，迄今为止还算可圈可点。卑诗大学校园及社区规划主任史陶特（Joe Stott）随即表示，从住户的反应看来，该计划确实需做更多社区咨询，全案现已暂停。

一些温市居民无法认同住户的反对意见，强调住户应融入社区、尊重生命的价值观念，不能以功利眼光，来对待社区事务。其实尊重生命的价值观念，在中华文化里面有着丰富的内容，在这方面是不让西方文化专美于前的。可是经此一役，由于某些华裔楼宇业主的率性而为，无异于给博大精深的中华文化贴上了一个冷漠褊狭有失人道的卷标，只能增加对族裔文化的偏见，进一步加深其误解，不利于营造中华文化的正面形象，致使许多以往为这种正面形象所进行的努力功亏一篑。

其实忌讳每个民族都有，但绝不是所属文化的主体。众所周知，西人忌讳“13”这个数字，可是西人在生活中表示这种忌讳的时候，很少冠冕堂皇地用西方传统文化和信仰来举证，应该属于信则有，不信则无的范畴，尽管这种忌讳也可以勉强归类于边缘文化里面。

加拿大是多族裔社会，世界上几乎所有国家都有移民定居此地，所以将多元文化奉为国策乃是明智之举，在社会正常发展中可以省却很大麻烦。这就意味着互相包容，彼此关照，说白了就是通情达理。如果每个族裔文化都较真起来，在一个移民国家，很多社会服务项目就难以营建。即使表面上某个族裔在争执中占了上风，结果却会影响到整个社会的福利水准，最终也会降低自己的生活质量。

（［加拿大］《环球华报》2011－01－21/喻京润）

华商是中国的“女儿”，居住国的“媳妇”

许多华人在海外都从事贸易，世界各地由此形成了林林总总的华人贸易市场。罗马的华人贸易市场就是海外华商市场的一个典型，人家说它是一个“基因有些变异的孩子”，所以一出生就受到种种的非议与磨难。罗马华商这个市场在一片非议与磨难中幸存了下来，发展了起来；在生存与发展中，华商受到了种种的非议与磨难，非议与磨难如影般地伴随着这个市场生存与发展的始终。

作为这个市场的经营者，我们时常油然而生出一种孤独感、无助感与茫然感，但这个市场绝不是一个“等、靠、要”的市场，而是一个具有顽强的、百折不挠的“草根市场”，是一个“博士生”开创的市场。但随着这个市场发展的不断深入和与当地社会的不断融合，出现了许多新问题、新情况与新矛盾，虽然我们对这些新问题、新情况、新矛盾没有任何的经验与准备，也没有任何的选择，但我们必须要去面对！环境的特殊性，文化的边缘化加上人才的匮乏等因素都在制约着这个市场的健康发展。十几年的市场历史告诉我们：一个没有理论指导的市场，必然是一个盲目的、短视的、不可持续的市场。着眼于明天的市场来思考今天的做法，没有理论的高度就没有市场的深度。对罗马华人市场未来的发展负责，对市场的问题做一些必要的理性思考，寻找到华人贸易市场的一条可持续的发展道路是意大利华商总会一个不可回避的历史使命。

海外的华人经济跟中资企业不同，如果说有社会属性的话，应该是属于“女性”的，一方面她跟中国有着天然的血缘关系，是中国的“女儿经济”；另一方面她毕竟要在居住国里生儿育女，是居住国的“媳妇经济”。对“女儿”总会护点短，对“媳妇”总要挑点刺，这是人之常情。从理论上说，对于我们的居住国意大利来说，是不会存在华人经济与非华人经济这个概念的，都是意大利国内经济的一个部分，把自己创造的财富留在意大利，在意大利纳税，GDP也要算在意大利的GDP里，如果非要加以区别的话，她只是一个族群与地域概念。但实际生活中，由于我们在政治上没有必要的话语权，如选举权等，说真的，在义务上我们是享受着意大利国民待遇的，在权利上，我们只是移民，不是国民！甚至在一些执政的政治家眼里，我们还是难民呢。在这种特殊的环境里，我们的权利是得不到应有的保护的，我们的利益会受到不该有的侵犯，而我们只能委曲求全，息事宁人地寻找着我们华人经济的一席生存之地。打击华商，意大利政府是“上面的有压力，下面的有动力”；保护华商的合法权利，意大利政府是“上面的没压力，下面的无动力”。对于意大利来说，我们华人经济是“媳妇经济”，忍点气、吞些声，融入是我们这些“媳妇”的主旋律，“和谐华商”是我们的新形象。

“好雨知时节，当春乃发生。随风潜入夜，润物细无声。”是我们海外华人经济的真实写照。

（［意大利］《新华时报》2011－01－23/戴小璋）

在日本的华人应该团结第一

1月19日，在日本名古屋市爱知县中区繁华街道上发生了一起在日华人群体斗殴事件，导致一死两伤。看到这则消息，不禁叹然，一向主张团结就是力量的中国人为何总是内讧频频，不能团结一致呢？

中国人和日本人都崇尚团结，信奉和衷共济、和为贵、和气生财。中国人推崇“众志成城”、“三个臭皮匠顶个诸葛亮”，但即使三个中国人都是“诸葛亮”，一旦内讧发生起来，就感觉连一个“臭皮匠”都不如。“一个日本人是条虫，三个日本人是条龙；一个中国人是条龙，三个中国人是条虫。”“一个和尚挑水吃，两个和尚抬水吃，三个和尚没水吃。”这些谚语都说明日本人团结，而中国人不够团结。

从历史上看，1890年，日本国会成立后与政府作斗争，而对中国作战时国会与政府却步调一致，国民也一心支持侵略。在某种意义上，清朝是李鸿章的淮军和北洋舰队同日本打仗，陆海军还各自为战，协同能力极差。满洲权贵也巴不得汉族权臣打败仗，借此摆脱潜在威胁。各省大吏划疆自守，湖广总督张之洞以“粤人不耐严寒，不惯麦食，人地不熟”为由而拒绝驰援前线。最后，北洋水师提督丁汝昌被部将逼迫自杀，福建水师则向日本索取被扣的军舰，声称他们的军舰没有参加作战。难怪伊藤博文称：“中国名为一国，实为十八国也。其为一国，而诚余倍于日本；其为十八国，则无一能及日本之大者。”

近些年来，中国人频繁走向海外，走向日本等国。美籍华人陈香梅说，在美国的日本人比华人团结。华人有独善其身、自扫门前雪的习惯，最爱搞小圈子，自相残杀。美国人用“下围棋”形容日本人，用“打麻将”形容中国人。下围棋从全局出发，为了整体利益和最终胜利，可以牺牲局部，全力争胜；打麻将则是孤军奋战，看住上家，防住下家，自己和不了，也不让别人和。

诚然，目前在日本的华人地位越来越高，成就越来越大，这一成绩的取得离不开华人之间的团结和互助。但是个别不团结的现象也不乏其例，打小报告、互相猜忌、互相拆台等，都极大消耗了中国人的力量。依笔者看来，在日华人社会最需要的不是地位，不是金钱，也不是成绩，而是团结。没有团结，一切都无从谈起；只有团结，才能无往而不胜。

（［日本］日本新华侨报网 2011－01－25／王锦思）

在日华人也需要重新认识中国

中国的 GDP 总值超过了日本，成为世界第二大经济强国。这对于中国来说并非发展的终点，而是拓展了一个上升的空间。中国经济的发展不仅对世界来说是一个良好的机遇，对广大在日华人来说也是不可多得的良机。然而，我们看到部分华人似乎还抱着 10 年前、20 年前的中国印象不放，仍然待在日本混日子，在回去还是留下之间犹豫徘徊。

一位在日本生活了大约 8 年的华人男性，他说自己感到很烦恼，虽然在日本一家小企业有个送货的职位，但是这家公司并不能保证签证的更新，今年 6 月他的签证就要更新了，可是他却没有勇气选择回到中国去开辟新的天地。所以，他现在只好一边工作，一边想办法更新签证。他还说只要能换到一纸留在日本的签证，愿意花钱，乐意造假，虽然是单身，但搞个假结婚也在所不惜。

这个故事让笔者想到，也许在日华人更需要重新认识中国。经过多年的发展，中国已经发生了翻天覆地的变化。单从工作机会上来讲，也要比日本多得多，当然条件是海归者必须有一定的能力。和国内的人才相比，在日华人对日本的背景了解、日语能力等方面占有一定的优势。所以，回国找工作未必不是一个选择。与其在日本做个“打工族”，不如回国找个像样的工作，脚踏实地地发展也许更合适。更何况，日本政治混乱，经济低迷，导致工作机会大大减少，今年的大学毕业生就职遭遇超级“冰河期”，内定录取率只有69%左右。所以，在日华人回国找一个能发挥特长并受人尊敬的职位，总比通过造假、到处打零工地留在日本要幸福得多。

笔者知道这样一位女性，在日本某大学硕士毕业后没有找到工作便回国了，在国内的一所民办学校很轻松地找到了一份日语教师的工作。因为她是“海归”，所以很受学校重视，可是她仍然对日本充满向往，于是便利用假期再次回到日本。这时她才发现，如果抛弃国内的教师工作再回到日本的话，等待她的仍然是不安定的打工生活。于是她毫不犹豫地回国上班了。在国内她可以是一个有地位的教师，可是回到日本，她只能沦为一个打工妹。这个例子说明只有清楚地认识到日本和中国的现状，才能判断自己适合留在日本还是回到中国发展。

很多华人可能因为经济等条件，在日多年也很少回国。今日的中国已经今非昔比，和日本的工资差距也在缩短。如果说你想干一番事业，也许蒸蒸日上的中国更适合你。为此，在日华人有必要打破既定观念的束缚，“多回家看看”，重新审视中国，看清了利弊之后，再确定在哪里寻求发展，不要为了一纸签证走向违法，甚至因此耽误了自己的一生。

（［日本］日本新华侨报网 2011－02－06/申晓雪）

华裔数量急升　参政步伐加快

2月10日，美国华人全国委员会（NCCA）和马里兰大学美籍亚裔中心联合推出《2011年全美华人人口动态研究报告》。根据可获得的2009年美国人口普查数据，全美华裔总人数为3 638 582人，占美国总人口的1.2%，是美国最大的亚裔群体。

人数猛增印证了华人在美发展的势头，而更不应忘记的是，美国华裔不仅在数量上发展壮大，在政治上也开始觉醒，告别了以往“沉默族裔”的刻板形象。华裔参选人的大放异彩，让越来越多的华人选择了责任、义务、权利，他们受到主流社会关注，同时，白宫的大门也正向华裔敞开。

形势：华人在政坛的影响力渐增

《2011年全美华人人口动态研究报告》（以下简称报告）以美国人口普查的数据为基础，涵盖华裔数量、收入、教育、婚姻、就业等各种数据，是迄今为止关于华裔美国人的最全面的一份报告。

从职业来看，华裔主要从事医疗保健、餐饮服务、制造业、科学研究等行业。但不容忽视的是，华人中出现了部长、市长、众议员、参议员。研究专家认为，华人在未来10年有望超越犹太裔，成为美国第三大少数族裔，在美国政坛的影响力将随之增大。

回顾2010年，华人参政可谓海外华人新闻中最亮丽的一景，无论是在美国还是在其他国家，处处可见参与竞选的华人名字。

就当前形势而言，美国的华人在数量上已占据优势，同时，中国亦成为美国第三大合法移民的来源地。很多华人聚居的地区，华人选民的票数已成为可能左右选举结果的关键因素之一。

旅美华裔王刚接受本报记者采访时表示，他在美国生活近20年之久，对华人地位的提高深有体会。“从最初的打黑工，到经营自己的店铺，再到参与竞选，华人开始翻身当家做主人。合法权益需要自己去争取，虽然华人为美国的繁荣作出了突出贡献，但是在教育、医疗等方面却受着不平等待遇。”王刚说，“因为遭遇不公，现在的华裔官员都有心去争取权益。这是进步，也将成为华人发展的主旋律。”

对于美国普通民众来说，华人的崛起有目共睹，他们也认可这一变化。“学中文，吃中餐，在美国都已不稀奇，这为华裔参政打下了一个基础。”华文教育教师吴晓燕说。

中国国际影响力的提高也为华裔参政提供了坚强的后盾。“当前国际形势对华裔参政提供了便利，形势大好。如何把握时机、采取有效的措施巩固海外华人地位，还需要深入细致的研究。”一位长期研究国际问题的学者告诉记者，虽然美国华裔参政处处开花结果，初见端倪，但未来更大的进步仍需时日。

回顾：改写美国华人参政史的一年

2010 年是美国华人参政史上重要的一年，并出现了中期选举华裔高管寻求连任等新气象。几代移民通过不懈的努力，引发越来越多的关注。同时，华人参政人物开始活跃在政坛上，目标直指白宫。

2010 年，赵美心、吴振伟竞选连任国会众议院，让华裔的声音再次在国会山庄响起；加州、纽约州都有多位华人在州一级议会或者其他重要岗位任职；而作为迄今美国华裔参政当选的最大都市市长的关丽珍，更是过关斩将，在奥克兰创造奇迹。以上与美国中期选举相关的华人参政成绩，都将载入史册。

回顾这些华裔的参政过程，或可认识华人谋求政治诉求的历程。

赵美心 1985 年开始走上参政之路，一路打拼，在 2010 年中期选举中以绝对优势大幅领先对手，轻松连任。她一直坚守族裔平等的信念，一路笑到最后。

吴振伟则凭借实力打败对手连任，开始自己的第七届众议员政治生涯。对国家税收的独特见解以及对教育的重视，让他在竞选中占据上风。

接近年关时，关丽珍当选美西部大都市奥克兰市长的消息再次证明了 2010 年华人参政势不可挡，她以黑马之姿击败强劲对手——加州参议院前议长佩拉塔，胜利登上市长宝座，改写历史，提升了华裔的政治分量。

经过 2010 年中期选举后，余胤良、马世云、方文忠分别成功连任州参议员和州众议员，余淑婷连任州平税局委员，朱嘉文在无人挑战的情况下自动连任旧金山市议员。与此同时，那些虽败犹荣的华裔议员也将被铭记。40 岁的周永康，是美国最年轻的华裔国会议员，虽任期仅有 5 个月，但仍打了漂亮的一仗。

前瞻：华人参政将“遍地开花”

在 2010 年，美国华人政坛已取得阶段性突破，面对多元化的发展形势，以及华人日益追求的地位提升，2011 年注定将是华人参政的疾进之年。这不仅体现在美国，英国、加拿大、西班牙等其他华人聚集密集的国家都将开启一个新阶段。

记者与美国当地一福建同乡会会员王先生谈及 2011 年华人政坛时，他激动地说：“前段时间中国国家主席胡锦涛访美，无疑再为华人参政注入活力，中国强大的国际影响力将是最积极的因素。”王先生在当地从事小商品销售生意，客户范围的广泛，使他对民众以及对华人参政有着最直接的了解。他颇有信心地说：“中国如能更多地得到当地人的认可，华人参政赛跑就提前了一个身位。”

同时，通过过去两年美国华人参政热潮的熏染，底层华人的投票意识初步提升，无形中华人参政者又获得大量的支持者。

旅美华人张成刚已在美生活 20 多年，之前的他只想安度晚年，从没有考虑过谁参政会带来什么变化，现在他的想法有了初步转变。“华人在美国打拼一百多年，真的不容易。要是有人愿意帮华人说话，就算无利益，为自己的同胞投票也理所当然。”张老伯表示，之后会让子女帮助投票，绝不会再出现废票的现象。

而那些期待在美国 2011 年竞选中获取一席之地的华人早已蓄势待发。竞选加州副州长的旧金山市长纽森如愿升迁，这预示着美国西部重镇旧金山的政治格局将再度面临洗牌。余胤良、丁右立两位民选华人官员已相继宣布竞选该职位。

2010 年在加拿大华人间兴起的华人参政热也储存好了热量，期待在新的一年中实现更大的突破。“华人参政已形成一股历史潮流，可进而不会退。”“加拿大华裔参政同盟”名誉会长黄维忠在对日后华人参政的展望中如是表示。

加拿大华裔候选人日趋成熟的政治意识也让他们在未来的竞选中充满竞争力。思维多方转变，焦点由眼前转变为长远。

英国的华人也按捺不住参与竞选的欲望，虽然 2010 年中参与英国大选的 8 位候选人全部败北，但在华人尚未建立完善参政前仍应被看作是一次飞跃。

英国华商朱建国向记者反映，当时候选人中有华人是后来才知道的，要是能提前通知，不知有多少像他这样的人会给予投票。他期望未来华人能继续保持高涨的参选热情。

羁绊：华人参政之路并不平坦

海外华人参政一直是一个沉重的话题，毕竟身在异乡为异客，要真正融入当地社会需要一个长期的过程。华人参选，最终还是靠自己掌握命运。由于华人选民的意识薄弱、语言障碍等问题，一直阻碍着华人参政之路。虽有短暂改观，但一时无法得到根本改变，短期内始终是绊脚石。

首先是华人选民对行使权利的认识。虽然关于华人参政的宣传日趋增多，但真正行使投票权的华人仍占少数，多数人还不能根据形势审时度势，其手中选票往往流为废票。“美国当地能行使权利的华人众多，为什么最后投票的寥寥无几，这反映出部分华人对投票不了解。”华商张宝胜表示，大部分华人都以生意为主，无暇顾及竞选，有时只是应景。记者在与张宝胜的交谈中了解到，2010 年的美国中期选举给他留下深刻感受。很多华人都不知道怎么正确填涂选票，连选票收集点都不能准确找到，还有一些经常往返于多国的华商甚至没时间去完成投票。

可见，迅速推动华人选民行使投票权势在必行。

与此同时，语言障碍也成为一大难点。“华人参政必须先精通语言，不管是英语还是国内各地方言，都要略懂。”美国福建同乡会会员王先生说，与老外交流首先需要流利的英语，其次一些老侨民对普通话不了解，克服语言关才能顺利拉到选票。

华人参政不是凭空而来，是几十年的奋斗甚至几代人努力逐渐积累的成果。“参选要对当地经济、文化、政治有比较深入的了解，一些人往往突发奇想，从而败阵。”王先生说。

华人参政成也素质，败也素质。部分华人对所做的事情不能扪心自省，往往朝错误的方向发展，这给华人形象造成了严重影响。

华商张宝胜向记者反映，小恩小惠、违法经营的事时有发生，在当地媒体的放大下，产生了严重的负面影响。华人群体要克服有损形象的言行举止，例如去年就有华人与非裔因小事酿成死伤的悲剧。

团结问题一直是海外华人的顽症。来自中国大陆和港澳台三地的华人，由于多方原因，有时各自为政。一旦选票分散，更不易当选。记者从留学生沈肖那里了解到，华人拉帮结派现象严重，就连留学生都有团体。要成功，同胞间的团结尤为重要。

与此同时，华人还应改观与其他族裔之间的关系，加强理解，避免不必要的争端，最大程度地扩大选民范围。

（上海侨报网 2011－02－16/彭卡）

美国为何迟迟不对“排华法案”道歉

近日，美国共和党参议员布朗承诺，将与另一位民主党参议员范因斯坦一起，要求国会就“排华法案”向美国华人道歉。这是继2009年加州议会和旧金山议会通过相关决议案，以及众议员赵美心为民间就“排华法案”要求国会道歉背书后，美国主流社会有人第一次公开表示国会应为“排华法案”道歉。

美国排华法案产生于1882年，是美国历史上第一个也是唯一的通过国会立法进行种族歧视的法案。“排华法案”延续几十年，一直到第二次世界大战后才逐步取消，其间不断修正，例如不允许新移民来美，不允许华人成为美国公民，不允许华人与白人通婚，视华人女性为妓女等。很难想象，这样违反美国宪法和人权精神的“排华法案”，能够在美国实施几十年，且当局至今没有对华人道歉。

国会并非不肯为其历史上的错误进行道歉。1988年，美国政府就“二战”时将日裔美国人关进集中营进行道歉，并对每人赔偿2万美元。1993年，克林顿对夏威夷土人，就派兵支持推翻夏威夷土著王朝道歉。2006年美国政府对曾经的黑奴制向非裔美国人道歉。2010年美国政府再次向对印第安人的不公平待遇道歉。

国会迟迟不对“排华法案”道歉，究其原因：一是，虽然也有极少数美国议员和人权团体对此表示谴责，但美国总体上对“排华法案”对华人造成的损害缺少反省，即便在总统罗斯福将之称为“历史性的错误”后，多数美国人仍对此采取了忽视的态度。二是，美国仍然有一些人对华人存在偏见。第三个原因是，华人普遍缺少争取自身权利的努力。很多华人第二代，对“排华法案”的历史没有多少认识，在过去几十年，很少有华人会提及这段对华人祖辈不公正的历史。华人传统陋习，如耽于内耗、一盘散沙、疏于抗争等也是重要原因。当年日裔美国人从集中营放出来后，就在民权团体的支持下，通过各种渠道，向国会施压要求道歉，才得到后来的道歉赔偿的结果。非裔美国人也是如此，夏威夷土著人和印第安土著人，争取自身权益的努力一直延续至今。事实证明，如果不去争取，道歉永远不会来临。

布朗等国会议员提出的承诺，是在中国崛起的背景下，美国主流社会开始认识到华人的重要性。据统计，美国华人已接近400万，2020年有望达到600万，成为美国第三大少数族裔。华人在美国政治选举中，开始逐步改变形象，扮演越来越重要的角色，对各种选举产生不容忽视的影响。华人社团也开始团结起来，全美有100多个华人社团联名请求众议员赵美心为此背书，推动国会对华人道歉。

“排华法案”是美国移民史上最黑暗的一页，其后果既无助于美国华人融入主流社会，也使一些华人始终对美国保持戒心。同时，也对美国的自由民主立国精神和人权捍卫者的形象不利。因此，国会应正视该问题，尽早就“排华法案”向美国华人道歉。

（［美国］《侨报》2011-02-21/一娴）

华人给美国社会经济带来一抹亮色

占美国总人口百分之一的华裔群体，在美国社会、经济中扮演怎样的角色？呈现什么样的特色？他们在推进并实现“美国梦”的进程中又有怎样的斩获？一份据称是迄今针对美国华裔最新、最全面、最详细的调查报告，或许勾勒出美国华裔社会版图的轮廓，尽管还不算清晰，却在朦胧中折射出引人注目的色彩。

美国华人全国委员会与马里兰大学美籍亚裔中心2011年2月10日联合发布的《2011年美国华裔人口动态研究报告》显示，截至2009年，美国华裔人口达到363.9万，占美国总人口的1.2%，比2000年增加33.3%。若2010年人口普查数据公布，实际华裔数量有望超过400万。

该报告以美国人口普查局的最新统计数据为基础，涉及华裔人口、教育、就业、收入、通婚等诸多方面。报告显示，近400万的华裔呈现四大特点：多样性（华人群体在出生地、来源地、是否归化以及通婚等方面差异大、多元化）、集中性（在居住、教育、职业等方面相对集中）、两重性（就业、经济两极现象分明，从事高端科技、白领和厨师、服务员等低收入蓝领工作的比例几乎同样高）、重视教育但回报率略低（数据显示，华人花在教育人力资本上的投入回报率低于美国平均水平和白人。同等学力华裔男性比白人要低5 000美元至1.5万美元）。

报告呈现的数据，有助于了解美国华裔移民发展的趋势和特征，却似乎仍然难以消除美国社会对华人的刻板或固有印象（Stereotypes）。美国人通常透过老中国城、大学校园、高科技行业及遍布美国各个角落的近4万家中餐馆这几个领域来认识华人。华人喜欢聚居、自成一体，几乎与美国主流社会格格不入（即使华裔青年学生也不太能够与其他族裔学生相融合），宗族乡亲观念强，传统意识执着却又相当膜拜西方文明，工作敬业但偏重赚钱、疏于公益，物质欲望和享受观念强，富而不贵、为富不仁，智力优秀、反应敏锐，善于读书更善于考试，缺乏创造性等“特征”几乎百年来沿袭不变，因为无论新老移民或者ABC（美籍华裔），华人本身的教育模式、求生手段、就业趋向乃至性格追求变化其实不大，上述四大特点几乎是历史的延续，期冀实现有钱购房产驾名车的“美国梦”

的追求本质几乎也未变（华人对“美国梦”内涵之一的“平等权利”则往往忽略）。

虽然美国华人近20年间在科技、教育、文化、政治领域的发展势头渐强，甚至也出现了杨致远、田长霖、朱棣文、骆家辉、赵小兰、赵美心、李孟贤、关丽珍、马友友等出类拔萃的杰出人才，有的甚至能够在联邦内阁、国会出掌要职，但这不等于美国华人的社会地位已经大幅度提高。整体而言，华人在美国社会的“话语权”依然薄弱，华人或许被视为“模范族裔”却在更多层面上陷入尴尬。华人在经济、政治上的影响力既不如富裕的犹太裔，也不及贫困的非洲裔甚至拉丁裔；华人在科技、教育界的影响力，还与印度裔、韩裔存在距离。

从另一方面看，美国华人喜欢聚居和置业的趋势，客观上对近20年来美国社会经济发展产生了积极的效用，尤其是金融危机以来的现状更可以比较出华人聚居和经济规模对稳定区域经济的优势。

就如前述报告显示，51.4%的华裔美国人住在纽约、洛杉矶等五个大都会城市的郊区，在过去20年里，越来越多的华裔不再居住在传统的中国城，而与其他亚裔群体住在郊区甚至形成富裕的“亚洲城”，估计脱离传统中国城（唐人街）生活、学习、工作的华人应有80%以上。

美国《新闻周刊》2011年1月刊登文章列出的“十大濒死城市”（没落衰退城市）名单，多为老工业城市，毫无例外的是，这些经济严重衰退的城市，都不是华人聚居之地。

另据美联社近日报道，人口学家估计，由于人口老化、经济很差，美国经历死亡率高于出生率的县份创纪录，1/4县正在消亡。人口学专家约翰逊认为，只有大量移民或新经济开发能帮一个地区摆脱困境。他提到的是西裔，其实，华裔新移民同样会给当地经济带来繁荣。

观察旧金山—圣荷西（硅谷）、洛杉矶、纽约、休斯敦、波士顿以及新泽西州等华人喜好宜居之地，抵抗金融风暴的承受力相对较强，即使整体经济还是低迷，就业率欠高，但城市的活力依旧，复兴的信心和实力不低，特别是富裕郊区的卫星城还是生意盎然。即使以全美国相当严峻的“法拍屋”现象这一经济衰退指标衡量，华人聚居城市和郊区的住宅自有率、租住率、投资率都相应坚挺，由此也托住了旧金山—硅谷、洛杉矶、纽约等大都会区及相关郊区卫星城区域的房地产价格回落远远低于全国水准，甚至回升。

事实上，在21世纪的第一个十年中，美国城市人口流失趋势已成格局。大都市中心房价高昂、交通拥挤堵塞和治安不靖，迫使更多人离开或止步都市，而转向别具生活、环境魅力的郊区。包括华裔在内的新移民大量聚居郊区卫星城，以多元化的经济、文化格局造就了一个个充满新机会的社区，给美利坚大地描画上了美丽的色彩。这正是当今美国社会活力所在的标志之一，也是华裔移民在实现自身“美国梦”的同时，在“固有印象”之外给予新大陆的一抹生机与起色。

（［美国］《侨报》2011-02-25）

市场结构改变：华商走向和谐不是梦

从1500年后有了真正的国际贸易开始，在这六百年的国际贸易史中，我们还真的没有读出殖民、侵略、野蛮、暴力之外的东西。

我时常在想这样一个问题：为什么英国的工业革命需要战争，比英国工业革命规模大很多的中国工业革命却没有输出战争？除了人类文明的进步之外，我想还跟市场结构中的一些内部要素的改变有着一定的关系，英国工业革命时期的国际市场是一个单一的“直线式”的结构，我们现在的国际市场是一个“立体式”的结构。在英国工业革命时期，个体消费的能力是非常有限的，人数的多少决定市场规模的大小，是一种属于“直线式”的市场。英国为了保证本国工业革命进程持续下去，扩大市场容量的唯一有效的办法就是把人的数量增加，人的数量增加也就是说要把其他国家的人口纳入本国市场的范畴，在当时的条件下选择战争的方式来殖民其他国家的人民就成为英国的不二之选。

随着社会的发展，个体消费能力的提高，市场结构也发生了一些本质的改变：假如我们把市场中的个体人数作为市场结构中的“长度”来说，个体的消费能力成为市场结构中的“高度”，个体的不同需求作为市场结构中的“宽度”，这样的“长、宽、高”就组成了一个“立体式”的市场结构。在不改变市场结构中个体人数的情况下，可以通过提高个体的消费能力和满足个体的不同需求来改变市场的容量，这就是中国工业革命进程可以不用通过战争的方式，而能够用一种比较“和谐”的方式来实现的原因。随着我们对市场结构的驾驭能力的提高，我认为海外华人经济在居住国成为“和谐华商”是有条件实现的。

欧洲的华人经济跟其他国家的华人经济有些本质上的区别，我们应该先从理论上把它们区分开来，采取一些针对性的措施，在实践中完全是有必要的、可行的。欧洲的华人经济在海外华人经济中是比较典型的。随着这种经济模式的不断实践，必然在理论上有新的突破，这对于将来其他海外华人经济体的生存与发展有一定的现实指导意义。在众多的海外华人经济体中，欧洲的华人经济是受国内政策影响最少，对国内经济政治的依赖程度最低的经济体，而且欧洲国家民主、开放的外部环境又为“和谐华商”提供了肥沃的土壤。在欧洲，从总体上来说，在宏观政策层面上对华商的歧视现象不是很多，歧视大多体现在操作和执行层面上，在东欧和其他几个国家的华商市场会受到毁灭性打击，在西欧国家的华商市场虽然不同程度上受到打击，但这种打击不是毁灭性的。

所以，个人认为，欧洲的华人经济体在众多的海外华人经济体中虽然会在起点上处于靠后的位置，但终究会赢在终点。在东盟、非洲和美国等国家与地区的华人经济体中，都在不同程度上蕴涵着一些不和谐的因素，这对海外华人经济的生存与发展是十分不利的。为什么流血事件往往会发生在印尼等国呢？因为它们内在地蕴涵着一种跟当地主流经济不和谐的因素。这次利比亚的撤离，更加说明我们海外华人经济要成为“和谐华商”显得尤其重要。

（［意大利］《新华时报》2011－02－27/戴小璋）

最大撤侨行动考验中国的决心和能力

在北非国家政权倒台的多米诺骨牌效应中，利比亚成为最新焦点。尽管执政41年的政治狂人卡扎菲困兽犹斗，但利比亚日益紧张的动荡局势已促使各国纷纷撤侨。中国政府第一时间表明坚决保护在利比亚的中国公民，由此展开了近年来最大规模的海外撤侨行动。由于利比亚距离遥远、中国公民人数众多、当地情况持续恶化，中国本次出动海陆空力量实施快速、高效的撤侨行动，全面考验了中国维护海外公民生命安全与企业利益的决心和能力。

随着中国经济增长、实力上升，越来越多中国人走出国门，走向世界各地。许多人或参与海外工程建设，或加入劳务输出，或从事跨国贸易，或在当地生活工作，世界各地都少不了中国人的身影。利比亚虽远在北非，人口不过600万人，但中国公民就有3.3万人，这其实也反映了当今中国人遍及世界的现实。不过，某些局势不稳的国家和地区一旦发生内政动荡与社会骚乱，很容易殃及在驻的外国公民，这也是中国人走向海外必须预估的风险。

过去几年，这样的风险和不测时有发生，比如2006年以来，发生过所罗门群岛骚乱和东帝汶骚乱、黎巴嫩和以色列的武装冲突、乍得爆发内战、泰国曼谷国际机场因反政府示威被迫关闭、海地大地震、吉尔吉斯坦国内骚乱，以及最近埃及爆发的游行示威等都促使中国政府果断出手实施撤侨。但是，与数百人乃至上千人的撤侨行动相比，本次利比亚有超过3万名中国公民等待撤离，已构成冷战以后中国最大规模的撤侨行动。利比亚撤侨，是对中国的决心和能力的考验，也是对中国全球影响力的检验。

中国展开利比亚撤侨，行动迅速，规模庞大，启动了海陆空立体网络，这在过去是没有过的。据了解，海运途径，是撤侨行动的主力，由中国驻希腊大使馆租借三艘大型邮轮前往利比亚班加西港，单次运出6 350人左右，两次往返，运出15 000人，运量比较大。同时，正在亚丁湾索马里海域执行护航任务的中国海军第七批护航编队“徐州”号导弹护卫舰，赶赴利比亚附近海域，为中国撤侨船舶提供支持和保护——这是中国海外军事行动的一个突破，也是和平时期维护国家海外利益的一个重要范例。空中途径，是指中国民航包机直飞希腊雅典和埃及开罗接送撤离的国人，从2月28日至3月10日，中国民航每日派出15架飞机分赴希腊克里特岛、马耳他、突尼斯等地接运人员回国。陆路途径是指撤离人员越过利比亚和埃及边境，经过埃及的萨卢姆进入埃及。中国驻埃及使馆人员，组织了上百辆巴士，去萨卢姆关卡接应。

分析指出，利比亚撤侨，是中国撤离海外公民历史上最大的一次行动，人数多、距离远、局势复杂，中间经过很多国家，难度非常大，但中国政府的决心更大。本次撤侨，全面动用了中国在利比亚周边国家的外交资源，展现了中国的国际影响力和综合外交工作的成果，而且中国的系统策划和后勤保障也显示了实力。对此，美国外交关系委员会网站2月24日刊文认为，中国坚决保护本国侨民并派出军舰为撤侨船只护航的行为，比美国的“含蓄及谨慎”更像一个超级大国。“中国人不多饶舌，而是使用实力，明确表示不会容忍任何中国工人遇到危险。”

中国从利比亚大规模撤侨，具有多重意义。其一，身陷利比亚混乱局势的数万中国公民可以脱离危境，尽快回到祖国和家庭的怀抱，成为最直接的受益者；其二，中国政府用行动向全世界彰显了保护海外公民安全和利益的巨大决心；其三，中国的综合实力和国际影响力得到了充分检验；其四，中国的海陆空机动能力、政府的应急和动员机制、全国一体的后勤保障体制等，都发挥了应有的作用；其五，这次撤侨行动不仅针对居留利比亚的中国人，更对全球华侨华人起到了巨大的示范效应，这意味着中国是海外华人可以仰仗的靠山，也是最后的归宿。中国政府有决心也有能力实践海外护侨的承诺，这是中国人走向世界的无形保证和不可缺少的起点。

（［日本］《中文导报》2011－02－28/申文）

海外华人要做和谐稳定的促进派

目前中国全国政协和全国人大的会议正在进行。值此第十二个五年计划开局之年，中国一方面取得了举世瞩目的巨大成就，另一方面在前进的过程中也不断地出现一些新的亟待解决的问题和矛盾。在这样一个时期，“两会”的召开引起了海外华人的特别重视和关注。

当前，如同海内外的许多人一样，华侨华人关心国内的物价和房价，关心经济的创新和转型，关心贫富差距和发展不平衡，关心廉政建设和反腐败。但是大多数华人最为关心的，还是国内是否能有一个持续的社会稳定和团结和谐的氛围。海外华人普遍认为，只有一个和谐稳定的社会环境和政治氛围，才有可能为其他问题的解决提供必要的前提和条件。

广大华人一直对中国各个领域的迅速发展感到高兴和自豪。许多华人指出，正是由于有了一个和谐稳定的局面，祖国的改革开放才能顺利进行，国家才能繁荣强盛，华人在海外的地位也随之提高。正是由于自己住在国与中国关系的发展，许多华人才可能在经济、科技和文化各个领域有更多的机会与利益。正因为如此，海外华人坚决反对任何不利于或破坏中国和谐稳定的行径。

海内外有那么些少数人，一有风吹草动，就抓住中国在发展过程中的问题来说事，别有用心地任意夸大，甚至攻其一点而不计其余，煽风点火，想把中国搞乱。应当说，一个十三亿多人口的大国，在发展中出现一些问题，是完全不奇怪的。凡是不带有偏见的人们都承认，中国的政府是一个真正“以人为本”的政府，中国的人民代表们是把人民疾苦放在心上的代表。正在召开的“两会”把保障和改善民生问题作为主要的议题讨论，正是这方面又一个鲜明的例证。从汶川大地震的救灾和震后的重建，到不久前中国在利比亚大规模的撤侨行动，一次又一次向世界表明了中国政府是如何把人民的安危放在第一位，把人民的幸福作为执政的最主要目标。任何企图在中国制造混乱的人，都是不得人心的。

中国建立在无比坚实的现实基础和最广泛的民意共识之上的社会和谐与稳定，是任何力量也不能够破坏的。这不仅仅是由于三十多年来中国的经济崛起，使人民生活有了极大的改善和提高，广大人民群众需要一个这样的环境来继续实现普遍的、幸福而有尊严的小康生活目标；这也不仅仅是由于中国在国际上的地位的迅速提高，奥运会、世博会、亚运会等国际性活动的巨大成功，振奋了国人的精神，极大地提高了民族自豪感与和谐稳定最需要的凝聚力和向心力；更为重要的是，中国人民已经摸索到一条具有中国特色的社会主义道路，这是一条已被最广大人民群众接受和欢迎的、已经和正在证明是成功的、最适合中国国情和历史条件的全面持续发展道路。为了继续健康地沿着这条道路前进，人民群众期盼着中国社会长期的和谐与稳定。

在海外生活和工作的华人，由于所处的环境，经常可以接触到形形色色的思潮、观点以及各种各样的意识形态。这就需要我们随时提高警觉，不断增强自己的分辨能力，学会从现象看到本质，在大是大非面前一定要有坚定的立场和态度。广大华人热爱祖国、热爱家乡，为祖国的统一大业，为中华民族的伟大振兴作出了重大贡献。在当前，我们要团结一致，凡是有利于中国社会和谐稳定发展的，我们就要支持和拥护；反之，凡是不利于和谐稳定发展的任何言行或“理论”，我们都要与之划清界限，不管它们披着什么好看的外衣，用着怎样动听或美妙的词句，我们都要旗帜鲜明地予以抵制和批判。这也是在维护我们华人的利益，为我们在海外的生存和发展创造最有利的条件。

中国社会能够保持长期的和谐和稳定，是广大海内外华人一致的强烈愿望，也是我们所有华人的共同责任。这种和谐稳定，将会在继续深化经济和政治领域改革的过程中，在不断加强政治思想工作和爱国主义教育的过程中，在与来自各个方面的破坏和谐稳定的言行的斗争中来维持和巩固。只有这样，国家才能长治久安，人民不断提升的物质和精神需求才能得到满足，我们的目的才能稳步地达到。

（［美国］《芝加哥华语论坛》2011－03－09）

浅析西班牙华商经济发展趋势

去年一年 Fuenlabrada 的华商们从中国进口的货柜达到 5 万个标准集装箱，相当于面向全球的中国义乌市场 2010 年出口总量的 1/12，这足以说明旅西华商们经受了持续三年的经济危机的考验，依然保持着一种向上的活力。其根本原因在于华商经营的领域主要集中在基础消费产品和服务市场，而且业已形成一条独特的产业链。星罗密布的华人百元店、食品店、服装店、理发店、中餐馆，就像是附着在礁石上的珊瑚，在经济危机的大风大浪中岿然不动，用一个套餐、一块糖、一针一线将西班牙民众的消费能力网罗起来，既保证了自身的自给自足，又向上游的批发商输送了充足的养分。可以说西班牙华人商圈的这种“珊瑚型”生态结构，注定了其超强的抗风险能力。如果说目前西班牙经济仍然是一潭死水，但我们还是能够看到华商们低调而稳健的轻舞。

地缘优势形成欧洲商业旗舰

西班牙华人商圈的这种生态系统是自然形成的，华商们低调而稳健的轻舞背后，是侨民对于开店有着令人难以置信的狂热激情。在这种激情的鼓舞下，零售网点迅速铺开，确保了上游批发商根本无须担忧销售渠道和市场拓展。当开店成为一种潮流，无异于打通了西班牙华人经济的任督二脉，廉价的中国商品又恰好迎合了西班牙经济危机时期的市场需求，游散的民众消费力被广布的零售网点统统吸纳过来，看似无序的飞速扩张突然变得无招胜有招，简直神乎其技了。

从生态学的角度来观察西班牙华人商圈，你会发现它具备相当的自我修复能力。

2008 年爆发了全球性的经济危机，曾经风光无限的 Elche 鞋城受到了不小的冲击。与此同时，位于马德里近郊的 Fuenlabrada 工业区一条华商鞋业街却在悄然兴起，经过三年的发展，现在已颇具规模。记者在采访过程中了解到，这种中国鞋商的大规模迁徙，事前并没有任何组织和约定，就像候鸟南飞一样，只不过应对的是谁也预料不到的商业气候的转变。

同样的事情也发生在近在咫尺的马德里市中心服装批发区 Tirso De Molina。当初市政府发布交通管制以后，当地的华商尽了最大努力去争取自己的生存空间，但显然是政策调整占据了上风。华商们并没有因此而一蹶不振，而是另辟蹊径纷纷在 Fuenlabrada 建立分店，此所谓良禽择木而栖，不论政府的压力有多大，华商们总能找到出路，保持自身的健康成长。

事实上，无论 Elche 还是 Tirso De Molina，并没有因为商业气候的转变而彻底沦陷，只不过在敏锐的商业嗅觉的指引下，华商们变得更加聪明了而已。他们懂得依靠多点经营拓宽自己的销售网络，原有的生意渠道仍在继续，只不过充分利用了 Fuenlabrada 的地缘优势，在经济危机的寒冬期自发地形成抱团取暖的局面。这并不是单独某个人、某个公司的智慧的产物，而是整个西班牙华人商圈生态系统自我平衡功能导致的结果。

东方广场项目的正式投入运营，也标志着整个欧洲范围内一支华人商业旗舰的起航，Fuenlabrada 华人仓库区已经成为西班牙乃至整个欧洲华人商圈的一个缩影，一个成功的经典范例。无论来自中国国内的政府、商业考察团，还是西班牙各个地区以及来自欧洲其他国家的招商团，无不将目光锁定在这里。Fuenlabrada 本来是衰落颓败之地，如今却以其强大的地缘优势焕发出无限的生机与活力，成为经济危机中华商们齐聚的诺亚方舟，西班牙华商们卓越的创业精神在这里得到了淋漓尽致的发挥。可想而知，经历了三年经济危机的华商血脉必能从这里延续并拓展至整个欧洲大陆。

资本优势带来的生态危机

除了低调而稳健的轻舞，西班牙华商们在经济危机时期也不乏大手笔投资和高调入市的现象，日渐兴起的大型华人百元店和大型 Wok 餐馆就是最好的证明。

很多华人零售店的业主都反映，一个月经营下来获得的收益仅仅能够维持一家人的基本生活支出和缴纳社会保险，也就是说，开店本来是一种创业行为，可到最后还不如打工收入的盈余高，仅有的利润都流向了政府保险局的腰包。在这种情形下，许多侨胞都意识到开小店已经赚不到什么钱了，只有规模化经营才是王道。尤其是第二代华商，他们的父辈们已经通过开小店完成了一定的资本积累，对他们来说，也看不起这样的小打小闹，要干就干一票大的。结果是西班牙各地大型百元店纷纷上马，动则几千平方米甚至上万平方米的营业面积，投资百万欧元，在当地市场上引起巨大轰动，甚至连一些不起眼儿的小镇也逐渐兴起大型中国百元店。其中的道理很简单，大城市的房租贵，为了压缩成本，大城市周边的卫星城镇自然而然成为首选。可是接踵而来的问题却令许多踌躇满志的华商们一筹莫展。

首先是来自政府方面的压力。日前记者获悉，位于西班牙北部某市的大型华人百元店已经被当地政府勒令停业。据了解，这家百元店的建筑面积包括停车场在内超过一万平方米，日营业额超过6 000欧元，开业前西班牙本土媒体也曾经大肆渲染，想不到开业不久就遭到了政府的查封。据知情者透露，这家巨型百元店被查封的原因是没有通过政府相关部门的一系列检查，营业执照申请搁浅，似乎是政府故意刁难华商，官字两个口怎么说都有理。

但从另外一个角度来观察，百元店这种单一却实用的商业模式取得了空前的成功，使得危机中的华人经济能够保持一定的活力和总体上升的趋势，但是西班牙民众整体消费水平不变，原有市场潜力总有被榨干的一天，利润只能越摊越薄。华商进行规模化复制同一种商业模式，表面上看似乎给政府创造了税收，也增加了西班牙的就业机会，但与此同时，同样的商品、同样的经营和消费模式，并没有让大众消费群体产生任何新的消费需求。一家大型百元店或是大型WOK餐馆的兴起，也就意味着一批小型百元店、中餐馆的垮塌，创造就业的同时也留下了许多后遗症。对西班牙政府来说，查封中国人的大型商业机构，或许并非厚此薄彼，而是因为华商们利用其独有的资本优势进行的商业投资，牵动了整个产业链的利益，政府方面的过分介入恰恰是为了保持整个西班牙商业社会的生态平衡。

中国有句古话“一将功成万骨枯”，金融危机在西班牙市场上形成的一片狼藉，华商们以独有的资本优势完全可以把危机变成机会，但是千万不要忘记，任何一个生态系统都有其固有的自我修复能力，西班牙政府采取的任何措施，其实都只不过是在这个系统里扮演的一个必要角色而已。那些看不见的商业巨头们之所以放着肥肉不吃任其腐烂，也许已经嗅到危机中机遇后面隐藏着的陷阱的味道。

人脉优势难以变成管理优势

其实，前面提到的西班牙华商们的地缘优势和资本优势，或多或少都是建立在人脉优势之上的。家族人脉网络的扩张是西班牙华商企业的立根之本，有了人脉也就有了融资渠道和信息渠道，创业的经验可以互相分享、创业的成功商业模式可以相互复制、创业的经济回报可以互相拆借和叠加，这样一来，虽然形成了一套相对稳定的商业生态系统，却也使得企业因为盘根错杂的人脉关系而裹足不前。记者曾经采访过西班牙华商中的一位代表，他坦言执掌众多企业，最大的难题在于管人。西班牙华商企业在没有得到充分发展之前，因为亲属利益关系而拆分的现象并不少见，人脉优势你我都有，如不善加管理，不但断送了企业的前程，还要伤了亲情。未来十年，如何能把人脉优势变成管理优势，将是华商企业实现第二次飞跃的最大契机。

（［西班牙］《欧华报》2011－03－26/宇言）

意大利华人经济升级转型：特征与方向

过去30多年，意大利从一个居民移出国家（日前仍有400万意大利人生活在海外）变成了欧洲主要的移民目的地国家。华人移民极为迅速地增加。根据意大利内务部（Ministero dell'Interno）和国家统计局（Istat）的数据，1981年获得居留许可的华人仅有463人，1986年也仅为1 618人，而到2009年底，合法居住在意大利的华人为188 352人，占到在意居住外国人的4.4%，如果加上以其他形式居住在意大利的中国人，有人估计这一数字达到30万。与此相对应的是，华人移民经济的增长速度也同样惊人，2010年意大利有5.4万华人企业家，意味着每3.5个华人中就有一个企业家！如果考虑到未成年移民的数量（按20%计算），这个数字为2.8人，意味着中国人移民的自雇用率（即华人企业家在移民中所占的比例）高达35.8%！这一数字是摩洛哥人的2倍，罗马尼亚人的4.6倍！

经过多年艰难但是迅速的发展，很多在意华人企业家通过各种形式完成了资本的原始积累，但华人经济也逐步面临“内忧外患”。“内忧”一方面在于缺乏企业进一步发展的战略模式、人力资源、社会网络资源和管理能力等，另一方面也在于华人企业高度集中于某些特定行业，企业数量的快速增加导致华人企业间的同质化竞争日趋激烈，结果是利润空间不断下滑；“外患”则一是意大利中小企业亦逐步了解华人企业的运营模式并开始参与竞争（意大利政府、学界和企业界近年来极力推动意大利小企业国际化），二是少数华人企业的不规范行为导致所有华人企业要为经营环境恶化“买单”。

面临“内忧外患”，很多华人企业家开始思考企业的升级转型，如同走到一个十字路口，要想继续往前走并到达正确的目的地，一是要有正确的方向和道路，二是需具备继续前行的动力和能力，但二者又相辅相成，有如“没有金刚钻别揽瓷器活”，具备不同能力和资源的企业家其正确的方向可能不同。具体而言，升级转型的方向无非是多元化和一体化，多元化如日本三菱、韩国现代，小到纸尿裤大到远洋船舶，横跨多个产业；一体化分横向一体化（或称水平一体化）和纵向一体化（或称垂直一体化），前者之如连锁酒店业的扩张，后者之如炼油公司纷纷收购油田。

但是由于其所处环境和移民企业自身的特殊性，海外华人企业的升级转型之路注定与一国本地企业不同。相对而言，意大利华人企业的特殊性包括：一是所处行业相对其他欧洲国家多元，在英国、德国，80%的华人靠经营餐饮业为生，而意大利华人企业除餐饮业以外，还将中国大陆制造业优势与意大利纺织服装业的传统优势紧密结合，大量从事皮革、制鞋、服装及相关商品的制造、批发、零售与进出口贸易，还有部分华人企业经营超级市场、房地产、电信及金融业；二是移民来源地相对集中，大部分移民来自浙江的温州、青田等地，且由于移民方式以家庭团聚为主，所以在意华人移民多具有地缘和血缘的亲近关系；三是自我雇用率极高（通俗讲就是自己当老板的比例很高），造成这一现象的原因很多，主要包括地域文化因素（如冒险精神、勤劳、喜欢出人头地等），融资成本低（如基于信用的朋友互助和产业链融资、家庭融资和民间信贷等），当然也有缺乏专业技能和语言能力（导致新移民难以进入本地劳动力市场），与当地社会的融合程度较低等因素的影响。这些特殊性决定了意大利华人企业的升级转型之路应该具备自己的特点，应该以自身特点带来的优势为基础，集聚和创造资源以弥补自身劣势。

具体来说，首先可以考虑有组织地进行小企业集群的产业链纵向一体化扩张，意大利华人企业有相对多元的行业特征，但大部分属于微型企业和小企业，单个小企业孤立地进行纵向一体化扩张的风险极大。然而，如果能充分发挥在意华人移民地缘和血缘亲近关系的优势，由产业链上下游企业予以信息、产业链融资和其他资源上的支持，将会大大降低一体化扩张的风险。一旦华人企业的完整产业链形成规模，单个企业就可以考虑进行横向一体化的扩张，以服装行业为例，就可以考虑通过新建、并购等方式进行地域扩张、细分市场扩张和品牌建设等，甚至也可以考虑进行多元化发展。在其间，我认为应注意以下几个方面：

一是充分发挥移民地缘和血缘亲近关系的优势，尤其利用温州、青田人之间的信用体系，可以大大降低企业间的交易成本（如信息传递成本、违约成本和财务成本等），这会使得华人企业的产业链（包括中国国内制造企业）成本要比意大利本地企业的产业链（其优势在于终端销售和配套智力服务体系较华人企业完善）成本低，导致竞争优势。

二是高度重视教育。以家庭团聚为主的移民方式导致人力资源的高度同质化，致使意大利华人企业的发展缺乏必要的人力资源、智力资源和社会网络资源的支持，而学习与培训（如语言和专业技能）、职业技能教育、大学教育和研发会产生差异化的人力资源，并且也是社会融入和企业发展的基石。比如美国的华人移民方式包括家庭团聚、留学移民、技术移民和投资移民等方式，所以美国的华人移民企业呈现出丰富的产业特征，既有技术、智力密集型的高科技产业，也有餐饮、服装制造等劳动密集型产业，同时企业也较少面临人力资源的困境。

三是充分发挥商会的作用。从12世纪开始意大利各个城市共和国（如威尼斯、佛罗伦萨、热那亚、比萨等）的各种商会组织就在其经济发展中起到至关重要的作用。现代意大利拥有世界上数量最多的微型企业和小企业，作为非营利组织的各种意大利商会（包括各种基金会）在信用体系建立与维持、信息流转、教育培训及智力服务、鉴证服务和平台建设等方面都发挥着重要作用，原因在于单凭微型企业和小企业的一己之力无法实现这些功能，而由商会组织来承担就具备典型的规模效应。

（［意大利］《新华时报》2011－03－26/宋丽梦）

美国国籍对华人的吸引力在变化

美国亚太法律中心和加州华人一些社团，近日在加州发起一场鼓励亚太移民入籍美国公民的运动。加州是美国华人聚集最多的地方，开展这样的活动，引起在美华人关于入籍问题的议论。

今年2月，马里兰大学美籍亚裔中心的报告称，在美华人已经接近365万，占美国总人口的1.2%。专家认为，2020年，美国华裔有望超过犹太裔，成为美国第三大少数族裔。随着华裔移民的增加，拥有美国公民身份的华人也越来越多。根据美国国土安全部2010年公布的数字，从2000年到2009年，共有34.945万名中国人加入美国籍，平均每年约有3.9万华人入籍。根据估算，在美华人有接近3/4的人拥有美国公民身份。没有入籍的，一部分是不符合入籍条件，例如新移民；一部分则是由于各种原因愿意保留中国国籍。

随着中国人加入美国国籍人数的增加，华裔选民也在不断增加。尽管随着华人选民的增加和参政意识的觉醒，华人在美国政坛上的影响力肯定会越来越大，但华人占总人口的比例仍偏小，尤其是新移民融入主流社会的能力不足，参政热情还相对偏低。要改善这种情况，第一步就是鼓励在美华人加入美国国籍，这是华人参政和享有公民权的关键一步。只有成为美国公民，才能更好地融入当地社会，积极参政议政。

在亚太和华人组织鼓励加入美国国籍的同时，居住在海外，例如港台的许多美国公民却选择了放弃美国国籍。主要原因是美国政府对公民的海外资产征收越来越重的税赋和资产申报义务。美国是世界上唯一要求本国公民为海外收入支付所得税的发达国家。经济危机后，美国国税局颁布了新的整治避税方案。过去美国也有这方面的规定，但经济好就睁一只眼闭一只眼，经济不好就大开杀戒。最新的海外资产申报方案，保证不追究主动申报者的法律责任，只要他们在规定限期之前进行申报。但是，即使主动申报，也还要补交税款和罚金。而那些没有主动申报的美国人，则面临更加严厉的罚款，甚至是刑事追究。

越来越多居住在海外的美国公民，发现保持美国人身份的成本越来越高，麻烦也越来越多。新法颁行之后，居住在本国的美国人已很难在海外处理金融事务，何况是长期居住在海外的美国人。据专门办理移民和税法的卫达士律师事务所说，近来办理放弃美国国籍或绿卡身份手续的客户数量已发生了“指数级的增长”。

对长期住在海外的美国人和居住在美国的富人来说，脱籍也不是一件容易的事情，打算脱籍的美国人首先要证明自己过去五年当中一直在照章缴纳所得税。如果曾经漏税，按照新的主动申报方案当中的规定，这些人得补交8年的税款和利息，外加一笔罚金，罚金数额为受罚人过去8年当中最高账户余额的25%。而且，根据《里德修正案》规定，以避税为主要目的脱籍公民不得再次加入美国国籍。此外放弃公民身份之后的10年之内，只要一年当中在美国居留的时间超过30天，向美国政府缴纳所得税依然是必需的义务。

居住在美国的外国移民大都希望加入美国国籍，居住在海外的美国公民和少数美国富人却因为不堪税赋而放弃美国国籍，这两类人中都有相当部分的华人。华人的入籍与脱籍，说明一方面美国国籍对普通移民的吸引力，另一方面也说明在经济不好和税赋沉重的情况下，美国国籍对少数海外华人已失去吸引力。

（［美国］《侨报》2011－03－27/一娴）

也谈“华人抢华人”

日前传出马德里市郊一知名中餐馆遭华人劫匪暴力抢劫，而地处华人聚集区的USERA某中餐馆上周亦遭到华人劫匪持枪抢劫。近日从瓦伦西亚又传来消息，在当地华人比较集中的一个工业批发区内，一华人家庭遭四名华人劫匪暴力绑架及抢劫，损失惨重。据有关方面透露，数起案件的犯罪嫌疑人均对各自目标蓄谋已久，行动周密迅捷，刀枪齐上，气焰嚣张。

3月中旬的日本华氏9.0级地震及后来的核辐射危机迅速夺去了全世界人民的眼球。当各位看官通过大大小小的新闻媒体热切地搜寻着最新资讯，在热得烫手的各大论坛上评论、叹息的时候，笔者却关注起了日本社会里地位举足轻重，社会关系盘根错节、根深蒂固，却又不为广大同胞所熟知的特殊组织：日本黑帮。

据有关媒体报道：日本东京一个黑帮组织“住吉会”在互联网发布公告，开放它的各处事务所，当作庇护中心，为灾民提供食宿。有日本民众指出，这些不良分子不只没有趁火打劫，救援效率可能比政府更高。

此事似乎不合常理。对于黑帮来说，似乎更应该趁火打劫、发国难财，借着灾区社会混乱的机会，大肆抢劫民众财富，以迅速聚敛黑金。但是，让人大跌眼镜的是，日本大地震之中，很少出现有黑帮参与的大规模社会动乱。在国难当头、生灵涂炭之时，日本黑帮组织的表现不禁让人感叹：“盗亦有道。”连黑帮都崇尚“盗亦有道”，为何咱们却屡次上演“同胞相煎”呢？

1. 华人为何犯罪？

社会因素

世界性的经济危机让西班牙深受其害，20%以上的失业率让西本国人都一筹莫展；为解决失业问题及缓解国内矛盾，西班牙政府最近又在大幅收紧移民政策。在大家都在为丢掉饭碗、无法维持生计而发愁的同时，外来移民的生存空间被进一步压缩。对语言不通的无身份移民，求职的门槛更大大提高。在西班牙的发展前途渺茫，在国内又背负着大笔债务的个别同胞，内外交困、身心备受煎熬，很可能会铤而走险，从而走上犯罪道路。

经济因素

最近的数起罪案都有非常明显的作案特征：犯罪嫌疑人似乎纯为求财，并不存伤害事主之意。“天下熙熙，皆为利来，天下攘攘，皆为利往。”此话尽人皆知，但“君子之财，取之有道”。个别同胞为达一己私利，不按游戏规则办事，追逐“飞来横财”、“不义之财”；加之心存侥幸，妄图在西班牙“干一笔大买卖”之后远走高飞。

法律因素

西班牙刑法里没有无期徒刑和死刑。西班牙法律的宽松源于该国的立法精神：对于触犯西国刑法者，除对罪犯进行必要的惩罚外，还给其悔过自新的机会，让他重新认识到自己的行为对他人财产、人身安全以及国家公共秩序造成的危害；当此人在狱中已然改过自新，可再次融入社会。然而，西国法律的宽松是建立在强有力的社会道德约束力量和国民高度自觉的基础上的。爱、敬畏心、感恩心、羞耻心、负罪感、内省力，这些内在特质都应该通过文化教育、社会道德、社会舆论固化在每个人心中。而以上人类基本良知的缺失，再加上西班牙政府对此类犯罪的惩罚力度和警力投入的不足，使得华人犯罪分子在犯案过程中有恃无恐，恣意妄为。

心理因素

侨胞在西班牙往往因为语言不通、文化不同、梦想与现实的差距而产生巨大心理落差，加之海外生活环境艰苦，侨胞们工作时间长，劳动强度和工作压力大，休息和休闲时间少，这些因素都会影响人的心理健康，容易诱发心理疾病。在遭遇重大挫折时，心情容易陷入低谷，想法更趋向偏激；部分同胞在西班牙没有合法身份，遇到困难不敢诉诸警察和司法部门；社会缺乏专业的心理治疗专家为其打开心结；个别同胞对富人也存在着或多或少的“逆反”心理。

2. 为什么选择华人为犯罪目标?

由于华人犯罪分子就聚居在中国人自己的社区中，相互之间语言交流不存在障碍，来去自如，再加上生活习惯相似，很容易摸清被害人的底细和作息规律，所以同胞常常被作为下手目标。

由于语言、生活习惯、思维观念等方面存在的巨大差异，西班牙各地的华人社区往往相对封闭，孤立于当地主流社会之外。西班牙人对中国社区一知半解，而中国社区对西国社会也知之甚少。这使得同胞很难与当地的执法部门展开有效的沟通和合作。案件发生后，由于语言上的障碍，受害人不但对西国法律一无所知，而且根本无法清晰地向当地警察和司法机构阐述事件的来龙去脉。没有当事人的口述笔录，即使近在咫尺，西执法部门也只能徒叹奈何。同样，当地警察和司法机构也很难真正走进陌生的华人世界。

他们根本无法理清华人世界里的“潜规则”以及华人之间千丝万缕、盘根错节的关系，因此也往往无力从中挖掘出有利的破案线索，将罪犯绳之以法。华人犯罪分子作案以后，很难受到查处和有效打击，于是这些专门立足于华人内部，以自己同胞为侵害对象的华人犯罪分子，变得更加有恃无恐。

犯罪分子深知部分中国同胞安全意识并不强，平素喜欢高调行事，喜欢露富，出门名车相伴，随身携带大量现金并习惯用现金交易。

另外，部分同胞在遭人绑架劫财后，怕事的心理占了上风，生怕遭人打击报复，不愿报案，不敢采用法律武器维护自身权益，亦不求助于新闻媒体，而选择息事宁人，客观上姑息、纵容了犯罪分子。

3. 如何根除华人犯罪?

官方层面

加强中西两国的司法交流与合作。中华人民共和国刑法规定了对我国公民犯罪的属人管辖权。如果我国公民的犯罪行为是在国外实施的，只要是中华人民共和国刑法规定的犯罪，我国司法机关就拥有刑事管辖权。这样一来，在西犯案、逃回国内的犯罪分子便无处遁形，终难逃法律制裁。

中国驻西班牙大使馆、各大侨团组织及个人，应与西班牙当地警察和司法部门紧密合作。西班牙警察和司法部门虽拥有专业的刑侦手段和强大的法律武器，却未必对华人社区的情况了如指掌，信息不对称会增加案件侦破的难度；而大使馆及各大侨团组织则拥有庞大的社会资源和广泛的人脉，互相配合，相得益彰。

举办专门面向中国移民的语言补习班和法律讲座，提高在西侨胞的整体语言水平并普及西班牙法律知识。

呼吁西班牙政府提高对抢劫、勒索、绑架等刑事犯罪的惩罚力度和加大警力投入，并为中国移民配备中西双语翻译，各地西班牙警方应配备中文报警电话。

设立心理咨询机构，安排心理咨询专家为广大侨胞排忧解难，解决心理问题。

民间层面

侨胞出门时不要携带大量现金，穿着、言行尽量低调，不过分露财，以免树大招风；人离开车时，车内不要放置贵重物品；家里、店里不要存放大量现金，给家里和店里的财物买保险；店里及住家应安装摄像报警系统；牢记报警、急救等电话；去银行存取款，尽量避免单独前往，最好结伴而行；走路或者在陌生环境下，要留意身边有无行踪可疑人物；随时留意住家和店外的可疑人物或车辆，如有不妥，立刻通知亲人朋友并报警；交朋结友，带眼识人、莫交逆友；遇到陌生人敲门，切莫随便开门；遇到行凶抢劫时要冷静沉着，并紧急呼救，尽可能记录歹徒的体貌特征，所乘车型、颜色、牌照，以及逃跑方向、路线等；事后应及时求助于警察局、司法部门、大使馆、各大侨团组织以及新闻媒体；与住家和店附近的邻居保持紧密联系，经常沟通。

部分侨胞往往因为语言不好，工作繁忙，忽略了与邻居之间的沟通交流，不知不觉地将自己孤立起来。

其实在案件发生之时，见义勇为的邻居往往能够在关键时刻助一臂之力：事主被制，无力反抗，邻居或挺身而出，或帮忙报警，或呼喊求助，或充当证人，对破案是有百利而无一害的。

害群之马，不思进退，多行不义，天亦弃之！侨界同仁，群策群力，同心同德，庶有成功！

（［西班牙］欧华网 2011－03－30）

亚裔能影响美国政治版图吗?

美国人口普查局于近日公布了《2010 年人口普查报告》。作为在美人口增速最快的族裔，目前亚裔人口已达 1 732 万，比 10 年前增加了近一倍。其中，美国华裔近 400 万，占美国总人口的 1.2%，并有可能在 2020 年突破 600 万大关，成为仅次于拉丁裔和非洲裔黑人的美国第三大少数族裔。

美国《星岛日报》报道称，2010 年，纽约市的亚裔人口占全市人口的 12.6%，增幅达 30%。无独有偶，在旧金山、芝加哥、华盛顿等大城市，亚裔人口的数量也在不断增加。

那么，亚裔人口的增长能否带动选民数量的增长，从而进一步提升亚裔在美国政坛的影响力？对此，专家们的态度大相径庭。有人对亚裔参政给予厚望，将其比作美国政坛"新会员"。但也有学者表示亚裔群体本身多元分化，缺少共性，对美国政坛影响有限。

参政热逐渐升温

纵观近年的美国政坛，亚裔特别是华裔参政的新闻屡见不鲜。现任商务部长也将是首位华裔驻华大使的骆家辉、能源部长朱棣文、旧金山首位华裔市长李孟贤、奥克兰市长关丽珍、旧金山市议会主席邱信福……从内阁高官到地方民选官，从竞逐连任的政坛老将到初露锋芒的政坛新人，美国华人正以一种积极的态度展现着自身的政治实力，也在不断刷新"华裔参政版图"。

在亚裔人口最集中也是亚裔政治力量最庞大的旧金山，市长和市议会议长都是华裔。不仅如此，亚裔市议员占 11 位市议员中的 4 席，除了华埠的议长邱信福、日落区的朱嘉文及列治文区的马兆光外，还有近日新当选上任的田德隆区韩裔市议员金贞妍。

华裔选民教育委员会行政主任李志威表示，随着亚裔人口的增加和聚居范围的扩大，亚裔小区已有足够的实力在不同选区中选出更多的亚裔市议员，这是一股庞大的政治力量。

人多未必力量大

然而，纽约城市大学教授约翰·马伦卡夫对报告中提到的亚裔人口数量提出了质疑。他指出，亚裔人口被"过高估计了"，在美亚裔分化大，共性少，居住地分散，政治影响力有限。

此外，亚裔的政治参与度偏低也是一个不容忽视的因素。分析人士指出，美国的选民实际上分为资格选民、登记选民以及投票选民三种。真正决定选举成败的是投票选民的数量。但是有相当数量的亚裔因为种种原因不去登记，或者即使登记了，在选举当天也不去投票，这些不登记不投票的选民不会对选举结果产生任何影响。如果亚裔竞选人能够争取到这部分人的选票，对提升选票数量是有很大帮助的。

美国政坛的"潜规则"也对亚裔参政有影响。美国休斯敦的政法学者周子勤博士表示，“不可否认，美国的少数族裔和女性时至今日还是处于弱势群体的地位。在竞选时，除非亚裔的资历条件远远优于美国白人，否则很难有‘出头’的机会”。不仅如此，如果候选人中的白人较多，亚裔也会比较吃亏。“这种情况下亚裔基本都会落选。”周子勤博士说。

美国亚裔群体在不断壮大，参政的道路却才刚刚开始。如何更好地让亚裔在美国政坛顺畅“发声”，提高自身的政坛影响力，保障亚裔群体的利益，是每位美国亚裔应该认真思考的问题。

（《人民日报·海外版》2011－04－04/杨宁 段艺琳）

面对“以华制华”，华人要淡定

“以华制华”的意思，多半指非华人委派或者雇用华人进行与华人有关的工作，因为华人了解华人的文化传统、风俗习惯、处事方式等，因此可以取得较好效果。但这个词语的用法，常常带有贬义成分。

前不久，现任商务部长骆家辉被奥巴马总统提名为驻华大使接棒人，此事在海外华人圈及大陆都引起了热烈讨论，其中有个观点就是奥巴马使用“以华制华”的手段来处理美中关系。其实这件事从好的方面说，骆家辉在中国有广泛的人脉，熟悉商务运作，也了解美中贸易摩擦，双方坐下来谈，彼此了解容易沟通。谈总比不谈好，沟通总比吵架好。但从另一方面说，骆家辉的华裔身份也可能给他带来更大压力。骆家辉之所以反复地强调“我是百分之百的美国人”，就来源于这样的压力。

骆家辉的这句话，基本上不是说给中国人听的，尽管中国也有人认为华裔担任驻华大使有利双边关系，但是谁都知道骆家辉是美国人，不会有多少不切实际的想法。但在美国就有所不同，骆家辉的这句话实际上是说给美国尤其是国会的反华议员们听的。骆家辉要打消那些议员对其华裔身份的质疑，这样的质疑某种程度上体现了在美国，尽管政治正确，族裔身份在很多时候仍会被另眼看待。试问有哪一个非华裔、非西裔、非非裔的美国人需要反复强调自己是一个“百分之百的美国人”？这种压力，使骆家辉未来在处理双边关系时，不能排除会对中国持更加强硬的态度。

无独有偶，在华人聚集的南加州，就有关于国税局雇用数百名双语华裔担任查税员的议论。坊间认为这是国税局“以华制华”。因为这些华裔更了解华人文化，了解华人的习性，更了解华人做账的方式手法。有会计师表示，有的华人查税员为了撇清自己，甚至对华人更苛刻、更不友善。也有的查税员私下诉苦，如果都没有查出问题，担心上司会以为他为华人护短，不好交代。

这种说法，国税局当然不会承认，是否有这样的考量，也很难证实。但是对华裔查税员来说，华人在美国社会谋生，要融入主流本来就不容易，如果有一份工作，勤力是很自然的，当然不排除有人为了保住工作，对华人更加严厉。因为他们不可能像骆家辉那样可以有机会反复解释自己是“百分之百的美国人”，所以只能以实际行动来证明自己。

对此，当事人不应过多诠释查税员的态度，大家都在其他族裔为主流的社会谋生，应尽量互相体谅。若别的族裔的查税员挑剔就可以接受，华人查税员挑剔就不能接受，这种想法本身是错的。当然如果有人无理挑剔，当事人也可据理力争，毕竟美国是法治社会，只要依法行事，就不怕别人挑剔，不管是哪个族裔的人。

无论是对待骆家辉的大使任命，还是国税局聘用华裔查税员，华人对“以华制华”这个话题，应该以平常心对待。华人在美国是弱势群体，是现实存在，华人应消除华人之间的歧见，这样既有利于团结，也有利于融入当地社会。

（［美国］《侨报》2011－04－06/一娴）

“西班牙不好待了”——已不再是华人无谓的感叹

从去年开始，在侨民中就会时常听到“西班牙不好待了”的感叹。当时讲起西班牙政府有关部门针对华人商家的大检查，以及华人食品店主收到的天价罚单，就曾有侨胞无奈而感慨地说出这句话。不过那时，很多人对这句话的感觉是“有些夸张”。后来，西班牙的一些移民政策或明或暗地大幅收紧，侨胞办扎根和家庭团聚，大量被拒时，一句开始让人有些耳熟的话“西班牙不好待了”又会在不同的场合被听到。而此时，再提起这句话，很多侨胞是感同身受的。

前不久，西班牙在年初大检查中，加强了对税收和用工的检查，并且华人企业普遍实行的全工半保也成为严查的重点。而在华人主要的经济支柱进出口贸易方面，西班牙海关也实施新政，强制关税报价，并加强华人进口货柜的开箱检查，以及对假货的打击。此时，“西班牙不好待了”又一次成为人们谈论这些事件时的口头禅。

从年初到现在，华人食品店和百元店遭大量查封的消息传开以后，当一位侨胞为此再一次感慨“西班牙不好待了”时，在场的几个人竟不约而同地附和“是不好待了”。与这句话刚出现时相比，现在人们的语气中更多的是一种深深的失望和担忧。

“西班牙不好待了”的确是不好待了！远的不说，就从今年第一季度开始，马德里市中心区的许多华人食品店相继接到被勒令关门的通知。这些被勒令关门的食品店，几乎都曾接到过多张售酒罚单，并且面对巨额的罚单，业主们都没有缴纳罚款。据悉，从4月5日位于市中心 San Aomres 第一家华人食品店大门被警察贴上封条后，在市中心各地铁口附近，均有华人食品店被贴上封条，而更多的店家则陆续接到关门令。尽管这些商家试图通过法律途径维权，但胜算几乎为零。这样，这些第一批接到关门令的商家将会在本月关门。随着事态发展，那些尚未接到关门令的商家开始惶恐不安，不知厄运何时降临。据一些业主推测，首批接到关门令的商家不在少数，而且还会有越来越多的人遭遇同样命运。

在马德里市中心的华人食品店大量被封门的同时，在马德里近郊卫星城 MOSTOLE，三家一千平方米以上的大型华人百元店也陆续遭到当地政府的查封，三家百元店的华人店主对此一筹莫展，不仅要面对政府的巨额罚款，为了通过审核拿到营业执照，他们很可能还要投入更多的资金，对百元店进行改造。更令人头疼的是，即便完全按照政府的要求来执行，再次开业仍然遥遥无期，上百万的投资因受到封门而动弹不得，华商们每天都承受着巨大的损失。实际上，从去年开始，随着华人大型百货超市的快速发展，西班牙各地也越来越多地出现对华人百元店的排斥倾向。相应地，华人大型百元店被勒令关门的现象也越来越多地出现。在南部的 Sevilla 等地，一些城市专门颁布禁止华商开店的法规。而在北部的一些城市，华人新开的店面在开业后，也被以各种原因勒令停业，当事华商损失惨重。

西班牙经济危机出现以后，从华人所经历的一切检查、罚款，以及现在的查封来看，西班牙确实是不好待了。危机已经使西班牙社会发生了深刻的改变，以前能行的事，现在就可能不行。过去可以“睁一只眼，闭一只眼”来处理的问题，现在或许就要明察秋毫。如果旅西华人还想继续“待下去”，就必须采取措施，改变自己，以适应这里新的社会环境。

从之前食品店的天价罚单，以及今天的查封潮来看，西班牙有关部门对华人商家的执法尺度越来越严，执法力度也越来越大。华人靠简单而随意的经营，利用西班牙宽松的执法环境来快速发展的时期已经过去，“加强自律，规范经营”将是必由之路。实际上，就算没有经济危机，对于市场上各种违法和不规范的经营行为，西班牙政府也绝不会一味迁就、置之不理。政府执法的严与不严，只是时间问题。从这方面来说，大规模的检查和查封风暴绝不是偶然的，只是“时间不到”而已。所以，华人作为外来移民，要想在这里更好地生存发展，“遵纪守法”是最主要的前提。

与华人食品店遭遇封门潮不同的是，华人大型百元店频频遭遇封门则是由于竞争中所产生的排斥等原因。这种华人新型店面的快速发展，对于西班牙当地人来说，既有积极的一面，也有让当地人不安，甚至是排斥的消极的一面。对于后者，华商应该建立起一定的风险意识，并加以重视，采取一定的措施进行化解。目前，对于华人新型百元店业主来说，大家只想着如何进一步扩大规模，单纯地认为只要有钱，租下店面，就可以开业经营。然而无情的事实却让华商们屡屡碰壁。面对西班牙各种民间或政府性的限制措施和反对声浪，旅西华商们可谓是无计可施。在这方面，华人百元店如果要想“好待”，就必须加强和当地政府的沟通，并要积极回报当地，让当地西班牙人也能在华商的发展中受益。

“西班牙不好待了”如今已不是无谓的感叹，而是一种华人所不得不面对的现实。对此，大家一定要改变。如果仍旧走老路的话，路的尽头就是“回家”。

（［西班牙］欧浪网 2011－04－11/筱小）

留日学生刺母给中国教育亮“黄牌”

在上海浦东机场，一个刚刚从日本回国的留学生竟因金钱问题向前来接机的母亲连刺9刀，然后拂袖而去。看着倒在地上鲜血泊流的伤者，周围的中国人居然袖手旁观，最后竟是两名外国乘客上前救助——这是4月9日浦东机场刺母案发生后，在网上公布的一段视频。

短短一段视频，在网络上激起强烈反响。偌大的一个浦东机场，数以千万计的人来来往往，有乘客，有保安，画外音里甚至传来两个年轻人镇定自若谈论伤者的声音，可除了那名肩负背包的老外，竟无人上前救助顾女士。

录像提供者还有一段文字介绍，其中提到了拍摄这段录像时的场景和心情。提供者表示：自己不是不想帮忙，只是没有相关急救知识，怕帮倒忙……应该说，这是中国学校乃至社会教育的一个缺失。多年来，学校几乎没有给学生们提供过真正的应急教育、救护知识教育。课堂上除了需要参加高考的语、数、英等主科外，音乐、体育都沦为陪衬，更不用说急救知识了。

在日本和法国，普及自救、急救知识已经纳入小学生课程中。在美国，任何一个国民在18岁之前，必须掌握基本的健康与卫生知识，特别是急救知识。据了解，美国的急救课程从幼儿园就开始。在2~6岁，让孩子明确知道哪些东西是危险的；到了初中，就要接触真正的急救方法。比如，如何对刀伤、烧伤、烫伤等实施急救。每次讲课，老师们都要精心准备幻灯片、图片等各种音像资料，还有绷带、药水、纱布等道具，台上台下师生之间频繁互动。从初三开始一直到高中，重点普及心肺复苏术。学生们要准确掌握心肺复苏术的每一道程序，并熟练掌握家用心脏除颤器的使用方法。有介绍说，中国只有在一些课外活动中，比如参加少年红十字会的活动，才有机会接触到医学急救方面的知识。而近十年来，这样的活动也越来越少了。

此外，从这段录像中还可以看到刺人者扬长而去，竟然没有人上前阻拦的情景。这也是在整个事件中最令人遗憾的。拍摄录像的人只是说明了自己没有急救知识，却没有说明自己看到这样的场景为什么没有叫警察。

这里透视出来的是正义感的缺乏。大庭广众之下，发生伤人事件，无人救助、无人拦阻行凶者，只能说明社会上蔓延着明哲保身、莫要惹事上身的思潮。不是中国人不懂法律，不是中国人不知道行凶伤人是在犯罪，恐怕更多的人都是在观望，担心自己上前拦截会受伤，甚至还会有人觉得“这不关我事，不要多管闲事”。

应该说，“行凶刺母事件”从侧面反映出中国社会教育中对人性的教育、人的正义感的教育、社会法律意识的教育都有缺位。如此说来，中国旅日留学生汪某这残忍的9刀，给中国的教育亮起了一道“黄牌”。救人于危难的老外的行为的确值得尊敬、赞赏，而那些沉默的中国旅客的行为值得我们反思。

（［日本］《日本新华侨报》2011-04-13/张玥）

起来，不愿再受压迫的侨胞！

2011年4月初，一则来自巴塞罗那地区“侨胞周小荣因不堪忍受地方政府在自己餐馆上的百般刁难，含恨自杀身亡”的消息，不仅引起了旅西华人社会的极大愤慨，其他国家移民也纷纷为其鸣冤。

不可否认，自本年3、4月份以来，西政府对华人移民的动作越来越大，起初在政策上施压，如收紧扎根及家庭团聚居留的审批；继而演变到“真枪实弹”的对待，像对马德里市区华人服装厂“地毯式”搜查，使该地华人纺织业濒临倒闭；近期又打上了华人食品店的主意；直至巴塞侨胞周小荣在被逼无奈的情况下，不得不选择自杀的方式与现实的不公作抗争。

从旅西侨胞近期频繁遭遇的厄运可以看出，西国当地某些人或部门对华人移民的偏见越来越深，华人移民辛勤创业，靠自己双手创造出来的财富竟成为当地某些人的“眼中钉”。以上内容均可以从他们的媒体中看出，如频繁分析华人社会：如何创业、如何雇工人、如何筹集资金以及内部买卖合同等均有过报道。不错，以上某些状况在华人社会是会发生，但不论朝哪方面发展，总的来说对该国还是有利的。进一步说，社会原本就是一个复杂系统，出现某些反面的东西实为正常，更何况移居海外的华人移民在没有任何援助的情况下仍得以生存，这种现象不仅华人移民有，任何一个国家的移民都有类似的情况出现。

曾经还有人这么说过：华人移民开店手续都不全，大多数都是边审批边经营。当听到“巴塞周小荣”一案时，笔者立刻就想到上面的这句话，但看了报道之后，才真正了解，侨胞周小荣的死不是因为我们的“弄巧成拙”，而是死于西国的制度以及某些人对华人移民的偏见。

4月13日，当周小荣家人仍沉浸在悲痛之中时，西国的首相正在中国访问并寻求中方的帮助，与以往一样，中国政府仍向其伸出援助之手，不仅承诺将继续购买该国国债，还将支持其储蓄银行资金的重组。一个是Wok餐厅的开门营业，一个是购买该国国债对其援助，两者本无可比性，但现在必须要算一下这笔账。首先抛开中国政府一次次大手笔援助该国不谈，就以该国一位记者的话说：“尽管他们（华人）的经营方式让我们十分惊讶，或者说众多的百元店、理发店及中餐馆让人生厌，但是这些都是资产，也是政府财政收入的一种来源，在当前危机时期，已经很少有人开店了……”到此，无需多言，因为他们什么都懂，也明白其中道理，这样也就无需再给他们“上课”，那该国则应当捧着良心想一想，他们是如何对待华人移民的？某些人应当为此感到无地自容。

侨胞周小荣的死是不公平的，也极具悲壮性，他的死不仅是为他亲手建立起来的Wok餐厅，更是在与该国《宪法》中提到的“移民与当地居民共同享有的平等、自由”这一条法律作抗争。一个移民与那些大官僚及制度作抗争是何等困难，犹如鸡蛋碰石头，且又身在异国、力量单薄，那么此时只有一种抗争的方式——死亡。

周小荣以死抗争不仅表现出他对西班牙社会的绝望，也代表那些正在遭受西政府或部门不公平对待的侨胞，以及整个旅西华人社会的绝望。如果西国不把此事件调查个水落石出，或者说不把那名“肇事者”揪出来，周小荣的在天之灵不会得到安息，遗孀也不会答应，全体旅西侨胞更不会答应。同时，更是无法给对其一直伸出援助之手的中国政府一个交代。

从巴塞罗那“周小荣自杀事件”可以看出，当今西国地方政府或部门对待华人移民的本质——仍存在狭隘和偏激，甚至是仇恨。西国经济目前的萧条，很大一部分原因就是有这一小撮鼠目寸光并“占着位置不作为”的那群人存在：自己不作为，又不能容忍其他人兴起；办事过程中处处刁难、官僚，并时时处在“我是公务员，谁敢动我”的境界……对于这一族，最好的办法就是大家起来声讨之。很显然，仅仅游行还不够，华人团体应时刻敦促地方政府立即对“周小荣案”展开调查，另外还应制造声势，要让该国政府明白，旅西华人社会已经到了忍无可忍的地步，对当事人一定要揪出来严办，侨胞的死不能白死，一定要给个说法。

侨胞周小荣走了，很不幸！这不仅是其正当人生的黄金期，更不幸的是留下的妻儿老小，会长时间陷入悲痛当中。西当地政府在处理周案中，应当随时换位思考，凭着良心去处理，最终给一个合理的答复及对“肇事者”的处理意见，让周小荣的在天之灵得到安息，并给他的家人还有全体旅西华人一个交代，如不然，必然激起全体旅西华人侨胞的愤怒并声讨，无论花多大代价。

（［西班牙］欧浪网 2011－04－19/宋兵）

从性格差异看华人的两面性

人们都说中国人性格复杂，这话确实不无道理。从近段时间发生的多起事件来看，华人的性格复杂呈多样化发展，同时因为性格两面化使自己陷入冰火两重天的境地。

说到中国人的性格，有关的文章书籍多不胜数。但是，在此类文章中，国人的性格不足及性格缺损，大都被作者无情地鞭打，而对这种缺损的生成原因，却几乎无人提及。就旅西华人而言，少有人就华人性格的两面性作理性分析，涉及此类内容的报道，也经常因为没有切中要害，给人以拾人牙慧之嫌。

中国移民到底哪儿聪明

人人都说中国人聪明。当然，说这个话的首先就是中国人。这种聪明，无外乎大智若愚的大聪明和鼠目寸光的小聪明。在西班牙的中国人中，有多少人能把这个聪明恰到好处地转换成有价值的切身利益呢？

记者经常接触各类温州籍侨胞，在谈到各种赚钱方式或者创业渠道时，这些温籍人士非常乐意用犹太人的成就标榜自己。其实不然，凡事都有两面性。从白手起家、善于敛财这方面来说，温州人、犹太人的确有相似之处，比如比较抱团，用家族形成合力，聚敛资本能力高人一筹等。但是，在炫富和招摇方面，犹太人显然没有温州人抢眼，前者喜欢用累计资本做基础，甚至发展成为不可撼动的犹太社区。后者完全不一样，在完成了初始阶段的积累之后，迅速搬离华人社区，远离穷人，成为落寞孤独的“新贵族”。

中国人以好客结朋自居，理由是“我们有上下五千年的文化”。可是，在走出国门之后，我们的“五千年文化”却让我们“融入”到现在都找不到门。4 月 13 日晚，马德里亚洲之家举办了题为“如此遥远，如此亲近：西班牙的亚洲社群”系列活动之首场讲座，主办方的用意和半官方的背景都说明，这个西班牙社会还是敞开胸襟，努力接纳我们这些东方移民的。与之不协调的是，我们“努力”了 N 年 N 月，还是不得其“融入”的要领，并屡次因为行为上的“越雷池”而被人绞杀。特别是经济危机以来，这个“融入”已经很少被中国移民谈起，这也就不奇怪，为什么在这次讲座中，会有某华裔二代感觉不到自己是移民。

一面是热脸相迎，另一面是麻木不仁。中国移民和当地政府之间不对应的两面性，造就了这个根本就是空谈的“融入”，自一开始就不可能会有什么结果。同样，犹太人的成功数次遭到极端势力的阻杀、灭绝，而中国移民则以自己的屡屡“犯规”，遭遇政府直接或间接的“痛击”。由此说来，中国人的“聪明”着实算不上聪明。

内外不讨好的利益瓜分

都说中国人善于经营，这个说法也具有两面性。本报记者凌锋上期的焦点文章，就通过巴塞罗那发生的华人自杀悲剧，深入浅出地阐述了华人产业发展的不合理。文章中说：“如此，西班牙政府和当地社会对移民的态度和观念，在‘主’与‘客’的方面，要分得更清，相应的移民在这里的境遇，也基本是由当地社会来决定的，这正所谓‘人在屋檐下，不得不低头’。过去经济好的时候，西班牙人引入移民是为了填补社会劳动力缺乏的需要。他们对待移民的心态，也是一种优越感很强的慈善式施舍心态。这种居高临下、居优施劣的心态，是西方人几百年来对于其他落后国家所形成的固有心态，如西方对非洲、南美难民的救助等就是这样。对此，西班牙也不例外。”

的确，不管是移民大国还是小国，接纳移民的原始心态，肯定不是为了人道而无原则的“施舍”。作为一个不是很富裕的移民接收国，依靠移民刺激市场经济、填补岗位空缺应该是西班牙政府的本意。遗憾的是，十几年过后（中国移民进入高峰期），西政府感觉到了这种发展的不平衡，还有利益分配的不平等。马德里南部小城那个 MOSTOLES，据记者了解，几千平方米的大型百货超市遭遇无端封门，其实是事出有因的。什么整改、变更用途、绘图师不负责任，恐怕都是政府用以封门的借口。据知情人介绍，首家数千平方米的百货超市开张以后，短时间内顾客盈门，生意爆棚，业主惊喜之下会同亲友接二连三开设了第二、第三个大型超市，生意仍然比较火爆，这才引起了当地政府的关注，并引发了此后的封门。

大型超市接二连三地开张，应该带动起一方经济，比如税收、就业、房产租赁、用工等。问题就在这里，政府非但没有看到他们想看到的（除了房东本人有所收益之外）其他利益，任何人同样都看不到。相反，这几家大型超市的出现，还有中国人有违常规的经营做法（变相垄断），极可能毁了原有的利益平衡，对此，任何政府都是不可能接受的。

移民不移财 他乡本土化

《瞭望周刊》日前发表文章，说中国移民海外生活阔绰，移民不移钱。结合西班牙中国移民生活现状，这篇文章所指确有盲目之嫌，论点论据有些以偏概全。

按照中国人的性格，要么炫富出头，要么低调做人。从两面性来看，喜好炫富的毕竟是少数富有阶层，特别是那些短期内暴富的少部分人，他（她）们因为无所事事，聚合在一起狂购名牌，互相攀比，借此显示身价。更多的人则不然，他们大多数都毫无生活质量，没有过多的追求，甚至一年365天无休，全天候工作。即使这样，在现在生意难做的大环境下，相当一部分华人产业根本无利可赚，甚至难以持平。

如上文所述，中国移民对财务状况的处理和理财的观念，是有别于其他族群的。即使是善于理财善于经营的温州商人，也不能跟犹太人相提并论。同为移民的犹太人，在重大的科学成就方面成绩斐然，许多关乎人类命运的伟大发明都诞生于犹太人之手，光速、血型是犹太人发现的，RNA和DNA的生物合成机制由犹太人揭示，“夸克”这个词是犹太人告诉世界的，原子弹、氢弹等都是犹太人发明的，甚至乳罩、避孕药、牛仔裤这些影响着当今世界每一个人的产品，发明权都属于犹太人。而被称为中国犹太人的温商，同样绝顶聪明，极其好学，却无法在高端领域进行突破，代之而来的总是廉价皮鞋、低端电器、便宜的成衣。说到富有，两个移民的种族也没有可比性，《福布斯》杂志排行，最富有的40大富豪中有45%是犹太人，占美国人数不到3%的犹太人却操纵了美国70%以上的财富。反观西班牙，所有中国移民的总数不超过西班牙总人口的2%，财富呢？都寄回中国去了。

对很多人而言，西班牙只是赚钱的前哨，真正的家在中国本土。那些高喊以西班牙为家、以第二故乡标榜自己的个别移民，恰恰是回国最频繁，在家乡置业买地最起劲儿的“入籍人士”。

做人原本不需要这么累

都说中国人不事“张扬”，这都是传统民族的特性所致。其实不然，生活中，两面性的特质在不知不觉中显现出来，只是我们自己没有感觉到而已。

沉寂了好几年的房产业一直未见好转，可是，中国移民却实实在在的空赚了一个噱头。很多西班牙地产商发现，中国人似乎天生对房产有着无法比拟的偏好，购买能力同样令人感叹称奇。于是，各类地产商、银行纷纷找上门来寻找商机，希望借助中国人的“实力”缓解一下“僵局”。其实，不知是他们太自卑还是中国人太狡猾，在记者所了解的有明显购买意向的中国移民中，不依靠贷款或不借助促销等优惠买到房屋的，几乎寥寥无几。而在眼下西银行紧缩银根的关键时刻，得不到贷款的中国移民，就等于无权买到属于自己的房屋。更让人匪夷所思的是，由于中国移民收入和开销太过“保守”，那些依靠中国人“鹞子翻身”的开发商和银行，不得不为自己看走了眼而后悔不迭。中国移民再次用原本不需要的“不实在”，给自己买了一回单。

要么被边缘化，要么总扮演“弱者”，做人做到了国外，还要活得这么累，这又怨得着谁呢？

（［西班牙］《欧华报》2011-04-21/晨阳）

华人冤狱案件日益增多

近年来，随着华人犯罪现象的增多，西班牙警察在破案过程中，办案不明，草率抓人的情况也越来越严重，相应的，旅西华人的冤狱情况也日益增多。由于西班牙的司法诉讼程序拖沓，时间漫长，所以受冤华人一旦被错抓，往往要在监牢里沉冤两三年的时间，才能盼来最终的审判，而如果审判中再将错就错，那么当事华人在西班牙的冤狱，可真是暗无天日了。

华人所遭受的冤狱不仅让当事人经历打击，其家庭成员也将面对痛苦和漫长的申冤过程。此外，从目前的情况看，那些蒙冤的华人大多是家中的顶梁柱，他们被捕入狱以后，其家庭立刻家道中落，家人在西班牙的立足都成问题。由此，华人冤狱也成为旅西华人目前必须要解决的一道司法难题。

华人冤狱案件日益增多

提起华人冤狱，很多人都会想起不久前一桩审结完毕的华人强奸案。

一位二十多岁的年轻男侨胞通过网络认识了一位华人年轻女子。两人在约会过程中，在 Usera 的一家华人旅馆里发生关系。事后，这位女子状告男青年强奸自己，于是这名男青年被马德里警方逮捕，一关就是两年多。直到不久前，法院庭审此案，宣判这名男青年的强奸罪不成立后，他才得以重返自由。两年中，这名男青年在狱中吃尽苦头，承受了巨大的压力，最终得以昭雪。而其他一些蒙冤入狱的侨胞就没有他这样幸运了。

近些年来，由于华人刷假卡犯罪的增多，西班牙警方相继展开了一系列针对华人刷卡集团的专项打击行动。就在警方广泛张网抓捕的同时，一些无辜的华人也因此蒙冤入狱。

在瓦伦西亚，一位开网吧的华人老板，只因华人刷卡犯罪分子在作案的前一天晚间，到他的网吧里上过网，就被警方当成刷卡犯罪嫌疑人给抓了起来。蒙冤入狱后，虽然其家人几经申述、维权，但急于破案立功的警方不分青红皂白，一口咬定，这位开网吧的华人老板就是刷卡集团的主要成员，拒绝放人。这位侨胞被捕以后，他的妻子忙于四处维权伸冤，网吧也无法经营，而两个尚未成年的孩子更是无人照顾，失去了生活来源。一个原本幸福的家庭，就这样被冤狱活生生地给毁了。

从经济危机发生以来，华人违法犯罪的现象开始大幅增加，尤其是华人劫匪的猖狂抢劫，更是震动了侨界以及西班牙当地社会。在许多侨胞成为华人害群之马的受害者以后，另一些侨胞也因这些劫匪而蒙受冤狱。这使得华人冤狱案件在最近再次出现增多的趋势。

今年 2 月 12 日，马德里市中心的南部地区发生了一起华人持枪抢劫案，几个华人劫匪持刀带枪，抢劫了当地的一家华人百元店。抢劫发生后，店主及时报案，警方也迅速赶到，并在周围盘查嫌疑人，抓捕逃窜的华人劫匪。就在此时，两名与此案无关的华人因为要到朋友家祝贺其喜添贵子，恰巧走入事发现场周围的街巷中。正在街上检查往来行人的西班牙警察立刻注意到了他们。在这两名华人马上要走到朋友家楼下时，便衣警察走上去，要求他们出示身份证件。警方已经知道当天的抢劫是华人劫匪所为，检查完身份后，警察怀疑这两名华人就是劫匪，于是扣下两人，打电话叫被劫的华人百元店主前来辨认。

被劫的店主在慌乱中，并没有看到劫匪的脸，只记得劫匪共有六个人，其中有一个劫匪穿了双红色的鞋子，并围了条围巾。真是无巧不成书，那天被警方拦住的两位华人中，恰巧就有一个人穿红色鞋子，并围了条围巾。于是，这两人立刻被警方拘捕。

虽然之后警方在事发现场周围，抓住了那个穿红鞋子、围围巾的真正劫匪，但这两名无辜的侨胞并没有被释放。由于两人案发的时候出现在现场周围，所以警方怀疑他们是给劫匪放哨的。

如此，两名去会友的侨胞在根本不知道周围发生劫案的情况下，就被扣上了“劫匪”的帽子，被捕入狱。

蒙冤入狱后，两人的家人用尽了所有的办法，找律师进行申诉，找证人进行作证等，然而主管此案的法官却并不理会这些，继续对两名无辜的侨胞进行关押。

据了解，这两名侨胞都住在马德里郊区，平时很少到市中心去。案发那天，两人是结伴去看朋友刚刚出生的孩子，所以才去马德里市内的，做梦都没想到途经之地发生华人抢劫案件，他们由此蒙冤入狱。这两个侨胞的家里都有很小的孩子，同时他们也都是家里的顶梁柱，如今两人被捕入狱，家人和孩子的生活也成了问题。两个原本幸福的家庭，就这样一夜间陷入绝境。

华人冤狱增多的背后

造成华人冤狱案件增多的原因有很多，主要包括警方办案的简单、粗暴；华人群体的相对封闭和语言上的差异；华人犯罪的增多，尤其是华人劫匪的横行等。

其实，造成所有冤狱最主要的原因就是警方办案不利。纵观华人中几起较有影响的冤狱案件，大都是由于警察在案件侦查过程中，或缺乏细致和详尽的调查，轻信一方，或急于破案立功，草率结案。尤其是在办理有关移民的案件中，相对于西班牙当地人的案件，西班牙警察草率结案的可能性要更大一些。如前不久刚刚审结的华人强奸案，从后来的判决结果来看，办案警方确实缺乏对案件详尽而全面的调查，致使其听信一面之词，办下错案和冤案。

另外，华人冤狱的产生，与华人群体的相对封闭性也有关。从某种程度上说，是造成这一现象的最重要原因。一直以来，由于语言、文化的原因，旅西华人群体基本是自成体系，与当地社会处于一种相对隔阂的状态。这样，西班牙警方就很难真正走进华人群体内部，从华人各种各样的复杂关系中排查案件线索，准确追踪犯罪嫌疑人。在这种情况下，西班牙警察看任何华人，尤其是和案件有关联的华人，都像是犯罪分子，于是他们索性“宁可错抓，也不可让一人漏网了”。就如我们前面所提到的华人抢劫冤案，仅仅是因为那两位当事华人案发时出现在抢劫现场周围，就不分青红皂白地将他们一起“绳之以法”，这说明西班牙警方办案不负责任，也说明了西警方在办理华人案件时的一种困境。在对华人群体破案线索缺乏足够来源的情况下，只能先抓人，再慢慢梳理了。

此外，华人犯罪现象的增多，同样也是造成华人冤狱现象增加的原因之一。

最近几年，华人违法犯罪现象大幅增加。尤其是刷假卡，以及持枪暴力抢劫等犯罪，更是频频发生。面对旅西华人的这些违法犯罪情况，西班牙警方也承受了极大的压力。例如，随着华人暴力抢劫案件的增多，华人侨团以及中国使馆官员就曾多次和西班牙警方高层会谈，敦促他们加强对华人案件的侦破力度，确保华人群体的安全。如此，西班牙警方遇到华人持枪劫案这样的大案后，就会格外重视和小心，不会轻易放过任何一个他们所怀疑的人。例如在前文提到的“2·12”劫案中，虽然两位蒙冤侨胞的家属提供了所有证明他们不是劫匪没有参与抢劫的证据，但由于当天去抢劫的全是中国人，并且抢劫时不仅持刀带枪，还对受害店主施以暴力，把店主的手脚都捆起来，进行抢劫。由于是非常暴力的持枪抢劫案，同时再加上被抓到的其他劫匪在审讯中拒不承认自己是劫匪，所以面对“真”、“假”劫匪，西班牙法官也颇为挠头，难辨真假。在这种情况下，他们只好“委屈”好人，待慢慢调查再说了。

华人冤狱如何得以昭雪？

由于华人冤狱目前已经成为旅西华人中颇为突出的社会问题，所以旅西侨界各方都应该想办法解决这个问题。从上面华人冤狱形成的原因来看，要想解决这一问题，除了西班牙警方自身要加强业务质量、提高办案准确性以外，我们旅西华人也要想办法，加强与当地社会的交流和沟通，同时减少华人犯罪的发生。现在看来，要想让西班牙警方了解华人群体的各种情况，准确摸排线索，这在短时期内是不可能的。如果旅西华人群体中能有人承担起类似的工作，并加强和西警方的合作，就是再好不过的事了。

从其他国家的情况来看，如英国、意大利等，中国都在这些国家派驻了华人警察联络官，协助当地警方侦办华人的案件。此前，西班牙也曾有侨团对此进行过呼吁。西班牙若同样有这样的警察联络官，不仅华人犯罪能够得以及时打击，同时也能有效地防止华人冤狱情况的发生。

（［西班牙］《欧华报》2011－04－22／凌峰）

中国富人移民潮下的危与机

27%的亿万富豪离开了中国?！留下的是一串热议的惊叹号与反思的问号。

中国招商银行与贝恩公司近日联合发布的中国私人财富报告显示：中国有50万人投资资产超过千万元（人民币）。千万富豪投资中国房地产的热情下降，投资移民意愿强烈，在受访的亿万富豪中，约27%已经完成了投资移民。

尽管人们对报告的统计数据的可靠性还有疑问，但事实上，这份报告所揭示的富人移民现象并不算“新鲜”。中国官方媒体新华社去年年底就曾报道，中国人移民趋势正在上升，2009年美国的投资移民中来自中国的有1 971位，高于上一年的1 360位。而英国广播公司（BBC）也称，加拿大的中国投资移民申请人数在2008年至2010年之间翻了一番。于是有媒体惊呼“中国改革开放以来的第三波移民潮已经走向高潮”。不同于20世纪70年代末的“偷渡”，也不同于20世纪80、90年代的留学移民，此次移民大军的主力称得上是中国的精英阶层。这被认为是以新富阶层为代表的精英群体的“集体式出走”，引起了社会的广泛关注与忧虑。

其实，仅从移民这一现象本身来看，并不值得大惊小怪。全球一体化的进程，推动了国际人口的迁徙，移民只是全球经济、社会、文化交流日趋频繁的一个表现而已。尽管从数量上说，中国已成为世界上最大的移民输出国，但中国移民的比例在整个世界上还是偏低的，把“移民”概括成一种“潮”似乎有些危言耸听。

不过，这些富人移民背后的原因，仍值得探究与深思。据上述报告调查，这些富人投资移民背后的原因，排名前三位的分别是：“方便子女教育”占58%、“保障财富安全”占43%、“为未来养老做准备”占32%。

不难看出，这三点原因正是处在社会转型期的中国亟待改革的几大问题。其中对于公平、高质量的教育资源与老有所依的社会保障体系的追求，富人与草根百姓同样感到无可奈何。由于教育、医疗体系资源的稀缺、制度的不完善，让富人有钱也买不到高质量的服务，于是他们选择了移民。这反衬出中国当下在这些方面的不足与缺失，也敦促中国尽快改革，解决这些问题。

当然，当前中国富人们最关心的头等大事还是保证自己财富的安全。改革开放一度让中国成为了一个可以快速赚钱的市场，不但吸引了大量海外资本，更制造了无数“本土富豪”。如今，在中国的富裕阶层刚刚形成之际，中国又走到了社会转型时期，不可避免地带来一些阵痛。比如，大规模开征房产税、个税调整“紧盯”高收入者，部分富人认为税费太高；贫富差距加大引发社会舆论的声讨，部分富人认为是仇富，担心财富安全，担心“被均贫富”。

移民是个人的自由选择。但如何让财富安心留在中国，却是一个值得为政者深思的问题，也为今后中国的改革和政策构建指出了方向：

首先，建立完善国家的制度环境，强化宪法、物权法等相关法律的落实，让包括富人在内的私有权利得到保护。

其次，完善税制，坚持公平原则，不能让一部分富人缴税，另一部分富人逃税。同时，要与国际接轨，清理各种不合理税费。

再次，弥合公众与富人之间的裂痕，需要通过各种激励手段让富人回馈社会，消除百姓的所谓“仇富心理”。

最后，为富人的资本开拓更多安全、有效的投资渠道。

总之，只有通过增强中国国民的安全感，不断提高社会的公平正义、完善法制，才能留住人、留住心、留住财。

2000多年前，孔子一句“道不行，乘桴浮于海”道出了多少无奈，但愿今天高端人才的离去与财富向海外的转移能为促进中国经济、社会改革敲响警钟。

（［美国］《侨报》2011-04-24）

频频撞“枪口”，无知还是无畏?

最近，华人“勇撞枪口，堵枪眼”的事，不仅发生在食品店这一行业上。不久前，马德里的警察、劳动部等执法部门对Usera地区的华人衣工厂进行了轮番的地毯式检查，检查的主要内容是黑工。由于当地衣工厂是黑工聚集之地，同时衣工厂这种“干活累，收入少”的工作，也只有黑工才愿意从事，所以频繁的检查弄得当地黑工是避走不及。在“黑工逾墙走，老板出门看”的情况下，当地出现了用工荒，不少华人衣工厂厂主找不到工人，而遇到了经营困难。于是一些衣工厂厂主因不忍西班牙执法人员的频频“骚扰”，集中在一起，呼吁领事馆出面，要求西班牙政府让华人制衣厂所有黑工都可以上保险，都可以合法打工，使自己免于频繁检查和招工难的局面。为此，一些衣工厂厂主还义愤填膺地表示，有关方面如若不从，他们将要罢工、游行。

可就在这些衣工厂厂主找来记者，愤怒声讨，强烈要求“维权”的前几周，也就是三月初的时候，西班牙政府内阁会议刚刚通过一个打击地下经济和财政违法现象的计划。西班牙移民和劳工部长戈麦斯也在会后的新闻发布会上明确表示，打击雇佣黑工的地下经济将是政府今后几个月应对危机的重要政策措施之一。同样，就在华人衣工厂厂主义愤填膺地表达完维权决心之后，三月底，西班牙政府首相萨巴特罗在议会上宣布，打击地下经济是西班牙政府今后应对经济危机的重要措施之一。从四月份开始，政府经济工作的重点，就是打击以黑工为主的地下经济。看完萨巴特罗的一番讲话，人们不免会产生一种错觉，似乎这就是一个政府首相专门对几位华人衣工厂厂主“维权计划”的回答。换句话说，“政府本来要查的就是你”，几位衣工厂厂主的“维权”正好就撞在了“枪口”上。他们要中国领事馆出面协商沟通的，是来自西班牙内阁会议、政府首相这样国家最高行政机构通过的国策；他们要以罢工和游行相挟的，是西班牙的国家法律《移民法》和西班牙政府的国内经济政策。几位华人衣工厂厂主如此“指点江山”的举动，不能不让人感受到一种“勇气”和“无畏”。要知道，一个外来群体或势力想改变一个国家的国策和法律，只有在占领和殖民地的状况下，才能实现。如果几位华人衣工厂厂主的维权计划能够实现，那么USERA无疑将是当年旧中国上海法租界在西班牙的重现。

（［西班牙］欧浪网 2011-04-25）

华人移民心理健康不容忽视

本周一，耶鲁大学医学院杜尔医生在停车场被人杀害，凶嫌是44岁中国籍男子王励山（Lishan Wang，音译）。华人酿出这样的悲剧已经不是第一次了。弗吉尼亚理工大学博士朱海洋向女同学求爱不成，遂将其斩首，近日刚被判终身监禁。还有 2008 年，华裔工程师吴京华因遭解雇而枪杀了三位同事。

耶鲁案还有更多细节未曝光，但从朱海洋等其他惨案中可以看出移民的心理问题不容忽视。他们变身恶魔往往是因为长期的心理抑郁，没有得到及时的疏解，直至最终崩溃。那么，如何才能将此类问题扼杀在萌芽之中呢？

首先，建立可温暖更多异乡客的心的华人社区。早在今年 1 月吴芊被残忍杀害一案发生之后，纽约华人社团联席会主席朱立创曾在《侨报》发表言论指出，华人社团应该扮演促进移民心理健康的角色。他认为华人社团应与时俱进，提升社团服务，建立一个社区心理辅导中心。这是一个意义重大的建议。新移民面对与自己有相同背景的人会更容易敞开心扉，诉说心事儿，如果得到足够的关爱，就很有可能不会走上犯罪的道路。

其次，笔者以为应该让新移民做好心理准备。移民美国的中国人，尤其是来自中国大陆的人，总有一种来美淘金、改善生活质量的想法。到了美国后，现实与梦想之间的落差太大，甚至过得还不如以前。谁能为这些怀有“美国梦”的移民敲响警钟？华文媒体可当此重任。若媒体多揭露一些移民生活的艰辛，少炒作意外获财的案例，也可帮移民降低心理预期。

最后，也是最重要的，新移民本身要努力调试自己的心情。在美国，看心理医生是件很普通的事情，可是在中国人眼中，这代表了不体面。很多移民到美国后，对在中国的亲人总是报喜不报忧，也有爱面子的因素。所以，新移民一定要转变传统观念，需知每个人的心理承受能力都是有限的，心理健康同身体健康一样重要。

（［美国］侨报网 2011－04－28/鲧子）

做个成熟选民　削弱族群意识

加拿大联邦大选投票下周一就要举行了，在社区各界普遍呼吁华人选民应积极行公民权利，走进投票站投下神圣一票的时候，作为大陆移民社区的选民，也在每一次选举中学习和适应加拿大的选举文化，逐渐成为成熟理性的选民。

不可否认，与以往华人移民前辈相比，近十几年大量来加的大陆移民有更高的知识结构、更广的国际视野、更强的参与意识，以及更明确的政治诉求。从大陆移民潮的 2000 年至今，多伦多的华人经历了五次联邦大选、两次省选、三次市选，通过对历届选举的观察、学习和参与，也基本领教了加拿大政治体制的运作模式和游戏规则。

然而在加拿大的选举中，华人如果过分强调族群意识，甚至将中国的政治元素硬扯进去，不但不合适，更是一种政治幼稚病。

在以往的选战中曾有“华人一定要选华人”的论调。2008 年联邦选举，士嘉堡爱静阁选区代表保守党挑战老牌自由党国会议员詹嘉礼的华裔候选人刘秉纯，在选战初始即打出了“血浓于水”的广告语，刚亮剑便先败一局，让对手逮个正着。詹嘉礼穷追猛打、不依不饶："什么叫血浓于水?！难道其他人的血跟华人的血不一样吗？难道华人就只能选华人吗?"结果不出所料，缺乏政坛经验和政治智慧的刘秉纯成为詹嘉礼的手下败将。

那届大选华人社区还曾出现另一论调，一些顶着耀眼头衔的"侨领"利用中文媒体"引导"华人选民"加中关系应成华裔选民的投票指标"。当时他们指出，加拿大经济走衰是因为保守党政府不注重改善加中关系，频频向中国政府利用人权议题施压，忽视经贸，因而对中国不友善的保守党政府就是对华裔不好的政府。

今天我们再回头看这样的言论或许觉得荒唐，历史前进的轨迹并非按"侨领"的逻辑延伸，值得庆幸的是，本届大选这样的声音渐弱，越来越"见多识广"的华人选民把注意力都放在政纲和民生上，将自己在加拿大的生活未来作投票的指标。

加国首位穆斯林女国会议员莱坦西（Yasmin Ratansi）曾说，在加拿大不论何种族裔，每个人都是加拿大人，选民选她是因为她能代表所有人的利益，而不是因为她的族裔。

尽管华人的政治诉求在逐渐削弱族裔色彩，但仍会有人亮出自己难以抑制的期待。前不久，曾有人向柳惠第选区的梁中心和爱静阁选区的蔡成志提出"台独"和"藏独"问题，要求两位出生于台湾的华裔候选人表明自己对中国问题的政治立场，甚至声称，若支持"台独"和"藏独"，就不会投他们的票。

这样的要求未免太过分了，加拿大的选举如果硬塞进这些东西不但是在华人参政之路设立障碍，也是对加拿大民主体制的玷污，更是部分华人甘愿在加拿大社会自我矮化的表现。这种言论并没有在社区掀起太大风波，更有社团出面抵制这种"谣言"，但是这论调背后的倾向应该值得讨论。

我们在加拿大的生活越来越久，在这里工作，在这里纳税，尽义务也享受福利，可以保持我们的生活习惯和文化传统，当然也可以持有各自的政治观点，但是将祖籍国的政治文化和个人的政治倾向掺杂到加拿大的政治选举中，并对候选人以选票相要挟，是不是一种不应该的举动?

我个人比较满意两位候选人作出的回应，他们均指出自己虽生于台湾，但在加拿大生活了几十年，早已是加拿大人了，与"台独"之类没有关系，并提醒华人选民将选举的着重点放在当下，更多关注我们加拿大的问题。

（［加拿大］《环球华报》2011－04－29/李竹）

华人富豪也面临发展方式的转变

福布斯中文版近日在全球富豪榜基础上首次发布全球华人富豪榜。榜单显示，共有213位华人富豪上榜，财富总值高达5 669亿美元，占全球亿万富豪财富总量的12.6%。近5年来，华人富豪在总人数和财富数量上的全球占比不断增加，已成为仅次于美国富豪的全球第二大财富圈。看来中国人确实越来越富了。但福布斯中文版执行主编刘瑞明说："与欧美富豪相比，华人富豪在全球的影响力还相对逊色，多数富豪的影响力还是仅限于当地。”究其原因，华人富豪们的致富方式是关键。

在213位上榜的华人富豪财富来源中，制造业、房地产、金融业位居前三位。其中近三成华人富豪主要涉足房地产业，而他们的舞台则是在大陆。一个趋势是，全球性的华人富豪圈正在兴起，不管华人富豪分布在哪里，其主要业务已经越来越密切地与中国大陆这个日益开放和快速增长的市场结合在一起，而其所服务的市场和客户群，也以华人社会为主。

只是，这些富豪们的财富却过分的集中于大陆的房地产、酒店、商业地产，或者与地产有关的零售业、工业园区开发等。趁着大陆城市化及其带来的房地产市场的高歌猛进，全球华人举办着一场空前的财富盛宴——宴会的食物，则主要是房地产及相关产业。

很多人在为这场盛宴欢呼。在中国经济总量快速增长的同时，这些占中国总人口极少数的富人们，通过这种形式，迅速积累着财富，分享着中国发展的成果。

可在盛宴之后，留下来的却是被吹大的相当危险的楼市泡沫、越来越大的贫富差距和积重难返的经济结构弊端。

除此之外，当华人富豪们一边抱怨着实业赚钱难，一边将大笔资金砸进房地产业时，这种以损耗社会正常发展模式为基础的聚敛财富方式正产生着越来越多的负面社会效应，富人们也越来越多地面对民众的愤怒之矛，被视为“为富不仁”。

而与华人富豪们相比，在全球富豪榜上的欧美富豪们所拥有的财富多体现为“无形”的专利、技术、品牌、标准、渠道与平台。他们在赚钱的同时，回馈社会大众的是更新的技术、更多的享受或更方便的生活，在一定程度上可以让民众一起享受社会发展的成果。

比如已经在全球富豪榜上呆了很多年的比尔·盖茨，再比如甲骨文创始人拉里·埃里森和奥特加。制造业和服装业在2011年的华人富豪榜上只是“陪公子读书”，然而，加入科技、时尚和服务附加值等独创性元素后，埃里森和奥特加却通过“制造”和“服装”创造出了占全球富豪榜第五位和第七位的财富。

不少富豪成为年轻人的榜样、社会先进生产力的代表，这与中国被“仇视”着的富人们有相当大的差别。

基于各种经济和社会压力，中国目前正努力转变经济发展方式，虽然房地产业在漫长的城市化过程中仍将持续繁荣，但在中央政府严厉的调控政策下，其快速造富的情况必然会有所收敛。而华人富豪们其实也同样面临着发展方式的转变——那种依托中国的房地产业聚敛财富的方式必然将受到越来越多的制约与质疑，今后如何在继续积累个人财富的同时也增加社会效益产出，更好地回馈社会？值得这个特殊圈子里的每个人深思。

（［法国］《欧洲时报》2011－04－29）

请拿起你手中的选票

在这个弱肉强食的世界上，没有政治上的话语权，永远别想得到公正待遇。合法权益不是天上的馅饼，也不是傻乎乎的兔子会自己撞上门来，与其抱怨遭遇不公，不如自己参与，用心争取，改变现状。

一觉醒来走出门外，突然发现大街小巷的广告牌上贴满了各种各样的人物头像——你方唱罢我方登场，男女老少几天一换，全部面带微笑眼神深情。原来，意大利的地方选举已如火如荼对决正酣。参加竞选的意大利政客们与时俱进——大打移民牌，对华社更是频频挥舞橄榄枝。尽管，竞选政客为拉拢华人选票而高调示好难免有点牵强空泛。尽管，精明的意大利政客为搜寻竞选经费的筹款群体而对华人情有独钟，但与意大利人火热的激情形成鲜明对比的是，大多数华人只是默默地旁观这场竞选，犹如置身世外。然而，华人已在不经意之中被卷入声势浩大的意大利地方选举。

虽然华人的整体数量在意大利各族裔的移民当中位于前列，但华人群体对意大利政治兴趣不大。事实上，冷漠旁观的背后始于深深的无奈。一方面因为有选举权的入籍华人仍占少数，另一方面是因为很多华人觉得意大利的政治选举离现实太远。眼下的金融危机让所有人都战战兢兢如履薄冰，深陷就业困境当中，连安身立命的饭碗都找不到，很多人心境都很差，高谈阔论政治简直是一种奢望，谁还会去关心选举的事呢？殊不知，政治选举并非只是政党和政客的专利，生存和选举并不对立，我们可以一辈子不出华人街，一辈子讲中国话默默地赚钱，但是我们却无法拽着自己的头发离开地球，任何一个小圈子的社群都无法逃脱所处的社会大环境。努力生存和关心政治之间本是相辅相成的关系，只有通过选举执政党，意大利的就业市场和税收政策才可能平衡地发展。

遗憾的是，尽管手持意大利护照的华人正在逐年增加，而真正行使投票权的仍占极少数。很多入籍华人选民意识薄弱、意大利语存在障碍，不知道如何取得选票，也不知道该怎样填涂选票，更不知道要到哪儿去投票；还有一些华人以生意为主，甚至没有时间去完成投票；很多人甚至对意大利竞选候选人的背景知之甚少，因而无法根据形势审时度势，最终让手中的选票白白流为一纸废票。

从最初的打黑工，到经营自己的店铺，再到创建华人联谊会、商会，华人开始翻身当家做主人。虽然华人为意大利的经济繁荣作出了突出贡献，但是在社会安全、孩子教育、常规医疗等诸多方面仍然受着不平等待遇。意大利作为一个多元化社会的趋势已势不可挡，我们有权利去争取当属华人的一杯羹，麻木旁观的结果是使我们在意大利的生存只剩下无尽的义务，却没有享受过任何权利。那么，即便口袋里的欧元再多，也仅仅是一群“经济的巨人、政治的矮子”，随时随刻面临着被打压和被排挤的危险。唯有积极施展政治诉求，才能保障华社合法利益，才能为诟病重重、散漫扯皮的意大利社会贡献一己之力。

从美国到英国、从加拿大到马来西亚，华人参政已进入激进态势，而意大利华人却对基本的选举程序尚处于一知半解的萌芽状态。在全球经济一体化的今天，经济发展生龙活虎的意大利华人其政治步伐俨然落后了。要提升华人在意大利的生存空间，须当放眼亚平宁半岛勇敢地迈出我们的政治步伐。尽管身在异乡为异客，真正融入主流社会仍路漫漫其修远兮，但是，关注政治竞选、参与选举投票必将成为意大利华人发展和进步的主旋律。朋友们，拿起你手中的选票去投票吧，不要让华人在意大利激烈的选举中仅仅作为应景的角色而凑凑热闹，因为，改变意大利华人命运的“上帝之手”不是别人，正是我们自己！

（［意大利］《欧洲侨报》2011－05－04）

提高在日华人形象应从街头做起

4月26日到5月8日，笔者在日本走访近半个月时间，一路上看到不少中国人，但是明显不如以前来时见到的多了，估计是受“3·11”地震影响很大。此外，还感受到中国人在日本的负面存在，比如街上许多提示是用中文写的，华人饭店里免费发放的中文报纸里面有拉皮条的、有介绍小姐如何便宜的内容，在日本各个城市街上还可以看到某个中国人正在被悬赏通缉。

和中国人在全世界胡乱涂鸦相比，世界上许多国家都有专门针对中国人的中文警示语，这可能被许多中国人当作歧视色彩，但这种中文警示却引人思索、振聋发聩。

日本城市街头有许多中文告示牌：“请不要站在路中间”，“本店食物、饮物严禁带走”，“温泉池中不许搓澡”，不胜枚举。值得注意的是，一半告示的发布者是在日的中国经营者。

在日本秋叶原的电器一条街上，有中国人开设的专门针对中国游客的电器商场，门口尽管有“请不要站在路中间”的中文警示语，但还是有许多中国游客站在路中间，挡住了行色匆匆的日本行人的去路。

还有一个被通缉的中国人。照片上通缉犯名字叫林绍葳，中国福建省人，37岁。有人说：“搞什么名堂啊，犯了什么罪啊!？出国莫丢中国人的脸啊!”仔细看照片上边的小字，分明写着“是不是就在你身边?”“这就是给中国人看的，绝对是中国人了，晕，真是给同胞丢人。”也有人快意于他为中国人复仇，当作民族英雄。“遗憾怎么不多杀几个日本人!”

确实，林绍葳，这个中国人犯下的罪行和当年侵华日军无法相比，但是侵华战犯不是被打死就是被特赦，他林绍葳，显然不会得到中国政府特赦，更不会被日本政府特赦。

据报道，在日华人的犯罪率居高不下，一直是日本华人社会有识者关注的问题。不少专家学者都在不断呼吁，在日华人要适应日本社会规则，要学习日本法律，争取融入日本社会。

日本警察厅公布了2010年在日本外国人犯罪的统计数据。从涉案人员的国籍来看，中国人达到4 659人，占到总人数的39.3%，居榜首。其次为：韩国人1 399人，菲律宾人1 128人，越南人798人，巴西人728人。

可以说，提高在日本的中国人的形象，要从街头做起，这可不是句空话。

（［日本］日本新华侨报网2011－05－23/王锦思）

中国阐释“真实西藏”内涵

60年来，关于西藏，什么是“真实”，什么是“谎言”，争议一直都没有停止。

西藏的特殊地域性和独特宗教信仰，以及长期以来西方媒体的选择性报道和“藏独”势力的配合炒作，构成了外界特别是西方世界了解这片土地的主要障碍，偏见也由此而生。如今，日益走向开放和现代的西藏迎来了展示真实自己的最好时期。

就在中国国内庆祝西藏和平解放60周年之际，一场由中国和意大利共同举办的“西藏文化周”活动也在罗马拉开帷幕。一系列的演出、展览、研讨会等活动充分展现了西藏的历史进程、民族文化、风土人情，以及西藏的现代化建设和社会图景。

偏见的存在往往是由于沟通的缺失和信息传递的不准确，而文化交流则是增进了解、消除误解的有效方式。尽管不同文化价值领域的认同需要经历一些过程，但类似“西藏文化周”活动的举办，无疑显示出中国主动展示真实西藏、欢迎世界了解真实西藏的决心和信心。

从这个意义上讲，5月23日，中国纪念西藏和平解放60周年，绝不仅仅是为了颂扬在这块土地上创造的奇迹，更是为了让世界了解一个真实的西藏。

那么，何谓“真实的西藏”？在长期生活在海外的华侨华人看来，这一概念应该至少包含这样的内涵：60年来，西藏取得了令人瞩目成就，但依然面临怎样加快经济发展、改善民众生活的重大课题，西藏仍然是中国最落后的省区之一；60年来，捍卫藏族民众宗教信仰的自由责无旁贷，但是这与追求现实幸福并不矛盾，和西方年轻人一样，“爱佛堂，也爱互联网”也应该成为那些“80后”西藏喇嘛的自主选择和生活常态；60年来，独特的西藏文明需要得到保护，但绝不是保护野蛮与落后，西藏社会要与现代化同步，而不是要回到政教合一与农奴制度的黑暗中；60年来，西藏问题纷繁复杂，处理难度很大，但只有一句话斩钉截铁：西藏是中国不可分割的一部分；只有一个立场不能动摇：必须反对分裂，维护国家统一。

海外华侨华人是今天这个真实西藏的见证人。

（[法国]《欧洲时报》2011-05-24）

奥克兰反歧视游行之我见

连日来收到华社各方讯息，议及筹备举行一次反种族歧视的游行，其中有支持也有反对的。

如果我们组织一次反种族歧视的游行，其前提必须是我们本身已经受到严重的种族歧视，那就不得不走上街头，大声呐喊抗议，让全社会甚至全世界都知道，从而获得响应支持，并收有所改善之效。2008 年，奥克兰华人九天里被杀了三个，治安不靖到了忍无可忍的境地，不仅要游行，还要万人大游行，发出怒号，震响天下！

那么目前新西兰的法西斯种族歧视严重吗?!

平心论之，新西兰的种族政策与对移民的包容程度，虽说不上在世界名列前茅，但经过多年官方与民间的共同努力，也算是多元文化并存、种族比较和谐的一个国家。华人与其他少数族裔并没有受到政策上的任何限制，也没有受到民间的排斥与敌视，像“右翼抵抗阵线”一类的狂徒，只能被视为小范围之少数人极端行为，新西兰社会的大多数对任何偏激的排外歧视言行，是不赞同的。

除了“右翼抵抗阵线”成员在奥克兰北岸及东区散发了反亚裔传单外，到目前为止，根本无人响应与支持他们，也没有发生任何排华的大小骚动，凯里（Kyle Chapman）和他的伙伴们在本地的活动已告失败，亦从媒体与公众注视的视野中消失了。

一方面，这场风波可以说是池塘里几尾小鱼企图兴风作浪，始终无法搅浑新西兰种族和谐的一池春水。对于这种风过不留痕个别人的小把戏，有必要发动一场千人大游行去应对几十人的小团伙吗?

另一方面，观光客、留学生以及海外投资，都是新西兰最需要的经济动力，如果因为少数人叫了几声，就把事情搞大，反而会令世界误以为新西兰的种族关系真的出现危机，适得其反地既损害国家形象，也损害了自己的利益。

华社的俊彦人杰与各界领袖，务必审时度势，准确分析各方力量虚实与动向，谋定而后动；对任何歧视少数族裔的排外思想，要从其损害国家利益、破坏社会和谐安定的高度着手，力求争取社会与民众的最大支持；以高度的政治智慧带领华社，推动融入为主，非万不得已切勿轻言对抗；要遏制摒弃“以暴易暴”等的煽动性言论，不管遇到多复杂的情况，首先要提倡理性，保持冷静，诉诸法律。

我们对任何歧视亚裔的言行决不可坐视不理，放任由之，但如何把握作出回应与反击的度，关系到华社的安危与前途，望各位三思，切勿犯“拳头打跳蚤”——反伤了自己的错误。

（［新西兰］中华新闻网 2011-05-24/南太井蛙）

英华人“守规矩”才成“方圆”——法制观念缺失　华人形象受损

2011 年 4 月 29 日北安普敦郡丁姓华人在家遇害，一家四口全被利刃刺死，两名遇害的女儿分别年仅 18 岁和 11 岁。该案嫌犯目前锁定为 52 岁的中医师杜安翔，现仍下落不明。

2010 年 9 日，北约克郡两名杀害非法移民陈才关的华人凶手遭到警方逮捕，两人因大麻生意纠纷杀害陈才关，将其抛尸河内。

2009 年 8 月，纽卡斯尔两名从事赌球生意的留学生在公寓遇害身亡，传闻有黑帮涉足，案发现场惨不忍睹。

这些血腥离奇的凶案满足人们猎奇窥探欲的同时，也在不知不觉中侵蚀了英国华人的形象。在媒体的报道下，大麻、黑帮、赌博这些灰色的词与英国华人联系在一起，成为华人印象的关键字，潜移默化了英国人的思维，而全体华人也不免受此波及，背负形象阴影。

血腥凶案抹黑华人形象。

“通缉令！华商上门索命，四口之家无人生还!”

5 月 4 日，《每日邮报》在网站的显著位置放上了这条新闻，惊悚的标题一扫王子大婚带来的喜庆气息。报道详细讲述了来龙去脉，记者同时还将一家四口以及凶犯的照片一并放出，十分吸引眼球，当天就登上了网站新闻关注排行榜。

北安普敦的灭门惨案登上《每日邮报》网站后，众多网友纷纷留言，各抒已见，众多评论中也有一些过激言论，折射出英国人对中国人的种种偏见。

“又来了，又是这种外国人犯罪的新闻，我都看腻了，每隔一阵子就有这样的新闻出来，外国人做生意，犯了法，然后就一走了之。英国都要成为犯罪天堂了!”

“中国人还真是自傲，他们总是闷不做声，自己解决问题。”

“我就知道，中国城很多人都受着剥削，从事着非法勾当，然而他们害怕受到暴力威胁，都不敢吭声。”

或许正是因为内容过激，《每日邮报》目前已经关闭了这则新闻的留言系统，后续新闻一概无法评论。留在留言板上的 58 条评论多为善意，但其中夹杂的敌视情绪，犹如白纸上几个墨点，让人无法移开视线。

带着这些情绪，英国人难免对华人认知存在偏差，甚至刻意责难华人。此案曝光不久，有一名华人网友在某知名留学生论坛发帖抱怨：“这个案件虽然真相出来了，可是还是给我们这些在英国工作生活的中国人造成不少影响……一名英国同事就质问我，为什么中国大陆人会那么残酷，怎么可以一个人杀四个人，我都不知道怎么回答。”帖子下面的回复中也有不少网友表示，自己也经常碰到这种问题。一些英国人由于各种负面新闻的影响，对中国人带有偏见，一些人甚至认为华人多从事非法生意，破坏英国治安。

不管发觉与否，每个客居英国的华人都在以自己的一言一行组构着华人的形象。然而建城难，毁城易，一人的非法行径，犹如墨色水彩，给华人艰辛打造的光辉形象留下了星星点点的污迹，难以在短期内消除。

移民形象不佳促英关紧大门

对于英国老移民来说，近年来英政府的移民政策可谓是一年紧于一年，而 2010 年新旧内阁的交替更是正式宣告工党 13 年“宽松”移民政策的终结。持续低迷的经济，不断上涨的物价，居高不下的失业人数，英国政府开始将矛头对准外来移民，而不佳的移民形象更成为压垮移民通道的最后一根稻草。

在经济不景气和负面宣传的影响下，英国人对于移民的戒心越来越重，仿佛集体患上了“移民恐惧症”。英国政府更是以此为题，大刀阔斧削减移民。山雨欲来风满楼，这个时刻曝光的华人灭门惨案难免又为移民形象抹上了灰色的一笔。一人的不法行径，造成的负面影响却由所有在英华人承担，这个代价不可谓不惨重。

入乡应随俗　形象需爱护

卡梅伦针对移民的讲话虽有过激之嫌，但不少华人切实有“不融入社会”的通病，入乡而不随俗。两国制度有别，法律不同，华人的一些特殊之道在中国或许能通天彻地，在英国这个法治国家往往却是绝路一条。

一个不愿透露姓名的人士向记者表示，华人圈内的确有一小部分人为了赚钱不择手段，从事不法生意、种植大麻、操纵赌球屡见不鲜。然而这些门门道道往往和黑帮有扯不清道不明的关系，为贪图一时钱财卷入这些纠纷，其实并不理智。

俗话说，无规矩不成方圆。英国作为一个法制健全的国家，居民的生活受到完全的保障，在这样的体系下，遵守“规矩”才是通向成功的捷径。天无绝人之路，困难当前必定有解决之道，极端手段只能逞一时之快，带来的后患却无穷无尽。英国华人同在异乡，应积极融入社会，拒当孤独“异客”，从一言一行塑造形象，相信如此守得“规矩”的华人必能一扫负面阴影，成就正气、大方形象。

（［英国］英中网 2011－05－26/张质）

请不要在自己身上抹黑——当“炫富”被不良媒体扭曲后

2011 年 5 月 16 日，西班牙主流媒体，Antena 3 电视台以《调查》为题目，将几名华人生活的镜头放到了电视上，虽然不过以调查为名，但在西班牙的华人却大都可以从中发现有些不对劲，在所谓的“深度剖析了旅西华人在西班牙发展过程”中，电视台是否抱着客观公正的态度呢？而且与以前其他的报道所不同的是：这个电视台用了一种全新的方式，采用写实的手法展示了华人的生活，并采访了华人分析专家、警局等公务人员，将华人的生活“数据化地呈现在了镜头面前”，并希望就此形成调查很严谨、结果很真实的印象。

从这一方面来说，这个节目做成功了，但是，是昧着良心做成功的。平心而论，这个节目百分之八十都是真实的，但是就是那百分之二十的不真实，让华人跳进黄河也洗不清了。当你说的全是谎言的时候，并不可怕，因为人们知道那是假的。但是当你说的十句话里只有一句是假的，那么人们就会以为这些话都是真的。很不幸，这个节目的那句假话很不容易被人分辨出来，而对于一个外来民族而言，最怕的恐怕就是被当地人认为“不义之财”太多了。纳粹屠杀犹太人始源于此，1998 年印尼亦如是。

虽然这个节目看起来比较公平，但是仔细分析一下，这个节目并没有真正地走到华人当中去，太片面了。采访对象也几乎是上下两个极端，而且着重渲染了华人的犯罪事件，难免会给观众一个印象，那就是华人是一个“不良群体”。

其实此类的调查节目一直以来对当地华人都抱有很强烈的偏见，可能是出于收视率的考虑，也可能是出于对中国的抵触，以前这类节目一直都将当地华人描述成“家族性的黑社会、有钱都寄回中国、完全不能融入当地人、永远不交税”这样一个移民群体。但是很多西班牙人并不会相信这样的话，而这个节目的厉害之处就在于：通过中国人自己的嘴来诋毁自己——这是中国人自己说的，更加有说服力！这也就使得华人无从争辩了。

对于出现在节目上的几个人来说，两个成功的商人算是正面的典型，因为对于任何国家来说，成功的商业集团意味着大量的就业和税收，这不是丢人的事情，反而应该大力宣传。

问题就出在其他的华人身上，记得笔者当时在和一个西班牙朋友看这个节目，当看到影片中的名车、豪宅以及众多上万欧元的名牌包之后，西班牙友人感叹了一句：“真是比贝克汉姆的老婆还奢侈啊！中国人简直太可怕了。”这恐怕就是西班牙人最真实的感受了。

如果你是一个西班牙人，你会不会担心以后西班牙遍布华人企业？你会不会担心你的孩子每天工作 14 个小时？你会不会担心政府和政党会被华人控制？你会不会担心西班牙金融和银行被华人垄断？说实话，要是我，我也担心。但是这并不是事实，他们并不了解我们华人，他们也并不知道我们侨胞被政府折腾到死去活来的惨状，更不知道我们为西班牙作出了多少贡献，他们不会关心这些，他们只会关心西班牙的未来如何，当一个外来民族在当地聚集了过多财富之后，很容易就会成为社会发泄的对象，尤其是在经济危机的时候，“炫富”绝对是一件很愚蠢的事情。

我们不知道这个电视台在大选之前推出如此有煽动力的节目的目的是什么，我们也干预不了新闻自由，但笔者只是希望我们华人中某些“成功人士”以后不要再做出“炫富”这么低级趣味的事情了，如果你真的要展示你的品位和富裕，请回国找个枪手帮你炒作，或者请你把身家财富捐出来做善事，那样才叫品位，而不是在西班牙给还要在当地奋斗很久的侨胞制造麻烦。笔者真不明白这样无来由的吹牛对一些华人意味着什么，是有快感吗？

在大量的华人黑暗面曝光之后，相信会引起很多当地人和政府的反感，但是笔者相信西班牙仍然还是那个很宽容的社会，即使有问题，也只是一时而已，但是毕竟这样的事情越少越好，否则量变会引发质变。毕竟做生意要高调，做人要低调。希望这件事能给我们那些爱“炫富”的同胞上一课。

要说有钱的移民群体，中国人绝对不能排第一。对于有些人来说，他们并不需要靠名车豪宅、一身名牌来证明自己有钱，他们更重要的是对精神层次的追求，个中差别，希望我们大家一起来体会。

（［西班牙］欧浪网 2011 -05 -26/劲鹤）

救助流落巴西街头粤籍侨胞后的省思

三月下旬的一天下午，总领馆李领事的电话打到广东同乡总会秘书长的手机上，告知有位广东台山籍侨胞，跪在总领馆门口不起，要求派人去协调，帮助解决问题。当即常务副会长苏新武、副会长陈荣添、秘书长林家富及秘书李金旺、苏福尾等人赶到总领馆，经一番了解，方知道“络”姓侨胞于两年前通过亲戚某种渠道，来到里约并在亲戚的角仔架打工，因不习惯和吃不了苦，一个月后离开亲戚的角仔架，开始在里约、后到圣保罗流浪。在圣市东家做两到三天，西家做四到六天，凡是粤籍老板的餐馆、酒吧，直至市中心的商店他都有工作过。但时间都不长，最后他干脆不做了，变成每天泡网吧、睡街道。后来一间中国教会收留他住宿，从此他白天外出，晚上回到这间教会住宿。这样经过一年多，终于挨不住，所以跑到总领馆求救。当我们见到他时，此侨胞身上异味难闻，衣裤肮脏，与街边的乞儿形状无异，严重的是他的精神几近于崩溃，语无伦次，一会儿跪地不起胡言乱语，一会儿用头撞墙，声称有人追杀。见此情景，我们先带他离开总领馆，在市中心靠近广东同乡总会的地方，租了个旅店把他安置下来。苏会长回家找些衣服给他替换，李金旺到快活鲜酒家帮助提供盒饭，同时联系他在国内的父母和在巴西的亲友了解情况，商量最终解决问题的办法，经过十多天的努力，终于使“络”姓侨胞顺利离开圣保罗，并平安回到中国的家中，交给其父母。

虽然此事件到此算是画上完美的句号，但如此结局是事件相关的三方面都不愿见到的。首先是望子成龙的“络”姓青年父母，原本希望他出国能成就一番事业，光宗耀祖。现在“儿子不得不打回原籍，在巴西不但浪费了两年的时间，还丢掉了原来不错的教师工作”。其次是办理“络”姓青年出国的亲属，里约的“梅”姓侨胞，原来希望帮“络”姓青年出来，给自己找一个生意上的帮手，也给了他一个出国淘金的机会。谁知道他做了一个月便不见了踪影，一点没帮上自己，还失了金钱，亲情上的损失也是不少。面对这个结局也是无可奈何。再就是广东同乡总会，作为侨团，同乡总会乐于见到同乡的侨胞们能到巴西并且很快适应环境，克服困难站稳脚跟，在旅居国开创事业，生根开花，有所成就。在此基础上同乡总会才会愈来愈兴旺。结果看到的却是“络”姓侨胞的落魄凄惨，不得不出手收拾残局。

“络”姓侨胞事件是一个典型，据了解之前也曾有类似的事情发生，大略估计应该占来巴西人数的1% ~2%。这个问题应当引起我们的注意和省思。

国内的人在出国之前，所看到和所听到的，都是外国遍地黄金，赚钱容易。看到某华侨在外国赚了大钱，除了回到家乡出手阔绰，住豪宅开好车，还非常大方给亲戚朋友金钱花。但这只是一些人或者是表面现象。当真正出国来到巴西，事实又是怎么样呢？古时有圣贤告诫我们“吃得苦中苦，方为人上人”。俗话说三百六十行，行行出状元，各行各业都有成功人士。巴西广东籍侨胞，大多数经营角仔架、酒吧餐馆。经营有道，富甲一方的大有人在，但其中的劳苦和辛酸，特别每天工作十四个小时以上的劳累，20 世纪 90 年代以前移民的老一辈侨胞还能承受和坚持。但 20 世纪 90 年代后期移民的特别是新近移民的年轻一代他们能继续艰苦吗？如果不考虑顺时就势转行，要继续经营这些行业，在考虑办理自己的亲属或帮手之前要慎重的考察和考虑，选择适当的人员。胜任的人才去办理，避免办错人既损失钱财又损失情谊。

虽然发生“络”姓侨胞事件这样不尽如人意的事情，但总体来说巴西是一个适合创业的好地方，是一个地大物博、资源丰富的国家。我们能有机会生活在这样的地方，应该珍惜和自豪。有许多老侨新侨艰苦奋斗，努力创业，不同程度地有了自己事业的一片天地，令巴西民众和其他国家移民对中国人的精神刮目相看。这还是我们巴西中国侨胞的主流。最后我们要感谢总领馆、教会和曾经帮助“络”姓青年的侨胞，使事件得以有这样的结局，并希望这类的事件今后不再发生。

（巴西侨网 2010－05－27）

警惕，伸向海外华侨华人的“会虫”

最近，以“中国什么”协会、学会、研究会、促进会的名义，联合“中国”某新闻媒体或机构，不时向各个国家的华侨华人发出通知，宣称预定几月几日在北京举办诸如“海外华人创业精英”、“爱国精英”、“杰出华人楷模”、“祖国建设功臣”、“爱国企业家”、“公益明星”以及什么“百强”、“百佳”、“百杰”等，听起来都是名头十分响亮的“高层论坛”、“高层峰会”、“表彰会”、“颁奖会”……在这些会议的邀请函件中，一般都标称会议召开地点在“北京人民大会堂”，会议住宿一般是“钓鱼台国宾馆”，莅临会议或出席颁奖者是拟请某某等真名实姓的党和国家领导人，还许诺会议期间安排某电视台、某日报资深主持人或记者“对您”进行专访，许诺“您”将作为大会“主席团”成员，发表多少分钟“演讲”等“殊荣”或高规格“礼遇”。

这里，首先需要提醒的是，这类冠以“中国”、“中华”字号的所谓的“正规机构”，大都是私人在中国香港或者澳门等地进行注册登记——因为中国大陆政府对使用“中国”、“中华”字号的机构具有严格的限度，这正好给这些浑水摸鱼的人留下了招摇撞骗的机会。其实，要想知道名头响亮的机构是否“正规”或真正具有“权威性”，只需通过互联网检索（如登录中国国家民政部“社团管理局”官方网站），或者向中国驻外使领馆咨询，一般都可以了解到比较确切的信息，不至于被徒有虚名、虚张声势的名头唬住。

其次，这样的会议，一般都是以挣钱为目的的“商业会议”。因为会展经济在中国处于起步阶段，难免泥沙俱下，鱼龙混杂，一些无良商人也参与到会展行业之中，以牟利为目的，难以谈上“会议质量与服务”。更有甚者，或采取欺诈手段，或无中生有，或瞒天过海，或用移花接木、偷梁换柱等手段，诱骗不明真相的人报名参加会议。

因为有了前述“唬人”的会议要素，如果你表示兴趣并联系参加会议事项，组办者就会根据你的轻信，许诺种种优待，然后开出你需交纳会议的各项费用，一般都要上万元人民币，多则几万甚至十几万元人民币。

记者了解到，一位海外朋友不久前就遇到类似的遭遇。等到回国后，从首都机场降落的接机开始，一系列变故就开始发生：首先是会议报名注册和住宿地点发生了变化，钓鱼台国宾馆“因有外事活动”被换成了钓鱼台大酒店；次日的会议原定是人民大会堂，被换成全国人大会议中心；“党和国家领导人”因为“有活动”不能亲临会场（跟对方理论，回答是文件上写的是“拟请”并不是确定）；晚会原定邀请的李玉刚、宋祖英等著名演员因为“外地演出档期冲突”，登台演出的都是“非著名演员”；中国著名新闻媒体记者专题采访是可以进行的，但是需要另外交付节目制作费或者播出费，如果不播出或发表，专访当然可以自动放弃；“高层论坛”没有见到一个“高人”，幸好归国参会者中不乏多才多艺者主动登台救场，方避免出现更尴尬的局面……

或许是在海外待久了，涵养变深，包容性更广；或许是人生地疏，投诉无门；或许是碍于“面子”，不想“丢丑”。总之，除了个别性格直爽的海外华侨华人参会者发了牢骚，当众质问了主办方负责人之外，大多数参会者只是“打掉牙往肚里咽”，息事宁人。对此，给予警惕是十分必要的。

（［日本］新华侨报网 2011－05－27/周冬霖）

呼吁成立打击族裔犯罪的专门组织

海外华人诈骗案不断见诸报章，例如：《德国开审华人诈骗千名同胞案》、《巴西发生针对华人诈骗事件》、《美国华人诈骗国内出口企业》、《法国破获多个华人诈骗团伙刷假卡购奢侈品牟利》、《加拿大频传针对华人诈骗案》等标题令人触目惊心。

想不到随着大量华人移民海外，骗子们也混迹其中跟着漂洋过海，把骗术带到了海外。这些年，听到的华人骗华人、同胞坑同胞的事例不少。几年前，美国打掉了一个华人黑帮，一帮人专门抢劫自己的老乡。以前，很多华人来北美都办政治庇护，被美国、加拿大政府发现很多人是造假的，于是关闭了这扇门。接着，很多的华人移民公司又给一些人办杰出人才，美国的移民局奇怪怎么一下子来了这么多的顶级人才，经调查，大部分又是假，结果是“假作真时真亦假”，真正的杰出人才也被拒之门外了。

我们现在在报纸上看到的，媒体上报道出来的案件，都只是冰山一角；大量发生了的，却没人举报，没有暴露的案件被大量地散落在社会的各个角落。一位华侨说，当初他在美国办绿卡，移民律师初次见面时热情倍加，对他的案子打保票，可是交完钱之后，态度立刻就180度大转弯，从此打电话不接，发邮件不回，结果拖了好几年，白花一万多元，最后绿卡还是没办成。听到一位华人聊天说，他去一家中餐馆吃饭，突然发现那家餐馆的服务员把别人喝过的饮料倒在一起，又端给了下一个客人。他后悔当时没带摄像机录下来，没留证据，否则真想去告他们。诸如此类的事件，恐怕很多华人都经历过、见到过。这样下去的结果会怎样呢?

因此，为了保护整个华人的利益，我们不能只把眼光盯准别人，整天注意别人对我们有没有歧视，而应当把矛头对准自己，规范我们自己的行为，揪出那些害群之马，不让他们再坑蒙拐骗，做毁坏华人声誉的事情。

中国一些国产的骗术，对于其他族裔来讲恐怕是闻所未闻，匪夷所思的。因此，当一些犯罪被举报之后，当地的警察对于侦破此类案件或许会缺乏经验，无法深入到华人族裔里去做深入调查，难以对付，致使犯罪分子逍遥法外，制造更多的案件来坑害同胞，损毁华人声誉。鉴于此，应在警察局内成立专门的族裔犯罪调查部门，专门招收华人警察来调查华人内部的犯罪案件。作为华人组织，不仅要为华人争取平等权益，更重要的是要教育华人遵纪守法，克服以往的恶习。还是那句话：身正不怕影子歪，我们自己身子正了，就不用你去争取，自然就会赢得他人的尊重。让我们从自我开始做起吧！

（［加拿大］《环球华报》2011－06－03/呼化）

中国富人席卷上万亿热钱外逃

中国的富有人群正在把钱转移出自己的国家——主要是在不安全感的驱动下。其中许多人甚至正着手准备移民。

据一份最新调查称，中国约60%的“高净值人士”——即那些拥有1 000万人民币以上可投资资产的人士——不是在考虑投资移民，就是已经快完成移民手续了。这份调查由中国招商银行和贝恩咨询公司联合进行。调查结果还显示，在那些拥有1亿元人民币可投资资产的人群中，有27%已经完成移民，47%正在考虑离开祖国。

这一令人吃惊的结果与美国财政部的非法钱款流向监控报告相一致：自去年夏季以来，发现从中国向外秘密转移的现金大幅增加。

几乎所有支持移民申请的基金都来自于中国，而且向外转移的方式违反了北京方面的严格规定。据非营利组织全球金融诚信（Global Financial Integrity）称，中国的非法资金转移在全世界首屈一指。2000年至2008年间，从中国流出的款项总额达到了惊人的2.18万亿美元。

“热钱”流出中国的势头于2008年第四季度再次抬头。彼时，中国中央政府宣布了经济刺激计划，启动了国民经济部分重新收归国有的新阶段。然后，温家宝总理开始向国有部门注入大量国家资金，国有金融机构开始将贷款转移到国家扶持的基础设施上。经济刺激计划的结果是，2009年中国经济增长的95%都归功于投资，而几乎所有投资都来自国家。2010年的这一比例也相差无几。

然而，北京方面的计划对私营企业家来说是有益处的——尽管私企在诸多经济领域受到国企排挤——这些人利用刺激计划引发的资产泡沫赚取了更多的财富。据招行—贝恩的调查称，中国高净值人士的数量今年将达到585 000名，几乎是2008年的两倍。

中国富有人群的移民潮毫无意外地引发了争论。“过去30年来，我们一直都在努力发展经济，现在这些社会精英们却想要带着大笔财富离开。”经济分析学家仲大军在接受

《环球时报》采访时表示，“这笔损失的财富甚至可能超过我们所吸引的外国投资。这好比在丰收季节到来的时候，我们却发现水果都到了别人的篮子里。”

显而易见，国内的私营企业主们，所能获得的机会比现在还要少。“我们只能期望富人们别那么爱国。”北京大学的夏学銮如是表示。现时现日，爱国精神可能是令中国企业家留在国内的唯一理由了。当然，仅从表面看事物是不够的。中国的富人们正在组团前往美国购入房产，并将自己的家人接到国外——如果他们还没有这样做的话。过去5年内，美国的中国投资移民大幅增长73%，而诸如加拿大之类的国家则在提高投资移民的最低投资额门槛原因是来自中国的投资规模相当巨大。

中国的热钱很大程度上造就了亚洲人在温哥华的第三次采购狂潮。2月，温哥华的地产经纪业务出现了“史无前例”的升温，中国买家大肆抢购独栋住宅、联排别墅和公寓房，销售量环比飙升70%。

外国人纷纷涌入中国，中国的企业家们却揣着钱出国。你认为到底是谁比较了解当下的情况呢？

（福布斯中文网 2011－06－07/章家敦）

是是非非话“歧视”

《欧华报》6月13日刊登的《我们所遭受的点滴歧视》一文再次引起了大家对这一老话题的关注。笔者读罢此文，觉得文中提到的点滴之事确实存在，但是反映出来的问题却和文中观点有些出入。

身在国外，歧视是个永恒的话题。不知道大家有没有注意到，歧视这个动词，我们总是使用它的被动式，却很少用主动式：我被歧视了，我遭到歧视……语言是人类思想活动的反映，这是不是说我们中国人总能察觉到被人歧视，而从不歧视别人呢？

原文开篇便说，一个小动作、一个眼神等就会让自己“感到受伤”，难道中国人真的这么脆弱？几十年前好不容易摘掉的“东亚病夫”的帽子，难道今天又重新戴上？文中首先借一位女侨胞之口，讲述了一件“遭歧视”的事情：大街上派送冰激凌时自己没有拿到手，便觉得留下心理阴影。这位女侨胞自己也承认，来西四年多和西班牙人工作，“几乎没有碰到什么歧视”，那么为什么小小的冰激凌事件就能让她挥之不去了呢？而且这位女侨胞还表示，如果是在中国，派发的人看到是老外来领冰激凌，一定会优先给予。可是她为什么认定自己没有领到冰激凌的原因是身为中国人，而不是其他原因呢？

如果说这次遭遇的原因尚不明了的话，接下来的一个例子就显而易见了。一位二厨下班后坐地铁，本来有位老太太坐在他旁边，看到其他地方有空位就起身离开了。这位二厨朋友自己都承认很可能“身上还有厨房的油烟味道”，但为什么一口咬定老太太换座位离开自己的原因是自己是外国人呢？

中国人的“集体意识”很强。小时候老师就教导我们：你的一言一行不代表你自己，代表整个中华民族，不要给中国人丢脸抹黑。于是我们就时刻提醒自己是中国人，没有领到冰欺凌也是因为自己是中国人，不愿意和自己坐在一起也是因为自己是中国人，而不是其他原因。集体意识强无可厚非，但是有时这种意识发挥到极致反而会成为歧视他人的工具。有不少中国人，面对西班牙人对国人的重重疑问，喜欢这样回答：“你说的那些都是青田人，不能代表中国。”笔者想起了十年前唱红大江南北的一首歌《东北人都是活雷锋》，歌里说一个人在东北被车撞了，司机肇事逃逸，一个东北人把伤者救了，最后说了一句：那个人不是东北人。一直有个疑问：那个人不是东北人是哪里人呢？总归是中国人吧？难不成是外国人？这种极力维护自己的“小团体”而排斥“大集体”，正是这种集体意识极端化的表现。青田人的确不能代表全部中国人，但是青田人属于中国人这是无可争辩的事实。为了表示出自己的高尚而排斥同种族，这才是真正“歧视”的表现。

诚然，人有三教九流，更何况中国这么一个大国。但有时我们的一些共性确实免不了被老外概括放大，而这一点也容易“触犯”我们“心灵脆弱”的国人。有打扮得花枝招展的小姑娘在网上问：“为什么老外都说中国人眼睛小，真讨厌。”中国人乃至亚洲人眼睛比老外小这是显而易见的事实，否定这种事实只能说明自己心里觉得“眯眯眼”很难看。我们受西方审美观影响越来越重，对于“剑眉星目”、“水汪汪大眼睛”心向往之，而再也不去追逐林黛玉那样“两弯似蹙非蹙罥烟眉，一双似泣非泣含露目”的传统美女了。相反老外其实觉得那样的眼睛很好看，像华裔女星片酬最高的刘玉玲，一双木兰眼迷倒无数众生，却有国人说，“这是美国人为了侮辱中国人而刻意选出来的丑角”。如果美国人也觉得她丑，为什么还要不停地让她演电影？难道视钱如命的好莱坞电影公司老板们觉得侮辱中国人比票房收视率还重要？

所以说，很多时候，你觉得遭受歧视的原因，正是你心里最为拿捏不得的软筋。如果你觉得小眼睛也可以很迷人，就不会为老外说中国人是小眼睛而抗议。如果你为做一个中国人而自豪，面对老外的“歧视”时也会泰然自若，毫不介怀。内心的强大才是真正强大的体现。

（［西班牙］《欧华报》2011－06－21/沈思）

我们是中国公民　权益应该得到保护

我们是旅居西班牙的青田县鹤城镇平演村人，其中2/3的人持有中国公民身份证和当地户籍。平演村在西班牙谋生的村民共有1000多人，几乎都是青壮年劳动力，现留守在村里的几乎都是老人和孩子。近期听中国的亲人说，我们村里的一座山刚刚被生产大队卖给了一个房地产商盖商品房。这座山本来归大队所有，按比例分配给下属的7个小队。卖山后所得资金现在由大队保管，准备让7个小队分发给村民。按规定，这座山属集体所有，大队卖山本来应该知会所有本村的村民，让大家签名表决，但是大队并没有这样做，他们在没有预先告知我们的情况下擅自行动，要不是村里的亲人打电话告诉我们，我们到现在还蒙在鼓里。另外，山被卖掉了，平演村全体村民都有权利享受卖地所得。其中有5个小队按照人头进行财产分配，无论留守人员还是在海外的村民都能分到财产，据说，村里有一位老人已经去世，他的儿孙仍然能得到分给死者的财产。然而，唯独三小队和四小队在财产分配上提出了一个很不合理的规定：只有村里的留守人员才有权享受村里的财产分配，所有在海外工作和生活的村民都无权享受。也就是说，我们没有权利拥有自己应得的那份卖山收入，这很不公平。

现在我们这些旅西侨民有的人开食品店，有的人打工，西班牙经济不好，大家的日子很不好过，有些乡亲甚至萌生了归国发展的想法。不管在国外生活多少年，我们一直都没有入西班牙籍，还是中国公民，在村里也有房子，虽然有将近1/3的同乡被注销户口，但是回到家乡，我们依然还是平演村的村民，跟留守的人员没有任何区别。一样的乡里乡亲，不一样的对待，我们情何以堪?

我们村以前很穷，都是靠在海外谋生的侨胞赚了钱寄回家，现在才慢慢富裕起来，平演村现在的繁荣离不开我们的艰辛劳动。其实我们并不在乎卖山收入自己能分到多少，站出来说句话、评个理的目的，就是想得到社会对我们这些海外侨民的身份认同，我们热切地希望故乡人不要忘记我们，我们还是青田平演村人，和乡里乡亲一样，在公有财产的分配上拥有同等的权利。这样，我们才能安心在海外生存发展。希望我们的诉求能引起青田县鹤城镇领导的重视，给我们一个说法。

最后，附上目前在西班牙谋生的部分平演村村民名单（略）。

（［西班牙］《欧华报》2011－07－01）

移民加速回乡　华人逆势增长

自从2008年经济危机爆发以来，不仅移民来西的数量开始减少，而且许多已经身在西班牙的移民开始选择返乡。如今，西班牙的经济危机已持续三年，始终没有好转的迹象，许多移民在坚守和观望之后，也无奈地走上了回乡的道路。

根据西班牙最近公布的一份相关报告显示，在2010年，西班牙进行住家登记的移民历史上首次出现人数减少的现象。去年第四季度，西班牙登记移民人数比上一年同期降低1.45%。这意味着在过去的一年中，离开西班牙的移民人数首次超过了50万人大关。然而这种移民加速回乡的趋势仅仅是开始，今年第一季度，离开西班牙的移民人数仍然保持了上升的趋势。其他欧洲国家的移民也都出现了这种返乡的趋势。但是，一个奇怪的现象引起了西班牙统计部门和社会学学者的注意：那就是在西班牙的各国移民加速回乡步伐的同时，旅西华人却反其道而行之，在一片深重的危机形势中，出现了人数的逆势增长。

南美移民加速回乡

据了解，由于南美移民在西班牙基本都是打工族，而且从事的多是建筑和服务等受危机影响较大的行业，所以在移民群体中，南美移民是失业人数最多的移民群体。同时，由于南美经济发展的起点低，在危机中仍保持了一定的发展势头，再加上一些南美国家，如巴西等国在世界性的经济危机中最先复苏，所以那里需要很多的劳动力。据世界货币基金组织今年四月份的预测，南美主要国家如巴西、智利、秘鲁、哥伦比亚、乌拉圭等国今年的经济增长水平将达到4.75%。面对南美经济的快速增长，大量失业的南美移民选择了返乡。

在西班牙移民返乡方面，有西班牙的经济学学者指出，在促进西班牙的南美移民回流过程中，遥远的中国也起到了相当的间接推动作用。这些学者说，由于中国经济一枝独秀快速发展，因此世界对原材料资源的需求量很大。而随着中国近年来大量投资南美的采矿业等基础资源产业，南美当地原材料工业开始快速发展，由此也产生了对劳动力资源的大量需求。这种需求对西班牙南美移民也具有很强的呼唤效应。

西班牙自从经济危机发生以后，针对移民所实施的自愿返乡政策，也促进了移民的回流趋势。而自愿返乡政策，主要就是针对与西班牙签有社保协议的南美国家而制定的。同时，随着危机的持续，西班牙的就业部门也进一步与南美国家签订了相关职业介绍协议，对于南美的移民优先介绍其祖（籍）国的用工需求，促进移民继续返乡。

根据西班牙劳工部所公布的最新资料显示，自从西班牙2008年实施了自愿返乡政策以来，共有2万多名移民选择了自愿返乡政策。而这其中的一半，超过11 000人是在2010年做出的决定。劳工部说，这些人数只是具体的申请人，并不包括他们的家人。如果算上其家人，则实际离开的人数要更多。此外，对于移民返乡政策，不同的慈善组织和各大区政府也提供了相应的优惠政策，这些都促进了移民的返乡。

由于以上原因，西班牙的南美移民从去年开始，出现了人数下降的趋势，到今年第一季度，这种趋势则更加明显。根据西班牙统计机构的资料显示，在今年的第一季度，西班牙第二大移民群体厄瓜多尔人的人数降低了7.16%，名列移民返乡人数的第一位，其次是哥伦比亚人降低了4.55%，再次是阿根廷人降低了3.89%，接下来分别是秘鲁人，降低了2.88%，古巴人降低了0.88%。由此，在第一季度内离开西班牙的移民总人数达到了4万人。

令西班牙统计学者惊讶的是，不仅西班牙来自南美的移民面对危机选择了回家，而且很多西班牙人也开始跟随他们到南美去寻找工作。在最近一年内，移民到阿根廷、古巴和巴西的西班牙人人数都超过了1万人。虽然这些西班牙人中可能包括一些入籍西班牙的移民，但这足以说明目前南美在提供工作方面所具有的吸引力。

华人移民人数逆势增长

就在西班牙的很多移民因为危机而加速返乡之际，西班牙统计部门的人员却惊异地发现，在西班牙移民总人数大幅下降的同时，一些亚非国家的移民，尤其是中国移民的人数却出现了逆势增长。虽然这种增长的速度与危机之前无法相比，但也令人瞩目。根据相关统计资料，来自亚洲巴基斯坦，非洲塞内加尔、阿尔及利亚、摩洛哥的移民人数在过去的一年中出现了一些增长，而来自中国的移民人数则增长得尤为明显。

对于华人移民人数的逆势增长，一些西班牙社会学学者分析说，与其他移民所不同的是，中国移民不是为了工作而来，他们来西班牙主要是为了经商，开发西班牙以及其他的相关市场。此外，旅西华人经济在危机中逆势发展，大量新店不断开业，也为那些初到西班牙的华人提供了大量的工作机会。现在，旅西华人所从事的产业已经不仅仅限于餐饮业，而是呈现出多样化的发展趋势，像仓储批发、百货零售等行业，都是能够吸纳较多劳动者的产业。而这些都为旅西华人的人数在移民加速回乡的情况下，呈现出逆势增长的态势提供了最基本的保证。

据了解，根据西班牙住家登记等的相关资料，除了华人合法移民的人数不断增加以外，用护照登记住家的华人人数，也就是非法移民的人数也呈增长趋势。而这些只是体现在政府住家登记中的内容，如果算上那些没有进行住家登记的非法移民，华人在西班牙人数的增加量可能要更大。在目前情况下，华人以合法身份来西班牙的主要途径，可以说仅剩家庭团聚和留学了，除此之外，随着中资企业在西班牙投资，开设分公司数量的增加，以特殊工作签证方式来西班牙的中方工作人员，也呈现出增长的趋势。在这方面，不久前才开业的中国工商银行西班牙分行就是一个很好的例子。

另一种体现旅西华人人数不断增加的指标是扎根居留的申请者和批准者人数。据介绍，近几年来，虽然西班牙劳工部门增加了对扎根居留审批的难度，但是仍有不少移民通过扎根居留的方式，获得了合法身份。而这也说明，虽然西班牙从2008年开始遭遇了经济危机，但并没有阻挡华人移民通过各种方式来西班牙的步伐。

同时，根据西班牙劳工部公布的资料显示，与中国移民情况相类似的，还有巴基斯坦移民。他们来到西班牙的目的也是以经商为主的，不过主要集中在巴塞罗那。巴基斯坦移民与中国移民的人数和经济实力相比，还有很大的差距。

（［西班牙］《欧华报》2011－07－21/凌锋）

因心理问题陷“泥沼”　留学生跨文化适应问题凸显

从20世纪70年代末开始，中国政府大力倡导中外教育交流，大量中国学生到世界各国留学深造，其中以公费和申请奖学金为主。随着中国经济实力的逐渐提升和留学政策的放宽，越来越多的家庭有能力自费把孩子送到国外学习。中国留学生的数量成倍增长，构成了国际学生中最大的学生群体。尤其是近几年，有的家庭鉴于国内高考的重压，以及国际学校的高质量教学，直接将孩子送到国外读大学，甚至中学。中国留学生呈现年轻化、低龄化等新趋势，从而使得留学生本已存在的跨文化适应问题凸显出来，表现为一些人的心理问题和疾病。

由于中国文化不提倡表达和倾诉，而在国外适合中国人的心理疏导资源又非常匮乏，个别留学生因心理问题陷入“泥沼”，不但影响了学业发展，极端严重者甚至对自己和他人的生命造成了威胁、伤害，产生了恶劣的社会影响。留学生的心理疏导成为不容回避的一个问题。

造成中国留学生心理问题的外部诱因主要包括文化冲突、现实困难、学业压力、语言障碍、社交压力，以及对工作、移民等问题的迷茫；内部因素则包括低龄化、出国准备不足、性格特征、道德状况、个人能力等。

在内外部原因的共同作用下，中国留学生容易出现以下三种心理问题：第一是适应性问题，教育模式的转换和社会文化的跨越给留学生造成适应困难，许多中国留学生压力感、挫败感、隔膜感、迷失感深重；第二是情绪问题，一些中国留学生过着封闭的生活，容易出现孤独、抑郁、焦虑、社交恐惧等问题；第三是社会行为问题，包括自杀、伤人等。

解决中国海外留学生日益突出的心理问题，可遵循三原则：自身的调整和适应是关键；家庭的关心和支持是根基；社会、政府的关注和疏导是保障。

留学生出国前，在学习、经济、生活等各方面应做好充分的心理准备。在学习之外，应走出家庭，走出学校，多参与社会实践，在经历中提高适应能力和应对能力；多与人交往，在互动中培养人际沟通能力和情商，塑造健康成熟的人格结构。留学生到了国外后，在紧张的学习和艰难的适应过程中，要注意体察自己的情绪、心理变化。当发现心理问题的迹象后，要摒弃讳疾忌医的错误观点，积极寻求专业人士的帮助，预防心理问题恶化。

父母作为最重要的亲人，在留学生的心理成长和人格发展中起着最为关键的作用。出国前，父母应该营造和谐的家庭环境，身体力行为孩子提供健康成熟的认同客体，鼓励并提供宽松的教育环境，让孩子在学习和生活中自立自主。出国前，父母要“疏”；出国后，父母要“亲”。留学生在国外，因为语言和课业的原因，和外国人、中国人都很难建立交心倾诉的关系，产生严重的孤独感。过去建立的人际关系，尤其是亲子关系成为留学生的重要资源，但是“报喜不报忧”是中国学生对父母默认的规则，所以父母很少听到孩子“倒苦水”。父母应该主动和孩子建立朋友关系，让孩子能够轻松沟通，与孩子一起分担留学生活的艰难和快乐。

留学生自身和家庭调整了内部环境，社会和政府则可着力于创造、优化外部资源环境。由于语言、经济和文化三重障碍，尽管一些国家有足够的心理帮辅资源，中国留学生还是无法利用。如果国内和国外的心理辅导资源能够整合，可能效果更好。

近来媒体报道了一些留学生出现严重的偏差行为，包括自杀和伤人，对自身和社会都造成了严重的影响。问题行为是心理障碍的表现形式，虽然是个别案例，却为我们敲响了警钟。政府可统筹建立留学生危机干预系统，组织国内外有经验的专业人员及时对危机状态的留学生进行心理疏导。

在留学生群体中，最需要关注的是渐渐增多的低龄学生。他们的心理尚处于发展成熟的过程中，抗挫折能力弱、适应性低、稳定性差，是最容易出现心理问题的群体。对于该群体，中国驻各国使领馆可以借鉴国内中学和高校的做法，建立专门的心理咨询机构，常规性地开展心理健康活动，积极主动地帮助他们在心理上尽快成熟起来。

（《人民日报》2011－07－27/朱松）

社会诚信是意华人社会发展根基

近段时间以来，意大利报章经常会出现一些关于华人社会的负面消息。如：某日，华人地下工厂被查封、华商进口的假冒伪劣商品被查扣、经过抽样调查华人企业普遍偷税漏税等。随着负面报道的影响不断扩大，接踵而来的便是当局对华人企业的深度检查，以及公众不断加深的对华人的仇视情绪。

华人在意大利的来自各国的移民群体中，从人数上不算最多，也只能排在前10位左右。根据警方对各国移民犯罪率的统计，来自东欧、非洲等国家的移民犯罪率最高，华人移民是犯罪率相对较低的移民群体。华人移民群体犯罪率低于其他一些国家移民的平均水平，那么，当局、媒体、公众为什么总是喜欢盯着华人群体不放呢？这恐怕与华人的生活习惯、华商的特殊经济圈不无关系。

生活在意大利的各国移民与华人圈不同，多以打工者居多，并散居在意大利的各个城市。而华人社会则喜欢扎堆群居，包括投资办厂也喜欢聚在一起。在西方人眼里，华人大有挤走当地人的态势，普拉托就是典型的意大利华人社区缩影。十几年前，普拉托的两大商品批发工业区全部掌控在意大利人手里，华人最多是为他们做做加工而已；如今，普拉托两大工业区已经布满了中意文的广告和店牌，95%以上的企业主已经易主华商。

华商在意大利尽管人数不是最多，但经济实力、市场运作能力最强，这是不争的事实。根据当局有关部门的统计，在各国移民中，华人向祖籍国汇款最多，而且数额巨大。特别是全球爆发金融危机后，作为后经济危机时期的意大利，民众的收入在不断缩水，多数公民都在为生计忙碌，为筹措假期旅游的费用而犯愁。此时，华人开好车、购豪宅、出入高档消费场所，一掷千金。这让当地人的嫉妒心怎能不有所膨胀呢？

意大利是一个以轻工产品为主的国家，轻纺、皮具在国民收入中占有相当大的比例，全国该行业的从业人员最多，且多数为家族性企业，中小型企业在70%以上。华人在意大利从事的行业，正是意大利民众参与最多的行业。由于华人企业经营成本低、经营灵活，在某种程度上已经给当地企业造成一定冲击，迫使一些已经丧失竞争能力的意大利人企业不得不退出市场。

政客的指责也罢、媒体的渲染也罢。我们可以把它视为，其一是执政者的需要，其二是媒体为吸引公众眼球而找新闻亮点炒作，以此扩大发行量。但是，我们必须正视华人社会的的确确存在着很多容易被公众指责的软肋，也正因为如此，意大利华人维权问题始终得不到根本意义上的保护，华人的整体社会诚信到了必须加以挽救的地步。

无论是在中国，还是在西方，市场经济在一定意义上说就是信用经济。没有信用，就没有秩序，市场经济就不能健康的发展。意大利当局整顿和规范市场经济秩序无可非议。中国驻意大利使馆曾发表声明，支持意大利政府整顿和规范市场经济秩序，并敦促当局在整顿过程中，保护华商的合法权益。这就说明只有合法，才会受到保护，对于这一点华商应引起高度的重视。

信用危机时时刻刻在影响意大利华人企业的整体形象，也制约了华人经济快速健康发展。社会信用不是一个人、一个企业的问题，它是意大利华人社会的共同财富。在旷日持久甚至带有野蛮性检查过程中，华商可以说已经饱受了信用危机之苦。是苦中作乐，还是创造光明的出路？意大利华人社会到了必须进行抉择的时候。华商只有在今后的经营中，远离灰色经济，依法经营，依法承担社会责任和义务，华人社会才能够逐步恢复社会信誉。而这种积累信誉的过程，将是一个漫长的过程。

社会诚信是公众对一个群体长期产生的意识观念，是华人社会取得长期稳定发展的根基。意大利华人社会要扭转信用危机，改变在当地公众意识中长期形成的灰色形象，就必须树立诚实守信的理念，自觉呵护群体声誉。与此同时，还应加强社会舆论的引导和宣传，营造出一个重塑华人形象的社会氛围，共同支撑起挽救信用危机的平台，并为之做出不懈努力。

（［意大利］欧联通讯社 2011 – 07 – 28/博源）

寻根“热”　“冷思考”

每到暑假，各大夏令营都会是中国的一景。以前国内夏令营方兴未艾之时，媒体的焦点都聚焦在这项新生事物之上。而如今，夏令营已不鲜见，新鲜的是参加的人——华裔青少年。这些年，有关华裔寻根之旅夏令营的报道纷纷见诸报端。

其意义自不必说，无外乎增加海外华裔青少年对祖籍国传统文化的认知，增加对祖籍国的了解，提升他们对中国的认同感，不要断了与中国的血脉亲情。

无论是从政治还是情感方面，确实如此。在很多华裔青少年看来，在国外的环境中，“黄皮白心”的生存状态让他们成了真正意义上的“香蕉人”，这为成长期的他们带来的是身份的困惑。寻根夏令营确实让他们体验到了归属感，这重大意义不容忽视。

于是，各地纷纷组织华裔青少年寻根之旅夏令营，长则一个月，短则十来天。但是，笔者认为，寻根之旅自有其意义，但不能夸大。否则也会沦为政绩工程，形成规模攀比之势，而于实际无益。

翻阅有关寻根之旅夏令营的报道，内容多是寻访名山古迹、游山玩水之旅，高雅点的可能会参观教坊书院，通俗点的可能会探访民居小巷。十多天的走马观花，能对中国形成什么样的印象，效果未为可知。正如，带着孩子去美国旅游，十来天的旅程，只能惊奇于景色之异、生活之奇，至于一下镇服于美国文化，我看倒也未必。

俗话说，读万卷书，行万里路。行万里路固然可好，但读万卷书也是题中应有之义。读万卷书是储备，行万里路是体验。没有万卷书的储备，万里路毫无新鲜之见。正如去美国行前，没有查阅一下美国的名胜古迹，结果去到那里，实难有共鸣之感。

还有，海外的华侨华人有5 000多万，子女的数量也不在少数，而能来参加寻根之旅的青少年却并非多数，虽然可以靠口口相传，但毕竟事倍功半。

寻根之旅搞不搞？当然要搞。但延续血脉亲情不能只靠十来天的集体活动，而是应该有相应的配套服务。至少在华文教育方面要下大力气，在文化层面上加大投入，这样见物生情，才会产生共鸣。

前几年参加世界华文教育大会，聆听了各位在华文教育一线教师的发言，总体感觉，东南亚国家华文教育有所规模，欧美国家还有待改观。

周围很多年轻朋友学了十几年英语、日语，结果去了美、英、日本等国，羡慕不已，有的还生移民之念，不能不说英文、日文教育的成功。可什么时候听说过，华裔青少年回中国参加完夏令营之后，有移民中国之意，至少我还未曾听说。

（《人民日报·海外版》2011－07－29/子默）

华人商铺周末开店惹非议

中国人往往有急功近利的心态，喜欢“闷声发大财”，认为法不治众，只要不点名道姓说自己就无所谓，对西班牙社会及媒体的批评置若罔闻。在经商中，部分华商也会不合时宜的弄些“小智慧”，而弃当地的风俗习惯、市场规则不顾。近期巴塞罗那一些地区，陆续有华人商铺在周日营业时，遭到西班牙人举报，称“中国商人违反西班牙商业法律规定，在周日私自营业”。这些商铺无一例外都被警察给予口头警告，并被勒令立即关门。有些华商因为害怕而停止了周日营业，但仍有些华商半开着门，试图遮遮掩掩继续做生意，为了一点小利，而置警察的警告不顾。

在节假日或是周末，西班牙人的商铺往往选择休息，而华人的商铺很多都在开门营业。这种现象在西班牙各地都普遍存在。许多中国侨民对西班牙人崇尚休闲的生活习俗不能理解，进而理解成西班牙人“笨”，认为西班牙人没有把赚钱放在第一位，过于享受生活，因为太懒惰而导致他们现在生活不如中国人。因此，部分华商明明知道西班牙政府对商店的营业时间有严格规定，但仍然在偷偷摸摸地延长营业时间，甚至在被政府查到时会百般辩解，坚持自己没有错，表示出倍感委曲的心态。记者在采访中，听到一些华商对西班牙人的告发嗤之以鼻，说：“我们不偷不抢，依靠自己的勤劳赚钱，现在经济这么差，只有星期天的生意会比平时好一些，我们不能放弃这个机会。西班牙人告我们没有道理，他们是在歧视中国人，自己懒惰却又嫉妒中国人勤劳赚钱。”

当这些中国人在指责西班牙人不理解中国人“勤奋”时，却没有注意到，他们周末或节假日生意好，部分原因是因为当地的西班牙人商铺都在休息，没有营业，华人商铺缺少了竞争对手。对此，很多的西班牙人和当地的商会组织对中国人一年365天没有休息地营业进行批评和谴责。他们对中国人的“勤奋”充满不解和忧虑。一位西班牙酒吧老板称：“没有人能够和连星期天都不愿休息的华人竞争，中国人不守商业规则，法律规定星期天不准营业，我们的店都关门休息，为什么你们中国人不休息？我们休息时，中国人在拼命赚钱，这种竞争不公平，我要抗议我们的政府允许中国人这么做。拼命工作的中国人抢走我们的机会，我的酒吧现在不得不延长工作时间，否则，我的酒吧很快就会被中国人挤垮，中国人在改变我们悠闲舒适的生活方式。”

要得到别人的尊重，首先自己要尊重别人。诚然海外华人传承着中国的传统思想，认为勤奋是一种励志的精神力量，华人信奉天道酬勤。在华人的励志诗句中不乏：“鞠躬尽瘁，死而后已”，“勤能补拙、业精于勤”……在中国人的眼里，修身、齐家、治国、平天下都离不开勤奋。但是西方人也有他们自己的价值观，西方人从骨子里崇尚优雅闲适的生活方式。在现实生活中，欧洲人的假日全年超过150天。在休假期间，则是商场关门闭户、街上行人稀少。即便是生活在贫困线上的欧洲人，凡是节假日或是度假时期，他们仍然会想尽办法停止工作，放松自己。

当两种价值观发生冲突时，当中国式的“勤劳”与西方传统的生活习俗相悖的时候，当“利”与“义”发生冲突时，我们不能有急功近利的心态而忘记了为人之“义”，忘记了为商之“义”。或许有些华人会说，西班牙法律中规定只要是商铺在500平方米以下，与居民生活密切联系的诸如酒吧、理发店等商铺在周末可以营业，我们周末营业不违法。西班牙人见不得中国人过得比他们好，因此他们找机会整我们中国人，他们心态不好，希望中国人的店铺都关门。

记者以为这是华人为自己所做的片面辩解，是一种狭隘的思维。说这话的华商没有考虑到，这是西班牙人制定的法律，他们比中国人更早地接触到这条法律，更清楚这条法律的存在。但是周末休息是他们的生活习惯，华人是外来移民，他们不会因为中国人的到来而改变他们的这种习惯。这是他们的国家，当中国人迫使他们改变这种习惯时，他们会抗争，会对中国人产生怨恨，甚至敌视。

当前西班牙仍然没有走出经济危机，在社会各族群中，华人一枝独秀，逆市而上，其经济实力不仅没有削弱反而日益增强。华人商业的成功，自然会引起当地竞争者的不满甚至敌视。同时华人由于语言和对当地法律及商业环境了解的不足，又是与当地政府存在最多误解和纠纷的族群。在近期西班牙的媒体报道中，我们都能看到各种各样对华人的控告和指责。“不遵守营业时间”、“偷漏税”等几大罪状成为西班牙主流社会对华人以偏概全的评判。因此，旅西华商们有必要提高警惕，在维权的同时，也要进行反思。特别是当我们的勤劳观与当地社会的价值观发生冲突的时候，我们应该主动地融入和适应到当地社会中，尊重他们的习俗，与当地民众友好相处，体现出真正的“大智慧”，为自己在西班牙的发展创造有利的外部条件。对于一些华商在受到警察的口头警告、当地民众的批评之后仍然以中国式的“勤劳”顶风营业的现象，记者认为不应该得到同情和鼓励。

（［西班牙］《欧华报》2011－07－30/郑正军）

华人精英上下位：修身方能齐家治国

最近华人有两位精英见诸报端，一位是伯克莱加大法学院副院长、知名自由派宪法学者刘宏威被加州州长任命为加州最高法院大法官；一位是俄勒冈州连任7届国会众议员的吴振伟因涉嫌性丑闻辞职。这一上一下在华人社区掀起波澜，引起人们对华人参政的思考。

刘宏威的被任命，在不少人的意料之中。这位被称为“华裔之光”、著作等身的宪法学者，有着优秀的才华和素质，曾被奥巴马提名为联邦第九上诉巡回庭法官，被认为是未来联邦最高法院大法官后备人选，有望成为最高法院首名亚裔大法官。刘宏威的联邦法官提名，在参院多次被共和党议员拖延阻挠，最终被共和党人全力封杀。刘被封杀，更多的是显示他实际上成为两党意识形态争斗的牺牲品。尽管加州州长的任命还要经过一个委员会的讨论，但基本上可以说刘宏威成为加州最高法院大法官没有悬念。

刘宏威今年 40 岁，有美满的家庭，妻子也在伯克莱加大法学院工作，有两个可爱的孩子。家庭美满，事业成功，值得一提的是个人私德亦没有瑕疵。

和刘宏威一样毕业于耶鲁大学的俄勒冈州民主党众议员吴振伟，也曾是华人骄傲。吴是美历史上少有的华裔国会议员，在众院，吴致力于许多民生议题，对华人来说，吴最值得称道的是他在国会提出并促成亚太裔高等教育机会法案的通过。

吴振伟在华人参政上有个值得后来者学习的优点，就是注重和主流社会的交流并获得认可。在俄勒冈州，吴振伟所属选区华人只占 5%。吴振伟连续 7 次连任成功，可以说相当不容易。华人参政者不仅需要华人支持，更应努力争取主流社会和其他族裔的支持。

吴振伟因性丑闻下台，大多数华人都感到十分惋惜。尽管吴为自己辩解是双方同意的，但他已没了机会。众议院民主党领袖波洛西要求道德委员会调查吴振伟，表明民主党内已不支持他，党内不支持当然有吴本身丑闻缠身的原因，但是政治选举的影响也很关键。2012 年民主党面临严峻的选战，不容许有任何负面因素出现。

吴振伟下台后，国会众议院就只剩下赵美心一位华裔众议员了。去年国会中期选举前，国会还有 3 位华裔众议员，给许多华人以鼓舞。如今可谓世事难料，也凸显华人参政中的个人道德修养问题的重要性。中国有“修身齐家治国平天下”之说，其身不修，何以齐家继而治国平天下？后来者为吴振伟惋惜的同时，应该汲取吴振伟从政的经验教训，为华人在美国参政开拓更大的空间。

（［美国］《侨报》2011－08－01/一娴）

做个堂堂正正的“有钱人”

中国人“很有钱”却很“低下”

中国人普遍很有钱，但是都很“低下”。这句话是一个老外看到中国人驾名车、吃大餐后对记者发出的感慨。

当个人财富积累到一定的程度，回馈社会的多少就成了衡量一个公民道德水准的杠杆。受教育程度普遍低下的中国侨民，是不会在这方面多动脑筋的。西班牙政府的税务政策，对那些热衷公共事务、信仰天主、崇尚感恩的纳税人来说，还是比较合情合理的。但是，对依靠自我封闭的勤劳赚取财富的中国侨民来说，还很难达到这个高度。现金买进、现金卖出，没有公开的进货登记，没有明示的出货记录，收入和净收益的多少，自然也就无人得知。这些半遮半掩的带有"灰色"的钱款一旦积累成多，如何化解自然就成了不宜公开的"秘密"。

据记者了解，活动在中国侨民中间的"汇款机构"并非公益单位，他们所进行的汇款业务同样收取费用，取费标准几乎跟银行相同。既然如此，人们依然对此趋之若鹜，业务量仍然源源不断。

西班牙和中国有很大的不同，诸多的银行虽然背景各异，但是都具有相当完善的规章管理制度。作为专门为"钱"服务的机构，它们在服务客户、保障利益的同时，还承担了特定的监管义务，特别是来历不明的款项的转进、转出。中国人则不然，他们知道这些优势的存在，但是他们担心，加入监管，到了自己，怕是想说都说不清楚。在被中国人认可的汇款机构中，各种身份证件、各种护照及有效证件的需求大得惊人。很显然，冒用他人名义汇款，是摆脱自己"风险"最为有效的手段。从这个意义上说，这种非实名制的汇款无异于洗钱。

灰色地带自然是非多。私底下招揽汇款业务的机构，最能引起匪徒的注意。上周末发生的绑架抢劫事件，虽然以嫌犯被抓作结尾，但是引出的问题足以让每个人警觉，有道赚钱却无路汇款，华人为什么总要涉足在灰色中，才能得以生存？

有钱更要做银行的"上宾"

有钱人是银行的上宾，这是人人皆知的道理。贵为"有钱人"的中国侨民，能不能通过有钱的事实转换自身的形象，实实在在地做一回"上宾"，这个恐怕不是很难。

除了老牌的西联公司之外，中国工商银行等机构都在海外设立了自己的业务机构。其中，汇款业务占据了大多数。目前，全球已有来自40家银行加盟西联公司的电子渠道计划，提供西联公司"账户汇款"服务。"账户汇款"服务集成了银行系统并为银行客户在任何时间、任何地点提供更丰富的渠道，其中包括网上银行、电话银行或者自动提款机。

另据报道，继中国邮政储蓄银行、中国农业银行、中国光大银行和上海浦东发展银行之后，在过去12个月中，又有五家商业银行开始提供西联汇款服务。这五家银行是吉林银行、哈尔滨银行、福建海峡银行、浙江稠州商业银行和烟台银行。

由此可见，个别侨民并不是没有汇款出路。究其缘由，是个别人心里瓶颈作祟，小算盘使然。以眼下越来越严苛的财务检查来说，依靠非正常渠道化解逃税风险，就是想做，怕也是很难了。与其使用非法渠道汇款，冒天大风险携款冲关，倒不如规范做账，合理报税。只有这样做，才能逐步化解沉积问题，摆脱负面指责，堂堂正正地做一个有钱人。

（［西班牙］《欧华报》2011－08－04/晨阳）

普拉托华社之20年变迁

意大利中部托斯卡纳地区的普拉托市，人口不到19万。据官方统计数字，这座城市外国移民人口比例为15%，华人是这座城市外来移民中的最大族群，占外国移民人口的40%。而据民间流传的说法，华人移民数量远不止此。

在意大利，普拉托华人的绝对数量已经和拥有数百万人口的罗马、米兰等大城市相提并论。据网络上较权威的统计比较，普拉托已成为继伦敦、巴黎之后，欧洲第三大华人聚居城市。

普拉托除华人人口密度高外，其受关注还有一个重要原因：在当地华人企业的推动下，这座城市如今扮演着欧洲甚至更大范围内重要纺织品集散地的角色。这里华人经营的时装成衣企业名噪海外，慕名而来的各国服装经销商络绎不绝。但近些年，华人企业明显感觉到原来的经营发展方式在当地遇到越来越大的社会压力，华社同当地社会的融入问题也越发成为舆论关注的焦点。

近日，新华社记者对当地华社进行了走访调查，并就当地华人的融入和发展问题采访了普拉托市市长、普拉托省省长以及该市所在的托斯卡纳大区主席。在记者动身前几天，意大利著名的文学奖——斯特雷加文学奖授予了一部讲述普拉托本地中小企业兴衰历程的文学作品《我家乡人的故事》。在全球化和经济不景气等因素影响下，自己的家族纺织企业遭市场竞争被淘汰出局，作者爱德华多·内西对此感触很深。内西在接受新华社记者采访时，将普拉托比喻为一间活生生的研究全球化的“实验室”。

普拉托位于意大利托斯卡纳大区首府佛罗伦萨西北不到20公里的地方，地方支柱产业为纺织业，众多小企业根据产业链分工，形成产业集群，这一结构对产业的生机和活力大有裨益。“二战”后，普拉托经历了人口迅猛增长阶段，移民主要来自意大利国内尤其是南部地区，当地人口从1951年的7万多人增长到1991年的16万人之多。

据普拉托地志记载，早在十四五世纪，毗邻比森齐奥河的普拉托凭借发达的水利设备在羊毛纺织加工业以及相关贸易方面闻名欧洲。欧洲工业革命期间，普拉托的纺织生产设备和纺织品加工工艺处于领先水平，确立了其产品在国际市场上的优势地位。进入20世纪，普拉托纺织工业的设备技术不断更新，裁制加工工艺不断提升，新型面料不断研发和应用，使得这一地区保持了在纺织品生产方面的传统领先优势，其生产加工的针织品更是在国际市场上首屈一指。

1989年，普拉托仅有38名中国人，而截至2006年底，已有超过1万华人持合法居留证生活在普拉托市。根据市政府公布的最新统计数据，截至2011年6月30日，普拉托市登记居民人数为18.9万人，外籍居民登记人数约为3万人，外籍人口比年初增加4.03%，华人在当地是第一大外籍族群，而且呈逐年增加趋势。

普拉托华商会副会长王增理来普拉托发展20多年，据他介绍，20世纪80年代末，受经济全球化冲击，普拉托许多纺织业小工厂或关闭、或面临劳动力成本高的困境，吃苦耐劳的华人移民很快在这里找到生存发展空间，同时也为普拉托纺织业参与国际竞争注入新活力。

2000年前后，越来越多普拉托华人开始自立门户，自产自销，凭借价格上的优势很快赢得市场，当地一些意大利服装企业则在市场竞争中逐渐走下坡路。后来，华人企业又开始进军面料市场，这对普拉托当地传统的优势产业——面料生产加工构成直接冲击。有统计显示，自2001年以来，意大利人在普拉托注册的纺织企业已减少一半，而同期华人企业迅速增加。

与这一变化相伴而生，当地社会越来越注重华人增加、华企发展给当地造成的影响。2009年中，受中右联盟支持的罗伯托·琴尼在普拉托市长选举中获胜，终止了63年来普拉托市一直由中左派掌权的局面。当地媒体在分析这一变局时提到两点原因：一是纺织工业区面临的危机，二是华人移民问题。随着新政府上台，对当地华企经营整治力度明显加强，预示着普拉托华社发展将进入新的调整期。

（新华网2011-08-08/宋建 王昀加）

荷兰华人为什么能融入当地社会?

不久前，记者随中国侨联访欧团赴荷兰了解当地华社情况，与荷兰华侨华人谈起“融入”的话题。记者发现，大多数荷兰华人并不认为“融入”是一个问题，他们会很自豪地告诉你：“在欧洲，荷兰的华人是融入得最好的。”

记者在采访中也发现，荷兰华人之所以能顺利融入当地社会，是因为老一辈华人铺垫了平坦道路。

“百年舞百狮”的意义

在荷兰期间，恰遇当地华侨华人隆重举办“华人移民荷兰百年庆”舞狮活动。

那是7月9日中午，荷兰京都阿姆斯特丹的水坝广场，出现了令人惊叹的壮观场景：由百头五彩斑斓的中国狮子组成的大型舞狮队同时起舞。如今在中国都少见的大型舞狮活动，却在异域他乡见到，着实让人震撼。

本次舞狮活动的主办方是荷兰百年华人志庆基金会。基金会主席杨华根告诉记者：“用舞狮纪念登陆百年，这个设计，本身表示了我们华人对融入的态度。”

舞狮需要力量、灵活、耐力以及团队的合作精神。1911年，华人登陆荷兰，把舞狮这项中国传统活动介绍到此。华人在荷兰的最早舞狮表演，是在1945年水坝广场举行的荷兰光复日活动。而此次舞狮活动的500名志愿者中，不仅有华人，还有为数众多的荷兰人。杨华根说：“他们来自荷兰各地，经过了半年左右的训练，今天欢聚在此，展现了华人与荷兰各族裔百年来的友谊。”

从北京前来荷兰参加庆典的中国侨联副秘书长林佑辉说：“此次百狮巡游，是华人在荷兰立足并创造新生活的必要坚持，也是对老一辈华人的致敬，感谢他们为后辈铺垫了平坦的道路。”

据林佑辉介绍，历经百年，荷兰的华人族群已发展到12万人，成为荷兰社会第四大少数民族。华人已成为中产阶层以上的一个富足族群，他们遍布荷兰的大小城镇、村落，他们的第四代已经长大成人。他们中有餐饮业主、企业家，还有更多年轻有为的律师、工程师、时装设计师、艺术家等。

变“聚居”为“混居”

“融入，除了华人的努力，还需要当地环境的许可。”在荷兰访问期间，荷兰中国总商会副会长袁诚信先生和旅荷华侨总会副会长胡克勤先生一直陪着记者，走遍了阿姆斯特丹和海牙的大街小巷。

长期以来，荷兰在世界上以宽容和文化多样性著称，其宽松的移民政策吸引了来自世界各地的众多移民。

在荷兰，两种现象引起了记者的注意。一是，这里的“唐人街”并没有明显的标志，如果没有华人的介绍和指引，在阿姆斯特丹，你是找不到“唐人街”的。二是，只要打开GPS导航，到处都能发现中餐馆，仅在阿姆斯特丹就有400多家。

我问华人导游袁国勋先生，阿姆斯特丹有没有“唐人街”。袁先生说：“有，但不明显，因为当地政府不鼓励华人聚居在一起，而是鼓励和各族裔融合、混居。”

在海牙，要找到唐人街则不难。在唐人街的两头，都有唐人街牌楼，高悬在牌楼正中的匾额上，“海牙唐人街”五个书法汉字遒劲有力。

据胡克勤先生介绍，矗立在海牙唐人街的这座牌楼是由海牙市政府出资兴建的，预算达40万欧元，去年1月落成，这在欧洲尚属首例。

“海牙唐人街”，体现了荷兰政府对华人街区的肯定，以及对华人为当地文化、社会和经济发展作出的努力与贡献的认可，成为当地华人融入主流社会的重要标志。

“融入，要有平和的心态”

一位在荷兰深度旅游过的旅行者，这样谈论自己的感受：“荷兰城市是那种敞开心胸，以包容和接纳的姿态来对待游人的，它让你觉得，即使是旅游一两天，自己也是这个城市的一分子。”

要理解“融入”在普通华人身上的体现，可以去荷兰的Zierikzee小镇看看。小镇人口不多，生活悠闲安逸，目前有四户华人家庭。

华人袁冠鹏在小镇开了一家咖啡餐馆。中午时分，餐馆里坐满了当地人。荷兰的夏天是一年中难得可以充分享受阳光的季节，所有客人都坐在餐馆外，边晒太阳边用餐，袁冠鹏和太太及儿子则忙前忙后。

华人袁冠鹏和他的太太经营一家餐馆

客人少的时候，袁先生就和当地人边聊天边下棋，打发一天的疲劳。

袁冠鹏已是四代居住于荷兰，他的弟弟也在镇上开中餐馆。他的家族史，可说是华人移民荷兰百年的一个缩影。和袁先生聊起“融入”的话题，他说，由于中国人具有吃苦耐劳的传统美德，荷官方及民众对华侨华人有较好的印象。年青一代的华侨华人大都受过高等教育，就业途径也较为广泛。

他最后说：“其实，华侨华人融入当地很简单。以一种平和的心态和当地人友善相处，尊重他们，做好自己的事，你就得到了尊重。”

（《人民日报·海外版》2011-08-15/聂传清）

普拉托华社暗娼市场挑战伦理道德

生活在普拉托的华人如果按行业划分大致可分为纺织服装批发、辅料供给、生产加工以及为华人社区配套服务的服务行业。普拉托华人经济圈，一线的批发企业直接服务当地零售商和欧盟各国前来采购的企业，与之配套的服务性、加工型企业则完全封闭在华人的经济圈，从不与外界接触。

普拉托华人服务性行业又分为电信、汇款、餐饮、货行、运输、家电维修等。最近几年，随着华人社会生活质量的不断提高，舞厅、桑拿、按摩也应运而生，但最受欢迎和生意最火爆的服务业在普拉托应该属于地下性交易。

近日，意大利普拉托警方公布了一份调查报告，目前，普拉托从事非法性交易的华人仍在不断增加，普拉托至少有1 000多家华人经营的地下卖淫场所，估计有5 000多华人女子在普拉托卖淫、进行非法性交易。正像警方所公布的那样，如果细心观察就会看到，在普拉托两条华人街附近的民宅中，地下按摩店、提供性交易的场所比比皆是。

华人进行性交易与西方人不同，西方女子是站街揽客，意大利人是驱车沿街搜罗身着服装妖艳的女郎，而华人则是透过华文媒体或街边广告招揽生意。据居住在普拉托的一位东北人介绍，普拉托华人暗娼业非常发达，只要沿街看看树边的广告，无论是晚上还是白天，随时都可以找到小姐。

这位东北人还介绍说，普拉托华人从事性工作的小姐大多是来自中国东北地区的下岗女工，年龄一般偏大，在30~40岁之间，价钱相对比较便宜，每交易一次只需要30欧元；其次是不愿辛苦劳作的妙龄女子，每交易一次需要50欧元；另外就是临时出来捞外快的留学生，每次则需要100~200欧元。

普拉托一位不愿透露姓名的侨领说，普拉托生活着数万名华人单身男子，有的已婚多年两地分居，生活上的压力和工作上的辛苦，使一些人寂寞难耐，同时加上生理上的需求，也就孕育了普拉托华人社会的暗娼市场。

意大利属天主教国家，政府明令禁止有组织的性交易活动，个人从事性服务只要依法进行登记，并进行正常的健康检查便属于合法。据普拉托有关部门介绍，在普拉托登记的性工作者一般是当地人和来自东欧的女子。目前，尚无华人女子向政府注册从事性服务工作。

普拉托华人暗娼业说来也只有几年的历史，也许有人怀疑是“蛇头”拐卖中国女子强迫卖淫，但通过了解普拉托大部分卖淫的华人女子属于自愿。一位东北女子向她的朋友说，在意大利谋生很难，自己没有什么技术专长，在工厂干活一天要干十几个小时，辛苦不说，还赚不到几个钱。自己出来赚钱，普拉托又没熟人，况且老公不在身边，没有面子不面子的问题。自己不说，家里人谁也不知道我在意大利做什么。

开按摩店李姐说，现在做任何生意都难，自己只好租了一家民宅做起了皮肉生意。我这里三室一厅，6 个姐妹住在一起，我供大家吃住，收入三七分账，做生意的姐妹得70%，大家都是自愿的。有时我自己也接客，在欧洲没有面子，大家看准的只有欧元。是害人的“淘金梦”把我们逼离了家乡，要维系着家乡亲人和朋友中的“面子”，我们别无选择。

华人海外淘金大多为了两点，一是为了生计，一是为了面子。普拉托华人经济繁荣的同时，华人社会的畸形与扭曲也在不断加重。在金钱诱惑下，无数良家女子把青春、贞操丢失在了普拉托，而她们只是为了两个字，荣归故里的“荣耀”。却不知为了这份虚荣，对身体和心灵又何尝不是一种蹂躏。普拉托华人社会的扭曲现象正在挑战华人的伦理道德观，改变它非一朝一夕。我们必须正视和意识到，海外生活的华人心理已经彻底物质化，剩下的更多是“虚荣”。因此，在海外要从真正意义上传承中华伦理道德，任重而道远。

（［意大利］欧联通讯社 2011－08－17/博源）

“回中国论”的危险信号

尽管马来西亚政府对种族言论予以严厉处罚，但学校中不时传出叫华裔学生“回中国”的不和谐声音。该国柔州一所国中日前再次发生教师让华裔学生“回中国”的事件。这已不是偶然发生之事。去年底，马来西亚曾发生过一起中学校长侮辱学生事件，让学生“回中国”。时隔几个月，再次发出“回中国”的言论。

引起重视的问题并不在此。上次发生不当言论后，议员、华社积极发声，但发表言论的校长仅调职而已，这样的处理结果，恐怕不仅不能平息华社的怒气，而且从另外一种程度上讲对反华人士的反华行为是一种默认。

此次曝出“回中国论”者是一名历史老师。话说“以史为鉴，可以知兴替”，不过看来这位历史老师的专业素养并不能当此，只会用自己的无知挑起种族分歧。马来西亚是一个多种族和多元文化国家，人口主要由巫裔、华裔和印裔三大族群组成。三大族群大致在同时期来到马来西亚，没有土著和外来之分。如果三大族裔都以“回家”之论争之，估计也不会有今天的马来西亚。

在这件事上，表层是有人发不当言论，深层是马来西亚的一边倒行径。马来西亚马来人占当地人口的60%，华人占26%左右，印裔占8%。现执政的政府非但不从根源上消弭种族言论，反而对马来人优惠有加，客观上加大了种族歧视。

东南亚各国的华人占了全球海外华人总数的大多数，在各国总人口中，华人虽然占少数，但在经济上一直扮演重要的角色。即使在排华的最艰苦时期，他们也是坚持守业创业，对所住国的社会恢复、和平秩序和经济活动负起一定的公民责任。马来西亚情况也是如此。

所以，“回中国论”不是一件小事，它反映了一部分人对种族敏感不够，不了解华人的感受。华人并不是一味地要求政府采取措施，而是要求政府对华裔的尊重，对维护民族团结起到正面作用，而不是煽风点火，姑息纵容。

一位政治人士指出马来西亚政府的问题，“如果敲它，它会动摇，但如果大力敲它，它会破碎。别看它在表面上没有问题，但内里却大有问题”。

更有一位议员质问政府，一个大羞耻是，尽管在2004年3月大选赢得91%国会议席的空前大胜，总理并没借此促进国民的大团结。反而，好感日渐消失，建国过程中的分裂分子空前地抬头，给马来西亚制造了一项新危机。

（《人民日报·海外版》2011－08－17/杨子岩）

美国华人对华捐赠呈现四模式　有助中美关系

美国密歇根州立大学全球化与人文研究系主任尹晓煌教授23日在此间指出，与早年相比，美国华人对中国的捐赠行为体现了全球化时代的影响，呈现出“四种模式”。华人跨国慈善事业发展，改变了美国社会对华人的印象，有助于中美关系的发展。

“第一种模式是以传统侨社或侨乡团体为主的捐赠方式，在美国华人对中国的捐赠行为中仍然占有相当比例。”尹晓煌在接受中新社记者专访时估测，此种捐赠占美国华人对中国捐赠总额度的20%～25%。他称，该捐赠方式的特点是偏重于对家乡的捐助，且以实用价值捐赠为主。

第二种模式是华人通过捐赠美国主流基金会有关中国的项目，或者参与领导美国主流基金会对华资助，来促进中国的发展。他以美国霍普金斯大学与南京大学合办的中美文化研究中心为例说，该中心发起人之一钱致榕教授作为霍普金斯大学校长特别顾问，在筹建该中心以及捐赠等方面做了大量工作。

尹晓煌说：“华人通过捐助主流组织有关中国的项目，增进了中美之间的理解，也使美国主流慈善团体认识到华人的作用，促使华人超越狭隘的‘华人民族主义思维’，促进了华人在美国的发展。而今，在美国福特基金会、卢斯基金会都能找到很多华人捐赠的案例。”

第三种模式是新型华人跨国非政府组织实施的免费服务类的对华援助。此种方式比较有名的是美国旧金山华裔智库“1990学社”，该机构吸引了众多美国参议员等主流社会人士，多年来为中美相关领域的对话做了许多工作。另如留美华人历史学会，翻译了大量帮助中国了解外国历史的著作。

第四种模式是新移民的跨国慈善组织，主要包括中国高校在美国的校友会，以及新型的华人同乡会。与传统捐赠方式相比，跨国校友会的捐赠更加便捷、透明、多样化；而新型的华人同乡会，则将“同乡”的观念扩大到“中华民族”的概念。

“除了与中国相关的捐赠项目，美国华人对美国社会的捐赠等回馈行为更是不胜枚举。”尹晓煌表示，华人捐赠行为促使美国社会改变了对华人和中国的印象，有助于中美关系长期稳定的发展；同时，增强了华人的社会参与感，从某种程度上铺平了美国华人参政的道路。

（中国新闻网 2011－08－23/张冬冬）

在日中国人“喝破烂”为何会被捕?

在中国，“喝破烂”是“收购废品”的俗称。收废品也被捕，听着有点新鲜。

来自日本媒体的消息称，8 月中下旬，日本石川县警方分别逮捕了李长庆等 3 名“废品回收人”和中国籍男子李克南。其中，李长庆等 3 人在位于石川县志贺町企图利用夜深无人之际，将一堆铝材、不锈钢和轿车发动机等“废铜烂铁”拉走“回收”，结果被物主发现报警。而另一位中国人李克南在石川县金泽市的垃圾堆积场“捡”废金属，被管理人员劝阻后，竟在逃跑过程中用车撞伤管理员，不但涉嫌盗窃，还被控妨碍公务和伤害。

“喝破烂”这活计在中国虽不是体面工作，但也算是一桩“投资少见效快”的买卖。在大城市，不少人通过低价从市民手里收购废旧货物，然后倒手卖出赚取差价，不仅脱了贫还致了富。而且，中国对废品收购的从事者没有严格的法律限制，任何人支个摊儿或沿街吆喝，都能干这一行。算是个名副其实的自由职业者。

然而在日本情况却完全不一样。由于废品回收涉及收购、分类、处理等多个环节，如果处理不当，极易产生环境污染等问题，所以，政府对废品回收行业有严格的法律规定。废品回收必须由政府指定的专人或专门机构负责，一般人不能打着回收废旧物品的幌子向民间收废品。近年来，为了解决资源匮乏的问题，日本将目光盯在了废旧电子产品上，通过科技手段回收这些废旧电子产品中的稀有贵金属。从前堆积如山的旧电器，现在变成了“资源类垃圾”。为此，政府进一步加大对废品回收的监督和管理。因此，在日中国人若要从事废物回收这项职业，就必须首先取得各地政府机构的许可，接受相关部门的管理。“无照经营”是不行的。

更需注意的是，在中国，有一些从事废品收购的人在经营过程中逐渐扭曲了心态，从顺手牵羊偷拿物品的小动作，发展到预谋实施盗窃的大犯罪。他们打着废品收购的幌子，大肆盗窃社会公共财产，从铁制井盖、金属护栏，到车辆电器和救灾物资，甚至大肆盗窃铁路轨道和公共电力设施，给人们生命财产和国家建设造成了严重影响和破坏。如今，随着“废品收购族”开始“进军海外”，这些“恶习”也被带到了异国他乡。

最后应该警觉的是，这些从事违法“回收”活动的在日中国人有实施团伙犯罪的倾向。按照金泽市回收促进科工作人员的说法，像李克南那样直接到隶属地方政府的垃圾堆积场偷拿废旧物品的情况绝非个例，上述两个案件也仅仅算做同类事件的“冰山一角”。如果这些中国人走到一起，极有可能组成分工有序、组织严密的犯罪团伙。届时，他们的犯罪活动范围将会更广，危害程度将会加大，对整个在日中国人形象的破坏也会愈加深刻。

中国古语有“君子谋财，取之有道”。这里的“道”不仅指的是方式方法，更强调遵守相关规定的重要性。中国人来日本，大多数是为了挣钱。但如果见钱眼开，见利忘义，为了图财而触犯法律规定，则必定会受到法律制裁。即便是“喝破烂”也不例外。

（［日本］日本新华侨报网 2011－09－02/蒋丰）

华人应如何看待言论自由和仇恨犯罪

据报道，近来一些华人在公共场所遭到种族歧视性辱骂，气愤之余却缺乏应对措施。有华人警察建议在这种场合下保持克制，因为只要没有受到肢体伤害，这些言论属言论自由范围，受到宪法第一修正案关于言论自由权利的保护。

通常来说，宪法保护公民的言论自由。但是在美国，言论自由并非没有限度。美国联邦和大部分州都通过了一系列关于“仇恨犯罪”的法案，根据《1969 年联邦仇恨罪法案》，任何人因为他人的种族、肤色、宗教或者在祖（籍）国的背景上对其造成伤害、恐吓或骚扰，都可以按仇恨犯罪起诉。这其中包括语言恐吓。

去年 3 月，加州高等法院判决洛杉矶顶尖私立中学哈佛——西湖中学 6 名学生，在网上对一名 15 岁的华人男孩发出“要死还是要活”的威胁言语，不受美国宪法第一修正案关于言论自由权的保护。尽管判决引起很多争议，案中的小男孩也并未遭到肢体伤害，但这样的语言确已不属言论自由范畴。

还有一个知名的案例，佛州一名男子购买临近一个非裔家庭的房子，在自己院子里竖起一个十字架并焚烧，对非裔家庭的男孩说：“我不想在这里看到你。”这种言行也未涉及肢体伤害，但该男子后来因触犯仇恨罪被判处 14 个月的监禁。

只要没有行动的语言就能受宪法第一修正案规定的言论自由的保护，是一部分人认识上的误区，上文例子的共同特点都是没有行为（或者尚未进行），不存在肢体伤害，但都受到法律的制止或者制裁。

不过，受到种族歧视侮辱的华人要因此以仇恨罪起诉歧视者也有一定难度。上文所举的例子，一个显著特点就是证据确凿，华人如果在街边或者公共场合单独受到涉及种族歧视的辱骂，除非掌握有确凿的证据，至少让警方能够取证，否则很难起诉成功。因为同样的言行，仇恨罪判决要比普通刑事犯罪重的多，因此警方对待时往往很谨慎，尤其是在没有肢体伤害的时候。

据不完全统计，华人在美国从仇恨犯罪中受害的比率较低。有专家说，这与华人善于隐忍有关：多数华人觉得多一事不如少一事，有的则是觉得证据难取抗争不易。

华人在受到种族歧视性辱骂恐吓时，自己先要评估是否有确凿证据，如没有，确实应该谨慎对待。当然，如遇到有严重涉及仇恨犯罪的言论行为，还应勇敢保护正当权益。

（［美国］《侨报》2011－09－06/一娴）

华裔移民贿赂祸及整体

日前传出，爱德华王子岛（Prince Edward Island）省推荐项目（PNP）被该省至少3名前公务员举报称，有高级官员接受中国投资移民申请人金钱贿赂，“黑箱操作”令数百名不符合资格人士获批永久居民。此消息一经曝光，舆论大哗。本来自肯尼出任移民部长以来，不断强化收紧对海外移民身份的审核，打击假结婚假证明等欺诈行为，甚至不惜取消已批准的国籍，现在无异于提供了进一步“严打”的事实根据。

从理论上讲，对移民造假严打无可厚非。话又说回来，如果没有造假，诚实以对，也就没啥好怕的，在加拿大还不至于炮制冤假错案，个案审查，有事就有事，没事就没事。但是这次如此大规模行贿受贿，闹到惊官动府，八成就不会那么简单了。

行贿可能在祖（籍）国是种很不错的办事手段，行之有效、屡试不爽。但在加拿大，这事儿就悬了。像这次行贿案，爱德华王子岛省长吉兹（Robert Ghiz）也被点名。吉兹先生可以指控是政敌在选前抹黑，但估计无法动用行政手段或递个什么条子，就能阻止这次调查。

行文至此，笔者还是打心眼里冀望，所谓“华裔移民贿赂案”是个捕风捉影、恶意栽赃的传闻，是一些仇富的加人见不得咱堂堂中国腰缠万贯先富起来的改革强人办投资移民，只是一种红眼病的异域复发。希望能通过皇家骑警和边境服务局的系统调查，使冤情得以昭雪。给省长大人抬助选情事小，还咱们华裔移民清白兹事体大。能办投资移民，肯定是成功人士，智商情商都不会低，断不会干台上办手续台下递钞票的蠢事，一定会知道加拿大不会像祖（籍）国有那么多缝子可钻，即便对方把钞票接住了，由于体制上的层层牵制，保不齐哪天在哪一层上就会东窗事发。而且正如有移民业者所指，申请造假即使抵埠，也会被取消身份，更何况行贿受贿，刑法定义是一种犯罪。

刚看到主流媒体的最新报道，感觉笔者的上述良好“冀望”，很可能是“一厢情愿”，指责政敌抹黑的吉兹先生，很有可能给举报者抹黑了。这次华裔移民行贿案的举报者包括曾参与该省投资移民项目行政工作的普劳德（Cora Plourd）、特尼特科（Svetlana Tenetko），以及曾在负责监管上述项目的省创新及进阶学习厅工作的霍姆斯（Susan Holmes），直指爱德华王子岛省长吉兹亲属、多位省内阁厅长、副厅长及省议员均从该省投资移民项目中获取不正当经济利益。要知道这些人还要在当地讨生活，如此犯上，用的据说又都不是化名、笔名，更没有匿名，不能不佩服人家有胆，不怕神秘失踪、人间蒸发，就可见省长大人的借题发挥有点站不住脚了，举报人很可能真的握有实证，出于公心。

据上述举报人披露，由于亲自直接负责审核、调查及批核 PNP 的投资移民申请，曾多次受到省府高官压力，被迫将许多他们已拒绝的个案改为批准。政府高官由中国申请人出钱前往香港旅游，并在该地酒店，从申请人手中接过塞满现金的信封。有移民专家就指出，一旦爱德华王子岛省推荐移民项目被调查出具体有官员受贿的证据，最坏的情况会是，移民部取消该项目，届时还在申请中的人士将全数遭殃。

在加拿大，任何一个案件若进入司法程序，多半要旷日持久。有关方面会以涉案官员仍在接受调查等为由，使移民的办理更加延宕滞后，应该是意料之中的。这就是走“旁门左道”的结果，不但当事人要自食苦果，而且“一颗老鼠屎，坏了一锅汤”。

（［加拿大］《环球华报》2011－09－22/喻京润）

“排华法案”犯历史性错误　美国当还华人一个道歉

“这是美国华裔具有历史纪念意义的一天。”美国华人全国委员会主席薛海培 7 日致电本社记者时激动不已，原因是他第一个发起的“排华法案”道歉案 6 日深夜终于在美国参议院获得全票通过。

“排华法案”是美国历史上唯一一个针对某一族裔的移民排斥法案。这项法令 1882 年获得通过，直到 1943 年 12 月 17 日才被废除，但至今美国联邦政府或国会从未就此表达过歉意。

该法案不允许一般的华人进入美国，不允许哪怕在美国合法的华人加入美国籍，还要求华人随时随地携带身份证明。加州等地也出台了类似歧视性法案，包括不允许华人在美国拥有房地产、不允许华人与白人通婚、不允许华人同白人在法院对簿公堂等。

一直推动“排华法案”道歉案的加州民主党参议员黛安·法因斯坦在其 7 日发布的声明中将之称为“美国历史上‘可耻的一页’”。其实，早在 20 世纪中期，美国前总统罗斯福就曾将“排华法案”称为历史性的错误。

美国历史上只有 5 次获国会通过的道歉案：1988 年美国政府就“二战”时期将日裔美国人关进集中营进行道歉和赔偿；1993 年美国就派兵支持推翻夏威夷土著王朝道歉；2006 年对曾经的黑奴制向非裔美国人道歉；2009 年对美国两个半世纪的奴隶制度道歉；2010 年再次对印第安人的不公平待遇道歉。

然而，对同样深受歧视之害的美国华人，美国联邦政府一直欠华人一个真诚的道歉，甚至在该法案被废除后，仍然每年只给华人 105 个移民配额。若上述道歉案最终在众议院也获通过，它将成为美国历史上第六个获国会通过的道歉议案，极具标志性意义。

《排华法案》不仅违反了美国的宪法精神，也践踏了平等自由的核心价值观。薛海培认为，作为一个以“人权、自由”为立国精神的国家，美国没有理由拒绝为历史上如此赤裸裸的而且维持长达 60 多年之久的侵犯人权的案例平反。

在谈到参议院为何全票通过此案时，他指出，现今华人已拥有400万人口，华裔群体无论是质还是量上都已崛起，因此无论是国会议员还是美国总统都不能忽视。

最令薛海培高兴的不仅仅是洗刷百年耻辱，还有华裔群体在这件事上体现出的参与政治和公共事务的积极性的进步。受邀全程跟踪此案的中新社记者亲眼目睹一大批华裔有识之士为这个道歉案的通过四处奔走，整整奋斗了近一年半，100多个华裔团体不分政治立场展现出的大团结也令人动容。

去年美国中期选举过后，由于国会政治生态发生了改变，人们一度担心道歉案会被束之高阁。然而，事后分析，恰恰是这次中期选举让政客们见识了华裔的政治觉醒，加速了参议院道歉案的通过。在该次选举中，不仅华裔选民投票意识高涨，成为政客们争相拉拢的对象，华裔参选人也大放异彩，成为美国政坛的未来之星。

薛海培指出，参议院通过道歉案对华裔而言是一个很好的启发，表明华裔只要积极参与公共事务，就能改变历史的不公，维护自己的权益。他表示，参议院通过道歉案，只不过完成了三分之一的工作，下一步他还希望该法案能够在众议院获得通过，同时也将争取奥巴马总统正式签署声明或公告，给华人一个正式的道歉，洗却美国历史上的这个污点。

对于美国华人而言，唯有大胆秀出自己的声音，彻底告别“最沉默的族群”形象，才能确保这个被尘封百余年的历史“冤案”不至于被美国人忘记。而对于美国政府而言，应当看到，美国华人也是“美国梦”的代表，他们不是通过暴力革命，而是凭借现行制度和自身努力，逐步改变命运，融入主流的。对于这样一个“模范族裔”，美国理应尽早还这个欠了百余年的道歉。

（中新社华盛顿2011－10－08/吴庆才）

闭塞的西班牙华人群体

百元店周围杀声四起

前不久，一家华人大型百元店因工业用地改作商用，违反了当地的法律规定而遭到政府查封。这家大型百元店在开业的前几个月生意非常火爆，眼看着巨额商业投资收回成本指日可待，百元店老板心花怒放，想不到却突然遭遇封门。在停业整顿期间，这位老板想尽了一切办法与绘图师、当地政府相关部门进行沟通，结果仍然一筹莫展。就在他为此焦头烂额之际，他发现在当地一个网上论坛里许多西班牙人正默默地火上浇油，制造污蔑和诽谤其百元店声誉的言论。

贴主自称亲眼目睹这家中国百元店虐待顾客，对进店购物的当地人进行殴打，还剪掉女顾客的头发。随后跟帖的西班牙人纷纷附和，讲述有关中国百元店的种种劣迹，甚至还提及中国人的家庭暴力案，虽然他们讲述的见闻大部分都与这家百元店被查封事件没有任何实际联系，最终他们还是号召所有的西班牙人抵制中国人的百元店，甚至拒绝购买中国商品。

显然，这一小撮西班牙当地人对中国人的误解很深，并不能代表大多数西班牙民众的观点与态度。但是这种现象的存在并不是偶然，也不会仅此一例。摆在面前的事实是，中国人在西班牙的商业扩张被政府喊停，盲目的民众在受到严重经济危机的伤害下将矛头对准华人。作为一个伟大的民族，作为每一个生活在西班牙的中国人，都值得反思一下。再不闻不问下去，再不通过思索找到问题的症结所在，失败的教训只会被一再地重复，结果只会让华人群体受到更大的伤害。

闭塞等于软弱

当百元店被查封之后，老板很是后悔。原来，在筹备百元店开业期间，他没有对当地的法律规定做过详细了解。非但没有向专业人士进行咨询，更别提聘请法律顾问，听说还有其他华人也看中了这个店面，老板决定先下手为强，贸然地投入了百万资金。所以他根本不清楚自己的商业行为违法了当地法律，直到百元店被查封，他也不清楚为什么。为何会陷入这种被动的局面呢？老板讲起了当初决心投资这个店的三大理由。

首先，依赖于以往的经验。这位老板所归属的生活圈子，包括亲朋好友不乏经营小型、中型百元店的，而他们都以类似的模式进行操作。显然，这些经验形成的思维定式限制了他的想象空间，自以为照搬照抄就能把店开起来，殊不知那些经验和模式已经不能适应新的形势。事实上，这些形势和他的遭遇绝非没有前车之鉴，早在几个月前，西班牙各地都传出过华人大型百元店遭遇政府查封的消息，遗憾的是并没有引起他的警惕。

其次，他在毫无把握的前提下，把绝对的信任交给了绘图师。他没有考察和监督绘图师的工作进度、质量，更没有通过绘图师去了解当地有关法律规定。这位老板认为，绘图师的工作太专业，外行人根本就搞不懂，所以就算去监督也是多余的。只要把钱付给对方，对方就一定能帮他把事情办好，结果出了问题，他就追悔莫及了。再去追究绘图师的责任，不但付出的钱要不回来，还要多花钱去打一场持久的官司，而且胜负难料。

再次，对于商机的狭隘认知。他通过朋友介绍，认识了这个工业用的LOCAL的房东，房东开出的租金价格低廉，而当地市场的确拥有极大的消费潜力，同时他具备快速融资投入市场的能力。殊不知一项商业运作的成败不仅仅取决于以上三个角度，即便是最初级的商业行为在中国这个社会、最初级的商业项目操作者也会明白，必须打通政府各部门的关节，必须符合法律规定。更何况是开一家投资百万欧元的大型商业计划呢？

以上三条理由之所以成立，就是因为整个西班牙华人群体仍然处于一个闭塞的状态，不但与主流社会的沟通不够，就连华人内部的各个圈子也是相互封闭的。正因为闭塞才无法获得更多更有价值的信息渠道，不能及时更新自己的经验系统，适应不了社会、商业、法律形式的新变化。

中国从1840年开始的鸦片战争，延续百年的战火纷飞，早已说明封闭等于落后，落后就要挨打。当我们抱怨西班牙政府为难压榨华人移民，西班牙民众诋毁误解华人移民的时候，我们到底有没有想过，我们已经落后了呢？我们受排挤挨欺负的根本原因是不是因闭塞导致的软弱？

学会放弃

改变华人闭塞的商业现状只有一个前提，那就是学会放弃旧有的行业观、商业逻辑和商业模式。事实上，在现有华人集中的商业行业领域中，除了扩大规模增加投入外，几乎很难找到新的利润增长点。在竞争压力大、整体经济环境低迷的前提下，原有行业的成本控制已经被压缩到了极限，继续利用原有的经验和经营模式根本难以立足，不改变和提高自己而期待经济形势突然好转，等于把命运交给魔鬼。近现代史上的中国也是从破除和放弃旧观念开始的，此所谓无破不立。

放弃不会令我们一无所有，而是减轻包袱，迎接新的挑战，接受新的观念和思维方式。想要达到这个目的，就必须改变我们一直奉行不悖的商业逻辑和商业习惯，这种放弃无疑是痛苦的，甚至是令人感到恐惧的，但是笔者相信，放弃所带来的困惑仅仅是阵痛。带着痛苦与恐惧在无尽的黑暗里，我们迈出的每一步都更接近黎明。接受新事物和新思想需要很大的勇气，还要面对无数的嘲笑与怀疑，但是我们需要拓宽眼界，扩充获得有效信息的渠道，利用这些信息做出最明智的判断。试想，如果上面提到的那位陈老板能够提前进入这个高速运转、并且适时更新的信息体系，勇于突破自身消息、经验闭塞的限制，哪怕花一万欧元聘请一个法律顾问，何苦沦落到杀声四起、百万生意被搁置封存起来的痛苦境地？

（［西班牙］《欧华报》2011－10－29/庞白）

建设文化强国　海外华人任重而道远

在经济建设领域已取得举世瞩目的傲人成就的中国，又吹响了向文化强国进军的号角。海外的华侨华人对此普遍感到振奋，认为这极其必要、非常及时，是中华民族振兴道路上一个重要的新的里程碑式的进展。同时，广大华人也在认真思考自己在这一伟大历史使命中的作用和定位，如何像在经济发展方面一样关心和支持祖籍国，为家乡的文化建设与经济建设的协调发展尽心尽力、作出新贡献。

遍布全世界的几千万海外华人，自从踏上了异乡之日起，大多数就自觉或不自觉地成为中华文化的宣传者和传播者。在筚路蓝缕的年代，中华文化一直是他们的精神寄托和支撑力量。随着华人经济和政治地位的逐步提高，对于中华文化的依恋和热爱日益加深，许多华人成为住在国最积极的传播中华文化的义务使者，为中外文化的交流、融合和多方面的合作，作出了许多建树，发挥了巨大作用。事实证明，没有海外华人的广泛参与和支持，弘扬中华文化，提高中华文化国际影响力的宏伟目标，就不可能完全实现。也正是中华文化这一条坚不可破的红纽带，把世界华人与祖籍国紧紧地连在一起，形成巨大的民族向心力和凝聚力，造就了华侨华人的文化，使华人能够克服重重困难，在海外得以立足和发展。

当前，我们全民族面临着提高文化软实力、建设文化强国的重大任务。这为广大的华人提供了空前的机会，提出了更高的要求，同时也带来了更多的挑战。海内外的华人一定要充分理解和认识到，建设文化强国，实际上是关系着国家的兴衰成败，关系着我们祖国究竟是不是能够真正屹立于世界民族之林的大事，万万不可以掉以轻心。很明显，一个文化发展停滞或衰败、全民素质低下、道德修养沉沦的民族，不论其经济实力如何强大，也是不可能真正实现振兴的。反之，精神文明建设得好、继承优秀传统，又具有时代精神的文化事业欣欣向荣、蓬勃发展，则一定会促进经济基础的进一步巩固，从而使国家的硬实力获得可持续的、更快的发展。

海外华人由于自身所处的地位和条件，在建设文化强国的过程中可以发挥自己的优势和起到独特的作用，同时也肩负着重大的责任。具备了双重文化背景，又有使用两种或多种语言的能力，加之与东西方社会各阶层有着千丝万缕的关系，海外华人应当也完全可从对诸如如何辨别和汲取西方文化中的精华、扬弃其腐朽的糟粕，以及如何把中华民族传统文化的精品更好和更有效地传到西方等问题上，担任参谋和顾问，充当好媒介和桥梁的角色。这就要求我们海外华人不能再仅仅停留在一般的中华文化爱好者的水平，而要不断加深对建设文化强国意义的认识，如有可能，还要多做些社会调查和研究，不断学习，开阔视野，提高自身的文化素质，努力加强与住在国和祖籍国各界、特别是文化界人士的沟通、切磋和交流。

新中国成立以来，尤其是改革开放三十多年来，中华文化在海外的传播取得了很大的成绩。但是，我们不得不承认，与经济发展相比，这方面还存在着很大的差距，还有很长的路要走。一方面，我们的文化在海外的传播，目前还不能做到经常化和制度化，覆盖面仍然不够广泛，形式和风格还不够灵活多样。由于还未能充分做到以西方民众喜闻乐见的方式展现中华艺术的魅力，因而也难以深刻影响当地民众的审美趣味和对中华文化的深入了解，吸引力和感召力不够，也使宣传我们价值观的话语权未能发挥出应有的力量。另一方面，作为海外传播中华文化的三大力量，包括遍布世界各地的孔子学院和中文学校、海外华文传媒以及侨社团组织，特别是文艺社团组织，还缺乏整合与协调，资金投入和市场开拓也不足，因此难以联合形成比较大的、有影响的传播组织和媒介。这些都是我们海外华人亟待探讨和解决的问题。

从历史上看，西方文化霸权是随着西方经济、包括文化产业的大举扩张和向世界各国的入侵而逐步建立起来的，它也一定会随着西方经济的衰落和危机的出现，终将走向式微。当今全球化、多元化的潮流和包括互联网在内的各种新文化传播手段的发展，为中华文化走向世界提供了广阔的舞台和有利的环境。源远流长、根深叶茂的中华文化，和平崛起的中国所拥有的经济实力，特别是广大海外华人对于中华文化的无比深厚、执着的赤子之情，有了这些，我们完全可以预期，一个比过去盛唐文化和文艺复兴影响更加深远的中国文化大繁荣大发展局面，一定会在中国出现。中国成为文化强国，有利于世界和谐，有助于国际社会的“和而不同”、和平发展，因此获得成功是毫无疑义的。

（［美国］《芝加哥华语论坛》2011－11－05）

旧金山市长选举翻开华人参政新页

旧金山，在美华人最为熟悉的一座城市。一个半世纪前，无数华工和淘金客在这里留下血泪足迹，臭名昭著的《排华法案》也从这里开始。如今，一场市长选举引起了各方的关注。一个市长之位，16位参选人，号称是旧金山历史上最激烈的市长角逐。更引人瞩目的是，在16位参选人中，有5位是华人。这不仅引起了华人社区和华人媒体的高度关注，也被主流媒体聚焦、放大检视。《纽约时报》撰长文报道指，随着旧金山市长选举的临近，华裔选民参政热情高涨，政治影响力已经超过了人口比例。

近年来，华人在美国政坛上不断书写着新的篇章。在联邦层面上，赵美心成功当选为美国历史上第一位女国会众议员，奥巴马内阁涌现两位华裔部长，其中的骆家辉转任驻美大使；而近来最喜人的进展是，华人在城市层面上的参政也不断有重大斩获，李孟贤成为旧金山代理市长、关丽珍当选为奥克兰市长。不管此次选举的最后结果如何，这一过程已经足以载入历史，因为曾几何时，这个地方曾经制定法律禁止华裔移民投票、拥有物业。今天，百年历史，一页轻翻。发生在旧金山的事情，正是全美华人走过的艰辛道路的缩影。

华人在人口比例上不占多数，即使在华裔聚居的旧金山也是如此，这正说明华人政治人物的素质，不仅获得华裔的认可，也日益获得主流社会的认同。他们熟悉美国的政治游戏规则，各有独特的竞争优势。以旧金山的三位重量级华裔候选人李孟贤、邱信福、余胤良为例，几个月来，李孟贤一直大幅领先其他候选人的民调支持率，不可避免地令其成为众矢之的。现任市长的光环，手中的权杖，以及深耕社区的形象，李俨然成为民众眼中政坛的“实干派”代表，对此次选举志在必得。作为《旧金山纪事报》唯一背书的市长候选人，旧金山可谓邱信福政治生涯风生水起的宝地。39岁成为城市历史上首位华裔市议会主席，并成功连任。在任期间，邱也提出不少吸引眼球的议案。邱骑自行车四处奔走的形象深入人心，深得青年和草根选民喜爱。而从教育委员、市议员、州众议员到州参议员，余胤良23年的政坛之路走得坚实而平稳，并且连创奇迹。长期以来，他一直注意平衡各族裔社区关系，特别是为亚裔“鸣不平”，都让余得到不少商户的支持。

与此同时，华文媒体在选举中的公信力和影响力也日趋扩大。《旧金山观察家报》在日前发表的一篇文章中，特别提到“华文报纸对竞选的报道也具有决定选举结果的力量”。文章指出，在主流媒体遭遇寒冬之际，华文报纸却有兴旺之势，这是因为华文媒体能从与主流媒体不同的角度来报道新闻，让社区感觉到自己也是选举的一部分，从而起到了动员更多华人出来投票的重要作用。

我们也应该看到，在华裔政治力量壮大、华文媒体影响力增加的同时，在此次旧金山市长选举中，华裔参选人遭遇的负面文宣和攻击也很突出。负面广告、筹款舞弊、代填选票、出书丑化……与华裔候选人相关的负面新闻消息层出不穷，阵营之间互相攻击不断浮现。然而，同室操戈带来的可能不是选票，而是“几败俱伤”的局面。其实每逢重要选举，都会出现负面文宣和竞选手法，华人参政过程也概莫能外，正如《纽约时报》指出的，这是进步的过程中成长的烦恼，但新一代的华人政治家，应在参政议政的过程中逐渐成熟，以积极正面态度争取选民，而华人选民也要学会明辨虚实，选出服务好华裔社区的候选人。

（［美国］《侨报》2011－11－07）

海外华人社团之我见

从当年先侨乘桴渡海，到异乡挖矿开路、拓荒营商，一直到今天，有人烟处便有华人，有华人处便有社团，而且山头林立，牌子特多，名堂也大，从一乡一镇的同乡会，到一市一省的联合会，再到一国一洲甚至全球全世界的总会，包罗万象。数据显示马来西亚华人社团有七千九百个，而新西兰据说也有差不多两百个。所以常听到有的侨领人物的名片由于头衔太多，要做成三折四叠的。在茶楼饭馆里啃排骨饮茶，一圆桌边坐十来人，其中有会长、理事和秘书长名衔者必过半。

社团繁多、侨领甚众，已成为海外华人社会的一大奇观。

1840—1949这一百多年里，中国饱受外忧内乱、天灾人祸的折磨，华人迫于无奈漂泊海外，不仅作为契约劳工受到压榨盘剥，也极难得到当地政府公正善待，更不能奢望得到母国保障。先侨为求自保生存，只能依借与利用血缘、地缘关系，成立乡邦、业邦、宗亲会馆、秘密会社等一类传统社会组织，互相接济帮助。当年一个初抵斯土的华人，只要找到唐人街，走进自己所属乡籍的会所，就有办法找到一宿三餐。

那时候华人组织起来是为了互助。在南太平洋的斐济，台山人邝氏开了一间“安和祥”公司，当杂货业务拓展至山头部落，公司就安排同乡到各处开店，由总部供货在当地零售给土人，并以物易物收取椰干、土酒与海参等特产。年底结数时扣回本息，其余利润便作为各分店同乡之所得。所以“安和祥”得以构建起一张星罗棋布的华商网络。彼此之间，只凭乡梓之情与重诺守信。

一些先于同胞到埠或早期发迹的老侨，其店铺往往成为侨胞聚集议事的地点，这些老侨也被推举为裁决争执、做中作保、出头交涉的头面人物。华人社团的由来便发轫于此。新西兰早期先侨如徐肇开、周祥与陈达枝等，都是这一类的侨界先驱人物。

初期的华人社团主要活动是维护经济利益、互助并济、乡亲联谊以及自授中文，其功能集中在自保生存与固本培根之上。尽量避免涉及政治，只是在辛亥革命与抗日战争中，海外华人出现过全球规模的行动。

从1909年成立的新西兰中华会馆章程中，就可以看出当年华人社团的取向。中华会馆章程规定其宗旨为：联络侨民团体；沟通华侨情谊，互相助扶与排难解纷；推进华侨智识，拟设英文夜课。要求华侨商贾热心公益及社会之进化，不涉党派界限宗教政治。

一百年前的第一个新西兰华人社团便已有了以上宗旨。

从当年的一个、几个、十几个社团到今天的近两百个社团，新西兰华人社会发生了很大变化，在华人国籍属性上，已经逐渐完成本地化，并且努力融入本地社会，华人社团在组织形式上也出现了多样化，专业团体也多了，改变了以血缘、地缘维系组建华人宗亲、同乡社团的情况，这种新老交替的现象可喜可贺，更证实侨社薪火相传、后继有人。

但是，如此名目众多的社团，有许多是大同小异、叠床架屋、功能重复的，造成侨社原本极有限的人力、物力、财力资源的严重虚耗浪费。

大多数社团建立伊始，集会者众，领导名流到场讲话致贺，极尽溢美之词。歌手琴师，金龙彩狮，齐舞助庆。会长秘书长理事披彩挂红，齐开万字笑口，合影存念。虽也订有章程，但开了几次会便这个请假那个不来，会员日减，最后只剩下会长副会长秘书长几个核心人物，遇事列本会大名于上以示参与支持，照准不误。表明人还在，会未垮，仅此足矣。

就这样还有争会长当的，当不上就另立山头，再搞多一个会自己当会长。结果是社团越来越多，侨领也越来越多，办的实事是否越来越多呢？就不得而知了。

许多华人社团都无法摆脱这么一个怪圈：轰轰烈烈成立，冷冷清清收场；山头林立，不同进退，会旗遍地，将多兵少。

社团内乱与侨领不才，又造成侨胞失望之余的社团冷感，也导致侨界民意混乱、人心涣散。

搞社团首先要促进侨界和谐，致力新老侨社团的团结与和谐。由于背景不同，地缘、血缘不同，新老华侨的社团需要互动沟通，在重大事情上，连手并举，共同呛声。想割裂侨界历史的因循沿袭，人为将华人族群切分的做法，只能是一种自残，不利于凝聚侨心与集中力量。

社团内部则须要现代化的、健全的规章制度和透明的财务制度，这是华人社团发展的根本基础。

社团和谐与兴旺的关键是侨领。社团领头人个人私德公心尤为重要。首先要自律自省，以义工精神作奉献，服务侨胞。如果侨领自己不按社团章程制度办事，独断专行，缺乏对其他会员的尊重，事事处处为自己的名利考虑，必然会导致社团凋零，众叛亲离。侨胞对侨领的要求，也应宽容一些，毕竟不是在“选圣”，能有心为民、出钱出力，无大奸大恶大谬大错，就应该给予肯定与支持。对不同甚至针锋相对的意见，要学会倾听，注意沟通，按侨团内的民主程序办事是保持社团和谐兴旺的基本工作方法。

社团内或社团之间有不同意见很正常，对不同意见要尊重和包容，通过倾听与沟通来化解；即使一时不能化解，也要严格遵照社团章程规定的民主程序处理，最好不要唱对台戏、拆台、倒阁和挑拨离间。新西兰华人社团中也发生过不少对簿公堂、“宫廷政变”、鹊巢鸠占等闹剧。

关于为什么要搞华人社团，最近有这么一种提法，认为“华人社团要定位本地化；力争平等权益；注重经贸活动；组织规模和活动范围国际化”。

笔者也认为，不管在何时何地，华人社团首先必须以争取与维护华人的经济、政治权益为目标。

其一，致力推动华人知法守法，融入本地社会。

其二，应该积极参与本地公益文体等社会活动。

其三，坚持与弘扬中华文化，其中除了举办各项活动，还应包括对华文媒体及华校的支持。

其四，促进侨居国与祖籍国的经贸、文化交流往来。

在新西兰搞华人社团，钱财不缺，俊彦济济，缺的是让大多数社团联合起来的共同理念以及众人一心！

（［新西兰］中华新闻网 2011－11－16）

华人应当摆脱圈子的局限

俗话说："男怕入错行，女怕嫁错郎"，然而，正是圈子的局限性决定了旅西华人所从事行业的局限性，对每个圈子里的人来说，几乎没有选择的余地。在采访过程中，记者遇见过一个家族几乎都是经营食品店的，一条街上开的三家食品店，老板居然都是同一个家族成员。也遇见过经营百元店、服装店的家族，这也是为什么西班牙华人所从事的行业过分集中的根本原因。家族圈子注定了内部竞争，这不仅仅是对亲情的一种破坏，更造成了本来的圈子优势向劣势转化。二代移民在家族圈子的影响力下，丧失了自主选择行业的机会，生存和发展空间受到了强大的制约。圈子是一定的，圈子里的资源和经验也是一定的，总有被榨干的一天。这等于一个家族吃一碗饭，进来的人越多，平均收益越低。

一个人的视野决定了他的发展方向和取得的成绩。而圈子的存在尽管有许多优势，能够给圈子里的人提供资金，以及从事这个行业所需的经验与商业模式，但是同时也限制了他的视野和思维方式的拓展，等于限制了他的成就。这就是为什么华人百元店向大规模化发展失败的根本原因，在原有的圈子里已经没有可以借鉴的商业模式和经验，依据圈子里的思维逻辑做出的投资判断，等于一次冒险和牺牲。这不是一个人、一家店的失败，而是整个家族、行业圈子的崩盘。我们每个人都应该意识到，原来的那个我们固守了几十年的家族圈子、行业圈子已经不适应未来的发展，想要取得更大的成绩、获得更快的发展，我们必须突破原有的圈子限制。

突破，意味着失去安全感

地域文化的差异导致同是来自中国的旅西华人因地区不同而产生排斥。记者采访过来自中国各个地区和城市的人，不管是青田还是上海，每个人所强调的都是其身处地域的优越感，相应地，与不同地域的人接触和来往，都会产生不同程度的担忧、排斥与不信任。因此，使得每个不同地域的圈子难以吸收另一个地方的圈子的长处，难以跨圈子生活和经营。这也是为什么旅西华人群体显得闭塞的原因之一，就连同文化的本国人都因地域差异而相互排斥，更别提如何融入西方文化的氛围了。

同样的现象也发生在留学生圈子里。大部分留学生都习惯于生活在自己的小圈子里，因为都是留学生，思维方式近似，比较容易相处得融洽舒服。人人都喜欢趋利避害很平常，但是恰恰因为这种不想面对冲突和矛盾的心理，导致了圈子里大家所掌握的信息和资源都差不多，对外面的世界一无所知。事实上，从课堂到社会，最需要的是课堂上学不到的社会阅历和经验，从留学生圈子里永远无法获得的那些重要资源。与之相反，那些没有受过高等教育的商人，同样不知道应该从留学生圈子里开发知识产生的创造力和生命力。两个相互排斥的圈子，继续发展下去都是死路一条。每个圈子都有每个圈子的局限和劣势，我们需要利用的是它们的优势。

离开圈子里熟悉的一切就意味着失去和放弃原有的优越感与安全感，然而可以肯定的是，没有任何一次突破和成功是不需要付出这些代价的。勇气和魄力就在于你能否承受突破圈子，承受失去安全带来的冲突和痛苦。

新的视野

记者曾经采访过一个经营百元店的家庭，女主人打理百元店的生意，男主人进入一家西班牙的服务公司主要从事采购工作。男主人告诉记者："除了经济上的考虑，可以多拿一份老外的工资，我更注重的是离开原有的生活圈子，从西班牙的企业中汲取必需的管理经验和新的经商视角。学习西班牙人是如何经营管理一个企业的，我发现用中国人原有的那些模式已经无法适应西班牙经济危机的大环境。"

他还告诉记者："人不能够选择和改变环境的时候，只能付出痛苦的代价去学习新的经验和知识才能够适应新的变化。为了走出原有的家族、生活圈子，我付出了很大的代价。在周围的同事都是老外，思考问题的方式迥然不同的工作环境里，我的付出和承受的痛苦与压力是圈内人无法想象的，但是他们更加想象不到我的能力与意识得到了全面提高。如果不进入别的圈子，我就不能获得新的视野。从实践当中，我总结了一些经验，并且用于原有的经营管理，当其他家庭成员、家族成员不理解，甚至是讽刺我的时候，我用事实证明了新视野带来的莫大收益。人要想成功，不能单凭自己的喜好做事。那些你讨厌的人身上，讨厌的圈子里，恰恰有你迫切需要的信息和资源，一旦你突破了隔膜，付出的一切代价都会变成快乐。"

（［西班牙］《欧华报》2011－11－16/湛卢）

中国富豪移民是否真会杀伤中国经济?

中国先富阶层移民潮已是不争的事实，在抨击四起中也存在一些理解上的误区。

根据最新发布的《2011 中国私人财富管理白皮书》，国内 14% 的千万富豪目前已移民或者正在申请移民中，还有近一半在考虑移民。针对目前国内移民热潮高涨的现象，北京大学社会学系教授夏学銮日前发表针对富豪移民的批评言论，可谓"一石激起千层浪"。与此同时，一些外媒对于中国移民现象也加以评论，称中国财富大规模外流，甚至称"富豪移民或致中国经济崩溃"。移民，这个原本比较低调的群体，一下子被推到了舆论的风口浪尖上。

移民就是富人阶层的烧钱行为吗？移民是不是就意味着“背叛”祖国，举家搬迁到国外工作和生活永远不回来？移民是不是白白砸钱出去让别人赚自己的钱？移民是否已造成了国内人才大量流失的严重后果？记者带着这些疑问，采访了资深移民专家和一些成功移民人士，让大家拨开迷雾，认清“移民”真实的一面。

北大教授批富豪移民潮：挟财产到国外是不顾大局

北京大学社会学系教授夏学銮日前在访谈中指出，一些富豪移民，只考虑了个人因素，不管国家大局、国家政策，没有起到“先富”的带头模范作用。夏学銮说，从正面影响来说，富豪移民从这个意义上说，一方面反映了人民大众享有的自由民主的提高，另一方面反映了国家改革开放政策的成效，因为在过去计划经济时代，移民是不可想象的。

夏学銮同时认为，这些富豪的财富受惠于改革开放政策，也是广大员工努力奋斗创造的，所以不能把它卷挟而去，这对人民大众产生的影响是相当恶劣的。从道德层面来讲，现在我国正处于改革发展的战略机遇期，是世界上经济增长趋势最好的国家之一，在这样的大好形势下，富豪们卷款而去，与在抗日战争时期、国难当头之时的一些知识分子、爱国华侨的举动相比，他们的行为显得十分渺小。夏学銮认为，国家应该严审或限制国家公务员移民。

胡润《白皮书》调查千万富豪：14%已移民 半数考虑移民

胡润联合中国银行私人银行日前发布《2011 中国私人财富管理白皮书》，白皮书显示，14%的千万富豪目前已移民或者正在申请移民当中，还有近一半在考虑移民。

今年5月至9月，胡润研究院与中国银行私人银行面对面访问了全国18个重点城市的千万级别以上的高净值人群，调研共获得980份有效问卷，受访人群的平均财富达到6 000万元以上，平均年龄42岁。白皮书显示，中国高净值人群（可投资资产超过1 000万元）中拥有海外资产的已达1/3。海外资产在可投资总资产中的平均占比为19%，投资标的以房地产为主。在目前没有海外资产的高净值人群中，近30%的人在未来三年有进行海外投资的计划。

子女教育成为富豪海外投资的主因，在这些受访富豪中，14%目前已移民或者正在申请中，还有46%考虑移民。在投资理财方面，信托产品、股权投资和兴趣投资会成为未来三年吸引更多关注的投资项目。调查显示，超过40%的高净值人群愿投资信托产品。

在这些受访富豪中，超过六成倾向在退休后把企业交给下一代，也有将近三成愿意把企业交由职业经理人管理。

误区1：移民就要放弃本国国籍

解读：取得国外绿卡仍可保留中国国籍

移民专家指出，通常我们说的“移民成功”指的是申请人获得“绿卡”，即永久居民身份。是否要转为移民国公民而放弃中国国籍，需根据申请人本身状况考量。在移民专家李肇辉看来，真正想彻底放弃中国国籍到国外发展的人其实很少，因为他们的生意还在国内，国内的生意离不开他们。取得加拿大、美国、澳大利亚等国永久居留权后，仍可保留中国国籍，继续在国内经商和生活。另外，根据新西兰、澳大利亚等国法律，当地公民可以拥有双重或多重国籍。

误区 2：富豪移民会导致国内经济崩盘

解读：绝大多数移民会继续留在中国创造财富

美国移民服务局日前发布最新数据显示，今年投资移民美国的申请人中，中国人占了 3/4。2011 年共有 2 969 名中国公民申请了投资移民的 EB－5 签证，其中有 934 人获批准。今年与 2007 年的申请人数相比增加了 10 倍以上。在财产超过 1 亿元人民币的中国富豪中，有 40% 想移民到美国。

对于中国高净值人群多数倾向于移民这一现象，和中总裁王力民认为，目前这种所谓“富豪移民，或导致中国经济崩盘”的说法，是不负责任的，是过于耸人听闻的，这是外媒的一些说法。“我个人感觉这是一个正常现象，首先中国近 30 年来改革开放以后，有部分人迅速致富了。在这样一种情况下，有小部分人愿意通过出国的方式，来做一些家庭结构的改善和改变，我觉得这是非常正常的现象。”王力民谈道，“我们大家都讲全球化，其实中国人走出去，第一符合全球化这么一种趋势和战略，第二也符合一个民族从弱到强、从贫到富这个过程中所要走的步骤。”

发达国家每年都有一定的投资移民配额，全世界最热点的国家和地区加起来每年也只有一两万的移民配额，而且这还是全球的配额量；就算有一半是中国人，也只有 1 万左右。相比国内数以百万计的富豪人群，这个数字也是相当小的，并没有构成大的威胁。另外由于中国严格的外汇管制政策，移民不能使得这些申请人的财富外流。据业内人士透露，95% 以上的富人移民以后都会继续留在中国创业和从事商业活动，中国企业家由于一些特定的因素，他们在英美这样的国家创业的可能性比较小。

误区 3：移民纯属富人的“烧钱”行为

解读：许多人办移民是为了让子女留学更省钱，入读名校更有优势

已经拿到美国绿卡的赵女士，先在广州一家知名移民公司任市场部负责人。赵女士一开始对移民怀着很抵触的情绪，当初在她看来移民就是非要移居到国外去不可的。“但事实上我们全家其实一直都还居住在广州。”赵女士告诉记者，移民并不等于举家搬迁到国外工作和生活，一辈子永远不再回来，她选择移民的目的就是为了让女儿过几年到国外留学更方便，“有了身份可以比其他留学生节省更多钱”。她给记者算了一笔账：如果女儿选择读国外的公立高中，四年学费可省下 80 万元人民币，大学四年可以比其他留学生少花 50 万元人民币。“女儿有了身份之后更容易被世界顶尖大学优先录取，并优先获得高额奖学金。”赵女士说道。在过去 10 年间，有超过 200 万的中国内地申请人获得国外绿卡，他们中绝大多数都是把孩子送到国外接受教育作为移民的首要理由。

侨外集团北京公司总经理白小天指出，为什么很多人从办留学转到办移民？是因为他们觉得办理移民比单纯送孩子留学有更多的好处，所以原来准备送孩子留学的家长，有很大一批转过来做全家的移民。今年已经有早期的国内投资者成功获得 50 万美元的还款，另外算上利息的话投资人还“有得赚”。联鸿海外董事长邹丽娟在接受记者采访时，给出了从国外传回的美国投资移民每月获得投资分红且成功取得无条件绿卡的个案。

误区4：移民导致国内人才严重流失

解读："人才流动"比"人才流失"更准确，近年"海归"回流现象十分明显

国枫移民董事总经理林少恒在接受记者采访时表示，大约90%的申请人移民国外都是想拿到移民身份而已，然后可选择继续留在中国也可到国外发展。与此同时，各国越来越收紧的技术移民政策，也在一定程度上限制了不少专业人才的外流。

在移民业内人士齐立新看来，对于"精英"和"新富阶层"移民，用"人才流动"比用"人才流失"形容更为准确。移民所导致的"人才流失"其实并没有传说中的那么夸张。移民中，有一些人才原本就没有流出，大部分事业的重心仍然在中国；而海外留学和工作的海归人才，事实"回流"的比例在提升。据教育部网站公布数据显示，我国出国留学人数和留学回国人数呈现双增长。2010年我国出国留学人员总数达28.47万人，各类留学回国人员总数13.48万人，这说明目前有一半留学生是选择学成之后回国发展。最近两年到深圳工作创业的留学人员呈现放量增长的态势，出现"群雁结伴而来"的新景象，他们从事的新材料、生物、新能源等行业，是深圳重点发展战略性新兴产业的一支生力军。

"现在回流非常明显。与其说中国的高等院校是美国大学的出国预备基地，我们为什么不把美国包括其他教育发达的国家，当作我们中国的博士或博士后的培养基地呢?"王力民认为，应该以一种更加开放的理念对待留学和移民，这样会带来更加好的双赢结果。

（《广州日报》2011－11－17／黄瑶）

57.1%受访者认为"投资移民"在忽悠中国"傻钱"

据多家媒体报道，近年来，中国投资移民美国的人数猛增。特别是今年，在美国接受的全部投资移民中，中国人占了3/4。近日，中国青年报社会调查中心通过题客调查网和民意中国网，对13 552名国人进行的一项调查显示，60.2%的受访者已然关注近年国人投资移民潮。

在受访者中，90后占9.3%，80后占55.1%，70后占25.3%；男性占52.0%，女性占48.0%；研究生及以上学历者占8.0%，本科学历者占51.8%，大专/高职学历者占27.4%；还有10.3%的人是高中/中专/中技学历者。

60.9%的人认为投资移民风险大

与近年国人赴美移民潮日渐汹涌不同的是，在2007年，只有270名中国公民申请投资移民，161人获得批准。2011年的申请者和获批者分别为2 969人和934人，与2007年相比，不到4年申请者增长约10倍。

《每日经济新闻》不久前的报道显示，在过去3年，中国内地申请投资移民者的成功

率高达 56%。

北京因私出入境中介机构协会会长齐立新，在接受中国青年报记者采访时指出，已有超过一半的美国投资移民区域中心投资项目跑到中国进行大规模的“招商”宣传。

为什么中国出现“投资移民热”？在齐立新看来原因有三：第一，很多国内民营企业家积累了很多财富；第二，不少国人从小怀有“美国梦”；第三，也是最重要的一点是，美国近几年移民政策、经济环境的变化。

“10 年前，我们的签证通过率只有 30% 左右，而现在拒签率都不到 30%。全球金融危机后，美国要寻求资本市场出路，包括中国在内的主要新兴经济发展体，就成了他们的重要突破点。”齐立新说。

在本次调查中，60.9% 的受访者认为投资移民风险大，其中 16.1% 的人认为“非常大”。仅 20.1% 的人认为“风险不大”或“没风险”。

根据美国目前的投资移民计划，投资移民的核心条件是：投资者必须在美投资 50 万或 100 万美元，并创造至少 10 个全职工作机会。

事实上，这个条件远没有看起来那么宽松。按规定，这“50 万美元”被要求投资到所谓的“目标区域”，即地区人口少于 20 000 人和失业率高于全国失业率 150% 的地区。在“工作机会”上，美国国土安全部公民和移民事务署强调，申请人必须给美国创造每周不低于 35 个工作小时的全职就业机会，而且不能是季节和临时性的工作岗位。

投资移民可能存在什么风险？调查中，52.6% 的人认为，风险在于“人生地不熟，创业、投资有难度”；31.3% 的人觉得风险是“一旦两年内投资失利可能失掉永久居留身份”。

齐立新告诉记者，美国“EB－5 投资移民政策”早在 20 世纪 90 年代初就已制定，但当时中国大陆很少有人具备资格。直到 2008 年，很多国人达到了这个要求，美国移民政策的推广者，就来中国积极“促销”。初期，申请人数较少，成功率也较高，这让一些人觉得“赴美移民正是时候”。现在，很多夸大的、有误导性的宣传报道也给社会造成了一定的认识误区。其中，存在非常严重的风险：

第一，绿卡的风险。美国投资移民的申请，并不像大家想象的只要投资 50 万美元就能拿绿卡。这 50 万美元并不掌握在申请人手里，而是在美国的项目公司。这些公司能不能保证资金运营、解决就业机会，谁也无法保证，美国政府更不会担保。一旦不能提供就业机会，或者就业机会不能满足条件，移民者的绿卡就办不了。“现在美国一些本土策划公司在大量推出吸引中国人眼球的投资移民项目，有些项目在初审阶段就遭到否决，个别中介机构却一直没把这个情况告知申请人。”

第二，还款的风险。即使拿到绿卡，如何保证还款，保证这 50 万美元的安全性，还是不确定。正常的情况下，移民应该是申请后再进行资产转移，现在的投资移民项目却要求申请人在还没申请时，就要把钱汇到国外。“美国投资移民的名额是 1 000 人，现在排队的就有 4 000 个申请人，而且都是打过了钱的，总数达 20 亿美元。这个风险有多大，可想而知。”

记者调查发现，一些中国申请人事实上抱着这样一种心态：只要有绿卡，哪怕这 50 万美元没了也不要紧，就当买绿卡了。

“50 万美元绝对不等于绿卡。现在这种‘善意的初衷’正被一些人利用，这会让申请人蒙受巨大损失。”齐立新预测，现在申请投资移民美国的中国人，将来可能有一半人会面临资金、绿卡双双落空的风险。到那时，没有任何一家中介机构可以帮申请人承担风险。在美国本土，任何一个有责任感的律师，都不会对美国投资移民项目进行法律承诺。但有很多美国人摇身一变，以官员、商业权威人士的身份来中国做推广。“如果这些项目真那么好，美国企业家为什么不投资，非要把便宜让中国人占了，他们是傻子吗?”

专家指出，事实上美国仍在封锁中国投资

中国人民大学国际关系学院副院长金灿荣教授告诉记者，他读大学时所在专业有41名同学，毕业后有31人曾去国外发展，但现在只剩下七、八个还留在外面。他接触的一些朋友移民后都“后悔不已”，又都跑回来了。很多人去了之后才发现，美国移民的生活很艰苦，也极其无聊。

“家庭关系上也存在风险。”金灿荣说，很多人移民美国是为了孩子的教育，但如果孩子很小就出去了，将来就只能留在美国，要想回来工作基本不可能。美国的教育体系和中国完全不同，在那边受教育后回来很难适应。家庭关系也会出问题，孩子成了“香蕉人”（即黄种人的皮肤，白种人的内心——编者注），可能都不会说汉语，父母很难和孩子真正交流。父母晚年也会很孤独，感觉像是把孩子给“丢了”似的。

金灿荣指出，在事业发展上，华人在国外的机会没有中国多。“很多企业家在中国习惯了每年10% ~20%的利润，可在外国利润能达到5% ~6%就不错了。”

江西某高校工作人员韦玮说，身边不少朋友移民后都抱怨生活无聊，有些人成了“候鸟”，每年定期回国住一、两个月。他认为，他们面临的主要问题是融入不了当地社会。很多人住不到高档社区，只能在唐人街待着。不少人反映那里治安不好，经常在网上互相提醒“注意安全”。“移民热最终还是会回归到理性状态，他们绝大多数还是会回来的，就如同20世纪台湾的情况那样。资本外流也只是暂时的。”

在本次调查中，52.8%的人担心移民“可能会遭遇排挤，难获同等发展空间”；42.0%的人觉得“华人很难享用真正的高档社区”；41.0%的人担忧“针对华人的教育门槛可能增高”；只有3.5%的人认为没什么风险。

不过，北京大学国际关系学院教授潘维表示，他对现在所谓的“投资移民潮”没有体会，“这事是真的吗？就1 000个投资移民在中国其实是九牛一毛”。在他看来，美国的移民政策一直比较开放。中国资本也过剩，谁也不怕钱往外走。全世界都在往外投资，中国人为什么不能往外投投？美国人在中国投了那么多钱，为什么中国人不能去美国？走向世界，钱也要在各地流动。

他认为，现在的主要问题是，美国仍在封锁中国投资（当然，移民投资的那些限定项目除外）。美元在全世界流通，中国拿到的美元最多。美国最怕的就是这批美元突然回流。中国让美国人投资中国的公司，但中国人不能随便在美国投资公司，他们就是怕这个钱流回去。

（《中国青年报》2011－11－24）

中国保护海外公民体系日趋成熟

中国“人文外交”的力度不断深化：外交部近日正式启动“中国领事服务网”，为海外公民及机构提供“一站式”海外安全信息服务；与此同时，外交部还在酝酿专门立法，护航中国公民和企业的海外安全。在中国公民海外遇险事件不断增加，甚至有时成为恐怖袭击对象的背景下，官方的如此举措，受到海外华侨华人的高度关注。

今年初，中国完成了一场堪称完美的“国家救援”，在很短的时间内从发生战乱的利比亚撤出3万余名中国公民，让人津津乐道中国政府海外救援的力度和速度。然而，最近几个月来，13名中国船员喋血湄公河，韩国、日本、菲律宾暴力扣押中国渔船和船员，以及类似事件的频繁发生，又让人们对海外公民安全保护的复杂性有了清晰认知。

近几年来，随着国力的增强及影响力的上升，中国加大了领事保护和海外救助力度，相关应急机制日趋完善。在重大灾害、政局动荡乃至军事冲突发生后，中国政府都会在最短时间内多方联动、有条不紊地展开救援，尽最大可能为海外公民及机构提供保护，也由此获得了被救援者及家属、海外华侨华人以及国内国际舆论的赞扬。

然而，海外的华侨华人都知道，在海外公民及机构的保护过程中，因大规模政治动乱、严重自然灾害而实施救援的现象并非常态，更常见的是交通事故、劳务纠纷，或者遭遇盗窃、抢劫等社会治安问题。因此，大多数时候，领事保护并不都是“海陆空总动员的大片”，而是一些非常具体甚至琐碎的工作。

据中国外交部不完全统计，2010年中国在海外人员（含出境人次、劳务人员、留学人员、定居人员）总数超过6 700万人，境外中资企业机构1万多家，海外承包项目约4 000个，并且每年出境的中国公民都在以500万到800万人次的数量增加。今年1月到11月，中国外交部处理的领事保护案件就将近3万起。可以肯定的是，这其中绝大多数都不是“大事件”。

因此，构建更加完整的领事保护体系，是中国深化“人文外交”必须跨越的一步。而“中国领事服务网”的开通，将海外安全动态及时传递给在海外的中国公民与机构，充分阐释了“预防是最好的保护”这一通行的领事保护理念，再辅之以极具实用性的《中国领事保护和协助指南》，以及正在酝酿的专门立法，从提前预防到实际操作，再到法制建设，中国领事保护体系的构建已然成型。

尤其值得一提的是立法。保护海外公民安全在世界范围都是难题，因为不在本国管辖范围内，保护与救助要尊重所在国主权，寻求所在国政府帮助，所以，在保护海外公民安全上，立法是双边的。但倘若中国方面能更早健全相关法律，将跨国救援程序化、法制化，一则可以强化负责任大国的形象，在救援中增强说服力、影响力；二则也可让救助过程有法可依、有法必依，最快启动救助程序，给受害公民最大保障。

保护海外公民及企业的安全已经成为中国全球化进程中不可回避的问题。无论是举国动员式的“宏大救助”，还是完善指引公告与领事服务的“小处着手”，以及强化相关环节的制度化与法律化，乃至非政府机构与组织之间的作用，都是中国官方在面临海外安全事件日益复杂化、多元化情况下必需应对的。

透过近几年中国官方的各种尝试，海外华侨华人欣喜地看到，中国保护海外公民与企业的体系日趋成熟。当然，官方层面的保护与救助是一方面，身在海外的中国公民或企业要想获得更大的人身及财产安全，还要自己做出努力与约束，提升自身的安全防范意识，更加主动地从法律层面和文化层面融入当地的主流社会。

（［法国］《欧洲时报》2011－11－25）

打造葡萄牙华人社会新概念

从葡萄牙移民局网站获知，目前，持中国护照拥有葡萄牙居留证的合法移民达到15 699人，其中男性8 161人，女性7 538人，华人移民总数排在巴西、乌克兰、佛得角、罗马尼亚、安哥拉、英国移民之后。为了进一步查证华人在葡非法移民所占的比例，葡萄牙警方在华人稠密区抽样调查，警方查证华人移民2 675人，华人非法移民为169人，华人非法移民所占的比例为6.3%，由此可以推算出，葡萄牙华人总数约17 000人，当然，这个总数不包括持葡萄牙籍的华人。

相互依赖的葡萄牙华人社会

葡萄牙华人在葡萄牙已经自然形成了一个完备的商业体系，一个相互依赖、协作、竞争的葡萄牙华人社会。在葡华人估计拥有5 000家至7 000家大大小小华人批发商铺、华人零售店、餐馆，成为华人商业网络。葡萄牙华人批发商桥接外国市场，同中国或欧洲其他国家批发商，有着密切的联系，是世界经济大环境下的小环境的缩影。葡萄牙华商商业网络桥接海外，大批发商从海外（欧洲或中国）接货，再分批给大大小小华人零售商铺，零售店再把商品零售给葡萄牙中低层终极消费者，实现把商品变成货币。这个错综复杂的华人销售网，必须具备敏锐商业触觉，看货、试样、看品质、谈价格、讲信誉，浙商们做得井井有条，葡萄牙华人商业网络覆盖葡萄牙，以市场需求镶嵌在葡萄牙大地上。在葡萄牙国内，自然形成了一个以华人为中心的松散而又紧密联系的华人社会群体，我们简称为“葡萄牙华人社会”。

葡萄牙华人社会是一个整体，具有一荣俱荣、一损俱损的特点，勤劳的葡萄牙华人每天超负荷地工作在各自的岗位上，为求生存、谋发展而不懈努力。葡萄牙华人社会没有政府，只有大大小小的华人社团，这些组织机构在华人社会里担负着穿针引线的作用，社团主要领导人是商业经营的精英，成为社会公益事业的奉献者，以个人魅力来影响华人社会。

陋习使我们付出沉重代价

葡萄牙经济衰退，天没塌下来，人还是照样生活，不管是经济好还是经济坏，人都要坚持活下去。经济的困境每时每刻都存在，机会都是为有准备的人提供的，不管顺逆，不管成败，只要活着就有希望。社会没变，人没变，变的是人的观念。

葡萄牙华人经济收入按照平均值来看早已超过了葡萄牙本国人，部分华商已经是穿名牌、开名车、住豪宅，这是与他们自身多年的不懈努力和拼搏分不开的，但是，富裕起来的华人没有赢得葡萄牙人的尊重；其他国家的华人也是这样，均没得到侨居国人民的尊重；扩大到国家也是一样，正如我们大陆的经济体已经晋升到第二位，但我们没有真正赢得别国尊重！反而，当这些国家经济衰退时、发生困难时，我们华人移民却成为他们口舌之争的替罪羊，或者是发泄私愤的出气筒，为什么会这样？

大大小小的老板们中的个别人，为了追求个人眼前利益，不惜以华人社会整体形象为代价，华人中因为少数及个别人员，在商业经营中以追求高利润为出发点，从而做出一些违法市场规律的事情来，这些行为被某些葡萄牙媒体肆意夸大，全葡萄牙华人成了某些个人违规牺牲品，从而损害了我们葡萄牙华社的整体形象。就拿餐饮业来说吧，这个行业是葡萄牙华人的传统行业，民以食为天，餐饮被我们华人称为永不衰退的行业，因为每个人每天都要吃，只要人吃饭，就会有市场在，有生意做。餐饮业是全世界海外华侨立身之本，这个行业为千千万万海外华人提供了就业机会，养活了早期拓展海外的老一辈华侨。在此基础上，才有其他行业的产生，才能有其他事业的发展。

早年轰轰烈烈的葡萄牙华人餐饮业，在近 10 年里，华人在自身陋习方面，如：厨房卫生问题、食品卫生问题、个人卫生问题等方面，栽了大跟头。我们在很多场合根本不考虑个人小节和忽视卫生的陋习，成为葡萄牙人检举揭发的重点目标。

葡萄牙的 RTP1、TV1 电视台和主要平面媒体，并不太习惯于宣传华人的正面形象，他们不会宣传华人勤劳，也不会赞扬华人节俭，更不会提及华人为葡国交的税、所作的贡献，华人的商业网络为葡萄牙中下层人士节约了手中的钱，特别是在目前经济危机和债务危机的双重打压下，廉价的华人商品更应该成为葡萄牙人青睐的商品。他们只会转悠在华人的瑕疵里，说华人抢了他们饭碗，夺了他们的工作，赚了他们的钱。但是他们从没有想过，假如真的有那么一天，葡萄牙没有了华人移民，葡萄牙老百姓就能过上无债一身轻的好日子？非也！喜欢海滩晒太阳的葡萄牙民族，从骨子里就不愿干活，寄希望于国家来帮扶、赡养，有限的国有资源和社会福利，被无限不劳而获者享用，不债台高筑才怪呢？这就是葡萄牙目前的现状。

葡萄牙华人在经济危机下，没有坐以待毙，没有上街游行要求葡萄牙政府赏赐什么、补助什么，大家依然靠自己勤劳的双手，先求生存，再谋发展，为葡萄牙不断缴税，华商担负着葡萄牙经济恢复的发动机的作用，不管怎么样，葡萄牙华商，始终在寻找商业出发点，为自己的生存和发展谋出路，从目前的形势来看，华人一直在坚持走这条发展的道路。

他们只要看到华人的“厨房卫生问题、食品卫生问题、个人卫生问题”就会毫不犹豫地大肆渲染，让我们华人视为平常的一些卫生陋习充分显示在他们的视屏上，使全体华人羞得无地自容，让每个脸上写着中国的葡萄牙华人整体形象受损，让华人饮食经营者再次受到冲击。

改掉陋习提升华人自身形象

我们华人与生俱来的脏、乱、差问题成为侨居国指责华人的主要问题，华人在个人卫生、公共场合出现的一些陋习，时刻影响着我们华人的形象。我们只有通过学习葡萄牙人的一些好习惯，才能改掉我们身上的一些陋习。要提升我们华人形象，必须从硬件和软件上来改善。葡萄牙人并不因你开了好车、住上豪宅，就会高看你，财富在中国人眼里放大若干倍，而在葡萄牙人眼里，你只不过是个有钱人而已，你的软件提不上去，人家照样看不起你。有些赚了大钱的华人老板，买了多幢别墅，而这些外观豪华的别墅，只是用来存放杂物垃圾等东西，根本没有实际效用。中国人喜欢买大炮来打蚊子，让全世界人民看笑话，这就是我们的陋习。

有些富裕起来的华人，就感觉自己很了不起，那种牛气和豪气的有钱感觉全显在脸上，有钱就可以大大咧咧、肆无忌惮、牛气十足，唯恐天下人不知道自己有钱，表现极为张狂。而人家葡萄牙人看到你钱多的样子，只认为你是素质很低、爱显摆的暴发户而已。从目前的情况来看，有钱华人的基石是建立在葡萄牙辖制松软的沙土上，在你稍不注意的情况下，他们只要使用国家法律和行政手段，就会使你的财富化为乌有。这种例子已经很多，不需要枚举。

三十年河东，三十年河西，因为我们自身的素质，在不按照葡萄牙人的游戏规则经营的华人事业，隐藏着危机。你越有钱，他们国家的监督机构越喜欢盯上你，在稍有差错的情况下，给你致命一击，让你根本无法转身，陷于尴尬的境地。

在葡萄牙经济衰退的大前提下，承担沉重债务的葡萄牙政府正努力向经济实体人身上分摊更多的责任，葡萄牙华人这个经济活跃的群体，将更多地承担社会经济责任，但是，华人在承担更多经济责任的同时，却享受不到与葡萄牙人平等的权利，只能成为贫穷葡萄牙屋檐下的二等公民。

宣传中华文化树立华人正面形象

毛主席说："有错就改就是好同志！"任何一个民族都有其软肋，也有自身骄傲的文化，我们华人要改掉身上的一些陋习，应该是不成问题的，只要在国外待上数年的华人，生活习惯方面就会大有改观；一些在葡萄牙出生的后代，他们身上就很难找到一些华人固有的陋习，养成良好习惯，这对华人群体有着很大的裨益。

目前，葡萄牙北部 Vila Do Conde 到中部大里斯本地区，所有的批发商，自发联合起来，实行每周休息一天，从根本上革除了以往每天营业永不休息的弊端。从形象上看，享有与葡萄牙人一样同等休息的权利，告诉葡萄牙人，华人也在不断革除自身的弊病，履行新的作息时间，提升自身的形象，消除葡萄牙人对华人要钱不要命的不良形象；从身体上来看，每周得到了休整，有益于身心健康，利用休息天，大家增多交流的机会，增加了家庭成员之间的交流，使生活变得更加融洽；从生意上看，把七天的生意挤到六天来做，批发的总量基本不变，大家休息，并不会使自己的生意少做，只是把七天的生意压缩到六天来做。在大家休息的情况下，即使有少部分商家开门，并不会吸引太多客人光顾，因为想来批发的人，都喜欢从各家批发商铺里，寻找属于自己的商品。特别是在目前全葡萄牙经济缩水的情况下，华人生意也在缩水，休息一天，就可以省出一天的开销，减少水电煤等资源方面的浪费。

我们更应当联合起来，向葡萄牙人宣传我们中华民族的长处，让葡国人了解我们华人在为这个国家做什么？

葡萄牙人说："华人社会形成的自我封闭状态，使很多葡萄牙人对近在身边的华人不了解，华人也很少与当地人交往。葡萄牙人媒体对华人妄加猜测，在不了解的情况，写出很多有违于公正的文章，有些地方会直接抹黑华人。"

就目前的情况，特别是 Martim Moniz 地区，已经形成各具特色的服务项目，如：华人小吃店、华人理发店、华人养生会所、华人超市、华人中医、品种繁多华人批发店、华人气功、华人武术等，这些华社项目应当以开放的心态，欢迎葡萄牙人来参加华人的每一项活动，向他们介绍华人商品的经营，不用去掩饰、美化，把葡萄牙人当作一位客人来对待，让他们在体验中分享这些项目带来的好处，这样就会获得正面的感受。

结合中餐的运作形式，我们华社可以举办全葡萄牙中餐烹饪比赛，邀请葡萄牙电视台及其他新闻媒体来采访，介绍中华美食的丰富多彩、博大精深，把一些烹饪高手会聚在一起，进行比赛，品评出最佳选手，让葡萄牙人来品尝，从实际出发，来感受中华美食的精美；或者，每周给葡萄牙电视台介绍一种中国食品，让葡萄牙人来看、学、做、吃，让他们在亲眼目睹中，学会中餐，从而消除葡萄牙对中餐的疑虑。笔者在 Povoa De Verzim 的 Casino 里尝到中西相结合的中餐形式，在这里，食品制作美轮美奂，每道菜极富艺术价值，从环境装修、布设、餐具摆放到每道菜的造型，让人感受到食物的诱人、器皿的精美、环境的雅致。这都是中华文化范畴内的东西，我们要大力推广。

每到圣诞节来临，葡萄牙华商就会自发组织起来，向葡萄牙流浪汉捐赠物品、食品，从点滴做起，来化解纠结。以开放的姿态，让葡萄牙人从正面了解华人，消除葡萄牙人对华人的误解。

（［葡萄牙］《葡华报》2011－12－02/于中龙）

融入主流是个伪命题

要努力融入当地主流社会，一直是老侨对新移民的谆谆教诲，也是加拿大华人移民圈内一个争论不休的话题。希望让自己能够融入主流的本意，无非是因为从祖籍国来到异族独揽社会主导权的他乡异国后，要能够求得生存权，甚至在持强势地位的西人施舍下谋得自己的个体政治和社会地位。其动机虽好，但为此而硬是要洗心革面地扬弃自己的生活习惯、传统文化以至社会价值，去迎合所谓社会主流设定的规则，凸显的却是华人文化中的谦卑心结及"人在屋檐下"的心态。

不能不举的一个例子是：经教育部门批准，加多伦多黑人聚居区继建立了黑人小学后，最近又设立了黑人中学，专门接收黑人子女入学，并设立专门课程讲授非洲历史和文化，增强非裔在本地的影响力。能够与教会学校平起平坐分享权力，利用公共资源建立专属自己族裔的学校，自然是非裔社区力争的结果。因为不论经济地位如何或曾遭遇种族歧视，黑人从未将自己视为外族和支流，而是认为自己才是这个社会的主人，理所当然地享有一切应得的权利包括福利救济。像非裔移民一样，华人在加拿大（当然包括其他国家）要做的应该是如何争取让这个社会和政府兑现自己应得的正当地位及权益，而不是自贬身价去迎合西人的游戏规则，委屈地从中获得他人的嗟来之食。从这个意义上说，“融入当地社会主流”之声，只能是个伪命题，实际上也不可能以此来求得华人族群或任何个人的社会主人地位。

首先，加拿大以多元文化立国，法律上确认种族平等和公民的平等地位，认同并接受一切不同文化和符合法律的价值标准、行为方式及生活习惯，它只规定英、法语的官方地位，但并未规定英、法裔可以为非我族裔者制定行为准则的特权，因而这个国度的所有华人移民，依法律赋予的权力，天然就是这个社会的主人，完全可以在这个社会中维护自己的价值观、思维方式、行为习惯、生活模式和弘扬自己的族裔风俗，不存在要邯郸学步地向西人或所谓主流看齐的问题。其次，不同族裔文化各有其精华或糟粕，无法评判其优劣。对加拿大社会来说，中华五千年历史中积累的诸如尊老爱幼的伦理道德、克己勤俭的持家理念、中庸和宽容的处世哲学等传统文化伦理，更有利于社会和谐，比之以人性恶为基点而形成的西人行为习惯，明显地有其精彩和可补充之处。华人对加拿大的历史贡献，更是世人公认。但如果华人至今还要为所谓融入主流而苦苦挣扎的话，说明的只能是这个国家还存在着对华人的种族歧视，政府并未有效保障华人的合法权益，华人与西人的平等地位并未得到尊重。

两百多年前，所谓的加拿大主流是以刀和剑从土著人手中野蛮抢来今天的社会主导者地位，而人头税及排华法也证明了他们不会轻易笑纳外族，让其从自己独占的利益盛宴中分享一杯羹。凤毛麟角的华人能够在政府中入阁或进入大公司银行高层，也只是出于对华人选票的政治盘算或中国及华人巨大市场的利益考量而已，是政客及资本家的一种无奈，并不代表华人受到了所谓主流在骨子里的尊重。

在今天国际格局大演变的潮流中，华人要背靠日益强盛的祖籍国，依仗族群的团结奋斗和日益加强的经济文化实力，在加拿大高声主张自己应得的政治地位和社会权利，而不需再迷失如何去融入主流了。

（［加拿大］《北美时报》2011－12－08）

赴海外投资移民不能一概视为“财富流失”

中国与全球化研究中心主任、中国欧美同学会副会长王辉耀今日在接受中新社记者采访时表示，中国公民赴海外投资移民数量大幅增加与国内外经济形势有很大相关性，不能一概视为“财富流失”。

王辉耀认为：“以开放的眼光看，投资移民可能成为中国公民‘走出去’的新模式，为中国经济参与全球化带来契机。”

王辉耀称，进入 21 世纪，中国海外移民呈现数量多、去向广、流动性大等特点。“中国成为美国等多国最大的移民来源国，这些移民与中国早年‘下南洋’‘漂洋过海’做华工的移民不一样，多是‘候鸟’式移民，在国内和国外频繁穿梭。”随着中国富裕阶层的成长，投资移民已经成为中国海外移民的重要趋势。

王辉耀分析说，近年来，中国依靠市场经济走出去，并在外国获得成功的跨国公司数量还相对有限，在经济全球化浪潮中，民营企业在走出去遇到困难的情况下，企业家通过个人移民走出去的案例大量增加，这是一种对现状的弥补和反弹。“如果中国的民营企业家能以跨国企业形式走出去，因这方面原因造成的投资移民会有所减少。”

王辉耀认为，目前的移民浪潮并非都是财富流失。他强调，中国赴海外移民的资金往往视机会和收益在国内外双向流动。在国内持续紧缩的政策环境下，资金流向海外从而产生更多利润；如果国内效益和环境趋好，则流出的资金有可能再次回流。

作为开放市场环境下的经济行为，依靠简单的政策限制难以遏制海外投资移民可能造成的财富流失。因此，王辉耀建议把劣势转化成优势，鼓励海外移民将海外的企业、资金和商业机会带到中国，或在海外设厂和投资，成为中国民营企业走出去的“先头部队”。

王辉耀同时强调，对赴海外投资移民应保持足够的风险意识，对可能造成的损失有全面的评估和预判。

（中国新闻网 2011－12－09/朱峰）

华人移民的跨国化尴尬

与住在国：客气但疏离

近几个月来，法国大巴黎地区以及外省部分地区合法移民申办居留明显比以前困难。调查显示，目前移民一证难求主要是因为有关部门明显减少接待窗口以及有关人员在审理申请材料方面十分严苛，同时，由于收紧长期居留的发放，申请人数大大增加。

事实上，自全球金融危机以来，多个国家相继收紧移民政策，采取种种针对移民的限制措施，包括西班牙、法国、罗马尼亚、美国等。上个月，英国首相卡梅伦在一次讲话中提出多项收紧非欧盟移民新政策，其中包括改革永居考试、加强打击假结婚骗取居留、考虑提高配偶申请永居的年限要求等。其原因都与不断刷新纪录的失业率和保障本国公民的就业问题有关。

此外，金融危机以来，各国对华商的各种检查越发严格。无论是俄罗斯的灰色清关还是罗马尼亚的中国商品集散地尼罗市场内华商与当地警察的多次冲突，无不让人意识到海外华商的困境。“中国的发展让海外华人感受到了地位的提升和自信心的提高。不过，另一方面，欧洲还是有一些人感到了危机。这必定会影响当地侨胞的生存。”厦门大学教授李明欢说，“华人在与当地社会交往的过程中虽然是客客气气的，但是冲突依然时有发生。”

与祖籍国：紧密但失落

近些年，随着中国经济的快速发展、中国国力增强和国际地位的提高，对海外侨胞形成了强劲的拉力，因此，海外侨胞兴起了一股“回归潮”。李明欢把欧洲华人中的回归者划分为几个类型：想回国发展和创业的人；由父母送回中国学习的未成年人；叶落归根的人以及非法移民回归者。

“一些在欧洲学成后回国的一般专业人士，如果仍然保留外国国籍的话，在工薪待遇、住房福利等方面，都不能享受与中国公民一样的待遇。”李明欢举了个例子，“进入高校工作的回归者，虽然每月的工资可能高于同等资历的同事，但按照相关规定不得享受基本工资之外的其他待遇，不得参与各类职称评定，其子女上学须按外籍人士收费等，因此他们时常会有身处‘体制外’的失落感。”

另外，在海外生活工作多年的华人回到国内还会经历所谓的“反文化震撼”，生活习惯、人情世故等方面都会感到不适应，对他们的心理状态也是一种不小的冲击。

努力：让生活更美好

其实，无论是住在国与祖籍国提供的大环境，还是当地华人社会的小环境中，海外华人都面临着多种挑战。李明欢在《欧洲华人社会剖析：人口、经济、地位与分化》一文中指出，以欧洲华商为例，他们所从事的进出口批发、零售业，内部竞争相当激烈。除了现有的华商集中的大型批发市场外，新的市场还在建立，而直接进入欧洲的中国商贸公司也形成与当地华商的竞争。

究竟该如何让自己的生活更美好？海外华人在不断探索。比如，华人当年移居海外所依靠的“三把刀”中的“菜刀”——中餐业开始逐步分流，有的走上高档路线，有的改为自助餐馆，还有的成为传统外卖与堂吃并重的小餐馆。其他行业的众多华商也开始了转型之路。

而对于中国侨务部门而言，如何制定合适的侨务政策，更好地为海外华人服务，则是必须认真考虑的问题。

（《人民日报·海外版》2011－12－09/张红）

海外中餐业：为何褒贬不一？

“冰”与“火”的待遇

近段时间，中餐始终是海外媒体聚焦的热点。

虽然在德语区国家生活的华人并不多，而且没有形成像美国、英国、法国那样有规模的“唐人街”，但无论是在德国首都柏林，还是在瑞士以及奥地利的小山村里，都可以看到中餐馆的身影。

在那里，中餐生意可以用火爆来形容，大部分德语区人都非常爱吃中餐，多数家庭一周至少会光顾一次中餐馆。

德语区国家的媒体对中餐钟爱有加。德国《南德报》近日对慕尼黑的一家中国火锅店进行报道，称这种形式对德国人来说是新颖的。瑞士的媒体也对中国自助餐的“绿色”经营表示赞同。

同样引发人们对中餐业关注的，来自于一些质疑的声音。前不久，多则关于“中餐馆使用猫肉、狗肉”的谣言四起，令一些英国中餐馆饱受中伤。经过当地市政卫生部门检查后，这些传言根本就是子虚乌有，但中餐馆的名誉损失却难以估量。

在美国芝加哥，“中餐馆主要集中在南、北中国城地区，以南华埠最为集中，现在有逐步扩大到市中心和郊区的趋势”。《芝加哥华语论坛报》资深记者张大卫介绍。

美国的中餐业也受到一些批评，“比如不讲究环境，不注意卫生，服务员没有经过严格训练，不专业，法制观念不够，对残疾人的服务也比较差等”。张大卫说。

谋生与迎合的弊病

为何海外媒体对中餐业会褒贬不一？

张大卫分析，在芝加哥，从事中餐业的多是老移民，还有一些是新来的移民，中餐业对他们来说只是一种谋生的手段，找不到适合的工作，就先做餐馆。大部分没有像主流餐馆那样的名厨师。

美国晓军美食集团是芝加哥比较成功的中餐企业，其旗下的“老四川”、“老北京”、“老上海”、“老友聚”、“老湖南”等品牌在美国主流社会也享有盛誉。就是这样的一个优秀企业，也面临着招人难的问题。“现在想招一个合格的厨师都难。”老板胡晓军感叹。

英国最近出台的新移民法也提高了技术移民的门槛，有技术、有经验的厨师想要去英国从业也要经历严格的挑选，而这对大多数国内厨师来说都太难。

另外，海外中餐业特意追求与西餐的接轨也是中餐饱受诟病的原因。起初中国餐馆老板为吸引更多的当地客源，把中餐加以改良，变成老外爱吃的煎炸食品并调以酸甜口味，但这样就略掉了中餐的“原汁原味”。德语区国家热捧中餐的原因之一，就是当初的“德式中餐”慢慢回归原味，变成了现在的“正宗中餐”。

“真正能代表中餐精华的餐馆不多。”张大卫直言。

酒香也怕巷子深

胡晓军对中餐业的发展信心满满。他认为未来中餐业的发展必定是众多小餐馆的整合，代之以大型餐饮集团的诞生。

不过，张大卫表示，中餐馆的整合任重而道远，原因就在于管理水平不高，未能形成产业链，也缺少联合和公关。“以美国为例，一个行业的联合对于维护中餐业的权益和发展很重要。过去这里有个美中地区中餐协会，没多久就不存在了。”张大卫说，“现在公关也是各家自己搞，各自为政。”

不过，可喜的是，也有一些人在尝试做中国美食的公关。享誉英国美食界的 BBC 华裔美女主厨黄澧亿近来出现在美国“烹饪频道”为她量身制作的“巧手中国菜：旧金山”烹饪秀上，还出版书籍介绍中国美食。她的节目，将看似烦琐的中国菜讲解得简单易懂，令人有忍不住跟着一起参与的念头。

海外中餐要发展，向西餐口味“靠拢”是行不通的，原汁原味的中餐才有生命力，才能真正体现中国饮食文化的魅力。

（《人民日报·海外版》2011－12－14/杨子岩）

为何许多华人英语能力有限？

华盛顿“移民政策研究所”近日根据人口普查局及美国社会调查（ACS）的结果，公布英语能力有限人口报告。根据这份报告，2010 年全美共有 2 500 万 5 岁以上的英语能力有限人口，占全国人口的 9%。其中 68% 的英语能力有限人口集中于加州、得州、纽约、佛罗里达州、伊利诺伊州及新泽西州。这些州都是华人聚集的主要地方。

在 2010 年 2 500 万 5 岁以上的英语能力有限人口中，说西语的最多，有 1 652 万人，占全国英语能力有限人口的 65.5%；说华语的次之，有 154.8 万人，占 6.1%。

华人新移民中英语能力有限者的人数提高，首先在于近十年来华人移民人数大幅增加。半世纪前，在美国以外出生的人按原籍排名，头 5 名都来自欧洲，而现在的移民中，头 5 名都来自拉美和亚洲，中国（包括台湾和香港）的移民，位居第二。

其次，移民美国的华人，越来越多地选择居住在华人聚集区，这些地区的各种设施、机构对华人的服务也就越来越完善，这就使得很多华人不需要会很多英语，甚至不会英语都可以生存。这种现象过去在老唐人街就存在，现在更常见。尽管美国政府一直致力于使外来移民同化于美国社会，但移民越是集中的地方，同化就越慢，表现之一就是许多华人新移民英语能力有限。

对外界社会的封闭心态也使得很多华人不注重英语能力的提高，不少华人一直生活在华人圈子里，社交圈狭窄，逐渐成为社会边缘化群体。不懂英语使很多华人根本不知道美国社会发生的事情，对许多法律和规定也不甚了解，影响生活质量，如因无法与警察沟通，遭遇抢劫和其他事故，往往选择不报案，因而在客观上助长了不法之徒将华人视为软弱可欺的族群。

此外，华人是否愿意刻苦学习英语，和同化的意愿也有很大关系，曾有学者根据统计资料列出各种族移民归化率，排名第一的是菲律宾人，第二的是韩国人，第三的是华人。很显然，如果希望归化为美国公民，进而融入美国社会，相当的英语能力是必要的。如果意愿不强烈，或其他种种原因，例如年龄、文化水平、进入美国时间长短等，都会影响华人学习英语愿望。

华人移民既选择在美国定居，就应积极学习英语，尤其应该注意英语后面的社会文化背景，努力提高英语能力，从而逐渐融入美国社会。

（［美国］《侨报》2011－12－19/一娴）

淬炼与辉煌：美国华人的2011年

岁末，乍暖还寒。走过2011年的美国华人，正与全美国人民、全球华人一道感受圣诞购物季的热潮，迈向新年的曙光。新旧交替之际，回眸眺望之时，美国华人的2011年可歌可泣，无不令人感慨系之。

磨难伴随着反思，危机激励了奋进，淬炼蜕变为辉煌。美国华人的2011年，有多少潮起潮落，揽不尽风云激荡；有多少人事鼎沸，数不尽恩典精神。

2011年的美国华人，继续经历了歧视与反歧视的较量。就在国会众议员赵美心大力推动国会两院就《排华法案》向全体华人致歉案的当下，美国社会对华裔等少数族裔的歧视现象依然以各种方式顽固地显现出来，隐性的、公开的歧视存在于不同角落。甚至连赵美心的侄儿、美国驻阿富汗华裔海军陆战队员廖梓源，也于今年4月遭同事虐待后自杀，导致她不得不呼吁军中严惩虐待案并加强防止军人自杀。另外一位出生于纽约的华裔士兵陈宇晖10月3日在阿富汗的美军基地离奇死亡，军方已承认陈宇晖死前遭上级“不正当对待”（mistreated），宣布起诉涉嫌造成陈宇晖死亡的八名美国官兵。纽约中国城社区团体和相关政要也介入案情，要求军方彻查陈宇晖的死因。

2011年的美国华人，在接二连三的天灾与人祸中经受磨难。11月30日晚数十年未遇的一夜大风瘫痪了南加州大部分地区，圣盖博谷多个华人聚居城市均受重创，树木倒塌、房屋损毁、交通阻塞、电力中断。华人在猝不及防的灾难之后，不能不反思提升自身居安思危的意识与应变能力。3月12日，一辆从美国康涅狄格州金神大赌场发往纽约唐人街的大巴车，侧翻于纽约布朗克斯区一高速路上，至少15人死亡，多人重伤，死伤者多为华人。5月31日凌晨，纽约华运旅游巴士公司旗下一辆满载乘客的巴士，在弗吉尼亚州发生翻车事故，酿成四名女性乘客死亡和50多人受伤。超时驾驶、素质欠缺、管理不善、恶性竞争等华人长途巴士业的隐患凸现，连续发生的华人巴士重大惨案，引起了华人社区乃至全社会的关注。

2011年的美国华人，在立法、参政中遭遇过挫折，也赢得崭新的崛起。由部分环保人士推动、加州众议员方文忠和霍夫曼提出的禁止拥有、交易、贩卖鱼翅的AB 376提案，最终经加州参议院通过，并在10月7日由加州州长布朗签署成法。倘若说，华人在这个禁鱼翅案的立法过程中还有不同理念之差异、经济权益之争执，那么，美国史上首位华裔国会众议员吴振伟因被爆出涉嫌性侵18岁少女的丑闻而不得不辞职，则让美国华人对这位曾经的“华裔之光”产生恨铁不成钢的微妙感觉，也对国会因此减弱了华裔代言人的声音而无可奈何。

纽约市主计长刘醇逸的募款风波遭遇FBI调查和引起主流媒体大做文章，引起社区极大震动和担忧。过去十年，联邦检察官从没有动用便衣侦探调查过任何一名政治官员，此事对亚裔从政影响深远。华人社区呼吁要公正、公平地对待这一事件，不能戴上有色眼镜处理。无独有偶，年初就任北加州海港大城市奥克兰市长的关丽珍，由于在改善城市经济、治安等方面和处理“占领”行动的举措未能获得部分阶层人士满意，而被一些社区代表提出罢免请愿并征集选民签名。不仅华裔社区民众及时推出关丽珍“政绩看板”，当地超过10万工人的阿拉米达工会联盟领袖也登高一呼，直斥“罢免案”不当不智。可以说，这一年是奥克兰市158年来第一位女性亚裔市长关丽珍从政二十余载遇到的最大难关，却也赋予她团结更多市民共度时艰、展现施政能力、再创城市奇迹的机遇。

今年11月8日的地方选举，加州一些城市乃至州议员等职位选举，华人都有不俗的表现，尤以李孟贤当选旧金山市长绽放出历史丰碑般的辉煌。李孟贤以旧金山市历史上首位华裔代理市长之职参选，获得超过六成选民的拥戴，成为旧金山首位民选华裔市长，得以再为市民服务四年，有望将自己的施政蓝图付诸现实，提振经济，扩大就业机会，创造旧金山兴旺繁荣，造福于人民。他也因此跻身于“美国最有权力的华人”之列，当之无愧为新世纪的“华裔之光”。

从淘金岁月到今天的创新变革时代，美国华人遭遇了无数磨难、考验与危机，也经历了无穷阵痛、尴尬与创伤，更犹如女娲补天、天工开物般经受了生命与人生的淬炼，一步步蜕变出移民和美国公民的双重辉煌，迎来谱写历史新华章的时代。让我们感谢上苍的恩待与赐予的淬炼，祝福和勉励我们这个独特的群体，去争取创造一个更加辉煌的岁月。

（［美国］《侨报》2011－12－27）

从被歧视到歧视的反思

生活在欧洲的华人都知道被当地意大利人歧视这件事，而为什么会被歧视可能很少人去反思这个问题。

就拿一件最简单的租房子来说吧。以前经常会听到我们华人在租房子，在想租当地人房子的时候，对方只要一听说是华人，立马就说房子已经租了或者说房子不租了，更有人直截了当地说，就是不租给你们中国人。这样的事情其实很多人都遇到过，那么为什么会这样呢？其实，原因大家都很清楚，就因为我们华人自己把自己的名声和名誉给搞臭了。比如，把房子弄得太脏，不讲卫生；不爱护房子，在墙上打得都是洞；拖欠或者要赖不交房租；噪音太大，说话大声太吵等问题。正是由于这些问题的存在，我们华人不去注意，不去改正，久而久之我们中国人在当地人心目中的形象就越来越差，从而达到现在当地人只要一听说是中国人要租他们的房子就要拒绝的这种地步。但是我们华人没有人去好好想过这个问题，也没有好好反思过这个问题，只是一味地说意大利人歧视我们华人，说当地人怎么不好或者怎么坏。平时大家听到的都是抱怨和不服气的声音，从来没有听到自我反省和自我检讨的声音。

时过境迁，到了今天，我们华人事业有了一定发展，在他们当中有很多人都买了自己的房子。但是买归买，有很大一部分人买房子都是向银行抵押贷款的，所以每个月都要向银行交一定数额的按揭款和利息。为了减轻自己家庭的负担，所以很多人都选择把自己的房子租出去。如果能租个好价钱的话，那就差不多可以用这一部分租金来偿还银行的贷款和利息。

本来把房子租出去，拿了租金也应该没什么事了。但是就在最近一段时间，笔者听到了一些关于华人歧视华人的说法，据说叫做“地域歧视”。中国地域辽阔，因此在意大利就有了地域之分。浙江人在意大利有一定的经济基础，而从其他地方来意大利的人相对还没有发展起来，所以就产生了“地域歧视”之说。还是拿租房子来说，比如非浙江人要想租房子，你给对方打电话的时候，对方首先就问你是哪里人，做什么工作的。如果你回答不是浙江人，而且还没有工作或者是工作不明确，对方立马就说不租给你。那么这种说法到底是真的还是假的，按道理来说有没有工作跟租房子也没什么关系？笔者带着疑问也去买了一张工单，因为工单上面有很多出租房的信息。然后就按照工单上面的电话号码逐一拨打过去，得到的答案是却有其事。对方问你是哪里人及做什么工作的概率将近40%，也就是说如果你不是浙江人对方就明确表态不租给你。

不是浙江人又没有工作就不把房子租给你，那这又是怎么回事呢？在打电话的时候，笔者也向几个房东了解了情况。华人房东的回答和意大利人房东的回答有着惊人的相似，就是房客的个人行为影响到了房东以及邻居正常的生活、工作、学习习惯。房东们还说：“最主要的是房子租给这些人以后，他们就在里面胡作非为，做一些见不得人的事或者做一些违法的事，房东经常会有被警察起诉的危险。”因此，房东就看不起这样的房客，歧视这样的房客，最终的结果就是房东永远都会拒绝把房子租给这样的房客。

所以大家将心比心，当我们自己的利益受到侵害的时候，每个人都是有保护欲的，都会有本能的反击。那么当我们华人触犯了意大利人道德底线的时候，他们做出一些不友好的行为，从理论上说是很正常的，因为我们华人在对自己的同胞也是这么做的。笔者认为，很多意大利人的做法只是对事而不对人。只要大家相互了解，消除隔阂，增强信任度，自然就其乐融融了。

（［意大利］《欧洲侨报》2011－12－30/小郑）

华人改善生存发展空间任重道远

时值十二月梢，又是一年即将过去，回顾今年华人际遇，感慨良多。散布在各地的华人为了生活辛勤地挣得温饱，努力地抚育下一代，但外在环境的变化，使得华裔不得不时时警觉周遭发生的挑战与危机。

首先是华裔政治人物李孟贤当选了旧金山市长，这不仅是华裔同时也是亚裔人士第一次担任美国主要大城市市长。民主党籍的李孟贤是中国广东台山移民的后代，担任民权律师长达十年，为旧金山市政府效力也有廿余年。他的出现，据长期观察他的旧金山星岛日报总编辑梁建锋指出，对比一百多年前处境有如奴隶的旧金山华工，美国“排华法案”发源地旧金山，如今能选出首位华裔市长，堪称意义重大。有人甚至认为李孟贤可望成为未来美国政坛主要的华裔政治明星。

但是华裔也不能轻忽其他华裔政治人物仍在奋斗中，例如同为北加州屋仑（奥克兰）市的华裔市长关丽珍，她在今年1月就任市长，受命于危难之际，一边竭力振兴经济，一边疲于灭罪、维护公共安全，还必须处理“占领”运动过程中发生的摩擦。关丽珍对种种不满，回应坦然，强调她更关注的是如何让过去几年备受打击的屋仑经济尽快复苏，增加就业。从支持、反对关丽珍的两股不同力量可以看出，华裔在主流社会崭露头角的同时，也不断遇到各种试炼，能够克服困难，未来才能担当更大责任。

在许多华裔政治人物长年致力于政坛服务时，新一代的华人也勇于回应国家社会需求的呼唤，这其中以入营服役的华裔子弟安危，最受父母担心，因为军中系统封闭，对少数族裔的记录令人挂心。比方华裔海军陆战队廿一岁的一等兵廖梓源自杀，就引发种族歧视的争论。有战友指称廖梓源站哨时常打瞌睡，但也有一些海军陆战队员在听证会上说，由于廖梓源的种族，使他成为一些人嘲弄的对象。

另外一位纽约十九岁的陆军二等兵陈宇晖十月份在阿富汗服役时开枪自杀，生前也受到种族嘲讽。陈宇晖父母的律师说，陈宇晖在受训时就遭受折磨；战友用夸张的亚洲口音大喊“陈”，还把他叫做“成龙”。据称，在抵达阿富汗后，陈宇晖被人在地板上拖来拖去，战友向他扔石头，还强迫他嘴里含着水倒立。八名美军因在本案中玩忽职守、过失杀人等罪名受到起诉。

这些案例并非发生在20世纪，而是2011的今年，之所以被提出来并非表示家属要求特殊待遇，相反地，是少数族裔在为国服务时，要求被平等对待，也因此不管主流还是华裔均关注这些案件的发展。

任何人背井离乡移民他乡都是为了追求更好的生活环境，但新的环境凶险并没有减少。2009年澳洲雪梨华裔移民林晳一家五口灭门惨案，法网恢恢疏而不漏，两年后凶嫌终于落网；今年英国北安普敦的华裔丁吉峰（音译）一家被灭门案，虽然英国警方锁定五十二岁的嫌犯杜安祥（音译），但仍未绳之以法，而死者已不能复生。这些刑案也说明，新移民的权益仍然必须持续关注。更值得沉思的是，在“他乡”还没有成为“吾乡”之前，新移民付出的代价之重，只有自己才能细细体会。

（［美国］《星岛日报》2011－12－30）

中国的崛起是否会影响到马来西亚华人社区

随着中国经济发展浪潮前行，在马来西亚北部的槟榔屿，早些时候通过移民来到这里的华人正切身感受到一些明显的变化。

作为当地最富有的宗亲会之一，龙山堂邱氏宗祠过去经常会给成员祖籍地中国福建省寄钱回去。但是现在事情已经有了变化。龙山堂邱氏宗祠的成员主要来自于福建漳州的一个小渔村，现在这个地方已经变得富裕起来，不再需要海外的亲戚寄钱帮扶了。

“在过去人们都认为海外华人都非常有钱，但现在，中国内地人的富裕程度甚至已经超越我们了。”邱氏祠堂成员邱武鸿说。

的确，在槟榔屿也能看到越来越多来自中国的资金。目前当地正在建造的一座大桥部分是由中国资助。该项目总投资 14 亿美元，建成后将有 24 公里，它将是东南亚最长的大桥。

2010 年马来西亚是中国在东南亚地区最大的贸易伙伴之一，双边贸易额达到 460 多亿美元。2015 年双方贸易额将争取实现翻番。马来西亚总理纳吉布·敦·拉扎克的前任中国事务秘书胡逸山表示，中马两国的贸易关系大部分都是经过马来西亚华人社团建立起来的。胡逸山说，由于两国之间的关系特殊，在马来西亚的华人一直努力借助与中国发展商业关系来开发这种血缘关系。

很多中国人从 15 世纪初便来到马来西亚。目前在其全国 2 800 万人口中，华人约占 1/4。他们也通常比在马来西亚的其他种族社团更加富裕。根据 2011 年福布斯杂志排名，马来西亚全国前十个富裕人物中，华裔就有 8 人。

这种财富不均的状况也进一步激发了马来西亚当地主要族群的不满。1969 年这种不满情绪曾经导致马来西亚产生种族骚乱。马政府在两年后推行了一个名叫“新经济政策”的反歧视运动。这项政策为马来西亚本土人提供了诸多优先权，比如他们可获得更廉价的住房，可以优先获得工作等。该计划在 1990 年停止，但随后政府又推行了一项类似政策。

马来西亚反对党议员张念群说：“这种体系的影响在当今很多层面上仍然存在。”她还表示，这导致当地华人的就业范围缩小，华人只能在一些特定行业内供职。目前仍然有很多华人感到受歧视。

分析人士称，这种被疏离感让许多在马来西亚的华人开始在其他地方寻找发展空间，包括中国。

“随着中国经济进一步开放，马来西亚华人已经开始逐渐成为一个桥梁，因为他们很多人都曾经在美国或英国接受教育，同时又可以理解汉语和中国文化。”在马来西亚拥有一家工程设计公司的林嘉水（音）说，他的公司在中国也有制造工厂，但中层管理人员都是马来西亚籍或新加坡籍的华人。“有多少人能够在说汉语、普通话和方言的同时，又能说马来语和英语呢？而大部分马来西亚华裔就能。”

马来西亚当地中文报刊《光明日报》首席执行官杨耀焜（音）说，随着中国的日渐崛起，越来越多的人，也包括并非华人的当地居民开始想学习汉语。过去 30 年时间，在当地的中文学校中，非华裔居民学习汉语的人估计已增加到 6 万多。

（环球新观察网 2011－12－31）

（本栏目责任编辑　徐云）

华教视点

本栏目内容是对境内外有关华文（侨）教育、双语教学、孔子学院等新闻报道和评论的选登，以媒体报道时间升序排列。

中国华文教育基金会获法国侨胞捐赠100万元

中国华文教育基金会7日在北京获得本年度首笔个人捐赠100万元人民币。此笔善款来自法国华侨华人会副主席王荣弟、法国华侨华人妇女联合会副会长郑美香伉俪。

当晚在北京钓鱼台国宾馆举办的答谢酒会上，王荣弟与中国华文教育基金会副理事长兼秘书长雷振刚共同签署了《捐赠协议》。王荣弟表示，华文教育事业与海外华侨华人息息相关，意义重大，影响深远，希望通过此举唤起全世界华侨华人对华文教育事业的关注。

中国国务院侨办副主任许又声对王荣弟、郑美香伉俪的义举表示感谢。他表示，华文教育既是传承中华文化很重要的一个方面，也是密切海外华侨华人与祖（籍）国联系的重要纽带。中国华文教育基金会的发展，有赖于海外华侨华人的鼎力支持和帮助。

许又声指出，随着中国的发展，"汉语热"在全世界越来越兴盛，很多华侨华人以及外国人都希望学习华文，中国政府在这方面投入了大量资源。

他说："侨务系统的华文教育以及教育系统的孔子学院，目的都是为了很好地传承中华文化，促进中国文化与世界各国文化的交流与沟通，促进下一代之间的友谊，共同为中国的发展、构建和谐世界作出努力。"

他介绍说，多年来，侨务部门在华文教育方面做了大量工作，包括编写教材，培训师资，举办各种形式的夏令营、冬令营，举办才艺培训，通过各种形式加强华文教育工作，目的都是为了增进中国与世界各地的交往。

中国华文教育基金会是在中国国家主席胡锦涛倡导下，于2004年9月组建成立的。7年来，基金会着力实施华文师资培养、华裔青少年中华文化传承、华文教师暖心、传统节庆文化拓展、华文教育现状调研等工程。

（中国新闻网北京2011-01-07/张冬冬）

114名东盟华裔学生获中国华文教育基金会奖励

中国华文教育基金会1月10日在广西南宁向在广西华侨学校就读的114名东盟国家

留学生发放了75万元人民币奖、助学金。

中国华文教育基金会副理事长、秘书长雷振刚，广西壮族自治区侨办副主任林容蓉等为这114名来自泰国、越南、老挝、柬埔寨、印度尼西亚、缅甸6个东盟国家的留学生颁发获奖证书。依据在校表现情况和家庭经济状况，这些学生分别获得了4 000～10 000元不等的奖、助学金。

据雷振刚介绍，中国华文教育基金会于2009年6月在广西华侨学校设立“中国华文教育基金会海外华裔高中生学历教育奖助学金”项目，旨在资助家庭经济困难的学生和奖励品学兼优的东盟留学生，推动华文教育的快速发展。至今，中国华文教育基金会共下拨奖、助学金135万元，受助学生共197人次。

来自越南的获奖留学生唐佩诗表示，在中国华文教育基金会的帮助下，她实现了到中国求学的愿望，她会好好珍惜和把握这个来之不易的机会，继续发奋学习，以更加优异的成绩报答社会各方面的支持。

广西是中国主要侨乡之一，位于中国—东盟交往的前沿，同时也是中国—东盟博览会的长期举办地，近年来，每年都有逾千名东盟各国学生到广西留学。当前广西正加强面向东盟的华文教育工作，建设为东盟国家提供汉语学习服务的基地。

（中国新闻网南宁2011－01－10/唐贵余　黄文华）

温州市侨办制订“212计划”　未来5年将力推华教

近日，温州市侨办围绕“十二五”期间温州侨务工作“十大项目”，制订了温州华文教育“212计划”。今后五年，温州将着力实施“212计划”，全面推进温州华文教育工作。

华文教育“212计划”，即在未来五年，组织2 000名温籍海外华裔青少年参加夏（冬）令营活动；培训100名海外华校教师；遴选20所海内外学校建立新的友好交流关系。同时，在完善现有12个华文教育基地的基础上，到2015年，把全市各级华文教育基地发展到20个。

温州是全国重点侨乡之一，全市有43万海外华侨华人、港澳同胞分布世界131个国家和地区，国内归侨侨眷近43万人。1999年以来，温州申报建立了3个国侨办华文教育基地、5个省级华文教育基地和4个市级华文教育基地；成功举办了十一届温州华裔青少年“寻根之旅”夏（冬）令营，共有来自20多个国家和地区的2 500余名华裔青少年参加了夏（冬）令营活动。与此同时，温州还加强与海外华教界的合作交流，开展海外华文教师培训，促成海外15所学校与温州10所学校的友好结对。

（温州侨网2011－01－10/刘时敏）

二三代海外华人“龙”文化缺失　华文教育需求迫切

海外华侨华人最缺什么？这几天，数百位海外华侨华人作为特邀人士参加浙江省政协十届四次会议，出现频率最高的关键词是“中华文化与教育”。他们认为长期生活在外面的新一代华人面临中华文化的缺失。

“龙”文化要走出去

郭胜华是法属圭亚那江浙沪华侨联合会主席，他建议组织文艺团体赴旅外侨胞聚居的国家开展文化交流活动。

葡萄牙葡中友好协会会长詹永巧认为，汉字、儒家思想等中华文化是海外华人的骄傲，华侨一直致力于中华文化在世界的传播。西班牙浙江同乡会会长戴华东也表示，应该在中华文化“走出去”方面加大力度。加拿大华人社团联席会主席藤达表示，中华文化是海外人士与家乡联系的纽带，应该注重中华文化的海外传播。

组织教师赴海外华文学校示教

如今，海外侨胞对举办华裔青少年夏令营活动和派教师赴海外华文学校示教的要求强烈。据郭胜华介绍，浙江籍新侨民数量有近50万，约有40万7～18岁适合接受华文教育的华裔青少年。目前浙江省侨务部门的夏令营，每年办营人数不足1 000人，与海外侨胞的实际愿望相比，简直是杯水车薪。

郭胜华还表示，当前海外华文学校教师多为当地志愿者，未受过专业师范教育，急需国内派教师进行示范培训。他还建议，希望浙江教育部门每年派出华文教育示教团，赴海外中文学校集中的国家开展示范培训工作，以推动海外华文教育工作的开展。

侨界留守儿童教育值得关注

作为侨务大省的浙江，在经历改革开放的移民浪潮后，许多侨乡出现了留守儿童和青少年。温州鹿城区委书记、温州侨联主席余梅生表示，长期分离、隔代教育、亲情缺少直接或间接影响着侨界留守儿童的健康成长。

余梅生建议，教育部门可在重点侨乡开展特色教育课，学习华侨苦难史、奋斗史、爱国史等，广泛开展特色夏令营活动。

（中新社杭州 2011－01－18/江耘）

推动马来西亚华裔生报读报考华文须对症下药

据报道，小六评估考试（UPSR）有约10万名华裔生报考华文，到了初中评估考试（UPSR）阶段却减少至7万人，大马教育文凭考试更是减少至UPSR人数的一半，即只剩下5万人。在这升学过程中，报读报考华文科尤其是SPM华文的华裔生逐步减少，原因多元且复杂。若要推动华裔生报读报考华文，须对症下药。

华裔报读报考华文的学生人数减少，并非近年来才产生的现象。父母没有鼓励他们，学生本身缺乏自觉性，自是个中原因。毋庸讳言，即使在当今华文、华语国际地位日益提高的趋势下，不少人还抱着华文只要会说、会写、会读即已足够，无须深入学习的心态。功利主义影响考试选科的现象犹存，主要是成绩导向作祟。

华文在政府考试中难取得好成绩，自20世纪80年代以来，就已经成为学生报考华文的一大心理障碍，至今依然困扰着学生、父母和校方。学生为了避免华文成绩不佳影响升学总成绩，宁愿弃考华文；家长生怕孩子总成绩被华文拖累而影响申请奖学金或者进入国立大学的机会，也不反对孩子弃考华文；不少校方更是以此为理由，阻止学生报考华文，以免影响学校的整体成绩。最近一些中学校长为了不影响学校在国家关键成效领域（NKRA）下的排名，以各种方法，包括以配套方式来减少非主要科目的报读报考，其中就包括华文。类似行政压力会进一步加剧报读报考华文的学生人数减少。

事实上，校方是无权阻止学生报读报考华文的，在教育法令下，学生学习母语是宪赋权利，教育部条例更阐明，只要有15名学生愿意学习华文，校方就必须开班授课。不过，类似条例有不足之处，在学生和家长的主动争取下，一些校长往往会刻意刁难，从而打击学生的学习意愿。其他的行政问题尚包括：国中华文课节数少，并且被安排在正课外或者周末；经常出现课室不足的现象，几番折腾才能顺利上课；师资不足、素质参差不齐，各种因素影响了华文教育的教学质量，亦令学生的学习意愿大大降低。

具备华文资格的学生减少，影响将来华小和国中华文班师资是不争的事实，且师资培训规划失当也有一定的影响。尽管教育部开放独中生可以统考文凭3科优等，且大马教育文凭马来语1科优等报读师训课程，但是，教育部自2006年已经停办国中华文班教师培训，这个问题如果不解决，加上现有教师升职或退休，师资一再短缺，学生欲报读华文也无教师执教。

马华积极推动“报读报考华文运动”，希望报考SPM华文科的考生可以从5万人增加至6万人，这是可喜的现象。希望这项运动能够获得华社的积极响应，改变对华文科存有的刻板印象。多年前，马华成功争取教育部委任华文科督学，督促、鼓励国中生报考华文，学习并报考华文的学生人数的确有所增加。后者说明，除了通过运动推动报读报考华文外，积极改进政策弊端，加强效率，督促官员及校长尊重各族学习母语的意愿，同样是不能忽略的环节。

（［马来西亚］《星洲日报》2011-01-20）

日侨二代缺失文化根基　母语传承牵动华人父母心

日本《东方时报》于近日刊文指出，如何让在日华人二代接受良好的汉语教育，成为当今在日华人家庭普遍伤脑筋的事情。文章摘录如下：

少小离家老大回，乡音未改鬓毛衰……

一想起这首熟悉的诗句，身处异国的人们，一定会对汉语产生一种自豪缠绵的感情。

但是，目光投向在日华人第二代——不曾诞生在中国，被东瀛的温润空气和清澈之水养育的华人子女，他们的汉语，能否叫做母语，他们如何学习汉语，这已成为普遍在日华人家庭伤脑筋的事情。

华人最早赴日据说是江户时代末期，很多早期在日华人主要是从事餐饮业。如今，更多的在日华人主要是指20世纪末期开始走出国门，年龄在20～40岁的留学、就职的新华人。目前在日本，只有全日制的5所华文学校，就读的学生只有2 000多人，华文教育的设施和接受华文教育的机会都很少。新华人担心自己的孩子学不到母语，或者忘得一干二净。即使是中日婚姻的家庭，华人的配偶方也多数赞同孩子学好中文，以便更加适应将来竞争激烈的国际社会。到底是采取让孩子独自回到中国上学，打好扎扎实实的中文底子；抑或是在日本上为数不多、选择有限的中华学校；还是上普通的日本学校，接受日式教育。在日的年轻父母，如同站在十字路口，左右为难。

在日5所中华学校分别是横滨山手中华学校、神户中华同文学校、东京中华学校、横滨中华学院和大阪中华学校。日本经济新闻曾经报道过，在日中华学校人气上升，许多日本人瞄准了崛起的中国经济，而让自己的孩子就学于中华学校。当然，也有另一些人士认为，日本的主流学校还是日本人学校，送子女入中华学校，或许表面上是看好了发展的中国经济，实际却是因为中华学校弱势群体孩童相对集中，环境温和，日本人子女可以躲避普通日本学校所惯有的学童间的欺负。在日中华学校和在日美国学校，虽说同为国际色彩的学校，却并非可比。美国学校多是有钱人子女聚集的场所，其高昂的学费即使普通的日本人也望尘莫及，当然也不为工薪阶层的在日华人所能轻言。

包括中日混血儿在内的华人二代，到底是以日语为母语，还是以中文为母语，这是父母们迫切需要认识和决定的问题。或许，国籍还是行政上的一种符号，可以由自己的意识而多次改变。而母语想改变却不可能，一旦定型，她就像烙印一样，决定了一个人的文化基础、行为基础，以及安身立命、行走世界的基础。没有扎实的母语，或许会给人带来一生的飘零感。这或许是作为一个人最为不幸的事情。

在日华人二代的汉语到底何去何从，辛苦在日就业的数十万华人的父母心，在2011年中国经济持续增长、中国富裕层大量来日购置房产的新境况里，依然摇曳不安。

（中国新闻网 2011－01－26）

孔子远行　天下和平

笔者获悉，至2010年底，全球已建成“孔子学院”或“孔子课堂”达500所。孔子学院给世界展示了一个温暖而积极的中国。

随着一年一度的中国—东盟博览会、2008年北京奥运会、2010年上海世博会和广州亚运会的成功举办，我国国际地位不断提高，国际交往日益广泛。因此，世界各国对汉语学习的需求急剧增长。

镜头回到2007年3月25日，新加坡南洋理工大学孔子学院三楼大礼堂里座无虚席，来自中国北京师范大学的于丹教授以行云流水般的风格，与400多名观众一起分享了她在国内引起巨大轰动的《论语》心得。以孔子为代表的儒家安身立命之道与伦理理念跨越千山万水、打破几千年时间的阻隔，再次征服了与会的南洋听众。听众纷纷表示，讲座是一趟让人享受的“文化之旅”……

而后，2007年4月9日，孔子学院总部揭牌仪式在京举行。

让我们把历史的镜头上溯到2 600年前，孔子虽然曾带领弟子“周游列国”，甚至有过“乘桴浮于海”（坐着木筏出海）的梦想，但终其一生，他老人家的足迹也没有走出过今天的山东、河南两省地界。然而，孔老夫子可能做梦也不会想到，在21世纪的今天，随着中国经济发展和国力的增强，他的学说作为中国的文化名片走进了东盟，走向了五大洲，走进了全世界热爱和平的人们心间。

如今，在中国的近邻东盟各国，成百上千所大学开设了汉语课程，学习汉语的人一年比一年多，一些著名的国际企业出于战略考虑越来越重视培养员工的汉语能力。

在日本，“汉语热”直追“英语热”，成为继英语之后的第二大外语，学习汉语的人多达200万。

据悉，美国公立中小学学习汉语的学生在2004年有2万多名，到2006年则猛增到5万多人。2003年，美国有200所中小学校开设中文课，2006年增长了3倍。美国某大学理事会的一项调查显示：愿意把汉语列入大学预修课程的高中有2 500所。正是顺应了这种学习汉语的需求，美国有40多个州提出了建立孔子学院的要求。

据国家汉办统计，2004年，中国派出69名对外汉语教师，2006年派出1 000名志愿者和1 000名教师；2005年，海外有近3万人参加汉语考试，2006年则翻了一番。目前全球学习汉语者超过了3 000万人。

伴随着孔子学院建设的步伐，中国“软实力”的影响随之扩大。美国哈佛大学的教授、国际问题专家约瑟夫·奈说，中国的“软实力”近年来提升很快，采取提升“软实力”的政策对中国而言是明智之举。中国在世界各地建立孔子学院，越来越多的外国人积极学习中国语言和文化，这也是“软实力”的一种具体体现。美国《新闻周刊》评论指出，“通过建设孔子学院来向世界介绍中国是一个好主意”。

孔子学院的建设始终是世界舆论广泛关注的焦点。《华尔街日报》发表《汉语推广热全球》一文评论说：“中国政府的汉语推广战略的高明之处在于——推广教育和语言有助于加深外部世界对国家的了解，是扩大一国影响力的最有效途径。战舰能让别国人民暂时臣服，而让他们理解你的语言却能使大家成为朋友。”新加坡《联合早报》指出：“孔子学院的推广，有助于外界了解中国，消除外界对中国和平崛起的误解。”2006年1月，美国《纽约时报》发表了一篇题为“中国的又一热门‘出口产品’：汉语”的评论，其中引用当地一所汉语研究机构负责人的话说：“中国正在用汉语文化来创建一个更加温暖和更加积极的中国社会形象。”

国家汉办主任许琳说，孔子学院已成为体现中国“软实力”的最靓品牌，孔子学院已经成为当代中国“走出去”的符号。

孔子远行，天下和平。

（《广西日报》2011-01-30/林涌泉）

英国汉语教学方兴未艾　近10万人学习汉语

随着英国各地不断掀起学习汉语的热潮，越来越多的英国学校也开设了汉语课程，汉语教学越来越受到关注，同时也迎来了新的发展机遇。

中国驻英国大使馆教育处公使衔参赞田小刚17日在伦敦举行的一个汉语教学研讨会上介绍说，目前在英国有近10万人报名参加了汉语学习，全英共开设了13所孔子学院和54个孔子课堂。而且随着中英两国关系的进一步发展，双边的交流势头良好，为汉语教学提供了一个非常好的发展机遇。田小刚希望在英国工作的汉语教师及汉语教学志愿者们能够做好民间文化大使的工作，为汉语在英国的推广作出更大贡献。

田小刚说：“我们希望大家一块努力，在这么一个良好的氛围之下，大的政府之间的框架之下，把我们的工作做得更好。（英国）教育大臣戈夫和（中国）教育部长袁贵仁在北京签了另一个协议，就是一个关于推动汉语教学的框架协议。这个协议里面就提出，5年之内帮助他们培养1 000名本土教师，希望能够持证上岗。在这种大的框架之下，大家要把自己的事情做好。”

来自英国各个孔子学院及孔子课堂的近百名汉语教师参加了当天的研讨会，就英国汉语教学面临的机遇和挑战以及如何进一步搞好汉语教学进行了交流。来自中国广西中医学院的陈世存目前在英国专长学校联合会的一所中学教授汉语，他在课堂上采用了多种生动活泼的教学方法，让学生们在学习汉语的同时，能够潜移默化地了解中医，感知中国文化。

中国国家汉办驻英国代表陈同度认为，英国的汉语教学在新形势下应该在两个问题上取得进展。陈同度说：“我觉得现在的孔子学院的发展主要侧重两个方面：一个是讲究质量，不求数量；另外一个就是解决教材、教师和教法这三个关键问题。这是孔子学院要深耕细作、继续发展的关键。我觉得这个问题比较重要。”

（国际在线2011-02-19/张哲）

汉语国际推广也是强国战略

近日，美国参议院外交委员会发布报告称，中国公共外交能力已经超过美国，例如中国在美国有70多所孔子学院，而美国在中国仅有5个开放图书馆，由此警告美国政府必须加大财政投入与中国争夺全球影响力。无独有偶，“美国之音”即将停止对华汉语广播、转战互联网领域的决定，同样遭到美国众议院外交委员会的反对，担心此举会削弱“美国塑造中国的能力”。

笔者认为，美国人是“得了便宜卖乖”，因为美国的孔子学院无一不是由美方主动申办、中美共同投资管理，说它们属于中国并非事实。目前，美国开展汉语教学的大、中、小学加在一起不到5 000所，学生人数不到20万。相反，中国50多万所大、中、小学开设英语课程是一项国家政策，3亿多中国人自己掏钱学英语。就此而言，美国众议院外交委员会的担心也是虚张声势，因为互联网无处不在的英语信息也在强化“美国塑造中国的能力”。

不过，在好莱坞大片、肯德基快餐、各种基金项目遍及全球时，美国政治阶层尚能如此警惕美国国际影响力受到削弱，其忧患意识值得学习，提醒中国必须高度重视公共外交能力建设。其中，汉语推广至关重要，因为没有汉语的国际化，就没有中华文化和价值观，特别是中国发展模式和发展理念的广泛传播与深度认同，也就没有中国的真正崛起。

国内有些民众认为，既掏钱学英语，又掏钱教汉语，中国岂非“冤大头”？实则不然，因为前者有助于提高中国的学习能力和开放水平，后者有助于提高中国的文化软实力，都有助于提升中国国际竞争力。与强势的英语相比较，汉语还欠缺吸引各国民众潜心学习的能力，又不能强行推而广之，较难为外国人学习、掌握和使用，所以国家和社会还应探索更多的办法和途径，激发外国人学习汉语的兴趣和热情。

当然，随着世界多极化、文明多样化的深入发展，中国需要改变“强制学英语”的政策和“全民学英语”的局面，否则不利于多元学习能力和开放格局的形成。同时，中国还需加快汉语推广步伐。因为，尽管近年来全球出现了“汉语热”，但汉语的国际影响力仍十分有限。目前，世界上学汉语的外国人只有5 000万，仅是学英语人数的5%，其中还有4 000万是海外华人。美国现代语言学会最近公布的调查结果也显示，在美国大学热门外语中，汉语排在西、法、德、意、日等语言后居第六位，选修人数还不如美国学手语的学生多，同时排在后面的阿拉伯语和韩语的增幅也超过了汉语。

事实上，与中国对外援助、采购、投资等增强或附带增强中国软实力的方式相比，中国对汉语推广的重视程度和投入力度都明显不足。相比之下，过去30年中，英国政府在其海外英语教学机构赚得盆满钵盈的情况下，仍为英国文化委员会投入数百亿英镑，其中最大年度投入超过20亿英镑。2010年，法国政府决定除加强民间组织“法语联盟”在130个国家开设的近1 000个法语教学基地建设外，另计划未来5年内在90多个国家开设140多所“法兰西学院”。不难看出，国际语言文化竞争已经到了空前白热化的阶段，汉语推广如同逆水行舟、不进则退，也是强国战略，应该加大扶植力度，持续推动汉语国际化。

（《环球时报》2011－02－20/王达三）

厦大已建13所孔子学院　在五大洲播下中国文化种子

正在美国访问的厦门大学党委副书记陈力文23日接受记者采访时透露，作为中国近代教育史上第一所华侨创办的大学，厦门大学在全世界各地创办孔子学院独具四大优势，目前已在全球五大洲建立了十三所孔子学院，在当地大受欢迎。

陈力文表示，厦大办孔子学院的四大优势包括：

其一，孔子思想的重要继承人朱熹是福建人，曾在厦门讲学，厦大对儒家思想的研究颇深，厦大校长朱崇实就是朱熹的后裔。

其二，厦大由著名华侨领袖陈嘉庚创建，其办学理念与孔子很一致，当年身居海外的陈嘉庚到厦门来办学，而今天厦门大学要走到海外去办学。

其三，厦大历来重视开展国际学术交流与合作。1956年厦大就设立了面向海外的华文传授部，成为中国最早开展对外汉语教育的机构之一。此外，目前厦大已与150多所国际知名大学建立了交流合作关系。

其四，厦大在历史上就具有很强的文科基础，素有“南方之强”的美誉。厦大早期的国学院曾聚集着鲁迅、林语堂、沈兼士、顾颉刚、俄国人史禄国、法国汉学家戴密微等中外著名学者、大师。

厦大目前是国家汉办指定的汉语国际推广南方基地。从2006年至今，厦大先后与泰国、波兰、土耳其、法国、英国、德国、南非、尼日利亚、美国、马耳他、新西兰、加拿大等国的著名大学共建了13所孔子学院。目前还在筹办菲律宾大学、英国南安普顿大学以及英国纽卡斯尔大学三所孔子学院。

记者在厦大设立在美国的两所孔子学院采访时发现，孔子学院在当地大受欢迎，为当地培养了不少“中国通”，圣地亚哥州立大学孔子学院还被孔子学院总部授予“2010年先进孔子学院”称号，该学院一名小学生艾迪还在今年央视春晚上用地道的中文表演。

陈力文此次美国行是受孔子学院总部之托，率领厦门大学学生艺术团分别前往美国长老会大学孔子学院、西肯塔基大学孔子学院、南卡罗来纳大学孔子学院、北卡罗来纳州立大学孔子学院以及中田纳西州立大学孔子学院进行巡展、巡讲以及巡演活动，充满中国风情的传统乐器、武术以及水墨画讲座等吸引了数千名美国观众，赢得满堂喝彩。

（中国新闻网华盛顿2011－02－23/吴庆才）

沙州两华小校长竟不谙华文

沙捞越州有两所华文小学的校长不具备专业华文资格，他们在工作时只能使用英语或马来语。马来西亚华校教师会总会指责沙州教育局违反教育部的指令，不仅严重破坏华小的媒介语特征，甚至会逐渐使华小变质。教育部正在跟进此事。

马来西亚华校教师会总会（教总）近日接到投诉，指沙捞越州有两所华小的校长不具华文资格，其中一所是老越大老山中华华小，这名在去年3月调来的校长完全不会华文，因此在周会上的致辞、与老师开会及发通告时都以马来文为主。另一所则是美里罗东中华公学，这名刚刚在今年1月调来的校长只会讲华语，但不会书写华文。

教总指出，由于事态严重，在收集资料后，已致函给教育部副部长魏家祥，吁请他深入调查，并采取必要的措施，以免对华小造成负面影响。

教总表示，华小的行政与教学媒介语是华文，因此担任华小高职者，包括校长和副校长等职位，都必须具备华文资格，否则将无法胜任工作，甚至影响办学的成效。此外，政府也已经对此作出明文的规定。

“事实上，这不仅是华小的问题，而是各源流学校的基本原则。例如，淡米尔文小学的校长必须具备淡米尔文资格，否则将无法让学校有效地运作。同样地，如果马来文小学校长不谙马来文，根本就无法掌管学校。有鉴于此，政府必须确保只有符合各源流学校语文需求的校长被委派到相关的学校工作。”

教总也呼吁各华小董事会提高警惕，拒绝接受不谙华文者出任华小高职，并在发现类似问题时，立即通知有关当局，以共同寻求对策，捍卫华小的地位。

针对此事，魏家祥指出，教育部已发出指示，立刻调走老越大老山中华华小的校长，并将安排另一个合适的人选担任该校校长。至于美里罗东中华公学校长的情况仍在调查中。

他强调，教育部的立场是不具华文资格的教育工作者不应被派到华小，也不能为了填补空缺而破坏此原则。

（［新加坡］联合早报网 2011-02-26）

重视侨二代文化传承

“前段时间，我走访了一些国家，发现许多海外华侨华人子女虽然会说中文，但大多不会读写中文，对中国传统文化了解较少。在这一代人身上发生中国传统文化断裂，已经不是风险，而是正在变成现实。”全国政协委员、省美术家协会副主席何水法建议，加强对海外华侨华人子女的传统文化教育，增强中国文化的凝聚力和向心力。

何水法委员认为，尽管我国也积极在海外开设中国语言文化教育机构，比如孔子学院，但它一般下设在国外的大学和研究院，短期内还无法在教学内容、学院规模、分布范围、师资力量上满足海外华侨华人子女的需求。

何水法委员建议，可以通过书店、互联网、电视等教育手段，在短期内弥补师资与硬件的不足。

除了教学基础设施外，教材也需要调整充实。“现有的中文学校所用的教材，多编自于国内，其编写者或为国内儿童语文教学的专家，或是在国内教外国人汉语的专家，往往对海外华侨华人子女的实际情况不够了解，这容易使现有的海外中文教材的内容与其教育对象的实际需要脱节。”何水法委员建议，组织各方专家及受教育者，将中国传统文化、住在国文化特征、受教育者自身需求有机结合，编制出有较强吸引力和可操作性的教材。

他还建议，可以根据海外不同国家和地区的条件，探索出多种教育形式，鼓励国内的一些知名教育机构，如名牌大学、培训机构等参与海外教育活动，或者和海外的一些知名教育培训机构联建中国传统文化教育中心，有效利用各种资源。

（《浙江日报》2011－03－04/ 方力　阮蓓茜）

浙江省海外华文教育基地学校联席会议制度建立

3 月 4 日，来自全省各地的 10 所华文教育基地的校长、院长，相聚杭州钱塘江南岸的杭州江南实验学校，倡议建立并审议通过了“浙江省海外华文教育基地学校联席会议制度”。

会议推举杭州文澜中学校长任继长为“联席制度”首轮执行主席。

杭州文澜中学、杭州江南实验学校、杭州天长小学、杭州大成实验学校、杭州采荷第三小学、杭州青少年活动中心、青田县华侨中学、温州瓯海区任岩松中学、浙江大学国际教育学院、温州大学国际合作学院等 10 所华文教育基地作为“联席制度”的首创单位。

“联席制度”将定期专题研究、同心协力地完成省侨办提出的有关华文教育工作，参与省侨办组织的有关活动；自主开展与海外结对华校的项目合作，进行教学教育信息交流；定期组织省内基地学校开展联谊、外出考察活动；开展华文教育教学理论研讨活动；每年年底对基地学校工作进行总结评估，并向省侨办提出新一年我省海外华文教育工作的意见、建议等。

与会校长（院长）认为，浙江省华文教育工作任重道远，建立“联席制度”将进一步发挥基地学校的作用，营造自主开展活动的更大空间，成为基地学校之间对外互动交流与合作的新平台。

（浙江侨网 2011－03－08）

美国“浸入式”中文小学受追捧　用中文教美国课程

今年1月中国国家主席胡锦涛访美期间，一群用中国传统歌舞欢迎胡锦涛的美国小学生格外引人注意，这批能够说中文的美国孩子目前正在接受一种被称为“浸入式”的中文教育，如今这种用中文教同质同步的美国课程的模式正受到越来越多美国人的欢迎。

这批参与欢迎胡锦涛的小学生来自美国巴尔的摩市国际学校中文部。该校中文部主任张晓霞告诉记者，巴尔的摩市国际学校是一所公立学校，其中文部于2007年开始招生，现有小学部和中学部两部分学生，全部课程采用“浸入式”中文教学法，即全部课程都采用中文教学，生源也全部来自美国家庭。

张晓霞表示，他们的教学内容与美国中小学一样，并且还能让孩子多学一门语言，因此大受欢迎，越来越多的美国家长愿意把孩子送到这里来。

所谓“浸入式”是指用第二语言作为教学语言的教学模式，即儿童在校全部或一半时间内，被“浸泡”在第二语言环境中，教师只用第二语言面对学生，不但用第二语言教授第二语言，而且用第二语言讲授同质同步的美国学科课程。

据了解，1996年，华盛顿地区的波托马克小学在美国开创了“浸入式”中文教学的先河。2007年，加州一小学因采用这种全日制中文教学法避免了“关门”的窘境。此后，马萨诸塞州、俄勒冈州以及犹他州等地越来越多的小学相继采用了这种教学模式。

随着“汉语热”的持续升温，“浸入式”中文小学也受到越来越多美国家庭的追捧。有数据显示，2000年，接受“浸入式”中文教育的美国孩子约有5 000名，到2010年达6万人。

（中新社华盛顿 2011－03－08/刁海洋）

完美公司向中国华文教育基金会捐资1 000万元

2011年3月10日下午，来自广东中山的侨资企业“完美（中国）日用品有限公司资助中国华文教育基金会捐赠仪式”在北京钓鱼台国宾馆隆重举行。完美公司董事长古润金先生慷慨捐资1 000万元人民币，这是中国华文教育基金会今年收到的第一笔大额善款。国务院侨办李海峰主任、赵阳副主任、基金会林文肯理事长，广东省招玉芳副省长、省政府刘晓捷副秘书长、广东省侨办吴锐成主任率文化教育处及中山市外侨局领导出席捐赠仪式。李海峰主任向古润金先生郑重颁发“捐赠证书”。

国务院侨办李海峰主任在捐赠仪式前会见古润金先生一行时指出，中国华文教育基金会是由胡锦涛总书记亲自倡导成立的。7年来，作为以发展华文教育为使命的社会公益组织，中国华文教育基金会肩负着历史重任，在弘扬中华文化、推动华文教育健康发展方面发挥了很大的作用。李海峰主任称赞古润金先生是一位热心公益事业的华商，感谢他对中国经济、社会所作出的贡献，更感谢他支持海外华文教育的热心。

赵阳副主任代表国务院侨办在捐赠仪式上讲话，向古润金先生致以崇高的敬意。赵阳副主任表示，古润金先生秉承“取之社会，用之社会”的经营理念，热心慈善事业，积极参加各种公益事业活动，其善行义举为企业树立了良好的形象，赢得了社会各界的广泛赞誉。

（广东侨网 2011 - 03 - 11/林克风　屈小琴）

云南省政府专题工作会议强调　加强华文教育促进交流合作

为贯彻落实中共中央政治局委员、国务委员刘延东和省委书记白恩培关于加强云南华文教育工作的指示精神，省政府昨日举行专题工作会议，研究加强我省华文教育工作。省委副书记、省长秦光荣强调，要以四项工作为突破口，着力打造我省华文教育工作新特色、新亮点，为我国对外开放和全省经济社会发展作出了更大贡献。

在听取了省政府侨务办公室关于我省华文教育工作情况的汇报后，秦光荣说，近年来，全省侨务系统围绕中心、服务大局，在发挥侨力资源优势、促进全省对外开放和经济发展、积极开展华文教育和文化交流、深化华侨农（林）场改革，以及维护归侨侨眷合法权益、开展社区侨务工作、服务侨资企业等方面都做了大量卓有成效的工作，为云南经济、社会发展和为侨服务作出了重要贡献。

秦光荣强调，党中央、国务院和省委、省政府对华文教育工作高度重视，在桥头堡建设和对外开放合作中，把文化、教育工作摆到了重要位置。下一步，要以四项工作为突破，推动我省华文教育工作取得更大成效：一要依托云南师范大学，整合资源，组建一所隶属于云南师范大学、面向东南亚和南亚国家的云南华文学院，为海内外华侨华人提供高等教育和师资培训。要积极争取国家支持，努力把云南华文学院建设成为省部共建学院，逐步提升在国际上的地位，扩大在华侨华人中的影响。二要积极做好向周边国家免费发送华文教材的工作，把免费发送范围从缅甸、老挝和泰国3个国家的侨校逐步扩大到大湄公河次区域5个国家的侨校，丰富教材种类，满足不同层次的需求。三要加强海外华文教师培训，整合教育资源，充分发挥我省各相关院校的积极作用，坚持多种培训形式并举，提高培训覆盖面，努力实现海外华文教师的“本土化”。四要利用现有资源和条件，采取派遣方式，加强与海外华侨华人的联络，为华侨华人提供更好的服务。

（《云南日报》2011－03－23/谢炜　杨红川）

大马将再添两所新华小　全国华小总数将达 1 294 所

据马来西亚《光华日报》消息，马华总会长蔡细历于 4 月 1 日宣布，马来西亚副首相兼教育部长已经基本同意将加影先锋镇及蕉赖乌鲁冷岳双溪龙作为两间全新华小的建校地点，并已应允分别拨出 450 万令吉予两所华小。

蔡细历指出，该两所华小校地的“前身”为国民小学的保留地。一旦有关的华小建成，全国现有的 1 292 间华小数目将增至 1 294 间。

他指出，政府将会分别拨出 450 万令吉的建校基金予两校。他相信两处新华小校地将在近期内进行动土礼，预计一年能竣工。

此外，蔡细历也呼吁董事会勿进行筹款，以免外界质疑有关华小是否为政府所建。“我们不鼓励筹款，因为这么一来将会令人质疑有关的校地并非全政府资助。再者，每间学校所获得的 450 万令吉建校基金已经非常足够。”

（中国新闻网 2011－04－04）

华文教育应逐步向平民教育发展

自从新世纪印尼改革开放后，以华文教学为核心的三语中小学校在印尼逐渐推广。尤其是近两年来，随着印中两国经济贸易与合作的加强以及国家文化教育政策的开放，老一代华人勇敢地承担起挽救中华民族传统文化和道德的使命，为母校的重建出谋献策、增砖添瓦，华文学校复兴的浪潮随之席卷整个印尼。

但是，我们是否想过，拥有两亿多庞大人口基数的印尼，富裕子弟毕竟还是少数，那么如此高涨的复校之风，生源从哪里来？师资从哪里来？印尼其他非华族人士会如何看待？因此，我们在关心我们子女教育问题的同时，也应关心华族的平民教育和印尼友族子弟的教育问题。只有眼光放得更远一些，才能为我们的子女创造一个和谐的生活环境，进而让他们拥有一个良好的学习环境，而且这个和谐是长久的。

印尼拥有两亿多人口，而华族只占总人口的 4%～5%。只对华族中的一少部分开展华文教育，是远远不够的。由于现在大部分青年一代华人都是用印尼话来交流，如果只让一少部分华族子女接受华文教育，而大部分人还是不能讲汉语的话，他们还是没有说华语的氛围，一门语言如果没有供它生长的土壤，那必将不能流传。因此，只有让更多的孩子们投入到汉语学习中去，才能让汉语在整个印尼开花结果；只有关注印尼各民族孩子的教育问题，提高青少年一代的素质，才能从根本上提高印尼的国民素质和综合国力。

为了不让20世纪60年代华文被禁锢的悲剧重演，我们关注印尼其他非华族子女的教育状况是十分有必要的。我们应以友好的姿态帮助他们从根本上改善贫穷状况，拿出更多的钱财投入到教育中，让平民子弟都可以上得起学，读得起书，学得到建设国家的知识。

和谐，是中华民族屹立世界永恒不变的主题，生活在印尼的华族也应如此，发扬中华民族与人为善的精神，团结各民族共创印尼和谐社会。作为中华儿女，不能只是一味地继承中华民族的传统美德、学习中华传统文化，对于中华民族优秀传统文化在全球的发扬光大，同样拥有义不容辞的责任。

让世界了解中国，让更多的人加入到学习汉语的队伍中去，这对于加强世界各国与中国的交流有极重要的意义，对于华人昂首于世有着重要意义。之前，笔者在采访华中校友会主席田锦堂先生时，深为他的远见卓识而感动，他提倡要关注平民教育，提倡“有教无类”的办学思想。虽然这样注定走得比较艰辛，但是为了印尼长远的发展和国力的提高，十分有必要发展平民教育。

进入21世纪，随着中国经济的发展和国际地位的提升，中国政府也大力提倡在全球推广汉语，并为之提供大量的资金和师资支持。印尼华社领袖应不分贵贱，发扬儒家“有教无类”、“因材施教”的办学思想，让华文教育得到推广和普及，让全印尼孩子们能够上得起学。

（［印度尼西亚］《国际日报》2011－04－07/小雅）

孔子学院正向特色化、高层次发展

9日，全球首个“旅游孔子学院”在澳大利亚格里菲斯大学宣布成立。正在澳大利亚进行正式友好访问的全国政协主席贾庆林亲赴现场，进行揭牌。国家汉办副主任胡志平10日接受了新华社记者专访，详细介绍了孔子学院目前的发展情况，认为孔子学院目前正在向特色化、高层次发展。

胡志平说，自2004年底第一所孔子学院揭牌以来，目前已经在全世界近100个国家建立了330多所孔子学院，并建立了以中小学生为主要教学对象的孔子课堂400余个。

据介绍，此次格里菲斯大学与中国矿业大学合作，共同开办旅游孔子学院，以鲜明的旅游特色创孔子学院发展之先河。格里菲斯大学建于1971年，主校区位于布里斯班河南岸，在校学生4万多人。该校在全澳第一个开设环境科学学位和亚洲研究学位，酒店管理和旅游被公认是全澳最好的专业，学科世界排名一直保持在前五名之内。其开设汉语课程已有30多年历史。

胡志平说，旅游孔子学院的课程设置将以旅游汉语为主，利用澳大利亚得天独厚的旅游资源，因地制宜，培养旅游方面的高级人才。

胡志平说，近年来，由于经济、政治地位不断提升，中国的国际影响迅速扩大，国外了解、学习中国语言文化的需求也随之增加，这为中国文化“走出去”战略提供了良好的契机。目前采用的中外合作办学模式，首先由国外大学向国家汉办孔子学院总部提出申请，经审批后与国内一所大学“结对”，双方在人、财、物三方面共同投入并进行管理。

胡志平表示，这种合作模式使孔子学院成为承载和传播中国文化的载体，更为中外大学建立密切的合作关系搭建了平台，为中国大学走向国际化开创了一个新途径。同时，中外合作的方式能够最大限度地发挥国外大学的能动性。“这是孔子学院的一个重要办学理念，即适应和帮助外国朋友学习中国文化、了解中国。通过语言、文化的交流来增进中外人民的了解和友谊，推动中外双方在各个领域的合作，促进世界多元文化的发展。”他强调，孔子学院的发展注重“双赢、共赢”策略，力求实现双方利益的最大化。

（新华网 2011－04－10/曹扬　杨琳）

李海峰希望暨南大学为华侨高教事业发展再创辉煌

4 月 16 日，中国国务院侨办、教育部、广东省政府在广州举行共建暨南大学协议签约仪式。国务院侨办主任李海峰在仪式上致辞时，充分肯定了暨南大学百余年来的办学成绩，同时希望暨南大学抓住机遇，为华侨高等教育事业的发展、为中外文化的交流、为实现中华民族的伟大复兴建功立业，再创辉煌。

李海峰指出，暨南大学是中国第一所由国家创办的华侨高等学府，有着悠久的办学历史、深厚的文化底蕴和鲜明的国际化特色。在逾百年的办学历程中，学校始终秉承着“忠信笃敬”的校训，恪守“宏教泽而系侨情”的办学宗旨，坚持“面向海外，面向港澳台”的办学方针，为海外和港澳台地区培养各类人才 20 余万人，蜚声侨界，享誉国内外。为海外侨社的可持续发展，为弘扬中华优秀文化，为香港、澳门特别行政区的繁荣稳定，为促进国家和地方经济社会发展作出了重要贡献。

她说，自 1958 年以来，暨南大学扎根广东，不断发展壮大。在担负特殊办学使命的同时，学校始终致力于建设广东、服务广东，为广东省培养了近 20 万建设英才，形成了一批国家和省部级重点学科、实验室、工程中心和基地，荟萃了大批学科带头人和各领域专家教授，为广东省建设经济强省、文化大省作出了积极贡献。

她表示，这次共建协议的签署，标志着国务院侨办、教育部、财政部、广东省人民政府在整合资源、加强战略合作、创新工作机制上取得重要突破，对于全面增强和提升暨南大学的综合办学实力和核心竞争力，必将产生重要而深远的影响。

根据共建协议，国务院侨办除根据暨南大学的发展规模核拨正常的办学经费和基建经费外，继续增加对学校的投入。教育部以“211 工程”建设方式加大对暨南大学的投入力度，并在该校参与国家重点学科、国家重点实验室、创新团队、国际合作交流等有关项目的竞争中给予支持。广东省参照国务院侨办、教育部、发展改革委、财政部对暨南大学建设经费的投入额度，给予 1∶1 的经费配套。

（中国新闻网 2011－04－16）

孔子学院应该如何提升中国软实力

国家汉办本月将公开选拔 199 名孔子学院中方院长，近期分派到全球各国设立的孔子学院任职，新任院长将于今年 4 月至 2012 年 9 月期间陆续赴任。

就像德国歌德学院、西班牙塞万提斯学院一样，孔子学院也是以文化名人命名的，是在海外以教授汉语和传播中国文化为宗旨的教育机构。孔子学院以汉语教学为渠道推动中国文化走向世界，让世人更直接地接触到原汁原味的中国文化。孔子学院的迅速发展无疑扩大了中国在世界的影响力，这样的文化影响力也是国家软实力的体现。孔子文化以其“和而不同”的独特魅力向世界展示了一个积极的中国形象。

国盛则语言强，国弱则语言弱。许多国家都掀起了“汉语热”，这和中国经济迅猛发展是密不可分的。能讲一口流利汉语的外国人，肯定更能把握住“中国机会”。据新华社日前报道，第四届中文大会 4 月 14 日在旧金山隆重举行。来自美国各地的 1 500 名大、中、小学中文教育工作者齐聚一堂，这次盛会传递出这样一个信息：随着中美关系的不断发展和中国国际地位的不断提升，通过开展中文教育来定位两国双边关系前景、培养熟悉两国国情的人才和构建政治、经贸、文化和其他领域纽带，已成为美国各界的一个共识。许多大、中、小学纷纷开设中文课程，学习汉语的人数不断增加，使得汉语成为美国人学习的最重要外语之一。

“汉语热”给汉语教育机构带来商机，但孔子学院定位为非营利性教育机构，就不能偏离本身的办学宗旨，沦为“摇钱树”。现在公开选拔 199 名院长，若以一个学院配一名院长来计算，意味着一下子要多出近 200 家孔子学院，这样的速度会不会太快了些？任何事物一旦违背了其发展规律，就如同揠苗助长。要是发展得过快过猛，教学质量则得不到保障，难免会有损中国文化品牌的金字招牌。

我留意到，国家汉办选拔院长的条件里有一条“同时需要能够兼任对外汉语教师”，当然院长首先得是内行，要求会教授对外汉语无可厚非，但招募中这样的条件侧面反映出孔子学院师资缺乏的困境。一般来说，院长教学管理的任务已经很重了，身处外国还不得不处理外事工作，校长应专注地做校长的事情，若再兼任对外汉语教师难免力不从心，甚至要校长一人就撑起一个学院，“光杆司令”绝对会制约孔子学院的教学质量，长远来看也是影响孔子学院发展的瓶颈。

孔子身体力行“因材施教”，而国内培养出来的“院长”能不能教好外国人呢？国内传统的填鸭式教学法、应试教育、沉重的课业负担……中国的孩子可能已习以为常，但外国学生未必能够接受。孔子学院不该仅仅是教汉语，更不该是重数量抢占市场。软实力包含了语言、文化、思想价值等多方面，缺乏文化思想含量的单纯汉语推广，难以构成真正的软实力。

（中国新闻网 2011－04－20/普嘉）

中国已向 70 多个国家派遣汉语教师志愿者 7 590 人次

国务院新闻办公室 21 日发表了《中国的对外援助》白皮书。

白皮书指出，中国是一个发展中国家。多年来，中国在致力于自身发展的同时，始终坚持向经济困难的其他发展中国家提供力所能及的援助，承担相应的国际义务。

白皮书强调，中国政府历来重视对发展中国家教育领域的援助。中国教育援助内容主要包括：援建学校、提供教学设备和资料、派遣教师、在华培训发展中国家教师和实习生，为发展中国家来华的留学生提供政府奖学金等。

白皮书指出，截至 2009 年底，中国共帮助发展中国家建成 130 多所学校。累计资助来自 119 个发展中国家共计 70 627 名留学生来华进行各类专业学习，其中，2009 年向 11 185 名留学生提供了奖学金，共派遣近 1 万名援外教师，共为受援国培训校长和教师 1 万余名。

白皮书还指出，截至 2009 年底，向全球 70 多个国家派遣汉语教师志愿者共计 7 590 人次。

根据白皮书，2002 年 5 月，中国首次派遣 5 名青年志愿者赴老挝，在教育和医疗卫生领域开展了为期半年的志愿服务。截至 2009 年底，中国向泰国、埃塞俄比亚、老挝、缅甸、塞舌尔、利比里亚、圭亚那等 19 个发展中国家共派遣 405 名援外青年志愿者，服务范围涉及汉语教学、中医治疗、农业科技推广、体育训练、计算机培训、国际救援等领域。其中，向埃塞俄比亚、圭亚那等多个国家实现连续派遣。2003 年，中国开始对外派遣汉语教师志愿者。截至 2009 年底，向全球 70 多个国家派遣汉语教师志愿者共计 7 590 人次。

据悉，这是国务院新闻办公室首次就中国的对外援助发表白皮书，其中文版单行本已由人民出版社出版，即日起在全国新华书店发行。

（中国网 2011－04－21）

全国人大华侨委员会听取海外华文教育工作汇报

应全国人大华侨委员会邀请，近日，国务院侨办副主任赵阳率国侨办文化司、中国华文教育基金会相关负责人向十一届全国人大华侨委第十六次全体会议汇报了近两年“国家海外华文教育工作联席会议”和中国华文教育基金会工作的进展情况。

汇报会上，国侨办文化司副司长李民、华教基金会秘书长雷振刚分别介绍了2009年以来“联席会议”和中国华文教育基金会开展华文教育工作的情况，分析了华文教育面临的困难与问题，介绍了今后一个时期的工作思路。

赵阳代表国务院侨办感谢全国人大华侨委对华文教育工作和中国华文教育基金会的关心和重视，希望全体委员能一如既往地关心、支持海外华文教育工作。

华侨委主任委员高祀仁总结发言。他对国务院侨办对华侨委工作的支持表示感谢，对“联席会议”和中国华文教育基金会的工作予以高度评价。他认为，此次汇报实事求是，重点突出，分析问题中肯，今后工作思路清晰。他指出，2009年以来，国务院侨办认真贯彻落实胡锦涛总书记重要指示精神和习近平副主席的重要讲话，开拓创新，在完善华文教材体系、培养华文教师、涵养侨力资源等方面做了大量卓有成效的工作，亮点纷呈，并取得了许多宝贵经验，听后备受鼓舞和启发。

据悉，这是本届人大华侨委第二次听取国侨办华文教育工作情况汇报，体现了人大华侨委对海外华文教育工作的重视和关心。

（中国华教基金会网站2011－04－25）

海外温州人就读温州大学　可拿中外本科双学位

日前，国侨办华文教育基地——温州大学推出了“海外温州人读温州大学，拿中美、中丹本科双学位”项目。这意味着就读该校的华裔学生，毕业时可拿中外两国文凭，取得双学位。

据悉，该项目分为中美项目和中丹项目。中美项目是在温州大学四年制国际经济与贸易专业课程中嵌入美国库克大学课程，学生完成该合作项目课程并修满规定课程的学分，持有外国护照的华侨子女可分别获得温州大学国际经济与贸易本科毕业证书和经济学学士学位证书以及美国库克大学管理学学士学位证书；持有中国护照的华侨学生可获得美国库克大学管理学学士学位证书。中丹项目是在温州大学四年制市场营销专业中嵌入丹麦尼尔斯布鲁克哥本哈根商学院课程，大学四年期间可获得全额奖学金赴丹麦交换学习1~2年，学生完成该合作项目课程并修满规定课程的学分，持有外国护照的华侨子女可分别获得温州大学市场营销本科毕业证书和管理学学士学位证书以及丹麦尼尔斯布鲁克哥本哈根商学院国际营销管理的专业学士学位证书；持有中国护照的华侨学生可获得丹麦尼尔斯布鲁克哥本哈根商学院国际营销管理的专业学士学位证书。毕业学生还可以申请赴丹麦继续接受硕士教育。

据温州大学国际合作学院有关负责人透露，该项目除学生毕业时可拿中外两国文凭，取得双学位外，还有学费约为在国外学习的三分之一、包括国家汉办奖学金在内的多个奖学金政策、同时学习中美或中丹两国经济贸易和管理学知识等优惠条件。

温州大学创建于1933年，是一所涵盖社会科学、人文科学、理科、工科、商科等五大学科门类的综合性大学。该校具备招收外国留学生的资格，是全国首批国侨办华文教育基地，对外合作交流领域十分广阔。目前已与美国、英国、意大利、澳大利亚、俄罗斯、日本、韩国、中国台湾等多个国家和地区的高等院校、科研机构建立了良好的合作交流关系，开展联合办学、互派访问学者和留学生等各种形式的合作，与泰国东方大学合作创办了孔子学院。

（中国新闻网温州2011-04-28/钟新　刘时敏）

国侨办今年将派400名华文教师海外执教

10日在昆明举行的“2011外派教师工作培训班”上，国侨办文化司副巡视员汤翠英表示，为解决海外华文教育师资力量薄弱的问题，国侨办将加大外派教师力度，今年将有400名华文教师赴海外任教。

2011外派教师工作培训班10日在昆明开班，来自缅甸、泰国、老挝、菲律宾、文莱、印度尼西亚、柬埔寨等国家的47所学校和教育机构负责人，与中国各省市侨办相关负责人共聚一堂，在为期5天的会议中交流经验，共同制定合理有效的外派教师工作机制。

泰国智民学校主席陈汉展介绍说，近年来泰国政府的重视为华文教育创造了宽松的发展条件，加上中国的支持，泰国华文教育在规模、师资队伍、课程设置等方面都取得了长足进步。泰国多个地区成立了华文教育协会，整合资源、互通有无，实现共同发展。

在肯定成绩的同时，陈汉展也对当地华文教育的质量表示担忧，“我们在课程设置、授课方式、教学水平等方面都还有很大的提升空间”。他建议国侨办成立专家组对东南亚地区华文教育进行专项调研，为华校提供智力支持；延长外派教师的工作年限，以避免频繁流动导致无法深入开展教学；加强对本土华文师资的培训，提高待遇，吸引本土优秀教师加入华文教育队伍。

菲律宾华教中心副主任黄端铭与陈汉展培养本土华文教师的观点不谋而合，他说要将“输血”与“造血”并重，20 年来菲律宾已从中国聘请了 2 000 多名华文教师，虽对菲律宾华文教育更新观念、提高教学质量有很大帮助，但无法从根本上解决问题，必须注重培养本土优秀华文教师。

此外，黄端铭还建议，中国外派华文教师应朝多元化发展，不仅局限于汉语教学本身，还要熟悉中国传统文化，也可增加文体方面的教师派遣。

针对各外派教师海外聘方学校提出的建议，汤翠英表示，今后国侨办将加大宣传力度、提高薪金待遇，提升外派教师的数量和质量；建立华文教育培训基地，定期为海外华校培养师资；为海内外华文教师建立网络交流平台，以便业务探讨和经验交流。

（中国新闻网昆明 2011 -05 -10/张丹）

东南亚小学华文教材调查显示：《华文》字种数最多

中国教育部、国家语委今天发布“2010 年中国语言生活状况报告”，其中针对东南亚小学华文教材课文用字情况调查显示，马来西亚《华文》字种数最多。

调查选取新加坡、马来西亚、泰国、印度尼西亚、越南 5 国目前使用的 8 套华文教材作为对象。其中字种数最多的是马来西亚的教材《华文》，远超其他 7 套教材。马来西亚华文教学属于第一语言教育，识字量大，字种数多。越南、泰国、印度尼西亚华文教学以第二语言教学为主，识字量、字种数较少。新加坡介于二者之间，属于双语教学性质，因此字种数也居中。

和中国小学语文教材课文用字相比，东南亚小学华文字种数 3 048 个，中国小学语文字种数 4 230 个。通过二者前 3 000 字的频序比可以看出，与中国小学语文教材的母语教学性质、重读写能力培养不同，东南亚小学华文教材以第二语言及双语教学性质为主，更重听说交际能力培养，因此教材以对话体为主，课文内容主要为日常生活或虚拟日常生活。

教育部语言文字信息管理司司长李宇明表示，字次和字种是各教材最基本的用字信息。海外华文教材的语言状况是海外华人社会语言生活的重要内容之一，值得关注。

（中新社北京 2011 -05 -12/马海燕）

厦门大学提供奖学金　助大马侨生攻读汉语硕士文凭

据马来西亚《光华日报》消息，中国厦门大学提供孔子学院全免奖学金，招收海外华侨华人攻读“汉语国际教育专业硕士”文凭。

孔子学院奖学金资助包括注册费、学费、基本教材费、一次性安置费、生活费，提供住宿、门诊医疗服务和来华留学生综合保险。其中，生活费为人民币1 700元。

汉语国际教育专业硕士奖学金，向各国汉语教师、各国大学中文专业优秀毕业生，或符合汉办特定协议规定条件的人士提供，期限为2学年。

申请者应具有学士学位或相当学历，新HSK成绩不低于5级180分，并须书面承诺毕业后至少从事5年以上汉语教学工作。申请者须为马来西亚公民，身心健康，年龄在16～35岁之间。

（中国新闻网 2011－05－16）

华文教育与汉语教学的对比

汉语教学或对外汉语教学是一种以培养语言交际能力为目标，将语言知识转化为技能，以技能训练为中心，以基础阶段为重点，与文化因素紧密结合，在语言对比的基础上进行的集中、强化的汉语作为第二语言的教学。

华文教育指的是对海外华人的汉语教学。商务印书馆2007年出版的《华文教学概论》中对“华文教学”与“对外汉语教学”的差异有这样的论述：“在教学目标上，华文教学与对外汉语教学是不尽相同的。对华裔留学生与外国留学生的教学应该是不一样的。就对外汉语教学来说，衡量对外汉语教学的成功与否的唯一标准，就是学习者是否掌握了汉语这一交际工具，而华文教学的目的不仅仅如此……它除了要教会华裔留学生掌握汉语的基础知识、基本技能以外，还要在此基础上，保持并发扬中华文化，培养并丰富他们的中华文化人格。”很明显，“华文教学”（即华文教育）更倾向于第一语言的汉语教学。

其实华文教育与汉语教学两者虽然性质不同，但仍然互相依赖、彼此互补：汉语教学使华文教育得以持续发展；华文教育带动汉语教学往深处挺进。依照缅甸特有国情及市场需求，两者各自生存、发展，寻找出路。

（中国新闻网 2011－05－17《缅甸汉语教师谈华文教育如何适应新形势发展》）

中文到底离我们多远

中文到底离我们多远？这个问题看起来很荒谬，中文是我们的母语，是我们日常生活都会用到的工具，怎么会跟我们有距离呢？但是对于那些出生在意大利、生长在意大利的华人孩子来说，中文却显得那么遥远。

如今，许许多多的华人第二代在这片土地上出生，生长环境并不需要很多的中文。平常用方言与父母交流，在学校里用的则是意大利文。特定的成长环境让这些孩子与中文的距离越来越远，有的孩子甚至拒绝学习中文。

中文是一门博大精深的语言，它由象形文字演变而来，每一个汉字的组成都有它特定的结构和含义。在学习中文的同时，我们能领悟许多做人的道理。不仅如此，伴随着中国经济的快速发展，中国的世界地位逐渐提高，中国成为全球最大的消费品市场，各国企业都争相到中国发展，中文就成为这些跨国企业到华发展的必备工具。由此可见，华人第二代不管将来是留在意大利还是回到中国，学好中文都是未来的生活或工作的一个重要砝码。

然而，很多华人却没有认识到这一点。原因有很多。首先，大部分来到意大利的华人都来自浙江省，他们平常习惯用方言交流，标准中文的使用频率很低。在这种环境下长大的孩子，由于与中文接触的机会很少，因此没有养成中文的语感，这给孩子日后学习中文带来很大的障碍。语言的学习在两三岁的时候最重要，这个时期的孩子记忆力特别好，模仿能力特别强，语感也是在这个时期建立的。如果这个时期，孩子们都处在方言的环境下，也许他们能够说一口流利的方言，可是开口说中文就犯难了。其次，孩子的大部分时间都在学校里度过，同学和老师都是意大利人，意味着要说意大利文。这样的环境让他们的意大利文水平几乎达到母语程度。与此同时，因为孩子们从小接受的是意大利式教育，造成他们对中国文化缺少了解。

令人欣慰的是，绝大部分的华人父母都认识到学习中文的重要性，每逢周末都会送孩子去中文学校学习。中文与意大利文是两种完全不同的语言系统，中文讲究的是横、撇、竖、捺，意大利文写的是 A、B、C、D。通过坚持系统地学习中文，孩子们逐渐了解了中华民族的文化和历史，汲取了精髓，并融会贯通。

学习中文的道路虽然艰辛，但是付出努力就一定有收获。只有热爱我们的语言，才会热爱我们的文化，才能壮大中华民族的软实力。让我们大家共同努力，中文会离我们越来越近，慢慢地走进我们的心里。让汉字蕴涵的中华文化在华人的下一代心中发芽，成为未来生活的指南针。

（［意大利］《欧洲侨报》2011-05-18/小王）

华文教育牵动众人心

烦恼

近日，来自 20 多个国家的近 30 家华文媒体代表走访了华侨大学的厦门校区。在与华侨大学校长丘进交流的过程中，大家纷纷表达了对海外华文教育的关注与担忧。

“加拿大的华文学校处境普遍都不是太好，他们苦于资金等方面的限制，一直无法做大做强。”加拿大环球华报总编辑黄运荣说，“他们很希望能得到国家的扶植。”

“我很担忧我孩子的华文教育问题。奥地利的华文学校只在周末授课，真正学习中文的时间只有两个小时。现在孩子的中文连读写都还不流利。”奥地利欧洲联合周报副社长宣绚有切身体会，“平时和奥地利其他华人家长交流，大家都有同感。当地有很多美国和日本人办的全日制双语学校，效果非常好。如果有我们中国办的全日制双语学校，我一定会送孩子去。”

类似的问题并不少见。前不久，印尼巨港多名资深华文教师就聚首探讨了印尼华文教育的发展现状，指出了当地华文教育存在的问题，包括没有统一合适的教材、师资差以及课时少，还有家长对华文教育不重视和华文教师不被社会重视等。目前各地的华文学校多为华人私人投资兴办，以周末学校为主。虽然各地华文教育面临的问题有所差异，但基本上都表现在资金的投入、师资的正规化和教材的统一化等方面。

努力

近些年，随着中国经济的快速发展，全世界形成了“汉语热”。有人指出，“汉语热”为华文教育的发展提供了一个极好的机遇。世界各地的华人纷纷出谋划策，共谋华文教育的更好发展。

据了解，为解决华文教育师资短缺的问题，国侨办从 1987 年起向海外输送教师，至今已累计有 2 000 多名教师在 11 个国家进行教学和培训，为当地培养了大量华文教师；同时还经常请海外华文教师到中国进行短期培训，组织中国专家学者到海外讲学；并在一些有条件的国家开展函授学历教育，培养高质量的华文教师。而且，国侨办已向 100 多个国家和地区提供从幼儿园到初中的华文教材，目前正在编写《海外华文教师标准大纲》。

各国华人也在努力着。近日，“英国林建邦奖学金”在伦敦正式宣告成立。该奖学金试行3年，发放金额每年1万英镑，赞助年龄18～30岁的英国华裔前往中国广州暨南大学华文学院短期或长期学习中文，或在该校新闻学院攻读有关课程。再如，加拿大中文学校协会自1982年起每2～3年在全国各大城市举办全加华文教育会议，今年定于5月20—22日举行，研讨内容为新时期华文教育的特点与趋势。

提升

"仅仅把语言当作工具是短视的，语言背后的文化才更重要。经济发展重要，文化认同更重要。"丘进说，"我认为各地华人办华文学校应该更有层次，应该有长远的目标，应该把语言的教授与文化的传承联系起来"。

世界各地的华文学校多为中小学，华侨大学注重的是高等教育。作为国务院侨办直属的华侨高等学府，华侨大学是面向海外开展华文教育的主要基地。建校半个世纪以来，该校为来自40多个国家和地区的境外4万余学生提供了高等教育。华侨大学还积极"走出去"开展境外办学。早在2005年，华侨大学就在美国注册成立了华侨大学美国中文学院，并与美国多所大学合作办学。目前，学校已在美国洛杉矶、泰国曼谷、印度尼西亚泗水、菲律宾马尼拉及中国香港和澳门设立办事机构，还将于近期在马来西亚及中国台湾等地设立办事机构。

怎样鼓励新生代华侨华人学习中文，认识祖（籍）国文化，培养华夏子女的文化认同感是许多海外华人一直在思考的问题。要让子女们不仅有中国人的面孔，更要有中国人的大脑，懂得中国人的文化和思维，这一切都要从学习中文开始。

（《人民日报·海外版》2011－05－20/张红）

2011年亚洲地区孔子学院研讨会在韩国召开

2011年亚洲地区孔子学院研讨会27日在韩国大邱市开幕，会议将集中研讨孔子学院发展规划和师资教材等问题。

国家汉办主任、孔子学院总部总干事许琳在开幕式上说，截至今年5月，已有101个国家建立了300多所孔子学院和400多个孔子课堂。其中，亚洲31个国家（地区）建立了82所孔子学院和39个孔子课堂。

许琳说，为进一步提高孔子学院的办学质量和水平，今年上半年，孔子学院总部狠抓了三项重点工作：一是加紧制订孔子学院发展规划；二是集中中外力量，实施国际汉语教材工程，力争尽快实现凡是开设汉语课的国家都有适用的母语教材；三是建立中外结合的孔子学院专职院长和教师队伍，修订《国际汉语教师标准》和《国际汉语教师培训大纲》，不断提高师资质量。

韩国教育部副部长金昌经说，希望这次研讨会不仅是学术交流，还能增加亚洲各国之间的文化交流，促进各国汉语教学进一步发展。

会议期间，国家汉办/孔子学院总部还将举办亚洲孔子学院办学成就展和45个语种的骨干汉语教材展。

来自亚洲13个国家61所孔子学院的中外院长、韩国大邱市市长金范镒和中国驻韩大使馆参赞陈海出席了开幕式。

（新华网首尔2011－05－27/何璐璐）

广州暨大国际学院成港澳台及海外生报考热点

广州暨南大学国际学院28日迎来10周年院庆。这个因在本科阶段即实施全英语教学而闻名的学院，正受到越来越多港澳台和外国留学生的青睐。在校生规模10年增长了20多倍，目前港澳台侨生和留学生已占该院学生总数的74%。外国留学生总人数从第一年的1.5%发展至目前的22%。

2001年6月，暨南大学在中国大陆率先成立了本科层次非英语专业全英语教学的国际学院。目前，全英语授课专业由最初的2个发展到目前的9个，在校生由64名壮大到近1 600名，生源国/地区由9个扩展到73个，毕业生遍布全球五大洲。暨南大学国际学院在海内外的影响不断扩大，已成为中国高等教育全英教学改革的亮点，海内外学子报考的热门专业。

暨南大学国际学院院长唐书泽教授介绍说，暨南大学通过严格的选拔制度，为国际学院配备了全校最好的全英教育资源。国际学院与各专业院系联合办学，实行教学管理以相关院系为主，学生管理以国际学院为主的双重管理模式。

除本科层次全日制留学生外，国际学院还先后接收了多批来自美国、加拿大、法国、俄罗斯、乌克兰、波兰、荷兰、日本、菲律宾等国家的交换生来学校学习相关专业课程，同时选修汉语和中国传统文化等课程，促进了国际学院生源的进一步国际化。

“学院从新生报到注册、开学典礼、入学教育到学生日常管理、教学安排、课外活动、学生干部选举、教材选用、授课语言、课堂作业、课程考试、毕业论文撰写、答辩全程都使用英语。这种全英语氛围对我们学习英语、用英语进行学习和研究都具有很好的促进作用。”一位来自国际学院临床医学专业2001级的学生说。

（中新社广州2011－05－28/郭军）

云南华文学院成立　国侨办携手云南建华教基地

6月5日在此间举行的第九届东盟华商会上，中国国务院侨务办公室主任李海峰为云南华文学院授牌，标志着国侨办与云南省政府共建的云南华文学院正式成立，并将以此为依托同时建立国侨办华文教育基地。

云南华文学院隶属于云南师范大学，计划今年招收本科学生400人。云南师范大学校长杨林介绍说，华文学院将针对华裔学生和留学生特点，合理开设适应国际化需要的特色专业和精品课程，开展非学历教育和学历教育两类专业教学。

当日，国侨办与云南省政府还签署了共建华文学院的协议。“云南省的华文教育工作一直走在全国前列。”李海峰表示，云南是著名的侨乡，地理上外接东南亚、南亚和印度洋沿岸国家，内连中国西南及东中部腹地，因此云南开展华文教育拥有地缘、亲缘、人缘的优势。

云南省省长秦光荣介绍说，为做好华文教育工作该省采取了一系列措施。除建设华文学院外，云南将免费发放华文教材的范围从原来的缅甸、老挝和泰国3国，扩展到大湄公河次区域5国，已累计向周边国家华文学校免费发送125万册教材，并丰富了教材种类；通过采取全日制学历教育、函授学历教育、走出去巡回讲学、边境州市办班等多种形式，加强为海外培训华文教师的工作，已累计培训海外华文教师1 700多人次，外派教师39名。

秦光荣称，下一步将着力把云南华文学院建设成为面向东南亚、南亚国家及广大海外华侨华人的华文教育基地。预计到2015年，累计培训海外华文教师8 000人次，本科以上急需人才1 500名。

（中新社昆明2011-06-05/张丹）

大陆高校在册港澳台侨学生超过26 000人

中国教育部官员23日透露，截至2010年底，在大陆高校学习的在册侨生为1 604

人、台生为6 886人，来自港、澳的学生人数分别为11 549人和5 968人，港澳台侨学生共计26 007人。

23日，由北京华文学院承办的北京市港澳台侨学生教育管理研究会2011年常务理事会在此间举行，中国教育部港澳台事务办公室副主任李大光披露了上述数字。他介绍说，今年“联招考试”报考学生为4 500多人，预计录取比例将高达六成。

据介绍，所谓“联招考试”是独立于大陆高校录取系统之外、中国政府专为吸纳港澳台侨学生就读大陆高校而设的招生管道。其方式是：中国教育部考试中心参考两岸四地教材，制定考纲，统一命题，考生可以自己选择以繁体或简体字版的试卷作答。

李大光在接受中新社记者专访时透露，目前中国大陆可以接受港澳台侨学生的本科第一批、第二批高校共计205家。港澳台侨学生的就读意向城市，大多为东南沿海城市和北京、上海、武汉等发达城市。

（中新社北京2011－06－23 张冬冬）

赵阳冀暨南大学为华侨高教事业发展再立新功

7月6日，中国国务院侨办副主任赵阳（右二）在广州出席暨南大学研究生院成立揭牌仪式时表示，希望暨南大学为华侨高等教育事业的发展，为中外文化的交流，为实现中华民族的伟大复兴再立新功，再创辉煌。

赵阳表示，暨南大学成立研究生院，是几代暨南人为之奋斗的目标，是暨南大学发展史上的一大盛事。他指出，暨南大学是中国第一所由国家创办的华侨高等学府，有着悠久的办学历史、深厚的文化底蕴和鲜明的国际化特色。

在105年的办学历程中，学校始终秉承“忠信笃敬”的校训，恪守“宏教泽而系侨情”的办学宗旨，坚持“面向海外，面向港澳台”的办学方针，在人才培养、科学研究和服务社会等方面均取得了突出的成效，已成为粤港澳合作的重要平台、对外文化交流的重要窗口和港澳台侨人才培养的重要基地。

他说，暨南大学是中国高校中第一批具有学位授予权的单位，也是中国改革开放以来最早开展学位与研究生教育的高校之一。开展学位与研究生教育32年来，暨南大学的学位与研究生教育取得了长足的进步。尤其是近些年来，研究生教育规模增长较快，学位点授权体系更趋完整，研究生类型结构不断优化，研究生培养模式改革深入推进，学位与研究生管理水平持续提高。研究生院的成立，标志着暨南大学学位与研究生教育发展将开启新的篇章，对于全面增强和提升暨南大学的综合办学实力和核心竞争力，进一步提高服务国家侨务事业和地方经济建设的能力，必将产生重要而深远的影响。

（中国新闻网广州 2011－07－07/郭军）

法国举办“汉语年”将汉语热推向新高潮

7月4日，到访法国的中共中央政治局常委、中央纪委书记贺国强，携手法国政府代表、前总统德斯坦在巴黎为法国“汉语年”揭幕。

目前，全法30个学区中，已有27个开设汉语课，学习汉语的大、中、小学生达4.5万人。一批操流利普通话的法国青年流连京广沪，远走云贵川。诸如“宏观调控”等“具有中国特色”的流行语能在巴黎地铁里听到，汉语报章的评论能成为部分法国大学中文系学生的阅读材料。随着“汉语年”的开幕，今年的汉语热好比7月的气温，达到一个历史的高度。

法国汉语人口不仅数量激增，而且就业看好。正如法国教育部汉语督学白乐桑所说：汉语是一张就业的王牌。写有“第二语言：汉语。水平：流利”的求职简历在跨国公司和大企业的人事部门受到重视，各种教科文组织、民间团体也愿与有汉语背景的人士合作。即使在零售商场和免税店，懂汉语的营业员竞争力也会高于只说“本地土话”的同行。

不少海外华侨华人对语言问题感受可谓深切，一方面积极融入当地社会，学习住在国的语言；另一方面坚守母语的思想、美感和生息传承，许多人记忆中尚存初过“语言关”时的艰辛，转眼又为教育子弟守住文化之根而用心良苦。

反观本世纪初的这十年，恰恰是中国经济腾飞、国力增强、国际影响力大幅提高的关键十年，表现最为抢眼的一段时期。欧洲经济仍在债务危机的阴影中徘徊，美国的情况也许更糟。于是人们越来越多地把目光投向充满活力与生机的中国，越来越理解、接受对世界无害且有趣、更意味着机会的中国。所以说，汉语的崛起是与中国的崛起密切相关的。

与曾经在世界上各领风骚的西班牙语、法语、英语等语种不同，汉语的崛起不是伴随着血腥的殖民扩张主义，而是根植于温良敦厚的中华文化传统，置身于中国和平崛起的背景之中，不具有侵略性和压迫性，更不会成为“霸权语言”。

这就是今天“汉语热”迎来新高潮的时代大背景。对其中折射出来的种种信息，海外华侨华人除感到自豪之外，更多感到的是坦然。

同时可以看到，法国的汉语热在世界上并不算最热，汉语人口与日本的200万仍有距离，普及度与韩国的近200所大学、所有中小学开设汉语课也有距离。在法国“汉语年”开幕翌日，瑞典教育大臣就急不可待地建议这个幸福指数居世界前列的北欧国家所有中小学开设汉语课。法国汉语教学资源已经跟不上形势的发展，算上中国在法国开办的15所孔子学院，仍不能满足日益增长的需求。有关机构日前敦促政府增加汉语教师岗位，然而政府预算有其经济规律可循，不唯热情所能决定，所以解决问题尚需时日。

（［法国］《欧洲时报》2011－07－08）

海外华裔青少年热衷来华寻根

随着汉语文化影响力在海外华侨华人社会中的不断提升，越来越多的海外华裔青少年选择利用暑假来华“寻根”，与父辈们时常挂在嘴边的故乡来一次亲密接触。入夏以来，全国多个省市相继迎来海外华裔青少年的寻根热潮，北京、上海、广东、浙江、山东……华裔青少年的寻根足迹几乎遍布中国大江南北。

这股“寻根热”之所以在近几年愈演愈烈，除了源于海外华裔青少年对祖籍国文化底蕴的认可外，在很大程度上也得益于海内外社会各界的大力支持。

为了帮助广大海外华裔青少年学习中文、了解中国国情和中华文化、促进海内外华裔青少年的交流，中国国务院侨办和中国海外交流协会及其下属的各级侨务机构每年都会举办海外华裔青少年“中国寻根之旅”夏令营。随着活动的不断深入开展，这一华文教育工作品牌的影响力也日益彰显。自5月以来，2011年海外华裔青少年“中国寻根之旅”夏令营活动便在全国各地相继展开，大批海外华裔青少年慕名而至，在主办方的引领下，亲身体验中华传统文化的独特魅力。

7月11日，中国国务院侨务办公室主任李海峰在出席“两岸同心　我们同行”两岸万名青年大型交流活动国侨办分团——2011年台湾青少年夏令营时，鼓励营员珍惜难得的机会，“多走走，多看看，增进对中华文化和大陆风土人情的了解与认知，加强与大陆青少年的交流与合作”。

（中国新闻网2011－07－15）

中文教育：除了正规，无第二条路可走

近年来，中文教育在意大利各个有华人居住的城市都受到了一定程度的重视，办中文学校也就成了最基础的工程。但是，不同城市的中文学校，和同一城市中不同的中文学校，无论在办学规模、办学理念，还是在教学质量方面，都存在非常明显的差异。换句话说，中文学校在意大利的发展水平还很不平衡，与社会的要求还有很大一段距离，大部分的中文学校只能教懂孩子们最基本的汉语。正因为如此，有相当一部分的家长干脆把孩子放在中国国内，在他们看来，在意大利中文学校学的母语文化，根本无法保证他们长大后能够成为对中国文化非常精通的优秀人才。

一位生活在威尼斯麦斯特雷的福建籍侨胞对记者说："如果让小孩在意大利接受'不三不四'的中文教育，我宁可把他带回国内，在国内接受9年的义务教育，直到初中毕业，我觉得对他成长而言，这样是最稳妥的。"这位侨胞的话其实代表了很多人的心声，他无非是在告诉我们，意大利的中文教育质量一定要与国内小学、初中看齐，因为现在每一个家庭都把培养下一代看成是整个家庭的核心目标。有些家庭甚至表示，现在生意差一点不要紧，重要的是孩子的成长之路不能打任何折扣。

通过近几日在基层的采访，记者发现，现在的华侨家庭不光非常重视让孩子学习中文，而且比以往任何时候都重视学习的质量。这与前几年需要通过侨领做工作、动员其孩子上中文学校形成了强烈的反差。家长们对中文教育态度的转变，实际上也就是对中文学校提出了更高的要求：缩短磨合、试验期，尽快走上正规办学的道路。

意大利中文教育的发展历程与华文媒体走过的道路有些相似，都是在缺乏专业从业人员的情况下，靠摸着石头过河一步步走来。在一个肌体相对不够健全的社会中，华文媒体正确的舆论引导能力，影响的是整个社会，而中文学校教学质量的高低将直接影响一个个家庭的未来。在记者看来，华文媒体可以如数转载网络报道，可以没有自己的原创消息、通讯和评论，可以在质量上打一些"折扣"，但是，中文教育绝对不可以"滥竽充数"，不可以敷衍了事。教书育人不仅是一份光荣的工作，更是一项神圣的使命。教师不但要把书教好，还要把人育好，"教书"和"育人"是相互联系、相互促进的辩证统一关系。教书的根本目的是"育人"，育人的重要途径是教书。没有只教书不育人，或只育人不教书的教师。

记者在意大利华文媒体圈内混了10年，不仅目睹了与华文媒体一同成长的中文教育的发展轨迹，也多次深入中文学校调研，与教育工作者们一道分析中文教育的发展方向。记者坚信，制约意大利中文教育发展的瓶颈一定会被打破，唯有这样，意大利的中文教育才能向国内的基础教育看齐，才能真正实施素质教育。

（[意大利] 欧华传媒网 2011－07－21/言绪）

旅日华人二代受荐集体入学暨南大学

日本华侨华人联合总会、东京华侨总会、东华教育文化交流财团、暨南大学日本校友会等社团联合举办的“2011 年度暨南大学推荐入学合格通知书授予式”7 月 29 日在东京华侨会馆举行。本次受荐合格入学的 9 名旅日侨胞第二代及其家长们兴奋地参加了授予仪式。

日本华侨华人联合总会会长符易亨、副会长陈学全，东京华侨总会会长廖雅彦、副会长林斯福，东华教育财团理事长江洋龙、暨大日本校友会干事代表符顺和等嘉宾出席了授予仪式，向这些充满个人志向、代表社群未来的华侨华人后代递交了入学通知书。

暨南大学是中国首屈一指的最高华侨学府，与日本侨界也是渊源深厚，日本华侨华人联合总会名誉会长陈琨望和现任会长符以亨担任暨南大学理事。由日本侨界推荐入学暨大的学生，去年 6 名，今年 9 名，今后还会逐年推荐。符以亨会长表示，暨南大学成立于 1906 年，拥有百年以上的历史。符会长以中国国家副主席习近平寄语海外华裔孩子的“三个共同”精神，即团结统一的中华民族是海内外中华儿女共同的“根”，实现中华民族伟大复兴是海内外中华儿女共同的“梦”，博大精深的中华文化是海内外中华儿女共同的“魂”来勉励大家。

暨南大学日本校友会代表符顺和说，暨大日本校友会成立于 3 年前，已经发挥了团结校友、提携后进的作用。暨大校长访日时期望海外华侨子弟不要忘记中国语言，非常殷切。今天欢送大家去广东暨南大学学习，对于校友会来说是非常高兴的事。但是，进去容易毕业难。大学的环境和设备固然重要，个人对于学习的期望和努力更重要。希望大家在今后的四年中能不为条件和环境所限，不忘留学求学的初衷，为实现心中的目标而坚持到底。

学生家长代表姜春姬致辞，感谢联合总会等侨团为学生们搭了桥、铺了路，感谢校友会做了指导，办理了手续，感谢中国实施了有意义的侨务政策。她代表家长和在日华人，寄望这些留学中国的孩子们努力学习、健康成长，能以优异的留学成果来面对自己、面对周围的期待。在日华人社会和家长们、朋友们都会守望着大家。

（［日本］《中文导报》2011-07-30/杨文凯）

品读马来西亚华教历程：“扎在千里南洋的根基”

与“闯关东”、“闯西口”为人熟知一样，“下南洋”也是一部波澜壮阔的移民史。不同的是，“下南洋”更为艰险，这些先辈们漂洋过海，前往陌生的国度闯荡，他们需要面对的是完全不同的族群和生活环境，遭受着各种挑战，甚至连自己民族文化的根基也面临被动摇、被毁灭的打击。

对于马来西亚的华人来说，华文既是华人文化传播的载体，也是族群文化的标签。华人们内心一直流淌着民族文化的热血，为了把根留住，为了留住族群文化的根基，面对他族的不公待遇和各种制度的打击，马来西亚的华文教育无疑经受了无数血雨腥风的残酷考验。位于马来西亚柔佛州新山市的宽柔独立中学，就是这一切的见证者。

宽柔独立中学始创于1913年，当时还只是一个小学，一直到1950年才创办了中学。发展如此之慢，却在代代薪火相传中，有8 000多华人后代子孙在此学习过。而和办学规模逐渐扩大不同的是，宽柔学校始终秉持不变的是“独立”精神，“独立”二字也使其区别于马来西亚其他语种的学校。同宽柔一样的华文独中，在马来西亚还有59所。

自办学之始，宽柔学校所需经费全部依靠校董、老师、学生来筹集，办学热情出自于华人对自身文化的热爱。在1958年独立建国之前的岁月里，马来西亚长期被西方列强殖民统治，随后又深陷战乱之中。这期间，华人在西方文化、马来文化等多元文化的冲击之中，坚持独立办学，顽强地传承着自身文化。在马来西亚独立建国之初，其教育事业也蓬勃发展，然而华文教育却因《拉萨报告书》陷入困境。因为按马来联合邦教育委员会“最后目标”的规划，要把马来语作为所有学校的教学媒介。

为此，马来西亚华文教育界先锋、时任华校教师会总会主席的林连玉先生，与时任马来西亚教育部长的拉萨据理力争，宽柔中学也成为第一所拒绝政府改制的学校：第一所华文独立中学。当马来西亚决定中学不再实行以华语为媒介的公共考试后，教总主席林连玉先生一马当先，大声疾呼：“华文中学是华人文化的堡垒，津贴金可以剥夺，独立中学不能不办！”林连玉先生为此被褫夺公民权、吊销教师注册证。

当华教总无人主持大局之时，华社中素有威望的沈慕羽先生临危受命，接任教总主席，以全马华人注册社团代表大会筹备工作委员会的名义，要求将华文列为官方语言之一。在此期间，新加坡的独立使得马来西亚失去了南洋大学，这使得马来西亚华文中学毕业生面临无处升学的困境。沈慕羽先生、陆庭瑜先生登高一呼，倡议独立创办马来西亚的华文大学。1968年，独大发起人大会在吉隆坡中华大会堂召开，大会发表了《独立大学发起人大会宣言》以及《创办独立大学计划大纲草案》，阐明筹建独大是马来华社共同的意愿。在创办独大的多次申请被时任所在国首相拒绝后，独大有限公司于1980年就独大创办一再被拒起诉政府，陆庭瑜先生等人在司法殿堂之上慷慨陈词，轰动整个马来西亚。

华社的不懈努力，反映出华文教育生存之艰难。不仅如此，1987年，马来西亚教育部还调升了多位不谙华文的教师，担任华文小学的高级行政职务。申办独大受挫，独中也刚刚从死亡线上挣扎起来，现在华文小学又面临危险，这激起了全马来华社的愤慨。在随后发起的“誓与华小共存亡”运动中，众多华人受到政府“茅草行动”的镇压。其中，古稀之年的沈慕羽先生遭受了60多天的残酷折磨。

马来西亚的华文教育问题，其实归根结底就是华人群族在马来西亚的处境问题、地位问题。中国在改革开放以后和平崛起，国力的增强使得中国在海外的影响增大，而华文的价值则越来越重要，海外华人的地位也逐渐提升。

华文教育由此迎来转机。1988年8月，马来西亚教育部正式批准马来西亚南方学院的申请准证，成为大马第一间民办学院，而另外两所民办华文学院——新纪元学院与韩江学院，也在不久之后兴建起来。到2006年为止，马来西亚共有华文小学1 288所，华文独立中学60所，大专院校3所。经过十几年的苦心经营，2010年，南方学院和新纪元学院再次提交了申请升级为独立大学的预案。

宽柔的故事还在继续。今天在宽柔读书的孩子们，已经不仅仅是黑头发与黄皮肤的面孔。无论来自哪个民族，对这群孩子来说，宽柔独立中学的名字都将永远镌刻在心灵深处，陪伴他们走完长长的、精彩的人生。马来西亚是除新加坡以外，华人占所在国人口比例最高的国家，华语在华人社会中被广泛使用，已经融入当地华人的平常生活之中。

无论辉煌还是暗淡，逝去的一切都已经湮没在时光的瀚海之中。过往的峥嵘岁月，是“把根留住”的执着信念，在激励着华人们不断前行，让后辈们触摸到的是先辈们沧桑而挺直的脊梁，感受到的是他们对华人文化的热血激情。

把根留住，与马来各族在同一片土地上和谐生活，是所有华人共同的愿望和心声。

（中国网 2011－08－10）

华文教育的喜乐与哀愁

目前，约有5 000万华侨华人分布于全球五大洲100多个国家和地区。以传承中国语言与中华文化为目的的华文教育也在蓬勃发展中。随着时代的变迁，华文教育的发展也见证着属于自己的辉煌与困惑。

五千所华文学校

近日，云南昆明学院迎来了缅甸明德文教会23所华文学校的65名教师代表。他们前来参加由中国国家汉办、孔子学院总部举办的缅甸中文教师培训班的培训。这也是缅甸华文教育教师第一次大规模接受教育培训。

近年来，随着缅甸政府调整内外政策，中缅经贸、文化交流的逐步深入，中断近40年的华文教育，正以多元化的态势逐渐恢复。云南侨办统计，缅甸现有华人250万人左右，其中80万人接受华文教育。

随着中国综合国力的日益增强，对外交流的进一步扩大，华文的文化价值和商业价值逐日提升，移居海外的中国人数更加庞大，面向海外华侨华人的华文教育也呈现出蓬勃发展的良好态势。近日，由华侨大学与社会科学文献出版社联合发布的首部华侨华人蓝皮书提供的数据显示，目前，海外华文学校超过5 000所，华文教师达2万多名。其中，华文教育的重点地区亚洲有华文学校3 000多所。欧美各国的华文学校如雨后春笋，蓬勃发展，美国就有华文学校500多所，学生6.8万人。

华文教育的困惑

华文教育是侨务工作中的重要内容，海外侨胞也强烈关注华文教育，然而，长久以来，海外华文教育一直存在很多问题，比如，华文教材缺乏，师资力量匮乏，华校办学条件不良，生源流失等，而且华文教学时间难以保证，教学质量参差不齐。此外，海外华文教育还会受到住在国的政策环境的影响。比如，从1966年开始，印尼1 000多所华文学校被勒令关闭，印尼华文教育由此经历了长达30多年的历史空白期。

随着世界“汉语热”的兴起，很多人以为华文教育迎来了大好机遇。而事实上，却是多了许多困惑。蓝皮书指出，这些新的困局包括：汉语国际推广与海外华文教育资源配置的不平衡，导致了海外华文教育资源的严重缺失；世界“汉语热”的工具性动因导致了华文教育日益实用化和扁平化，导致华文教育人才及生源的流失，最终引发中华文化教育的缺失；海外汉语国际推广机构和华文教育机构之间缺乏有效的协调和沟通，不利于“中国形象”的树立和中华文化的传承；在汉语国际推广过程中，“中国文化”与“中华文化”的含混不清使海外华文教育无所适从，从而削弱了“文化软实力”和文化传承的效果，等等。

多方努力走出困境

海外华文教育的重要性毋庸置疑。国务院侨办副主任赵阳曾多次强调，海外华文教育是广大华侨华人尤其是华裔青少年学习汉语、传承中华文化、保持民族特性的“留根工程”。如何帮助海外华文教育走出目前的困境，已是相关各方都在努力思考的问题。

蓝皮书建议，在汉语推广的同时，加大对华文教育的支持力度，合理有效地配置资源，使海外华文教育机构在资金、师资、教材等方面得到充足的支持和保证；厘清“汉语国际推广”与“华文教育”的关系，明确作为工具需要的汉语推广与作为价值性需要的华文教育的区别；利用中国大陆和港澳台及海外华人群体的学术资源，构建适合于新形势下汉语推广和华文教育需要的“中国文化”和“中华文化”知识系统与标准。

此外，16日在广州召开的两岸华文教师论坛上，赵阳也表示，未来国家将在资金、海外教师培训、机制研究等方面加大扶持力度，目前正对海外华文教育体制进行深入研究，尝试针对各地不同的情况，摸索出一个适合世界各国不同地区的华文教育模式。

今年12月，印尼华文教师培训班将在安徽省芜湖市举办，这是安徽省涉侨部门和华文教育基地院校第一次承办大型涉外教师培训工作。这正是一次走出困境的有益尝试。

（《人民日报·海外版》2011－08－19/张红）

中国128名汉语教师将赴91国执教

中国国家汉语国际推广领导小组办公室（简称“国家汉办”）2011年赴91个国家执教的128名汉语教师，25日结束在天津的集训，将于9月赴任。

“赴外汉语教师要肩负起面向海外传播中华文明的重任，成为合格的中外友好交流民间使者。”在当天的结业仪式上，国家汉办相关负责人赵燕清表示，希望赴外汉语教师能确立多元文化意识，尽快适应海外的工作和生活。

据培训承办方、南开大学项目负责人李英姿介绍，本次培训涉及汉语教学技能技巧、当代中国国情、中华文化、跨文化交际和赴任国适应性等内容。培训班采取案例教学、任务式培训、名家讲座、自主学习等形式，还特别设计了中华才艺教学，开设太极拳、剪纸、书法等课程。

赴尼日利亚的汉语教师龚振林告诉记者："为期2年的海外执教生活是一个难得的锻炼机会，能够丰富自己的人生阅历，更重要的是，作为一名汉语言、汉文化的传播使者，我深感使命光荣，责任重大。"

据介绍，自20世纪50年代以来，国家汉办已先后培训输出赴外汉语教师及志愿者1万余人，遍布全球119个国家和地区。参加此次培训的128名汉语教师来自中国26个省、市、自治区的84所大学、中学一线教师，他们将赴美国、英国、法国、俄罗斯等国执教。

（中新社天津2011-08-25/辛文萍　张猛）

美国"中文热"遭遇中文教师荒

8月17日至8月21日，美国副总统拜登对中国进行正式友好访问。拜登在此次访问中多次提到，越来越多的美国人正选择中文作为他们的第二语言。"在我自己的家庭中也是这样。几年前，我的外甥女开始学习中文，现在我的孙女也已经开始学习中文。"此事引起了很多人的兴趣：美国的中文教育现状究竟如何？

中小学争相开设中文课

据美国外语教学理事会的统计，2000年约有5 000名中小学生参加中文课学习，而目前该人数已经超过5万名。据华盛顿应用语言中心的调查显示，美国至少有2.75万所中学开设外语课，开设中文课的学校所占的比例已从1997年的1%增至2008年的4%。《纽约时报》的一篇报道称，10年前约有300所中小学有中文课程，现在这个数目已经增加到1 600所。而且，开设中文课的学校数量还在急剧增加。

高级课程班是由美国大学委员会在美国高中设立的一个教育项目，旨在为成绩优秀、天资聪颖的高中生提供机会，允许他们在高中时期提前选修大学水平的课程。学生可根据学校规定和自身能力选修一门或多门课程，中文就是其中一门外语课程。在美国，参加中文高级考试的学生数量正迅速增长，中文已经成为高级考试的第三大外语门类。目前，参加中文高级考试的人数已经超过参加德语考试的人数，仅次于参加西班牙语以及法语的考试人数。

另外，开设中文课的学校在美国各地区的分布越来越广泛。10年前，大部分开设中文课的学校都在东西海岸地区，但最近几年来，很多美国其他地区的学校陆续开设中文课，比如中西部地区的俄亥俄州及伊利诺伊州，南部的得克萨斯州及乔治亚州，以及西部落基山脉地区的科罗拉多州及犹他州。

大学掀起“中文热”

中小学争相开设中文课以及学习中文的人数不断增加，为美国大学的中文教育及中国学研究培养了生力军，也相应地推动了美国大学中文教育的发展。虽然没有精确的统计，但据笔者个人调查，美国至少有85所大学有中文教学及研究项目。除了哈佛大学、耶鲁大学、普林斯顿大学、哥伦比亚大学、芝加哥大学、斯坦福大学、加州大学伯克利分校、俄亥俄州立大学、密歇根大学、宾夕法尼亚大学等传统的中文教学以及中国学研究实力较强的大学，许多过去没有中文教学或中国学研究的大学也纷纷开设中文教学项目，以适应学生学习中文的需要，甚至有些两年制的社区学院也随着这股潮流开设了中文课。

几年前，笔者曾在乔治·华盛顿大学教过中文。学中文的学生绝大部分不是东亚系的学生，而是其他专业的学生。选修中文的学生有两部分，一部分学生已经在中学甚至小学学习过中文，到大学后希望使自己的中文水平更进一步；也有一部分学生完全没有中文基础，他们选择学中文的理由各不相同。有人认为，中文是所有外语中最难学的，只有聪明的人才敢选择难度高的外语，所以学中文在同伴面前显得很“酷”。也有一些国际关系、政治、法律、商业管理专业的学生抱着实用的目的学习中文，“在今后的职业生涯中，通晓中文将是一个十分有力的工具，对找工作会有帮助”。当然，也有人单纯出于对中国文化的兴趣而学习中文。笔者的朋友何安妮，早在10年前读高中时就对中文产生了兴趣，在高中最后一年选读了中文课，此后便一发不可收拾。考上常春藤名校宾夕法尼亚大学后，何安妮选择中国文化作为专业，读书期间还喜欢上了中国的民俗以及民乐，毕业后再到俄亥俄州州立大学东亚系读硕士。她能讲一口流利的中文，还开设过中文博客。

中文教师供不应求

据美国外语教学理事会2000年的统计，有兴趣参加中文高级考试的中小学超过2 400所。然而，目前真正开设中文课的学校只有约1 600所。从两组数字的对比中可以看出，美国中文教育的潜力巨大。

在美国迅速发展的中文教育热潮中，师资及经费是关键。在美国，教中文的教师主要来自中国大陆和台湾地区。在美国的中文教育中，究竟是用简体还是繁体一直有争论。目前的大趋势是使用简体，因为简体可以使用拼音，比较方便学生学习。最近10年，有对外汉语教学经历、在美国拿到学位的中国大陆教师人数增加较快。目前，中美两国政府出台了一些政策措施支持中文教育在美国的发展。例如，美国国务院有一个关键语言教师项目（TCLP），为中小学的外语教育提供资助。2009—2010年，通过该项目来到美国的中文交换教师有15位。这个项目的经费主要由美国政府支付，所以很受各地学校的欢迎。但是，通过这个项目来美国的教师人数还是太少，远远满足不了巨大的需求。另外，中国政府也大力支持美国中文教育的发展。接受中国政府的资助或部分资助的中文教师现在遍布全美各地。肯塔基州教育部门负责国际学术交流的官员雅克说：“美国一些偏远地区没有人可以教中文，中文教师到来会受到摇滚明星般的欢迎，还可能会成为当地报纸的头条新闻。”

值得注意的是，美国的中文教育面临的问题不仅是教师数量的短缺，还有很多学校抱怨缺少合格的中文教师。一位在新泽西州立威廉·柏特森大学教授中文的老师说："在美国当老师，并不是拥有一张专业文凭就可以胜任的，教师还应具备相应的人文素质、教学能力和学科知识结构，这些都是衡量一个教师是否符合要求的标准。目前希望从事中文教育的大多是母语为中文的华裔，对于这些人来说，仅仅完成学校设置的课程并不困难，关键是如何成为具有综合素质、适应美国教育方式的合格教师。"

(《中国文化报》2011 - 08 - 26/晓路)

国侨办公布第二批海外"华文教育示范学校"名单

备受海内外关注的第二批"华文教育示范学校（单位）"评选工作日前已顺利结束，共有 14 个国家的 43 所华校入选。

本次评选活动在今年年初启动，经过学校自行申报、相关单位审核和主办单位审批等多个环节的严格遴选，在众多候选学校中确定了 43 所作为第二批"华文教育示范学校（单位）"。

据评选活动主办方国务院侨务办公室和中国海外交流协会介绍，"华文教育示范学校（单位）"的评选活动已举办了两次。首次评选是在 2009 年期间，有 22 个国家的 58 所华校入选。两年多来，通过在教材编写与提供、教师培训与培养以及华裔学生活动组织等方面加大支持力度，示范学校的办学水平、办学规模和办学影响均得到了明显的提高。同时，通过发挥示范学校的榜样作用，还带动了当地其他华校提高办学水平，进一步促进了所在国家和地区的华文教育发展，得到了海外华校和广大师生的广泛赞誉。

据悉，第二批"华文教育示范学校（单位）"的授牌仪式将于 2011 年 10 月在第二届世界华文教育大会上隆重举行。

附：第二批"华文教育示范学校（单位）"入选名单

国家	入选学校（单位）名称
菲律宾	
	1. 菲律宾中西学院
	2. 菲律宾华教中心
	3. 怡朗新华学院
	4. 三宝颜中华中学
柬埔寨	
	5. 金边端华学校
	6. 崇正学校
	7. 福建会馆民生中学

缅甸

8. 缅甸东枝东华语言与电脑学校
9. 缅北腊戌果文中学

泰国

10. 泰京培英学校
11. 罗勇府公立光华学校
12. 龙仔厝府三才公学
13. 呵叻府磨艾县公立育侨学校
14. 帕府中兴学校
15. 泰南勿洞中华学校

澳大利亚

16. 悉尼大同中文学校（ashfield）
17. 丰华中文学校
18. 雪梨中文学校
19. 中华会馆黎明中文学校

阿根廷

20. 富兰克林中文学校

德国

21. 柏林华德中文学校
22. 巴伐利亚中文中心学校
23. 不来梅华威中文学校
24. 汉堡汉华中文学校
25. 斯图加特汉语学校

荷兰

26. 丹华文化教育中心

加拿大

27. 渥太华欣华中文学校
28. 大温哥华中华文化中心李树坤书院——中文学校

美国

29. 哈维中文学校
30. 美中实验学校
31. 剑桥中国文化中心
32. 瑞华中文学校

葡萄牙

33. 里斯本中文学校

瑞典

34. 瑞青中文学校
35. 瑞京中文学校

西班牙

36. 马德里爱华中文学校
37. ESERP 孔子文化学校
38. 中国文化学校
39. 中加西友好学校

意大利

40. 基督教罗马中文学校
41. 意大利佛罗伦萨中文学校
42. 米兰第一中文学校
43. 意大利金龙学校

（中国华文教育网 2011－08－31）

中国首个“华文教育艺术特色班”在温州开班

9月1日上午，由温州市侨办与温州市少艺校合作开办的全国首个“华文教育艺术特色班”在温州市青少年活动中心开班，同时举行国内首次“华裔少年艺术团”授牌仪式，这标志着温州华文教育又迈出新的一步。

国侨办文化司司长雷振刚、温州市副市长仇杨均出席开班典礼并讲话。省侨办副主任陈重、温州市侨办主任鲍卫翔分别为“华文教育艺术特色班”和“华裔少年艺术团”授牌，国侨办文化司华文教育处处长邱立国、省侨办文宣处处长李晓赞、温州市侨办副主任许捷、温州市教育局副局长安晋，鹿城区区长朱崇敏、副区长项伟胜，鹿城区教育局局长林世南等领导出席开班典礼。

陈重（左）为“华文教育艺术特色班”授牌

仇杨均对温州市侨办、温州市少艺校在全国首创“华文教育艺术特色班”，开创华文教育新模式表示肯定，他勉励温州市少艺校要做好这个全新的品牌。

雷振刚在致贺词时说，开办“华文教育艺术特色班”，是华文教育一大创举，适应了华文教育形势发展，也体现了温州的特色，希望“华文教育艺术特色班”越办越好。

温州市少艺校创办于1974年，是一所将小学基础教育与少儿艺术教育相结合的特色学校，是国侨办首批华文教育基地。据介绍，温州少艺校首届“华文教育艺术特色班”共有28名学生，来自五大洲15个国家和地区。“华裔少年艺术团”以“华文教育艺术特色班”为班底组建。

（温州侨网 2011－09－01/刘时敏）

国侨办与中国海外交流协会表彰优秀海外华文教师

为表达对海外华文教育的关注和海外华文教师的关爱，鼓舞海外华文教师从教的积极性，激励更多有识之士投身于海外华文教育事业，继 1999 年和 2007 年之后，国务院侨务办公室和中国海外交流协会决定再次评选并表彰一批优秀海外华文教师；并对海外任教 30 年以上的华文教师授予“终身成就奖”，海外任教 20 年以上的华文教师授予“杰出贡献奖”，海外任教 10 年以上的华文教师授予“优秀奖”。

经有关海外华教机构推荐，国务院侨务办公室和中国海外交流协会对 1 751 名海外华文教师予以表彰：分别授予陈莉莉等 271 名海外任教 30 年以上的华文教师终身成就奖；授予陈少芳等 401 名海外任教 20 年以上的华文教师杰出贡献奖；授予李冰洁等 1 079 名海外任教 10 年以上的华文教师优秀奖。

（中国华文教育网 2011－09－05）

意大利华教面临诸多难题　望稳定专业师资力量

意大利华文教育经过十年的发展，取得了可喜的成果。然而，华文教育也面临诸多问题：学校的教材不统一、专业师资力量缺乏、师资队伍稳定性差等。

日前，到访温州市侨办的意大利罗马中华语言学校校长蒋忠华在介绍意大利华文教育现状时，坦陈了面临的困境。

蒋忠华指出，首先是学校的教材不统一。意大利各个中文学校现在所用的教材有暨南大学出版社的版本、北京外国语学校出版社的版本、浙江省的版本，以及人民教育出版社的版本。不同的教科书，所要求的教学目标和教学大纲是不一样的。其次是专业师资力量缺乏。意大利华校教师绝大部分是在意的留学生，当然，他们中间也有很出色的老师。但海外华校需要更多具有专业知识的师资力量加入。因为他们接受过系统化中文教育学习和教育实践，能够比较充分地掌握学生的心理和教育方法。再次是师资队伍稳定性差的问题。在意大利中文学校中，大多数教师是兼职做教育的。一个还为生计担心的教师如何去保证他们的教学质量？如何能够全心全意全力做好孩子的教育呢？如何保证华文教师队伍的稳定性是意大利华文教育面临的最紧迫、最重要的课题。

“每个学期结束后，孩子和家长问得最多的一个问题就是：老师，下个学期还是你教吗？甚者有的孩子一个学期下来居然换了三四个老师。这是海外华文教育存在的最大内伤。”对于教师队伍的不稳定性，有6年办学经验的蒋忠华深有感触。

蒋忠华认为，针对华文教育中出现的种种问题，提升和发展意大利华文教育应成为教育者和社会各界努力并为之推进的重大课题，同时他还期盼获得更多来自国内的援助。

（中国华文教育网 2011－09－09）

百余名海外华校校董、校长开启访华之旅

由中国国务院侨办文化司主办、北京华文学院等承办的2011年海外华校校董、校长访华团今天上午在京举行开班仪式。来自五大洲24个国家的152位海外华文教育界精英即将开启为期半个月的访华之旅。国侨办文化司副司长李民、北京华文学院常务副院长彭俊及全体成员出席了开班仪式。马来西亚吉隆坡增江北区国民型华文小学董事会董事长叶新田、澳大利亚悉尼华夏文化学校负责人林斌等代表华校校董、校长发言。

国侨办文化司副司长李民在讲话时，用“建设者”和“贡献者”来形容支持海外华文教育事业、辛勤兴办华校的校董及校长们，对他们来华参观考察表示欢迎。他特别介绍了近年来国务院侨办为推动海外华文教育发展，开展的教材体系建设、华文教师培训及选派、华裔青少年工作、开展交流合作等方面的简要情况。李民还透露，今年国侨办将启动海外华文教育专项调研，摸清华文教育在海外的发展现状及前景。

马来西亚吉隆坡增江北区国民型华文小学校董叶新田对国侨办文化司及北京华文学院的细致安排和热情接待表示了感谢。他希望通过来华实地考察交流，获得更多有益的经验，用于发展完善马来西亚的华文教育。全日制华文学校是亚洲，尤其是东南亚地区华文教育的基本办学模式。而在欧洲、美洲、大洋洲等国家和地区的中文学校，多以课后班和周末班两种形式进行招生，澳大利亚悉尼华夏文化学校负责人林斌指出，中国的发展变化日新月异，海外中文教育需求大、发展快。在海外华人社会及各界的支持下，社区中文学校已经成为周末、课余一道亮丽的风景线，如何使这类中文学校从中文教学的主力军转变为正规军，一直是海外中文教育界同仁奋斗的目标。

首次参加访华团活动的马来西亚华校教师会总会主席王超群在接受记者采访时强调，

校董、校长是海外华文学校的核心人物，举办此类活动不仅能够提供一个相互交流的平台，对辛劳付出的海外华教人士更是一种肯定和鼓励。他说，弘扬和传承中华文化，要用华文教育作基础，仅在马来西亚就有1 290多所华文学校，有60多万在校生，虽然不同国家和地区的华文教育发展状况各有不同，但都离不开海外华人社会的支持和捍卫，突破重重阻碍，为的只是把“根”留下。

（中国新闻网北京2011－09－15/董方）

海外华文教育与华文媒体的发展息息相关

“没有中华文化的传承，海外华文媒体必定会慢慢消失。特别是华文报纸，不能不依靠中华文化的传承，而海外华文媒体尤需对华文教育予以支持，支持华文教育也就等于支持自己。”泰国资深报人何韵女士在接受中新社记者的专访时表示。

这位对华文教育情有独钟，同时兼任泰国华教促进会、泰国华文民校协会副主席、东方文化书院院长的资深报人介绍，泰国的华文报纸起步比泰文报纸还早，已有100多年的历史，最蓬勃的时候是战后初期。随着中国移民的增加，华文学校有如雨后春笋般遍布全泰国，据当时的统计，华文学校多达近千所。

何韵说，当时曼谷的华人比泰国人还多，泰国其他城市也多华人，因此华文报纸都集中在曼谷和主要城市，当年的泰文报销路远远不及华文报，当中的经贸新闻还必须从华文报翻译成泰文。

何韵1964年入职泰文《荣誉日报》作政治外勤记者，其时她还兼任华文《京华日报》的记者，是当时为数不多的中泰两语双栖记者。

这位从事媒体工作已47年的老报人说，1949年后的一段时间里，因多方面原因华文教育在泰国开始受到限制，华文学校由原先的近千家锐减到100多家，且限定每天只能教两小时的华文，补习华文的学校也被迫叫停。

她说，华文教育的式微，当时并没有立刻影响华文报纸的销路。在华文教育蓬勃发展的年代，受教育的华人仍是华文报的读者。但随着泰国华文教育走下坡路，华文报纸开始出现读者断层现象，能阅读华文报纸的都是些五六十岁以上的老人。新一代的华人子弟大多已看不懂华文，懂华文的人一天天减少。幸有不少来自中国大陆、台湾、香港的投资商，得以使华文报纸还能维持下来。但不可否认的是，泰国华文教育的断层已经开始影响泰国华文报纸的生存。

其实早在三四十年前，就有人担心泰国华文报纸还能维持多久，很多人都抱着悲观的态度，认为泰国的华文报纸已经没有希望，主要因为华文教育的衰落，老年人一天比一天少，年轻人都不懂华文，阅报根本谈不上。

何韵说，由于中国经济迅速发展，近年来泰国政府已十分重视华文教育，不仅官办学校、市政府学校开始教授中文，连著名的“洋校”都开始开设中文课程。华文教育在泰国再次蓬勃发展起来，形成一股新的学习华文的热潮。中国国务院侨务办公室、中国国家汉办每年派送到泰国执教的教师多达千余人，遍布全泰国，基本解决了长年师资缺乏的现象。教材方面，每年中国政府还赠送大批中文教材，为华文教育的发展提供了较好条件。

何韵颇为遗憾地告诉记者，21 年过去了，华文教育虽蓬勃发展，但目前尚未培养出一个华文报纸的读者群体来，因此在这 21 年中，华文报纸的销路也几乎没有增加。

不过何韵认为，教育不是两三年就能培养出人才的，需要长年的坚持，这就需要华文报纸的支持。没有华文教育的持续，华文报纸就没有读者。泰国目前华文教育的再次勃兴令人相信：泰国华文报纸的发展前景很乐观。

（中新社曼谷 2011－09－15/余显伦）

汉语不断崛起——但最终有多少人会说汉语呢？

今年早些时候，我在上海的汉语老师告诉我他要离开中国。今后两年，他将前往塔吉克斯坦首都杜尚别，在当地一家孔子学院生活和工作，帮助汉语在中亚的传播。汉语越来越重要，但是学习汉语也颇具挑战性。

“汉语越来越受人欢迎的原因很明显，”中国人民大学教授李泉说，“我们现在是一个主要经济体，西方开始意识到，如果你想了解中国，明白中国是如何运转的，学习汉语就很必要。”

但是学习汉语的挑战仍令人生畏。“汉语成为世界语言的难度相当大，”李教授说，“其他国家将汉语列入小学和中学课程是重要的，但汉语不太可能成为合适的世界语言。”外国人不仅发现汉语的四种声调难以掌握，而且陌生的语法和记住数千个汉字的困难程度吓住了除最勤奋者外的所有学生。

“官方数字显示有 5 000 万人在学习汉语，但我们却不这么乐观，或许只是这么多人对学习汉语有兴趣。”北京语言大学出版社的编辑郑伟（音）说，“目前的主要问题是外国缺乏汉语教学资源，书本和教师两方面都缺乏。”如果没有人一起练习，没有生活在说汉语的环境中，那么学生很快就会失去学习汉语的决心。

（［英国］每日电讯报网站 2011－09－20/马尔科姆·莫尔　文　陈一　译）

海外华媒高层建言广东助推海外华文教育发展

“海外华文教育是华侨华人尤其是华裔青少年学习汉语、传承中华文化，保持民族特性的重要方法。广东要充分利用丰富的侨务资源，助推海外华文教育的发展，让海外华侨华人新生代通过学习中文来了解中华民族的传统文化与历史。”美国《侨报》美西版总编辑刘晓东在接受中国新闻网记者采访时作如是表述。

刘晓东建议，广东可发挥海外华侨华人以广东籍居多的优势，在华侨华人新生代中，有针对性地选择一批学术界、科技界或艺术界未来有发展潜力的精英培养，进行中国传统文化的熏陶。

近年来海外华文教育发展迅速，同时也面临不少困难。刘晓东告诉记者，在美国，华文教育分公立学校与民间私人学校两种，美国公立学校已将中文教育纳入AP课程（高端高中课程），其对中文教育的重视无形中推动了当地华文教育。

“但是民间私人华文学校出现了很多问题，美国现在私人华文学校很多，教学质量、师资力量却良莠不齐。”刘晓东认为，规模不大、资金短缺以及教材难以统一等问题往往会影响华文教育的教学效果。

印尼华文学校情况近几年来发生了巨大转变，中文价值的提升使得非华裔也开始学习中文。印尼《千岛日报》记者沈慧争表示，经过数十年的坎坷与沉浮，如今，华文教育在印尼已经深深扎根。

“华文教育在这十年里得以复苏，主要是因为中国特别是广东给予很多支持，或选派中文志愿者教师前往支教，或送当地年轻的华文教师到广东培训。”沈慧争说，自从华文在印尼复苏后，华人在当地的地位也随之提高，不仅华人学习中文，甚至有不少土生土长的印尼人也对中文充满兴趣。

日本《留学生新闻》社长傅冰介绍说，日本目前有两所历史悠久的中文学校，分别是神户中华同文学校与横滨山手中华学校，它们都是海外百年侨校，其他私人中文学校经营并不景气。“在日本的华侨华人必须融入到当地社会生活中，华文教育方面需要多花点力气。”

（中国新闻网广州 2011－09－25/廖丽丽）

全国唯一“华语与华教”硕士点落户华大华文学院

据华侨大学华文学院网站消息，华侨大学华文学院“华语与华文教育”专业硕士点今年开始招生，这是到目前为止全国唯一以“华语与华文教育”命名的硕士点，也刷新了华文学院近60年来没有独立硕士点的历史。

“华语与华文教育”属于二级学科硕士点，设置了4个方向：华语研究、华语文教育研究、中华文化与华语传播、海外华文文学与华语传播。统考科目：政治、英语；自命题科目：汉语（现代汉语、古代汉语）、中国文学（文学理论、中国古代文学、中国现当代文学）；复试科目：语言学概论；同等学力考试科目：写作基础、汉语基础（古代汉语、现代汉语）。

华文学院院长、该硕士点学科带头人孙汝建表示：随着华文教育的不断深入，很需要建设这样的学科平台，它能为海内外从事汉语国际教育的本科生提供进一步深造的机会，有了它可以进一步提高华文教育的层次，感谢华文学院的大力支持。为了加强学科建设，学院去年专门成立了学科建设办公室。

目前，学院正在遴选方向带头人和研究生导师，它也为师资队伍建设搭建了科研平台。在下一轮硕士点申报中，华文学院将积极争取“汉语国际教育”硕士点。要大力缩小与兄弟院校在学科建设上的差距，把争取到的硕士点办好，办出特色。

（中国新闻网 2011-09-27）

暨南大学华文学院海外华文教育系列教材即将出版

9月27日下午，暨南大学出版社第一事业部主任潘雅琴副编审和责任编辑黄倩老师前来暨南大学华文学院，与该院“海外华文教育系列教材”的作者们座谈编写事宜。副院长曾毅平代表学院与暨南大学出版社签署了出版合同书。

海外华文教育系列教材适用对象为海外华文教育、对外汉语、汉语言、汉语言文学等专业成人教育系列本科生。

首批教材共12本，分别为《华语语音》（孙玉卿主编）、《华语词汇》（李军编著）、《华语语法》（周静、杨海明编著）、《华语修辞》（曾毅平主编）、《华语写作》（王晶编著）、《中国概况》（莫海斌主编）、《儿童语言学习心理》（唐燕儿编著）、《华文教材教法》（贾益民主编）、《华文教育概论》（贾益民主编）、《华文教育心理学》（马跃主编）、《汉字理论与应用》（李香平编著）、《计算机辅助华语教学》（熊玉珍编著）。

本套教材在暨南大学华文学院海外教学点系列课程讲义基础上编撰，讲义使用已近10年。丛书总主编为贾益民教授，首批6本将于10月28日前定稿交出版社审定付梓，全套教材预计于2012年3月1日前完成。

（中国新闻网 2011-09-30）

2011 海外华校校长、校董团部分成员倡议书

2011 海外华校校长、校董团 140 名成员在 15 天的访华活动期间，充分感受到了来自祖（籍）国各级侨务部门和华文教育机构无微不至的关怀以及对海外华文教育工作者辛勤工作的感谢和肯定。我们怀着一颗感恩的心、一份对华文教育赤诚的爱，将我们无法用语言充分表达的感激之情化作开创海外华文教育新局面的具体行动，以报答祖（籍）国政府和人民的厚爱。

我们认为，中文学校的校长、校董以及华教组织是海外华文教育创新发展的脊梁，拥有承上启下的特殊地位，在海外华文教育方兴未艾的今天显得尤为重要。我们也深知所肩负的历史重任，不敢有丝毫的懈怠。

随着中国综合国力的提升和国际影响力的迅速扩大，华文教育对中国国家软实力的提升起着无可替代的作用。华夏文明的复兴是我们华教工作者义不容辞的历史责任，而海外华文教育的发展需要不断创新，我们的校长、校董是最重要的推动力量，理应作出更大的贡献。

我们呼吁遍布在全球的中文学校校长、校董和华教组织负责人，建立信息相互沟通、资源协调共享、辅助华教专门机构、实现共同发展的全球性功能网络系统，以加快资源有效、合理的分配，实现海外华文教育的稳步发展。我们每一位发起人都是这个网络的创建者，都负有以各种方式充实、发展这个网络的责任。我们期待着更多的有识之士的加入，我们更希望在祖（籍）国政府和华教机构的帮助下，让网络带给中文学校更多和更有效的资源。

发起人：2011 华校校长、校董团上海营全体成员

（中国华文教育网 2011－10－08）

英国“汉语热”持续升温 中文学校已达 130 多所

“英国中文教育促进会”会长伍善雄 12 日在伦敦举行的该会 2011—2012 年文教活动发布会上透露，英国中文学校目前已达 130 多所，在校学生超过 25 000 人。

这其中隶属于“英国中文教育促进会”的中文学校达 98 所，学生近 19 000 名，老师有 2 500 名。

伍善雄介绍，在中文学校学习汉语的学生，除华侨华人子弟外，越来越多的英国本土学生也加入进来。而除中文学校之外，当地主流社会的中小学开办中文课程的也越来越多。

除进行常规的中文教育，“英国中文教育促进会”还举办或筹备了各种绘画、书法、朗诵、成语典故等比赛，并组织优秀学生参加由中国国务院侨办举办的“海外华裔青少年中华文化知识竞赛”等多项活动，以使学生对中华文化有更多、更深的理解。

据了解，目前英国中文学校多属公益性质，许多教师也是义务授课，在资金、人才等方面都面临很大的压力。

中国驻英使馆侨务参赞李辉在发布会上感谢各界对华文教育的支持。他说，大家能够凝聚在一起从事这项事业，一方面是对中华文化的热爱，另一方面也是作为一名华人沉甸甸的责任和使命感，在自己的居住国担负起弘扬中华文化的光荣使命。

另据记者了解，目前在英国开办的孔子学院已有17所，孔子课堂将近60家，学汉语的英国人不断增加。由中英两国政府推动的“培训1 000名汉语教师”的计划正在实施之中，英国的汉语热还将持续升温。

（中新社伦敦2011－10－12/魏群）

华文教育的价值重构

华文教育与其他学科教育有着一个很大的区别，就是华文教育掺杂了太多教育之外的因素，所有和华文教育有关的改革，都会引起全社会的关注。实际上，其他国家在涉及语文教育时也是如此，因为语文教育牵扯到复杂的族群情感问题。

包括中国大陆在内的华文教育，在20世纪初摆脱了传统的经、史、哲熔一炉的“大语文教育”后，基本的发展方向是科学理性主导下的教育。这种教育的好处在于华文知识的系统化、科学化，有利于学生尽快掌握这一应付社会和生活的工具。但是，科学理性在中国社会的发展却又不同于欧美各国。中国近现代知识分子目睹自然科学给欧洲带来的文明，以及科学自身取得的巨大成就，痛感于中国的羸弱，因此坚信科学技术是解决中国一切问题的灵丹妙药。科学随之由“技”而“道”，经历了形而上的演变过程，最终被提升为一种主义，成为建立新世界观的一种选择，科学理念因此渗透到学术、政治及社会生活的所有领域，形成了以科学为基础的新的语境。

这种科学主义思潮体现在华文教育上，就是华文学科的工具性，培养目标的实用性。工具性和实用性本无可厚非，关键是在华文教学过程中，引进了西方的分析肢解的教学方式，使一些颇具有诗意的文学作品，按照字、词、句、篇的阐释变得干瘪乏味，运用机械训练和“学得”的方式来代替学生的体验和“习得”的方式。这种运用西方解构语言的方式来解读文章，加上程式化的训练方式，培养出来的学生最多是具有语言文字的运用能力，但其个性得不到张扬，品性得不到陶冶，人文精神得不到培养。

科学主义使华文教科书的编排更系统化、科学化和有序化，促成了单元组合型华文教科书编排体例的形成。但是，科学主义的运用，也把华文学科与具有严密学科体系和逻辑体系的自然学科等同起来，进行了所谓的由浅及深、由简到难的梯级式的课堂教学，忽视了华文学科自身的模糊性、人文性和多向性。

在教学评估方面，以一时的考试成绩作为对学生整体发展好坏的唯一指标。这样的后果就是，考前密集操练，快速而大量的记忆与考试有关的各种知识；考试结束时就是学习完成之时。一次考试的好坏，直接决定了对学生某段时间学习情况的评价，而学习过程中丰富而生动的表现，却失去了真正的价值，他们所记忆的知识、练习的题型随着时间的流逝而逐渐被遗忘。由此可见，这种评估方式只是一种类似于生物最基本的刺激反应、纯粹技术化模式出现在学生的学习生活之中，使得学习、考试成为学生不能承受之重。

因此，华文教育的改革要重构华文教育的价值，要把华文的文改变成“人文”，而不仅仅是文学。教育的核心内容是人性的培养，教育的方法是让学生亲自体验，在体验中发现自我，在体验中学会容忍与尊重，从而使个性得以张扬。同时，帮助学生形成全面的知识结构，促使学生在认识、情感和意志等方面健康发展，使学生在学习中得以构建健康人格所需要的认知结构、伦理结构和审美结构。

要做到这一切，关键在于处理好科学主义与人文主义在华文教育中的协调问题。在华文教育目标中，既要凸显学生华文能力的训练，又要关注学生人文精神的培养，提高他们的社会责任感和使命感，促进学生的“情”、“意”发展。在华文课程评价中，既要考查学生“知识与技能”的发展情况，又要评价学生“情感、态度和价值观”的形成情况，采用终结性评价与发展性评价、定量评价与定性评价等多种组合方式，促成人文教育目标的实现。

（［新加坡］《联合早报》2011－10－14/姚占新）

中国谋划海外华文教育　5年邀10万华裔青少年访华

全国侨务工作会议19日至20日在此间举行。中国国务院侨办主任李海峰20日在会上指出，国务院侨办将加强与有关国家政府教育主管部门的交流合作，努力推动华文教育进入当地主流教育体系，推动当地政府为华文教育发展创造宽松的外部环境。

李海峰表示，国务院侨办将加大对海外华校的支持力度，本着成熟一批、建立一批的原则，争取5年内建设300所华文教育示范学校；每年遴选一定数量的华文学校建立中文图书室。

李海峰说，将加大对华文师资的培训力度，通过学历教育、短期培训、远程教学、巡回讲学等形式，每年培训教师1万名。办好世界华文教育大会，适时表彰海外优秀华文教师，鼓励更多人才投身和支持华教事业。

李海峰说，将进一步完善华文教材体系建设，努力满足海外华裔青少年多样化、多层次的学习需求。积极研发平面和多媒体教材，注重研发“本土化”教材，教材年发行量达200万册。还将组织开展“中华文化知识竞赛”、“世界华人少年作文比赛”等活动，激发华裔青少年的学习热情。

“加强华文教育基地建设，充分运用社会资源推动华文教育的发展。”李海峰指出，要广开募资渠道，充分发挥中国华文教育基金会在开展华文教育工作中的独特作用。加强暨南大学、华侨大学和北京华文学院的规划建设，发挥侨校优势，吸引更多的华裔青少年来华短期学习或接受系统的学历教育。

据透露，国务院侨办还将开展大规模的华裔青少年“中国寻根之旅”夏（冬）令营活动，5 年内邀请 10 万名海外华裔青少年参与各类夏（冬）令营活动，通过丰富多彩的互动体验活动，增强他们对祖籍国的亲近感和作为中华民族一分子的自豪感。

（中新社北京 2011 – 10 – 20/张冬冬）

海外华文教育师资短缺　专家呼吁“双轨并进”

海外华文教育交流会 27 日在上海举行。国务院参事室特约研究员丘进在会上称，同样在海外教授汉语，以孔子学院为代表的汉语教育发展红火，而海外华文教育却面临师资短缺等困境，呼吁海外华文教育与汉语教学“双轨并进”。

世界各地开设的孔子学院成为外籍人士学习汉语的好去处，而海外另一学习汉语的主要群体——中国海外移民及后代却未受到足够重视。丘进表示，海外特别是东南亚地区的华文教育在师资方面存在很大缺口，仅印尼目前就缺 10 万名华文教师，希冀上海等发达地区能鼓励年轻人赴海外华文学院工作。

东南亚华文教育研讨会发起人之一、印尼智民学院院长陈玉兰在接受中新社记者采访时表示，印尼目前教授汉语的教师大部分年纪在 60 岁以上，年轻汉语教师明显缺乏，师资队伍“青黄不接”。她表示，其所在的印尼智民学院现在就有 100 多名学生因师资不足尚在等待开班。

数据显示，中国目前约有 4 500 万海外侨胞，各类侨校 5 000 所，固定教师 2 万余人。海外华文教育已成为中国海外侨胞继承、弘扬母语文化的一大助推器。与此同时，海外华文学校在资金、师资等方面均存在不足。

当天，上海市侨办成立“海外文化推广中心”，澳大利亚新金山中文学校和加拿大蒙特利尔佳华学校首批入选，通过给予海外华文学校教学资源、教师互访等方面的支持，提升其汉语教学水平。

（中国新闻网 2011 – 10 – 27/郑莹莹　许婧）

第二届世界华文教育大会在西安开幕　李海峰致辞

10月30日，由中国国务院侨务办公室和中国海外交流协会主办、西安市人民政府承办的第二届世界华文教育大会在此间开幕，来自37个国家和地区的近600名各界代表出席了大会。

国务院侨办主任、中国海外交流协会常务副会长李海峰代表主办单位致开幕词。她向与会代表简要介绍了日前召开的全国侨务工作会议的有关情况，并指出，中国政府高度重视侨务工作，十分关心海外侨胞的生存与发展，自今年起再次加大了对海外华文教育的投入。国务院侨办和中国海外交流协会也将采取一系列新措施、新办法支持海外华文教育发展，不断满足海外华侨华人对华文教育的需求。

李海峰对外国政府和海内外各界人士对海外华文教育工作的支持和帮助表示感谢，并希望华文教育继续在增进中外文化交流互鉴，提升中华文化国际影响力，增进中国同世界各国人民友好交往等方面发挥独特优势，作出新的更大的贡献。

“发展华文教育，让几千万海外侨胞，尤其是华裔青少年学习民族语言文化，加深对中华文化的了解和认同，对于加强华侨华人对中华文化的传承和增强中国文化在海外的影响力都具有深远意义。”陕西省省长赵正永在会上致辞表示，陕西省政府将为海外华文教育工作提供大力支持。

全国政协港澳台侨委员会副主任李长江，全国人大华侨委委员王珣章，中国侨联副主席乔卫以及“国家海外华文教育工作联席会议”成员单位的代表等出席了开幕式。

开幕式上，国务院侨办和中国海外交流协会举行了第2批海外华文教育示范学校授牌仪式以及“热心海外华文教育杰出人士”、“优秀海外华文教师”表彰活动。共有46所海外华校入选华文教育示范学校，1 751名优秀华文教师和189名捐助及热心华文教育的杰出人士获得表彰。

（中新社西安2011－10－30/杨凯淇）

海外华文教育所搭建的平台已超越教育本身

中国国务院侨务办公室副主任赵阳在西安出席第二届世界华文教育大会时表示，华文教育是中华民族在海外的“留根工程”，大力开展海外华文教育，可以传承和弘扬华夏文明，并通过华文学校、华文媒体传递到世界许多地方，所搭建的平台的作用与影响力已超越教育本身。

10 月 30 日，第二届世界华文教育大会在西安举办，来自美国、加拿大、巴西、德国等 35 个国家的华文教育界、华文教育学校代表、热心华文教育的企业家参加，共同研讨新形势下华文教育大计。

中国国务院侨办所属华侨大学和社会科学文献出版社 8 月 15 日在北京联合发布的首部《华侨华人蓝皮书》数据显示，目前，海外华文学校超过 5 000 所，华文教师达 2 万多名。其中，华文教育的重点地区亚洲有华文学校 3 000 多所。欧美各国的华文学校如雨后春笋般，蓬勃发展，仅美国就有华文学校 500 多所，学生 6. 8 万人。

赵阳说，据粗略统计，目前海外华侨华人数量有 5 000 多万，青少年少说也有几百万。随着时间的推移，这些新移民的后代对中文知之不多甚至完全不懂，成了所谓的“香蕉人”——皮肤是黄的，心却是白的。海外华文教育，就是要解决这些新移民后代学习中文的问题。

赵阳强调，华文教育是海外侨胞非常关注的问题，比如菲律宾华商陈永栽先生每年都派专机接送很多华裔子弟来中国学习中文；华侨华人开设的华文学校遍布世界各地；上届共有 22 个国家的 58 所海外华校获得“华文教育示范学校”称号。

目前，中国侨务部门、涉侨部门以及中国政府对这一问题也越来越关注，国家高层领导也非常重视海外华文教育工作。今年 10 月 19 日至 20 日召开了全国侨务工作会议，对未来 5 年的海外华文教育工作作出谋划：5 年内建设 300 所华文教育示范学校，培训 5 万名华文老师，邀请 10 万名海外华裔青少年来华参与各类夏（冬）令营活动。

赵阳坦言，一方面，学好中文对中华民族保持民族的特性非常重要；另一方面，海外华文教育所面临的困难重重：经费不足，校舍陈旧，师资参差不齐、青黄不接，教材多样、水平不一等。而且华文教学时间难以保证，教学方法、方式也有待改进。

他指出，海外华文学校大都由华侨华人捐资开设，如果能取得所在国政府的支持，与当地教育体制接轨，当前华文教育所面临的很多难题就能得到破解。

赵阳还说，海外华文学校与海外孔子学院针对的对象不同，设立“孔子学院”的主要目的是为了向主流社会人士推广汉语，而海外华文学校是华侨华人为华裔子女学习汉语而办的学校，涉及中华文化在海外的传承和弘扬问题，更应该予以重视。两者虽有共同点，但有区别。

赵阳最后表示，中国华文教育基金会于 2004 年 9 月成立。截至目前集资 3 亿多元人民币。希望更多的有识之士能够把钱投入到这个上面，共同把这项神圣的事业做好。

（中国新闻网西安 2011 - 10 - 30/冽玮　田进）

印尼华教代表：华教师资应由“输血”转为“造血”

“‘老师你好’、‘谢谢’、‘再见’，一个我曾教过的印尼学生在学习华语三年后只会说这三句话。作为一个华文教师，看到这种结果，实在是一件很悲哀的事情。”印尼万登省华文教师联谊会主席梁荣升在5日举行的海外华文教育座谈会上满脸遗憾地说道。

梁荣升说，华文教育的发展需要中国的大力支持，这是个“输血”的过程，“但我希望以后是个‘造血’的过程，培养本土华文教师才是发展华文教育的长久之计”。

据梁荣升介绍，由于印尼禁止华文的使用长达32年，三代人无法接受及接触华文。现在大部分能够掌握华文的人基本上都是在20世纪60年代受过华文教育的华裔，而这些人现在大多已逾60岁，“华文教育现在出现青黄不接的情况”。

“印尼约80%的学校华语课程都太少了，一周只有两节。我也曾经向一些学校建议增加华语课，他们也很希望加课，却没有足够的老师。”梁荣升说。

梁荣升同时提到，外聘的华文教师薪金一般比其他印尼教师要高，很多学校不愿意花钱去请华文教师，“不是每个学校都请得起华文教师，有条件的学校才请得起。所以要在印尼发展华文教育，必须华文教师本土化”。

东爪哇教育协调机构荣誉主席符福金也认为师资是华文教育的重中之重，“如果现在华文教育中断了，那我们就是时代的罪人。我们必须从娃娃抓起，抓紧时间培养年轻的华文教师队伍”。

符福金也提到，印尼的教师待遇并不是很好，要在这里坚持华文教育很不容易，“在这种情况下，如何稳定年轻华文教育者的心态，我们需要做大量的工作”。

“作为一名海外华人，不仅要讲中文，还要懂得中华文化。要学中华文化，要从学华文开始。”印尼亚洲国际友好学员董事会主席苏用发说。

苏用发建议，海外华侨华人应在华人大量聚集的地方推广高等教育，让学校教出更多优秀的华文教育者，同时让华人社团中优秀的企业家与华文机构合作起来，更系统地把华文教育事业发展起来。

“虽然印尼过往排华的历史给我们留下很大的伤痕，但我们要秉承华侨当年的拼搏精神，勇往直前、义无反顾地动用一切资源，在海外推介优秀的中华文化。”苏用发说。

（中国新闻网 2011－11－05/李君　方琼玟）

海外华文教育难在哪儿？

在海外教中文或者学中文的困难其实不难想象。无论是体制、资金、师资还是教材，每一样都是挑战。不久前召开的第二届世界华文教育大会上，与会者对此进行了热烈的讨论。

体制外的烦恼

“英国无疑是个发达国家。但是，就在英国，我见过一所非常简陋的华校。已经是21世纪了，我们根本想象不到还有那么陈旧、破烂的教室。我只能用窑洞来形容那种房子。”国务院侨办副主任赵阳接受本报专访时向记者描绘了记忆中的一幕。“我们海外的华校几乎全部是侨胞自己创建的，都未能列入所在国家教育部门的体制内。办学机制没有保障，其后果之一就是经费不足。”

“我们的学校在硅谷，成立于1995年。当时，中国留学生毕业后在硅谷工作，结婚生子后面临孩子的读书问题，这所学校就应运而生了。当时学校的老师全是义工。”美国黄河长江中文学校校长顾丽青的介绍说出了相当一部分海外华校的情况。

如今，随着中国综合国力的逐步提高，“汉语热”流行全球。华文教育的大环境得到极大改善。根据赵阳介绍，近两年来，国务院侨办先后与加拿大多伦多市教育局、澳大利亚北悉尼教育局等续签或新签了华文教育合作协议，与印尼国民教育部校外教育司达成合作意向等，为当地华文教育的可持续发展打下了较好的基础。

师资力量匮乏

师资匮乏是困扰海外华文教育多年的问题。目前，在许多地方，尤其是东南亚国家的华校中，教师年龄都偏大，师资队伍处于青黄不接的状态。“华校教师的薪资水平低，如何能吸引优秀人才前来？”这是与会者共同的疑问。

而且，随着“汉语热”的兴起，汉语教师也变得抢手起来。“我们学校的一位副教授刚刚被挖走了。”来自美国旧金山的每周中华中学校长李树邦说，“现在主流学校对汉语的重视的确影响到了我们这些华校的发展。我们只能做得比主流学校更好才能保持发展。”

国务院侨办等相关部门一直非常重视华教师资这个问题。通过“请进来”、“走出去”等方式，两年来国务院侨办培训海外华文教师近2万人次。而且，自2010年起，国务院侨办较大幅度地提高了外派教师待遇，工资全部由国务院侨办承担，在很大程度上减轻了海外华校的负担。外派教师规模也扩大至现在的每年400余人。此外，2010年，国务院侨办正式确定开展海外华文教师教育教学水平测试系统开发及教学能力认证工作。该项目预计于2012年完成，2013年在海外开始测试。

教材编写困难

“与外国人学汉语情况不同，侨胞的情况比较复杂。如何确定一套适合多样性学生的教材和教学方法是个很大的挑战。”暨南大学华文学院院长郭熙说，“比如，印尼的华教经历了30多年的断层，目前他们的华教针对的学生至少要分为三种情况：一种是和外国人一样，完全不懂汉语；一种是只会讲某种方言；还有一种是从小就会说汉语。对他们而言，一套教材肯定不行。最近我刚从欧洲回来。我发现，在意大利佛罗伦萨，侨胞的孩子周一到周六有12节汉语课，他们又该用怎样的教材？我们必须与海外各地的华文教育机构进行良好的沟通和协作，了解当地实际情况后才能编写出合适的教材。”

难，也得做。“我们已经完成了从幼稚园到初中，从夏令营到师资培训，从语言到文化的海外华文教育主干教材体系的建设工作。”赵阳说，“在此基础上，‘本土化’教材的编写工作陆续启动。目前，适用印尼华裔幼稚园的《娃娃学华语》教材已经出版发行，配套学习机的开发工作也已完成；面向东南亚地区幼儿华文教师的培训教材，适用于意大利、西班牙地区周末制学校的中文教材，适用于缅甸、泰国北部地区全日制华校使用的华文教材的立项工作均已启动，后续编写工作我们将诚邀海外华文教师参与其中”。

海外华教的前进道路上困难重重，要解决这些问题，“需要中国政府的支持，更需要社会各界和华人社会的共同努力”。赵阳说。

（《人民日报·海外版》2011－11－11/张红）

28国海外侨领结束研修　李海峰冀做和谐侨社建设者

“首期海外侨领高级研修班”18日在此间结业。中国国务院侨办主任李海峰在北京钓鱼台国宾馆举行的结业仪式上，勉励海外社团侨领做和谐侨社的建设者、中华文化“走出去”的传播者、中国开放发展的支持者和和平统一的推动者。

此次研修班由中国国务院侨办、中国海外交流协会联合北京大学举办。结业仪式上，国务院侨办主任李海峰、副主任许又声和北京大学校务委员会副主任迟惠生等，为来自美国、加拿大、澳大利亚、马来西亚、泰国、菲律宾等28个国家和地区的51位学员颁发了结业证书。

李海峰表示，大家作为“海外侨领高级研修班”的首批学员，相聚在中国最高学府北京大学十分难得。通过研修，各位侨领进一步增进了对中国经济社会发展的现状、中华传统文化、社团管理知识以及中国外交、侨务、民族、宗教政策和台海局势的了解，也加深了彼此之间的友情。

李海峰指出，分布在世界各地的5 000万海外侨胞是中国经济社会发展的重要资源，是维护国家利益的重要力量；华侨华人社团是海外华侨华人社会的支柱和核心，是侨务部门团结和凝聚广大海外侨胞的重要桥梁和纽带；广大海外社团侨领是侨务部门开展工作的重要依靠力量。

“构建和谐侨社、促进侨社发展，关键在于社团领袖。”李海峰说，侨团负责人应该懂得如何妥善地协调华侨华人社团内部的关系，善于与当地政

府和主流社会进行沟通，并具备在现代社会中领导民间社团所具备的知识和能力。同时，还要着力培养、造就适应时代要求、热衷社团事务并享有较高威信的侨团新秀。

来自各国家和地区的学员代表在结业仪式上畅谈了参加本期研修班的收获和体会。他们表示，非常感谢主办方提供了此次难得的学习机会，通过研修不仅了解了中国各方面的政策及经济社会发展现状，也为不同地区和背景的侨领创造了相互交流、学习认识的机会，使得彼此成为朋友。

（中国新闻网 2011－11－19/张冬冬）

海峡两岸文学团体首度合办世界华文文学研讨会

由大陆“中国世界华文文学学会”和台湾“世界华文作家协会”合作举办的“共享文学时空——世界华文文学研讨会”23 日在广州暨南大学开幕，来自两岸四地及海外 30 多个国家的 400 余位华文作家齐聚一堂，共同研讨“华文文学与中华文化”。

此次研讨会是海峡两岸文学团体首度合作举办的大型文学研讨活动，旨在增进海峡两岸华文文学团体间的交流与合作，加强世界华文文学界的沟通与了解，推动中华文化走向世界。研讨会由中国海外交流协会、海峡两岸关系协会和中国作家协会共同担任支持单位。

中国海外交流协会副会长赵阳在开幕式上致辞表示，华文文学作为中华文化的重要组成部分，日益得到海内外读者和学界的广泛关注。随着中国国际地位的提高，中国对世界的影响不断加深和扩大，全球范围内的“中国热”、“汉语热”持续升温，这种独特的机遇为世界华文文学的创作与研究提供了十分有利的条件和环境。

“文化是民族的血脉，是人民的精神家园。”赵阳指出，继续保护好中华文化并将它发扬光大，推动中华文化走向世界，这是所有中华儿女共同的历史责任与神圣使命。海外华文作家作为以中华民族文化为主体、吸收世界各民族有益文化的文化实践者，将为提高中华文化的科学化水平、完善中华文化的开放格局发挥更加积极的作用。

赵阳还表示，此次研讨会规模空前，是“两岸文学界的一件大事、一次盛会”，研讨会以“华文文学与中华文化”为主题，富有时代感，更富有文化意义。相信此次研讨会将进一步总结世界华文文学创作和研究的宝贵经验，进一步总结世界华文文学发展的规律和特点，从而推进和提升世界华文文学的整体创作和研究水平。

海峡两岸关系协会副会长张铭清致辞说，两岸交流是促进两岸关系和平发展的重要动力，是两岸同胞增进了解、融洽感情的重要途径，是凝聚两岸同胞意志、共同推进中华民族伟大复兴的必然要求。他希望华文作家携起手来，进一步加强和扩大两岸交流，共同推动中华文化的繁荣发展。

（中国新闻网 2011－11－23/张冬冬　郭军）

对外汉语人才：墙内开花墙外香

据悉，目前全国共有近300所高校开设对外汉语专业，每年招生约15 000人，却只有一成的学生走上教学岗位，但不少对外汉语人才却在国外找到了发展机遇。

朝阳专业对口难

对一般人来说，对外汉语专业是一个神秘的专业，它横跨中西文化的独特背景为它蒙上了一层面纱，也吸引着大批优秀人才纷纷涌向这个具有强大磁场的专业。

据对外汉语专业毕业的应届本科生 Emma 透露，对外汉语专业的录取分数线一直居高不下，因此招收的学生素质普遍较高，大家对专业前景均抱有美好的期望，可是毕业后的就业情况却往往“牛头不对马嘴”。由于该专业的毕业生英语基础较好，分析以往该专业的毕业生去向，约有80%以上的学生从事市场、销售、策划等工作，其中绝大多数都去了外企，10%左右选择出国深造，只有不到一成成为对外汉语领域的专业人士。

“即便从事对外汉语工作，也很少有人能够真正起到向外传播中国文化的桥梁作用。”而 Emma 本人则表示，自己目前已经确定会出国深造，但专业并不是“对外汉语”，从目前的情况来看，本科的这段学习经历暂时只是她留学海外的一个突破口。

业内人士认为，目前对外汉语专业人才之所以无法找到对口的工作，与国内就业环境尚未成熟有很大关系。“对外汉语专业培养的是外国人的汉语教师，或步入文化交流领域从事传媒、翻译、创作、研究等工作，充当一名文化大使的复合型人才，从目前的情况来看，国内这类职业的需求量本身就不多。”对外汉语教师钱雯洁表示，虽然对外汉语专业的培养理念不仅仅是英语及汉语言文学专业的简单叠加，但目前的课程设置仍然主要以两个专业的基本课程及普通心理学、对外汉语系列专题等课程为主，因此培养的学生在就业时，通常也会将目光放在一个更宽泛的领域，这就导致从事专业领域工作的学生越来越少。

海外就业前景佳

与国内难觅对口工作相比，对外汉语人才在国外的就业前景较为乐观。

Emma 表示，目前全球范围内都在风行一股“汉语热”，专业的汉语教师却储量不足，目前不少当地华人开设的汉语培训班都非常火暴，而随着市场的规范，那些获得从业执照、从事对外汉语教学工作的专业人士会越来越吃香，工作、待遇都会相对稳定。“在新加坡，汉语教师的月收入为1.5万～3万元人民币；在美国，汉语教师的年收入已达到

6.5 万~10 万美元。”而一份调查数据也证明了这一观点：据悉，目前国外学习汉语的人数已经超过 3 000 万人，至少需要汉语教师 150 万人，而目前仅有 3 万人从事对外汉语教学工作。日本、韩国、泰国、菲律宾等周边国家对汉语教师的需求非常迫切；欧洲、北美洲、澳大利亚、新西兰等西方发达国家和地区也有越来越多的人希望学习汉语。而这对于对外汉语专业人才来说，是难得的发展机遇。“我有不少学长在国外获得其他专业的硕士学位后，最后也都走上了对外汉语教学工作岗位。”因此，Emma 也想利用在海外留学的这段时间，通过兼职等方式，试探从事对外汉语工作的可能性。

据悉，国内对外汉语师资的培训机构主要为高校相关专业、孔子学院和其他专业培训机构，相对来说高校课程更强调教育理论。与国内专业人士无法找到对口工作相比，对外汉语人才在国际上则极度匮乏，也正是因为看到目前全球对“汉教”需求的急速增长，国际认证协会已经适时推出了“国际注册汉语教师职业资格证书”认证考试，但目前内地通过该认证的人仅有 1 万多名。

（《新民晚报》2011－11－23/夏末）

华侨大学获菲律宾侨领陈永栽 5 000 万元巨资捐赠

12 月 10 日晚，陈永栽博士家族捐资华侨大学捐赠仪式在菲律宾世纪花园酒店举行。陈永栽博士捐资 5 000 万元人民币，支持华侨大学建设华文教育培训中心——“陈延奎大楼”。

当晚，著名菲华侨领、菲律宾航空公司董事长、华侨大学董事会副董事长陈永栽博士携胞弟陈永灿、陈永涵共同出席了捐赠仪式。仪式开始前，贾益民校长向陈永栽博士三兄弟详细介绍了“陈延奎大楼”的设计方案。根据方案，建好后的华文教育培训中心“陈延奎大楼”可同时容纳 500 余名华裔青少年学生共同学习和生活。陈永栽博士对华侨大学积极认真的工作表示感谢，并对方案提出了建设性意见。

在捐赠仪式上，陈永栽博士的胞弟陈永灿先生代表陈永栽博士签署“捐赠协议书”，并赠送捐赠支票。根据协议，陈永栽先生将在今年 12 月底之前和明年 6 月之前，将 5 000 万元人民币分两笔全额转到华侨大学教育基金会账户。

贾益民转达了国侨办李海峰主任对陈永栽博士的深厚谢意和良好祝愿，并代表华大 30 000 余名师生员工向陈永栽博士及其家族表示崇高敬意和衷心感谢。他表示，华大将会按计划积极推进，以最好的工程质量完成“陈延奎大楼”的建设，为华文教育服务。

深受中华传统文化熏陶的陈永栽博士数十年来以卓越的眼光在菲华社会大力传播中华优秀文化，为中华文化在菲华社会的传承，为华文教育事业的发展以及中菲友好贡献卓著。华大也受惠良多。20 世纪 80 年代初，华侨大学复办时急需的仪器设备、菲华教学楼和华文学院新大门的兴建，都由陈永栽博士捐资促成。2001 年以来，陈博士连续 11 年共资助近 7 700 名菲律宾华裔学生来福建参加“菲律宾华裔青少年学中文夏令营活动”，其中由华侨大学负责培训的共有 2 300 余名。陈博士还始终支持华大在菲律宾举办“中华文化大乐园”夏令营。该活动目前已成功举办六届，共培训学员近3 000人次，成为海外华文教育模式创新的典范。

（中国华文教育网 2011－12－13）

汉语热在全球持续升温

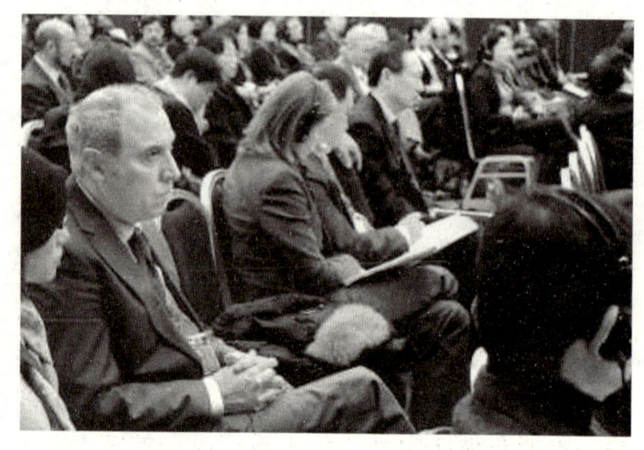

12月14日于北京闭幕的第六届孔子学院大会，吸引了105个国家和地区的2 000余位大学校长和孔子学院代表参加。中共中央政治局常委李长春在开幕式上为全球孔子学院先进个人和突出贡献奖获奖者颁奖，勉励他们通过学习汉语增进对中国文化的了解，加强中外文化教育交流合作，为加深中国人民与世界各国人民的友谊、促进不同文明之间相互学习借鉴作出新的贡献。

学汉语的外国人越来越多

从第一所孔子学院创办至今，已经过去了8年。8年来，国家汉办在全球105个国家和地区建立了350多所孔子学院和500多个孔子课堂，海外学汉语的人数已超过4 000万。仅去年一年，就新增36所孔子学院和131个孔子课堂，学习汉语人数增长了39%。有8 000多名汉语教师和志愿者奔赴100多个国家执教；有118个国家的5 000多名学生接受奖学金来华学习、研修。汉语热在全球继续升温，越来越多的关注中国、与中国进行各种交流的外国人开始学习汉语。

各地孔子学院在过去一年里举办了1.3万场文化活动，吸引了722万人参加，为各国汉语爱好者展示才艺，为外国民众认知中国、近距离了解中华文化提供了机会和舞台。

意大利威尼斯大学孔子学院院长马克·塞雷萨是该校亚洲与北非系中国文学与东亚文化研究的教授。他在发言中说，2009年威尼斯大学孔子学院成立后，利用威尼斯开放程度高、拥有许多世界级文化项目的优势，拓展教学规模，目前拥有教授、讲师30人，本科生、硕士生1 500人，使其名副其实地成为意大利中文教育的重镇。

发挥优势突出地域特色

各国孔子学院发挥自身优势，使其具有鲜明的地域特色。

美国纽约州立宾汉顿大学戏曲孔子学院依托大学艺术系，吸引热爱中国戏曲的学生前来学习，邀请中国表演艺术家赴美授课，组织巡演团到美国各地和加拿大演出，其影响力远远超出了学校。

英国伦敦中医孔子学院已经是第三次获得“先进孔子学院（课堂）”这一荣誉称号，他们把汉语和中医有机结合，开展中医研究，翻译中医教材，主办养生讲座和中医医疗展示，设立中医教学诊室，每年10月定期深入社区，进行多场中医养生理念宣讲，今年更是把宣讲活动办到了滑铁卢等三个著名的火车站。这些举措奠定了该校在英国的中国医学知识文化中心的地位。

泰国朱拉隆功大学孔子学院得到了热爱中国文化并精通汉语的诗琳通公主的大力支持。现在，朱拉隆功大学孔子学院正在准备设立汉学硕士学位，以培养本土汉语教师和对中国社会各个方面有较深了解的专业研究人员。

正如国家汉办主任、孔子学院总部总干事许琳所说的，孔子学院是中外共同培育、浇灌的美丽鲜花，它理应是五颜六色的。

开办一所就要办好一所

本届大会的主题是“孔子学院的未来十年”。与会代表从不同角度对此主题进行了阐释，也提出了建议。

德国汉堡大学孔子学院院长康易清兼任着汉堡市国际合作处中德合作办公室主任一职。他认为，随着在中小学开设的孔子课堂的增多，将有越来越多曾在中小学学习过汉语的人进入孔子学院，他们对汉语学习的要求更高，期望也更高。因此，孔子学院要设置不同程度的课程，以满足不同学习者的需求。他建议，孔子学院应该积极融入当地大学和社会，不能总被认为是“请来教授汉语的客人”。

澳大利亚格里菲斯大学孔子学院院长柯林·麦克拉斯指出，文化、历史知识和语言三者之间是重叠关系。他说，10年后，中国将拥有更多的入境游客，这些人在去中国之前，希望了解中国。孔子学院应该在发展人们对不同文化的理解能力方面发挥独到作用。

国务委员、孔子学院总部理事会主席刘延东在本届大会开幕式上致辞时指出：今后，要以提高质量为核心，努力实现孔子学院开办一所就办好一所的目标；要以突出特色为导向，更好地满足各国汉语学习者的多样化需求；以文化交流为纽带，促进人类多样文明的交流互鉴、和谐共生。这也是孔子学院的历史使命。

（《人民日报·海外版》2011－12－15/刘菲）

116名印尼华文教师于暨南大学获颁学士学位

经过五年的课程学习及撰写毕业论文，由中国华文教育基金会“雅居乐助学金”项目资助的116名印尼华文教师通过考试，于本月20日获得暨南大学华文教育专业本科毕业证书和教育学学士学位证书。

在当天下午举行的毕业典礼上，中国华文教育基金会副理事长兼秘书长左志强向顺利

毕业的116名印尼学员表示祝贺。他指出，本次毕业的116名印尼学员长期在海外从事华文教育工作，具有丰富的华文教育工作经验。在五年的学习过程中，大家克服各种不利因素，顺利毕业并获得学位，证明了大家矢志不渝地从事海外华文教育事业、弘扬中华优秀文化的信心与决心。

据了解，暨南大学海外函授学历教育一直以来得到中国华文教育基金会的大力支持，本届116名毕业生在印尼均担任一线华文教师或华校管理工作，平均年龄四十多岁，具有多年的华文教育工作经验，正值年富力强、经验丰富的教师黄金职业期。随着近年来海外华文教育升温，以及自身工作的迫切需要，他们有了强烈的进一步深造的愿望。在典礼上，学员们纷纷表示，毕业后将继续致力于华文教育事业，为传承中华文化，进一步拓展华文教育工作作出更大贡献。

据悉，暨南大学一直致力于开拓海外华文教育事业，多年来为海外华教界培养了大批合格的华文教师师资。该校华文教育本科专业印尼函授教育班已连续举办5届，至今已培养了500多名毕业生，目前该函授班的在读生逾1 000名。

（中新社广州2011－12－20/郭军）

印尼华校“求贤若渴”：亟盼优秀华文教师任教

2011年国家汉办/孔子学院总部第七期“外国本土汉语教师教材培训班（海南师范大学培训点）”21日在海口开班，来自印度尼西亚的100多名本土汉语教师，将在海南参加为期7天的教材培训。

记者在培训现场看到，不少教师都已是满头白发。65岁的阿难陀华文学习班的华文教师苏美英在认真地做着笔记。她说，从印尼恢复华文教育以来，她就一直从事汉语教学工作。“老师都是从拼音、词汇、短语、句子一步一步教起。来培训班学习的幼儿，甚至是70多岁的老人都很认真学。”

“在当地，七八十岁的华文教师很常见。因为华文教师紧缺，学校或培训机构都会邀请老一辈任教。”苏美英说，“希望通过培训，我能在汉语教学理念和教学技巧方面有所提高。”

印尼西爪哇省华文教育协调机构是统筹和协调该省华文教学的民间组织。杨丽纹表示，从2004年开始，该机构每年都会输送教师来华培训，还会参加各类文化交流活动。“在印尼，华文教师师资力量不足，教学水平还不够高。希望通过培训，培养出更多优秀的华文教师，当好‘接班人’。”

曙光三语学校理事刘青玲说，汉语是该校的必修课，每个班每天都有1个多小时的华文课。“学校有300多名学生，但本地华文教师只有6名，中国老师2名。”

据介绍，今年以来，海南师范大学已为870多名外国本土汉语教师进行了培训。该期培训使用《快乐汉语》、《跟我学汉语》、《汉语乐园》、《长城汉语》等国家汉办优秀中小学汉语教材，由海南师范大学国际文化交流学院的专职对外汉语教师指导学员的学习。22日，来自北美洲的100多名本土汉语教师将到该校进行教材培训。

（中新社海口 2011－12－21 张茜翼）

海外华人期待汉语教材“文化同步”

“由于文化背景的差异，新生代海外华人在沿用原有的汉语教材学习时困难很大，教材急需文化同步。”在美国教授汉语16年的教师黄素莲说。

黄素莲说，随着近年来中国国际地位的不断提升，第一代海外移民（以1949年新中国成立为准）越来越关注新生代华裔子女中国文化的培养，尤其是汉语的学习，而在海外广泛流传的汉语教材大多是由早期移民们带出并反复印刷的“老调调”。

“原有的很多中文教材内容大多源于中国历史典故，在文化上很难为国外学生所接受，而越来越多的北美华裔家长又急切地希望孩子们能够更多地学习中国文化。”黄素莲说，有着纯国外社会文化背景的孩子，在阅读和理解这些教材时往往十分吃力，因此急需对教材内容和教学方式进行一个基于他国文化的同步更新。

“文化同步”所针对的不仅是孩子，国外高年级学生和成年人在学习中也遇到此类问题。据牛津预备学院汉语教师洪雅慧介绍，高年级的学生和成人已经具备完整而不同的文化和价值观，如果将语言教学与汉语所承载文化、价值观一起强加给初学者，就会产生事倍功半的效果，文化的差异会阻碍很多热爱汉语的国外学习者。

洪雅慧说，汉语教学中除教师水平外最重要的就是教材的选用，但是国外学生汉语水平参差不齐，能够选用的教材比较有限，经常难以因材施教。

近年来中国国家汉办一直积极拓展汉语教学渠道，截至2011年8月底，国家汉办已拥有45种语言的汉语教材，各国已建立353所孔子学院和473个孔子课堂，并且通过“汉语桥”等形式积极推动世界范围内的汉语学习。

国家汉办教材部官员卢雯说，越来越多的海外汉语教师对“文化同步”提出建议，国家汉办已经汇总了相关意见并加以研究。“文化同步”对教材编写者的要求很高，具体实施步骤还需要进一步研究论证。

（新华网 2011－12－27/夏冠男）

汉语的温度

如果你看到rock hometown，会立即想到“摇滚之乡”，还是“石家庄”？当然，这是一个玩笑。但是，背后却反映了一个不容忽视的问题，即一国语言所承载的文化意蕴。在伊斯兰教传统看来，只有通过无可代替的真实符号——阿拉伯文，人们才能接近安拉的真理。这也许是一个有点极端的看法，但背后折射出语言这一载体的重要性，应引起我们的反思。

作为中国人，当然应该会说中国话。海外华人，亦是如此。

然而，尽管当今全球“汉语热”，但是海外华人对汉语的学习和掌握现状，却并不尽如人意。越来越多的华人丧失了对汉语的兴趣。同时，据调查显示，海外华人的汉语阅读、书写能力都明显下降。

诚然，我们不否认学习与使用所在国语言的实用价值。在异国他乡，掌握当地的语言，不仅仅是必需的，而且十分重要。语言隔阂的消除，是海外华人能够在其他国家安稳生活的重要保障，更是他们与当地社会进行顺畅沟通的前提。

然而，我们的疑问是，一个不懂汉语的华人，如何能够体会岳飞“三十功名尘与土，八千里路云和月”的慷慨悲壮？如何能够领悟“凭阑惆怅人谁会，不觉潸然泪眼低”的亡国之思？又如何能够实现对于中华传统文化的传承？

因此，华人学好所在国的语言，至关重要。学好汉语，会说中国话，也同样重要。因为只有在同汉语的接触中，华人才能够触摸到中华传统文化的脉搏，真正体会到中华文化的精深与奥妙。

同时，会说中国话，有利于华人加强对故土的认同与依恋。在日常生活中，我们会仅仅因为语言不同，而判定一个人是“外人”。同样，在某些场合，仅仅因为会说同样的语言，人们就会被自然地归为一个群体。当然，并不是所有的群体都以语言作为判定标准。但是，会说一个群体共通的语言，却是增强一个群体认同感的重要筹码。

语言的共通，是一条加强海外华人与故国的“有声”且强大的纽带。对于海外华人来说，会说中国话，说好中国话至关重要。如果像赫尔德说的那样，乡愁是最高贵的痛苦，那么，海外华人对乡愁的诉说，该是用汉语，而不是用英语表达的吧！

（《人民日报·海外版》2011－12－28/赵琼）

（本栏目责任编辑　徐云）

专题报道

本栏目内容是对本年度华侨华人社会中某些具有典型意义和较高新闻价值的人物、事件、问题、社会现象等进行调查评述的选登，以期客观反映其发生、发展和结果及影响的全过程，揭示主题的深刻意义。以媒体报道时间升序排列。

英华文名校“断粮”难生存——运作松散　经费不足

新闻背景：华人家庭重视子女的“留根”，周末中文学校多年来在英国华人儿童的母语和传统文化教育上扮演着至关重要的角色，但是由家长和社区自发力量组织起来的周末学校在运作上不免松散，形势稍变就可能难以为继。

近年来，由于经济危机加上英国地方政府经费的削减，部分周末学校在资金上朝不保夕，有些则被迫关闭。加上英国主流学校相继开设了中文课程，多种形式的华文教育相继涌现，周末学校的生存或将面临更多的挑战。

政府没钱　名校“断粮”

2010年圣诞节前，伦敦格林尼治中文学校校长陈雪女士收到一封地方政府委员会的来信。在往年，这封信一般是提醒她可以开始申请下一年的办学资助金，还附上申请表格。但是这一次信上写着：“我们很抱歉地通知您，从2011年4月开始，我们不能保证给您的学校任何形式的资助。”

其实格林尼治区政府资助的裁减从2008年就开始了，而去年地方政府经费削减案出台后，境况更是“雪上加霜”。2008年格林尼治区政府对该区36间少数族裔母语学校采取“一刀切”措施，停止对这批已经存在30多年的学校提供资助，校舍免租的优待也一去不复返。而此前，该区政府每年给包括格林尼治中文学校在内的少数族裔母语学校提供16 000英镑作为维持经费，校舍的租金（相当于15 000英镑左右）也予以全免。

“2008年之后我们每年还有大约7 000英镑的租金优惠，现在连这7 000英镑也没有了，”陈雪校长说。2011年，学校也不搞春节大会了，因为“要省钱交租”。这所开办30年，拥有两间分校、500多名学生、53名义务老师，在英国华文教育界颇有名气的中文学校，庞大的校舍租金开支成了陈雪校长的心病。陈雪校长透露，西伦敦一所办了36年的中文学校就是资金跟不上开支，在2009年被迫关闭了。“我找地方政府求情，说今年只要能给5 000英镑，或3 000英镑也好，但是他们摇摇头，说没办法保证。政府内部都大幅裁员，负责管理我们这些少数族裔学校的部门，原来有九个全职员工，现在裁到只剩一个，连这一个他都不知道未来几个月内保不保得住工作。”“但是他们帮了我们二十多年，我也知足了。”

示范校“不扩招”

依赖政府资助的学校，扛不住“政策变动”的风险，而办出口碑的好学校，在进一步发展上也遭遇人力物力有限的掣肘。

位于北伦敦的伦敦普通话简体字学校于1997年创办，是伦敦唯一一所只教授普通话简体字的周末中文学校。这些年招生，副校长兼教学主任廖秀琴女士笑着说：“不怕没人来，怕的是来的人太多。”因为办学办出了口碑，很多家庭都想送孩子到这所学校学中文，许多人只能排在候补名单上。廖女士说：“校管会曾经讨论过扩校的问题，但是扩校我们要租更大的场地，还要多聘请老师。我们目前使用的教室是Hackney社区学院便宜租给我们的，他们非常支持我们的办学，但是要扩大怕是其他场地没有这样的租金优惠，另外也担心影响教学质量。所以我们还是维持一个年级一个班。”

与格林尼治中文学校不同，该校的运作资金主要来自学生的学费，校长朱小久女士表示目前没有资金紧张问题，但是钱怎么花还是要精打细算。

学校也赶上了中国政府扶持海外华文教育的东风，在2009年成功入选首批“华文教育示范校”（注：英国共三所学校获得“示范校”称号，另外两所为伯明翰华联社中文学校和华夏中文学校）。但即便如此，经费问题也非“高枕无忧”。

经费不足、运作松散——周末学校的发展软肋

在英国华人社区，随着华人移民人口的不断增加，各地区周末中文学校的数量亦跟着上涨，但多数停留在松散的民间团体阶段，能够大规模发展、专业办学的学校几乎没有。

这些周末华文学校多是非营利性质，收入除学杂费之外，主要来源包括华人社区和团体的资助，英国政府或非政府机构的拨款以及个人或商铺的捐助。但是同时拥有以上三类资金的学校并不多见。单个的华人学校经费来源渠道窄，大多数华人学校依靠当地的社团（主要是粤港背景的侨社）的资助维持，而诸如格林尼治中文学校，则属于长期依靠英国地方政府资助一类，因此一旦政策形势转变，或社团更换人马，学校可能就会面临巨大的财政风险。

另外，华社内部一些扶持中文教育社团资金的筹措也不稳定，多依赖协会主要负责人的人脉和“面子”，能够长期、稳定地获得的款项几乎没有。筹款总和再以奖学金等名目发给各中文学校，每个学校所得差不多也就几百英镑。

对于学校拓宽资金来源，陈雪校长表示，她个人感觉从英国华社要钱“还是很难”：“有以各种理由推脱的，也有给一点钱要‘加倍出成果’的，经济不景气，哪里要钱都难。”

她表示近期将前往美国、澳洲和加拿大找一些老朋友，“借款，当然他们能捐款最好，如果能筹到几万，只要保证我能交上两年租金。我想用这两年学习怎么从英国主流社会其他渠道申请资助，怎样都要把学校办下去”。

再者，一些中文学校不收学费或只收极少学费的办法也是学校办校经费不足的原因。

一名在英从事华文教育的人士在其博客中写道：“华校的福利性质对于华校的发展未

必全是好事。不收学费或只收极少学费的做法，弊端就在于会使华校无法进行经费的积累，因而只能实行低工资，无法吸引和稳定师资，华校历来停留在相对较低的营运水平。”朱小久校长表示，解决中文学校经费其中的一个办法是提高中文学习的学费。“外国人愿意付每小时20英镑学中文，一些华人家庭可以花几千镑上私立校，为什么上周末中文学校就不愿多交一点呢？我认为这是英国华人社区应该探讨的一个问题。”

从周末学校的管理团队上来说，创办者多是热心的教育人士或华人家长。老师基本上是义工性质。校务管理层也是“义务”性质，中文学校事务仅为“副业”，没有专门筹钱的团队。“主要是没有时间，也没有财力筹钱，”陈雪校长说，“比如一个慈善晚宴，再加上拍卖筹款，如果计划筹到10 000英镑，一定要由专人花时间策划、组织；那些办得起这样慈善活动的团体都由全职的工作人员专门筹款，组织成本可能就是数千英镑，我们根本做不起。老师、校长平时都有自己的主要工作，也只有周末抽出时间搞中文教育，都是出于热心，但要求更高的话，的确很难做到。”

周末学校路在何方？

英国周末中文学校是否有可能突破经费瓶颈更好办学呢？

曾任英国汉语教学会会长的宋连谊先生表示，华人或应更多吸收和学习西方的管理理念。“中文学校不要等到有财政危机的时候才突然要求家长多交学费，这样容易引起反弹。可以在经济好的时候，逐年，比如两年微幅上调，这样家长能够接受，学校方面也有盈余。”

周末中文学校作为社区的民间团体，在校务上要更上一层楼，宋先生认为目前需要校方与家长有更多的互动，让家长代表多参与学校事务管理讨论。

朱小久校长认为中文学校要办好，离不开好的教学和管理班子。她表示普通话简体字学校曾就部分贫困生的学费减免办法召集校管会讨论，“讨论了一年，免学费提议才通过。一个人做决定容易出错，一班人做决定，虽然慢，但是可以减少失误”。

宋先生认为，英国华文学校在未来或有出现品牌学校的趋势。“有大的财团支持，学校更专业地设置课程，盈利结合公益，这样可以减少现在中文学校孤军奋战的财政风险。”

另外，近年来，随着中英交往的日渐频繁，英国的中小学校也相继开设了中文课程，这也为周末学校的发展带来另一变数。一些周末中文学校反映“生源减少”，一些对子女中文教育要求不高的家庭，尤其是父母一方不是华人的家庭，多数不再选择周末中文学校作为子女华文教育的途径。这是否会为“脆弱”的周末中文学校带来新的冲击呢？

两位中文学校的校长一致认为，中文学校的作用和地位还是“难以撼动”。“主流学校中文学习轻松，但是考虑要照顾英国孩子的水平，程度非常浅。周末学校的母语学习更严格，程度要高很多，传统的华人家庭还是会送孩子到周末中文学校。”陈雪校长说。

朱小久校长补充说：“周末中文学校不但教中文，还教学生中国的传统文化、历史、地理，学校和当地的社区也有很多互动，比如春节联欢、义卖、艺术交流等，这些学校可以说是英国地方社区传播中国文化很好的平台。”

当然，英国的“汉语热”也为周末中文学校带来了新的学员。许多周末中文学校里，混血儿童、白人、黑人、印巴人的学生数量呈不断上升的趋势。一些周末中文学校已经不再单纯地为华人移民家庭的子女提供中文教学，伦敦中文简体字学校就为18岁以上的本地英国学员专门开设了“成人班”。

副校长兼教学主任廖秀琴说：“这些成人学生中有的是喜欢中文，也有的学中文是为了方便到中国旅游，还有需要用到中文的商务人士。”而这或许将成为未来英国周末中文学校转型的契机。

（［英国］《英中时报》2011－01－21/潘张旸）

子女教育回国“第一站”　两代海归同样困惑

新闻背景：历时10个月，十几场座谈会，上百名受访青少年和他们的海归父母以及国内的老师，102份有效调查问卷，当复旦大学侨联分会青年工作委员会主任、文博系副教授吕静把一份题为“在沪‘海归’青少年现状调查及对策研究”的调研报告在记者面前打开时，她没有因为摸清海归子女教育困境的现况而感到轻松，反而更加纠结。

在这次调研中，过半受访海归子女表示：不适应国内的教育。他们的父母也因此在走还是留之间艰难徘徊，而期望最大限度地招揽人才的上海政府有关部门则更为忧虑：好不容易引进的人才，怎么因为孩子的教育问题而再次离去？

调查显示，中国77.7%的部属高等学校校长、84%的中国科学院院士、75%的中国工程院院士、90%的“长江学者特聘教授”和62%的博士生导师都有留学经历。

目前海归最为困惑的项目依次为子女教育（29%）、事业发展（27%）、住房（13%）、收入报酬（11%）、照顾老人（10%）。

副市长难忘人才得而复失之痛

一位海归人才的离去，让上海市副市长沈晓明至今无法释怀。

几年前，一位旅德医学博士对上海的发展环境和沪上一家著名医院提供的专业平台很满意。但是回国后，初中升高中的小儿子对国内教育怎么也不适应。这位海归没办法，最后只好又举家搬回德国。

“事情过去几年了，沈市长和我们聊起的时候，还一直念念不忘。花大力气引进的人才，因为孩子教育而不得不再次离开，真是太遗憾了。”这种对人才得而复失的遗憾，上海市侨联副主席张癸也深有同感：“这种情况，我们侨联遇到的更多。随着海归人才回国越来越密集，我们的工作很大一部分就是解决这个问题。”

“上海的侨情有个突出特点，就是拥有众多属于高级知识分子层次的海归人士，从历史上就是这样。这是奠定上海人才高地的基础和优势，但也给我们的工作提出了更多的挑战。”张癸介绍，上海海归子女的教育和适应问题呈现两头小、中间大的特点，即学前教育和小学低年级阶段的孩子适应性较强，高中毕业班及以后阶段，因为可以有多项升学选择，压力相对较小，主要是义务教育中间阶段的海归子女面临教育适应与融入的突出问题。

一腔热血要回来报效祖国，但尽享欧风美雨的子女却怎么也无法适应国内的应试教育。张癸在给上级有关部门的侨情专报中，将之形象地称为“这是阻拦海归报效祖国的马其诺防线”。

经过长达近一年的调研，吕静在报告中写道：在实施引进海外人才的国策中，海归子女回国后的教育衔接和融入问题的解决与否，是留住人才的关键。

“一缕春风”回国之后变沉默

“我大女儿在日本时非常活跃，常常利用捐赠的图书、班级活动宣传祖国的文化和成就。她的阅读量蛮大，思想成熟，敢于表达自己的想法，同学们都很钦佩她。有一次我去学校，日本老师真诚地对我说，您的女儿像一缕春风，带给我们许多新鲜和温暖。”吕静的骄傲不仅是为人母者的天性，这种肯定里包含着一个民族对另一个民族的尊敬。

但这“一缕春风”回国之后，却变得沉默了。

女儿在银行排队，有人突然冲到她面前夺过她手里的笔填单，然后扬长而去，既无“对不起”，也无一声“谢谢”；在学校食堂里，女儿看见一个女同学不小心把菜汤撒在一个男同学身上，男孩一言不发，拿过自己的汤碗就扣在对方身上，男孩觉得天经地义，老师默不作声。虽然女儿的成绩逐步进入好学生的行列，但孩子对国人素质的失望和不解是显而易见的。

“孩子根本没办法保证每天一小时的体育运动时间。”吕静回忆，“我的大女儿 4 岁去日本，12 岁回国。在日本，她只在小学毕业时有过一次考试，还并非升学根据。”

回国后，吕静发现自己完全被孩子捆绑住了。“每天下午 3 点半放学，一直到晚上 9 点半，我这段时间都给了孩子。”吕静发现国内的家长成了家教，辅导、检查大量的家庭作业，很多应该在学校完成的教学内容，老师以检查孩子作业的方式留给家长，并要求家长签字确认，而本该承担教学职责的学校有时只是检验效果。

“我什么也做不了了。”吕静说，“其实现在家务可以社会外包，保证和孩子正常的交流时间也是为人父母的责任，但是一些学校和老师把本应学校完成的任务转嫁给了家长，造成家长的时间被大量挤占。”

两代海归，一样的困惑

几年下来，大女儿已经慢慢对中国校园生活和学习得心应手，但吕静却渐渐意识到，自己在工作中遇到的问题，从本质上说，和女儿曾经面对的东西是一样的——我们的校园怎么了？

不仅是老师的一句呵斥，不仅是一个周末被作业挤占，不仅是遭遇一次不文明现象，也许中国教育有待完善。

“我最惊讶的是，有一次和国内同学聚会，他们说起自己儿女的婚事都是他们这些父母介绍而成的。我问为什么不让年轻人自己选择，他们说介绍的才门当户对啊，自己找万一是农村的，你怎么办？”

吕静感受到中国社会表面繁荣下的暗流汹涌，“最可怕的是这种嫌贫爱富已经渗透到老师心里”。回国后，吕静慢慢发现校园里已发生了某种无法言说的变化，“很多老师在招研究生的时候也不愿意招家庭贫困的学生。一开始我不相信，后来发现这是真的。我们读书的时候，家境贫寒的学生往往特别刻苦，所以我招收研究生并不在乎学生的家境”。

像吕静这样以实际行动表示异议和坚持的教育工作者不在少数。但没人能否认，当下农村和城市底层的年轻人通过接受高等教育，进入更高阶层的路似乎正被某种无形的东西挡住。

两代海归面对狂飙突进的中国社会，一样感到困惑，无论你是10岁还是40岁。

“教育不是带兵，不必整齐划一”

作为母亲，吕静把保护孩子的个性看得格外重要；作为老师，她为那些年复一年在应试教育里磨掉个性的年轻人感到惋惜。“学校不是部队，教育不是带兵打仗，怎么能对所有人、所有事的标准都整齐划一呢?”

回国后，学习成绩成了校园里衡量一切的唯一标准，小海归们要一边忍受初来乍到的孤独，一边追赶国内艰深的课程。

今年15岁的杨洋，6岁到12岁随父母在美国度过。他的学习经历在小海归中很有代表性。国内的功课对杨洋来说，汉语古文竟然相对容易，他给出的原因也很简单：“古文对国内同学来说也很陌生。”但在现代文上，他就有些吃力了。英语是杨洋的优势，今年中考，他的英语成绩是全上海第一。杨洋也知道上海的英语教学水平普遍较高，但这种微弱优势，给了他宝贵的自信心，帮他挺过了回国之初的那段艰难时光。

而更多的“海归”青少年，对于国内学校的评价体系难以适应。考试多、难，考后排名，成为他们极大的心理负担。问卷调查显示：约有80%的受访者关注国内每次考试后的成绩排名。在访谈中，有孩子表示为了应付考试、取得好名次，不得不花费大量的时间复习、巩固，根本没有创新思维的时间。还有的孩子刚回国时，在国内的评价体系下，骤然从一个优秀学生跌落至差生，每一次考试和试后排名都是一次对自信心的打击。

而目前国内第一线的教育工作者，几乎很少意识到这些小海归回国后需要一个适应的过程。对于他们的问题和困惑，没有相应的对策措施。有些国内老师习以为常地对学生呵斥甚至谩骂，不尊重孩子的个性和自尊。这强化了海归青少年对国内教育体制的反感。

记者手记

一份报告的重量

这份报告所反映的问题，一篇采访难以言尽，但记者却深刻感受到这些问题的迫切性。

从百年前开始的留学潮，到当下的回国创业热，上海始终是海归人士最偏爱的城市之一。为了积聚人才高地，形成智力优势，上海市各级政府各相关部门可以说是不遗余力。

在采访中，一位侨务干部感慨地说：“在解决海归子女的教育问题上，上海各级政府非常重视，在政策制定上花了大力气。在全国来讲，我们也是走在前面的。”

“现在几乎每一个引进回来的人才都会提出帮助解决子女教育问题。刚回来的想进好点的学校，孩子不适应的要转学。”上海市侨联副主席张癸告诉记者，侨联干部已成了义务的教育咨询员，经常要介绍全市有哪几个示范性高中、哪个学校有国际部、如何才能进入那些炙手可热的重点学校……

张癸介绍，上海早就制定了义务教育阶段的海归子女回国就读的政策，但由于目前国内教育资源分配的不平衡，“好学校进不去，一般学校海归父母又不甘心”。据了解，目前浦东新区在这方面的执行力度最大，效果也最好，“只要有浦东归国留学人员联合会的证明，辖区内的公立学校就必须招收孩子入学”。

这份由复旦大学侨联、杨浦区侨办、上海欧美同学会共同完成的调研报告是全国首个深入、系统地研究海归子女回国后教育困境的一手资料。张癸表示：“我们把这次了解到的问题如实地向中央有关部门作了汇报，得到有关领导的高度重视。这次调研也体现出上海在这方面的预见性和前瞻性。”

翻看调研组一年来的座谈记录，记者能清晰地感受到，小海归们有点不开心。而未来，他们也将是上海人才高地的一分子，显然，要保持上海的智力优势，首先要让小海归在校园里如鱼得水，所以这份报告的分量，格外沉重。

何妨给海归子女开小灶

如何解决这些困境？这份调研提出，可以借鉴诸如美国的 ESL（English as a Second Language，非母语英语课程）等培训方式，设立“中文强化班”（或回国适应强化班）等课程，帮助孩子尽快地度过中文的适应关。

“真希望我们的老师能因材施教，对刚回国的小海归，耐心一些。”吕静建议在海归青少年比较集中的中小学内设立辅导室，“国外学校一般都有心理咨询室或国际交流室，有条件的学校最好能够聘用有海外留学或工作经历的辅导员。”在调研报告中，还建议成立海归青少年家长委员会，构建家校互动新模式。

在采访中，张癸感慨地告诉记者：“其实，这些小海归也是一种人才，应该好好呵护和培养。他们对社会事务的关注度、参与意愿都非常高，表现出极高的志愿者精神。自发、主动地帮助别人的特点，在这些海归青少年身上特别突出。”

大部分海归青少年具有相当的国际视野，“在综合素质上，他们的表现往往优于应试教育环境下的国内同龄人”。吕静告诉记者：“其实很多海归孩子归国后也是一缕春风。”他们所接受的思维方式和行为，有些已经是我国教育体制改革的努力方向，他们出色的语言优势和对于国外民情风俗的熟悉是国家间交流的天然纽带。

然而，当高考临近时，这些被中外老师赞誉为像“一缕春风”一样的孩子将直面残酷的现实：面对完全在应试教育环境里形成的国内高考分数线，他们很难考上国内一流大学，而与国际脱轨的国内中学教育，又对他们申请海外一流大学形成障碍。

唯一能让家长们减少负疚感的是上海市对三侨生的优惠政策，但真正能享受到政策优惠的也仅有 35.04%，很多人因不具备华侨身份而无法享受这一政策。

上海市目前对三侨生中考、高考均实行加 5 分的优惠政策，吕静则认为“这远远不够”。“对回国时年纪较大的海归孩子来说，5 分远远不够填平语言水平的差距，更别提数学等其他科目了。”

“我的小女儿也已经一年级了，我的访学一般需要一年，要去就得早点了，不然孩子回来就要超过适应新环境的最佳年龄了。这次调研报告显示，超过 12 岁的孩子回来后，适应就艰难得多了。”

在采访的最后，吕静一边关掉存有那份长达16 000字调研报告的电脑，一边继续思量采访开始时触撞的那个难题。

（《上海侨报》2011-03-31/陈丽伟）

移民不移钱——中国人海外移民现状调查

“我家庭的历史，就是一部近现代中国人的海外移民史。”面对客户的时候，李华学总喜欢讲自己家族的故事，虽然这很不符合西方文化公私分明，保护隐私的传统，但李华学告诉《瞭望东方周刊》：“这能让客户们知道，他们现在处于一个多么好的时候。”

澳大利亚人李华学是上海一家移民公司的合伙人，能说一口地道的上海话。

“我父亲是文化大革命之后的第一批大学生，自费留学并留在澳大利亚，也就是‘洋插队’，我妻子的祖辈是晚清时候作为劳工去美国修铁路的，侥幸没死，辗转去了加拿大。”

中国人的海外移民，无形中带动一个新产业的崛起。2009年，李华学和妻子陈梅重回中国，开始做移民中介。“如今移民的中国人，不再是劳工和‘洋插队’，而是投资者。他们想要的，也不再仅仅是一个海外的身份，而更看重赚钱的机会。”

辛酸的前辈

中国人移民海外，古已有之。晚清到民国时期的“下南洋”，则是中国人海外移民的最高潮。

史载，鸦片战争之前，东南亚各国的华人约为150万人。而1840年鸦片战争之后到1949年，移民人数飙升，仅1922年至1939年间，从厦门等港口出洋的移民就超过500万人。

当时移民海外的主要是华人劳工。

陈梅的祖辈也是此时离开福建的。“美国的工头也不拿中国人当人，每天都有劳工客死异乡。等到铁路修完，村里同去的十几个人只剩下三个。”在她很小的时候，长辈就告诉她这个辛酸的开始。“经过三四代人的拼搏，我们才融入了澳大利亚社会。不被歧视，教育、收入、社会地位和当地人一样。”

李华学父亲的移民，则是一个主动的行为。

1987年，李华学的父亲也在此时自费赴澳大利亚留学。“就带着一个手提箱，装着几件换洗衣服和1 000多美元。前途未卜、背井离乡、举目无亲。”

李华学说，为了维持生计，父亲一天要打好几份工，根本没有时间读书。“但因为拿的是留学签证，学费还是得交。而找的工作都是最苦最累，薪水最少的，即便如此，找到工作就算不错了。”

20 世纪 90 年代初，澳大利亚政府一次性给 8 万多名在澳中国人发放了移民许可。李华学的父亲也在此时成为澳大利亚人，如愿以偿。但是几年后，李华学父亲在中国就职的公司登陆 A 股市场，成了一家知名的上市公司，而在赴澳留学前，他已是这家公司的办公室副主任。

不是猛龙不过江，大多数的“洋插队”故事，都以辛酸和无奈收场。

当时，在华人移民中就很流行这样的调侃：“餐馆端盘子的多是硕士，开出租的起码是博士，找到公寓扫地的工作，那要博士后。找一份工作，起码要走破三双鞋。”

至今，李华学的父亲仍在当地以开出租车为生，“对于我们回到中国，他们总是有很多感慨，没想到居然是这样的轮回。当年如果不出去，当个上市公司领导，比开出租不知强多少倍”。

“上世纪 90 年代来到澳大利亚的中国人，很少有人重新达到当时在国内的社会地位。”李华学说。

新移民的阔绰生活

在李华学看来，现在的中国移民，“是移民历史上地位最高，财力最雄厚的一波”。

徐舒婷是浙江人，2008 年全家移民加拿大，并在温哥华的唐人街买下了三套公寓，延续了在国内的投资传统。

但到了加拿大，徐舒婷才发现真实的唐人街和电视上看到的并不一样。几年前，温哥华政府在这条街上收购了一些房屋，改造成廉租屋，提供给无家可归的流浪汉和其他生活需要救济的人群，例如吸毒者，后来，这个区域附近的居民，能搬走的基本都搬走了。

有了前车之鉴，徐舒婷找了家华人开办的房产中介公司，想买一套别墅自住。“当时有两个选择，一个是西温，那里面向太平洋，背后是原始森林，一直是全加拿大最有钱人居住的地方，中介说去西温看房子的人，一般会被三件事震撼——海景、豪宅、价格。温哥华地区最好的学校几乎都在这里。”

另一个选择是北温。这里是经济版的西温，同样的背山面海，只不过面对的是一个海湾，但房价却便宜很多。

最终，徐舒婷还是住在了西温，豪宅的价格让同是华人的中介咂舌，“中介老王的年龄和我父亲差不多，清华大学毕业，他说如果知道改革开放造就了那么多赚钱的机会，他一定会留下来”。

觑觎不已的老王，以为徐舒婷住在西温是看重那里的学校，“其实只是因为一句话：早些年，西温的房子是不允许卖给有色人种的”。徐舒婷告诉《瞭望东方周刊》。

徐舒婷也没有在西温住多久。尽管拥有英语 6 级的证书，徐舒婷依然觉得很难融入当地人的圈子。

2010 年，徐舒婷又搬到了列治文区。这个 20 世纪 90 年代刚刚发展起来的新区，虽然没有海景和参天古树，却有四处可见的华人。

公开资料显示，列治文目前有 17 万人左右，其中华人占了 9 万，温哥华 300 多家中餐馆中，1/3 在列治文，超市里的中国商品甚至比中国还要丰富，银行、超市、商城也都有中文服务。

在这里，徐舒婷结交了新的华裔朋友，并且参加了那里的“太太看房团”，“老公虽然移民加拿大，但实际上，除了换了个国籍外，没有任何变化。生意都还在中国，所以大部分时间也都在国内。”徐舒婷说，这样的状态在近几年移民加拿大的华裔中非常普遍，“很多都是老婆带孩子在国外，但国外生活节奏缓慢，不适应。于是就一起在加拿大炒房”。

在加拿大炒房赚不到什么钱，这让徐舒婷逐步丧失了兴趣。2011 年春节，徐舒婷回到中国，“生活好像回归了正常状态”。

对她来说，除了高福利、好的医疗和教育，“移民好像并没有多少意义”。

中国移民 = 有钱

“新的移民总是频繁往来于中国和海外之间，以照料国内生意。而以前的移民，大多是几年也不回国一次，因为没钱。”李华学说，如今的中国移民，正展现出前所未有的形象。

这个形象的核心是“有钱”。

因为申请者太多，2010 年，加拿大投资移民政策修改了 8 次，美国投资移民政策修改了 2 次，澳大利亚和新加坡各修改了 1 次。这些国家都是中国人移民的热门国家，而政策修改的核心内容之一，就是提高门槛。

目前，加拿大联邦政府投资移民要求申请人个人资产从原来的 80 万加币（约 520 万元人民币）提高到 160 万加币（约 1 040 万元人民币），全额投资客由 40 万元加币提高到 80 万元加币。

澳大利亚移民局的移民新政，要求投资申请人在中国经营的企业中的持股比例由 10% 提升至 30%，申请人和配偶的总资产要求由 25 万澳元（约 143 万元人民币）提升至 50 万澳元（约 287 万元人民币）。

2011 年 1 月 1 日起，新加坡投资移民金额从 150 万新币（约 750 万元人民币）提高到 250 万新币（约 1 250 万元人民币），企业主所在企业的年营业额从 2 000 万新币（约 1 亿元人民币）提高到 3 000 万新币（约 1.5 亿元人民币）。

中国人海外移民的速度没有因此减缓。按照美国《世界日报》的说法，自 2010 年以来，中国人申请美国商业移民的人数增长了 20% ~30%。

2009 年，移民美国的中国人约 6.5 万人，其中，投资移民申请人数较 2008 年增长了数倍。

据美国国务院发布的数据，2009 财政年，EB－5 类签证的获批人数同比增长了 3 倍，从上一财政年的 1 443 人增加到 4 218 人。其中，来自中国的移民人数最多，为 1 979 人，这已经接近于 2007 年和 2008 年度美国全部投资移民批准量的总和（分别为 1 360 宗和 807 宗）。

当然，这也与移民国的政策方向调整有关。

以加拿大为例，2007 年，加拿大调整了技术移民的打分标准，特别是增加了对英语方面的要求。因为加拿大政府发现，很多非英语国家，包括中国的移民，并不能在当地找到满意的工作。

“2000 年到 2010 年，前 5 年移民加拿大的技术移民约 4 万人，后 5 年只有 3 万人。”金融危机后，很多国家本身的就业都出现了问题，对技术移民的要求就更高，有的高到无法达到的程度。另外，他们又希望从中国吸引资金，为当地的经济复苏和增加就业率提供新的动力。

北京和中联合投资咨询有限公司总裁王力民告诉《瞭望东方周刊》，技术移民的收紧，客观上逼迫中国人只能走投资移民的道路。

人移民了，生意留下

西方国家靠移民“吸财”的打算，在中国移民身上未必行得通。

投资移民和商业移民，理论上是带着巨额资金，去国外投资的创业者。但实际情况是：人移民了，生意却没带走。

“目前，只有很少部分的新移民会将主要资产和生意带到国外，在当地主要的投资行为以拥有房产和股票为主，而房产又占绝大比重。”李华学说，在他接触到的所有客户中，不到一成在当地新办了公司，“也都是做当地和中国的贸易生意，他们原本在中国也是靠外贸发迹的”。

“在加拿大、美国、澳大利亚这些国家，投资回报率很少有达到15%的，但在国内，这样的预期却没有什么吸引力。和90年代的疯狂相反，现在大量计划移民的客户，考虑更多的是，移民哪里对自己的事业更有帮助，或者拿哪个国家的签证，人却不用待在那里。”王力民告诉本刊记者。

新加坡成为中国人移民的热门国家，很大程度上就是受益于此。

虽然从投资额度来说，新加坡几乎是中国人移民热门国家中最高的，需要投资者在新加坡的基金市场中投资150万新币（大约相当于700万元人民币），投资期限必须满5年。但“新加坡没有移民监的限制，移民并不妨碍留在国内打理生意，而且，以零遗产税、低税负闻名。”

此外，南非、南美一些国家，甚至很多中国人闻所未闻的加勒比海岛国圣基茨和尼维斯联邦，也正成为中国人海外移民的新热点。

“移民南非、南美国家的中国人，大多在国内有过矿业投资经历，想在当地买矿投资。巴西、阿根廷的铁矿；智利、秘鲁的铁矿；玻利维亚的木材，和中国的互补性很强，就有中国人冲着这个移民。”创恒投资咨询公司包明告诉《瞭望东方周刊》，南非目前的黄金、钻石矿产业仍以原石开采为主，但政府正大力鼓励高附加值的后期加工产业，“中国很多煤老板都非常有兴趣”。

圣基茨和尼维斯联邦，这个国土面积只有267平方公里的国家，则因为是举世闻名的避税天堂而受到青睐。移民这里，只需要投资不少于35万美元在已获得批准的投资计划（包括购买房产）上。该国甚至不要求申请人告知原本国籍，也不要求申请人在当地定居。

（《瞭望东方周刊》2011年第16期/姜智鹏）

孔子学院面对平衡发展大课题

新闻背景：亚洲已经有31个国家和地区建立了82所孔子学院和39个孔子课堂，巨大成就的背后也有巨大的艰辛，尤其在发展中国家，中国教师志愿者如何适应当地小语种环境？汉语教育传统如何同本土文化接轨？如何使一些国家消除顾虑，让汉语教学满足当地日益增长的需求？这些问题正是孔子学院未来发展面对的挑战。

对中国学生来说，“愚公移山”、“孔融让梨”是传统美德，可把这些故事讲给别的国家的学生去听，却不一定能接受。孔子学院在全球的发展，就多多少少遇到了价值观差异的挑战。孔子学院的汉语教材究竟是应当坚持中国的传统文化，还是要考虑当地传统文化的不同？这是孔子学院教材编写中面临的一个问题。

5月27日至29日，“2011年亚洲地区孔子学院研讨会”在韩国大邱市举行。记者从此次会议上了解到，截至今年5月，已有101个国家建立了345所孔子学院和457个孔子课堂。其中，亚洲31个国家和地区建立了82所孔子学院和39个孔子课堂。孔子学院在亚洲快速发展的同时，也遇到了像教材是否要本地化这样一些制约进一步扩大的问题。

国家汉办主任、孔子学院总部总干事许琳在会议期间接受本报记者采访时说，亚洲国家发展不平衡，既有日本、韩国这样的发达国家，也有柬埔寨、斯里兰卡等发展中国家。一些欠发达国家的办学条件艰苦，师资力量欠缺。而亚洲各国的语言、文化丰富多样，尤其是小语种较多，这对教师教学和教材编写形成了巨大挑战。

语言差异——让汉语教师适应当地环境

为了满足海外对汉语教师的需求，2005年至2010年，国家汉办共计培训派出汉语教师和志愿者1.7万人，他们为孔子学院的发展作出了巨大贡献。许琳说，这些外派教师和志愿者在国外工作的过程中都面临语言和文化差异的挑战，并要忍受孤独和寂寞。另外，由于在国外工作，长期两地分居，一些外派教师和志愿者的家庭稳定与和睦也面临巨大考验。

中国驻印度尼西亚大使馆文化参赞邵一峿在接受本报记者采访时也谈到了这一问题。他说，从印尼的情况看，问题主要有三点：第一，现派的汉语教师和志愿者绝大多数不懂当地语言，对于深入开展教学工作有一定的影响；第二，志愿者教师委托当地华社组织代管，平时分散在全国各地，管理上有一定难度；第三，收入偏低，有的志愿者工作和生活的地方比较艰苦，待遇却没有太大区别。

泰国是我国派出汉语教师志愿者最多的国家，每年来泰任教的中国汉语教师志愿者都超过1 000名。国家汉办驻泰国代表处工作人员冉超说，由于大部分志愿者都是第一次离开祖国和亲人，刚刚从学生转变为教师，在工作和生活上都需要一个适应新定位、新环境的阶段。赴泰汉语教师志愿者被派往泰国各地大学、中学或者小学，部分学校位于郊区和农村，文化差异、语言不通、生活艰苦，给志愿者造成工作和生活上的困难。

国家汉办近年来对此十分重视。于2009年启动了多国语言储备师资的培训项目，向泰国、韩国、西班牙等国选派了百余名志愿者，到当地高校进行一年的语言强化培训和教学实习，结业后经过考核，合格者将派驻所在国任汉语教师志愿者。经过小语种培训的汉语教师志愿者赴当地任教，能更好地利用所学语言与当地师生交流，钻研教法，教授学生学好汉语，并且便于志愿者的生活。但是，目前由于师资需求量大、培训项目有限，尚未能完全满足需要。

教师培养——扩大当地教师规模是关键

为了提高汉语的国际化水平，必须加强培养本土教师的力度，只有扩大本土教师的规模，才能使汉语的国际化进一步深化。许琳认为，培养本土教师主要面临三方面的挑战。第一，由于经济衰退的影响，一些国家，特别是一些发达国家削减了教育预算，而首当其冲的就是外语教师的经费预算。由于汉语教师队伍在这些国家没有形成规模和气候，没有能力与当地政府进行讨价还价，因此这些国家的本土汉语教师数量出现了不同程度的萎缩。第二，国内各大院校对外国汉语教师的培养能力不够。第三，由于文化差异、教学方法和话语体系的不同，很难培养出合格的、适合当地情况的本土教师。

许琳说，为解决这些问题，孔子学院计划先从国内派教师到当地教学，稳定汉语教师的队伍数量，同时加大对本土教师培训的支持力度，力争用10年时间，使本土专职教师队伍达到一定规模。邵一峿则建议，为解决这一问题，国内应加大对外国的汉语教师培养、培训的支持力度，增加政府奖学金名额和培训的名额。

冉超介绍说，汉办在与泰国方面的合作中，较早地认识到了这一问题。2008年9月，泰中共同启动了泰国本土化汉语教师培养项目，为期3年，分3批派出泰国教师赴中国大学学习汉语教学相关课程。赴华学员由泰国教育部统一选拔，包括教育部定向培养的高校毕业生及在职汉语教师，学员学成返泰后将充实泰国基础教育领域的汉语教师力量，进一步缓解汉语师资压力。但是，该项目培养泰国本土汉语教师数量有限，目前仍主要依靠在泰国的孔子学院为泰国本土汉语教师提供短期培训，提高泰国本土汉语教师的教学水平。

教材编写——固守传统还是实现本土化

由于文化差异和话语体系的不同，如何编写汉语教材也是一个难题。汉语教材在应用过程中遇到了不少困难，比如课堂练习中出现“你父母做什么工作”、“你多大年纪”之类的问题，与一些国家的传统习惯有所不同。因此，有人提出要实现教材的本土化。但也有人认为，西班牙塞万提斯学院和德国歌德学院在编写教材时只根据本国情况进行编写，目的就是让外国人去学习和了解他们的文化。到底是应该实现教材本土化，还是应该固守中国传统文化，目前汉办仍在摸索中。

邵一峿在谈到这一问题时说，印尼现在较多使用的是中国编写的各种汉语教材。但是，近年来，印尼国内要求编写适合印尼人的本土汉语教材的呼声较高，有些学校已经开始自编汉语教材。也有不少人希望与中方合作编写汉语教材，但这需要中方的响应。

据记者了解，中泰在教材编写上的合作开始较早，目前泰国已将中泰合作出版的基础汉语教材列入其国家教材体系和教学大纲。《体验汉语》系列教材由中国高等教育出版社与泰国教育部基础教育委员会合作编写并出版。该教材突出了泰国本土特色，现已进入泰国中小学课堂。泰国的经验表明，汉语教材的本土化应当是一个趋势，汉办和中国的一些院校应对这个问题展开系统研究。

解除顾虑——印度、越南有待建立孔子学院

孔子学院的发展同周边国家与中国关系的复杂性相关。有些国家在签证发放上对中国人管理较严，使中国志愿者教师入境的手续复杂。中国驻印度和印度尼西亚使馆的官员都谈到了这一问题。

中国驻印度使馆教育处负责人黄志刚对记者表示，印度针对来印度汉语教师实行较为严苛的签证政策，使得几年来，仅有几名中国派来的中文教师能够短期在印度执教。中方已经多次呼吁印方能够尽快改善有关中国派遣汉语教师的相关政策，尤其是签证政策，以促进人员往来与交流。

汉语教学不只是语言传播，也是中国历史文化的传播。由于一些历史问题的影响，汉语的推广在中国周边一些国家仍具有一定的敏感性。据本报记者了解，虽然印度和越南近年来均出现汉语热，各院校和语言学校等都开设了汉语课，但孔子学院至今仍未能在中国的这两个邻国建立。

本报记者了解到，由于越南各院校开设的汉语课程比较多，再加上社会上也有很多外语培训中心开设了汉语课，越南年轻人学习汉语很方便，对孔子学院并没有迫切需求。但一些开设汉语专业的大学则非常希望与中方合作，尽快建立孔子学院，以便提升汉语教学水平，培养汉语教学的高级人才。同时，他们也期望通过这样的合作得到中方的资金支持。

本报记者从中国驻印度使馆方面得知，目前使馆几乎每周都会接到几十个当地民众询问有关汉语课程的电话，有不少人还问及孔子学院。但是，对于在印度各主要教育机构里成立孔子学院的提议，印度官方的反应似乎一直不太积极。2006 年，北京大学和印度尼赫鲁大学向中国教育部申请了在新德里成立第一家孔子学院，教育部汉办也已批准。次年 3 月，教育部通过中国驻印使馆向尼赫鲁大学转交了在该校建立孔子学院的启动资金 5 万美元，但至今这一计划仍未得到印度政府正式批准。另外，印度南部的韦洛尔科技大学也提出与中国郑州大学合办孔子学院，双方已于 2009 年 4 月在韦洛尔科技大学成立汉语语言中心，但仍然未被获准挂牌“孔子学院”。

如何通过外交、教育和文化等有关机构的协调努力和积极推进，打消对方顾虑，减少签证等方面的麻烦，是未来孔子学院在亚洲地区扩大所面临的一个重要问题。

记者接触的有关人士均表示，孔子学院的建设事实上就是一种公共外交。办好孔子学院不仅可以提升汉语在国际上的影响力，而且可以增进外国人对中国的了解。可以说，孔子学院是中国与外国“人民对人民”交流的最好平台之一。

（《人民日报》2011－05－30／丁刚　孙广勇　苏九晨　张慧中　廖政军　刘刚）

海外华人在美欧俄境遇全景图——社会越开放，吸引力越大

新闻背景：美国是自由社会，欧洲（主要是西欧与北欧）是阶层社会，而俄罗斯是转型社会。海外华人群体的境遇，呈现出由高到低的梯度：在美国最好，欧洲次之，俄罗斯最差。

这是一幅有意味的图画。骆家辉，61岁，曾任美国商务部长与华盛顿州州长，一位中国香港移民之子；奥巴马，50岁，现任美国总统，曾任联邦参议员，一位肯尼亚移民之子。日前，这两位站在媒体的聚光灯下，前者获后者提名，出任美国驻华大使，以接替已于美国东部时间2011年4月30日卸任的前驻华大使洪博培，这已引起中国庙堂与民间的共同关注。

两位仁兄有个共同点，即地位与出身之间的强烈反差，这本身就构成了美国社会开放性的一个例证，很有视觉上的冲击力。

当然，骆家辉在美国的际遇只是一个个案，不能就此匆匆忙忙下结论，说这已证明了华人在美国的境遇非常之好。我们需要画一幅华人群体在美欧境遇的《清明上河图》式的全景图。

这幅全景图可分成三个部分：美欧各国可以分为三个区域组别，依次为美国、欧洲（主要是西欧与北欧）、俄罗斯。华人群体的境遇，呈现出由高到低的梯度：在美国最好，欧洲次之，俄罗斯最差。

华人人口：美国最多，欧洲次之，俄罗斯最少

这里所说的华人，是指有中国血统，但长期工作和生活在国外者。它包括两类：一类是华人，为有中国血统的外国公民；另一类是华侨，为侨居在国外的中国公民，是为中国侨民。中间也有过渡地带，如已移民国外，取得了长期居留权，但要过一定年限才能取得所在国国籍，这是“即将成为华人的华侨”。所以，“华人—永久居民—华侨”是一个连续的分布，而且，华侨可能会转化为永久居民，永久居民则会转化为华人。

美国、欧洲和俄罗斯三个区域的华人，在构成上有一个共同点，绝大多数是中国改革开放后成为华人的，就发生在短短30年内。这些新华人，大部分为第一代华人；小部分为他们生育的子女，成为第二代华人（该种情形仅限于美国与欧洲，不包括俄罗斯）。

以美国为例。2011年2月10日，美国华人全国委员会与马里兰大学美籍亚裔中心联

合发布的“2011年美国华人人口动态研究报告”显示：截至2009年，64.1%的华人出生在海外，35.9%出生在美国。

在美国的华人，无论是绝对数字，还是占总人口的相对比例，相对于欧洲与俄罗斯都是最高的。截至2009年，美国华人人口达到363.9万。而2000年普查，华人人口仅为243万。

欧洲华侨华人社团联合会经调查认为，截至2008年9月，在欧洲和俄罗斯的华人总人数约250万。在西欧与北欧，华人人口规模最大的为英国和法国，在40万至60万之间；德国、西班牙与荷兰次之，在10万至20万之间；比利时、瑞典和奥地利对移民的进入控制较严，华人在3万左右，其他国家均在3万及以下。

在俄罗斯的华人大致维持在10万至60万之间，但绝大多数在当地并无长期合法居留权，故“铁打的营盘，流水的兵”，一些人流出，另一些人又流入。

境遇好，华人人口就多

华人在美国、欧洲和俄罗斯的人口分布差别并不是偶然的，恰恰与他们在这三个区域的境遇是正相关的：境遇越好的地方，人去得越多，正是境遇差别导致了人口分布差别。就美国与欧洲而言，人口的多少，又与社会流动性、经济流动性有关系。

从统计学平均的角度，华人在美国的境遇是最好的。华人在美国的职业分布呈两极化，从事厨师、服务员等低收入的蓝领工作者与从事教研、高科技等高收入的白领职业者比例差不多。一方面全美有近4万家中餐馆。另一方面，华人在教育、科技、经济和政治等各个领域崭露头角，成为全国精英。教育、科研精英如田长霖（著名工程热物理学家，曾任加州大学伯克利分校校长）、钱永健（生物化学家，2008年度诺贝尔化学奖获得者之一）等。经济精英如杨致远（Yahoo的创立者）等。政治精英如赵小兰（曾任小布什政府的劳工部长）、赵美心（联邦众议员）、朱棣文（现任能源部长）、骆家辉等。这反映了美国华人尤其是新华人的两个来源，一个是低学历、低技能的沿海地区农民；另一个是去美国留学的高学历知识精英，毕业后在当地找到了体面的工作。而欧洲的华人，主要的职业有三种：经营中餐馆，在欧洲有4.3万家中餐馆；经营小商业，如皮革、皮鞋、服装制造业等；中国商品的批发与分销，如位于巴黎北郊欧贝维利耶市的“巴黎中国商城”是法国最大的华商批发中心；西班牙马德里拉瓦别斯区的华人贸易批发区有批发店300多家、小商品店3 000多家。

在英法等国出现了一些地方性的政治精英，如在英国留学各地先后有20多位华人担任过地方议员。2008年的法国市镇选举，华人陈文雄和颜如玉分别当选巴黎13区副区长和连任巴黎东郊艾斯波利市副市长，但全国性的政治精英尚未出现，教育、科研和经济等方面的全国精英也仍在成长中。

俄罗斯的华人，大体是改革开放以来中俄民间贸易发展的结果，主要经营中国商品的批发与分销。如曾经存在的莫斯科切尔基佐夫斯基市场，是莫斯科乃至全俄罗斯最大的中国商品集散地，据俄罗斯中国总商会统计，在那里经营的华商大约有6万家。俄罗斯目前还没有面对华人的长期居留权与归化政策，因此华人在俄罗斯的社会地位，还不在日程之中。

必须说明的是，虽然从经济与社会地位来衡量，欧洲华人的境遇比美国华人要逊色一些，但华人在欧洲并没有遭受系统性的种族歧视或仇外、排外的民族主义，政府与社会层面都是如此。盖美国与欧洲国家都是现代国家。

作为转型国家的俄罗斯却是另外一回事，如2009年6月，莫斯科东区政府将科切尔基佐夫斯基市场“永久关闭”，给华商造成直接经济损失400多亿元人民币。2007年2月，西伯利亚伊尔库茨克市，一群民族主义分子占领了市移民局办公大楼，要求驱逐当地华人。

因此，华人在所在国的经济与社会境遇，符合美国—欧洲—俄罗斯这样的从高到低的梯度。大体而言，在现代国家内部，华人在美国比在欧洲境遇要好，原因在于美国比欧洲的社会流动性、经济流动性要好。

美国华人的境遇与自由流动社会

常言道，“水往低处流，人往高处走”。在自然状态下，水因重力的作用，从高处往低处流，要反过来让水从低处往高处流，就必须做功。人要从低处往高处走，同样也是不容易的。衡量一个社会中个人从较低的阶层往较高的阶层爬升、迁跃的能力，就要看社会流动性（social mobility），流动性好，意味着与你的父辈相比，你能去从事收入更高的职业，有更体面的社会地位。

美国的社会流动性较好，称得上是一个自由社会，不是阶层社会，意味着阶层与阶层之间是连续的分布，处在不断的流动之中，不会有阶层的断裂、隔绝。而没有阶层的断裂、隔绝，就不会有阶层的固化和阶层之间的对立，因为任何阶层之间的对立，乃至阶级斗争，都是建立在阶层固化的基础上的。如果阶层是处在不断的流动之中的，前面的人不断爬上去，后面的人不断走上来，前后相属，绵绵不绝，任何人想要煽动阶层之间的对立和仇视，也只能是徒费唇舌。

德国社会学家桑巴特在《为什么美国没有社会主义》一书中认为，与欧洲相比，美国较好地实现了机会均等，工人有更多的机会提高自己的地位，说明美国的社会流动性更好，这是美国工人更多倾向于“生产性努力”而不是“分配性努力”的原因，也是社会主义在美国不振的原因之一。

美国的社会流动性好，是因为经济流动性好，就业机会多，对社会成员的开放性好，且保持了良好的创造性，使得新产品、新技术、新生产方法等层出不穷，这意味着新的就业机会源源不断地产生，意味着经济体对人力资源保持着旺盛的需求。

例如，手机、个人计算机、互联网的发展与运用，美国个人与企业为之提供了强大的牵引力，先后涌现了手机发明者摩托罗拉，硬件制造商IBM，比尔·盖茨的微软，CPU研发与制造商Intel与AMD，“整合全球信息，使之更便捷、更有用”的搜索引擎Google，ZucKerberg的社交网络Facebook，极大提升了信息流动性的Twitter，引领手机及个人电脑新时尚的苹果公司等。

这些企业，有相当一部分是一个或少数几个人逞“个人英雄主义”，又恰好适应了市场趋势和时代潮流的产物，这些人不仅因此经济和社会地位得以大幅度跃迁，各领风骚，成为时代英雄，还改变了所有人的生活方式，而且是朝着更好、更便利的方向，创造了大量的就业机会尤其是高收入就业机会，而且是不分畛域，能者居之。

正是在这样良好的经济流动性和在此基础上的良好社会流动性下，美国华人中接近一半得以从事科研、高技术、白领等高收入职业，获得较高的经济与社会地位，而且，这些人大部分是第一代移民。事实上，不论你的族裔和出身如何，总能使你从事可创造最大社会价值的职业，从而使你的经济与社会境况总能与你的能力相匹配，而这恰恰是一个开放社会的最大魅力所在，因此，不仅是华人因此受益，印度裔等也因此受益，所有人都因此受益。前面把美国归为高社会流动性的“自由社会”，但也不能因此忽略美国社会内部的多样性。

事实上，在美国社会，也有两个美国，一个是加利福尼亚州式的美国，更倾向于民主党，主张大政府、高税收、高福利的欧洲模式；另一个是得克萨斯州式的美国，更倾向于共和党，主张小政府、大市场、更多经济自由的模式，信奉1776年的两个文献：杰弗逊的《独立宣言》和亚当·斯密的《国富论》。

美国人总体上还是更倾向于第二个美国的，有两点可为证。一是2010年美国出现了以减税、反对政府自我赋权的草根性的茶党运动，风生水起，有声有色，这与金融危机以来欧洲公营部门和国有企业工会主导的反对减高薪水、减高福利的大量罢工形成了鲜明的对比。

第二个证据更重要，2010年4月1日美国十年一度的人口普查，新出来的人口数据将决定美国未来十年各州在联邦众议院的议席数量及各州的选举人票数（总统选举用的）。目前出来的结果是，8个州的众议院席次出现了增加，共和党的大本营得克萨斯州增加了4席，这些州大多数是倾向共和党的；10个州的众议院席次出现了减少——2008年总统选举中，这10个州奥巴马赢了8个，民主党的大本营纽约州减少了2席。这是因为选民用脚投票，选择去有更多经济自由度和社会流动性的州工作和生活的结果，而这些州基本上都是共和党人治理的。这说明，在州及地方治理层面上，有更多的竞争是好事，选民因此有了更多选择，除了行使用手投票的权利之外，还可以保留用脚投票的权利。

欧洲华人的境遇与阶层社会

与美国相比，欧洲的社会流动性就差了些，是阶层社会，意味着阶层与阶层之间的连通性不是很好，上升、迁跃的通道窄小，因此就会产生明显的阶层断裂与隔绝，从而导致阶层的分化与固化。欧洲大体上都出现了三个阶层。

第一阶层，是公职人员与国有企业员工。由于阳光法案与权力制衡等措施，西欧与北欧的公职人员清廉指数都比较高，但他们都过得比较惬意，工作清闲，经济收入好，社会地位高。2010年，希腊爆发了债务危机，借钱维持公职人员与国企员工高收入、高福利有点难以为继了，政府为此不得不给他们稍稍降一些收入和福利，但这些下午3点钟就可以下班的公职人员不依，发起了多次罢工。

2010年12月，西班牙的国企员工全部航管员2 300多人以“集体患病”为由脱岗罢工，造成2 000多个航班停飞，60多万乘客滞留，以报复西班牙政府减薪。这些航管员，上班时间少，加班津贴高，平均年薪近40万欧元，52岁就可以退休。政府稍稍给他们减了一点薪，以示共度时艰，减薪后的收入仍相当于西班牙首相的3倍，就这样，他们还不依，不惜绑架旅客。

法国政府由于财政困难，通过改革，将退休年龄从65岁推迟到67岁，最不愿意的是公职人员和国企员工，他们发起多次罢工，地铁停运，公共交通中断，不惜绑架全体市民。

之所以出现这一阶层是因为，一方面，政府相信在许多事情上公营部门比私营部门、国有企业比私有企业更能实现公共利益，因此这些部门和企业是不可能关闭的；另一方面，政府容许公营部门、国有企业像私营部门、私有企业那样建立工会，由于这些部门和企业涉及公共服务、公共交通，工会手中的筹码更大，结果就是，政府不断用纳税人的钱来安抚这些人日益增长的胃口，反正也不是官员自己的钱。

第二阶层，是私营部门员工。这些企业要缴纳很高的税，员工的个人所得税的边际税率也很高，这些税金是政府福利基金的主要来源，总体上，这些人缴纳的税要高于他们享受的福利，这其中的差额，一部分就成为第一阶层公职人员与国有企业员工享受的租金，另一部分就成为第三阶层享受的福利。

第三阶层，是不工作者和失业者。由于政府给失业者的福利非常丰厚，足以维持一个体面的生活，这等于提高了工作者的机会成本，使得收入在这一福利上下的许多人选择不工作，这就是福利性失业（因而减少了劳力的供给）。而另一部分人，由于就业机会缺乏（即市场缺乏对劳力的需求）而失业，这种失业者常常是年轻人，许多还有高学历。欧洲的失业率普遍高于美国，其中年轻人失业率要远高于涵盖所有人的失业率。

这三个阶层是比较固化的，有一部分第三阶层的人喜欢这样的生活，另一部分第三阶层的人想上升到第二、第一阶层而不得，第二阶层羡慕第一阶层养尊处优、无忧无虑的生活。由于国有经济对私营经济的挤出效应、高税收、企业雇工不自由等，市场创造新的就业机会，尤其高收入就业机会的能力就比较薄弱，前面说的手机、个人计算机、互联网等方面的主要创新基本上是在美国而不是在欧洲产生，不是偶然的。

在这样的情况下，本国人想要向上流动犹不容易，更何况华人，这就是华人只能经营中餐馆、小商业、买卖中国商品的原因，这也是中国名校学生、知识精英更喜欢去美国深造的原因，固化的社会结构实难辞其咎。

俄罗斯华人的境遇与转型社会

有一个有趣的现象，即在俄罗斯和东欧等转型社会，有民族主义的明流与暗流汹涌，在德国的东部地区（前东德），今年2月出现了几千人规模的新纳粹游行，民众则自发组织了2万人规模的反纳粹游行进行反制。值得一提的是，新纳粹基本都产生于转型社会的东德地区。同样在俄罗斯，也有新纳粹和光头党，包括华人在内的外来移民常成为他们攻击的目标。

这其实是计划经济的后遗症。在计划经济下，有一个庞大的国有企业体系，国家是唯一的雇主，民众尤其是城市民众是雇员。在清一色国企的情况下，国企不是面向市场而生产的，因而其对雇佣职工的要求也不是按照市场标准的。当向市场经济转型过程中，大批国企要么破产，要么转型以面向市场需求，大批国企员工也因此失去工作，一部分人永远也找不到工作，因为他们缺乏适应市场需求的知识和技能。原则上，其他条件不变，那些在国企浸淫越久的员工，其在市场经济下的谋生能力就越弱，不得不沦为社会底层，领一份微薄的救济金，或从事一份收入微薄的低知识、低技能的简单工作。

俄罗斯转型过程已逾20年，这些人的子女也成长起来了，故这些人和他们的家属构成了一股不容忽视的社会存在。当华人进入俄罗斯时，从事的职业，首先是与这些人而不是高知识阶层有直接的经济竞争，其次将个人经济和社会上的失败归咎于外人而不是自己或自己过去在其中浸淫日久的体制，心理关更容易跨过，成本也更低，因为外人在这里更缺乏保护，从而民族主义及其变种种族主义就成为他们自我肯定的“春药”。在政治层面上，民族主义因为可以制造出一个个具体的假想敌人，从而可被当作公共治理失措及社会矛盾的掩体，政府因而就无意给予外来者与国人一样的国民待遇和国民保护。

所以，总体上俄罗斯经济在增长，经济流动性和社会流动性都可以，但由于计划经济的历史存在造成的社会底层流动性较差，是华人在俄罗斯境遇较差的重要原因，这是转型社会的代价之一。

自由社会、阶层社会与转型社会的区别

总体来说，美国具有良好的社会流动性、经济流动性，让包括华人在内的一切外裔因此受益，让包括外裔在内的一切居民因此受益；欧洲，主要是西欧与北欧，是阶层社会，社会流动性较差，有明显的阶层分化与固化，影响了包括华人及外裔在内的一切居民阶层上升和迁跃；俄罗斯是转型社会，总体经济流动性、社会流动性不错，但计划经济体系下的部分人对市场经济的不适应，导致其社会底层流动性较差。这是造成三个区域华人的境遇呈下坡式梯度，并进而导致华人人口在这三个区域呈下坡式梯度分布的原因。

中华民族是伟大的民族，生存力强，适应力强。为了追求梦想、自由和更好的生活，他们不仅在中国大地上顽强生存和快速适应，更能漂洋过海，在世界各地落地生根、开花结果。

因此上述分析不可使我们得出简单结论，华人在海外只是被动地适应当地的环境。事实上，华人也越来越意识到，他们已日益构成当地环境的一部分。而这种意识的萌发，必将在世界各地塑造一个个全新的华人群体。

（［日本］《新华时报》2011－08－10 第351期/陈斌）

移民潮PK归国热　“人财”争夺战谁主沉浮

新闻背景：“中国首超英国成澳洲最大移民来源国”、“将保持加拿大第二移民来源国地位”、“中国近三成资产超亿企业主已移民”……近日，频见报端的此类新闻让渐显的“移民潮”再受关注。继20世纪70年代末80年代初期及90年代初期的两次“移民潮”之后，如今，中国大陆又隐现第三次移民浪潮。

不同于以往单边流出占据主流，受各国紧缩移民政策的冲击，加之欧美债务危机的影响，也促使越来越多的海外华人萌生归意。最新资料显示，曾经是人才主要输出地的亚洲地区，特别是中国和印度，近来出现了一波“人才回流”，“归国热”在这次若隐若现的浪潮中同步升温。

一去一回之间，中国正全面参与着人才、资本等资源的国际化交流。

投资移民成主力　第三波“移民潮”若隐若现

据有关媒体报道，1999 年之后的 10 年间，中国国内 200 万人合法获得了外国绿卡。以美国为例，该国国土安全部公布的移民数据显示，2010 年中国共有 70 863 人获得美国绿卡，这一数字比 2009 年增加了 6 625 人。中国人获得美国绿卡主要是通过投靠在美亲属和赴美工作。

北京因私出境中介机构协会会长齐立新曾介绍，近十年申请各国技术移民的人群较为庞大。仅以加拿大为例，业内人士估算，中国平均每天有近 60 名教育背景良好的精英人士向加拿大移民局递交移民申请。

与以“公派出国”为特征的第一波移民潮和“技术移民”为主的第二波移民潮不同，“投资移民”的大量出现成为这次移民潮较为突出的特点。来自各国移民局的数据显示，中国通过投资移民海外的人数近年来在逐年增加，仅去年获得加拿大、美国、澳大利亚三国移民签证的人数就超过 6 000 人。

招商银行及贝恩公司今年 4 月联合发布的“中国私人财富报告”显示，2011 年内地富人将增至 59 万人，他们的个人可投资资产规模将达 18 万亿元。调查发现，个人可投资资产在 1 亿元以上的富人中，约 27% 的人已经完成投资移民，正在考虑投资移民的占比也高达 47%。

美国公民及移民服务局（USCIS）发布的数据显示，2010 年中国大陆的投资移民申请共 772 人，占该移民局全年发放 EB－5 签证总数的 41%，居全世界之最。2009 年，这一数字更是高达 1 979 人。加拿大 2010 年将投资移民的金额提高了一倍，结果非但未吓走中国移民，人数反而呈现爆炸性增长。加拿大公民和移民事务部负责人表示，2010 年中国大陆投资移民该国人数占全部投资移民的 62.6%。澳大利亚移民与公民事务部的数据库显示，大陆地区 2010 年获得商业移民签证的人数达 3 416 人，其中年龄多介于 35 ~ 44 岁。

这些多介于 35 ~ 44 岁的投资移民潮主力，选择将加拿大、美国、澳大利亚定为主流移民国家，欧洲一些国家申请人数相对较少。子女教育是他们进行投资移民的首要原因，“寻找安全感”、“更便利的海外业务拓展身份”、“更健康的生活环境”、“更完善的社会保障”和“更安全的财富氛围”等原因则紧随其后。

一些国家降低门槛被认为是中国投资移民大量增加的原因之一。2009 年起，经历国际金融危机重创的欧美国家，为吸引外部资金，将投资移民限额逐步放宽，大大推动了中国公民的海外移民进程。据《英中时报》报道，尽管英国首相卡梅伦发誓“削减移民”的讲话言犹在耳，尽管经济低迷的持续使英国社会反移民声浪日渐高涨，这些都没能阻挡住英国对海外投资的迫切渴望：3 月 16 日，内政部移民事务大臣达米安·格林宣布了最新修改的投资移民政策。新政与以往相比最大的不同在于，允许申请人根据在英国投资金额数量来决定获得永居的时间。

权衡优劣　多重利好因素致“回流潮”升温

在第三次移民潮若隐若现之际，早前技术移民的“回流潮”却已实实在在摆在眼前。美国列文研究所发布的一份研究报告表明，从 1996 年到 2006 年，回到大陆的“海归”增长了5倍之多。中国教育部发布的数据显示，在2009年，从海外回国的中国留学人员数量达到108 000人，较2008年增长了56.2%；而在2010年，中国“海归”的数量达到了134 800人，创下历史新高。虽然整体上仍处于流出状态，但是回流人员的增长幅度已大大超过了出国人员，主要从事着互联网、IT、通信咨询、法律服务和教育等行业。

自2008年全球金融危机之后，世界经济低迷、尚未全面复苏，特别是美国、英国等西方主流国家，经济复苏缓慢、政府赤字庞大、大量企业破产、物价持续高涨，失业率居高不下，公共服务与社会福利也严重削减，不少工薪阶层提心吊胆地过着朝不保夕的日子，整个就业市场一位难求。

据最新资料显示，曾经是人才主要输出地的亚洲地区，特别是中国和印度，近来出现了一波“人才回流”；而向来是人才主要接受地的美国经历着历史上第一次“人才逆流”。位于美国加州的硅谷，甚至闹起了“人才荒”。在所有接受调查的中国“海归”人员中，90%表示经济和个人发展机遇是他们回国的主要原因之一。其中，81%的中国“海归”认为祖（籍）国的创业环境优于美国的创业环境。

英国布鲁内尔大学（Brunel University）高级国际专员吴毅勇直言，这几年，中国留学生毕业后在英求职的人数明显下降。“很多学生本身就不以‘在英国找工作’为目的，而是抱着‘肯定要回中国’的心态留学”，他说。

与美国等西方国家不同，中国经济企稳也吸引了早年移民的华人回流，迅速发展的中国给“海归”们提供了更多的创业机会。中国政府制定了“千人计划”等海外高层次人才引进计划，还对留学生回国提供了包括户口在内的更多优惠政策条件；国内各个城市也纷纷推出海外人才引进计划，对回国创业的“海归”加大扶持力度和政策的灵活性。很多“海归”认为，当下是回国创业的最佳时机。中国作为新兴国家发展的大好机会，也是“归国潮”出现的重要原因之一。

一位从华尔街回国的基金经理表示，中国近年来的发展势头非常强劲，虽然国内基金公司的薪水没有国外高，但是考虑到两国的消费水平，国内的性价比更高；而且，中国基金业的发展仍然处于低水平阶段，未来发展空间很大。

中国留学生选择回国的原因很多，有一部分人本来就打算回国创业，但大部分人受签证影响而选择回国，紧缩移民政策导致的签证难是“归国潮”出现的一个原因。为保护英国本土劳工的就业机会，英国移民部长达米安·格林3月14日公布最新“短缺行业名单”，计划削减大约27万名非欧盟技术移民。据法新社报道，在法国政府此前宣布要将每年合法移民从20万缩减到18万之后，法国内政部长盖昂又开始拿工作移民开刀，并宣称“法兰西不需要泥瓦匠，不需要餐馆服务员”。

“人财两空”？移民热引发“人才资本”流失担忧

新一波“移民热”，特别是精英人群移民的兴起引发了各界对于中国人才与财富流失的担忧。此前有报道宣称，中国近三年移民的精英向海外带走了170亿元人民币的财富。对外经济贸易大学公共管理学院副教授李长安曾撰文指出，富人移民带走的不仅仅是数以万亿计的资本，更严重的是精英阶层的流失，中国正面临着“人财两空”的风险。

2007年，中国社科院发布《全球政治与安全》报告显示，在成为世界上最大移民输出国的同时，中国流失的精英数量也居世界之首。有文章指出：“自1978年以来，有106

万名中国学生留学海外，仅 27.5 万人回国。流出海外的 78.5 万青年才俊，相当于 30 所北大、30 所清华的所有在校本科生。”1985 年以来，清华大学高科技专业毕业生 80% 去了美国，北京大学这一比例则为 76%。2008 年 7 月的美国《科学杂志》，把清华、北大比作“最肥沃的美国博士培养基地”。

更有一些阴谋论者认为，美国猛吸中国富人移民不亚于向中国发动了一场看不见的金融战争。过去美国“打劫”的对象是日本、韩国或中东富裕国家，如今美国将“打劫”的目标对准了中国，而且在布局一个非常大的阴谋。一方面围堵中国政府的巨额外汇储备，推动中国购买美国国债；另一方面，对中国民间财富釜底抽薪，猛吸中国富人移民美国。此外，移民是否会导致贪官外逃也引起社会的一片讨论。

对于这些担忧，复旦大学教授葛剑雄给出了不同答复：“应该以开放、自信、包容的心态对待移民热。这是经济、政治、社会、文化发展到一定阶段的必然结果，很多国家和地区都曾经历过。”

中国人民大学社会与人口学院副院长李路路也认为，中国人口本来就多，不能单从精英出国的绝对数量较多就判断人才的大规模流失。“虽然我们感觉移民海外的高知人员和富裕家庭的绝对数量增加了，但较之日渐扩大的智、富群体，绝对比例并不高。”

香港大学亚洲研究中心在读博士阎靖靖表示，目前看来，新加坡、印度等出现过精英外流移民潮的国家，未曾因移民潮而遭受不可挽回的创伤。

但是，值得关注的是，中国对于人才资源的渴求度正在大幅提升。当下，人才资本对于一国的竞争力正变得日渐重要。如今的中国，正面临创新型国家建设、经济结构调整以及产业升级的阶段。不缺乏资金和硬件而欠缺人才的中国，已经到了遏制人才流失、主动争夺外籍顶尖人才的阶段。

潜藏风险挑战多　归国者与移民者均需调整心态

“凡事都有风险”，不论是归国者还是正在准备移民海外的人，他们都在思考着自己前途未卜的命运。

每年留学生归国人数的逐步增加、国内人才与海归人才日渐缩小差距和国内高端职位竞争激烈的现实，再加上部分海归因缺乏系统的职业生涯规划，所学专业与大部分人雷同，对当前形势的错误估计和过高的职业期待，使得“海归”不再成为香饽饽。举例说，以前美国常青藤联盟等名校的博士毕业后不难在清华、北大等一流学府谋得教职，但当下这些学校的毕业生已经有人把目光瞄准国内二线高校和中西部广大地区，甚至一些人因为个人能力问题，从引人注目的“海归”变成无人问津的“海待”。

海归确实在回国之后面临着收入锐减、文化适应、子女教育等难题，了解中国机会的实质、了解个人的社会适应度、要有社会资本、要有信息灵敏度是专家对他们的重点建议。

对于即将准备移民的国民来说，面临的形势也并非乐观。“9·11”恐怖袭击事件以后，以移民精神享誉世界的美国，已逐渐成为全世界移民政策最为苛刻的国家之一。2000 年初，美国最多可以发出 19.5 万张工作签证，但现在只有 6.5 万张了。《今日美国》日前报道说，由于科技人才签证严格，排期过长，加上现在生活费用昂贵，外国出生的科技专才纷纷返回祖（籍）国创业，尤其是中国和印度，每年回国的人数达数万至数十万。

英国则出于保护本土劳工就业机会的考虑，计划削减大约27万名非欧盟技术移民。

就连风生水起的投资移民，也纷纷出现水涨船高的局面，加拿大、澳大利亚、新加坡等热点移民目标国相继大幅提高了商业移民的门槛。新加坡投资移民金额从100万新元增加至150万新元，加拿大从40万加元提高到80万加元后，从今年7月1日起，每年又对可接纳投资移民申请量设置了700件的上限。澳大利亚可能今夏正式签署实施新政标准和引进打分制，更加关注申请人的受教育程度、新技术开发、已有商业进出口渠道和英语水平等方面因素，这对于那些无教育背景和零英语基础的申请人来说无疑是一个打击。

只有美国投资移民降低到50万美元，尚增加50万美元投资移民，但是，投资移民从临时绿卡换成正式绿卡时不算低的失败率亦使广大移民者望而却步。

（中国新闻网2011－08－17/陆春艳）

留英“富二代”的圈里圈外

新闻背景：到英国留学的中国学生中，有这样一个可被称为“富二代”的群体。他们来自中国富裕家庭，家里拥有自己的生意，有的资产过亿。他们的父母在中国改革开放之后的商业浪潮中成为“先富起来”的一批人，而出生于20世纪80年代或90年代的他们，生活环境优越，并有条件接受良好的教育，掌握丰富的社会资源和人脉资源。

在“富二代”这个称号之下，不同的个体有着怎样不同的人生选择和生活状态？他们的真实生活和心态是怎样的，又是如何形成的？就相关问题，《华闻周刊》记者近日对留英“富二代”的个体进行了采访调查。

“圈子”的形成

记者通过调查发现，不可否认，留英的“富二代”群体有着自己的社交“圈子”。在同一个“圈子”中的人，大都有相似的家庭背景，因为业余爱好、休闲方式和消费模式相近，能够彼此建立起一种认同。

但这些“圈子”也并不完全一样，即使同样属于“富二代”，有的“圈子”夜夜笙歌，有的却勤奋向上，不可一概而论。

晚上9点之后，英国各大城市华埠的KTV、夜店、酒吧和赌场等场所，是很多“富二代”圈子最常聚会和流连之地。

接受《华闻周刊》记者采访时，18岁的Kelvin津津有味地聊起以前和“圈子”里的朋友在一起的娱乐生活：“那时候挺好玩的，晚上常去唐人街，吃饭，唱K。也有不出去在家聚的时候，打牌是主要的娱乐活动。”他15岁时即到英国留学，从伯明翰到伦敦，转学多次。自称“不是好学生”的Kelvin说，多次转学的主要原因是“学校管得太严”。

Kelvin的父母早年从中国内地城市到沿海的东莞打拼，通过制造业起家，逐渐积累起过亿资产，现已移居香港。

谈到当初留学英国的原因，他直言，主要是刚开始觉得英国比较“好待”。

“之前我在香港读中学，没毕业就到英国来了。来英国，主要是因为香港的学习环境压力太大，课程太难，不好升学”，他说：“后来听‘各界人士’说英国读书升学比较容易。所以我父母就安排我到英国来留学了。”

Kelvin 还向记者表示，父母最初本也打算送他去美国读书，但又觉得美国“太危险”：“他们觉得我一去，肯定要出事。所以就直接把我‘弄’到这儿来了。”

Kelvin 最初来英国时读的是私校，学费“一年两三万”。他本以为英国读书会比较“轻松”，但没想到来英国后发现并非如此。用 Kelvin 的话说，就是英国人做事“太死板”，学校既要求“出勤率”，还真让他凭本事去参加“考试”，没有什么“人情”可讲。学习压力大，感觉自己“跟不上”的 Kelvin，一提到上课、读书就“头痛”，也因为达不到学校的要求，不得不多次转学。

在他看来，只有和与他有共同背景和相似烦恼的朋友们在一起玩，才觉得生活“有意思”。从伯明翰到伦敦，他认识了不少朋友，大部分是家庭条件跟他差不多、留学原因相似的中国学生。“大家能聊到一起，也能玩到一起，老聚在一起，就形成了一个圈子。”Kelvin 说。

朋友里有人爱买名车，Kelvin 却说自己“不玩车”，因为还没考到驾照。但其他的开销却“算不清楚”。买名表算是他的一个消费爱好：“最喜欢买的牌子是百达翡丽。”

但天下没有不散的宴席，最初圈子里的朋友，有的回国了，有的去了其他城市，这让 Kelvin 倍感孤单。他希望在最新转学的学校中交到新的朋友，也希望走出自己的“圈子”，去结交来自不同家庭背景的朋友，却不能如愿。

“我邀请新认识的同学一起玩，但他们都说要打工没时间。他们在一起谈论的话题很多是‘一小时能赚多少钱’，我和他们没有共同话题。”他说。

事实上，家庭背景、成长环境和生活方式的差异也的确让“圈里圈外”形成了一种隔阂，在留学生群体中，物以类聚、人以群分的“圈子”现象比较常见。

与此同时，在留学英国的“富二代”群体中还存在着另外一种“圈子”。在这些群体的家庭中，上一代对子女教育极为重视，对他们做人方式的要求也极为严格，培养他们上名校、掌握最先进的知识，成为行业精英，锻炼他们的自立能力和商业眼光。

而这些“富二代”群体，也从上一辈白手起家、创富开拓的轨迹中，学到了低调、稳健和勤劳的作风，希望为社会创造更大价值。他们在各行业勤劳打拼，也正在崛起为一股重要的力量。

人生选择无关贫富

对“富二代”群体来说，到底是“财富”决定了他们的生存方式，还是家庭教育影响了他们的人生选择？

晚上 8 点，接到记者电话时，Lina 称自己还在加班，“刚刚领到饭，工作还没做完，看来还有下半场”。经常加班到晚上 10 点，早上 7 点就到公司，饿了吃盒饭，这样起早贪黑、勤奋敬业的“上班族”形象，和人们想象中的“富二代”完全不同。

Lina 来自中国深圳，其父亲的企业资产雄厚，涉足金融和房地产业。Lina 先后在英国名校剑桥、LSE 读书，目前就职于伦敦金融城的一家跨国投资银行。但她为人低调、做事努力，也很少购买奢侈品牌，所以极少有人知道她是“富二代”。

“我知道人们一提起‘富二代’，就会想到炫富、败家这些词，的确是有这样的人存在，但我认为家庭条件并不能决定你走哪条路，关键还是看家里的教育和自己的选择。”Lina 说。

Lina 说自己其实没有刻意去回避“富二代”这个词，因为她认为自己“最大化”地利用了父亲为自己提供的条件，努力地学习，用心地工作，可以说是“对得起这些资源”。

她很佩服自己的父亲，从一无所有到获得现在的成就，完全凭借着自己的勤奋和努力。

“我父亲从小就告诉我一定要依靠自己的能力，自力更生。而且直到今天，我父母依然非常努力、低调和勤俭。我在这样的家庭长大，从小耳濡目染，不可能去过一种依赖别人、自己不努力奋斗的生活。”

而在 Lina 的同学中，也有很多来自中国富裕家庭。“我在剑桥读书时的朋友圈子中，很多人家庭条件都不错。但他们都很努力地学习，有自己事业上的追求。”

Lina 说自己的人生目标是成为金融行业的资深人士，对行业走势能做出专业的点评和预测。“如果父亲需要我去帮忙处理公司的事情，我当然愿意出力，但我不会放弃自己的事业目标，会努力去找到平衡点。”

据 Lina 透露，在她的朋友圈子中，有一些人毕业后回国，因为家里拥有丰富的人脉资源，加上自己的知识才能和国际视野，的确已经取得了一些成就，同时也创造了不少的社会价值。

“不爱读书”的 Kelvin 则坦率地承认，“财富”的确在有的时候会限制自己的成长。“特别是当你遇到挫折和困难的时候，就会想到依靠家里。但我却并不认为‘富二代’有什么不光彩。我们一出生，就在这样的环境中了，我们没得选。”他说。

Kelvin 认为自己虽然“不爱念书”，但爱“经商”。父母是“白手起家”，凭借自身的商业眼光和努力从无到有，他从小接触到的商界名流也不少，所以他认为在经商方面自己还是很有先天优势的。他说现在已想好了将来创业的行业，也与这些行业的人有了一定的接触。

尽管在英国留学一波三折，Kelvin 却自认为留学过程中还是有收获的，比如提高了自理能力、英文水平和交际能力等。

“我读完书就要回中国去，我是中国人，自然要回去。但我不会回父母的企业，而要自己创业。不为赚钱，只为让自己超越父母的成就，以后我还要做很多的慈善”，他说，“人这辈子总要做点儿事，不能让人生‘空荡荡’的。”

（［英国］《华闻周刊》2011－09－04/薛章）

（本栏目责任编辑　徐云）

特别关注

本栏目内容选登了本年度引起广泛关注的涉侨现象和焦点问题的文章，并配之相关背景资料，以期读者全面解析文章内容的思想观点。

虎妈式教育不宜盲目模仿

新闻背景：年初，美国《华尔街日报》一篇题为“为什么中国妈妈更胜一筹?”的文章引起轰动，文章作者蔡美儿（Amy Chua）迅速成为英美媒体追逐报道的焦点人物，其在英美媒体和网络上掀起的一场中美家长育儿方法差异的大讨论十分热烈。

蔡美儿是华裔第二代美国移民，目前是美国耶鲁大学法学院的教授。《华尔街日报》刊登的蔡美儿的文章是其新作《虎妈战歌》的节选部分。蔡美儿在文章中透露自己教育两个女儿的“N 条家规”，包括严禁看电视或玩电脑游戏、学习成绩一定要拿 A 等。蔡美儿主张对子女高要求的中国“悍母”式教育方法在英美社会引起强烈反响和讨论。有人认为这种教育方式解释了为什么中国孩子的成绩相对来说比较优秀，但也有人认为这对孩子来说过于严苛甚至极端，令人难以接受。

正方　对“不努力”说“No”

我是本书的翻译，也是一个生活在北京的中国妈妈。在繁忙的工作之余，我有幸赶在众多读者之前，走近了本书作者蔡美儿。

一页页地感受美儿教育孩子的真实和真情，一遍遍地惊叹美儿的投入和执着，一次次地体验美儿的超凡和决然，一步步地走进美儿的喜怒和哀乐……

不经意间，我就被美儿深深地吸引了，打动了。

美儿有两个女儿——索菲娅和路易莎，姐姐 17 岁，妹妹 13 岁。从跨进学校大门的第一个学期开始，她们就保持着门门功课皆“A”的全优纪录。姐妹俩差不多从 3 岁开始练琴。姐姐索菲娅 14 岁就把钢琴弹到了世界音乐的圣殿——著名的卡内基音乐大厅；妹妹路易莎在 12 岁那年，就坐上了耶鲁青年管弦乐团首席小提琴手的头把交椅。大庭广众之下，她们的举手投足更是彬彬有礼、可爱迷人，被羡慕不已的美国妈妈看作同龄人的楷模。

在美国这个竞争激烈的社会里，这对姐妹的出类拔萃令美国父母惊叹：“中国式妈妈”是怎样获得了他们极难企及的“美国式成功”的?

美儿在美国西方文化的包围中坚持做“中国妈妈”，绝不是海外华人追根寻祖的情感使然，而是在经历中西方文化的激烈冲突和认真比较后，她清醒而坚定地认同并选择了中国人教育孩子的方式。

美国人特别强调对孩子的尊重，他们常常把选择的权利交给孩子。结果孩子很轻易地就选择了放弃，因为没有什么人天生就喜欢努力，孩子们也宁愿张开双臂去拥抱轻松。美儿认为，西方父母对孩子的自尊担忧过多，但是作为父母，最不利于保护孩子自尊心的行为，就是你眼看着他们在困难面前放弃努力而不作为。

时间对每个人都是公平的，做每件事情都会有机会成本。因此我们所作出的每个选择，其实都意味着与此同时的某些放弃。而美儿的选择，是在一开始就不给孩子选择“不努力”的机会。我们看到，这其实是最好的一种选择。至于你是让孩子去弹钢琴还是拉小提琴，是弹吉他还是吹长笛，是画画还是游泳，则可以灵活些。让孩子选择任何有价值、有意义的事情，然后专心致志、全力以赴、坚持不懈地去做，孩子自然就会体验到，要做好一件事情，他需要怎样去做、要努力到何等程度。其实这个过程本身，就会让孩子在举一反三中受益终身。

当越来越多的中国父母将目光投向国外，寻求和接受西方先进的教育理念和方法，并开始反思我们自己甚至摈弃中国传统的养育思想之时，蔡美儿——这个“中国式妈妈”获得“美国式成功”的故事，值得我们回味和深思……（文/张新华）

反方　蔡美儿不能代表华人母亲

当看到《为什么中国妈妈更胜一筹?》这篇文章时，我目瞪口呆。蔡美儿在文中详细描述了其以严厉之道培养孩子的部分方式。我得说，我在中国所认识的诸位母亲中，没人会像她那样对待孩子。身为法学教授的蔡女士来自康涅狄格州，育有两女；在自命不凡这方面，她可算是“孤芳自赏”了。

不过，我仍然可以想出三点理由来解释何以华人母亲会有此类“地狱老母”的行为：

第一，旧时的中国以其所抚养的孩子来衡量女人的价值。“母以子贵”是一句源远流长的中国老俗话，意即一个母亲的全部价值就在于她的儿子；而在1949年之前，合法推行的“一夫多妻”制则让事情变得更糟糕。不难想象，那些命运握在别人手里的妻妾们是如何用孩子来明争暗斗的。

第二，以吃苦为荣。这并非华人母亲或者中国文化所独有的，但是，中国人确实信奉“吃苦”乃成功的必经之道，激情及愉悦概是与成功毫不相干之事。苦难之于国人，就犹如军功章之于战后老兵。蔡女士已经把这点说得很清楚了：吃苦让人挣到了自吹自擂的权利。要是蔡女士的女儿实际上非常乐于弹奏乐器，那对蔡女士而言，让她们没日没夜地练习完全是毫无意义的。

第三，成功，就是意味着可以将自己的意志强加在别人头上。

然而，尽管有上述三个植根于文化传统的紧箍咒，大部分的华人母亲在育儿之事上的思维已然更为开明。为了保证我在这一点上没有搞错，我在自己的微博上贴了一篇蔡女士之文的摘要，随后立马就有数百人对此作出回应。不但有很多人印证了我的想法，还有不少来自年轻人的回复指出，他们的父母也曾以蔡女士的养女之道来对待他们。他们所有人都说童年时过得并不快乐，但没有一个人因为这些过往而对父母有一点点感激之情。

还有来自中国本土的母亲留下了一些愤怒的回复。其中一条悖论写道：“现在‘华人母亲’一词在国外都臭大街了。这让我很恼火。我就是个华人母亲，可我开明着呢，而且我将孩子的快乐看得比任何东西都重要。”

这挺讽刺的——当北京、上海的年轻母亲们逐步接纳了西方那更为开明的育儿观念时，来自康涅狄格州的母亲却在育儿之事上深深沉湎于中国历史上黑暗的过往当中。（文/洪晃）

相关链接

蔡美儿不许女儿做的十件事

- 在外面过夜
- 参加玩伴聚会
- 在学校里卖弄琴艺
- 抱怨不能在学校里演奏
- 经常看电视或玩电脑游戏
- 选择自己喜欢的课外活动
- 任何一门功课的学习成绩低于“A”
- 在体育和文艺方面拔尖，其他科目平平
- 演奏其他乐器而不是钢琴或小提琴
- 在某一天没有练习钢琴或小提琴

（《河北青年报》2011－01－31）

骆家辉“中国面孔”“美国利益”二重奏

新闻事件：美国总统奥巴马提名了华裔商务部长骆家辉（Gary Locke）出任下届的驻华大使，接替即将于今年4月卸任的洪博培。奥巴马在白宫发布会中表示，“作为中国移民的后代，骆家辉是继续中美合作关系的正确人选”。

事件主角：美国商务部部长、新一任美国驻华大使骆家辉。

入选理由：在中美关系发展的微妙时期，奥巴马提名一个华裔美国人出任驻华大使，用意至深。骆家辉的到来，令许多人对中美关系能否弥补战略互信缺失浮想联翩。然而，接受本报采访的专家均表示，尽管骆家辉的角色发生了变化，但本质上还是美国利益的坚定捍卫者，美国对华关系的大方向，不可能因为一位华裔大使的上任就能轻易改变。

奥巴马欲重修中美关系　“让懂中国的人做大使”

尽管该项任命还有待参议院的最终通过，但鉴于美中关系的重要性和骆家辉特有的华裔身份，及各方认可的从政经验，中美两国及国际社会对骆家辉即将出使中国的消息的关注度之高甚为鲜见。骆家辉是1979年中美建交以来第一位担当此职的在任内阁成员。

“由内阁部长转任驻华大使，这在美国历史上是非常罕见的。”美国商务部商业咨询委员会委员董继玲表示。“这表明奥巴马政府非常重视对华关系。”

“挑选现任阁员的重量级人物出使中国，反映奥巴马极为看重对中国的经贸关系。”华盛顿智库布鲁金斯学会约翰桑顿中国中心主任、原克林顿总统时期白宫中国事务专家李侃如表示。

美国国内对这项提名一片叫好。《华盛顿邮报》评论称，任命一名华裔驻华大使是奥巴马政府向中国示好的最大表现；《华尔街日报》认为，让一个华裔来担任驻华大使，可以让美国在一个对外族入侵记忆尤深的国度里，将自己的种族多元转化为一个小小的外交优势。多位华府政客认为，骆家辉是驻华大使的绝佳人选，这个任命也将是其政治生涯的绝好机会，为其履历镀上第三层金——第一位华裔州长、第一位华裔商务部长、第一位华裔驻华大使。中国媒体也称这是明智之选，“让懂中国的人做大使”，有益于增进双方沟通，减少彼此的“误解、误传和误判”。凤凰卫视资深评论员石齐平先生接受本报采访时指出，奥巴马选择现在提出这项人事任命，背后暗藏玄机。在他看来，中美关系正处在一个微妙的节点上。今年年初的胡奥委会，让这一关系偏向了“好”的一面，对骆家辉的任命体现了奥巴马希望重修中美关系的意愿。

“外交技巧高超的任命”

与此同时，奥巴马在驻华大使的布局体现了美国对华关系重心在于经贸，其重要性超过了传统的地缘政治。2012 年总统选战已经拉开先期序幕，决定奥巴马政府政治前景的核心在经济，而其中最大的挑战莫过于就业。然而，大量经济学家认为，在经济全球化与国际产业分工的背景下，美国经济自身已经很难创造并保持住每小时 30 美元工资的就业岗位。清醒意识到这一挑战的奥巴马政府把创造就业的赌注押在出口上。从全球范围看，预期可持续快速增长的大型经济体为数寥寥，能在较短时间内吸纳美国大量出口潜力最大的是中国。

骆家辉日前表示，2010 年，美国对华出口增加了 34%。在推动市场准入进程上，虽然进程缓慢，但美国公司已经更容易进入中国市场，美国政府和商界都要求在这方面有更多和更快的进展。正因为如此，在接受奥巴马提名出使中国表态时，骆家辉说：“作为商务部长，我将帮助美国企业打开外国市场，以便在美国创造出就业。”美国学界人士对于此事的反应也比较积极，认为这是一项“强有力且外交技巧高超的任命”。

中美关系不会改变　最大难题：战略互信缺失

多位研究中美关系的专家在接受本报采访时均表示，骆家辉的明星光环并不能掩盖中美之间竞争加剧与经贸冲突可能升级的现实。复旦大学美国研究中心副教授宋国友认为，中美关系的发展不可能因为一人一事就轻易改变，商务部长也好，驻华大使也好，都是代表美国利益。在他看来，即便骆家辉想为中美关系作点贡献，也要取决于奥巴马的整体对华策略，以及美国的整体对华关系氛围。事实上，骆家辉的前任洪博培也曾雄心勃勃地要搞好中美关系，但在去年那样的氛围下，也依然少有作为。

未来绝非坦途

石齐平指出，中美之间存在结构性矛盾。“两国要在对台军售、人民币、贸易不平衡等中美长期结构问题上进行角力，骆家辉未来的日子不会舒坦。”他认为，骆家辉面临的最大难题是双方战略互信的缺失。世界上最大的发展中国家和最大的发达国家存在着诸多不信任。尽管通过高层互访、加强往来能够逐步增进了解，但缺乏战略互信仍是未来数年影响中美关系的重要因素。他指出，两国的结构性矛盾不是一个驻华大使能左右的。华裔出身的骆家辉只是中美加强合作的催化剂而已，根本上还是美国利益的坚定捍卫者。清华大学中美关系研究中心副主任赵可金认为，从中美关系现状看，骆家辉的未来注定不会是坦途。他指出，与商务部部长职责不同，大使的首要任务不是经贸，而是处理两国政治关系，要面对中美战略、安全、经济、人权、环保等诸多领域的矛盾。尤其是中美关系合作面与竞争面并存，相互盘根错节，难以简单地算经济账。但他指出，凭借骆家辉的能力，应该能做到不辱使命。

华裔身份“双刃剑”　学者：不必期望过高

对于骆家辉的到来，接受本报采访的人士都表示，大可不必期望过高。

中国社会科学院美国所研究员陶文钊撰文指出，必须认识到，这只是奥巴马政府基于执政考虑的比较合理的一项选择，释放善意只是暂时的，如何处理好以经贸为核心的双边关系，并在政治、军事等关系上最大限度地帮助美国赢得更多利益，才是驻华大使的职责重心。

陶文钊指出，最懂中国的人执掌对华政策也不足以使中美避免冲突甚至是很大的冲突。而最懂中国的人即使作出对华有利的建议，也往往不被美国政府采用，甚至会因此遭受打击。

由此看来，华裔身份对于骆家辉，很可能是一把“双刃剑”。华人身份让他可能获得更多听众，在中国官员中可能赢得更多信任；但同时，政治角色使骆家辉不能过多表现出亲华倾向，否则，在复杂的中美关系背景下，他将很难得到美国国内的认同。

“我是百分百的美国人”

骆家辉曾说：“我以我的中国血统而自豪，我以我的祖先而自豪，我以华裔为美国的贡献而自豪。但我是百分百的美国人。”美国研究学者均表示，大国相交，利益为大，相较而言，祖先血统只是中国人无法摆脱或者不愿摆脱的一种情愫罢了。

石齐平认为，作为美国驻华大使，骆家辉要在重大双边问题上对华让步的空间可能比非华裔大使更小，在有些问题上立场也不得不更强硬。因为他要极力避免被指“亲华”，所以更要凸显自己对“美国利益”的职务忠诚。

骆家辉对华并不“温和”

事实上，纵观骆家辉的从政经历，华裔身份对他而言似乎也仅止于血缘。在商务部长任内，骆家辉对华并不“温和”，其强硬态度令不少中国人非常失望。

近两年，在敦促中国继续开放市场、美国扩大对华出口、知识产权保护等议题上，骆家辉的调门都不低，经常冒出一些刺耳的言论。他曾明确表示，美国政府难以承认中国的市场经济地位，并多次在清洁能源补贴、知识产权保护等方面向中国施压。

去年6月的美国对华贸易政策听证会上，骆家辉称：“将尽一切手段敲掉中国的贸易壁垒。”今年年初，骆家辉曾表示，人民币必须进一步升值，还呼吁美国以外的其他国家，在敦促中国改善贸易做法方面也必须加大力量。

熟稔两国政商　搭建商务桥梁

此间分析人士普遍认为，奥巴马最看重的，还是骆家辉的商务背景，以及他在中国的良好人脉。石齐平认为，这些优势都将有利于骆帮助美国企业在中国市场打开局面，也有助于他在美国对华经贸博弈中扮演一个微妙但更加给力的角色。“甚至一旦未来中美经贸摩擦加剧，相信骆家辉是能够从容不迫应付的最佳人选。”在担任两届华盛顿州州长期间，骆家辉曾代表该州数次访问中国，令该州成为与中国经贸关系最为密切的地区之一，并实现对华出口翻番。任职商务部长至今，骆家辉始终是奥巴马出口倍增计划的忠实支持者和推动者，他每次访华都目标明确，就是要刺激美国出口，其工作也很见效，去年美国对中国的出口增长了34%。在此期间，骆家辉在中国建立了下至企业、上达政府的极为深厚的人脉关系。事实上，在过去的两年中，几乎中国高官每次访美时，都会与骆家辉见面。

此外，骆家辉的商业头脑和能力也得到了美国同僚和商界的认可，并且他与奥巴马及一些内阁幕僚私交甚密，能够“直达天听”。这些优势，无疑令骆家辉成为中美双方都能接受的“商务桥梁”。

洪博培 VS 骆家辉“一次有趣的调换”

对于这次人事任命，美国媒体称是“一次有趣的调换”，用一张不太会国语的中国面孔，代替一张精通中文的美国面孔。而即将退任的驻华大使洪博培与骆家辉两人也确实有很多相似之处，前者曾当过州长、熟悉中国、会讲国语，后者也同样当过州长、熟悉中国，只是国语略逊于洪博培，却是美籍华人。

与洪博培相比，骆家辉语言上没有优势，但他确实擅长中国事务。在进入奥巴马内阁之前，骆家辉就树立了对华贸易关系专家的名声，堪称商业领域的中国通。外表温文儒雅的骆家辉，性格内敛沉稳，作决策时行动果断。其耶鲁大学的同学和好友 Don Nakanish 说，骆家辉非常聪明，而且雷厉风行，说干就干，愿意同各行各业、各种背景的人打交道。

骆家辉其人　曾为家庭放弃连任

现年 61 岁的骆家辉，出身于华盛顿州西雅图市。骆家辉与夫人李檬育有 3 个孩子，李檬曾是西雅图一家电视台的主播。骆家辉为向李檬求婚，专门租了架小飞机，在李家上空放下条幅，上面写着：“李檬，我爱你。”此举当时颇为轰动。2003 年 7 月底，当人们纷纷看好骆家辉第三次连任华盛顿州州长时，他却突然宣布，将不再参加连任选举。骆家辉说：“州长们旧的去了，新的又来，但家庭是永远的。”骆家辉除了自己是华裔第三代移民，他妻子李檬的家庭与中国政治史也有着密切的关联。他妻子的父亲是孙科的继子，而孙科是中国革命领袖孙中山的儿子。据报道，别的华裔名人在接受华人媒体访问时，都未能免俗地要“秀”几句国语，骆家辉则总是礼貌谢绝，他说自己只从祖父那里学过几句很简单的广东话。

（［香港］《香港商报》2011－03－23）

相关链接

8 月 1 日，华盛顿美国国务院，骆家辉在国务卿希拉里的主持下正式宣誓就任驻华大使，成为美国首位华裔驻华大使。

北京时间 8 月 12 日晚 9 时许，美国新任驻华大使骆家辉抵达北京，表示“很高兴到中国赴任大使”。

饶毅：从此不再参评院士

新闻背景：8 月 17 日，中国科学院公布 2011 年院士增选初步候选人名单，呼声很高的北京大学生命科学学院院长饶毅落选。当天，这名“顶级海归”在博客上发布半年前即已准备好的一份声明，称“从今以后不候选中国科学院院士”。

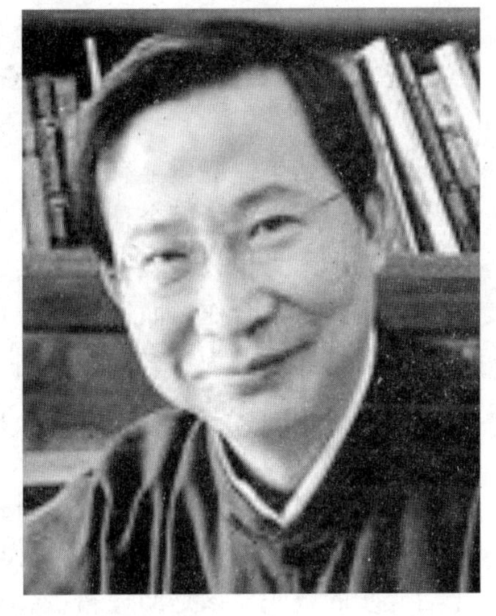

一只鞋子掉下来了。今天清晨，中国科学院院士增选初步候选人名单发布：饶毅出局。

没有太多的等待，另一只鞋子紧接着落地，饶毅宣布，从此不再参选院士。

两只鞋子立时引发了公众无数关注。

这或许是一种揶揄。

三天前，饶毅撰写长篇博客文章，呼吁降低科学界职称。

今天，他自己的晋升戛然而止：止步于院士第一轮评审。

饶毅，北京大学生命科学学院院长。2007 年，时年 45 岁的饶毅从美国西北大学归国，他曾任该校讲席教授。饶毅的回国在当时引起了不小的反响，被认为是中国科技界吸引力增强的标志之一。

今天上午，中国科学院院士增选初步候选人名单在媒体公布，各学部对本学部院士增选有效候选人进行了通信评审，选出初步候选人 145 位。

出乎很多人意料，此前呼声极高的饶毅教授没有出现在这一名单中。也有人认为这在情理之中：饶毅大胆敢言的声誉早已远播到科学界以外。

这一消息在科学界知名网站科学网上挂出不到 1 个小时，饶毅就在科学网实名博客上予以回应，标题直截了当：“从今以后不候选中国科学院院士。”

今天中午，在北京大学生命科学大楼，中国青年报记者见到了“旋涡”中的饶毅。

饶毅证实了科学网博客的内容。

这篇不长的博文中，充溢着自信和坚持。

博文简介了参选原因，“鉴于推崇中国科学院前身中央研究院生命科学方面代表性科学家林可胜等、敬佩中国科学院第一批学部委员如神经生理学家冯德培等、尊重20世纪50年代以来在国内艰苦环境中坚持做好科学研究的院士、感谢其学部委员（特别是冯德培、邹岗等）在80年代对我的支持和现有院士近年在我回国工作后多方面的支持，我于2011年初接受推荐候选中国科学院院士”。

在表达了尊重和感谢后，博文给出了一个决绝的声明：“从2011年8月17日后将不再成为候选人。”

科学网显示，饶毅的这篇博文已跻身科学网博文月排行首位。截至记者发稿时，已有25 784次阅读，文后的实名评论长达27页。

博文挂出不到1小时，科学网上有人撰文《为饶毅院士说事》，有人分析《饶毅院士为何出局?》。有趣的是，一天前，就有人精准判定《饶毅当不了中国院士!》。

饶毅认为，“公开说明还是有一定意义的”，作为国家科学技术方面的最高学术称号，院士评选一直广受关注，没有通过评审而发表声明的，饶毅似乎是第一个。

对于为什么之前没有拒绝参选，此刻发博文是否是制造噱头的质疑，饶毅说：“我觉得应该接受被提名推荐，因为如果你看我1996年起介绍了多个中国科学家，就知道我认为科学院传统上有很好的起源，后来也有很好的人，所以，即使有些问题，后人应该参与才能从内部改善。科学院院士荣誉对行政权力，是一个平衡，体系还会较长时间存在，虽然有些方面应该有所改变。同理，我不参加后，其他人还应该参加，用这种方式表态的只需一人就行。”

最终的结果，饶毅早有预料。事实上，早在今年3月第一次名单公布时，饶毅就已写好了这篇博客文章。而令外界意外的结局似乎也有迹象可寻。

最近半个月里，饶毅发表了大量博客文章，笔触所及，有转基因在中国带来的警惕，也有两岸的科学合作，而最令人瞩目的文章出现在三天前。

饶毅在那篇题为“减少中国科学界浮躁的一个必要步骤”的博文中尖锐提出：“在中国科研经费相当多的今天，为什么我们现在的科学研究，至少在生命科学方面，难以达到中国近代史上的高峰？进一步还可问：为什么人们普遍觉得目前中国科学界比较浮躁?”该博文相关内容三天前在《人民日报》上发表。

他为此开出一剂药方：在对科学工作者增加支持的情况下，降低职称。具体而言，博士后起步的教职应该是助理教授，享有中国目前“正高”的所有待遇，而且工资可以提高，但必须经过晋升副教授和正教授的两轮评审。

饶毅分析，如果中国的科学，至少生命科学，只以做到国外好的大学副教授为学术退休的标杆，那么，即使中国科学界有非常优秀的人、认真工作的人，其学术往更高、更深发展的可能性仍将大为减小。

博文中，饶毅历数中国科技界的浮躁：有些国内所谓做得好的人不听国际重要科学家的报告，而为了当选院士的投票只听国内院士的报告；更有甚者，所长邀请了人，自己不听。

这篇博文在网络上顷刻间掀起轩然大波。

有人遗憾，饶毅在关键时刻没有忍住，即使在评审的半年里，他也对早已饱受诟病的中国科研体制多次发出声音。一个为很多人接受的观点是：暂时地收敛一下，评上院士拥有更大的话语权，此后的呼吁更有利于科学界环境的改良。

“有些人妥协一小步，之后就会步步妥协，只会夹着尾巴做人，无数的事实已经证明了这一点。”饶毅给出如是答案。

饶毅在专业领域的成就已广为认可。此前，他做过美国西北大学神经科学研究所副所长，论文发表于《自然》、《科学》和《细胞》等杂志。一位生物科学领域知情教授则透露，饶毅早在1994年在国外就拥有了自己的实验室，而现在很多国内的院士则在1996年以后才有。

很多人把饶毅比作那个指出国王没有穿衣服的孩子，“中国还有哪个‘界’不浮躁、还有哪个人不浮躁？很多问题所有的人都看到了，只有他‘傻傻地’说出来”。

也有人对饶毅充满期待，“但愿像饶先生这样的人多些再多些，整个社会才能少些焦虑和浮躁”。

饶毅并不认同说自己不了解国情的观点。他举例，自己很多建议都是说，要从可以破局的地方试点推动，就像他不是不知道，一般院士很难一次就当选，但他已经决定从此放弃。

他不满足于只做一个泡在实验室和文献中的研究员，“除了做好本职，‘知识分子’对其他问题也要有自己的看法。看到问题，就要说出来。如果不敢说，那还怎么做?”

这个毅然关闭国外实验室带上孩子回归的中年男子的中国梦依然。他说，回国这些年，见证了科学界进步也在一点一点地发生，也相信环境会越来越好，“在北大做个教授挺好，我对中国科学仍旧乐观，对北大发展仍旧乐观”。

（《中国青年报》2011－08－18/雷宇）

（本栏目责任编辑　徐云）

人物聚焦

本栏目内容选取了2011年度最有影响的华侨华人中的四位，摘编其荣誉和事迹。人物先后次序按中文姓氏笔画排列。

古润金

——马来西亚华裔企业家的民族慈善精神

对于慈善公益事业尚不成熟的中国来说，做公益贵在坚持。而这种坚持，对于古润金带领下的完美集团来说，是与生产与销售同等重要的企业行为，甚至可以说是一种企业习惯。

在大陆投资经商期间，古润金参与的各类捐款金额逾2亿元人民币。截至2010年1月，完美集团携手希望工程已建成78所完美希望小学。至2012年3月，向中国华文教育基金会捐赠达2 000万元人民币，用以支持及发展华文教育事业。他的慈善之举赢得了社会广泛认可：先后获得25个县市授予的“荣誉市民”称号；荣获中国青基会授予的“希望工程突出贡献奖”称号；2005年，成为中华慈善总会“爱心中国——首届最具影响力100位慈善人物”中唯一的一位外籍人士；2008年，继2006年之后再次荣获“中国慈善排行榜”“2008年度十大慈善家”；2011年获颁“第八届中国慈善排行榜”“慈善事业特别贡献奖”。

古润金拥有诸多身份：马来西亚中国友好协会署理会长、马来西亚中山会馆联合会总会长、中国禁毒基金会第一届理事会副理事长、中国侨商联合会副会长、广东省侨资企业商会常务副会长、广东省海外交流协会理事会理事、世界华商联合会副理事长等社会职务。但他最在意的是他的慈善事业。他总是说：“施比受更有福，捐钱越多，就越能鞭策、激励自己更努力地赚钱；然后再将赚来的钱捐献社会，以此形成一种良性循环。”

古润金祖籍广东中山，1959年出生于马来西亚吉隆坡，是第三代华裔。经历过生活的种种艰苦，在别人的帮助下从吉隆坡华文独中循人学校毕业，之后便投身于创业兴家的社会大潮中。在马来西亚，古润金曾从事多项商业活动，涉及房地产、建筑、服务、金融、美容、健康日用品制造业等。鉴于其在马来西亚华人社会的杰出成就，2000年马来西亚国家元首亲自颁发太平绅士拿督古润金，以表彰其对社会的突出贡献。

从书本上和父母的口中，他知道了中国革命的先驱者孙中山先生的事迹，先生“天下为公”的博爱胸襟深深打动了他，由此培养了他对人生价值的孜孜追求和一颗慈爱众生的心。

1993 年 3 月，古润金投资的完美日用品有限公司在家乡中山市正式成立，主要从事日用化学品行业，是首批获得我国政府直销牌照的企业之一。从公司刚刚起步运营开始，古润金便用中国正统的“取之社会，用之社会”的慈善理念经营公司。在 19 年里，完美公司从几百平方米的小厂，到今天拥有三十家分公司、设立五家国际经营机构的直销巨头，走出了一条辉煌的发展之路。

作为外来投资者，古润金和其他海外侨商一样，不仅给改革开放浪潮中的中国带来了资金、就业、管理等有形的经济价值和物质贡献，同时也将他们在海外练就的兼容并蓄、文化融合的新思维和博爱价值观，融入了中华民族复兴的伟大历史进程。

（据《公益时报》2011 - 04 - 25《古润金：爱国侨商的民族慈善精神》、百度百科“古润金”等相关资料整理）

苏宝连

——比利时皇家学院首位华裔院士

2011 年 5 月 23 日，比利时皇家学院正式宣布华人学者苏宝连当选为该院院士，这是比利时科学界的最高荣誉，也是其成立 239 年以来华裔科学家第一次入选。比利时皇家学院，是世界上历史最悠久、最著名的学术团体之一，是比利时联邦的最高学术机构，目前有 400 多位院士。当选院士者不乏历史上伟大的科学家，至今已有 6 位学者先后获得诺贝尔奖。

苏宝连，1961 年生于天津，长于大连。早年就读于辽宁大学（本科）、成都有机所（硕士），1992 年国家科委公派至法国巴黎第六大学获法国巴黎大学理学博士学位，是中国改革开放后最早公派出国培养的博士之一。他目前在比利时那慕尔大学任教，是多孔材料、催化材料和生命复合材料方面的国际学术权威，是世界化学材料界和生命材料界的旗手性学者。发表文章 240 余篇，SCI 他引 3 500 多次，引用 H 指数（H index）已超过标志指数 35。从 1995 年至今已主持或参与主持了 3

项欧盟项目（欧盟第六、第七研究框架），4 项比利时联邦政府自然科学研究重大项目及国际合作重大项目，10 余项比利时自然科学基金委重大项目，10 余项瓦隆大区政府及法语区政府自然科学研究重大项目、国际合作重大项目，以及一系列工业研究项目，到位研究经费达 1 000 万欧元。

梦想的起点与回归——光合作用

提起自己的科学之路，苏宝连说自己从小就爱问“为什么”，小小年纪就着迷于人工光合作用和生物固氮这类科学难题。最终，苏宝连用自己的努力实现了儿时的梦想——人工利用光合作用。苏宝连及其研究团队率先在国际提出了一个新概念——具有光合作用的仿生复合材料，受到国际学术界的广泛认可。苏宝连认为生命科学发展的一个高峰就是如何最大效能地利用生命中最神奇的功能，生命复合材料将是未来科学的一个主流，在解决人类的能源环境乃至生命等重大问题上将展示其独有的功能。

“像大自然那样工作，像大自然那样做事，像大自然那样生产”

苏宝连一直坚持要向大自然学习。今天，寻找同时解决能源短缺和环境污染的新途径是科学界呼之欲出的新设想。他认为，要从大自然中寻找能源，寻找生命的可再生资源。苏宝连同时坚持，搞科研不应局限在象牙塔内，而是应该走出去，服务社会、服务人类，做那些对人类真正需要的事。

渴望科学界的“中国制造”转为“中国创造”

苏宝连深切地感受过老一辈科学家在十分艰苦的条件下做出的杰出工作，这对他是一种激励，也是一种压力，更是一种要求。一直以来，他都渴望能实现科学界“中国制造”到“中国创造”的转变。2009 年他本人作为国家首批“千人计划”的特聘专家，在武汉理工大学组建了一个迈向世界一流水平的千人计划团队。同时，他也兼任国内一些知名院校、科研机构的客座教授。苏宝连不仅积极为国家引进高端人才，也充分利用他领导的“千人计划”平台为青年学者创造一个飞扬激情的平台。他说，作为首批“千人计划”专家，他承担着一个历史的责任，就是为我国科技制度的完善提出一些建议，把国外的优势制度引进，“即使有些在现阶段可能不适合中国，但是只要潜心做真正深层次、前沿的东西，而不是只追求指标，中国的科研一定会有领跑世界的一天”。

（据《大连日报》2011 - 05 - 24 第 A03 版《渴望科学界的“中国制造”转为“中国创造”》、武汉理工大学人事处 2011 - 06 - 17 “千人计划——苏宝连”网页资料等整理）

李孟贤（Edwin Lee）

——美国旧金山历史上第一位华裔市长

2011年11月9日下午，祖籍广东台山的李孟贤以61.21%的得票率成为美国加州旧金山市第一位华裔民选市长、旧金山第43任市长。李孟贤从一位名不见经传的市府普通官员，一跃成为两度改写城市亚裔参政记录的风云人物。2011年1月初，时任旧金山市长的纽森转任加州副州长，1月7日，旧金山市议会以10比1推选市府华裔行政官李孟贤任旧金山代理市长，令其成为美国大城市中第一位华裔代理市长，为期一年。旧金山这座城市是当年金山淘金客、华工洒下无数血泪的地方，也是臭名昭著的《排华法案》的发源之地。如今，华人从社会的边缘人，华丽转身角逐市长大位，旧金山自此翻开崭新一页。

“这是个值得华裔骄傲与铭记的日子。”多位美籍华人在接受采访时感慨不已。

李孟贤，1952年出生于华盛顿州西雅图。12岁丧父，在制衣厂工作的母亲独自将六个儿女抚养长大。艰苦的童年造就了李孟贤坚忍不拔和积极向上的性格。1974年毕业于加州大学伯克利分校法学院。进入市政府前在旧金山担任民权律师10年。在其10年民权律师生涯中，致力为少数族裔和新移民工人争取权益。

1989年李孟贤由阿格诺斯市长任命进入市政府道德委员会任调查员，后担任市政府雇员关系办公室副主任。1991年至1996年，获任市人权委员会主任。1996年，布朗市长任命李孟贤为采购办公室主任，2000年获任工务局局长。2005年6月被市长纽森任命为市府行政官，2010年12月，再次担任旧金山市政府行政官，任期5年。李孟贤多次随旧金山市长代表团访问中国，2008年4月，李孟贤还担任了北京奥运会火炬传递旧金山站的火炬手。

当地英文媒体称李孟贤“市府大楼内知名，市府大楼外无名”，但实际上在旧金山华人社区和少数族裔社区他相当有名。为了解华人文化和学习中文，他曾经到香港学习中文。在六个兄弟姐妹中，只有李孟贤会讲流利的粤语和国语。担任代理市长后，李孟贤的身影更是经常出现在华裔社区的大街小巷。

2011年8月8日李孟贤正式登记参选。旧金山由于国际化大都市的地位而闻名遐迩，市长大位也被很多人视为政治生涯更上一层楼的进阶石，共有包括5位华裔在内的16位参选人角逐。李孟贤胜选之路异常艰辛。由于李孟贤代理市长之职期间政绩出色，他在选前民调中也一直匹马领先。工作亲力亲为和华裔背景血脉，自然让他赢得了华裔社区的民心。李孟贤在第一轮点票时，以 31.38% 领先，11 月 9 日继续保持优势，最终以高票获胜。

一切才刚刚开始，摆在李孟贤面前的是一条更为艰巨的路。他不仅要做好华裔社区的市长，更需要当好整个旧金山的市长。李孟贤深知，作为旧金山市长，代表的不仅是华裔社区，更是全市人民。他说，未来除了尽力服务华人社区，同时也会代表旧金山所有的社区，为全市市民创造更多的就业机会，推动更好的社会服务，以及加强治安、改善公共交通，支持兴建更多可负担房屋。特别是在经济困难、预算面临巨额赤字的日子里，他更会将“创造就业机会”放在首位。此外，他也会鼎力推动把旧金山建设成为在生化、清洁能源、数码媒体等方面的全球创新科技中心之一。

（据中国新闻网 2011－12－24《“中国城”情结浓　李孟贤盼传承旧金山的美好和希望》、《钱江晚报》2011－11－14《李孟贤：小餐馆走出的旧金山华裔市长》等文整理）

骆家辉（Gary Faye Locke）

——美国历史上首位华裔驻华大使

2011 年 3 月 8 日美国总统奥巴马提名时任商务部长骆家辉担任驻华大使，接替时任大使洪博培。

7 月 27 日美国参议院一致批准骆家辉出任美国驻华大使，骆家辉正式成为美国历史上首位华裔驻华大使，也是 1979 年中美建交后第一位担当此职的在任内阁阁员。在美国外交历史上，由内阁部长担任驻华大使实属罕见，由一位华裔担任这个职位，更是前所未有。

当地时间 8 月 1 日下午，骆家辉在华盛顿参加由国务卿希拉里主持的美国驻华大使宣誓就职仪式，正式宣誓就职。8 月 12 日，骆家辉携家人抵达北京履新。因为一张华人面孔，骆家辉的到来受到了前所未有的关注。他下机时没有随从、没有警卫、没有鲜花和掌声、没有豪华排场，全家亲自拎着大包小包走出机场，骆家辉在赴任全程中简单低调的作风引起了公众热议。

骆家辉祖籍广东台山，1950 年在华盛顿州西雅图出生，是华人移民的第三代。他于 1968 年考入耶鲁大学主修政治学。在耶鲁的 4 年里，他依靠打零工和奖学金完成学业，之后又在波士顿大学获得法学学位。

毕业后，骆家辉先在检察官办公室工作，随后进入政界。自 1982 年开始，他先后担任州众议员和县长等职务。

1996 年，骆家辉在华盛顿州州长选举中胜出，成为美国历史上首位华裔州长，完成骆家追寻“美国梦”的近百年之旅。

2009 年 2 月 25 日，奥巴马就任总统不久，提名骆家辉为商务部长。

总统奥巴马正式宣布对骆家辉担任美国驻华大使的提名决定时，对骆家辉的成长经历，以及对他未来的期许溢于言表。直接提到了骆家辉祖辈移民美国的经历——奥巴马说：“100 多年前，家辉的祖父坐着汽轮离开中国前来美国。他在华盛顿州给人做家务。一个世纪之后，这位老人的孙子将要以美国高级外交官的身份返回中国。”

凭借超过 20 年处理中国事务的经验，骆家辉在中国积累了广泛的人脉。在骆家辉连续两届担任华盛顿州州长期间，他通过推动总额 32 亿美元的税收优惠，帮助波音和微软等公司在中国设立总部或主要生产设施。该州对中国的年出口在骆家辉在任期间超过 50 亿美元，较此前增加了一倍。为推动华盛顿州对中国出口增长，骆家辉以州长身份多次访华，还在广州开设了一家贸易代表机构。

2009 年出任商务部长后，骆家辉曾两次访华，即 2009 年 11 月作为奥巴马随行人员访问中国和 2010 年 5 月率贸易代表团访问中国。他在担任美国商务部长期间十分重视对华贸易，不断推动两国贸易，特别是对华出口，可以说把中国市场当成了美国的“摇钱树”。

另外，骆家辉的华裔背景有助于拓展中美的公共外交空间。公共外交是实现中美关系软着陆的重要途径，两国近年来正在从政府间关系向民间关系扩展，不断发展人文交流。

骆家辉表示，出任驻华大使后，他将全力支持中美在气候变化、清洁能源研发、制止核武器和核材料扩散等一系列问题上正在展开的合作，并将努力拓展两国新的合作领域。

骆家辉还称，对于中美之间存在的挑战和分歧，他将努力确保顺畅的沟通渠道，清晰传达美国政府立场。他希望能够更多地直接与中国人民交流，以改善两个伟大国家的相互理解。

（据北青网 2011－08－02《美首位华裔驻华大使宣誓就职》、《中国经济周刊》2011 年第 11 期 2011－03－21《从部长到华裔驻华大使“陌生人”骆家辉》等文整理）

（本栏目责任编辑　易淑琼）

海外华人新社团

本栏目内容是对本年度海外华侨华人新建社团的新闻报道的摘选，主体保留报道中的事实资料（包括社团名称、成立时间、会长、社团宗旨等）部分；先按亚洲、美洲、欧洲、大洋洲、非洲地区，再按报道时间升序排列。

亚　洲

日本浙江绍兴同乡会在横滨成立　会长杨仲庆

1 月 22 日，来自日本东京都、福井县、茨城县、神奈川县的在日浙江绍兴籍同乡，以及从他们的原籍中国浙江绍兴远道而来的家乡同胞，共二十余人，汇聚在日本著名港口城市横滨的花咲大厦 My Way 公司 8 楼的会议室里，举行了日本绍兴同乡会成立大会。

与会会员一致通过以“联络同乡间亲密乡情，加强感情，增进友谊，加强会员间的相互合作，促进会员事业；同时加强与世界各地各侨团组织的联系，为家乡建设和祖国繁荣作出积极贡献，促进中日友好”作为同乡会宗旨；选举了 My Way 公司董事长杨仲庆为同乡会会长，陈捷为副会长兼任事务局长，钟薇为负责对外联络的副会长；并当场任命了负责同乡会各项具体工作的人员。会员大会还邀请德高望重的增田维忠先生担任名誉会长，摄影艺术家冯学敏先生担任同乡会顾问。

（［日本］日本新华侨报网 2011 - 01 - 23）

塔吉克斯坦中国华侨华人联合会在杜尚别成立　会长韩东起

据驻塔经商参处消息，1 月 20 日，中国驻塔使馆与第一届塔吉克斯坦中国华侨华人联合会领导集体欢聚一堂，共庆联合会正式成立。中国驻塔大使范先荣、经商参赞李越与会祝贺并讲话。

联合会的成立使在塔华人有了自己的民间组织，可以更好地在塔工作、生活和学习。范大使勉励说，商会的成立来之不易，在以后的工作中要发挥积极作用，引导、指导好企业与塔方开展互利合作，遵守当地法律法规，尊重当地风俗习惯，保护好在塔华人的合法权益、努力回馈当地社会，做好公益事业，树立良好信誉，维护国家形象，同时要搞好内部团结，做好建章立制工作，使联合会不断发展壮大。李越参赞希望联合会领导集体努力工作，把联合会切实办成在塔华人华商交流、合作的平台，带领华商做中塔经贸关系的推动者、建设者。

第一届华侨华人联合会会长韩东起称联合会已在当地司法部正式注册，根据在塔华人的经营特点，联合会下设钢铁协会、砖业协会、市场协会、商务中心、秘书处等部门。第一届联合会领导集体由上述各行业内具有代表性的企业家组成。随后他还介绍了联合会未来的工作计划。

（中国商务部网站 2011－01－24）

印度尼西亚书法家协会在万隆成立　主席李秀贤

据印度尼西亚《星洲日报》报道，2 月 27 日，“印度尼西亚书法家协会”在万隆成立。此次召集人是筹委会之一、中华艺术书画协会理事长、印华作者协会资深名誉主席、书艺协会名誉主席、印度尼西亚文化界贤达李顺南，并在早已誉称为文友之家的 Hotel Perdana Wisata 会议厅举行。

李顺南致辞时说，他以十几年前印度尼西亚华人写作者被召集、被组织起来（现今的印华作者协会），而如今在国际文坛上已经拥有一定的席位为实例而阐明，印度尼西亚各地的资深书法执笔者、书法导师、书法得奖者、书法爱好者成立协会，时机已经成熟。当日按前几次的商谈，以少数服从多数为原则，成立“印度尼西亚书法家协会”。继后由胡原菁书法老师，资深书法家蔡剑声、陈谋文、林惠卿，年轻的书法爱好者杨猛发言，异口同声表心愿，此会乃大家渴想许久，协会能成立，希望此会是一和谐的大家庭，为发扬中华文化而努力。

会议上同时选举核心组织理事，李顺南被全选为监事长，叶联礼为董事长。李秀贤众望所归荣任第一届理事会主席。阮渊春为执行主席，黄德昌为副执行主席，蔡细友任秘书长。各地书法组织同时推荐各自组织上的精英成为此会的理事。荣任第一届理事会主席的李秀贤致会议结束词，祈望各位书法家能没有任何成见地互动交流，以团结合作的精神，积极展开与世界各国同道的交流合作，广泛建立国际关系，为世界文化、世界和平作出贡献。同时，监事长李顺南慷慨捐献 2 000 万盾作为印度尼西亚书法家协会的活动基金，全体同道衷心感谢其对书法界的关心与热诚的招待。

（中国新闻网 2011－03－04）

阿联酋山东商会在富查伊拉成立　会长曲岩

据驻迪拜总领馆消息，3 月 18 日，阿联酋山东商会成立大会在富查伊拉举行，山东省侨联文化交流部部长李兵、经济联络部主任于捷、阿联酋华侨华人联合会常务副主席唐振钢和中国驻迪拜总领事詹京保等应邀参加。

詹京保在成立大会上致辞，祝贺商会成立，并表示，20 世纪以来，山东籍同乡积极走出国门，在阿联酋传承中华民族的友谊，艰苦创业，勇于拼搏，创造了很多让人自豪和羡慕的奇迹，也为推动中阿两国友好合作与交往作出了积极贡献，赢得了当地政府和人民的尊重与爱戴。詹京保还说，山东商会的成立，对在阿山东人是一件大事、喜事，他将会给广大在阿山东人提供一个良好的沟通平台，希望借助商会这个平台相互交流、相互帮助，携手开拓美好未来，同时，秉承商会宗旨和规章，积极开展会务活动，进一步为中阿两国，特别是领区内的友好交往，多做好事、善事、益事、实事，为中国人争光，为中华民族添彩。总领馆也将继续本着“以侨为本”的宗旨，为旅迪华侨华人做好各项服务。

（中华人民共和国外交部网站 2011－03－21）

阿联酋中国江苏商会暨同乡会在迪拜成立　会长万军

4 月 29 日，阿联酋中国江苏商会暨同乡会成立大会在阿联酋迪拜隆重举行。中国驻迪拜总领事詹京保、江苏省侨联主席郁美兰、阿联酋侨联主席万长青、阿联酋中国商会会长万军、中国国际贸易促进会委员会海湾代表处首席代表张宝俊以及在阿中资企业、江苏籍企业、当地侨社团、华侨华人代表和社会各界人士近 800 人出席了大会。

阿联酋中国商会会长万军在讲话中说，江苏是中国首批对外开放的沿海省份，是中国重要的经济大省、文化大省，风景秀丽、人文荟萃，作为阿联酋中国商会的团体会员，阿联酋中国江苏商会的成立进一步团结在阿江苏籍企业，在产品、资金、技术及服务等各领域互通合作信息，促进共同发展，必将成为阿联酋中国商会的一支劲旅。

阿联酋中国江苏商会暨同乡会首任会长李玉银表示，阿联酋苏商这一新的群体，将会越来越受到世人的注目，赢得社会的口碑。商会将不断增强服务意识，完善职能，拓宽服务领域，帮助会员企业解决实际困难，增强商会的吸引力、凝聚力，特别是在应对各类突发事件的过程中，发挥商会的团结互助作用，为会员企业的发展搭建交流合作、相互促进、共同提高的平台。

（江苏省侨联网 2011－05－01）

阿联酋江西商会暨同乡会在迪拜成立　会长万文辉

据驻迪拜总领馆消息，5 月 19 日，阿联酋江西商会暨同乡会成立大会在阿联酋迪拜举行，江西省副省长孙刚及驻迪拜总领事詹京保应邀出席。

詹京保总领事在会上致辞，欢迎孙刚副省长一行来迪，祝贺江西商会、江西同乡会成立，并表示，江西自古以来有“物华天宝、人杰地灵”之誉，同时，具有光荣的革命传统，瑞金是红军长征的出发地，井冈山是中国革命的圣地。近年来，江西省经济稳步发展，经济总量不断跨台阶，经济发展后劲不断增强。随着中国“走出去”战略的不断深化，目前，在阿共有江西籍企业 60 余家，赣商近千人，经营范围涵盖方方面面。今天，江西商会的成立对江西老乡来说是一件大事、喜事，相信商会将成为紧密在阿江西企业和华侨沟通、交流与合作的平台。

“万事德为先”，希望万文辉会长掌好舵，导好航，秉承创会宗旨——团结互助、共谋发展，努力为家乡的企业搭建好互动沟通的平台，办实事、办好事和善事；驻迪拜总领馆也将继续本着“以侨为本”的宗旨，为广大华侨华人做好各项服务。

（中华人民共和国外交部网站 2011－05－23）

香港宁海同乡会在香港成立　会长戴伟民

5 月 29 日下午，香港宁海同乡会成立大会在港举行。宁波市宁海县领导与 100 多位在港乡贤相聚在美丽的维多利亚港畔，畅叙乡情乡谊，共谋宁海发展。

宁波市委统战部副部长史建华，香港甬港联谊会永久名誉会长、香港工业总会主席孙启烈，宁波甬港联谊会副会长陈建涛，香港甬港联谊会会长忻元甫，世界中华宁波总商会会长周亦卿，香港甬港联谊会监事长竺银康等嘉宾出席了香港宁海同乡会成立大会。

据统计，目前在港宁海同乡有 5 000 多人。长期以来，广大旅港同乡心系桑梓，为家乡的公益事业慷慨解囊，为家乡的发展献计献策，为家乡的招商引资牵线搭桥，有的更是在家乡直接投资创业。据统计，近年来广大旅港同乡累计为家乡公益事业捐赠 2 500 万元，通过牵线搭桥和直接投资，成功引进港资企业 183 家，占全县外资企业的 1/3。

香港宁海同乡会是由一群旅居在香港和广东的热心家乡建设、关心宁海县同乡在香港福祉的乡贤共同发起成立的，旨在联络联谊，促进交流合作。香港科技大学教授、博士生导师戴伟民被推举为首届会长。孙启烈被授予名誉赞助人。孙建超、郭学孝、陈系宏、陈庆祝被聘为名誉会长。香港宁海同乡会会员目前有133人。宁海县侨办主任林仙菊等出席了成立大会。

（中国宁波网 2011－05－30）

柬埔寨广东同乡会在金边成立　会长陈明新

6月5日，柬埔寨广东同乡会正式成立，并于柬埔寨金边市棉芷区新办事处举行了成立典礼。

柬埔寨地方官员以及内政部官员、广东同乡会会长陈明新等约200多人参加了成立仪式。陈明新会长致辞时说，他深感荣幸能够成为首届会长，并坚信成立同乡会可以搭建柬埔寨与广东的沟通平台，团结在柬广大华侨华人，促进广东与柬埔寨的交流与合作，共谋发展。同时，柬埔寨广东同乡会将广纳各行各业同乡，共建同乡会的美好明天。

为庆祝柬埔寨广东同乡会的成立和感谢该会的盛情邀请，佛山市外事侨务局郭长勇局长特意寄送了贺信。贺信里，郭局长希望柬埔寨广东同乡会能在陈明新会长的领导下，广泛团结海外华侨华人，加强与佛山的沟通和联系，密切联谊，共同促进两地之间在经济、文化、教育等方面的发展。

据悉，柬埔寨广东同乡会目前拥有30多名会员，而来自中国广东省的投资商就有逾千人。该会将凭借这个资源优势，让柬埔寨广东同乡会的会务更上一层楼。

（佛山市政府网 2011－06－09）

马中文化艺术协会在吉隆坡成立　会长陈凯希

6月9日，马中文化艺术协会成立及第一届理事就职仪式在吉隆坡表演艺术中心隆重举行。中国驻马来西亚大使馆临时代办陈德海、马来西亚高等教育部副部长何国忠、马中友好协会会长马吉德等共同出席。

马中文化艺术协会是马来西亚文化艺术界人士共同组织成立的民间社团，其宗旨是促进马来西亚多元社会的文化融合和民族团结，加深中马两国在文化艺术领域的交流与合作，推动中马友好事业的发展。该协会首任会长由马中友好协会秘书长陈凯希先生兼任。马中友好协会的成立受到了广泛关注，必将进一步推动中马文化艺术交流与合作。

（中华人民共和国驻马来西亚大使馆网 2011－06－10）

日本福建经济文化促进会在东京成立　会长陈玳珩

“日本福建经济文化促进会”近日在日本东京正式成立。

日本新华侨华人会会长陈玳珩出任会长，爱媛县华侨华人联合会会长林全南被推举为副会长。被推选为副会长的还有陈熹等8位福建籍旅日侨胞。福建省人民政府及省侨办均致电祝贺。

福建旅日华侨历史悠久，实力雄厚，他们活跃在日本社会的经济、文化等各个领域，并在日本社会中发挥着积极的作用。“日本福建经济文化促进会”主要由新一代旅日福建籍华侨华人组成，其目的在于团结活跃在日本社会各个领域的八闽同胞，为家乡福建的建设发展贡献力量，为家乡海西经济区的建设添砖加瓦，密切旅日乡亲联系，发扬旅日闽籍侨胞爱国爱乡、互助互爱、纾困解难、勤奋向上、敢拼勇赢的优良传统，打造新一代在日福建人的新形象，架设日闽经贸合作文化交流的新桥梁，积极促进中日世代友好。

该会成立后的第三天，就接待了来自家乡福建的以叶双瑜副省长为团长的百人访日经贸代表团，并先后在东京和大阪举办了两场大规模的“投资福建”经贸洽谈会。

（［日本］日本新华侨报网 2011－06－27）

马来西亚温州总商会在吉隆坡成立　会长朱卫东

据温州侨网消息，长期以来，有许多温州人到马拉西亚打拼他们的事业。飘零在异国他乡的温州人很需要一个可以沟通和交流的港湾，马来西亚温州总商会也就应运而生了。7月29日，他们在当地 Prince Hotel 举行了隆重的成立仪式。

据介绍，马来西亚拥有329 750平方公里的土地面积和2 800万人口，其中1/4人口是华人。现在温州人在全球大部分地区都有温州商会了，马来西亚也已经有不少的温州人，但还缺少一个沟通和交流的平台，组建商会也是大多数在马温商的迫切需求，希望通过这个平台抱团联手做大马来西亚市场。之前到马的温州人把温州的传统产业、产品带到这里，为他们闯荡马来西亚掘得第一桶金。朱卫东说，马来西亚的专业市场很少，他们都还是把中国的产品通过贸易进口的方式带到马来西亚，如果在这里建立专业市场，肯定会很受当地人欢迎。马来西亚温州总商会秘书长赵忠义说，一般的旅游签证和商务签证还是比较方便的，但是没有工作签证，温州人无法在这里投资发展。所以成立温州商会的另一个重要意义就是，以商会的平台加强与当地政府部门的交流，为办理工作签证提供便利，也为温州人在马来西亚经商增加一份安全感。

（中国新闻网 2011－07－29）

福岛华侨华人总会在福岛成立　会长窦元珠

福岛华侨华人总会于11月6日在福岛市正式成立。

中国驻日本大使馆及驻新潟总领馆，日本福岛县及福岛市政府，福岛和新潟华侨界代表两百余人出席了当天的成立大会。

福岛华侨华人总会会长窦元珠在成立大会上表示："我一家四口已经在福岛生活了13年，福岛已经实实在在成为我的第二故乡，我和所有生活在这里的5 000名华侨不会离开福岛。华侨总会不但是一个在灾害发生时华人的自助组织，更要为福岛的复兴贡献自身的力量，为推进中日两国国民的相互理解而努力。"窦元珠还说：福岛的华侨华人有很大一部分由嫁到福岛的中国媳妇组成，她们大多来自东北三省。经历了大地震以及核事故，许多中国媳妇并没有一走了之，反而挑起家里的大梁支撑着这个家。"这些中国媳妇用自己的行动谱写了大地震时期最动人的中日友好赞歌。"

福岛县因为身处山区，华侨分散定居，平日来往较少，在大地震前并无正规的华侨组织。但在3月中旬因核事故陷入危机而进行的紧急撤侨行动中，通过那几天华侨们的口口相传，一个基本的华侨自助网络已经形成。随后在中国驻新潟总领馆的帮助下，经过8个月的准备，华侨华人总会终于正式成立。

福岛县副知事内堀雅雄在接受中新社记者采访时表示，福岛华侨华人总会在2011年大地震后成立，有着深刻的意义。在大灾难中孕育而生，将成为一个原点，华侨总会将在日后福岛的复兴过程中起着中日之间的重要桥梁作用。中国驻新潟总领馆总领事王华表示，地震后他来福岛考察灾情已经有11回，总领馆对福岛华侨华人总会相当重视，希望总会可以传达祖（籍）国对于华侨的慰问，也希望可以由总会出发，鼓舞华侨同当地县民携手共渡难关，并为当地建设贡献力量。

（［日本］《日本新华侨报》2011－11－06）

美 洲

北美华人汽车工程师协会在底特律成立 会长刘海峰

北美华人汽车工程师协会13日在底特律举行成立大会，各界人士300多人出席了大会，中国驻芝加哥总领事杨国强到会并发表讲话。

北美华人汽车工程师协会是由汽车以及相关行业的北美华人组成的非营利性、非政治性的独立团体，旨在为北美华人汽车工程师提供学术交流、信息交流及会员联谊的平台及服务，促进北美地区和中国以及世界各地之间汽车相关组织、团体之间的交流与发展。协会由杨笑风等人发起组建，首批会员1 000多人，遍布北美各大汽车集团、业内公司、研究所和大学。当日成立大会通过了有关章程，并推选刘海峰为首任会长，石放辉、杨笑风、李伟和董愚为副会长。协会还设立了加拿大、芝加哥、纽约和加州等地区分会。

中国驻芝加哥总领事杨国强发表讲话说，协会的成立将为北美华人汽车工程师与中国汽车行业的同仁之间构筑一个交流技术与信息的平台，为促进中国汽车工业的发展，以及中美两国汽车行业的双赢合作起到积极作用。中国汽车工程学会代表团也专程到会祝贺。

（新华网 2011－04－14）

美国得克萨斯州奥斯汀温州同乡会在奥斯汀成立 会长章桂香

美国得克萨斯州奥斯汀温州同乡会日前成立，章桂香女士当选首任会长。当地的华人社区代表、留学生代表和奥斯汀本地名流共50多人出席了成立大会。

章桂香女士来自温州市鹿城区，赴美已经十多年。她说，在奥斯汀成立温州同乡会是温籍侨胞多年的心愿，奥斯汀温州同乡会是一个非政治性、非营利性的民间组织，将致力于团结奥斯汀及周边地区的温州人，扩大温州人在美国的知名度和影响力。

奥斯汀是美国第二大州得克萨斯州首府，位于得州中部，市区面积767.28平方公里，市区人口约76万，是全美第15大城市。

（中国新闻网 2011－05－10）

美国亚利桑那州华侨华人总会在凤凰城成立 会长王建民

美国亚利桑那州华侨华人总会日前在凤凰城正式成立。当地知名侨领王建民当选首任会长。

亚利桑那州华侨华人总会27日在凤凰城中国文化中心举行成立大会。会议推选知名侨领陈卓梅女士，中华海外联谊会海外理事、美国福建海外联谊会会长杨文田，旅美华人科学家工程师专业人士协会凤凰城分会会长徐强为荣誉会长，会议选举王建民为首任总会会长，雷宏、王胜君为常务副会长，曹志斌为秘书长。

据介绍，该侨团是在亚利桑那州政府合法登记注册的非营利机构，是该州侨界为适应新时代华人社区和侨界发展的需要而发起成立的组织。历经酝酿筹备，各方确认该社团宗旨是：促进亚利桑那州华人的团结、互助和合作；融合侨界的共识和力量；维护华人的合法权益；提升华人的社会地位；弘扬和传播中华文化；推动中美友好交流和人民友谊。王建民表示，亚利桑那州华侨华人总会的成立标志着，亚利桑那州华侨华人团结包容、爱国爱乡、融入主流，促进中美交流从此进入新的发展阶段。

（中国新闻网 2011－05－30）

加拿大华人同乡会联合总会在多伦多成立　执行主席谭耕

据加拿大《星岛日报》报道，由19家中国大陆移民同乡会及一家为新移民提供紧急救助的慈善团体联合组成的“加拿大华人同乡会联合总会”，于当地时间18日下午正式宣布成立。谭耕当选为联会执行主席。中国驻多伦多总领事陈立钢、国会议员梁中心出席成立大会。

加拿大华人同乡会联合总会由安徽、北京、重庆、福建、甘肃、广西、黑龙江、湖北、湖南、吉林、江西、辽宁、内蒙古、山东、陕西、四川、天津、新疆、云南共19个同乡会及中国移民紧急援助基金联合组成，涵盖会员上万人。

加拿大华人同乡会联合总会成立大会选举了杨宝凤、王清官、马慧、方启刚、罗仕泉、俞荧、谭耕等7人为共同主席，其中谭耕为执行主席。其他各同乡会的会长担任理事。联会执行主席谭耕表示，联会的主要工作首先是服务、关心及帮助同胞，联合各同乡会集体的力量，更加系统地为同胞排忧解难，帮助新移民安居就业，加强对大陆留学生的引导和服务。第二是加强对加拿大法律法规、权利义务责任方面的宣传，维护华人权益，提升华人的地位和形象。第三是为促进加中关系的发展巩固出力。第四是协助华人同胞融入本地，成为加拿大社会的中坚力量。谭耕表示，在大多伦多地区有逾60万华人，占人口总数的1/5。近年来自中国大陆的移民和留学生逐渐成为华人社区的重要组成部分。同乡会这样的草根组织，以乡情的力量团结了许多同胞。本地新移民、留学生在加国遇到困难和不幸，往往先想到向同乡会寻求帮助。

同乡会组织的各种活动，也起到了沟通信息、扩大交流、丰富文化和精神生活的作用。有不少同乡会亦积极与家乡政府联络，起到了沟通桥梁的作用。总会成立之后，将重视和加强与其他社区团体和移民安居服务机构的合作，协助政府开展新移民安居、留学生监护、多元文化发展等各方面的工作。

（中国新闻网 2011－06－21）

美国港澳台华侨联合总会在洛杉矶成立　会长朱裕民

7月10日，港澳台华侨联合总会正式成立，驻洛杉矶总领事邱绍芳、美国国会议员赵美心、洛杉矶当地民选官员以及嘉宾共200余人参加了成立仪式。

邱绍芳总领事代表中国驻洛杉矶总领事馆向当选会长、监事长、理监事表示热烈祝贺，并向当选会长颁发贺信。邱绍芳指出，香港、澳门回归祖国后，经济及社会各方面得到了长足进步。近年来，两岸关系发展势头良好，特别是ECFA以及相关惠台协议签订以来，两岸来往更加密切。对香港、澳门、台湾、大陆两岸四地侨胞长期支持祖国的发展建设、支持总领馆工作表示感谢。邱绍芳希望港澳台华侨联合总会秉承中华民族优秀传统，发挥侨界联合体优势，“以文会友”，凝聚侨界力量，促进侨界团结，积极开展会务，维护侨胞权益，加强成员社团的交流与合作，为促进中美两国关系的发展作出积极贡献。运用自身有利条件，有所作为，为中国和平统一作出积极努力。

（中华人民共和国外交部网 2011－07－12）

阿根廷—中国人民友好协会在布宜诺斯艾利斯成立　主席费尔德曼

8月11日，阿根廷—中国人民友好协会（以下简称“阿中友协”）在阿根廷首都布宜诺斯艾利斯正式成立。成立仪式在中国驻阿根廷使馆举行，驻阿根廷大使殷恒民、中国拉丁美洲友好协会秘书长王宏强、阿中友协主席费尔德曼及各界代表近百人出席成立仪式。

阿中友协主席费尔德曼曾多次前往中国访问，积极推动阿中两国民间交往。他说，作为一个旨在促进两国民间友谊的机构，阿中友协将加强阿中两国人民在经济、文化、教育、体育和社会等各方面的交流，在阿根廷传播中国文化，让阿根廷民众更好地了解中国，促进两国人民之间的友谊。

殷恒民大使在致辞中表示，近年来中阿关系发展迅速，希望阿中友协的成立能够扩大并加深两国人民之间的相互了解，让阿根廷民众更多地了解中国文化、了解中国。

在成立仪式上，中国拉丁美洲友协与阿中友协签署了合作框架协议，双方将共同努力，促进两国政治、经济、体育和文化界的相互交流。

（中华人民共和国外交部网 2011－08－15）

欧 洲

意大利塔兰托双海华侨华人工商会在圣·乔治奥成立 会长卢锡德

据意大利《欧华联合时报》报道，1月9日下午5时，意大利塔兰托双海华侨华人工商会在圣·乔治奥（San Giorgio）市隆重举行了成立庆典仪式。前来参加大会的有中国驻意使馆参赞唐友京、塔兰托省主席、塔兰托市政府市长、圣·乔治奥市市长、意大利宪兵总督以及罗马、那不勒斯等地区侨界负责人和媒体代表近200人参加大会。

在成立大会上，首任会长卢锡德在致辞中表示，将与会长团成员一道致力于推动华人商会与主流社会的沟通和融合，增进社会各界对华侨华人的了解，提高侨胞之间的互相交流、互相合作、互相帮助、互相包容和互相尊重，维护和争取华侨华人的合法权益，促进和繁荣塔兰托的经济社会发展。驻意使馆唐友京参赞代表中使馆，首先祝贺双海华侨华人商会依法注册成立，并向出席仪式的侨胞及住在地政要致以美好祝福。他指出，塔兰托双海华侨华人商会成立时间虽晚，但看到当地各界政要参加今天的成立仪式，这是给旅意30多万侨胞带了一个好头。他说，双海华侨华人商会在正式成立前，生活在这里的华侨华人已做了许多有益的工作，为增进当地政府和人民之间的了解与友谊，促进与当地政府和民众的关系发展作出了积极贡献。他希望，双海华侨华人商会充分利用自身优势，担当民间的友好使者，为意大利的中国文化年发挥独特作用。他表示，使馆将一如既往地积极支持商会开展工作，竭力为侨胞的生存与发展营造一个良好的环境。

据悉，塔兰托作为军港城市，有900多华侨华人。塔兰托双海华侨华人商会是首个正式注册的商会，现有会长团成员50多人。

（［意大利］欧华传媒网 2011－01－10）

西班牙Usera华人联合会在马德里成立 会长罗海滨

近日，由马德里Usera区政府、区警察局一手牵头，广东王朝酒店股东之一的罗海滨先生大力促成，“西班牙Usera华人联合会”正式成立。罗海滨先生荣任首届会长。罗海滨称社团成立之初，有两项最重要的工作：一是保持和官方的联系，与警方也要经常沟通，配合工作；二是帮助在Usera生活的中国移民尽快融入到当地社会中，尤其要着重解决华人儿童入学难、华人移民看病难的问题。罗海滨在讲话中陈述了社团的章程、社会意义和后续发展，获得了侨民的一致称赞。

（［西班牙］欧华网 2011－01－22）

意大利青田总商会在米兰成立　会长王志敏

据意大利欧联通讯社报道，意大利青田总商会成立庆典暨第一届理事会就职典礼于1月30日晚在米兰隆重举行。来自意大利罗马、佛罗伦萨、米兰等地的旅意青田籍侨胞、企业家、意大利知名侨领500余人出席了庆典仪式。中国驻米兰总领馆梁慧总领事、严华龙副总领事、岑建德领事等总领馆工作人员、米兰市议会副议长迪斯特凡诺—马蒂诺、米兰市移民局负责人安吉利、意大利各界好友应邀出席庆典活动，并对意大利青田总商会的成立、王志敏荣任第一届意大利青田总商会会长表示祝贺。

意大利青田总商会是由王志敏、周少俊、周勇等著名意大利青田籍企业家牵头，经过一年多的筹备工作后在意大利注册成立的。根据建会的宗旨和民主选举的原则，大会选举王泽厚和陈侠为名誉会长、王志敏为首任会长、周春豪为理事长、周少俊为执行会长、周勇为秘书长，首届会长团成员超过了100人。王志敏表示，意大利青田总商会是一个具有鲜明特色的社会民间团体。在筹建过程中，得到了社会各方的关心和支持。在此，衷心感谢中国各级侨务主管部门、青田县人民政府的鼓励，感谢各兄弟侨团的支持。青田总商会一定不负众望，将致力于推动华商与主流社会的沟通融合，增进社会各界对华侨华人的了解，促进包容与尊重，维护和争取华商的合法权益。王志敏还强调，意大利青田总商会的成立将为旅意青田侨胞从事投资、经商、创业搭建一个合作与交流的平台，凝聚集体的智慧和力量，进一步传承和弘扬浙商精神，共同战胜经济危机给华商带来的种种困难，推进中意两国的经贸交流与合作。

据悉，旅居意大利的华侨华人中，浙江籍侨胞占90%以上，而青田籍侨胞则占有相当大的比重。青田籍侨胞在地中海这片古老的土地上，凭着吃苦耐劳、勤奋肯干的精神，以及兼容并蓄、勤俭内敛、商道济世的商业文化，造就了一大批商业精英。目前，在意经商的青田籍侨胞已经超过4万人，经营项目涉及旅游、电子、服装、食品、贸易、餐饮娱乐和服务业等行业。

（中国新闻网2011－01－31）

意中文化协会在奇维塔诺瓦成立　主席孙光

2月8日，在意大利东海岸马尔凯大区Civitanova市政府大厅里举行意中文化协会成立暨中部地区华人华侨喜迎中国传统佳节庆祝仪式。中国驻意大利大使馆大使丁伟，驻佛罗伦萨总领馆总领事周韵绮，马尔凯大区主席、Macerata省督、Civitanova市市长及当地各级政府政要、利玛窦研究会主席、各地侨团代表、身着中国各民族盛装的演员及当地华侨华人代表出席了庆祝仪式。

Civitanova市市长Mobili先生非常感谢意中文化协会主席孙光先生在中意建交40周年、利玛窦逝世400周年及中意文化年期间为古老的Civitanova市带来文化盛餐，意大利

与中国有非常深厚的经济合作基础，马尔凯大区与中国许多地区有密切的交流及合作，经济交往固然重要，但文化交流对两国关系发展更加具有意义。在全球化时代，各个民族相互理解、相互交流、相互帮助非常重要，各民族尽管文化存在差异，但维护世界和平的目标是一致的，通过这次活动，将更加促进了解，意大利与中国关系的发展不仅需要高层的推动，更需要普通民众的共同努力。

（［意大利］新华传媒网 2011－02－09）

意大利中国和平统一促进会在罗马成立　会长刘光华

意大利中国和平统一促进会20日在罗马正式成立。来自意大利各地华人社团的200多位侨领和侨胞代表参加了当天举行的庆典活动。全国人大常委会副委员长、民革中央主席周铁农为该会成立题词：振奋民族精神，促进祖国统一；海内外100多个单位、团体发来了贺电、贺信。

旅意青年侨领、意大利中国和平统一促进会会长刘光华在致辞时表示，意大利中国和平统一促进会的宗旨是：高举爱国主义旗帜，团结一切拥护中国和平统一大业的海内外同胞，推动台湾海峡两岸的民间交流与往来，反对制造“台湾独立”、“两个中国”、“一中一台”等分裂中国的活动，促进早日实现中国的和平统一。此前，意大利中国和平统一促进会向旅意各华人社团、侨胞发出倡议，阐明了该会的主要任务：第一，广泛联系祖国大陆、香港特别行政区、澳门特别行政区、台湾地区和海外各界人士及相关团体，共同探索中国和平统一的途径，反对“台湾独立”、“两个中国”、“一中一台”等分裂活动，促进海峡两岸交流与合作，推动中国和平统一进程；第二，促进海峡两岸民间经贸、文化、教育、科技、学术、新闻出版、体育、艺术、旅游等方面的交流和交往，增进两岸同胞的了解和情谊；第三，加强与其他国家和地区的中国和平统一促进会的联系，更好地发挥港澳台和海外各界代表人士在促进祖国和平统一中的作用；第四，开展多种形式的宣传工作，积极参与《统一论坛》，共同探讨和平统一的途径，为早日实现祖国和平统一贡献力量。

（中国新闻网 2011－02－21）

瓦伦西亚华侨华人妇女联合会在瓦伦西亚成立　会长项淑丽

伴随着瓦伦西亚传统法雅节的开始，瓦伦西亚地区首个华人妇女联合会也于2月27日在瓦伦西亚 Petixina 文化中心举行了盛大的成立庆典。

瓦伦西亚华侨华人妇女联合会的成立，离不开中国驻西班牙大使馆的支持与协助，董玉忠参赞在百忙之中特地抽空，莅临瓦伦西亚，共同见证了联合会的成立。同时参与庆祝大会的还有西班牙华侨华人妇女联合会的代表，以及瓦伦西亚众多兄弟社团的代表。庆祝大会在一片热烈的掌声中开始。首任瓦伦西亚华侨华人妇女联合会会长项淑丽女士致辞，她首先向积极支持华侨华人事务和保护、保障华人在西权利的中国驻西班牙大使馆，以及主管侨务工作的董参赞表示由衷的感谢，同时对其他瓦伦西亚兄弟社团给予华侨华人妇女联合会成立的大力支持与协助表达了诚挚的谢意。

瓦伦西亚华侨华人妇女联合会成立得到了瓦伦西亚政府的支持与协助，瓦伦西亚市长亲自发来贺电，祝贺华侨华人妇女联合会的成立。移民事务部主要负责人在大会上也表明了瓦伦西亚政府对华侨华人妇女联合会的支持和相关的扶助政策。

（［西班牙］欧华网 2011－03－02）

伦敦中国工商协会在伦敦成立　会长欧岩

由中国电信、汇丰集团、仲量联行和毕马威联合发起的伦敦中国工商协会1日在伦敦宣布成立，中国驻英大使刘晓明、伦敦市长鲍里斯·约翰逊出席成立仪式并发表演讲。

伦敦中国工商协会依托有着130年历史的伦敦工商总会成立，中国电信（欧洲）有限公司董事总经理欧岩出任首任会长。该协会主要为在英华人所办企业以及在英国建有分支机构的中国企业提供服务。主要工作包括：为中国企业在英发展寻找商业合作伙伴，每年举办数次大型交流活动，帮助中国企业建立商业网络，为中国投资者提供信息和咨询服务，把中国企业的需求传达给英国地方及中英政府等。刘晓明大使在接受新华社记者采访时表示，中国现在在英国的投资增长很快，中国企业在英国发展有着很好的机遇和前景。他认为，伦敦中国工商协会的成立将有助于中英两国企业实现信息共享，中国企业也可以通过这一平台与更多企业建立更好的联系。在成立仪式上，伦敦市长约翰逊说，伦敦拥有良好的投资环境和治安秩序，是世界上最适宜做生意的城市之一，相信伦敦中国工商协会将帮助中国企业在伦敦寻找到更多机会。

伦敦工商总会是伦敦最大、最具代表性的商业组织。据该机构统计，目前伦敦约有400家中资企业。

（新华网 2011－03－02）

捷克华侨华人青年联合总会在布拉格成立　会长周灵建

据捷克欧联通讯社报道，由捷克华人华侨青年企业家，第二、第三代华侨华人青年组成的捷克华侨华人青年联合总会日前正式宣布成立，并在捷克首都布拉格举行了盛大的成立典礼活动。来自捷克、意大利、比利时、德国、荷兰等国的侨界代表和旅欧青年华人社团代表、当地华人华侨100余人出席了成立典礼。

依据捷克华侨华人青年联合总会章程和民主选举原则，大会选举周灵建先生为首任会长。会议一致通过了创会的宗旨。捷克华侨华人青年联合总会创建旨在促进欧洲各国华侨华人青年组织的联络，帮助捷克华侨华人青年融入当地主流社会，提高华侨华人的地位和形象，加强与祖（籍）国的广泛合作，支持中国各项事业的发展。首任会长周灵建在庆典仪式上表示，捷克华侨华人青年联合总会将努力团结和联络更多的捷克华人华侨青年，勇于承担社会责任，展现华裔青年一代的精神风貌。同时，将积极参与欧洲和全球各国华裔青年社团之间的联谊和交流。周灵建说，捷克华侨华人青年联合总会成立后，首先与欧洲华人慈善会合作，为贵州省捐建一所希望小学。并加入欧洲华侨华人青年联合总会，加强与欧洲各国主流青年社团的互动和交流。

捷克总统夫人克劳索娃女士代表捷克政府对捷克华侨华人青年联合总会的成立表示祝贺，并转达了总统克劳斯对华人朋友的良好祝愿。中国驻捷克大使于庆泰对周灵建当选捷克华侨华人青年联合总会首任会长表示祝贺，希望捷克华侨华人青年联合总会秉承创会宗旨，在会长周灵建的带领下，努力促进中捷两国青年间的交流，发挥青年人敢于进取和拼搏的精神，为华人社会在欧洲的健康发展、提高华人社会的整体形象作出更加优异的成绩。

（中国新闻网 2011－03－21）

意大利巴里华侨华人商会在巴里成立　会长廖晓敏

意大利巴里华侨华人商会4月10日晚举行成立庆典大会。中国驻意使馆唐友京参赞、祝希华领事、普利亚大区议长、巴里市市长代表等应邀出席并对商会的成立表示祝贺。

庆典大会由张天月女士主持。首任会长廖晓敏发表了就职演说。他说，非常荣幸地当选为巴里华侨华人商会第一届会长。感谢使馆领导和当地政府及兄弟侨团赋予的支持和厚爱，同时也感谢会长团全体成员的信任和拥戴。他表示，作为首届会长，一定不负众望，致力于推动华商与主流社会的沟通融合，增进社会各界对华侨华人的了解，促进包容与尊重，维护和争取华商的合法权益。同时，将与会长团全体同仁秉承创会宗旨，履行好章程所规定的责任和义务，积极参与社会公益服务，引导侨商遵纪守法，不断改善华商的社会形象，为促进侨胞的事业发展作出不懈努力。

据悉，旅居巴里辖区的华侨华人达10 000多人，现有华人企业500余家，主要从事餐饮、贸易及加工业。因为侨胞在从事投资、经商、创业过程中，所涉各种合法权益需争取，于是，侨胞们凝聚集体的智慧和力量，经过1年多的筹备工作在巴里注册成立了意大利巴里华侨华人商会。首届会长团成员超过了100人。

（中国新闻网 2011－04－11）

爱尔兰戈尔韦爱中友好协会暨中文学校在戈尔韦成立　会长钱锦伦

2011年5月12日晚，中国驻爱尔兰使馆临时代办兰和平应邀出席了爱尔兰戈尔韦爱中友好协会暨中文学校成立大会。爱尔兰教育与技能部国务部长夏兰·卡农也应邀出席并发表讲话。戈尔韦当地华侨华人和留学生、友好人士及来自都柏林的部分侨团负责人等共100余人参加。

兰和平代表中国大使馆和刘碧伟大使向戈尔韦爱中友好协会和戈尔韦中文学校的成立表示热烈祝贺，祝愿该协会在会长钱锦伦的带领下，团结和服务广大会员，办好中文学校，加强与其他侨团的沟通、交流与合作，为推动中爱两国友好关系的发展、促进两国人民之间的相互了解和友谊发挥积极作用。她还简要介绍了中国的发展近况，特别是“十二五”规划有关情况及汶川地震三年来灾区重建的最新情况，受到来宾的热烈欢迎。

戈尔韦市位于爱尔兰西部，是爱尔兰第三大城市，该市有华侨华人、留学生1 000余人。

（中华人民共和国外交部网 2011－05－14）

欧洲华侨华人青年联合总会在布鲁塞尔成立　会长傅旭海

欧洲华侨华人青年联合总会（简称“欧华青联”）17日在比利时布鲁塞尔举行成立庆典。

中国驻欧盟使团马燕生公参、中国驻比利时使馆陈小明参赞、欧盟对外行动署负责中国事务主管官员白尚德、全国青联副秘书长董霞、欧洲华侨华人社团联合会主席夏庭元等嘉宾到会祝贺。

欧洲华侨华人青年联合总会首任会长傅旭海在致辞中说，欧华青联的宗旨是“团结欧华青联，促进共同发展”，推动欧洲华侨华人青年融入欧洲主流社会，为华人青年开阔视野提供帮助并创造条件，为住在国的经济政治建设、中欧的和谐发展与繁荣昌盛添砖加瓦，并努力成为中欧各国青年世代友好的纽带。

在比利时华人青年联合会、俄罗斯华侨华人青年联合会、荷兰华人青年联合会、英国华人青年联合会、西班牙华人青年联合会、德国华人青年联合会、捷克华侨华人青年联合总会等的倡议下，一个团结广大欧洲华侨华人爱国青年的民间组织应运而生。

（人民网 2011－05－18）

西班牙华人青年联合会在马德里成立　会长陈晓敏

西班牙华人青年联合会（简称“西华青联”）6月19日在马德里举行成立仪式，来自当地侨界及政界、企业界的数百名嘉宾出席。

西华青联会长陈晓敏说，西华青联的宗旨是团结华人青年构建和谐华人社会、维护在西华人的权利和尊严、促进中西青年友好往来及推动在西华人青年的事业发展。

中国驻西班牙大使馆领事部领事董玉忠表示，希望西华青联为增进中西经贸文化交流、促进相互发展而努力，“爱国爱家，为祖国增光添彩”。从比利时前来出席西华青联成立仪式的欧洲华侨华人青年联合总会会长傅旭海说：“青年是国家的希望，是构建和谐社会的中坚力量，是新时代的开拓者，又是未来世界的创造者。西华青联的成立将促进欧洲华人青年社团在西班牙的发展，并帮助在欧洲西南部塑造新一代中华儿女形象。”西班牙马德里蒙克洛亚区和丰拉夫拉达区的区长分别致辞，对西华青联的成立表示祝贺。

（新华网 2011－06－19）

西班牙浙江联谊会在马德里成立　主席黄庆伟

经过一年多时间的筹备，6月21日，西班牙浙江联谊会隆重举行了成立庆典仪式。中国驻西班牙大使馆侨务参赞董玉忠、领事部主任唐盛、华人社团侨领代表、侨胞代表、商家代表、华文媒体记者共计200余人出席。

西班牙浙江联谊会主席团执行主席黄庆伟在庆典仪式上发表就职演说。他说，新成立的浙江联谊会将遵守“团结、文明、和谐创会”的办会宗旨，积极在当地争取旅西华人的合法权益，守法经营；积极融入当地社会，树立华人的良好形象，努力提高华侨华人在所在国的社会地位；积极推动华人社团的合作与往来，共创一个文明、健康、和谐的华人社会。

黄庆伟说，浙江联谊会刚刚成立，许多方面还需完善，联谊会愿接受使领馆及兄弟侨团的帮助和支持，加强自身建设，努力把西班牙浙江联谊会办成一个有益于华人社会健康发展的新型社团。特别是在当今西班牙经济危机与机遇并存的特殊时期，如何从更高的层次、更宽的视野、更新的角度促进浙江华商平衡协调发展，是我们社团展望并与兄弟侨团共同努力的方向。为此，联谊会将与大家携手共勉。与此同时，我们将以联谊会这个平台，与广大浙商侨胞相互交流与合作，共同创造更多、更好的商机。

中国驻西班牙大使馆侨务参赞董玉忠强调说，今天的旅西侨界呈现出百花齐放的态势，新侨团的成立是侨界的盛事，更是对老侨团的一种激励。大浪淘沙，不进则退。任何社团不应仅仅满足于本会内部事务的顺利开展和曾经取得的成绩，更要加强社团间的联系，加强全侨团的团结。团结就是力量，这是全体侨团应该思考和为之努力的方向。

（中国新闻网 2011－06－23）

法国亚裔社团联盟在巴黎成立　秘书长孙文雄

7月9日，35家旅法华人社团代表和商界人士在法国华侨华人会举行会议，宣布法国亚裔社团联盟正式成立。与会代表们还就“联盟”的功能、宗旨以及组织结构框架等达成共识。

法国亚裔社团联盟是由众多团体联合组成的新型组织。它成立的主要目的是为了维护亚裔在法国社会的各项权益，提高亚裔的政治及社会地位，并成为与法国主流社会进行对话和交流的平台。

当天会议上还一致通过决议，由法国华侨华人会、潮州会馆、华裔互助会、青田同乡会和法华工商联合会等5家社团作为“联盟”的常务理事会单位，负责领导和落实“联盟”的各项事务；由现任法国执政党UMP亚裔事务专员孙文雄担任秘书长，巴黎第13区副区长、法国潮州会馆副会长陈文雄担任执行秘书长，负责具体的组织实施。秘书处下辖各功能部门，分别针对不同议题开展相应工作。

孙文雄秘书长在当天会上，就“联盟”成立之后的执行规划做了简要阐述：针对亚裔人士广泛关注的安全问题，法国亚裔社团联盟将会在短期内与政府相关部门、各地方警察局进行沟通，表明亚裔人士立场，敦促改进当前现状；2012年法国大选在即，法国亚裔社团联盟将组织各类活动，鼓励在法国的亚裔人士积极参政议政，踊跃参与投票，为亚裔人士在政治领域争取话语权；“联盟”将落实一系列措施，对目前许多亚裔人士所遇到的身份、拘留问题给予帮助，促进亚裔人士向法国主流社会的融入。

（［法国］《欧洲时报》2011－07－12）

大洋洲

新西兰中新工商业联合会在奥克兰成立　会长叶国和

2月19日，由新西兰老华侨发起组建的“新西兰中新工商业联合会”，在奥克兰隆重举行成立庆典仪式。来自当地工商界、政界及各界知名人士100多人相聚同贺。新西兰工党领袖菲尔高夫、中国驻奥克兰总领馆副总领事黎永传、新西兰华人国会议员霍建强等，专程到会出席并致辞祝贺。

“新西兰中新工商业联合会”首任会长叶国和首先在庆典仪式上致欢迎词，他感谢各位来宾光临庆典仪式，共同庆贺“新西兰中新工商业联合会”的成立。他向大家介绍了新西兰中新工商业联合会的组织形式，并介绍了新西兰工商业联合会的建会宗旨：为中新两国的贸易发展搭建友谊的桥梁，为共同促进中新两国之间的经济发展而努力。新西兰工党领袖菲尔高夫和中国驻奥克兰总领馆副总领事黎永传相继在致贺词中对新西兰“中新工商业联合会”的成立表示由衷的祝贺，并共同对中新双边贸易协定签订以来两国在多领域的交流与合作中取得的可喜成就给予了高度评价。他们共同期望“中新工商业联合会”的成立，将给中新的经济合作与发展带来更大的推动和促进作用。

（［新西兰］中华新闻网 2011－02－21）

澳洲佛山联谊总会在悉尼成立　会长李桂平

据澳大利亚《星岛日报》报道，由一群活跃于悉尼小区、热心小区及公益活动的人士联合创立的“澳洲佛山联谊总会”，3 月 5 日宣布正式成立。

创会会长、侨领李桂平在百乐居举行的首届理事会就职典礼上表示，该会的成立，旨在团结乡亲，尤其是促进澳大利亚主流社会对佛山文化的了解，更会与其他以华人为主的社团一起，积极融入主流，增进澳中文化交流，为家乡建设和澳中经济繁荣作出贡献。其后李桂平亲自向名誉会长以及顾问等颁发了委任书及聘书。

当晚出席的嘉宾包括行将荣调返国的中国驻悉尼总领馆胡山总领事，副总领事胡小兰，领事张龙忠、秦向东及朱昊，广东佛山市外事侨务局副局长陈穗领导的代表团成员、佛山市侨联副主席费红玉等逾 500 人。胡山总领事说，佛山名人辈出，清代早期为中国四大名镇之一，既是世界名人李小龙的故祖籍，也是南狮的发源地，更是中国著名的侨乡，近年来经济发展迅速，城市综合竞争力名列中国前茅。他认为佛山联谊总会的成立，为中澳之间经贸、文化、科技、教育等领域的交流，搭建了很好的平台。

澳洲佛山联谊总会首届理事会成员除创会会长李桂平外，还包括常务副会长区龙副市长、程仕坚，副会长丽丽芳婷、江镇标、骆仕瑜，总干事陈佩莲，秘书长林祖儿，副秘书长赵庆雯，司库孔碧琴，副司库罗焕珍，干事陈丽红、冯映明、麦庆云、黄月明；荣誉顾问梁柏源，荣誉会长周光明、邱维廉、林辉源，名誉会长黄满明；黄肇强、何沈慧霞、邓小颖副市长、何键刚、黄翼强、欧阳国成、蔡青容、林锦珊、刘尧等为顾问。

（中国新闻网 2011－03－08）

奥克兰中国硕士博士生联谊会在奥克兰成立　主席袁孜琦

3 月 19 日上午，新西兰奥克兰中国硕士博士生联谊会（以下简称“硕博会”）成立大会在驻奥克兰总领馆隆重举行。驻奥克兰总领事廖菊华、教育领事胡焰初应邀出席。

廖菊华总领事首先致辞，代表总领馆对硕博会的成立表示祝贺，充分肯定了硕博会开展的各项有益工作。她说，包括硕博会在内的领区中国学生社团和其他青年组织积极支持中国举办奥运会和世博会，在祖国发生自然灾害时，更是义不容辞地踊跃捐款。前不久基督城发生地震，硕博会积极开展募捐活动，与其他学生社团一起参加了驻奥克兰总领馆开展的协助受灾中国公民的工作。总领馆对此表示衷心感谢。廖总还介绍了中国引进海外高

层次人才的“千人计划”和刚刚结束的“两会”盛况。

新西兰中国团体联合会秘书长和志耘先生、奥克兰大学研究生院院长 Caroline Daley 女士、新西兰皇家科学院院士高唯教授，以及来自新西兰各界的华侨领袖、学生团体代表、硕博会成员等近200人参加了此次成立庆典。

（中华人民共和国外交部网 2011－03－21）

澳大利亚江西总商会在悉尼成立　会长徐燕子

4月13日，澳大利亚江西总商会成立庆典暨鄱阳湖生态经济区产业项目推介会13日晚在悉尼举行。江西省副省长洪礼和率江西省经贸代表团出席，为鄱阳湖生态经济区产业项目招商。

洪礼和副省长和中国驻悉尼（大使衔）总领事段洁龙为澳大利亚江西总商会成立揭牌，来自中澳两国百余位政界、商界等各界嘉宾到会祝贺。

澳大利亚江西总商会作为非营利性的社团，其宗旨是维护在澳赣商的权益，搭建投资合作平台，促进中澳两国，特别是中国江西省与澳大利亚的经贸交流与合作。该商会成立后，将致力于开展推介鄱阳湖生态经济区产业项目的工作。鄱阳湖是中国最大的淡水湖和具有世界影响的重要湿地，鄱阳湖生态经济区建设是功在当代、利在千秋的战略举措，是江西“十二五”期间兴省战略的“重中之重”。所以，在澳赣商将努力为此作出贡献。

（中国新闻网 2011－04－13）

新西兰天津联谊会在奥克兰成立　副会长张文丽

5月13日，新西兰天津联谊会成立大会在奥克兰举行。天津市侨联副主席陈思良先生以及谢江先生、李卫新先生等一行3人从天津赶来新西兰祝贺。

应邀出席成立大会的客人还有新西兰华人国会议员霍建强先生，中国驻奥克兰总领事馆杨毅刚领事、李雯领事，以及各界侨领代表和华人媒体代表。

新西兰天津联谊会副会长张文丽、荣誉会长张培军及部分理事和会员60余人出席大会。副会长张文丽女士代表理事会讲话。

出席会议的全体天津侨胞对天津联谊会的成立感到无比高兴，表示有联谊会这一平台，乡友们之间可以在工作、生活中多加联系、相互帮助。他们还对祖（籍）国和天津的发展感到由衷的欣慰和鼓舞，表示要做新西兰和天津之间沟通的桥梁，为新西兰和天津的发展出力。

陈思良副主席代表天津市侨联，张文丽女士代表新西兰天津联谊会，双方交换了礼物。张文丽副会长送给家乡亲人的礼物是一本印刷精美的新西兰画册；陈思良副主席送给天津联谊会的礼物是特地从天津家乡带来的，具有浓郁的天津特色并且镶嵌着邮票和金币的精致的杨柳青画册。

（［新西兰］中华新闻网 2011－05－14）

澳大利亚西澳中国和平统一促进会在珀斯成立　会长潘邦炤

澳大利亚西澳中国和平统一促进会（以下简称“西澳和统会”）30 日在珀斯成立，中国全国政协常委、致公党中央常务副主席王钦敏等莅临成立大会，向西澳和统会成立表示热烈祝贺。中国和平统一促进会、中国全国政协港澳台侨委员会、中国国侨办、中国侨联、中国驻珀斯总领馆和西澳州政府等发来了贺电。

澳洲中国和平统一促进会会长邱维廉说，西澳和统会的成立是澳洲中国和平统一促进会历史上的一个里程碑。目前在澳大利亚除塔斯马尼亚州外，整个澳大利亚大陆的州、领地都建立了澳洲和统会分会。他说，11 年前，澳洲和统会在悉尼诞生，我们立足本职，求真务实，锐意进取，积极融入主流社会，为中澳两国的交流与合作穿针引线，成为最具规模、最有影响力的社团之一。让我们携起手来，促进中国和平统一早日实现。

中国驻珀斯总领事汪银儿说，西澳和统会的成立，在促进中国和平统一中增加了新的力量，希望西澳和统会努力维护华侨华人的利益，团结侨社，弘扬中华文化，为中国和平统一作出新的贡献。

澳洲中国和平统一促进会副会长杨志唯表示，推进中国和平统一进程和实现振兴中华的伟大任务时不我待，反“独”促统任重道远。我们华侨华人在纪念辛亥革命 100 周年的时候，要时刻牢记统一之大任，为实现中国的统一大业而努力奋斗。西澳州本地社团代表张野从辛亥革命的历史意义、中国共产党带领人民创造幸福生活和促进中华民族伟大复兴等方面进行了专题发言。

（中国新闻网 2011－05－31）

澳大利亚维多利亚省温州同乡会在墨尔本成立　会长黄磊

近日，澳大利亚维多利亚省温州同乡会正式注册成立，瑞安籍侨胞黄磊当选为首任会长。

维多利亚省温州同乡会是继墨尔本温州同乡会之后，温州人在澳大利亚成立的第二个同乡会。维多利亚省温州同乡会高级顾问、澳大利亚兰氏国际集团董事长陈平告诉记者，目前，共有1万多温州人生活在维多利亚省，行业遍及商贸、教育、金融服务等领域。

维多利亚省温州同乡会目前会员180多人，在当地颇有影响力的温商周映雪、崔群任常务副会长，杨丽珍任秘书长。

（温州侨网 2011－06－13）

澳大利亚湖北联谊会在悉尼成立　会长邝远平

13日晚，澳大利亚湖北联谊会在悉尼成立，省委副书记、省政协主席杨松，中国驻悉尼总领事段洁龙出席揭牌仪式。

澳大利亚湖北联谊会由20多位湖北知名澳侨发起，得到了省委、省政府、省政协，中国驻悉尼总领馆的支持，经澳大利亚新南威尔士州政府核准成立，是一个非营利性的社团组织。

杨松在揭牌仪式上说：“澳大利亚湖北联谊会是澳鄂两地情谊的结晶，象征两地合作迈入了新纪元。”他希望，联谊会为澳大利亚和湖北的发展作出新的更大贡献。段洁龙说，希望澳大利亚湖北联谊会成为澳大利亚华人社团的生力军，架起澳洲人民和湖北人民交流的纽带和桥梁。

揭牌仪式上，省政协秘书长王树华致辞祝贺，澳大利亚湖北联谊会会长邝远平、副会长茅威廉等多位知名侨商结合自身经历，讲述了省委、省政府、省政协对自己在湖北投资创业的爱护与扶持，希望更多的澳大利亚华人华侨到湖北创业，助力家乡经济与社会发展。

（《湖北日报》2011－06－14）

澳大利亚惠安同乡会在悉尼成立　会长庄志刚

在惠安县侨办和众多澳大利亚惠安籍乡贤的共同努力下，筹备两年多的澳大利亚惠安同乡会于10日正式向澳大利亚相关部门注册成立。

成立后的澳大利亚惠安同乡会，推选澳大利亚维多利亚州福建同乡会副会长、澳大利亚志宏集团董事长庄志刚先生为首任会长。

此次澳大利亚惠安同乡会是在悉尼“杏花村”原有的基础上创立的，由“杏花村”村长、悉尼福建工商联合会副会长薛培森先生、“杏花村”秘书长王少平先生、维多利亚州福建同乡会副会长庄志刚先生、维多利亚州福建同乡会理事杜昭山先生、墨尔本孙琛先生等惠籍乡贤发起，来自澳大利亚悉尼、墨尔本等地的200多名惠安乡贤参与了创建活动。

福建惠安县位于泉州湾与湄州湾之间，依山临海，与台湾隔海相望，是福建省著名侨乡和台湾汉族同胞祖籍地之一。长期以来，海外侨胞和港澳台同胞纷纷前来寻根谒祖、探亲访友、旅游观光、投资经商，踊跃参与家乡的建设事业，为惠安经济发展、社会进步作出了突出的贡献。

（中国新闻网 2011－06－22）

悉尼广西同乡会在悉尼成立　会长韦生贵

据澳大利亚《星岛日报》报道，为更好地联系乡谊，提升在澳大利亚的广西华人形象并替乡亲们谋求更多的合法权益，宣传广西及支持家乡的建设和发展，澳大利亚悉尼广西同乡联谊会于7月3日成立。

首先由施纳新秘书长致开场词，并介绍推举出来的首任会长韦生贵、副会长莫恭玮博士及曾立展、石英构、零允上和黄剑韵4位理事，还有该会医药顾问丘树祥医生、法律顾问丘墇律师和财务顾问冯恩强会计师与大家见面认识；在会长致辞后全体来宾一起合照留念。

新科会长韦生贵，广西马山人，安徽财经大学高才生，现任南宁澳华房地产建设有限公司董事长、广西华商会副会长和广西华侨爱心基金会副理事长等职。

（中国新闻网 2011－07－06）

大洋洲中医药针灸学会联合会在奥克兰成立　会长林子强

据澳大利亚《星岛日报》报道，由澳大利亚全国中医药针灸学会联合会、新西兰中医药针灸学会、新西兰中医学院及奥克兰梅西大学举行了世界中医药论坛及大洋洲中医药针灸学会联合会成立典礼。

新成立的联合会主要由澳大利亚全国中医药针灸学会联合会、新西兰中医药针灸学会、澳华中医学会等学会会员联合组成。首届会长为林子强教授，副会长为徐志峰、刘炽京、张翼，秘书长为冯立博士。学会下设理事会，每一成员会之会长为联合会之当然理事，理事会为联合会最高决策机构，负责制定关于学会管理与建设、业务发展、会员继续教育、业务培训、举办地区性的中医药论坛及保障会员权益等重要事宜，澳大利亚全国中医药学会联合会副会长张翼、副秘书长谢敏兴等一同赴新西兰参加了成立大会。

林子强主席说大洋洲联合会欢迎其他中医团体申请加入，携手共创岐黄学术之辉煌。

（中国新闻网 2011－08－11）

澳华小区议会昆士兰省分部在昆士兰成立　主席林忠质

据澳大利亚《星岛日报》报道，近日，澳华小区议会昆士兰省分部举行成立大会。会议期间，成立了一个筹备委员会，成员为分会主席林忠质、副主席胡灵律师、义务秘书林俊宏、名誉司库候香玉博士、执行委员陈博士、执行委员莱奥妮·甘恩。

筹备委员会将登记澳华小区议会（昆士兰省分部），并吸收新成员和开展分会的运作。维多利亚省名誉会长林美丰捐赠 1 000 澳元给予昆士兰省分会作为经费。

澳华小区议会全国主席潘瑞亮说：“昆省的澳华小区议会具有广泛的人脉基础支持，其中包括中国、马来西亚和出生在澳洲的华人，分会内精英云集，有律师、博士、议员，他们有高深的学问和技能，有很强的社会责任感，能对社会作出很大贡献，在主流社会中能反映华人的心声，他们为华人带来了荣誉和骄傲。”

（中国新闻网 2011－09－29）

非　洲

尼日利亚中国总商会在阿布贾成立　会长曹保刚

7 月 4 日，尼日利亚中国总商会在尼日利亚首都阿布贾召开成立大会暨第一次会员大会，70 多名企业代表参加。驻尼日利亚大使邓波清、使馆经商参赞荣延松等出席了会议并就总商会成立表示了祝贺。

大会选举产生了理事会，表决通过了总商会章程。当日，总商会一届一次的理事会顺利召开，选举中土尼日利亚公司总经理曹保刚为第一届会长。

2008 年底，在驻尼日利亚使馆的组织和指导下，经报国内商务部批准，总商会筹备工作正式启动。经过两年多的努力，总商会完成在尼注册手续，现宣告正式成立。目前会员企业共 79 家。总商会的成立对于加强在尼中资企业联系和协调，促进与当地政府、工商界联系，维护企业合法权益等方面将发挥重要作用。

（中华人民共和国外交部网 2011－07－06）

（本栏目责任编辑　王华）

2011 年华侨华人研究学术动态概述

徐　云

2011 年，是辛亥革命 100 周年和中国共产党成立 90 周年。这两件值得纪念的大事，让 2011 年的中国愈加群情振奋，气势高昂。与此同时，华侨华人研究领域也打破了近两年相对沉寂的局面，博观约取、蓄势待发、好事连连。

第一，要祝贺国内权威的华侨华人研究专业期刊《华侨华人历史研究》入编《中文核心期刊要目总览》2011 年版，这是广大华侨华人研究学者、期刊编辑们长期共同努力的结果，也是我们界内多年期盼的大喜事。据悉，此次核心期刊的评选工作采用定量评价与定性评价相结合的方法，定量评价采用了被索量、被摘量、被引量、他引量、被摘率、影响因子、被国内外重要检索工具收录、基金论文比、Web 下载量等 9 个评价指标，统计源的数据库及文摘刊物达到 60 余种。《华侨华人历史研究》入编《中文核心期刊要目总览》，提高了华侨华人研究的地位，同时也对华侨华人研究的水平和期刊编辑工作提出了更高的要求。

第二，具有 30 年历史的中国华侨历史学会完成换届工作。中国华侨历史学会成立于 1981 年，是由中国侨联主管并由华侨华人研究工作者和热心于此项工作的人士自愿组成的非营利性的全国性学术团体，目前学会会员近 500 名。30 年来，中国华侨历史学会走过了不平凡的历程，在配合国家落实侨务政策、推动地方侨史学会成立和注重队伍建设、积极开展学术活动、认真办好专业刊物和学会文库、弘扬爱国主义精神等方面发挥了重要作用。4 月，中国华侨历史学会第六次会员代表大会在北京举行，大会选举产生了华侨历史学会新一届理事会和常务理事。

第三，中国首部华侨华人研究“蓝皮书”在北京发布。8 月，由华侨大学主编、社会科学文献出版社出版的中国首部华侨华人研究蓝皮书《华侨华人研究报告（2011）》正式发布。蓝皮书将海外华侨华人社会置于国内外发展及国际移民的大背景下，所载文献从历史、政策、国际移民潮流和规律、主要侨胞居住地之现状、国内侨务概貌以及经济科技、华文媒体和华文教育等角度，剖析新侨情，解读新问题，探索新路径，所述看法和观点具有一定的代表性和权威性。《华侨华人研究报告（2011）》的发布引起了侨学界的积极肯定和广泛关注。

第四，全球华侨华人总数首次得出较明确的统计数字。11 月，在上海举行的第二届中国侨务论坛公布的一项研究成果，首次较为明确地统计出全球华侨华人总数：2007—2008 年间已达 4 543 万人，如今约为 5 000 万人。这一课题研究综合分析了世界各地华侨华人的变迁，对华侨华人数量与人口分布做出了基本评估，预测了其发展趋势，为侨务工作提供了重要基础，对准确了解和把握侨情变化发展具有重要意义。

除了以上几件大事，华侨华人研究还在学术论文、学术专著、科研项目、学术会议、研究机构活动等学术动态方面各有建树、可圈可点。本文拟以事实数据为依据，尽量把有关数据资料和主要观点系统化、条理化，并在此基础上对其反映出的特点和问题做简要的分析探讨。

一、学术成果

1. 期刊论文

经统计显示，2011 年境内外各类学术期刊共发表华侨华人研究论文 744 篇，其中中文期刊论文 621 篇；英文期刊论文 123 篇。

中文期刊论文。从期刊论文主题上看，仍体现出范围广泛、选题多样的特点。关于华侨华人研究传统领域的历史研究，有论文 80 余篇，约占中文期刊论文发文量的 13%，与 2010 年的 11% 、2009 年的 12.8% 相比，略有增加。除了一些宏观叙事的文章外，一些通过史料挖掘进行深入研究的论文，如徐炳三、刘莉的《辛亥革命纪念与〈华侨导报〉的政见表达——兼论 1945—1949 年国共利用辛亥记忆对华侨的争取》，刘正刚、李贝贝的《清末侨乡的珠玑巷认同———以五邑方志为例》，石坚平的《近代广府侨乡契约文书中的货币表达方式研究》等昭示着华侨华人历史研究的底蕴深厚、花开不败。同时，一些针对海内外侨情出现的新情况、新变化、新特点、新问题进行分析探讨的文章也及时出炉，如《浅析中国人“海外生子”现象》、《挑战与回应：阿根廷华人超市行业现状研究》、《金融危机下的“美国留学热”及其发展趋势》、《论东日本大地震对在日华侨华人未来发展走向的影响》等，为国家政府和侨务部门了解分析侨情，制定相关对策提供了参考依据。

这 621 篇中文期刊论文，发表在 294 种期刊中，其中核心期刊 63 种，占期刊总数的 21.4%；在核心期刊发文 148 篇，占总发文量的 24%。从一般意义上说，核心期刊发文量的多少能基本反映该研究领域的研究水平。经统计发现，2011 年与 2009 年相比，发文量虽然增多，但核心期刊的发文量却有所下降。2009 年，352 篇境内期刊论文中，在核心期刊发文 99 篇，占总载文量的 28%。还不包括发表在《华侨华人历史研究》上的论文；而 2011 年《华侨华人历史研究》已进入核心期刊的行列，但将其发文量统计在内，当年核心期刊的发文率也只为 24%。

从载文期刊上看，2011 年载文期刊共有 294 种，除了哲学、统计学、考古学等少数学科外，几乎所有的人文社会科学的期刊种类，如宗教学、社会学、人口学、人才学、法学、民族学、国际政治、中国政治、中国经济、文化理论新闻、广播电视、图书馆信息事业、档案学、教育、体育、文学、音乐、美术、地理等，都有期刊发表过有关华侨华人研究论文。这样的全面开花，相信其他学科不能望其项背。不过，2011 年，在与华侨华人研究密切相关的诸类学科如社会学、人口学、人才学、法学等核心期刊上，还未见有关华侨华人研究的论文发表。主题广泛和载文期刊众多这样的现象，给我们带来两点思考。第一，华侨华人研究显学特点突出，重视现实性问题的研究，引起社会广泛关注；第二，显学也有其局限性。一旦占有重要地位，就可能衍变成万能科学。像包治百病的药不是好药一样，万能科学也不会是真正的科学。目前华侨华人研究的无所不包，如果没有扎实的基础理论研究作后盾，其带给华侨华人学科建设的严重影响和冲击是显而易见的。

由于期刊论文数量庞大、类别繁杂，不便详细列举或分析，笔者拟根据“二八”定律，对核心期刊的一些代表性论文做一些归纳和分析。

2011 年的期刊论文从研究态势上，可分为深入性研究、突破性研究、创新性研究、政策性研究、考辨性研究、实证性研究、比较性研究和交叉性研究。深入性研究是在原有研究的基础上，对同一主题进一步拓展研究范围和研究深度的研究。这是一种基本的研究范式，因此不需赘言。

突破性研究即在深入研究的基础上取得了标志性成果的研究。庄国土的《世界华侨华人数量和分布的历史变化》（《世界历史》2011 年第 5 期）一文，通过对当地官方、华社、中国使领馆等人口数据的分析，探讨了近 400 年华侨华人数量和分布的变化，重点研究了近 30 年来华侨华人的数量和分布。百多年来，尽管国内外学者对中国移民史和华侨华人的研究成果甚丰，但多集中于特定区域、国别华人史的研究，鲜有对中国移民及其后裔数量的整体估算。因此，该文在华侨华人数量和分布的研究上，有了突破性进展。

创新性研究是指利用新的观点或理论解决前人未曾涉猎或未曾解决的问题的研究。王丽霞、张赫的《构建第三方参与的海内外侨胞信任机制》（《中国行政管理》2011 年第 3 期）一文，借鉴数学理论和方法，通过两利益主体参与和第三方利益主体参与的博弈理论分析以及 MATLAB 7.0 模拟第三方参与下的多利益主体分析，得出结论，第三方参与模式是海内外侨胞信任机制构建的关键所在。该文在研究视角、观点和方法运用方面都具有创新性。

政策性研究是侨务工作研究的重要组成部分。近年来，学理性研究与国家侨务政策咨询结合的新路已经取得较大成效。刘国福的《华侨国内权益保护立法模式探析》（《东南亚研究》2011 年第 1 期）一文，对华侨国内权益保护政策做了理性回顾和法律思考。认为目前学界通说的制定特别法保护华侨国内权益，因其立法和执法成本巨大，并非保护华侨权益的最佳选择。保护华侨国内权益的立法模式由特别法转向一般法，以及由此引起的侨务工作的调整，这是一个需要引起侨务工作者高度重视的理论和现实问题。

考辨性研究是对研究主题中某一细节的考证和辨析。有补史之阙、正史之讹的作用。徐元宫的《20 世纪初期苏俄华人共产主义组织中央机构名称考辨》一文，针对当代学术界对 20 世纪初期苏俄境内华人共产主义组织中央机构名称的几种曲解，以及出现曲解的原因进行了考辨，认为正确的名称应该是“俄共（布）中央委员会华人党员中央组织局”，或“俄共（布）中央委员会中国党员中央组织局”，不通俄语和基本的中、苏党史知识是曲解的主要原因。

实证性研究是通过对研究对象大量的观察、实验和调查，获取客观材料，从个别到一般，归纳出事物的本质属性和发展规律的一种研究方法。相对于以前侨乡华侨婚姻的研究多将视角向内而言，耿羽的《关于沿海农村女性海外婚姻的考察》（《中国青年研究》2011 年第 5 期）一文，将华侨婚姻研究对象的视角转向海外，以地处福建东南沿海 H 村为例，对当地经济因素主导下的通婚圈变化、外嫁女的海外生活状况进行了考察分析。杨晋涛的《从美国PM老年华人社区看新华人的聚居性》（《世界民族》2011年第1期），将研究视角瞄准居住在美国PM社区的老年新华人居民，并从居住选择和自我组织两个方面来探讨形成这种聚居现象的原因。认为影响居住选择的各种因素都体现出这里的居民作为“前第一代”老年华人的特殊要求，这种特殊要求可能使他们潜在地追求某种族裔聚居形式，而PM华人组织的成长则促成了聚居的真正形成，由此可见从文化认同的角度理解族裔聚居性的重要性。

比较性研究是通过比较事物的相似性或相异程度，从而得出结论的研究方法。李涛的《中、印海外移民与母国经济联系的比较研究》（《世界民族》2011年第3期），通过对两国海外移民与各自母国的经济联系进行比较，分析各自的不同特点与共同之处，从而得出结论：海外印度人与印度的经济联系以侨汇为主，而海外华人与中国的经济联系则以投资为主；与印度经济联系密切的是生活在欧洲、美洲发达地区的海外印度人，而在对华境外投资中占比最大的是来自中国香港华商的资金。不论海外移民与两国经济联系的侧重点有多大区别，两国海外移民都对母国的经济发展起了重要的推动作用，是两国经济崛起的重要海外力量。

近年来，关于华侨华人研究呈多学科交叉趋势的说法盛行，是否如此还有待商榷。学科交叉研究的基本特征是不同的学科之间有明显的相互联系和相互作用。学科交叉研究团队是由在不同知识或学科领域中具有不同研究背景的人组成，他们通过共同的研究问题组织起来，用不同的概念、方法、数据和术语解决共同的难题。很显然，目前华侨华人研究在学科交叉研究上还没有形成气候。第一，华侨华人研究不是一个学科，不具备学科之间交叉研究的基本条件；第二，目前华侨华人研究借鉴别的学科理论研究单方面问题的多，而用不同的理论研究共同问题的少，学科之间相互联系和相互作用不明显。当然，学科研究中多学科交叉渗透的发展趋势是必然的，华侨华人研究步入其中也是时间早晚和程度深浅的事。2011年杨慧贤的《历史地理学视野下的华侨华人研究》（《长春理工大学学报》2011年第7期）一文，比较系统地分析了历史地理学与华侨华人研究在研究内容和对象、研究理论和方法等诸多方面的交叉性，提出了“华侨华人历史地理研究”的新概念，值得参考。

英文期刊论文。英文的123篇期刊论文，发表在90种期刊上。其中在*Journal of Chinese Overseas*（《国际海外华人学报》）发文最多。该期刊由新加坡华裔馆于2005年3月创刊，每年出版两期，是全球首份以英文出版的海外华人学术研究期刊。

从主题上看，相对于中文期刊论文，英文期刊论文的主题没有那么广泛，主要集中在华人社区、移民、种族、社会和经济等方面。从研究方法上看，注重个案研究和比较研究，很少注重宏观叙事的文章。

123篇英文期刊论文中，有43篇发表在SSCI期刊，如Cullinane Michael的“Chinese and Chinese Mestizos of Manila：Family，Identity，and Culture，1860s－1930s”（*Journal of Asian Studies*，2011，Vol. 70，No. 4）；Yang Philip Q. 的“Contemporary Chinese America：Immigration，Ethnicity，and Community Transformation”（*International Journal of Urban and Regional Research*，2011，Vol. 35，No. 4）；Fong Eric和Shen Jing的“Explaining Ethnic Enclave，Ethnic Entrepreneurial and Employment Niches：A Case Study of Chinese in Canadian

Immigrant Gateway Cities"（*Urban Studies*，2011，Vol. 48，No. 8）；Su Chang 和 Hynie Michaela 的"Effects of Life Stress，Social Support，and Cultural Norms on Parenting Styles Among Mainland Chinese，European Canadian，and Chinese Canadian Immigrant Mothers"（*Journal of Cross-Cultural Psychology*，2011，Vol. 31，No. 2）；Greeven Mark J. 的"New Asian Emperors：The Business Strategies of the Overseas Chinese"（*Journal of Organizational Change Management*，2011，Vol. 24，No. 3），等等。

SSCI（Social Sciences Citation Index，社会科学引文索引）是由美国科技信息协会出版的一种提供社会科学领域引文的书目信息与被引用信息的索引，是目前世界上可以用来对不同国家和地区的社会科学论文的数量进行统计分析的大型检索工具。不过，大陆学者关于华侨华人研究的论文鲜有在 SSCI 期刊发表。究其原因，第一，中国大陆进入 SSCI 的期刊不多，即使有，也多是该刊物的英文版，如中国社会科学院世界经济与政治研究所和中国世界经济学会主办的《中国和世界经济》（*China & World Economy*），要求有较高的英语写作水平；第二，SSCI 期刊多少存在地域性、倾向性、片面性和语言单一性的局限，大陆学者的论文很难打进去。鉴于此，如果英文写作水平较高的大陆学者，笔者建议可以考虑向香港地区高校的 SSCI 期刊投稿。如香港大学的《中国教育和社会》（*Chinese Education and Society*），香港城市大学的《亚太法律回顾》（*Asia-Pacific Law Review*），香港中文大学的《中国社会学和人类学》（*Chinese Sociology and Anthropology*）等。除此之外，英国剑桥大学的《中国季刊》（*China Quarterly*）也经常发表海外华人研究的文章。

随着华侨华人研究国际化趋势的发展，有很多境外学者在境内期刊上发表论文。如澳大利亚国立大学李塔娜教授的《寻找法属越南南方的华人米商》（《海交史研究》2011 年第 1 期）；马来西亚高等教育部长何国忠教授的《区域整合大视野：华商网络、移民、东亚经贸圈的历史与现实》（《南洋问题研究》2011 年第 1 期）；日本秀明大学经济学部山岸猛教授的《地方的外汇管理与侨乡的外汇》（《南洋资料译丛》2011 年第 2 期）；葡萄牙欧中企业联盟亚太地区全权代表麦基洗德的《欧债危机下旅欧华人经济喜忧参半》（《华侨与华人》2011 年第 2 期）；东北师范大学俄罗斯研究生 Valeria Denisova 的《澳大利亚华人社区的汉语方言分布》（《华章》2011 年第 9 期），等等。同样，也有大陆学者在境外期刊发表论文。如由南洋理工大学中华语言文化中心、英国曼彻斯特大学中国研究中心、中国社科院海外华人研究中心、八方文化创作室于 2009 年联合创刊的《华人研究国际学报》，在 2011 年发表的 19 篇论文中，有 9 篇文章的作者为大陆学者。不过，受大陆学术评价体系的制约，大陆学者通常致力于将论文发表在大陆核心期刊上。

2003 年以前，境内的华侨华人研究作者的合著率仅为 4.9%。2009 年合著率为 23%。2011 年，621 篇中文期刊论文中，有 142 篇合著，合著率为 23%，123 篇英文期刊论文中，有 50 篇合著，合著率为 41%。一般来说，通过合著研究，可以看出学科以及学科之间的交叉融合关系。但正如前面所述，目前从华侨华人研究合著关系上看，还谈不上学科交叉研究。然而已经突破了以前同一单位同一部门的同事、师生之间近亲合作形式，出现了很多跨地区、跨部门甚至跨国合作的形式，一定程度上避免了同质化研究带来的局限性。不过，我们更期待的是知识转移最有效的合作形式——跨学科、跨专业的合作在华侨华人研究领域早日现身。

2. 学位论文

中文学位论文。与期刊论文相比，学位论文在导师指导下，一般都是具有独创性的研究成果，能显示论文作者的专业研究能力。经统计，2011 年，有关华侨华人的中文学位论文共 268 篇，主要产生于中国大陆、中国台湾和新加坡，其中中国大陆 214 篇（博士论文 36 篇，硕士论文 178 篇）；中国台湾 43 篇（博士论文 1 篇，硕士论文 42 篇）；新加坡 11 篇（均为硕士论文）。论文发布机构为 77 所境内外高等学校，其中中国大陆 62 所，中国台湾 14 所，新加坡 1 所。

大陆地区发文数量居前 3 位的是暨南大学（69 篇）、厦门大学（26 篇）和中山大学（11 篇）；其次发文 5 篇以上的依次为山东大学（8 篇）、华东师范大学（8 篇）、北京师范大学（5 篇）。暨南大学学位论文主题比较广泛，包括华文教育、华语教学、华人历史、华人社团、华文文学、侨务政策、移民理论、侨乡经济文化；厦门大学学位论文着重研究华人经济、华文教育、华人社团；中山大学学位论文则以侨乡研究、华语教学为主。除了以上几所具备综合研究实力的高校以外，还有一些高校在专题研究上已经创立或正在创立自己的品牌，如福建师范大学的“华文教育研究”、江西师范大学的“非洲孔子学院研究”、北京外交学院的“移民政策研究”、华东师范大学的“海外归国人才研究”、广西师范大学的“归侨研究”以及湘潭大学的“华人历史”等。

大陆学位论文主题前 5 位是华文教育（67 篇）、华人历史（26 篇）、华文文学（19 篇）、侨务（14 篇）、侨乡（11 篇）、新移民（6 篇）。从研究的国家和地区看，大陆学位论文涉及 24 个国家和地区，亚洲地区以东南亚为主，菲律宾（10 篇）、柬埔寨（3 篇）、马来西亚（11 篇）、新加坡（14 篇）、印度尼西亚（11 篇）、越南（4 篇）、泰国（13 篇）、缅甸（4 篇）、老挝（1 篇），亚洲地区还包括韩国（1 篇）、日本（5 篇）、中国香港（1 篇）、中国台湾（2 篇）、中国澳门（4 篇）以及中国大陆主要侨乡广东（9 篇）、福建（6 篇）、浙江（1 篇）；美洲地区的美国（24 篇）、加拿大（4 篇）、巴西（1 篇）；欧洲地区的德国（1 篇）、捷克（1 篇）；大洋洲地区的澳大利亚（2 篇）；非洲地区的南非（3 篇）。东南亚和美国是主要研究的国家和地区，占中国大陆地区发文量的 48%。研究方法上，中国大陆地区的学位论文微观研究比例增加，已占大陆地区学位论文发文量的 91.64%。

台湾共有 43 篇学位论文，发文最多的高校是台湾国立中央大学（12 篇），其次是国立暨南国际大学（8 篇）和台湾大学（6 篇）。研究范围主要集中在中国台湾本土、东南亚地区和中国大陆地区。研究主题集中在华文华语教育、社团、移民、人物、侨务、政策、跨国婚姻等。其中《两岸侨务组织与政策之比较》、《孔子学院与中国大陆援外政策：软实力的再诠释》、《大陆配偶与外籍配偶集体认同之分析》、《从非传统性安全概念析论大陆地区对台湾非法移民之研究》等论文，研究内容与大陆侨务工作研究有交集，值得借鉴和参考。研究方法上，台湾地区学位论文约 90% 是以个案研究为主，如《由移民聚落到跨海宗族社会：一九四九年以前的金门珠山侨乡》、《制度变动下的族群经济：以越南胡志明市华人为例》、《马来西亚华人新村的社会与空间变迁研究——以拱桥新村为例》等。

新加坡的 11 篇学位论文，均产生于新加坡国立大学。研究内容以新加坡地区的华文教育和华语教学为主，如《中国留学生在新加坡的语码转换现象》、《新加坡华文诗歌中的国家意识》等。

英文学位论文。有关华侨华人的英文学位论文共54篇，其中博士论文32篇、硕士论文22篇。发文地区主要在美国、加拿大、英国、澳大利亚。发文较多的高校是美国哥伦比亚大学（The Columbia University，5篇）、加拿大英属哥伦比亚大学（University of British Columbia，5篇）和英国牛津大学（University of Oxford，5篇）。

从研究内容上看，关于中国留学生和华裔学生研究的论文数量位于第一（10篇），占发文量的18%。如“Understanding the Role of Culture in Health-Seeking Behaviours of Chinese International Students in Canada”，“The Unexpected Transformations of Chinese International Students in Australia”；其次继续延续“华人社区本土诉求与人文关怀”的路线，研究中国移民的家庭、教育、父母、子女以及心理生理健康等问题，如“Transnational Social Spaces and Transnationalism：A Study on the New Chinese Migrant Community in Singapore”，“Acculturation and Mental Health in Chinese Immigrant Youth”，“Being Healthy：A Grounded Theory Study of Help Seeking Behaviour among Chinese Elders Living in the UK”，“Mental Health in the Chinese Community”；再次是文化适应与身份认同问题，如“Defining and Negotiating Identity and Belonging：Ethnic Name Change and Maintenance among First-generation Chinese Immigrants”，“On Chinese and the Identities of Vancouver's Chinese Youth with Implications for Education”；在研究方法上也是以微观研究为主。

3. 学术著作

出版概况。2011年境内外出版的有关华侨华人的著作共201种，其中中文126种，英文57种，日文18种。著作类型包括中外文专著、译著、编著、汇编等。

在126种中文著作中，有专著49种，译著4种，两者合计占出版量的42%；编著15种，各类汇编文集58种。在49种专著中，史话、传记、概要等介绍性著作占有很大比例。因此，2011年出版的学术著作中，原创性专著不多。

在126种中文著作中，在国家级出版社出版的有10种专著、1种编著和1种译著。10种专著是：李晓敏著的《非传统威胁下中国公民海外安全分析》（人民出版社，2011），伍华佳著的《海内外华人企业战略联盟研究：以东方管理文化为视角》（经济管理出版社，2011），李宇著的《海外华语电视研究》（中国社会科学出版社，2011），渔阳著的《乱世华尔街：一位华人交易员的经历》（中国人民大学出版社，2011），水光著的《中国人的美国梦》（中国人民大学出版社，2011），刘国福著的《技术移民法律制度研究——中国引进海外人才的法律透视》（中国经济出版社，2011），董丛林著的《华工史话》（中国社会文献出版社，2011），刘志强、张学继著的《留学史话》（中国社会文献出版社，2011），陈民、任贵祥著的《华侨史话》（中国社会文献出版社，2011），郑一省、蒋婉著的《一个移植在海滨的村庄：广西防城港市企沙镇华侨渔业新村调查》（中国社会文献出版社，2011）。1种编著是丘进主编的《华侨华人研究报告（2011）》（社会科学文献出版社，2011）。1种译著是拉菲尔·欧利阿尼和李卡多·斯达亚诺著、邓京红译的《不死的中国人》（社会科学文献出版社，2011）。长期以来中国华侨出版社是出版华侨华人研究著作最多的出版社。近年来，社会科学文献出版社异军突起，凭借国家级出版社的平台，相继出版了一批高质量的学术著作。

书目选介。厦门大学李明欢教授的《国际移民政策研究》（厦门大学出版社，2011），从国际移民政策的定义出发，分别将国际移民政策置于人口生态、经济理性、政党政治、多元文化、族群认同等五个视角进行解读，全书结合中国所面临的大量跨国跨境移民问题，提出相应的对策建议。作者善于把握宏观规律之布局，论述严谨，重点突出，中外文参考文献丰富，引用准确、适当，分析方法科学，章节、段落之间的递进关系清晰，做到前呼后应，不失为一个既有分量又有质量的优秀成果。

北京理工大学法学院刘国福教授的《技术移民法律制度研究——中国引进海外人才的法律透视》(中国经济出版社，2011)，基于技术移民法的基础理论，以世界主要国家的技术移民法律制度为参照，分析了我国现行技术移民法律制度的现状、存在问题和解决方法，提出的《技术移民法》，使实施吸引海外人才战略的各项工作有法可依。

马来西亚新纪元学院马来西亚历史研究中心主任廖义辉博士的《马新史学 80 年：从“南洋研究”到“华人研究”：1930—2009》(上海三联书店，2011)，通过对南洋研究学人的传记式记叙，尝试将 80 年来马新华文学界的学术成就，从史学的角度切入，梳理剖析，整理其特点，并通过具体的例证探讨了在史学领域是否有马新华人史学的存在，进而有所谓的马新华人史学史的研究等问题，以期建构一部马新华文源流的史学发展史。

马来西亚林连玉基金会出版的《大马华族文史正论》，收录了陈良在《东方日报》所撰写的 18 篇《迦玛文化纠谬系列》文章，针对迦玛提出的“华语不是华人的母语”、“华人的文化与历史”、“民族教育摧毁国家整合”等观点和言论展开了全面深入的剖析，深入探讨了马来西亚华族在这块国土上身处怎样的位置，该用什么心态看待华人历史，以及现代华裔社会的语言、教育与文化等问题；多元族群社会里的爱国议题又是怎么一回事等议题。

意大利拉非尔·欧利阿尼和李卡多·斯达亚诺著、邓京红译的《不死的中国人》(社会科学文献出版社，2011）向世人介绍了生活在意大利的中国人——欧洲最大的华人群体的生活。这些中国人在意大利做生意、开工厂，改变着意大利。但意大利人对他们的了解很少，无知滋生出偏见和谣言，进而恶化人与人之间的关系。本书收集了作者大量的采访和调查记录，其中涉及中国移民在意大利从事的各行各业以及生活、教育、投资等方方面面，并对意大利人在中国移民问题上的误区进行了反思。

由暨南大学图书馆彭磷基华侨华人文献信息中心编辑的《侨情综览 2010》，是年度资料性综合图书。从 2009 年开始，每年出版一本。2011 年编辑出版的《侨情综览 2010》，秉承《侨情综览 2009》编辑的原则和思路，对本年度内有关反映侨民、侨社、侨团、侨务、侨教、侨学等方面的信息资料进行去繁就简、去粗取精的甄选、分类、整合、编排，较为系统、翔实地介绍了海内外侨情的发展概况、重大事件、理论动态、法律法规、政策导向、热点问题、工作实绩和学术成果，为广大的侨务工作者、华侨华人研究人员及关注侨情动态的海内外社会各界人士提供了研究与工作所需的资料信息服务。

外文专著方面，主题主要集中在历史、移民、社会。历史方面的有“The Chinese Exclusion Act of 1882”，“In Pursuit of Gold：Chinese American Miners and Merchants in the American West”；移民方面的有“Labor Migration from China to Japan：International Students，Transnational Migrants”，“Migration，Indigenization，and Interaction ：Chinese Overseas and Globalization”；社会方面的有“Diaspora and Class Consciousness：Chinese Immigrant Workers in Multiracial Chicago”，“Chinatowns in a Transnational World：Myths and Realities of an

Urban Phenomenon"。宏观研究的有"Overseas Chinese, Ethnic Minorities, and Nationalism: De-centering China","Sun Yat-Sen, Nanyang and the 1911 Revolution";微观研究的有"Fortunate Sons: the 120 Chinese Boys Who Came to America, Went to School, and Revolutionized an Ancient Civilization","Nyonya Kebaya: Intricacies of the Peranakan Heritage"。比较而言,还是微观研究的居多。

英国罗德里奇(Routledge)出版社是一家著名的人文社科图书连锁出版商,每年出版数以百计的期刊和数以千计的优秀学术专著,其中包括华侨华人研究的专著。2011 年,Routledge 出版社出版的关于华侨华人研究的英文专著有"Chinatowns in a Transnational World: Myths and Realities of an Urban Phenomenon","The Chinese/Vietnamese Diaspora: Revisiting the Boat People","Overseas Chinese, Ethnic Minorities, and Nationalism: De-centering China","Labor Migration from China to Japan: International Students, Transnational Migrants","Diaspora and Class Consciousness: Chinese Immigrant Workers in Multiracial Chicago (Studies in Asian Americans)","Rethinking Transnational Chinese Cinemas: the Amoy-dialect Film Industry in Cold-War Asia"等 6 种,是 2011 年出版华侨华人研究英文专著最多的出版社。

二、科研立项

2011 年,至少有 268 项华侨华人研究课题在各类别科研项目中立项。其中国家社科基金项目 15 项,教育部项目 29 项,国务院侨办项目 67 项,中国侨联项目 29 项,其他省部级项目 28 项,厅局级项目 100 项。

国家社科基金项目。国家社科基金项目是人文社科最高级别的立项项目。近 10 年来,从 2000 年的 1 项到 2011 年的 15 项,每年华侨华人研究在国家社科基金项目的立项数量不断增加。

从立项内容看,有国际移民 4 项,华文文学 3 项,华人宗教 2 项,留学史料整理 2 项,其他的华语教学 1 项,华文报刊 1 项,国民政府侨务 1 项以及海外华侨生存安全 1 项。暨南大学饶芃子教授主持的《百年海外华文文学研究》,从跨文化的学术视野,对这一具有百年历史、世界性的独特的汉语文学现象,进行了整体性与综合性的研究,以期推动"海外华文文学"这一新兴学科的发展。华侨大学骆克任教授主持的《海外华侨生存安全预警机制研究》,跳出了"中国海外公民安全研究"的框架,直接将研究对象锁定在"海外华侨",加强了针对性。该项目能在国家社科基金项目立项,反映出"海外华侨生存安全"已引起国家层面的关注。国家社科基金项目一般以基础理论研究为主。

教育部项目。在教育部人文社科研究项目中,有 29 项关于华侨华人研究的课题获得立项。这也是历年来最多的一次。从立项内容看,涉及移民、文学、历史、政治、华文教育、侨乡、留学生、社团、艺术等。获得立项的机构有 22 家。其中暨南大学获 6 项,名列第一。高伟浓教授主持申报的《海外新型华人社团的发展及其与居住地和祖籍国的关系》与廖小健教授主持申报的《当代海外华人政治研究》获批教育部人文社会科学重点研究基地重大项目。华侨大学的《新中国涉侨经济政策与促进海内外同胞关系和谐研究》、厦门大学的《二十世纪中国留守群体研究:以福建侨眷为中心的考察》,将研究视角由国外转向国内,拟对国家侨务工作中的现实问题做深入的考察和研究。值得一提的是，在29个项目中，青年基金项目占了13个。如南京大学的《加拿大华人文学史论：多元和整合》、温州大学的《跨国寄养背景下我国侨乡留守儿童的信息化教育支持研究》、红河学院的《边疆民族跨国流动与国家认同研究——以中越边境哈尼族为例》等。其中南京艺术学院的《海外华人作曲家的艺术成就与文化影响》是首例获得教育部人文社科研究项目的海外华人艺术研究的课题。

国务院侨办项目。自2000年起，国务院侨办坚持组织两年一度的课题研究，调动了广大专家学者和侨务工作者深入研究涉及侨务工作的重大理论和现实问题，取得了一系列重大成果。

据不完全统计，在国务院2011—2012年度课题的67项中，前3名依次是暨南大学16项、华侨大学13项、北京师范大学4项，与教育部项目一样，2011—2012年度立项的研究课题中青年项目占了很大的比例。在67个项目中，青年项目就有20项。

与国家社科项目和教育部项目相比，国侨办的项目更注重现实性和应用性。在67个项目中，研究主题均以现实问题为主，没有历史研究的课题。其中涉及侨务工作研究的项目共有41项，包括华文教育、公共外交、侨务理论、侨务政策、突发涉侨事件处置、引资引智、华侨农场等。华文教育是侨务工作的主要内容，也是国侨办研究课题的重点，共获13个课题立项。其中《文化的软权力化：作为国家对外传播战略的海外华文教育》、《海外华文教师等级标准研制》、《海外华文教师职业发展规律研究》，紧密联系现实，以新的视角对华文教育进行审视和初探。国侨办课题能及时根据形势的发展和研究的基础调整课题研究规划，在2011年全国侨务工作会议上，“侨务公共外交”的首次提出成为本次会议的一大亮点。在2011—2012年度国侨办研究课题中，有6个关于“华侨华人与中国公共外交”的课题获得立项。关于“侨务信息资源库建设”的课题也是新增的内容，共有5个课题立项。

在研究方法上，2011—2012年度研究课题宏观与微观并重。既有《中国侨务政策研究》、《全球化时代中国侨务文化理论体系建构》、《孔子学院与海外华文教育》、《中国特色的侨务理论研究》等宏观理论研究的课题，也有《区域合作视域下地方政府参与公共外交研究——以广西通过东盟国家华人华侨参与公共外交为例》、《两岸关系视野下的华侨华人及其政治认同——以菲律宾华侨华人社会为个案的研究》、《近年来欧美地区维族华人华侨社团状况研究》等微观个案研究的课题。

值得一提的是，广西玉林师范学院在国侨办2011—2012年度研究课题申报中，一举获得三个研究课题的立项——《东盟自贸区框架下海外华侨华人与中国经济转型的互动研究——以广西为例》、《广西兴边富民的边境侨务研究》、《面向东盟自贸区的侨务理论创新与实践》，成为今年国侨办课题立项队伍里杀出来的一匹黑马。这三个立项课题均是立足本土、结合侨乡自身的特点进行理论和实践的综合研究。

中华全国归国华侨联合会课题研究项目。2011年中国侨联首次推出“中华全国归国华侨联合会课题”研究项目。以期聚集国内侨史学界力量，取得具有较大学术价值和社会影响的研究成果。经评审委员会评审，共有17个机构、29个课题获得立项。厦门大学获7项，名列第一。从研究内容上看，有侨务工作研究6项，侨乡研究5项，华人经济4项，社团研究4项，新移民研究4项，少数民族华侨华人研究3项，其余历史研究、中医药文化海外传播、留学生研究各一项。侨联课题的特点也是以现实问题研究为主，同时与国侨办课题互相补充。如国侨办的重头戏“华文教育”，就不在侨联立项课题里。而在少数民族华侨华人研究、新移民研究的课题中，侨联的课题《从华侨华人视角看海外藏人的身份认同问题》、《悉尼莱农：广东要明新移民研究》等，视角独特，颇有新意。但遗憾的是，紧密结合侨联工作对象和工作内容的课题，诸如归侨研究、华侨农场研究等却没有获得立项的项目。

三、学术会议

学术会议是一种以促进科学发展、学术交流、课题研究等学术性话题为主题的会议，其具有国际性、权威性、高知识性、高互动性等特点。多年来，通过各种学术会议，大大促进了华侨华人研究领域的科学研究和学术交流，建立了境内外专家学者互动交流的良好平台。2011 年，华侨华人研究学术会议的大概情况如下：

境内。4 月 19—20 日，侨史学界纪念辛亥革命 100 周年学术研讨会在北京举办。会议由中国侨联主办，中国华侨历史学会和中国华侨华人历史研究所承办。中国侨联主席林军在大会上作了主旨演讲。会议共收到专家学者提交的论文 53 篇，来自全国各地的侨史学界专家学者，中国华侨历史学会第六次会员代表大会的代表，中国侨联机关各部门、各直属单位负责同志等 200 余人参加了本次研讨会。

5 月 14 日，由中国国务院侨办政法司指导，华侨大学华侨华人研究院和香港华侨华人研究中心承办的“网络时代的海外华侨华人社团建设”国际研讨会，在华侨大学厦门校区举办。来自 10 多个国家和地区的 40 多个海外华侨华人社团代表及海内外华侨华人问题研究专家、学者百余人，围绕“网络时代的海外华侨华人社团建设”主题进行了交流和研讨。国侨办副主任许又声、全国侨联副主席乔卫、中国香港缅华互助会主席王锦彪、马来西亚国会议员黄循营等出席了研讨会开幕式。

8 月 22 日，由国务院侨务办公室、中国海外交流协会主办，暨南大学、华侨大学承办的“海外华侨与辛亥革命”国际学术研讨会在广州举行。国务院侨办主任李海峰出席研讨会并作主旨演讲。广东省、湖北省、四川省、湖南省、江苏省侨办负责人及来自美国、澳大利亚、日本、法国、马来西亚、新加坡及中国台湾、中国大陆的学者 80 余人参加了研讨会，专家学者带来了近 50 篇围绕本次研讨会主题的学术论文。

8 月 24 日，由国务院侨办、中国海外交流协会主办，湖北省侨办和华中师范大学承办的“海外华侨与辛亥革命”国际学术研讨会湖北座谈会在华中师范大学逸夫国际会议中心二楼会议室召开。国务院侨办政策法规司副司长刘香玲、国务院侨务办公室处长赵健、湖北省侨办副主任邵元洲、华中师范大学党委副书记何祥林出席了研讨会。来自美国、法国、日本、澳大利亚、马来西亚、中国台湾的知名华人学者沈已尧、颜清湟、冯天瑜、严昌洪教授及华中师范大学历史文化学院、国际移民与海外华人研究中心的部分教授共 20 余人与会。

10 月 22 日，第六届海外人才与中国发展国际研讨会在武汉华中师范大学逸夫国际会议中心召开。研讨会由湖北省外事侨务办公室、武汉市外事侨务办公室与暨南大学共同主办，该校历史文化学院和国务院侨务办公室侨务理论研究武汉基地承办。来自日本、韩国、美国、中国台北以及暨南大学、厦门大学、北京大学、华侨大学、广西民族大学、广西社会科学院、上海社会科学院、贵州师范大学、湖北大学、中南民族大学等海内外近

20 所高等学校和研究所的专家、学者就海外人才与中国发展这一课题进行了研讨。有来自海内外的 28 名研究学者就自己在本领域的研究成果进行了发言。

11 月 29—30 日，中国“第二届侨务论坛”在上海召开。该论坛由国务院侨务办公室主办，上海市人民政府侨务办公室承办。国务院侨办政策法规司司长王晓萍主持开幕式，国务院侨办副主任许又声做主题发言。来自国务院侨办、全国政协港澳台侨委、中国侨联和地方侨办的负责人以及 80 余名侨务理论研究专家学者参加了本届论坛。

本次论坛研讨了当前和今后一段时期侨务理论的重大课题，表彰 2007—2010 年两届优秀课题成果，总结和发布 2009—2010 年的课题研究成果，国务院侨办还为 2007—2010 年两届优秀课题论文获得者颁奖。此次优秀课题论文评选活动有 110 项课题论文参选，共评出特别奖 2 名，一等奖 2 名，二等奖 5 名，三等奖 9 名，优秀奖 16 名。论坛期间，还举行了国务院侨办侨务理论研究基地建设会议。对未来一个时期全国侨务理论研究工作进行安排部署。

境外。6 月 21—22 日，由世界海外华人研究会与香港中文大学人类学系主办的“海外华人：文化、宗教与世界观”国际研讨会在香港隆重举行。来自美国、加拿大、新加坡、泰国、马来西亚、缅甸以及中国大陆、台湾、香港等地区的学者 120 余人出席了会议。世界海外华人研究会会长廖建裕到会祝贺并发表讲话。澳大利亚墨尔本大学的 Charles A. Coppel 作了题为“海外华人的特殊性和普遍性”的主旨演讲。会议分为“华人宗教”、“移民与侨乡”、“教育”、“文学、戏曲”、“文化变迁与认同”、“社群与认同”、“政治与认同”等议题进行讨论。在为期两天的研讨会上，与会者从不同的视角出发，围绕会议议题进行了深入的研讨。会后 13 名来自美国、加拿大、澳大利亚、法国、日本、马来西亚、印度尼西亚和中国香港等地学者，前往福建泉州，考察了南安雪峰华侨农场、蔡浅古民居、东石古檗山庄，参观了泉州华侨历史博物馆、海外交通史博物馆。

11 月 19 日，“华文传媒与海外华人社会”学术研讨会在马尼拉隆重开幕。本次会议由厦门大学新闻传播学院、菲律宾世界日报社、中国新闻史学会的“台湾与东南亚华文新闻传播史研究委员会”三家单位联合主办，由菲律宾世界日报社承办。中国驻菲律宾大使刘建超、菲律宾商总理事长庄前进、菲律宾世界日报社社长陈华岳、北京大学新闻与传播学院副院长程曼丽、清华大学新闻与传播学院副院长陈昌凤，以及国内外新闻传播院校著名学者、菲华媒体及文化界人士共 100 多人出席了研讨会。研讨会上，清华大学新闻传播学院副院长陈昌凤教授、中国传媒大学电视与新闻学院李磊教授、台湾铭传大学陈耀竹教授、厦门大学新闻传播学院副院长赵振祥教授等学者在研讨会上进行了论文发表。与会代表分别就海外华文传媒发展历史、现状及面临的问题，海外华文传媒对中国的形象传播等相关议题进行了研讨。

四、研究机构

境内。2011 年，境内又有两个基地、四个中心挂牌成立，大陆华侨华人研究机构里又增加了新成员和新力量。

2011 年，国侨办先后正式批准成立“国务院侨务办公室侨务理论研究福建基地”、“国务院侨务办公室侨务理论研究广东基地”。其中广东基地由广东省侨办与中山大学、暨南大学联合设立，同时加挂“广东侨务理论研究中心”。“国务院侨务办公室理论研究基地”的建立，旨在加强侨务工作中热点、难点问题的研究；加强侨务实践的对策性研究；重点加强对基础理论、前沿性、战略性课题研究；努力为地方侨务工作的创新和发展服务，为党和政府制定侨务工作方针政策提供支持，力争成为我国政府侨务和外交政策的重要智库之一。

除了新批准的两个基地外，还有四个涉侨研究中心挂牌。

6月，清华大学华商研究中心在京成立，华商研究中心依托清华大学经济学、管理学、社会学、国际关系等学科优势，将致力于全球华商及其领导艺术、跨区域投资与贸易行为、经营理念、管理经验等领域的研究。旨在通过跨学科研究，整合产、学、研等各方资源，进一步提升华商在中国乃至世界经济中的地位与影响，推动华商的更大发展。甫一成立，该中心就与中国华侨历史学会共同主办了“北美华人学者清华论坛”，邀请了数位来自美国与加拿大的著名华人学者座谈，分享了他们在北美华人研究方面的前沿成果。美国布朗大学族群研究中心主任胡其瑜教授，洛杉矶加州大学讲席教授周敏，加拿大中小企业学会副会长、怀雅逊大学教授林小华与关键博士等四位学者作了主题发言。

7月，海南省“琼属华人华侨人才研究中心”在海口揭牌。该中心挂靠于海南省南海区域文化研究基地，与海南师范大学南海区域文化研究中心合署办公。该研究中心将对海外琼属华人华侨展开系统的调查与研究，为海外琼属华人华侨人才提供咨询服务，为国际旅游岛建设提供高素质的优秀人才，推动海南发展。

9月，华侨大学与福建省归国华侨联合会9日在厦门正式签约，在华侨大学华侨华人研究院下设“华侨大学新侨研究中心”，拉开了华侨大学深入开展新侨领域社会问题研究的序幕。根据协议，双方委托“福建省新侨专业人士联谊会”和华侨大学华侨华人研究院，共同负责研究中心的筹备和中心成立后的日常管理，联谊会为其提供研究资金和设备，并进行监管；研究院负责团队组建和项目实施。双方合作期间，联谊会将每年为该中心提供不少于60万元人民币的资金和科研设备；研究院为该中心建设提供相应的人才、智力等软件支持，等等。

10月，徐州师范大学华侨华人研究中心成立。华侨华人研究中心所依托的历史文化与旅游学院，是学校建制最早、综合实力较强的学院之一。华侨华人研究中心主任张秋生教授及其团队在澳大利亚华人新移民和英联邦国家移民政策等领域开展了深入、系统的研究，形成了鲜明的学术特色和人才培养优势，展现出了广阔的实践应用前景。

除了以上新生力量的踌躇满志、蓄势待发，大陆老牌的华侨华人研究机构也不甘落后，学术活动十分活跃。

暨南大学是我国的华侨高等学府。1981年，我国第一个华侨华人研究机构暨南大学华侨研究所在该校成立。2000年，教育部人文社会科学重点研究（华侨华人）基地在暨南大学落户。2011年暨南大学大胆改革，在原有科研基础和科研队伍的基础上，进行了全面的研究力量的资源整合。同年9月，暨南大学国际关系学院/华侨华人研究院正式揭牌。新成立的学院与原有华侨华人研究院实行“一套人马、两块牌子”，旨在加大协同创新力度，为不断提高国家及广东的华侨华人研究水平贡献力量。学校领导对华侨华人研究十分重视，专门成立了华侨华人研究领导小组，10月在全校范围内启动“华侨华人研究”优势学科创新平台项目，共有46个项目获得立项。该院积极鼓励研究人员从事科学研究工作，有多位研究人员的科研项目获得各类别科研立项。该院副院长张应龙教授主编的新书《海外华侨与辛亥革命》，是纪念辛亥革命100周年百种重点出版物之一。该书从海外华侨与近代中国、创建组织、舆论宣传、经济援助、武装支持以及与辛亥革命的关系等六个方面论述了海外华侨在辛亥革命中所起的积极作用，着重介绍了海外华侨在创建兴中会和中国同盟会等革命组织以及宣传革命思潮、捐助并参加武装起义等方面的贡献，是同类题材著作中论述较为全面的一部。同时，该院坚持开办学术交流讲座和侨务论坛系列讲座，聘请境内外专家学者讲学。中国台湾成功大学宋镇照教授、中国厦门大学东南亚研究中心主任王勤教授、美国加州大学圣塔巴巴拉分校政治学连培德教授、马来西亚孝恩文化基金会执行长王琛发教授、马来亚大学中国研究所研究员、新加坡南洋理工大学陈剑教授、中山大学亚太研究院兼职研究员粟明鲜博士等分别作了题为“台湾2012年大选”、“东盟经济：现状与趋势”、“美国选举中的种族与政治”、“马来亚紧急状态时期的华人新村政策”、“关于世界华人穆斯林的分布及社会生活情况”、“当代马来西亚华人的民间宗教：现状、问题和建议”、“澳大利亚的华侨华人与中外关系”等主题的学术报告。该院还成功承办了第3期学习贯彻全国侨务工作会议精神培训班暨“侨务政策与实践”专题研修班。

2011年8月，首部《华侨华人研究报告（2011）》的出台，令华侨大学华侨华人研究院——这个成立仅三年的华侨华人研究机构，名声大噪。近年来，该院加强科研团队的建设，2011年5月，厦门大学国际关系学院暨南洋研究院院长庄国土教授，作为华侨大学办学历史上首位讲座教授被华侨大学正式聘请。目前在骆克任、庄国土、李明欢等多位大师级学者的带领下，该院产生了更大的研究合力。10月，全国哲学社会科学规划办公室公布2011年度国家社科基金重大招标项目（第一批）评审结果，该校华侨华人研究院院长骆克任教授领衔、丘进教授等为核心成员申报的《海外华侨生存安全预警机制研究》课题成功中标，实现了该校在全国人文社科领域最高级别科研项目中的重大突破。同时《海外华侨生存安全预警机制研究》也是首次在国家社科基金重大招标项目中出现的关于华侨华人研究的课题。

厦门大学南洋研究院多年来承担多项国家级、省部级华侨华人研究项目，成为华侨华人问题和侨务工作研究的国家智库。2011年该院有两项重要研究成果发布。一是由庄国土教授领衔的《华侨华人分布状况和发展趋势》课题组在11月第二届中国侨务论坛公布一项研究成果，首次较为明确地统计出全球华侨华人总数：2007—2008年间已达4 543万人，如今约为5 000万人。二是由国务院侨办政法司委托系列课题研究——《海外华侨华人概述2009》出版。该系列丛书每年均推出重点内容。如2008年以华侨华人人口数量估算和分布为重点；2009年则把社团作为重点之一。除了科研项目的研究外，厦门大学南洋研究院还积极开展学术交流活动。2011年12月7—9日，厦门大学南洋研究院中外关系史与华侨华人研究所和亚太国际关系研究所联合中国侨联、中国华侨华人历史学会、福建侨联和福建侨办以及各级侨联与侨办，在厦门大学召开“新华侨华人与侨乡”研讨会，旨在将侨务理论研究与侨务实践结合起来，推动福建省的侨务工作的研究与发展和国务院侨务办公室理论研究福建基地建设，同时为培养新型侨务人才创造条件。

华中师范大学国际移民与海外华人研究中心是中南地区华侨华人研究的重镇。该中心于2005年成立，在国际移民框架下开展国际移民政策的比较研究、欧美国际移民与华人研究、东南亚国际移民与华人研究等海外华人研究。2008年，国务院侨务办公室侨务理论研究武汉基地——“武汉侨务理论研究中心”在华中师范大学正式揭牌。该中心与侨务部门相结合，与“华创会”相结合，以召开学术会议为纽带，带动学科建设与研究工作。2011年，该中心成功主办了第6届海外人才与中国发展国内国际学术研讨会，会议产生了广泛而良好的社会影响。2011年该中心喜获五项科研立项，其中由中心主任、历史文化学院李其荣教授和湖北省对外友好协会会长、湖北省外事侨务办公室副主任邵元洲共同主持的《2010—2020湖北侨务工作发展战略研究》课题获国务院侨办基地课题资助。课题组将加强实证分析和定量分析，在数据分析的基础上总结和梳理湖北省侨务工作的基本经验和存在的问题，并对今后开展侨务工作提出了具有全面性、前瞻性的工作对策。

1999年成立的北京大学华侨华人研究中心的成立，标志着在沿海主要侨乡具有得天独厚研究条件的华侨华人研究乘风北上，成为中国最高学府的“座上宾”，开辟了华侨华人研究的新阵地。多年来，该中心在原中心主任周南京教授，副主任梁英明教授、李安山教授的领导下，务实、持重、潜心进行华侨华人研究，并以出版12卷本的《华侨华人百科全书》和北京大学华侨华人研究中心丛书而享誉海内外。2011年，该中心继往开来，继续出版了《努山塔拉华裔纵横》等北京大学华侨华人研究中心丛书。同时开展学术交流活动，先后邀请“台湾中央研究院”近代史研究员朱浤源教授，韩国全南大学崔承现、吕炳昌副教授，马来亚大学中文系主任苏庆华博士举办学术讲座。12月底，该中心开启“北大华侨华人研究讲座系列”，首场讲座以“中华在境外：全球化中的移民与中国华侨华人研究”为主题，由新加坡南洋理工大学华裔馆馆长廖建裕教授担任主讲。

广东五邑大学自建校以来就重视对华侨历史、侨乡文化的研究，1994年学校成立“五邑文化与华侨研究室”。2006年在此基础上成立了“五邑大学侨乡文化研究所”。同时，五邑大学与江门市委宣传部、江门市社会科学界联合会共同成立了“广东侨乡文化研究中心”。经过十多年的积累，中心形成了一支年龄、学历、学科职称结构合理，研究能力强，潜力大的研究队伍。2011年，刘进副教授主持编著的《江门五邑侨汇档案选编(1940—1950)》、《银信与五邑侨乡社会》出版。这两本著作充分利用官方档案与民间文献，完整地展示了近代侨乡银信的真实历史原貌、精神内涵和文化价值。在科学研究的同时，侨乡研究中心还为侨乡的建设和发展积极贡献力量。该研究中心在开平碉楼成功申报广东省第一个世界文化遗产和江门五邑华侨华人博物馆的筹建工作中作出了杰出的贡献。2011年，江门市政府向该中心颁发“江门五邑华侨华人博物馆”筹建工作先进集体称号。

2007年成立的上海侨务理论研究中心，从成立当年起，就开始组织和资助中心课题的申报、立项。2007—2010年，已取得了41项研究成果，出版了《上海侨务理论研究报告集》。2011年，继续组织、资助研究人员申报14项中心课题，并获三项国务院侨务办公室2011—2012年研究课题立项。该中心依托国务院侨务办公室在侨务理论和政策研究方面的全局把握能力，整合上海专家学者在理论研究方面的人才资源，搭建了一个起点高、基础实的侨务理论研究平台，努力推动上海侨务工作在理论创新和实践创新方面走在全国前列。

自2010年广西侨务理论研究基地在玉林师范学院挂牌成立后，玉林师范学院充分发挥侨乡地缘优势和研究侨务理论人才优势，2011年主动承接6个侨务理论研究课题。其中，国务院侨办立项课题3个，广西壮族自治区侨办立项课题3个。这些课题内容涉及中国—东盟自由贸易区框架下海外华侨华人与中国经济转型互动研究、华侨农场管理体制改革的法理研究、侨务人才培养模式研究、面向中国—东盟自由贸易区侨务理论创新与实践、广西兴边富民的边境侨务研究、近现代华侨学人的中国认同等。

2011 年是中国华侨历史学会承前启后、继往开来的一年。在学会建设上，成功召开了中国华侨历史学会第六次代表大会，选举产生了新一届领导班子，明确了当前和今后一个时期学会的工作重点、工作任务；召开纪念中国华侨历史学会成立 30 周年座谈会和六届一次会长扩大会议，回顾了 30 年来学会的发展历程，总结了经验，探讨了工作，统一了认识。在学术研究上，隆重举办了侨史学界纪念辛亥革命 100 周年学术研讨会，取得了广泛而良好的社会影响；首度发布了中国侨联课题，确定了 29 个华侨华人研究项目。在学术交流上，与国内外学者进行了 20 多次座谈；与北京大学、清华大学等华侨华人研究机构联合举办了学术讲座。在品牌建设上，着力打造“中国侨联华侨华人研究系列讲座”，2011 年举办了“从全球视角看华侨华人与侨务工作”、“东南亚华人与祖籍国的关系”、“华人在新西兰”、“美国华裔研究的现状与前景”等主题讲座，成为中国侨联与国内外学者合作交流的重要平台。2005 年开始启动《中国华侨历史学会文库》计划，正式推出系列丛书。至 2011 年《文库》丛书已出版了 26 辑。2011 年 7 月，首度中国侨联年鉴编纂计划启动，该计划拟从 2011 年开始，每年编纂出版《中国侨联年鉴》，以全面、系统、客观地记载自“八代会”以来侨联工作取得的新成就和发展的新趋势，为各级侨联沟通信息、交流经验开辟渠道，为社会各界了解侨联工作开辟窗口。

一年来，各地涉侨研究会和历史学会也积极开展了各种活动。其中以广东华侨华人研究会为代表。新年伊始，该会便召开会长扩大会议，对 2011 年的工作进行了规划和部署，并就如何发挥好研究会对广东省侨务工作的参谋助手作用进行了热烈讨论和研究。会议决定增聘新加坡南洋理工大学教授、中山大学亚太研究院讲座教授刘宏为研究会顾问。到目前为止，广东华侨华人研究会共聘请了 16 位华侨华人研究和侨务工作研究专家学者为顾问，其中国内顾问 10 人，海外顾问 6 人。这些海内外专家顾问，积极参加广东华侨华人研究会的活动，并为研究会工作的深入开展出谋划策，鼎力相助。6 月，广东华侨华人研究会和古巴驻广州总领事馆共同主办了“中国人在古巴革命中的作用及贡献”学术讲座。由美国研究古巴华人问题的学者沃特斯女士主讲。7 月，由广东省侨办、广东华侨华人研究会主办，江门市外侨局、五邑大学广东侨乡文化研究中心承办了“华侨文化与侨乡文化研讨会”。

境外。华侨华人研究在境外大多归于族裔或亚裔的研究范畴，并以个人研究为主。相关频繁开展活动的华侨华人研究机构或团体，主要集中在新马地区。

1985 年由全国 15 个华团联合创办的马来西亚华社研究中心是一个关注和适应马来西亚华社文化、教育、经济诸方面需求的全国性学术研究中心。在过去的 26 年里，举办了 500 场学术研究和讲座活动，出版了 100 多种专刊专著，极力保存华社资料，一直协助不少国内外的本地大专学府学生、外国学术机构完成研究工作。该中心积极开展学术交流活动，定期出版《马来西亚华人研究学刊》、《华研通讯》、《人文杂志》等期刊和有关华侨华人研究的中英文学术著作。2011 年，华研举办了《当代海外华人社团与祖籍地的联系：以东南亚泉州籍同乡社团为例》、《辛亥百年与马来亚华社的关系》、《从华文中学到国民型中学·谈什么是改制》、《中华文化在海外传播的主要途径与前景》等学术讲座；出版了华研研究论文系列《国民中学历史课程与教科书的分析与检讨报告》、《马来西亚法律的回教化：从历史角度的批判》；举办了“马天英史料展”、“百年铅华——雪隆华族历史图片展”和《马来西亚华人与国族建构：从独立前到独立后五十年》新书推介礼。在华侨华人史料收集方面华研不遗余力。自成立之初，便开始收集有关历史照片、新闻剪报、官方文件和历史文件等的资料。2011 年，华研将学术资料与文献史料电子化的工作，提到议事日程，成功筹集购置图书馆数码电子化设备款 20 万令吉。

新加坡南洋理工大学中华语言文化中心，以“研究中华语言和文化”作为研究重点，开展与本地华人社会有关的课题研究。近年已完成的华侨华人研究的主要课题有崔贵强的《新加坡华人家庭与婚姻演变》，曾玲的《二战后三十年新加坡华人宗乡组织的变迁：新加坡广惠肇碧山亭初步考察》，李元瑾、曾玲的《新加坡华人社会文献的整理与研究》，吴英成的《新加坡华人社群的语言技能退化研究》，左飚的《语义差距与词语联想：亚洲华人社团调查》，李元瑾、曾玲的《文化移植与华人社会之建构：新加坡华人社会文献的整理与研究计划》，利亮时、李元瑾的《陈六使文献汇编与评析》等。2009 年创刊的由李元瑾、刘宏、曾少聪主编的《华人研究国际学报》，坚持每年出版两期，2011 年出版了第三卷第二期。由中心创办的“陈六使中华语言文化教授基金”公开演讲系列，十多年来已经创下了自己独特的文化品牌。2011 年，美国洛杉矶加州大学周敏教授的“陈六使中华语言文化教授基金”公开演讲，得到各方热烈反响。通过两场演讲，周敏教授把美国华裔移民族群的“亚裔悖论”和“族裔资源”两个概念有机联系在一起，揭示其内在的逻辑本质，并以美国华人的特殊范例，为海外华裔移民的研究提供了新的思考角度和视野。

新加坡国立大学中文系，无疑是东南亚地区华侨华人研究极为活跃的机构。该系在 2007 年 8 月成立了“东南亚华人研究群”，旨在推广和深化本区域华人社会与文化的研究，希望借研究群的活动，加强与国际学界的交流与合作，提供更多机会开展更多元化的研究项目。2011 年，该校中文系举办了“东南亚华人民间宗教研究史概述——兼谈晚近民间宗教研究的新趋向”，“新加坡华文文学中的双文化魅力”，“Qingxiang：The Transnational Repercussions of Village Pacification in Coastal Chaozhou，1869 - 1891”，“Ritual Revolutions：Tracing Transnational Trust Networks from The Inscriptions of Singapore's Chinese Temples”等中英文学术讲座。

五、小结与探讨

综上所述，2011 年华侨华人学术动态具有以下特点：

（1）学术研究稳中有变，稳中求新。从数量指标看，2011 年发表华侨华人研究中外文期刊论文 748 篇，出版中外文学术著作 201 种，中英文博硕士学位论文 323 篇，与 2010 年相比，期刊论文少了 45 篇；中外文学术著作多了 24 种；中英文博硕士学位论文多了 59 篇。从质量指标看，核心期刊的论文有所减少，原创性专著不多。在研究主题上，仍呈现范围广泛的趋势。关于侨务理论的研究有所加强和深入，并有多项研究课题获得立项。历史研究在国别史上有新的成果，如学术专著有《越南华侨华人史》、《委内瑞拉华侨华人史》，在研课题有《缅甸华侨华人史》。从研究方法上看，微观研究的比例上升，各类对策性研究也广泛进行。各类别科研立项数量为历年之最。

（2）研究机构不断增加，研究力量优化整合。2011 年，境内成立的两个国务院侨务办公室理论研究基地——福建基地和广东基地，为整合侨务理论研究的力量，增强对重大研究项目的攻关能力，提高侨务理论研究的层次和水平提供了更大的平台。同时四所高校有关涉侨的研究中心挂牌成立。如今全国已有近 20 所高校设立了华侨华人研究中心等专门的研究机构。暨南大学、华侨大学、厦门大学、中山大学中具有较强华侨华人研究综合实力的研究机构，纷纷凝聚力量，整合资源，开展大平台的研究与合作，一批具有代表性的研究成果陆续出台，其后续的研究，规划合理，力量雄厚，前景喜人，令人期待。

（3）青年才俊崭露头角，华人研究后续有人。经过几年的人才建设和培养，华侨华人研究青黄不接的局面已经被打破。一批 70 后甚至 80 后的新生代华侨华人研究队伍正在成长和壮大。他们有较高的学历背景，有良好的外语水平，展示出很强的学术智力优势。在 2011 年各类别科研项目中，年轻的华侨华人学者已承担重任，独挑大梁。青年课题占了很大比例。并承担了诸如“华侨华人与中国公共外交”、“华文教育与国际汉语推广研究”、“孔子学院与海外华文教育”、“新中国涉侨经济政策与促进海内外同胞关系和谐研究”等重要课题。

在看到成绩的同时，也要看到问题。当前华侨华人研究中出现的一些问题已经引起有关专家学者的重视和担忧，笔者在这里做一些粗浅的探讨，以期抛砖引玉。

（1）华侨与华人需要区别研究。自 1955 年万隆会议中国政府签订有关取消双重国籍条约后，未入籍和已入籍的海外中国人，已经有了“华侨”和“华人”的区分。从此华侨与华人具有不同的法律身份，分属不同的利益主体。这已经是不争的事实。但是，不管是在意识形态领域还是学术领域，这种法律身份的存在往往被“血浓于水”的种族意识所覆盖。在学术研究中也出现了诸如《海外华侨华人对我国“和谐政治”建设的现实意义》、《浅析海外华侨华人和港澳台同胞对我国投资的过程及对我国经济发展所起的重要作用》等从题目上就将种族身份和法律身份混淆不清的论文，而且这样的错误出现在华侨华人研究学者身上，更值得反思。我们注意到，在国家领导人和政府官员的正式讲话中，大多用“海外侨胞”这一称呼，而很少用“海外华侨华人”。同时，他们严格区分“华侨”与“华人”、“祖国”与“祖籍国”这两对不同概念：在说到华侨华人要热爱祖国的时候，都加上“祖（籍）国”；在政府文件中，华侨是用“回国”，外籍华人是用“来华”，概念十分清晰。自万隆会议到现在，已经有五六十年的历史，习惯于将华侨华人作为一个整体进行研究的格局应该有所突破和改变。华侨与华人因不同的法律身份而在国家认同、民族意识等诸多方面存在差异性是客观存在的。不论是从全球国际移民的大背景出发，还是从中国特殊的国情考虑，对华侨与华人的区别研究或对比研究应势在必行。当前，错综复杂的国际形势和聚合变幻的侨情，很多问题仅仅从种族和文化的层面研究，往往不得不就虚避实，含糊其辞，隔靴搔痒，很不给力。特别是政策实践方面的问题，如关于少数民族华侨与华人问题、海外侨胞回国参政等问题的讨论，以及关于华侨华人与中国软实力的研究等等，已经说明了这个问题的重要性和不可回避性。

（2）华侨华人的作用不必过分夸大。改革开放以来，中国迅速发展，国际影响力与日俱增。海外华人的总体地位也因此获得一定提升，一些国家对华侨华人与中国之间特殊桥梁作用的重视程度明显提高。近年来，有关“华侨华人与中国软实力”的研究也逐渐升温，并出现了“华侨华人是中国软实力”等观点。笔者不否认华侨华人对中国软实力的提升有一定的促进作用，对有关“华侨华人与中国软实力”的研究得出的结论是否具有鲜明的现实针对性和充分的理论解释力也暂且不论，但有一点是应该注意的，那就是华侨华人的作用不能夸大。学术研究不是宣传口号，需要严谨求实，不能先入为主或主观臆断。起码从目前的研究成果看，对中国软实力构成的主要因素的影响以及存在的某些问题的解决，如传统文化中很多不适用现代社会发展的东西、国家认同与民族凝聚力的下降、国民素质的缺憾和人才的流失、国际制度安排与我国在其中所发挥的作用不相称等，身处海外并作为居住国少数族群的华侨华人，作用是局部的、有限的。还有些说法如海外华侨华人是新时期中华民族复兴的“关键”和“重要力量”等，也是海外华侨华人不能承受之重。我们不否认华侨华人5 000万的人口数量稳居世界第一；我们也不否认大陆、台湾和香港近数十年来有大批优秀学生到发达国家留学，形成数以百万计的专业人才队伍，在国际高科技行业占有突出地位；我们更不否认华侨华人经济规模特别是东南亚地区华侨华人的经济不容小觑，政治影响力与日俱增。但这些只能说明中华民族复兴之路上有丰富厚重的战略资源可利用，目前并没有有力的实证说明它们已经都为我所用，成为“关键”和“重要力量”。更重要的是，当前国际形势复杂多变，南海争端问题已经涉及华侨华人这个敏感群体。如果不加分析地夸大5 000万华侨华人在中国软实力建设和中华民族复兴中的作用，一要考虑是否能得到华侨华人的认可，是否有利于海外华侨，特别是华人在当地的生存和发展；二要考虑是否有利于中国与华侨华人所在国建立友好关系；三要考虑是否有可能为国际上敌对势力留下口实，成为攻击或污蔑我国的把柄。

（3）研究视角需要从外到内地转变。长期以来，我们强调“侨力助国”，即调动、发挥侨胞的力量为祖国的现代化建设、对外友好和统一大业服务。学术研究上也是突出华侨华人对祖（籍）国贡献的文章较多。毫无疑问，没有华侨华人的贡献，就没有中国发展的今天，华侨华人在中国发展历史上的卓越功绩我们不应该忘记。但改革开放以来，中国的国情发生了巨大的变化。中国已成为世界第二大经济体，2010年外汇储备达到2.84万亿美元，连续五年雄居世界首位，持有美国国债超过1万亿美元，成了美国国债的第一债主。2010年，中国最大侨乡广东省的生产总值也达到45 636亿元，先后超过亚洲四小龙中的新加坡及中国台湾和香港，不久也将赶上韩国。面对这种新情况，现在应当多考虑从“侨力为国”到“国力为侨”问题，即运用国家力量来维护侨胞在海外的正当权益，帮助和支持海外侨胞的生存发展，解决国内归侨的民生疾苦。事实上，新世纪以来的10年，侨务工作在继续“侨力助国”的同时，“国力助侨”的表现也十分明显而引人注目。从“侨力助国”到“国力助侨”，不仅是新世纪以来侨务工作的重大变化和突出亮点，也是今后侨务工作的发展趋势和重要内容。我们的研究工作，也需要紧跟形势、拓宽视野，更多地关注世界各地不同阶层的华侨华人的困难和诉求，研究他们生存和发展的规律，以及如何更好地维护侨益、为侨服务。“取予之道”是一条被无数经营者运用过的成功策略，在商际关系中，处理好“取”和“予”的关系，定能获得长远的利益。在处理华侨华人与祖（籍）国关系问题上，取予之道同样适用。

（4）研究方式需要从粗放到细化地转变。海外华侨华人分布在全球100多个国家，生活在不同经济发展阶段和水平、不同政治体制、不同宗教文化背景的国度里，面临不同的机遇和挑战。华侨华人不是铁板一块，随着全球化进程的加速和多极化趋势的加强，世界各国华侨华人社会之间的差异性日趋扩大，华侨华人社会内部的分化现象也日趋明显。而我们过去对海外华侨华人过于粗放，粗放到很多基本概念被反复运用得滚瓜烂熟却没有相对统一的定义。就拿“侨务资源”来说，对它的研究已经从开拓到涵养，但什么是“侨务资源”，侨务资源包括哪些内容，不甚了了。如果基本概念还没弄清，就各唱各调，各吹各号，研究怎么能有针对性和深化呢？很显然，这种粗放的研究和处理华侨华人问题的方式已经不符合时代的要求了。在研究中应注重海外华侨华人社会内部的多元分化带来的多样性与差异性，不分地区、不分国别，笼而统之谈论“海外华人经济”、“海外华人政治”、“海外华人社团”的研究，如果不是在理论上有所创新的话，就没有更多的研究价值。

总之，2011 年华侨华人研究在学术成果、科研立项、学术活动等方面都有了新的发展。一些当前华侨华人研究主要关注的时代课题，如华侨华人人才优势与国家经济社会发展，侨务公共外交与国家总体外交战略，海外华侨华人与两岸关系和平发展和中国统一大业，海外华侨华人融入当地社会、海外华社的发展和建设等，在相关政府部门和高校科研机构的关注度已明显提升。相信在各方协同一致的努力下，华侨华人研究一定能再接再厉，不断奉献出高水平的研究成果。

[说明：①本文有关数据的统计，仅以公开发布的检索工具为主。而在公开发布的检索工具中，由于没有华侨华人所属学科分类的查询渠道，故只能通过与华侨华人研究有关的一些关键词如华侨、华人、华工、华裔、社团、华商、华族、华团、华社、归侨、侨眷、侨胞、侨务、侨商、侨乡、移民、侨汇、侨批、侨资、银信、唐人街等逐一进行题名和主题检索，因此统计数据不完整在所难免，还希望读者能理解和海涵。②本文涉及的学位论文专指博、硕士论文，不包括学士论文。③本文涉及的核心期刊依据《中文核心期刊要目总览》（北京大学出版社，2011）。④本文涉及的学术会议是指在全国或国际范围内举行的学术会议。⑤本文某些观点仅代表笔者个人。]

（本文作者系暨南大学华侨华人文献信息中心主任）

统计资料

2011年华侨华人研究期刊论文一览

本版内容为2011年华侨华人研究期刊论文汇总，分中文和英文两部分。中文期刊论文统计源为“中国学术期刊网”、暨南大学图书馆华侨华人文献信息中心“华侨华人文献信息专题数据库”、台湾思博网中文电子期刊服务、台湾地区国家图书馆期刊文献资讯网等；外文期刊论文统计源为“美国社会科学引文索引（Social Sciences Citation Index）和艺术与人文学科引文索引（Arts & Humanities Citation Index）数据库”；此外，还自境外出版的华人研究相关专业期刊如《华人研究国际学报》、*Journal of Chinese Overseas*、《南洋学报》中补充了相关数据。

中文期刊论文

1. “从全球视角看华侨华人与侨务工作”学术讲座综述/李章鹏//华侨华人历史研究. —2011（4）. —79～80

2. “东南亚华人与祖籍国的关系”学术讲座综述/陈永升//华侨华人历史研究. —2011（4）. —75～76

3. “海外华人：文化、宗教与世界观”国际学术研讨会综述/郑一省，杨秋有//八桂侨刊. —2011（4）. —76～78

4. “华侨为革命之母”考辨/黄小坚//八桂侨刊. —2011（2）. —10～13

5. “华侨为革命之母”——赞誉之来历与叙述/黄坚立//华人研究国际学报. —2011，3（2）. —21～56

6. “华人在新西兰”学术讲座综述/晓雾//华侨华人历史研究. —2011（4）. —77～78

7. “九三〇”事件后中国对印尼归难侨救济安置工作论析/张小欣//华侨华人历史研究. —2011（2）. —51～60

8. “美国华裔研究的现状与前景”学术讲座综述/星空//华侨华人历史研究. —2011（3）. —73～74

9. “欧洲华侨华人与当地社会关系”国际学术研讨会述评/李其荣//世界民族. —2011（2）. —95～96

10. “亲日”与反日——抗战时期朝鲜华侨的艰难抉择/菊池一隆，高莹莹//抗日战争研究. —2011（4）. —94～104

11. “十一五”收官之年侨务工作亮点纷呈/郑岩//侨务工作研究. —2011（1）. —8~10

12. “亚裔悖论”与“族裔资源”——周敏教授对美国华裔移民族群的理论探讨（2011年“陈六使中华语言文化教授基金”公开演讲系列）/张星虹//华人研究国际学报. —2011，3（1）. —95~101

13. “走出国门的腾冲人”的教育情结——兼论腾冲华人华侨归侨对教育的贡献/尹康平//保山学院学报. —2011（6）. —69~76

14. “走出去”战略概述/于晓，矫磊//侨务工作研究. —2011（2）. —34~35

15. 《春节序曲》在海外华人华侨中的流传及影响/张毅琛//华侨大学学报（哲学社会科学版）. —2011（2）. —23~27

16. 《东干族形成发展史——中亚陕甘回族移民研究》述评/张展华//克拉玛依学刊. —2011（2）. —78~80

17. 《归侨侨眷权益保护法》授权立法条款设置论析/汪全胜，雷振斌//华侨华人历史研究. —2011（2）. —17~26

18. 《留美学生季报》及其初期科学救国思想再探/陈啸，姚远//西北大学学报（自然科学版）. —2011（4）. —747~752

19. 《民国时期社会调查丛编（二编）——华侨卷》评介/甘奇//文教资料. —2011（23）. —110~111

20. 《中韩友好条约》签订过程中的“韩国华侨问题”（1952—1964）/王恩美//人文及社会科学集刊. —2011，23（2）. —73~116

21. 17至20世纪初印支华侨社会的形成与发展/邱普艳//世界民族. —2011（5）. —62~69

22. 1851年新加坡华侨秘密会党反天主教暴乱浅析/沈燕清//八桂侨刊. —2011（4）. —58~63

23. 18世纪西婆罗洲华人公司的特性/黄建淳//淡江史学. —2011（23）. —189~203

24. 1950—1957年我国华侨投资政策分析/张赛群//华侨华人历史研究. —2011（3）. —32~40

25. 1958—1959年间印尼保守华人群体衰亡的背景和缘由/许振政//暨南学报（哲学社会科学版）. —2011（1）. —126~133

26. 1970年代以来美国华人慈善事业发展初探/李群锋//八桂侨刊. —2011（2）. —65~70

27. 1997年东南亚金融危机以来新加坡华人企业集团变化发展分析/黄兴华//东南亚纵横. —2011（7）. —69~74

28. 19世纪初至20世纪初的仰光华侨社会/肖彩雅//东南亚南亚研究. —2011（2）. —67~72+94

29. 19世纪新加坡华人社会的帮权政治——以《新加坡华文碑铭集录》为中心/王再华//中国城市经济. —2011（29）. —269~271

30. 19世纪中叶吧城华人离婚状况浅析/马强//兰台世界. —2011（16）. —7~8

31. 2005年—2010年青田县华侨人群艾滋病抗体检测及相关知识调查/陈正民，雷永

良，蔡爱红//中国卫生检验杂志．—2011（12）．—2983～2985

32．2007年德国“黄色间谍”案解析/衣新发//华侨华人历史研究．—2011（4）．—50～61

33．2011年加拿大联邦大选　华人参选情况综述/郭清//侨务工作研究．—2011（3）．—36～37

34．20世纪20年代东南大学留美知识分子群的集聚与离散/张雪蓉//江苏社会科学．—2011（4）．—189～196

35．20世纪30年代前后安徽省留学教育的考察/朱镜人//河北师范大学学报（教育科学版）．—2011（7）．—33～36

36．20世纪初留日热潮中的宁波人/谢振声//中共宁波市委党校学报．—2011（6）．—130～133

37．20世纪初年中国留日女生参加拒俄运动述评/谢忠强，李云//西北工业大学学报（社会科学版）．—2011（4）．—73～76

38．20世纪初期苏俄华人共产主义组织中央机构名称考辨/徐元宫//党的文献．—2011（2）．—115～117

39．20世纪以来国内外学界的朝鲜半岛华侨史研究综述/权赫秀//韩国研究论丛．—2011（1）．—210～232

40．阿联酋华侨社会的现状/广东省赴非洲—中东侨务资源调查团//华侨与华人．—2011（1）．—45～50＋54

41．澳大利亚华人社区的汉语方言分布/Valeria Denisova //华章．—2011（9）．—52～53

42．澳大利亚华人与辛亥革命/张秋生//民国档案．—2011（3）．—58～62

43．澳大利亚华文媒体与主流媒体传播中国文化的对比分析/刘琛//对外传播．—2011（3）．—40～41

44．澳门华商研究的新视角与新成就——“卢九家族与华人社会学术研讨会”综述/叶农，郭远英//史学理论研究．—2011（2）．—154～156

45．八方风雨会狮城“南洋学会七十周年纪念国际学术研讨会”侧记/崔贵强//南洋学报．—2011，65．—159～172

46．吧城华人社会中的女性——以《公案簿》为中心的个案考察/蒲晶，甘奇//海南师范大学学报（社会科学版）．—2011（5）．—60～63

47．百人会与80/20促进会之比较研究/廖小健，宾有文//五邑大学学报（社会科学版）．—2011（2）．—26～30

48．办学与慈善——以槟城韩江中学的经营为例/曹淑瑶//东吴历史学报．—2011（26）．—184～245

49．邦加岛华人开采锡矿缩影——《“猪仔”华工访问录》/林昆勇，李延祥//兰台世界．—2011（5）．—40～41

50．保存在伦敦市档案馆的华人社区档案/石山，杜燕玲，方京阳，丁洪//湖北档案．—2011（5）．—29～31

51．保护中国公民海外安全与权益研究综述/钟龙彪//求知．—2011（11）、—41～43

52. 本土化与国际化——当代东南亚泉州籍同乡社团的发展变化/林联华//八桂侨刊.—2011（2）.—42～46

53. 别求新声于异邦——留日先驱戢冀翚事略/戢焕奇，高怀勇，刘锋//重庆交通大学学报（社会科学版）.—2011（5）.—84～87

54. 不藉秋风声自远　披肝沥胆为“侨学”——周南京教授学术成就述评/梁茂华，项东//华侨华人历史研究.—2011（4）.—70～74

55. 不同文化政策背景下的加拿大华裔/王俊芳//潍坊学院学报.—2011（3）.—50～54

56. 超自然信仰与华人企业家决策——管理学视角的原因及影响因素探析/陈震红，董俊武//战略决策研究.—2011（6）.—51～57

57. 承继与变异：新中国初期侨汇业政策研究——以福建邮电局与批信局的关系为例/焦建华//中国经济史研究.—2011（3）.—41～48

58. 城市针灸：当代“社团建筑”的可持续更新方法——以温哥华唐人街为例/贾敬//中外建筑.—2011（12）.—71～73

59. 川籍侨胞在辛亥革命中的作用/周敏谦//侨务工作研究.—2011（5）.—12

60. 传承与创新——新加坡惠安公会的发展历程/吴翠蓉//八桂侨刊.—2011（3）.—58～64+79

61. 传承与创造——福德正神信仰与马来西亚华人社会/吴诗兴//成大宗教与文化学报.—2011（17）.—117～175

62. 传承与融合——菲律宾华文教育变迁（1945—1975）/姜兴山//历史教学（下半月刊）.—2011（1）.—61～67

63. 传媒在华文教育中的角色与运用/韩愈//北华大学学报（社会科学版）.—2011（3）.—27～32

64. 创新福建与华侨华人的合作形式/黄英湖//综合竞争力.—2011（2）.—31～34

65. 从边缘走向主流——新移民与北美华人经济发展新动向/龙大为，张洪云，登高//华侨华人历史研究.—2011（2）.—1～8

66. 从电视剧《小娘惹》看新加坡土生华人文化/蓝洁//青年文学家.—2011（6）.—224～225

67. 从东南亚华人族群的变迁看华文教育的发展/宋兴川，陈欣//八桂侨刊.—2011（3）.—65～69

68. 从美国PM老年华人社区看新华人的聚居性/杨晋涛//世界民族.—2011（1）.—62～69

69. 从侨民教育走向华文教育/夏诚华//中原华语文学报.—2011（8）.—1～18

70. 从侨批看跨国华人的教育与社会传承（1911—1949）/陈丽园//东南亚研究.—2011（4）.—74～79

71. 从泉州族谱看泉籍华侨与家乡公益事业的发展/林仪//南昌教育学院学报.—2011（11）.—195～196

72. 从三教合一到五教共和——纵观中华世界的信仰与辛亥革命之特色与缺失/朱浤源//国家发展研究.—2011，10（2）.—1～37

73. 从异乡人到“艺”乡人——中和区小缅甸美食街的文化景观和象征展演/张春炎//台湾东南亚学刊. —2011, 8 (2). —139 ~ 170

74. 从正反两方面看“留美热”对我国的影响/陈红慧, 陈红珍, 陈嘉瑜//当代教育论坛(综合研究). —2011 (9). —45 ~ 46

75. 促进青田华侨人才要素回流的探讨——一个经济学启示/王培才, 夏凤//丽水学院学报. —2011 (6). —12 ~ 15

76. 打造国际金融人才交流实效平台——从浦东新区归国留学人员联合会看金融人才吸引模式/心雨//人才开发. —2011 (1). —14 ~ 15

77. 当代澳大利亚华人新移民基本社会特征分析——以澳大利亚移民局、统计局官方统计资料为据/张秋生, 张荣苏//东南亚之窗. —2011 (3). —48 ~ 55

78. 当代非洲华商的发展战略探析/原晶晶//东北师大学报(哲学社会科学版). —2011 (2). —212 ~ 214

79. 当代古巴华侨的家国观与文化观——基于黄宝世书信的解读/陈华, 潘浪//八桂侨刊. —2011 (3). —53 ~ 57

80. 当代加拿大华人参政分析/万晓宏//世界民族. —2011 (4). —56 ~ 65

81. 当代美国华人草根型参政团体研究——以波士顿华人前进会为例/万晓宏//八桂侨刊. —2011 (1). —47 ~ 53

82. 德教在新马地区的发展及其原因探析/母书鹏//八桂侨刊. —2011 (1). —65 ~ 69

83. 地方的外汇管理与侨乡的外汇/山岸猛, 司韦//南洋资料译丛. —2011 (2). —67 ~ 77

84. 东盟国家华文教育研究述评/李佳, 王晋军//东南亚纵横. —2011 (8). —67 ~ 70

85. 东南亚华侨华人宗教的历史角色与当代价值/钟大荣, 张禹东//宗教学研究. —2011 (1). —213 ~ 217

86. 东南亚华人宗教教育初探/焦蓓蓓, 夏泉//东南亚研究. —2011 (4). —80 ~ 85 + 96

87. 东南亚华商企业战略转换的影响因素及动力机制/赵林海//特区经济. —2011 (2). —126 ~ 127

88. 东南亚华商与福建融侨经济技术开发区/任贵祥//八桂侨刊. —2011 (3). —25 ~ 31

89. 东南亚华文教育——政府与社会角色的多样化/高伟浓//创新. —2011 (3). —68 ~ 72

90. 东南亚主要华文媒体非通用汉字使用情况调查研究/刘华//华文教学与研究. —2011 (1). —1 ~ 6 + 20

91. 动员与被动员——华人移民与侨乡社会发展/黎相宜//广东技术师范学院学报. —2011 (8). —42 ~ 46 + 139

92. 独树一帜的浙江留日运动/何扬鸣, 邵琳玮//浙江档案. —2011 (12). —19 ~ 21

93. 对“国际话语体系中的海外华文传媒”有关问题的思考/程曼丽//新闻与写作.

—2011（11）．—57～58

94．对“十二五”广东侨务工作的思考/林琳//华侨与华人．—2011（1）．—11～14

95．对公安院校交换留学事务的前瞻性思考/王赛//出国与就业（就业版）．—2011（7）．—79

96．对近十年有关中国近代各界政府对于华侨的政策的研究/刘墅//商品与质量．—2011（SA）．—201～202

97．对双重国籍问题的思考/张晶晶//牡丹江大学学报．—2011（4）．—19～21

98．多伦多华人超市的空间演变/王鹏飞，申玉铭//人文地理．—2011（6）．—55～60

99．俄罗斯的中国移民——历史与现状/龙长海//绥化学院学报．—2011（5）．—86～89

100．俄罗斯华文传媒的现状与影响/王忠//中国报业．—2011（7）．—69～70

101．二十世纪初澳洲都市化下华裔社群的“华侨”叙事与政治结社/郭美芬//近代史研究所集刊．—2011（71）．—157～202

102．二十一世纪初中国精英移民美国的动机研究/邹青//青年文学家．—2011（4）．—239

103．二战后新马华侨返回原侨居地问题初探/高伟浓，寇海洋//东南亚南亚研究．—2011（3）．—77～81＋94

104．二战时期马来亚华人与印度人政治活动的比较分析/石沧金//南洋问题研究．—2011（4）．—62～71＋80

105．发挥南亚侨胞优势，推动云南企业走向南亚/边明社，涂华忠//中国发展．—2011（S1）．—78～81

106．发挥侨务资源优势　服务中国经济社会发展——第六届海外人才与中国发展国际学术研讨会综述/倪志荣，李兰珺//八桂侨刊．—2011（4）．—72～75

107．发挥侨务资源优势　开拓浙江与非洲合作发展新局面/浙江省侨办//侨务工作研究．—2011（4）．—30～33

108．法国印支华裔难民的历史与现状/高伟浓，寇海洋//八桂侨刊．—2011（1）．—10～14

109．防疫还是排华？——1911年俄国远东地区大规模驱逐华侨事件研究/管书合，杨翠红//华侨华人历史研究．—2011（3）．—50～57

110．非洲华商概况分析/原晶晶，庄国土//侨务工作研究．—2011（2）．—31～33

111．菲律宾的佛教与华侨华人/胡沧泽//世界宗教文化．—2011（1）．—63～67

112．菲律宾华文报业的历史、现状与前景分析/朱东芹//世界民族．—2011（1）．—55～61

113．复兴“中国梦”——吸引海外高层次人才回国的环境构建/王怡//东华理工大学学报（社会科学版）．—2011（4）．—347～351

114．赴菲律宾留学学生心理适应性调查/陆海，盘候娥，农时华//中小企业管理与科技（上旬刊）．—2011（1）．—106～107

115．改革开放以来东南亚华人资本对中国大陆的FDI分析/李怀，朱邦宁//新视野．

—2011（5）．—28～30

116．改革开放以来泉州侨捐流向分析/张赛群//八桂侨刊．—2011（4）．—11～18

117．改革开放以来我国侨务政策的创新/蔡玉霞//经济视角（中旬刊）．—2011（2）．—97～98

118．概论日本学界对于道教仪礼及华人民间信仰之研究/高致华//台湾宗教研究．—2011，10（1）．—27～48

119．港澳同胞、华侨华人对中国图书馆事业的百年捐献综述/朱丽娜，王华//大学图书馆学报．—2011（3）．—99～104

120．高校归国留学人员统战工作探略/赵燕玲//韶关学院学报．—2011（7）．—134～137

121．高校留学回国青年教师的特点及培养策略/吴丹//高教论坛．—2011（10）．—108～109＋118

122．高校新一代青年留学回国教师的特点及其管理对策/许仪//科学咨询（科技·管理）．—2011（5）．—56～57

123．革新开放以来越南华人政策的调整与实践/赵卫华//武汉科技大学学报（社会科学版）．—2011（4）．—430～433＋464

124．各地实施“关爱工程”和开展侨务扶贫工作取得成效/马濡沛//侨务工作研究．—2011（1）．—13～15

125．庚款补助留日学生述略/刘功君//乐山师范学院学报．—2011（8）．—73～77

126．共创幸福广东　共享幸福广东——华侨华人与幸福广东建设/吴锐成//华侨与华人．—2011（1）．—8～10

127．构建第三方参与的海内外侨胞信任机制/王丽霞，张赫//中国行政管理．—2011（3）．—112～115

128．古代亚洲的海洋贸易与闽南商人/钱江著，亚平、路熙佳译//海交史研究．—2011（2）．—1～51

129．故地求存——太平洋战争期间福建的返乡难侨/沈惠芬//世界民族．—2011（6）．—59～68

130．关仁甫与云南河口起义/范德伟，王丽云//八桂侨刊．—2011（4）．—46～51＋63

131．关于“华侨华人与国际关系”的再思考/龙向阳，周聿峨//华侨华人历史研究．—2011（1）．—12～20

132．关于赴美加考察华文教育情况报告/海南省人大常委会赴美加考察组//海南人大．—2011（11）．—33～35

133．关于广东建设华侨文化生态保护区的思考/林琳//华侨与华人．—2011（2）．—30～36

134．关于侨校开设民族传统体育系列课程的理论思考——以中国华侨大学为例/文明华，王振，隋文杰//南京体育学院学报（自然科学版）．—2011（2）．—126～127＋137

135．关于青田侨乡华侨子女华文教育的调查研究/林鸣笛//商业文化（下半月刊）．—2011（11）．—244～245

136．关于孙中山与辛亥革命几个重要史实的辨析/黄小坚//华侨华人历史研究．

—2011（3）．—17～22

137．关于文化强省江苏尽快成立华侨华人和侨务理论研究机构的建议/张秋生//东南亚之窗．—2011（3）．—60～61

138．关于新时期侨务工作宗旨的再学习　再识知/向大有//八桂侨刊．—2011（2）．—3～6

139．关于沿海农村女性海外婚姻的考察/耿羽//中国青年研究．—2011（5）．—13～16

140．关于正确处理社区侨务工作若干关系的思考/许友滋//侨务工作研究．—2011（5）．—32～33

141．关于做好新形势下准格尔旗侨务工作的探讨/李文权//内蒙古统战理论研究．—2011（4）．—28～30

142．广东华侨华人研究新的起点——参与三校合作研究华侨、华人和广东侨乡史项目忆述/郑德华//华侨与华人．—2011（2）．—69～74＋52

143．广东华侨文化的特点与保护的建议/广东华侨研究会//华侨与华人．—2011（1）．—26～29

144．广东华侨文化生态区建设的构想/张国雄//华侨与华人．—2011（2）．—37～39＋77

145．广府侨乡契约文书中的图甲户籍问题研究——以沥滘契约文书研究为例/石坚平//历史档案．—2011（4）．—48～57

146．广西籍华侨华人与辛亥革命/李汉金//八桂侨刊．—2011（2）．—7～9＋13

147．广西接待安置越南难侨概述/黄文波//八桂侨刊．—2011（3）．—77～79

148．广州华侨文化特征及其保护之思考/陈炳//侨务工作研究．—2011（4）．—27～29

149．贵州留学日本学生与贵州辛亥革命/林芊//教育文化论坛．—2011（5）．—79～83

150．国际话语体系中的世界华文传媒——第六届世界华文传媒论坛主题报告（摘登）/刘北宪//侨务工作研究．—2011（5）．—15～17

151．国际侨汇对移民来源国经济发展的影响——国外学术观点综述/林勇//华侨华人历史研究．—2011（1）．—64～76

152．国际移民大趋势/李明欢//侨务工作研究．—2011（4）．—34～37

153．国际移民的跨国联系——基于留日海归的实证研究/韩冬临，崔大伟//国际观察．—2011（5）．—67～74

154．国际移民的跨国主义实践与移民祖籍国的发展——美国墨西哥裔和华裔社团的比较/阿列汗德罗·波特斯，周敏//华人研究国际学报．—2011，3（1）．—1～29

155．国际移民认同问题——一种身份政治研究方法/余彬//华侨华人历史研究．—2011（2）．—61～67

156．国际移民与婚姻挤压——以战后四邑侨乡为例的探讨/石坚平//华侨华人历史研究．—2011（4）．—11～20

157．国民政府遣返东南亚华侨筹划研究（1943—1948）/孟宪军//暨南学报（哲学社

会科学版). —2011 (1). —147～153

158. 国外来华留学教育的现状及应对策略——以河北省为例/刘泽权，谭晓平//河北大学学报（哲学社会科学版). —2011 (4). —143～147

159. 海邦剩馥——广东侨批档案的价值研究/吴晓琼//广东档案. —2011 (1). —37～39

160. 海华研究的国际进展——理论和实践/陈恒汉//亚太研究论坛. —2011 (51). —185～189

161. 海内外华人合资企业管理文化与战略联盟绩效实证分析——以合资企业创新期为例/伍华佳//上海经济研究. —2011 (3). —109～116

162. 海外初中留守儿童的问题行为及其影响因素/潘佳丽，李丹，张雨青//心理研究. —2011 (3). —83～88

163. 海外高层次学术人才引进的方略与对策/阎光才//复旦教育论坛. —2011 (5). —49～56

164. 海外归国者原文化不适应的主客观原因/孙怡//中国健康心理学杂志. —2011 (12). —1510～1512

165. 海外归来美术留学生与江苏近现代美术教育的发展/李祥//美术教育研究. —2011 (1). —17～20

166. 海外华侨的社会关系网络述评/黄英湖//黄河科技大学学报. —2011 (5). —78～82

167. 海外华侨华人是实现中华民族伟大复兴的重要力量——《海外华侨华人与中国改革开放》评介/李其荣//南洋问题研究. —2011 (1). —97～100

168. 海外华人的慈善理念及其思想渊源/陈世柏//中国宗教. —2011 (7). —57～59

169. 海外华人对马克思主义传入中国的贡献/陈云飞//重庆教育学院学报. —2011 (5). —30～32

170. 海外华人跨国企业在华本土化的比较研究/游春，何江俊//管理学家（学术版). —2011 (2). —35～42

171. 海外华人文学回返中国传播现象初论/李诠林//华文文学. —2011 (5). —89～93

172. 海外华人学者的中国关怀——张旭东教授访谈录/李凤亮//福建论坛（人文社会科学版). —2011 (11). —110～116

173. 海外华人研究：跨国史与微观生活史的视角——评刘海铭《一个华人家庭的跨国史》/王传武//华侨华人历史研究. —2011 (4). —62～69

174. 海外华商在云南桥头堡建设中的地位和作用——基于云南与东南亚经贸关系的考察/方芸//中国发展. —2011 (S1). —45～49

175. 海外华文报业的金融危机攻略/刘福魁//对外传播. —2011 (2). —52～53

176. 海外华文传媒的文化影响力与中国文化软实力的建设/彭伟步，焦彦晨//新闻界. —2011 (5). —123～127

177. 海外华文传媒的现状及发展趋势/孙玉双，王豆豆//记者摇篮. —2011 (2). —20～21

178. 海外华文传媒中国传统节日的报道框架分析——以《侨报》2011 年春节报道为例/李贺//新闻世界. —2011 (8). —242 ~ 243

179. 海外华文教育与全球传播发展——以柬埔寨王国为例/陈伟之//海外华人研究. —2011 (4). —27 ~ 40

180. 海外华文网络媒体中华文化建构初探——以联合早报网为例/何晶//青年记者. —2011 (23). —61 ~ 62

181. 海外客家研究的民族志传播学方法/余彬//嘉应学院学报. —2011 (9). —5 ~ 11

182. 海外侨务资源在中国崛起和广东转型发展中的战略意义/梁桂全，游霭琼//华侨与华人. —2011 (2). —7 ~ 11

183. 海外少数民族华人文化适应研究——以主流文化态度为视角/王超，李琪//华侨华人历史研究. —2011 (4). —40 ~ 49

184. 海外乡亲慈善事业与侨乡社区建设的契合/陈世柏，李云//理论月刊. —2011 (7). —100 ~ 102

185. 海外乡亲捐赠广州公益事业略论——以科技、旅游、环保、治安为例/陈世柏//五邑大学学报（社会科学版）. —2011 (2). —31 ~ 34 + 94

186. 海外粤籍华侨对孙中山革命事业的贡献/叶欣//侨务工作研究. —2011 (3). —38 ~ 40

187. 海外中国公民权益保护探讨/杜凯，薛建//现代商贸工业. —2011 (7). —248 ~ 249

188. 韩国华侨社会的形成、变迁及特征/王淑玲//世界民族. —2011 (5). —56 ~ 61

189. 河口归侨群体的形成社会适应与事业发展研究/卢鹏//八桂侨刊. —2011 (3). —44 ~ 48

190. 河南省留学回国人员近况及特点分析/周欣//人才资源开发. —2011 (4). —24 ~ 25

191. 荷兰华侨华人——登陆百年　融入主流/张卓辉//华人时刊. —2011 (3). —81

192. 弘扬华侨爱国主义精神　高举振兴中华的旗帜　推进祖国和平统一大业——在“海外华侨与辛亥革命”国际学术研讨会上的讲话/李海峰//侨务工作研究. —2011 (5). —4 ~ 6

193. 弘扬侨批诚信精神　建设和谐幸福广东/王炜中//华侨与华人. —2011 (1). —34 ~ 36

194. 弘扬辛亥革命精神　团结联系广大华侨　为实现中华民族伟大复兴不懈奋斗——纪念辛亥革命 100 周年/林军//求是. —2011 (18). —10 ~ 12

195. 后经济危机时期旅葡华人经济状况/麦基洗德//华侨与华人. —2011 (1). —51 ~ 54

196. 胡耀邦对归侨韦梓凯案件批示内幕/陈金添//福建党史月刊. —2011 (7). —31 ~ 33

197. 互联网技术在海外华文网站研究中的应用/郑文标//华侨大学学报（哲学社会科学版）. —2011 (2). —17 ~ 22

198. 华侨、辛亥革命与印度尼西亚民族独立运动的兴起/周南京//潮学通讯. —2011（1）. —10～17

199. 华侨大学生社交焦虑及相关心理因素分析/黄凌云//中国健康心理学杂志. —2011（1）. —64～67

200. 华侨对辛亥革命的巨大贡献/叶介甫//四川统一战线. —2011（10）. —14～15

201. 华侨对辛亥革命的主要贡献/胡波//华侨与华人. —2011（1）. —22～25

202. 华侨房屋权益保护的法律思考——问题与对策/朱泉膺//华侨华人历史研究. —2011（2）. —27～37

203. 华侨国内权益保护立法模式探析/刘国福//东南亚研究. —2011（1）. —67～71

204. 华侨华人100年——从边缘到主流/王南//今日中国（中文版）. —2011（10）. —21～23

205. 华侨华人高层次人才对中国和平发展的独特作用/程希//侨务工作研究. —2011（2）. —36～37

206. 华侨华人历史文献概述与搜集利用——以暨南大学图书馆为例/王华//图书馆界. —2011（2）. —50～52+58

207. 华侨华人应成为提升国家软实力的重要力量/高伟浓//侨务工作研究. —2011（1）. —32～34

208. 华侨华人与国家软实力建设研究——以美国硅谷为例/王志章，陈晓青//郑州航空工业管理学院学报. —2011（6）. —102～112

209. 华侨华人与孙中山的百年情结/梁行//华人时刊. —2011（10）. —24

210. 华侨华人与中国统一大业关系的历史回顾与思考/陈云云，刘诚，周其卫//理论学刊. —2011（7）. —87～91

211. 华侨家庭留守妇女的婚姻状况——以20世纪30—50年代福建泉州华侨婚姻为例/沈惠芬//华侨华人历史研究. —2011（2）. —68～76

212. 华侨民主主义与辛亥革命/钟文博//大连干部学刊. —2011（10）. —11～12

213. 华侨为革命之母——记支持孙中山民主革命的潮籍侨领/陈振鹏//潮学通讯. —2011（1）. —23～24

214. 华侨与近代侨乡教育变迁——以广东梅州为例/肖文燕，张宏卿//福建师范大学学报（哲学社会科学版）. —2011（1）. —128～137

215. 华侨与清末革命风云/李士钧//湘潮（下半月刊）. —2011（8）. —66

216. 华侨与辛亥革命时期的广西边境武装起义/郑一省//八桂侨刊. —2011（3）. —10～14

217. 华侨支持辛亥革命原因的多维透视/陈云云，刘诚，周其卫//理论月刊. —2011（10）. —46～48

218. 华人地区学校校长正向领导模式初探/林新发//国民教育. —2011，52（1）. —1～6

219. 华人华侨与中国的现代化（下）/吴乃华//民主. —2011（2）. —36～38

220. 华人企业集团家族治理模式演进研究——以印尼哥伦比亚集团为例/陈凌，王河森//东南亚研究. —2011（3）. —73～78

221. 华人企业家精神：跨越历史、国界与社会——北美华人学者清华论坛纪要/张洪云，王祎//华侨华人历史研究. —2011（3）. —78

222. 华人私营企业在非洲——问题与对策/刘伟才//上海商学院学报. —2011（1）. —22～26

223. 华人在美国，美国化还是多元化？/一娴//观察与思考. —2011（7）. —55

224. 华文报纸的世界影响力——新加坡、马来西亚、香港华文报纸考察报告/江作苏//新闻前哨. —2011（9）. —9～10

225. 华文教育——发展"传媒软实力"的新视角/韩愈//中国广播电视学刊. —2011（4）. —93+92

226. 华文媒体与中华文化认同之建构——以《世界日报》为例/沈爱君，梅琼林//学术交流. —2011（7）. —198～202

227. 回顾与反思——中山侨乡申明亭村调查/刘红//华侨与华人. —2011（1）. —68～72

228. 惠州潼侨镇归侨东南亚风情歌舞文化的建设与发展/惠州市仲恺高新区两委办公室、潼侨镇人民政府//华侨与华人. —2011（1）. —37～39

229. 基督教大学华人校长办学思想及实践之比较/刘保兄//山西大同大学学报（社会科学版）. —2011（4）. —76～80

230. 基于华商网络的出境游促进模式构建研究/杨劲松，赵小丽//特区经济. —2011（9）. —161～163

231. 吉打华人甲必丹　戴春桃社会角色之研究/阮涌俰//政大史粹. —2011（21）. —1～25

232. 纪念"留学之父"容闳——容闳留美教育计划启动140周年学术讨论会概述/郭常英，张秀丽//史学月刊. —2011（6）. —131～133

233. 纪念辛亥革命100周年　传承侨胞的爱国精神/林家有//华侨与华人. —2011（1）. —15～18

234. 加拿大华侨华人与粤菜传播/李未醉//八桂侨刊. —2011（1）. —54～59

235. 加拿大华侨与辛亥革命/吴平//八桂侨刊. —2011（3）. —15～18

236. 加拿大华文报业在金融危机中面临的困境及启示/苟世祥，陈玄//云南师范大学学报（哲学社会科学版）. —2011（3）. —111～116

237. 加拿大华文教育的发展现状与主要问题研究/张燕//云南师范大学学报（对外汉语教学与研究版）. —2011（1）. —88～92

238. 加强领事护侨工作的若干思考/毛竹青//华侨大学学报（哲学社会科学版）. —2011（3）. —27～34

239. 家书抵万金——《施能杞先生家书》解读/李天锡//八桂侨刊. —2011（2）. —31～34

240. 柬埔寨的华人社会——从潮州会馆和陈氏宗亲总会看华人社团的国际化/野泽知弘，乔云//南洋资料译丛. —2011（3）. —60～69

241. 柬埔寨的华人社会——华人与新华侨的共生关系/野泽知弘，乔云//南洋资料译丛. —2011（4）. —29～47

242. 简评陈兰彬与留美幼童公案/赵雪利//黑龙江史志. —2011 (4). —63~64

243. 简述四川恢复侨汇物资供应的政策施行/徐宝朝//粮食问题研究. —2011 (5). —49~51

244. 简析马来西亚留华同学会/石沧金，潘浪//东南亚研究. —2011 (5). —86~91

245. 简析中国美术史上的赴日留学运动/赵涛//美术观察. —2011 (10). —117

246. 建国初期廖承志对海外侨务工作的理论贡献/赖松龄//东南亚研究. —2011 (6). —79~85

247. 教育人类学视域下小留学生遭受“留学困境”的解读/邵琪//基础教育研究. —2011 (18). —8~9

248. 金融危机对美国华侨华人专业人士的影响/廖小健//八桂侨刊. —2011 (3). —49~52

249. 金融危机下的“美国留学热”及其发展趋势/廖小健//当代中国史研究. —2011 (2). —70~75+127

250. 近10年国内华人华侨研究状况——基于CSSCI的分析/邓三鸿，许鑫//东岳论丛. —2011 (11). —74~78

251. 近60年（1949—2009年）台湾地区公费留学政策的历史变迁/郑刚//河北师范大学学报（教育科学版）. —2011 (7). —27~32

252. 近代广府侨乡契约文书中的货币表达方式研究/石坚平//历史教学（下半月刊）. —2011 (1). —22~31

253. 近代海外华人宗亲组织特征初探——以海峡殖民地为研究对象/马慧玥//法治研究. —2011 (8). —60~65

254. 近代江门侨乡的新型墟市研究——以汀江墟为例/任健强，李文//华中建筑. —2011 (4). —133~135

255. 近代留学人员与辛亥革命/许睢宁//中国统一战线. —2011 (10). —51~53

256. 近代天津女子留学研究/董虹//中国城市经济. —2011 (9). —213~214

257. 近代中国留美医学生的群体特征/杨红星，郑红艳//教育评论. —2011 (4). —127~129

258. 近代中国留学史研究的回顾与反思/闻文//宁波教育学院学报. —2011 (6). —21~23+50

259. 近三十年来辛亥革命与南洋华侨问题研究综述/庞卫东//八桂侨刊. —2011 (1). —32~38

260. 近十年（2000—2009年）SSCI、A&HCI华侨华人研究文献计量分析/王华，李爱慧//华人研究国际学报. —2011, 3 (1). —79~88

261. 近现代中国政府对公民海外安全的保护比较/李晓敏//华侨大学学报（哲学社会科学版）. —2011 (3). —20~26

262. 九一八事变后日本政府对中华民国留日学生政策述论/徐志民//抗日战争研究. —2011 (3). —90~105

263. 旧金山唐人街鼠疫事件及其种族歧视性质/高伟浓，何美英//兰台世界. —2011 (22). —2~3

264. 救亡启蒙与文化转移——比较视域里的近代中国留学史与东方现代性问题/叶隽//文史知识. —2011（2）. —13～23

265. 开放的华人社区——以“北美华人 e 网”网络社区为例/张彬//八桂侨刊. —2011（4）. —31～35＋40

266. 开平碉楼的建筑艺术特征/朱蕙//五邑大学学报（社会科学版）. —2011（3）. —21～23

267. 开平碉楼修缮与保护研究/张万胜，周宏梁，唐天芬，梁锦桥//广东土木与建筑. —2011（10）. —26～28

268. 开平碉楼与村落的演变与空间营造研究/张作福，赵鲁云//中外建筑. —2011（6）. —76～77

269. 开平华侨兴办图书馆的历史/冯活源//华侨与华人. —2011（1）. —73～74

270. 开拓创新 锐意进取——在全国侨务工作会议上的讲话（摘登）/李海峰//侨务工作研究. —2011（6）. —4～7

271. 抗战时期的桂林侨务/贺继孟//八桂侨刊. —2011（1）. —74～76

272. 抗战时期滇缅公路上的南洋华侨/肖荣华//党史纵横. —2011（11）. —34～35

273. 孔子：战后美国华人餐饮的文化标记——基于美国主要报纸的考察/张涛//华侨华人历史研究. —2011（2）. —38～50

274. 孔子学院的回顾与建议/夏诚华//海外华人研究. —2011（4）. —143～164

275. 跨国领养与跨文化的“家”——以来华领养的美国公民为例/范可//华侨华人历史研究. —2011（1）. —1～11

276. 跨国移民族群参与祖（籍）国政治的影响及其政策引导/李学保//河南师范大学学报（哲学社会科学版）. —2011（6）. —55～59

277. 老挝新华侨华人与中老友好交往/杨超//八桂侨刊. —2011（2）. —60～64

278. 厘清海峡热点迷雾 梳理朝韩古今侨史——北京大学华侨华人研究中心学术讲座纪要/陈业诗//华侨华人历史研究. —2011（3）. —76～77

279. 离散与凝聚——“世界温州人”文化认同的独特性/蔡贻象，林亦修//浙江社会科学. —2012（1）. —125～129

280. 力推网络时代的华侨华人社团建设/钟大荣//侨务工作研究. —2011（3）. —31

281. 历史地理学视野下的华侨华人研究/杨慧贤//长春理工大学学报. —2011（7）. —100～101

282. 历史与平等价值——初论马来西亚华人的文化追求/许德发//思想. —2011（17）. —51～73

283. 梁诚与中美侨务交涉/张英谋//枣庄学院学报. —2011（1）. —106～109

284. 刘坤一与同孚洋行华工案交涉/金晶//八桂侨刊. —2011（1）. —70～73

285. 留美科学家的国内参与及其社会网络 强弱关系假设的再探讨/孙晓娥，边燕杰//社会. —2011（2）. —194～215

286. 留美幼童与近代中国外交/鲁涛//云梦学刊. —2011（3）. —63～66

287. 留美幼童中的潮汕人/陈卓坤//潮商. —2011（6）. —81～83

288. 留美中国学生学者政治思想状况分析/戴道昆//长春工业大学学报（高教研究

版）．—2011（3）．—136～138

289．留日法政学生与近代法学体系的构建/庞昭，邝良锋//学术论坛．—2011（5）．—106～109

290．留日学生于树德与中国早期合作事业/薛毅//徐州师范大学学报（哲学社会科学版）．—2011（2）．—8～12

291．留日学生与清末师范教育制度的确立及变革/韩彦肖//徐州师范大学学报（教育科学版）．—2011（2）．—93～96

292．留日学生与清末新式学堂教育/尚小明//文史知识．—2011（11）．—5～9

293．留学、建设与展现——近代留学生群体的自我构建/赖继年//大连大学学报．—2011（5）．—33～38

294．留学归国人员与民国军事教育/姜新//河北师范大学学报（哲学社会科学版）．—2011（3）．—130～138

295．留学生与清末五大臣出洋考察——兼论考察团关涉留学教育的考察/潘崇//徐州师范大学学报（哲学社会科学版）．—2011（6）．—1～6

296．旅居海外华侨换发新中国护照始末/唐军//档案春秋．—2011（2）．—17～19

297．旅外侨界精英与党建伟业/陈文佳//侨务工作研究．—2011（4）．—40～41

298．略论近代中国留美医学生与现代医学的开拓/杨红星，郑红艳//淮海工学院学报（社会科学版）．—2011（8）．—1～3

299．略论开展高校侨务工作的意义及措施/刘秉贤，李亮//辽宁省社会主义学院学报．—2011（3）．—35～37

300．略论民国创立初期的华侨参政权问题/张应进//华侨与华人．—2011（2）．—64～68

301．略论清政府对香港华人管治权力的丧失/郝明//兰台世界．—2011（29）．—64～65

302．略论泉州族谱中泉籍华侨对祖国革命的积极参与/林仪//黑河学刊．—2011（8）．—51+53

303．略论新时期留学教育制度重建的经济社会效应/刘洪英//徐州师范大学学报（哲学社会科学版）．—2011（2）．—13～16

304．论陈兰彬与晚清海外华工的保护/张勇//重庆科技学院学报（社会科学版）．—2011（8）．—121～123

305．论东日本大地震对在日华侨华人未来发展走向的影响/鞠玉华//东南亚研究．—2011（6）．—56～61

306．论都市报与党报的区别——以《福清侨乡报》与《海峡都市报》的对比为例/陈晓芬//海峡科学．—2011（4）．—71～72+97

307．论海外华人高端科技人才回归意愿及影响因素/杜红亮，赵志耘//科技管理研究．—2011（24）．—100～103

308．论海外华文教育与汉语国际推广/张鸿博//青年作家（中外文艺版）．—2011（6）．—32

309．论海外人才资源与中国的改革发展/张进华//八桂侨刊．—2011（4）．—3～10

310. 论华侨华人对抗日战争的伟大历史贡献/朱新玲，何成学//百色学院学报. —2011（1）. —124～129

311. 论华侨华人与广东文化的海外传播/胡庆亮//广东省社会主义学院学报. —2011（1）. —27～31

312. 论华侨妻子番客婶的文学形象和史学意义/沈惠芬//福建师范大学学报（哲学社会科学版）. —2011（4）. —131～138

313. 论华文教育视阈下的中国音乐海外教育人才培养——以华侨大学音乐舞蹈学院为例/陈雪琴//人民音乐. —2011（12）. —62～63

314. 论侨乡文化的德育价值及实现途径/付绯凤//五邑大学学报（社会科学版）. —2011（1）. —23～25

315. 论双重国籍的有限承认/梅智斌//学理论. —2011（8）. —75～76

316. 论泰国自由泰政府时期的华文教育/张美君//南洋问题研究. —2011（3）. —61～69＋86

317. 论浙南侨乡移民意识的生成、作用及其提升/夏凤珍//浙江工商大学学报. —2011（2）. —86～91

318. 论中国商会及华商团体现状及对中国经济发展的推动作用/杨名锦//商业文化（上半月）. —2011（3）. —165～168

319. 马来西亚槟城州华人青少年语码转换之社会表现研究/许丽珊，赵亮//南洋问题研究. —2011（1）. —61～72

320. 马来西亚华人端午节的历史与内涵/王琛发//民俗研究. —2011（4）. —66～78

321. 马来西亚华人社团大选诉求事件探析/赵海立//东南亚研究. —2011（5）. —78～85

322. 马来西亚华人与马来人共生态势初探/郑一省，叶英//东南亚南亚研究. —2011（2）. —20～25＋92

323. 马来西亚华人与伊斯兰党关系——吉兰丹州个案分析/范若兰//华侨华人历史研究. —2011（1）. —31～39

324. 马来西亚华文教育发展与挑战/岑劲霈，潘永忠//海外华人研究. —2011（4）. —245～265

325. 马来西亚华文教育政策的演变及未来趋势/王焕芝，洪明//福建师范大学学报（哲学社会科学版）. —2011（4）. —191～195

326. 马来亚独立前当地华族的民族认同之研究/曹淑瑶//南洋问题研究. —2011（1）. —44～53

327. 马英九当局“侨务”政策的转向分析——以“侨务休兵”为例/徐晓迪//重庆社会主义学院学报. —2011（1）. —49～52

328. 曼谷唐人街的空间生产与族群文化交流/熊开万//昆明学院学报. —2011（5）. —89～91＋103

329. 茂名市侨务部门引导侨胞助建五里岭“桥爱新村”的实践/肖拓//华侨与华人. —2011（2）. —50～52

330. 梅光迪、胡适留美期间关于中国文化的讨论——以儒学、孔教和文学革命为中

心/刘贵福//近代史研究. —2011 (1). —60 ~ 73

331. 美国华侨华人与中国软实力/陈奕平//侨务工作研究. —2011 (1). —35 ~ 37

332. 美国华商发展概况、投资特点及未来展望/林联华//东南亚纵横. —2011 (6). —92 ~ 95

333. 美国华文教育与汉语教育研究综述/宋颖//考试周刊. —2011 (12). —56 ~ 57

334. 美国华文媒体如何在主流社会发声/苏彦韬//中国广播. —2011 (10). —14 ~ 17

335. 美国沙漠小城的故事——祖笋华人百年奋斗史与侨务的渊源流变/林澄波//传记文学. —2011 (587). —114 ~ 128

336. 美国中文学校的嬗变历程及其展望/陈静瑜//海外华人研究. —2011 (4). —93 ~ 123

337. 美华协会与美国华人和亚裔的权益维护/李爱慧//东南亚研究. —2011 (6). —70 ~ 78

338. 缅甸华文学校国语课教学状况分析——以曼德勒华文学校为例/邹丽冰//汉语国际传播研究. —2011 (1). —77 ~ 83

339. 缅怀海外华侨对辛亥革命的伟大功绩——“海外华侨与辛亥革命”研讨会综述/罗发龙//侨务工作研究. —2011 (5). —7 ~ 8

340. 民国南洋学的几种话语 (1912—1949) /颜敏//东南亚研究. —2011 (1). —90 ~ 94

341. 民国时期福建地方政府的管理与华侨创办的汽车公司的发展/张赛群//八桂侨刊. —2011 (2). —19 ~ 25

342. 民国时期华侨汉语教育政策简论——以东南亚华侨的汉语教学为例/于锦恩, 刘英丽//山西大同大学学报 (社会科学版). —2011 (6). —16 ~ 19

343. 民国时期华侨与地方政治关系探析——以泉州为例/骆曦//广州社会主义学院学报. —2011 (2). —68 ~ 72

344. 民国时期华文教材语言资源的当地化/于锦恩//渤海大学学报 (哲学社会科学版). —2011 (6). —98 ~ 101

345. 民国政府与海外华侨社会的制度化联系/张学军//理论界. —2011 (12). —66 ~ 68

346. 民国中期浙江籍学生留学日本之研究/姚媛//浙江青年专修学院学报. —2011 (4). —19 ~ 23

347. 民信局与侨批局关系考辨/徐建国//福建论坛 (人文社会科学版). —2011 (5). —75 ~ 80

348. 民主革命时期华侨与中共关系述要——纪念中国共产党成立90周年/任贵祥//侨务工作研究. —2011 (4). —8 ~ 11

349. 民族认同与母语教育——战后砂拉越地区华文中学之研究/曹淑瑶//台湾东南亚学刊. —2011, 8 (1). —27 ~ 63

350. 闽南华侨与辛亥革命/林少川//政协天地. —2011 (10). —18 ~ 20 + 34

351. 闽商海外发展概述/廖萌//八桂侨刊. —2011 (2). —75 ~ 80

352. 奈何须眉变巾帼——从晚清海外文人的异域体验说起/杨波//中国图书评论. —2011（2）. —106～109

353. 南京国民政府时期的侨务政策（1927—1937）/杨好春/兰台世界. —2011（22）. —36～37

354. 南京临时政府外交部等处理印尼华侨遭虐待事件来往电/李琴芳//民国档案. —2011（2）. —29～39

355. 廿四节令鼓的创造——马来西亚华人生命史擂动的故事/安焕然//国文天地. —2011（314）. —39～41

356. 欧美华文教育师资、教学现状及发展对策——基于对华文教师的实证研究/郭保林，严晓鹏//八桂侨刊. —2011（4）. —36～40

357. 欧债危机下旅欧华人经济喜忧参半/麦基冼德//华侨与华人. —2011（2）. —22～25

358. 欧洲华文教育：现状、问题及其对策——以意大利华文教育为例/严晓鹏，郭保林，潘玉进//八桂侨刊. —2011（1）. —39～42

359. 庞德与中国的情缘以及华人学者的庞德研究——庞德学术史研究/蒋洪新，郑燕虹//东吴学术. —2011（3）. —122～134

360. 蓬勃发展的荷兰华人社会中文教育/张卓辉//华侨与华人. —2011（2）. —17～21

361. 浅论荷兰华侨华人社会/王剑光//侨务工作研究. —2011（1）. —38～39

362. 浅论中国海外华文报刊发展历史与现状/王忠//新闻知识. —2011（3）. —94～95

363. 浅谈潮州文化在泰国的传承及前瞻/杨锡铭//华侨与华人. —2011（1）. —30～33

364. 浅谈近代中国留日学生对辛亥革命的思想准备/毛俊哲//四川统一战线. —2011（10）. —10～11

365. 浅析90年代以来的菲律宾华文教育/贾俊英//佳木斯教育学院学报. —2011（5）. —220

366. 浅析海外华侨对辛亥革命的经济支持/廖萌//侨务工作研究. —2011（5）. —9～11

367. 浅析海外华人商业网络的特性——以国家与地区的视角/江扬//南洋问题研究. —2011（3）. —50～60

368. 浅析海外华文教育与“十二五规划”/陈水胜//辽宁省社会主义学院学报. —2011（4）. —51～52

369. 浅析抗战期间留日美术家退学风潮——以东京美术学校粤籍留学生为例/徐立//美与时代（下）. —2011（1）. —68～69

370. 浅析冷战以来越南华侨华人社会地位的演变/王青荣//北方文学（下半月刊）. —2011（4）. —148～149

371. 浅析留学人员创业扶持政策对完善大学生创业环境的启示/史红光//黑龙江教育（高教研究与评估）. —2011（9）. —102～104

372. 浅析民国时期“庚款留美生”跻身于高等教育的原因/赵雪利//徐州师范大学学报（教育科学版）. —2011（4）. —87～89

373. 浅析日本网络型华侨社区的兴起——以名古屋地区为例/张慧婧//八桂侨刊. —2011（4）. —19～24

374. 浅析辛亥革命前中国留日学生活动/马晶莹//丝绸之路. —2011（8）. —22～23

375. 浅析战后在日华侨的遣返/刘华昆//兰台世界. —2011（14）. —43～44

376. 浅析中国人“海外生子”现象/程希//八桂侨刊. —2011（3）. —32～36

377. 浅议庚款留美生的影响——以康奈尔大学留学生为例/周伟//长春工业大学学报（高教研究版）. —2011（2）. —101～103

378. 浅议辛亥革命后华侨华人在中国革命和建设中的突出作用/吕白玉//黑河学刊. —2011（5）. —65

379. 侨刊中的侨乡社会与“侨”“乡”网络——基于1949年前《新宁杂志》“告白”栏目的分析/姚婷//华侨华人历史研究. —2011（4）. —21～30

380. 侨力资源资本化机制研究——以福清侨乡为个案/林心淦//八桂侨刊. —2011（3）. —37～43

381. 侨民教育的新思维与新策略/高鹏翔，高崇云//海外华人研究. —2011（4）. —165～182

382. 侨生休闲行为与高校休闲设施优化研究——以华侨大学为例/乐上泓//重庆科技学院学报（社会科学版）. —2011（20）. —178～179+181

383. 侨务干部培训现状及需求调研报告/张梅//华侨与华人. —2011（2）. —46～49

384. 侨务工作对中国体育事业的促进与发展/钮力书，冯伟//运动. —2011（3）. —136～137+61

385. 侨务工作五年的回顾和展望——访国务院侨务办公室主任李海峰同志/林文//侨务工作研究. —2011（1）. —4～6

386. 侨务工作要为加快转型升级　建设幸福广东作贡献/招玉芳//华侨与华人. —2011（1）. —4～7

387. 侨务文化遗产保护中侨务工作的实践/张国雄//华侨与华人. —2011（1）. —55～58

388. 侨乡地方高校开展华文教育的探索——以温州大学为例/包含丽//八桂侨刊. —2011（1）. —43～46

389. 侨乡泉州农村信息化建设现状与对策研究/左泽平，谭观音//市场周刊（理论研究）. —2011（3）. —8～9+39

390. 侨校境外生思想政治教育途径探究——以华侨大学为例/王雷//齐齐哈尔师范高等专科学校学报. —2011（4）. —3～4

391. 青田华侨华人乡土宗族意识与丽水社会经济发展/褚乐平//丽水学院学报. —2011（6）. —16～18+24

392. 青田华侨华人与侨乡研究综述/徐文永//丽水学院学报. —2011（6）. —19～24

393. 清代中叶澳门华人的经营活动与职业构成/张廷茂，何成//文化杂志. —2011（80）. —169～194

394. 清末留日生参与辛亥革命的原因分析及教育影响/冉春//河北师范大学学报（教育科学版）. —2011（11）. —42～46

395. 清末民初留日医学生报刊传播西医活动述论/潘荣华，杨芳//华侨华人历史研究. —2011（3）. —58～66

396. 清末侨乡的珠玑巷认同——以五邑方志为例/刘正刚，李贝贝//五邑大学学报（社会科学版）. —2011（4）. —5～9

397. 清政府与南洋华侨对“国”的认识落差——以晚清护侨讨论的文献为中心/王珏//八桂侨刊. —2011（2）. —26～30

398. 区域整合大视野——华商网络、移民、东亚经贸圈的历史与现实/何国忠//南洋问题研究. —2011（1）. —95～96

399. 取之于侨　用之于众——浅谈“水立方”的捐资共建与社会作用/李光耀//侨务工作研究. —2011（6）. —43～44

400. 去祖国——二次战后国民党侨务政策中的地缘政治/范雅梅//台湾社会研究. —2011（83）. —137～177

401. 全美华人人口调查——一些鲜为人知的数据//国际人才交流. —2011（3）. —6

402. 全面部署“十二五”时期侨务工作——2011年全国侨务工作会议综述/甄歌//侨务工作研究. —2011（6）. —8～11

403. 全球化时代中国侨务文化的理论体系建构/方汉文，徐文//苏州教育学院学报. —2011（5）. —55～61

404. 让世人了解广西接待安置印支难民真相/向大有//八桂侨刊. —2011（1）. —3～9

405. 日本华侨对辛亥革命的支持/任贵祥//民国档案. —2011（4）. —69～74

406. 日本名古屋华侨社区的演变与重建——基于现代社区理论视角的研究/张慧婧//华侨华人历史研究. —2011（4）. —31～39

407. 容闳与晚清中国留学教育的开启/陈新华//特区实践与理论. —2011（6）. —47～50＋71

408. 如何在新形势下做好沿边侨务工作——访云南省侨办主任杨广民/张梅//侨务工作研究. —2011（5）. —34～35

409. 儒家文化与东南亚华人家族企业制度/彭军//商场现代化. —2011（14）. —24～25

410. 三大转变将支撑“十二五”侨务工作/许又声//侨务工作研究. —2011（1）. —7

411. 三十年代南洋客属华人的中国意识，以南洋客属总会十周年纪念活动为考察中心/王力坚//南洋学报. —2011，65. —1～15

412. 少数民族华侨华人与跨界民族区别刍议/黄文波//广西民族研究. —2011（2）. —78～81

413. 社会地位补偿与海外移民捐赠——广东五邑侨乡与海南文昌侨乡的比较分析/黎相宜，陈杰//华侨华人历史研究. —2011（4）. —1～10

414. 社会优势互补　切实推进新时期的社区侨务工作/马儒沛//侨务工作研究.

—2011（6）．—33～35

415．身似断云零落——20世纪初期新加坡的妹仔/李雯//华侨华人历史研究．—2011（1）．—47～55

416．深化服务 创新发展——当前侨务经济科技工作的主要做法及思考/谭天星//侨务工作研究．—2011（1）．—19～21

417．深刻领会党的十七届六中全会精神 凝心聚力 奋发进取/李海峰//侨务工作研究．—2011（6）．—12～13

418．深挖侨力资源 积极助推当地社会经济发展/吕宝岭//侨务工作研究．—2011（4）．—48

419．审时度势，深耕海外华文媒体市场——英、法、匈三国华文媒体生存形态初探（一）/叶小刚//对外传播．—2011（11）．—40～41

420．世界“汉语热”导致海外华文教育陷入新困境//八桂侨刊．—2011（3）．—69

421．世界博览会与城市多元文化发展契机——以温哥华1986年世界交通通讯博览会与当地华人社会为例/刘世龙//社会科学．—2011（4）．—147～157

422．世界华侨华人数量和分布的历史变化/庄国土//世界历史．—2011（5）．—4～14

423．世界华商网络发展的新趋势/余彬//商场现代化．—2011（12）．—20～21

424．世界文化遗产中的人物——马六甲找郑和/谢世忠//民俗曲艺．—2011（171）．—211～251

425．世界遗产开平碉楼旅游开发存在问题及对策/易婷婷，王晓宁，许诗华//重庆科技学院学报（社会科学版）．—2011（20）．—63～64＋70

426．试论20世纪40年代中后期的留美教育/李海浪//乐山师范学院学报．—2011（4）．—125～129

427．试论潮汕侨批的青少年情感教育价值/陈友义，薛灿//华侨与华人．—2011（2）．—53～57＋21

428．试论海外华侨在辛亥革命中的历史地位/张应龙//华侨与华人．—2011（1）．—18～21

429．试论海外华文传媒在对外传播体系中的作用/吴志海，金磊//才智．—2011（4）．—200

430．试论媒体如何提高舆论引导能力——以《福清侨乡报》为例/陈晓明//海峡科学．—2011（5）．—50～52

431．试论美国华人社会参政意识之演进与五缘文化/李科达//上海市社会主义学院学报．—2011（2）．—50～57＋62

432．试论前期加拿大华人文学活动的多重意义——从阅书报社、征诗、征联到粤剧、白话剧/梁丽芳//华文文学．—2011（6）．—52～60

433．试论侨批的跨国属性——以潮汕侨批为例/王炜中//华侨与华人．—2011（2）．—58～63＋49

434．试论清末留日速成师范生的派遣/翁洪熵//徐州师范大学学报（教育科学版）．—2011（4）．—84～86

435. 试论辛亥革命时期孙中山的海外华侨统战工作/沈斐斐//福建省社会主义学院学报. —2011（2）. —81～84

436. 试论新世纪以来海外华文传媒经济生态/武慧媛//侨务工作研究. —2011（6）. —40～42

437. 试述马来亚华人身份的转换——以张海水等证件为例/傅惠玲//八桂侨刊. —2011（4）. —64～68

438. 试析俄人力资源引入机制及俄东部地区中国移民的影响/于小琴//俄罗斯中亚东欧市场. —2011（4）. —7～11

439. 试析海外华侨华人对中国图书馆事业的捐献/王华//新世纪图书馆. —2011（5）. —77～80＋71

440. 试析海外华文传媒在中国公共外交中的作用/李洁玉//湖南大众传媒职业技术学院学报. —2011（3）. —26～28＋32

441. 试析华侨华人资本之侨乡社会“根植性”及其培育/林心淦//福建论坛（人文社会科学版）. —2011（1）. —132～136

442. 试析清末留日女学生与妇女解放运动/王彦，马玉林//西北工业大学学报（社会科学版）. —2011（1）. —57～58＋84

443. 试析新加坡的中国新移民社团/黄玲毅，刘文正//东南亚纵横. —2011（11）. —56～61

444. 试析战后东南亚华侨社会变迁中的冷战因素/刘雄//求是学刊. —2011（5）. —152～156

445. 首尔居善堂的华侨信仰与现况/朴现圭//国文天地. —2011（314）. —21～25

446. 书评：大潮涌动——改革开放与留学日本/程希//华人研究国际学报. —2011，3（2）. —97～100

447. 书评：东西穿梭、南北往返——林文庆的厦大情缘（李元瑾编著）/朱崇科//华人研究国际学报. —2011，3（1）. —109～112

448. 书评：海外华人的传统与现代化（颜清湟）/曾少聪//华人研究国际学报. —2011，3（1）. —103～108

449. 书评：君子——王赓武与阿萨—乌尔·伊巴·拉提夫的对话/萧新煌//华人研究国际学报. —2011，3（2）. —85～87

450. 书评：客家族群构建的人类学分析——评《海内外客家人的认同》/河合洋尚//客家研究辑刊. —2011，39（2）. —189～196

451. 书评：墨西哥的华人，1882—1940年（英文，罗仁波）/李安山//华人研究国际学报. —2011，3（1）. —117～120

452. 书评：情系五一三——一九五零年代新加坡华文中学学生运动与政治变革（陈仁贵、陈国相、孔莉莎编）/崔贵强//华人研究国际学报. —2011，3（1）. —113～116

453. 书评：苏庆华《马新华人研究：苏庆华论文选集》（第二卷）/Philip Clart//南洋学报. —2011，65. —155～157

454. 书评：以教育维护文化身份——印度加尔各答的华社学校/黄庭康//华人研究国际学报. —2011，3（2）. —89～91

455. 书评：中华人民共和国内的华侨/游俊豪//华人研究国际学报. —2011，3（2）. —93～95

456. 苏精《基督教与新加坡华人 1819—1846》/查时杰//汉学研究. —2011，29（1）. —325～328

457. 孙中山与海外华侨民族主义/吴前进//华侨华人历史研究. —2011（3）. —1～7

458. 台山侨乡“外嫁女”成因与途径初析/姚婷，邝海莲，郭志慧等//华侨与华人. —2011（1）. —68～72

459. 台山侨乡排球文化探析/潘兵//体育文化导刊. —2011（11）. —23～24

460. 台山桥圩文化生态保护刍议——以五十圩为例/黄卓才//华侨与华人. —2011（2）. —40～43+45

461. 台湾当局对菲律宾华文教育的影响（1949—1975）/姜兴山//台湾研究集刊. —2011（1）. —63～70

462. 台湾的东南亚华人研究——发展脉络与创新路径的再思考/陈琮渊//亚太研究论坛. —2011（54）. —185～201

463. 泰北华人村华语状态及教育情况调查报告/黄启庆，吴雁江//江西科技师范学院学报. —2011（1）. —69～73

464. 泰国北部美斯乐村华人的生活及经济状况调查分析/游辉彩，许邱良//东南亚纵横. —2011（1）. —49～52

465. 泰国高校华文的教育现状与存在问题/张莉凤//教育教学论坛. —2011（21）. —10～11

466. 泰国华文报刊图书出版近况/吴佳怡//全国新书资讯月刊. —2011（150）. —7～14

467. 泰国华文报纸与国内中文报纸语言比较分析——以《星暹日报》和《广州日报》为例/汪翔//现代语文（语言研究版）. —2011（4）. —101～104

468. 泰国中小学华语教学调查研究——以春府八校为例/郑婷//八桂侨刊. —2011（4）. —41～45

469. 探讨欧洲华侨华人社会，促进海外华社和谐发展——“欧洲华侨华人与当地社会关系”国际学术研讨会述评/李其荣//华人研究国际学报. —2011，3（1）. —89～94

470. 唐人街文化对华裔美国人的消极影响/骆立红//科技信息. —2011（24）. —559

471. 体育旅游资源整合开发研究——以广东江门侨乡为例/左林，张锐锋//辽宁体育科技. —2011（2）. —22～24

472. 挑战与回应——阿根廷华人超市行业现状研究/汤锋旺//八桂侨刊. —2011（4）. —25～30

473. 同样的留学，别样的人生——对“五·四”时期归国留日留欧美学生的一种比较/荆宏侠//绵阳师范学院学报. —2011（10）. —49～51+60

474. 推广顺德优秀文化　搭建海外交流桥梁——顺德优秀文化海外传播工作初探/黄燕霞，陆国伟，王志林等//华侨与华人. —2011（1）. —59～62

475. 退还庚款与留美教育研究——以清政府驻美公使梁诚为中心/张英谋//江苏教育学院学报（社会科学版）. —2011（3）. —81～84+87

476. 拓荒者——华人对墨西卡利早期开发的贡献/袁艳//华侨华人历史研究. —2011 (1). —56 ~ 63

477. 外宣媒体如何拓展海外影响力——《山东侨报》"走出去"办报之探索/战翠萍//青年记者. —2011 (23). —33 ~ 34

478. 晚清留日回族学生与辛亥革命——基于"留东清真教育会"会员史迹的考察/许宪隆，哈正利//民族研究. —2011 (4). —66 ~ 73 + 109

479. 晚清留日学生与中国现代教科书发展/吴小鸥，石鸥//高等教育研究. —2011 (5). —89 ~ 96

480. 晚清幼童留美述评/唐金权//绥化学院学报. —2011 (2). —76 ~ 78

481. 晚清驻外领事中的华商侨领/马一//东南亚纵横. —2011 (10). —77 ~ 81

482. 为有源头活水来——旅俄华侨对马克思主义的早期传播/周其卫，陈云云//鸡西大学学报. —2011 (8). —39 ~ 40

483. 委内瑞拉华裔青年群体的特点与困惑/黄柏军//华侨与华人. —2011 (2). —26 ~ 29 + 6

484. 温州华裔青少年的文化认同调查/王洁曼，严晓鹏//八桂侨刊. —2011 (1). —24 ~ 27

485. 温州侨乡的民俗学解读/邱国珍//温州职业技术学院学报. —2011 (2). —11 ~ 14 + 18

486. 温州市重点侨乡玉壶、丽岙、塘下三镇移民比较研究/尤云弟//八桂侨刊. —2011 (2). —52 ~ 59

487. 文革前国内华侨教育述评/杨柳平//咸宁学院学报. —2011 (8). —124 ~ 127

488. 文化、宗教与世界观——记 2011 年香港中文大学海外华人研讨会/马建福//华人研究国际学报. —2011，3 (2). —73 ~ 76

489. 文化冲突与跨国迁移群体的适应策略——以南非中国新移民群体为例/陈凤兰//华侨华人历史研究. —2011 (3). —41 ~ 49

490. 文化掮客抑或文化边缘——多族群多宗教背景下的马来西亚华人穆斯林/马强//思想战线. —2011 (1). —28 ~ 32

491. 文化视野下海外华人商会兴起之动因——以海外温州商会为例/曹一宁//社科纵横. —2011 (12). —125 ~ 127

492. 文明冲突与文明和谐的华侨华人视阈/蔡希平//八桂侨刊. —2011 (2). —71 ~ 74

493. 闻一多留美提前归国原因探析/朱佳宁//长江师范学院学报. —2011 (2). —123 ~ 127

494. 我国承认双重国籍的利弊分析及制度设想/桂莹，曹静，程亚萍//群文天地. —2011 (10). —283 ~ 284

495. 我国公派留学政策的历史演变及其启示/冯洁，陈何芳//教育与职业. —2011 (24). —22 ~ 25

496. 我们为什么要追寻容闳和留美幼童的足迹/梁赞勋//徐州师范大学学报（哲学社会科学版）. —2011 (5). —1 ~ 5

497. 无锡市引进海外高层次人才现状及对策探讨/吴宝磊//今日财富（金融发展与监管）. —2011（9）. —35~36

498. 西班牙中国移民——历史、发展及现状/白宁迪//华章. —2011（24）. —5~6

499. 西南联大留美教授群体构成分析——以1942年度的在职教授为例/梁建，杜昌君//教育评论. —2011（2）. —116~119

500. 厦门竹坝华侨农场体改及转型对策探析/许金顶，姜泽华//华侨大学学报（哲学社会科学版）. —2011（1）. —21~29

501. 暹罗华人秘密会社的兴衰及其原因分析/黄素芳//南洋问题研究. —2011（2）. —73~80

502. 弘扬华侨精神为己任——各地华侨博物馆述评/吴行锡//华侨与华人. —2011（1）. —40~44

503. 现阶段"侨生华语文师资培育"可行性探讨/马宝莲//海外华人研究. —2011（4）. —67~91

504. 香港归侨社团调查报告/张文奎，许金顶//八桂侨刊. —2011（2）. —47~51

505. 湘籍留日学生与辛亥革命/杨斌//湘潮（上半月刊）. —2011（10）. —17~20

506. 向下扎根　了解侨情侨意——关于领导干部下基层"三解三促"活动的调查报告/钱兴荣//侨务工作研究. —2011（5）. —30~31

507. 小侨乡　大侨务——广州市番禺区侨务工作侧记/曾纯青//侨务工作研究. —2011（4）. —44~45

508. 校歌校训与华侨高等教育/赵薇//唐山学院学报. —2011（1）. —92~94+99

509. 校园文化凝侨心　暨南教泽播八方——独具特色的暨南侨校文化/陈文举//侨务工作研究. —2011（6）. —44~45

510. 辛亥革命纪念与《华侨导报》的政见表达——兼论1945—1949年国共利用辛亥记忆对华侨的争取/徐炳三，刘莉//福建论坛（人文社会科学版）. —2011（8）. —104~110

511. 辛亥革命前后湖南留日学生的日本观/周建树//船山学刊. —2011（4）. —44~49

512. 辛亥革命时期的中国留日学生/陈昌福//上海市社会主义学院学报. —2011（4）. —9~17

513. 辛亥革命时期革命派对海外洪门的动员/邱格屏//山东大学学报（哲学社会科学版）. —2011（5）. —54~63

514. 辛亥革命时期广西籍华侨归侨的作用和贡献/向大有//八桂侨刊. —2011（3）. —3~9

515. 辛亥革命时期华侨经济援助的地域变迁及其原因/吴宏岐，于亚娟//华南师范大学学报（社会科学版）. —2011（5）. —62~70+159

516. 辛亥革命视阈下的客家侨胞/刘加洪//南方论刊. —2011（10）. —9~11

517. 辛亥革命与东南亚——密切关系与巨大影响/梁志明//东南亚南亚研究. —2011（4）. —44~52+91

518. 辛亥革命与闽籍华侨/廖萌//五邑大学学报（社会科学版）. —2011（4）.

—46～50＋92

519．辛亥革命中海外华侨民族国家认同的困境——以冯乃超为例的研究/刘婉明//华侨华人历史研究．—2011（3）．—8～16

520．辛亥纪念与国共内战时期南洋华侨的政治表达/徐炳三//周口师范学院学报．—2011（3）．—79～81

521．辛亥纪念与南洋华侨民族主义的加强——基于《叻报》为中心的考察/徐炳三//华中师范大学学报（人文社会科学版）．—2011（2）．—65～70

522．辛亥遗产与南洋华侨抗战之精神动力/徐炳三//史学集刊．—2011（2）．—11～16

523．新华侨文学时期的"日华文学"/廖赤阳//华人研究国际学报．—2011，3（2）．—1～20

524．新加坡萃英书院沿革史（1854—1957）/叶钟铃//南洋学报．—2011，65．—137～153

525．新加坡华文教学跨越式发展创新试验研究/黄利发//中国电化教育．—2011（7）．—95～99

526．新加坡华校校刊对华侨教育的影响/赵欣，吴明罡//八桂侨刊．—2011（3）．—70～76

527．新疆籍华裔留学生华文教育策略探讨/孔雪晴//新疆师范大学学报（哲学社会科学版）．—2011（6）．—97～101

528．新生代大学生出国留学动机研究——对北京高校中7名欲出国留学大学生的深度访谈分析/刘红霞，房嘉煦//中国青年研究．—2011（7）．—86～89

529．新生代华侨华人培养途径研究/谢振安，王新林//安徽理工大学学报（社会科学版）．—2011（4）．—90～93

530．新时期高校海外留学生党建工作探析——以南京部分高校为例/郭强，孙秀成//社科纵横．—2011（10）．—145～148

531．新世纪华侨华人、港澳同胞慈善事业在中国大陆的前景展望/陈世柏//八桂侨刊．—2011（1）．—28～31＋27

532．新西兰华文媒体现状考察/王瀚东，郭习松//新闻前哨．—2011（8）．—73～76

533．新西兰中国大陆新移民初探/李海蓉//华侨华人历史研究．—2011（1）．—21～30

534．新形势下开展广东省归侨侨眷工作的探讨/朱江，张康庄//侨务工作研究．—2011（5）．—36～37

535．新中国华侨参政议政权考察/张赛群//五邑大学学报（社会科学版）．—2011（4）．—51～55＋92

536．新中国华侨参政议政问题探讨/张赛群//江苏大学学报（社会科学版）．—2011（6）．—32～36＋41

537．许甦魂——从华侨到革命战士/叶介甫//文史春秋．—2011（10）．—47～54

538．寻找法属越南南方的华人米商/李塔娜//海交史研究．—2011（1）．—74～87

539．炎黄子孙应"侨务休兵"/狩甫//海峡评论．—2011（242）．—5

540．洋务运动与明治维新时期中日留学教育的差异及成因/熊龙雨，张峰//理论界．—2011（12）．—69～71

541．仰光《华侨宝鉴》所反映的近代腾冲侨情/马有樊//保山学院学报．—2011（3）．—42～47

542．瑶族归侨的社会记忆与认同建构——以广西十万山华侨林场为例/陈思慧//广西民族研究．—2011（4）．—132～137

543．一战赴欧华工及其特点分析/黄英湖//八桂侨刊．—2011（4）．—52～57

544．一种本土化跨国华人的中国观——以廖建裕为例/辛翠玲，杨媛甯//台湾东南亚学刊．—2011，8（2）．—3～27

545．依法护侨　加大侨务执法力度——安徽侨法及其实施情况的调研报告/安徽省侨办//侨务工作研究．—2011（2）．—41～43

546．移民不移钱——中国人海外移民现状调查/姜智鹏//决策探索（上半月刊）．—2011（5）．—28～30

547．以潮汕侨批为例试论侨批的跨国属性/王炜中//广东档案．—2011（1）．—32～36

548．以中华文化为精神纽带团结和凝聚港澳台同胞和海外侨胞/刑宗兰//陕西社会主义学院学报．—2011（4）．—21～23

549．义乌侨商与中国小商品城——关于“义乌侨商”的调查报告/王晓峰，杨金坤，陈楠烈//浙江社会科学．—2011（1）．—148～151+160

550．亦舒笔下的加拿大华人发展史/王朝晖//时代文学（上半月刊）．—2011（10）．—176～177

551．意大利工业区与华人的双重挑战/Gabi Dei Ottati，张铭//华侨华人历史研究．—2011（2）．—9～16

552．意大利华裔青少年华文教育问题概述/高肖肖，程翠//科教文汇（上旬刊）．—2011（2）．—83+85

553．意大利青田籍华侨艾滋病防治知识调查/季革委，蔡爱红//浙江预防医学．—2011（1）．—83～84

554．音乐作为一种离散社会空间——台湾中和地区缅甸华侨的音景与族裔空间建构/吕心纯//民俗曲艺．—2011（171）．—11～64

555．印度尼西亚华人及其资本发展现状/原晶晶，杨晓强//东南亚纵横．—2011（6）．—78～82

556．印尼华人非政府组织研究——以印尼菩提心曼陀罗基金会为例/杨宏云//东南亚南亚研究．—2011（4）．—69～73+92

557．印尼华文教师现状调查研究/林奕高//华文教学与研究．—2011（2）．—1～8

558．印尼棉兰的华人——历史与特征/杨宏云//华侨华人历史研究．—2011（1）．—40～46

559．印尼棉兰华人“肃坛持戒”仪式探析/郑一省//东南亚研究．—2011（6）．—62～69

560．印尼伊斯兰文化的整体与多元——以印尼华人穆斯林社群的研究为例/邱炫元//

亚太研究论坛. —2011（54）. —141~160

561. 印尼正规小学华文教材使用及本土华文教材编写现状研究/蔡丽//华文教学与研究. —2011（3）. —14~22

562. 英国华人言语社区的结构模式研究/杨荣华//华文教学与研究. —2011（3）. —23~30

563. 由闽客移民开发台湾论与海外华人新闻联系/陈伟之//新竹文献. —2011（45）. —119~128

564. 豫籍留日学生群体与河南辛亥革命刍议——纪念辛亥革命100周年/杨晓军//河南理工大学学报（社会科学版）. —2011（3）. —356~360+380

565. 豫籍留日学生与河南辛亥革命/杨晓军//中州学刊. —2011（5）. —19~24

566. 越南华侨华人妈祖信仰初探——以胡志明市穗城会馆天后庙为重点/李天锡//莆田学院学报. —2011（1）. —1~7

567. 越南华侨与孙中山的革命活动/曾氏清香，金晶//档案与建设. —2011（5）. —49~52

568. 越南华侨与戊申云南河口起义/范德伟//华侨华人历史研究. —2011（3）. —23~31

569. 越南华侨与粤、桂、滇武装起义/王武//兰台世界. —2011（3）. —41~42

570. 越南华人在战争期间的损失（1941—1947年）/许文堂//台湾东南亚学刊. —2011，8（1）. —3~26

571. 越南华文教师教学现况与研习需求之探究/田耐青，黄永和//国民教育. 2011，51（5）. —98~103

572. 云南州市院校与印缅合作华文教育可行性分析——以保山学院为例/何国正，刘蜀子//德宏师范高等专科学校学报. —2011（4）. —80~82+91

573. 再探一九七〇年代初期之保钓运动——中华民国政府之视角/吴任博//史耘. —2011（15）. —134~175

574. 在“科学化”理念下拓展侨务工作的新思路/上海市侨办//侨务工作研究. —2011（3）. —25~26

575. 在地·跨域·身体移动·知识传播：马来亚共产党史的再思考/潘婉明//华人研究国际学报. —2011，3（2）. —57~71

576. 在俄罗斯的中国移民社会适应与社会宽容问题研究/拉林 АГ，臧颖，于涛//西伯利亚研究. —2011（6）. —78~85

577. 在国际舆论中有效地传播中华的声音——对海外华文媒体访谈的思考/侯东阳//东南亚研究. —2011（3）. —79~82

578. 在日华人留学生状况研究（1896—1911年）/任江辉//长春工业大学学报（高教研究版）. —2011（2）. —98~100+132

579. 在日台湾人与战后日本神户华侨社会的变迁/许琼丰//台湾史研究. —2011，18（2）. —147~195

580. 早期留日学生与贵州辛亥革命/林芊//当代贵州. —2011（3）. —60

581. 早期留日学生与马克思主义在中国的传播/刘向辉，符海平//郑州航空工业管理

学院学报（社会科学版）. —2011（2）. —9～12

582. 扎根本土与自我表述——两本新马论著阅读笔记/朱崇科//华侨华人历史研究. —2011（3）. —67～72

583. 战后菲律宾华文教育研究综述/林羽，姜兴山//东南亚纵横. —2011（12）. —79～83

584. 站在时代的前沿——第六届海外人才与中国发展国际学术会议述评/李其荣，冯吉娜，栗晋梅//华人研究国际学报. —2011，3（2）. —77～84

585. 张弼士传略/魏明枢//客家研究辑刊. —2011，39（2）. —137～146

586. 照片中的历史——抗战前海外华侨的辛亥革命纪念活动/徐炳三，刘莉//八桂侨刊. —2011（2）. —14～18

587. 郑和在越南——应该却未被记忆与纪念的缘由/张明亮//南洋学报. —2011，65. —63～92

588. 政府在海外归国人才集聚中的角色定位/毛凯梅，李登辉，冯艺//经济研究导刊. —2011（27）. —135～136

589. 中、印海外移民与母国经济联系的比较研究/李涛//世界民族. —2011（3）. —67～71

590. 中共第一代留日学生群体探析/张戈//北京党史. —2011（1）. —16～20

591. 中共辛亥革命纪念活动对海外华侨的影响/徐炳三//淮北职业技术学院学报. —2011（3）. —133～135

592. 中国“民间法”的他国境遇——从《吃一碗茶》看唐人街的法律文化/高鸿//中国比较文学. —2011（2）. —110～120

593. 中国出国留学研究述评——现状、问题与发展趋势/苏一凡，胡庆亮，张晓冰//高教探索. —2011（3）. —147～150

594. 中国碉楼研究概述/钱毅，杜凡丁//建筑史. —2011（27）. —175～187

595. 中国富豪移民忧思录/尚劲宏//金融经济. —2011（23）. —7～9

596. 中国改革开放以来引资政策研究/陈文寿//侨务工作研究. —2011（3）. —27～30

597. 中国高校借鉴国际经验引进海外人才的对策探究/金南顺，丁云鹏//行政与法. —2011（11）. —76～80

598. 中国共产党华侨统战理论发展的基本经验与当代价值/张国献//郑州大学学报（哲学社会科学版）. —2011（5）. —22～24

599. 中国和平发展进程中对华侨华人高层次人才的培养和吸引——2000年以来中国留学人才政策概述/程希//八桂侨刊. —2011（1）. —15～23

600. 中国技术移民政策构想/刘国福//理论与改革. —2011（2）. —72～76

601. 中国价值体系的重建与华侨华人/庄国土//南洋问题研究. —2011（4）. —1～7+19

602. 中国民族音乐与海外华文教育/郭伟//佳木斯教育学院学报. —2011（3）. —456+464

603. 中国侨务“十二五”展望——全国侨务工作会议解读/丘岳，柴歌//侨园.

—2011（11）. —4～5

604. 中国人海外移民现状调查/姜智鹏//法治与社会. —2011（7）. —44～46

605. 中国需要一面观照自己的镜子——读张旭东先生《东南亚的中国形象》/苑欣芳//八桂侨刊. —2011（4）. —69～71

606. 中国学生留学低龄化问题的教育反思/郭鑫，和欣，彭富强//四川文理学院学报. —2011（4）. —126～128

607. 中国预科华侨境外生思想政治教育探讨——以福建省高校为例/陈秀琼//浙江青年专修学院学报. —2011（4）. —24～26

608. 中国在非洲海外利益维护问题初探/李亮，于丽娟//黄冈职业技术学院学报. —2011（1）. —65～69

609. 中国在外留学人员留学安全现状与安全留学保障/苗丹国，李晓敏，梁凯音//世界教育信息. —2011（9）. —48～52+56

610. 中国在以色列、印度、印度尼西亚三国留学人员情况调研/教育部出国留学政策调研组//世界教育信息. —2011（7）. —58～61

611. 中国知识精英流失全球第一 “海外移民潮”背后的中美博弈/张茉楠//中国经济周刊. —2011（44）. —21

612. 中华文化影响力的符号呈现与传播创新——《行走唐人街》解读/杜志红//现代传播（中国传媒大学学报）. —2011（4）. —48～51

613. 中华文化在马来西亚的传承与发展/谢爱萍//华侨与华人. —2011（2）. —12～16

614. 种族政治压力下的政治现代性诉求——从《大同报》看满族留日学生的政治认同/邓丽兰//华中科技大学学报（社会科学版）. —2011（6）. —82～89

615. 抓住机遇 凝聚力量 共谋发展——在第二届世界华文教育大会上的讲话（摘登）/赵阳//侨务工作研究. —2011（6）. —24～26

616. 紫禁城午后的一缕阳光——从留美幼童的传奇看中国留学教育的起步/张帅//辽宁教育行政学院学报. —2011（6）. —23～25

617. 自然人的境外民事行为能力探析——以我国赴境外留学青少年为例/张惟佳//学理论. —2011（3）. —170～172

618. 宗教认同——华人华侨和谐共生的精神依托/余晓慧，张禹东//华侨大学学报（哲学社会科学版）. —2011（1）. —15～20

619. 宗教认同在华人华侨精神家园建设中的和谐意蕴/余晓慧，张禹东//青海社会科学. —2011（2）. —106～110

620. 总结经验 与时俱进 努力推进新时期侨务理论研究工作/许又声//侨务工作研究. —2011（6）. —30～32

621. 最早的“香蕉人”——留学先驱容闳新论/周炽成//学术研究. —2011（10）. —102～106

英文期刊论文

1. "A Slight Knowledge of the Barbarian Language": Chinese Interpreters in Late-Nineteenth and Early-Twentieth-Century America/ Ngai Mae M. // JOURNAL OF AMERICAN ETHNIC HISTORY. —2011 (Vol. 30, No. 2). —5 ~ 32

2. "Do You Sound Asian When You Speak English?" Racial Identification and Voice in Chinese and Korean Americans' English/ Newman Michael; Wu Angela//AMERICAN SPEECH. —2011 (Vol. 86, No. 2). —152 ~ 178

3. "White Girls 'Hypnotized' by Yellow Men" Chinese Migrants, "Race" and Gender in Western Europe 1919 – 1939/ Amenda Lars// ZEITSCHRIFT FUR GESCHICHTSWISSENSCHAFT. —2011 (Vol. 59, No. 6). —500 ~ 521

4. A Case Study on the Perception of Aging and Participation in Physical Activities of Older Chinese Immigrants in Australia/ Koo Fung Kuen// JOURNAL OF AGING AND PHYSICAL ACTIVITY. —2011 (Vol. 19, No. 4). —388 ~ 417

5. A Comparison of Taiwanese and Philippine Chinese Business Negotiation Styles/ Chang Lieh-Ching// SOCIAL BEHAVIOR AND PERSONALITY. —2011 (Vol. 39, No. 6). —765 ~ 772

6. A Framework for Evaluating Community-Based Rehabilitation Programmes in Chinese Communities/ Chung Eva Yin-Han; Packer Tanya L.; Yau Matthew// DISABILITY AND REHABILITATION. —2011 (Vol. 33, No. 17 ~ 18). —1668 ~ 1682

7. A Hierarchical Model for Language Maintenance and Language Shift: Focus on the Malaysian Chinese Community/ Wang Xiaomei; Chong Siew Ling// JOURNAL OF MULTILINGUAL AND MULTICULTURAL DEVELOPMENT. —2011 (Vol. 32, No. 6). —577 ~ 591

8. A Passion for Learning Chinese? Investigating a Community-Based Chinese Cultural Education School in Hamilton, New Zealand/ Akoorie Michele E. M.; Ding Qiang; Li Yafei// CHINESE MANAGEMENT STUDIES. —2011 (Vol. 5, No. 4). —460 ~ 479

9. A Ritual Economy of "Talent": China and Overseas Chinese Professionals/ Biao Xiang // JOURNAL OF ETHNIC AND MIGRATION STUDIES. —2011 (Vol. 37, No. 5, Sp. Iss. SI). —821 ~ 838

10. A Special Intermittence and Continuity in Local History: The Chinese Diaspora and Their Hometown in Battlefield Quemoy during 1949 – 1960s/ Chiang Bo-wei// JOURNAL OF CHINESE OVERSEAS. —2011 (Vol. 7, No. 2). —169 ~ 186

11. Acculturative Stressors and Acculturative Strategies as Predictors of Negative Affect among Chinese International Students in Australia and Hong Kong: A Cross-Cultural Comparative Study/ Pan Jia-Yan; Wong Daniel Fu Keung// ACADEMIC PSYCHIATRY. —2011 (Vol. 35, No. 6). —376 ~ 381

12. Acting Australian and Being Chinese: Integration of Ethnic Chinese Business People /

Liu Shuang// INTERNATIONAL JOURNAL OF INTERCULTURAL RELATIONS. —2011 (Vol. 35, No. 4). —406 ~ 415

13. Bamboo Networks: Chinese Business Owners and Co-Ethnic Networks in Auckland, New Zealand/ Carina Meares; Trudie Cain; Paul Spoonley// JOURNAL OF CHINESE OVERSEAS. —2011 (Vol. 7, No. 2). —258 ~ 269

14. Black Market, Chinatown, and Kabukicho: Postwar Japanese Constructs of "Overseas Chinese" / Tsu Timothy Yun Hui// POSITIONS-EAST ASIA CULTURES CRITIQUE. —2011 (Vol. 19, No. 1). —133 ~ 157

15. Book Review: Asian America: Formimg New Communities, Expanding Boundaries / Reviewed by Heidi H. Kong// JOURNAL OF CHINESE OVERSEAS. —2011 (Vol. 7, No. 2). —274 ~ 275

16. Book Review: Chinois en Polynesia Francaise. Migration, Metissage, Diaspora/ Reviewed by Jean Baffie// JOURNAL OF CHINESE OVERSEAS. —2011 (Vol. 7, No. 2). —271 ~ 273

17. Book Review: Claiming Diaspora: Music, Transnationalism, and Cultural Politics in Asian/Chinese America/ Moskowitz Marc L. // AMERICAN ANTHROPOLOGIST. —2011 (Vol. 113, No. 4). —693 ~ 694

18. Book Review: Claiming Diaspora: Music, Transnationalism, and Cultural Politics in Asian/Chinese America/ Rao Nancy Yunhwa// AMERICAN MUSIC. —2011 (Vol. 29, No. 3). —386 ~ 388

19. Book Review: Claiming Diaspora: Music, Transnationalism, and Cultural Politics in Asian/Chinese America/ Miscevic Dusanka; Kwong Peter// JOURNAL OF ASIAN STUDIES. —2011 (Vol. 70, No. 2). —555 ~ 556

20. Book Review: Claiming Diaspora: Music, Transnationalism, and Cultural Politics in Asian/Chinese America/ Leong Jeremy// NOTES. —2011 (Vol. 67, No. 3). —522 ~ 525

21. Book Review: Claiming Diaspora: Music, Transnationalism, and Cultural Politics in Asian/Chinese America/ Sharp Charles// JOURNAL OF THE SOCIETY FOR AMERICAN MUSIC. —2011 (Vol. 5, No. 1). —117 ~ 120

22. Book Review: Stepping Forth into the World: The Chinese Educational Mission to the United States, 1872 – 81/ Reviewed by Wing-Kai To// JOURNAL of CHINESE OVERSEAS. —2011 (Vol. 7, No. 2). —276 ~ 278

23. Book Review: The Children of Chinatown: Growing up Chinese American in San Francisco, 1850 – 1920/ Markwyn Abigail// WESTERN HISTORICAL QUARTERLY. —2011 (Vol. 42, No. 1). —98

24. Book Review: The Children of Chinatown: Growing up Chinese American in San Francisco, 1850 – 1920/ Irwin Mary Ann// PACIFIC HISTORICAL REVIEW. —2011 (Vol. 80, No. 1). —140 ~ 141

25. Book Review: The New Chinese America: Class, Economy, and Social Hierarchy/ Wu Udy Tzu-Chun// JOURNAL OF AMERICAN STUDIES. —2011 (Vol. 45, No. 4,

Sp. Iss. SI). —64

26. Britain's Chinese Eye: Literature, Empire, and Aesthetics in Nineteenth-Century Britain/ Chen Mia// TEXTUAL PRACTICE. —2011 (Vol. 25, No. 4, Sp. Iss. SI). —847 ~ 851

27. Can Social Support in the Guise of an Oral Health Education Intervention Promote Mother-Infant Bonding in Chinese Immigrant Mothers and Their Infants? / Yuan Si-Yang; Freeman Ruth// HEALTH EDUCATION JOURNAL. —2011 (Vol. 70, No. 1). —57 ~ 66

28. Changes in the Chinese Overseas Population, 1955 to 2007/ Li Peter S.; Li Eva Xiaoling// CANADIAN REVIEW OF SOCIOLOGY-REVUE CANADIENNE DE SOCIOLOGIE. —2011 (Vol. 48, No. 2). —137 ~ 152

29. Chinatown and Monster Homes: The Splintered Chinese Diaspora in Vancouver/ Madokoro Laura// URBAN HISTORY REVIEW-REVUE D HISTOIRE URBAINE. —2011 (Vol. 39, No. 2). —17 ~ 24

30. Chinese and African Perspectives on China in Africa/ Carmody Padraig// JOURNAL OF MODERN AFRICAN STUDIES. —2011 (Vol. 49, No. 2). —347 ~ 348

31. Chinese and Chinese Mestizos of Manila: Family, Identity, and Culture, 1860s - 1930s/ Cullinane Michael// JOURNAL OF ASIAN STUDIES. —2011 (Vol. 70, No. 4). —1118 ~ 1120

32. Chinese Circulations: Capital, Commodities, and Networks in Southeast Asia/ Ptak Roderich// JOURNAL OF THE ECONOMIC AND SOCIAL HISTORY OF THE ORIENT. —2011 (Vol. 54). —303 ~ 306

33. Chinese Descent/ Days Ekaterina; Polyakov Andrey// NOVYI MIR. —2011 (No. 6). —182 ~ 186

34. Chinese Diaspora "at Home": Mainlander Taiwanese in Dongguan and Shanghai/ Lin Ping// CHINA REVIEW: AN INTERDISCIPLINARY JOURNAL ON GREATER CHINA. —2011 (Vol. 11, No. 2). —43 ~ 64

35. Chinese Immigrant Population History in North America Based on Craniometric Diversity/ Schmidt Ryan W.; Seguchi Noriko; Thompson Jennifer L. // ANTHROPOLOGICAL SCIENCE. —2011 (Vol. 119, No. 1). —9 ~ 19

36. Chinese Immigrants in Network Marketing Business in Western Host Country Context/ Dai Fu; Wang Karen Yuan; Teo Stephen T. T. // INTERNATIONAL BUSINESS REVIEW. —2011 (Vol. 20, No. 6, Sp. Iss. SI). —659 ~ 669

37. Chinese Private Direct Investment and Overseas Chinese Network in Africa/ Song Hong// CHINA & WORLD ECONOMY. —2011 (Vol. 19, No. 4, Sp. Iss. SI). —109 ~ 126

38. Civic/Sanctuary Orientation and HIV Involvement among Chinese Immigrant Religious Institutions in New York City/ Chin John J.; Li Min Ying; Kang Ezer, et al. // GLOBAL PUBLIC HEALTH. —2011 (Vol. 6, Sp. Iss. SI, Suppl. 2). —S210 ~ S226

39. Community Engagement for Health Promotion: Reducing Injuries among Chinese People in New Zealand/ Tse Samson; Laverack Glenn; Nayar Shoba, et al. // HEALTH EDUCATION JOURNAL. —2011 (Vol. 70, No. 1). —76 ~ 83

40. Completion of Chinese Overseas Acquisitions: Institutional Perspectives and Evidence/ Zhang Jianhong; Zhou Chaohong; Ebbers Haico// INTERNATIONAL BUSINESS REVIEW. —2011 (Vol. 20, No. 2). —226 ~ 238

41. Contemporary Chinese America: Immigration, Ethnicity, and Community Transformation/ Yang Philip Q. // INTERNATIONAL JOURNAL OF URBAN AND REGIONAL RESEARCH. —2011 (Vol. 35, No. 4). —886 ~ 887

42. Contemporary Chinese America: Immigration, Ethnicity, and Community Transformation. / Pamuk Ayse// JOURNAL OF PLANNING EDUCATION AND RESEARCH. —2011 (Vol. 31, No. 2). —226 ~ 227

43. Cultural Identities of Chinese Business: Networks of the Shark-Fin Business in Hong Kong/ Cheung Gordon C. K. ; Chang Chak Yan// ASIA PACIFIC BUSINESS REVIEW. —2011 (Vol. 17, No. 3). —343 ~ 359

44. Cultural Identity Constructions in the Post-Suharto Era: Chinese-Origin Indonesians between Assimilation and Consciousness of Their Roots/ Heidhues Mary Somers// ARCHIPEL-ETUDES INTERDISCIPLINAIRES SUR LE MONDE INSULINDIEN. —2011 (No. 82). —220 ~ 222

45. Diasporic Chinese Media in Australia: A Post – 2008 Overview/ Sun Wanning; Yue Audrey; Sinclair John, et al. // CONTINUUM: JOURNAL OF MEDIA & CULTURAL STUDIES. —2011 (Vol. 25, No. 4). —515 ~ 527

46. Diasporic Communication: Cultural Deviance and Accommodation among Tibetan Exiles in India/ Dorjee Tenzin; Giles Howard; Barker Valerie// JOURNAL OF MULTILINGUAL AND MULTICULTURAL DEVELOPMENT. —2011 (Vol. 32, No. 4). —343 ~ 359

47. Divergent Engagements: Roles and Strategies of Taiwanese and Mainland Chinese Returnee Entrepreneurs in the IT Industry/ Zhou Yu; Hsu Jinn-Yuh// GLOBAL NETWORKS: A JOURNAL OF TRANSNATIONAL AFFAIRS. —2011 (Vol. 11, No. 3, Sp. Iss. SI). —398 ~ 419

48. Ecological Influences on Chinese Migrant Mothers' Integration with Hong Kong/ Ho Wing-Chung; Cheung Chau-Kiu// INTERNATIONAL JOURNAL OF INTERCULTURAL RELATIONS. —2011 (Vol. 35, No. 1). —31 ~ 40

49. Effects of Life Stress, Social Support, and Cultural Norms on Parenting Styles among Mainland Chinese, European Canadian, and Chinese Canadian Immigrant Mothers/ Su Chang; Hynie Michaela// JOURNAL OF CROSS-CULTURAL PSYCHOLOGY. —2011 (Vol. 42, No. 6). —944 ~ 962

50. Envisioning America: New Chinese Americans and the Politics of Belonging/ Collet Christian// PERSPECTIVES ON POLITICS. —2011 (Vol. 9, No. 4). —920 ~ 922

51. "Exercise is medicine": Understanding the Exercise Beliefs and Practices of Older Chinese Women Immigrants in British Columbia, Canada/ Jette Shannon; Vertinsky Patricia// JOURNAL OF AGING STUDIES. —2011 (Vol. 25, No. 3, Sp. Iss. SI). —272 ~ 284

52. Experience of Canadian and Chinese Acquisitions in Kazakhstan/ Minbaeva Dana B. ;

Muratbekova-Touron Maral// INTERNATIONAL JOURNAL OF HUMAN RESOURCE MANAGEMENT. —2011 (Vol. 22, No. 14). —2946 ~ 2964

53. Explaining Anti-Chinese Riots in Late 20th Century Indonesia/ Panggabean Samsu Rizal; Smith Benjamin// WORLD DEVELOPMENT. —2011 (Vol. 39, No. 2, Sp. Iss. SI). —231 ~ 242

54. Explaining Ethnic Enclave, Ethnic Entrepreneurial and Employment Niches: A Case Study of Chinese in Canadian Immigrant Gateway Cities/ Fong Eric; Shen Jing// URBAN STUDIES. —2011 (Vol. 48, No. 8). —1605 ~ 1633

55. Exploring the Reconstruction of Chinese Learners' National Identities in Their English-Language-Learning Journeys in Britain/ Gao Feng// JOURNAL OF LANGUAGE IDENTITY AND EDUCATION. —2011 (Vol. 10, No. 5). —287 ~ 305

56. Faith-Based HIV Care and Prevention in Chinese Immigrant Communities: Rhetoric or Reality? / Kang Ezer; Chin John J.; Behar Elana// JOURNAL OF PSYCHOLOGY AND THEOLOGY. —2011 (Vol. 39, No. 3, Sp. Iss. SI). —268 ~ 279

57. Fortunate Sons: The 120 Chinese Boys Who Came to America, Went to School, and Revolutionized an Ancient Civilization/ Fallows Deborah// NEW YORK TIMES BOOK REVIEW. —2011. —18

58. Fortunate Sons: The 120 Chinese Boys Who Came to America, Went to School, and Revolutionized an Ancient Civilization/ Baird Susan// LIBRARY JOURNAL. —2011 (Vol. 136, No. 4). —85

59. Four Children and One Toy: Chinese and Canadian Children Faced With Potential Conflict over a Limited Resource/ French Doran C.; Chen Xinyin; Chung Janet, et al. // CHILD DEVELOPMENT. —2011 (Vol. 82, No. 3). —830 ~ 841

60. Generation and Earnings Patterns among Chinese, Filipino, and Korean Americans in New York/ Oh Sookhee; Min Pyong G. // INTERNATIONAL MIGRATION REVIEW. —2011 (Vol. 45, No. 4). —852 ~ 871

61. Getting Saved in America: Taiwanese Immigration and Religious Experience/ Yong Amos// RELIGIOUS STUDIES REVIEW. —2011 (Vol. 37, No. 3). —184 ~ 185

62. Globalization and Vulnerability of Chinese Migrant Workers in Italy: Empirical Evidence on Working Conditions and Their Consequences/ Wu Bin; Sheehan Jackie// JOURNAL OF CONTEMPORARY CHINA. —2011 (Vol. 20, No. 68). —135 ~ 152

63. Help-Seeking and Service Use for Dementia in Italian, Greek and Chinese Australians/ Low Lee-Fay; Anstey Kaarin J.; Lackersteen Steven M. P., et al. // AGING & MENTAL HEALTH. —2011 (Vol. 15, No. 3). —397 ~ 404

64. Hong Kong Chinese Community Leaders' Perspectives on Family Health, Happiness and Harmony: A Qualitative Study/ Chan Sophia S. C.; Viswanath K.; Au Doreen W. H., et al. // HEALTH EDUCATION RESEARCH. —2011 (Vol. 26, No. 4). —664 ~ 674

65. I Am not Qualified to Be a Honongese because of My Accented Cantonese': Mainland Chinese Immigrant Students in Hong Kong/ Gu Mingyue (Michelle) // JOURNAL OF MULTI-

LINGUAL AND MULTICULTURAL DEVELOPMENT. —2011 (Vol. 32, No. 6). —515 ~ 529

66. In the Name of Legitimacy: Taiwan and Overseas Chinese during the Cold War Era/ Wang Joan S. H. // CHINA REVIEW: AN INTERDISCIPLINARY JOURNAL ON GREATER CHINA. —2011 (Vol. 11, No. 2). —65 ~ 90

67. Inside and Outside Chinatown: Chinese Elites in Exclusion Era California/ Marcus Kenneth H.; Chen Yong// PACIFIC HISTORICAL REVIEW. —2011 (Vol. 80, No. 3). —369 ~ 400

68. Leisure Satisfaction and Acculturative Stress: The Case of Chinese-Canadian Immigrants/ Walker Gordon J.; Halpenny Elizabeth A.; Deng Jinyang// JOURNAL OF LEISURE RESEARCH. —2011 (Vol. 43, No. 2). —226 ~ 245

69. Making an American Festival: Chinese New Year in San Francisco's Chinatown/ Wong K. Scott// JOURNAL OF AMERICAN ETHNIC HISTORY. —2011 (Vol. 30, No. 3). —117 ~ 118

70. Making Careers in the Occupational Niche: Chinese Students in Corporate Japan's Transnational Business/ Liu-Farrer Gracia// JOURNAL OF ETHNIC AND MIGRATION STUDIES. —2011 (Vol. 37, No. 5, Sp. Iss. SI). —785 ~ 803

71. Making the "Last Chinaman": Photography and Chinese as a "Vanishing" People in Australia's Rural Local Histories/ Couchman Sophie// AUSTRALIAN HISTORICAL STUDIES. —2011 (Vol. 42, No. 1, Sp. Iss. SI). —78 ~ 91

72. Mapping "Chinese" Christian Schools in Indonesia: Ethnicity, Class and Religion/ Hoon Chang-Yau// ASIA PACIFIC EDUCATION REVIEW. —2011 (Vol. 12, No. 3). —403 ~ 411

73. Migration and Gender Identity: Chinese Women's Experiences of Work, Family and Identity in Australia/ Gu Chien-Juh// GENDER PLACE AND CULTURE. —2011 (Vol. 18, No. 1). —141 ~ 143

74. Moment Analysis and Translanguaging Space: Discursive Construction of Identities by Multilingual Chinese Youth in Britain/ Wei Li// JOURNAL OF PRAGMATICS. —2011 (Vol. 43, No. 5, Sp. Iss. SI). —1222 ~ 1235

75. National Culture, Networks and Ethnic Entrepreneurship: A Comparison of the Indian and Chinese Immigrants in the US/ Chand Masud; Ghorbani Majid// INTERNATIONAL BUSINESS REVIEW. —2011 (Vol. 20, No. 6; Sp. Iss. SI). —593 ~ 606

76. Neighbors by Nature: Relationships, Border Crossings, and Transnational Communities in the Chinese Exclusion Era/ Delgado Grace Pena// PACIFIC HISTORICAL REVIEW. —2011 (Vol. 80, No. 3). —401 ~ 427

77. New Asian Emperors: The Business Strategies of the Overseas Chinese/ Greeven Mark J. // JOURNAL OF ORGANIZATIONAL CHANGE MANAGEMENT. —2011 (Vol. 24, No. 3). —400 ~ 401

78. No More Dancing for Gods: Constructing Taiwanese/Chinese Identity through the Ilisin/ Liao Judy// LEISURE STUDIES. —2011 (Vol. 30, No. 1). —63 ~ 83

79. Outcomes of a Two-Tiered Multifaceted Elderly Suicide Prevention Program in a Hong Kong Chinese Community/ Chan Sandra S. ; Leung Vivian P. Y. ; Tsoh Joshua, et al. // AMERICAN JOURNAL OF GERIATRIC PSYCHIATRY. —2011 (Vol. 19, No. 2). —185 ~ 196

80. Overseas Chinese, Ethnic Minorities and Nationalism: De-centering China/ Brown Kerry// INTERNATIONAL AFFAIRS. —2011 (Vol. 87, No. 4). —1036 ~ 1037

81. Performativity of Difference: Mapping Public Soundscapes and Performing Nostalgia among Burmese Chinese in Central Rangoon/ Lu Hsin-chun Tasaw// ASIAN MUSIC. —2011 (Vol. 42, No. 2). —19 ~ 55

82. Predicting Intended and Actual Travel Behaviors: An Examination of Chinese Outbound Tourists to Australia/ Chow Ivy; Murphy Peter// JOURNAL OF TRAVEL & TOURISM MARKETING. —2011 (Vol. 28, No. 3). —318 ~ 330

83. Promising Physical Activity Inclusion Practices for Chinese Immigrant Women in Vancouver, Canada/ Frisby Wendy// QUEST. —2011 (Vol. 63, No. 1). —135 ~ 147

84. Promoting Health and Safety in San Francisco's Chinatown Restaurants: Findings and Lessons Learned from a Pilot Observational Checklist/ Gaydos Megan; Bhatia Rajiv; Morales Alvaro, et al. // PUBLIC HEALTH REPORTS. —2011 (Vol. 126, Suppl. 3). —62 ~ 69

85. Psychometric Properties of the Spence Children's Anxiety Scale in a Hong Kong Chinese Community Sample/ Li Johnson Ching-hong; Lau Wai-yee; Au Terry Kit-fong// JOURNAL OF ANXIETY DISORDERS. —2011 (Vol. 25, No. 4). —584 ~ 591

86. Race, Law and "The Chinese Puzzle" in Imperial Britain/ Gullace Nicoletta F. // JOURNAL OF BRITISH STUDIES. —2011 (Vol. 50, No. 1). —213 ~ 214

87. Reconstruction of Gender Role in Marriage: Processes among Chinese Immigrant Wives/ Yu Yan // JOURNAL OF COMPARATIVE FAMILY STUDIES. —2011 (Vol. 42, No. 5, Sp. Iss. SI). —651

88. Redress for Old Wounds: Canadian Prime Minister Stephen Harper's Apology for the Chinese Head Tax/ Edwards Jason A. ; Calhoun Lindsay R. // CHINESE JOURNAL OF COMMUNICATION. —2011 (Vol. 4, No. 1). —73 ~ 89

89. Return Migration: The Case of the 1. 5 Generation of Taiwanese in Canada and New Zealand/ Chiang Lan-Hung Nora// CHINA REVIEW: AN INTERDISCIPLINARY JOURNAL ON GREATER CHINA. —2011 (Vol. 11, No. 2). —91 ~ 123

90. Rewriting the History of Chinese Families in Nineteenth-Century Australia/ Bagnall Kate// AUSTRALIAN HISTORICAL STUDIES. —2011 (Vol. 42, No. 1, Sp. Iss. SI). —62 ~ 77

91. Schooling for Sustainable Development in Chinese Communities/ Maller Cecily J. // ENVIRONMENTAL EDUCATION RESEARCH. —2011 (Vol. 17, No. 5). —708 ~ 710

92. Seeking Residency from the Courts: The Chinese Experience in the Post-White Australia Era/ Jia Gao// JOURNAL OF CHINESE OVERSEAS. —2011 (Vol. 7, No. 2). —187 ~ 210

93. Sexuality as Criterion for Ethnic Selection and Exclusion: Chinese Female Migrants in Southeast Asia/ Lu Melody Chia-Wen// CULTURE HEALTH & SEXUALITY. —2011 (Vol. 13, Sp. Iss. SI, Suppl. 1). —154

94. Stability and Change in Private and Public Ethnic Regard among African American, Puerto Rican, Dominican, and Chinese American Early Adolescents/ Hughes Diane; Way Niobe; Rivas-Drake Deborah// JOURNAL OF RESEARCH ON ADOLESCENCE. —2011 (Vol. 21, No. 4). —861 ~ 870

95. Strangers on the Western Front: Chinese Workers in the Great War/ Bailey Paul// JOURNAL OF ASIAN STUDIES. —2011 (Vol. 70, No. 4). —1152 ~ 1154

96. Sub-Cultural Business Negotiation: A Taiwanese and Japanese-Chinese Case Study/ Chang Lieh-Ching// AFRICAN JOURNAL OF BUSINESS MANAGEMENT. —2011 (Vol. 5, No. 2). —389 ~ 393

97. Taiwanese Immigrant Mothers' Childcare Preferences: Socialization for Bicultural Competency/ Uttal Lynet; Han Ching Yun// CULTURAL DIVERSITY & ETHNIC MINORITY PSYCHOLOGY. —2011 (Vol. 17, No. 4). —437 ~ 443

98. Teaching Mathematics in Two Languages: A Teaching Dilemma of Malaysian Chinese Primary Schools/ Lim Chap Sam; Presmeg Norma // INTERNATIONAL JOURNAL OF SCIENCE AND MATHEMATICS EDUCATION. —2011 (Vol. 9, No. 1). —137 ~ 161

99. The Adventures of Eddie Fung: Chinatown Kid, Texas Cowboy, Prisoner of War/ Leong Karen J. // JOURNAL OF AMERICAN ETHNIC HISTORY. —2011 (Vol. 30, No. 2). —73 ~ 74

100. The Chinese Are Coming: China in Africa/ Foo Check-Teck// CHINESE MANAGEMENT STUDIES. —2011 (Vol. 5, No. 3). —232 ~ 234

101. The Chinese Cultural Revolution and the Decline of the Left in Singapore/ Yinghong Cheng// JOURNAL OF CHINESE OVERSEAS. —2011 (Vol. 7, No. 2). —211 ~ 246

102. The Chinese Identity in Question: "Descendants of the Dragon" and "The Wolf Totem" / Xu Xinjian// RLC-REVUE DE LITTERATURE COMPAREE. —2011, (No. 337). —93 ~ 105

103. The Chinese in Russia and the Soviet-Chinese Conflict on the KVZhD in 1929/ Datsyshen V. G. // OTECHESTVENNAYA ISTORIYA. —2011 (No. 5). —51 ~ 62

104. The Chinese of Indonesia and Their Search for Identity: The Relationship between Collective Memory and the Media/ Heidhues Mary Somers// ARCHIPEL-ETUDES INTERDISCIPLINAIRES SUR LE MONDE INSULINDIEN. —2011 (No. 82). —216 ~ 217

105. The Chinese-language Press in Australia: A Preliminary Scoping Study/ Sun Wanning; Gao Jia; Yue Audrey, et al. // MEDIA INTERNATIONAL AUSTRALIA. —2011 (No. 138). —137 ~ 148

106. The Huaqiao in Taiwan 1895 - 1945: Their Ambivalent Localization/ Leo Douw// JOURNAL OF CHINESE OVERSEAS. —2011 (Vol. 7, No. 2). —143 ~ 168

107. The Internet and Hoisan-wa in the U. S.: Counter-Hegemonic Discourses and Shifting

Language Ideologies/ Genevieve Y. Leung// JOURNAL OF CHINESE OVERSEAS. —2011 (Vol. 7, No. 2). —247 ~ 257

108. The Lucky Ones: One Family and the Extraordinary Invention of Chinese America/ Lee Robert G. // JOURNAL OF AMERICAN HISTORY. —2011 (Vol. 98, No. 3). —760 ~ 790

109. The Maintenance Effect of Cognitive-Behavioural Treatment Groups for the Chinese Parents of Children with Intellectual Disabilities in Melbourne, Australia: a 6 – month Follow-up Study/ Wong D. F. K.; Poon A.; Kwok Sylvia Y. C. L. // JOURNAL OF INTELLECTUAL DISABILITY RESEARCH. —2011 (Vol. 55). —1043 ~ 1053

110. The Merchants: Chinese Social Organisation in Colonial Australia/ Bowen Alister// AUSTRALIAN HISTORICAL STUDIES. —2011 (Vol. 42, No. 1, Sp. Iss. SI). —25 ~ 44

111. The Negotiation Styles of Overseas Chinese: A Comparison of Taiwanese and Indonesian Chinese Patterns/ Chang Lieh-Ching// AFRICAN JOURNAL OF BUSINESS MANAGEMENT. —2011 (Vol. 5, No. 20). —8079 ~ 8087

112. The "Other" Looks Back: Racial Distancing and Racial Alignment in Migrant Domestic Workers' Stereotypes about White and Chinese Employers/ Paul Anju M. // ETHNIC AND RACIAL STUDIES. —2011 (Vol. 34, No. 6). —1068 ~ 1087

113. The Overseas Chinese Language Literature in a Global Context/ Rao Pengzi// RLC-REVUE DE LITTERATURE COMPAREE. —2011 (No. 337). —106 ~ 112

114. The Public Face of Chinatown: Actresses, Actors, Playwrights, and Audiences of Chinatown Theaters in San Francisco during the 1920s/ Rao Nancy Yunhwa// JOURNAL OF THE SOCIETY FOR AMERICAN MUSIC. —2011 (Vol. 5, No. 2). —235 ~ 270

115. The Role of Chinese Students as Tourists and Hosts for Overseas Travel/ Liu Ge; Ryan Chris//ASIA PACIFIC JOURNAL OF TOURISM RESEARCH. —2011 (Vol. 16, No. 4). —445 ~ 464

116. The War on Grant Avenue: Business Competition and Ethnic Rivalry in San Francisco's Chinatown, 1937 – 1942/ Brooks Charlotte// JOURNAL OF URBAN HISTORY. —2011 (Vol. 37, No. 3). —311 ~ 330

117. Translating Western Modernity: The First Chinese Hospital in America/ Risse Guenter B. // BULLETIN OF THE HISTORY OF MEDICINE. —2011 (Vol. 85, No. 3). —413 ~ 477

118. Understanding Teachers' Professional Identity and Beliefs in the Chinese Heritage Language School in the USA/ Wu Hsu-Pai; Palmer Deborah K.; Field Sherry L. // LANGUAGE CULTURE AND CURRICULUM. —2011 (Vol. 24, No. 1). —47 ~ 60

119. Use of Indigenous Cultural Idioms by Chinese Immigrant Relatives for Psychosis Impacts on Stigma and Psychoeducational Approaches/ Yang Lawrence H.; Singla Daisy R. // JOURNAL OF NERVOUS AND MENTAL DISEASE. —2011 (Vol. 199, No. 11). —872 ~ 878

120. Wartime Fundraising by Chinese Australian Communities/ Khoo Tseen; Noonan Rodney// AUSTRALIAN HISTORICAL STUDIES. —2011 (Vol. 42, No. 1, Sp. Iss. SI).

—92 ~ 110

121. Wedge-Issue Dynamics and Party Position Shifts: Chinese Exclusion Debates in the Post-Reconstruction US Congress, 1879 – 1882/ Seo Jungkun// PARTY POLITICS. —2011 (Vol. 17, No. 6). —823 ~ 847

122. What Change, What Stay: The Mix Picture of Value System of Chinese Business Managers/ Wang Xueli; Ma Lin// CHINESE MANAGEMENT STUDIES. —2011 (Vol. 5, No. 4). —422 ~ 430

123. Women and Politeness: The Hybrid Language and Culture of Chinese Indonesian Women in Surabaya/ Jedamski Doris// ARCHIPEL-ETUDES INTERDISCIPLINAIRES SUR LE MONDE INSULINDIEN. —2011 (No. 82). —217 ~ 218

（本版责任编辑　易淑琼）

2011 年华侨华人研究书目一览

本书目以暨南大学图书馆华侨华人文献信息中心“华侨华人研究综合数据库·书目子库”中的数据为基础数据，以国家图书馆、厦门大学图书馆、香港高校图书联网、新加坡国家图书馆、澳大利亚国家图书馆、日本国立国会图书馆等馆藏数据为补充，另从亚马逊网等各大网上书店搜索书目数据。本书目分为中文书目、英文书目、日文书目三部分。

中文书目

1. 2009 年海外华侨华人概述/王望波，庄国土编著. —北京：世界知识出版社，2011

2. 澳门华人政治文化纵向研究/余振，娄胜华，陈卓华著. —香港：三联书店香港有限公司，2011

3. 澳门新移民调查及政策研究（2007—2008）/程惕洁编著. —北京：北京大学出版社，2011

4. 百年辛亥：南洋回眸/周兆呈主编. —新加坡：联合早报，八方文化创作室，2011

5. 报效祖国献青春：吉林归侨口述录/林明江主编. —北京：中国华侨出版社，2011

6. 彼岸的现代性：美国华人批评家访谈录/李凤亮编著. —桂林：广西师范大学出版社，2011

7. 别看我一时：一位华裔美国大学校长的故事/黄天中著. —北京：北京大学出版社，2011

8. 不死的中国人/［意］拉菲尔·欧利阿尼，［意］李卡多·斯达亚诺著；邓京红译. —北京：社会科学文献出版社，2011

9. 参加一战的华工与威海卫/丛爱娟著. —北京：中国文史出版社，2011

10. 潮汕侨批集成·第二辑/潮汕历史文化研究中心编. —桂林：广西师范大学出版社，2011

11. 潮州商帮/黄挺，陈利江著. —广州：暨南大学出版社，2011

12. 大撤侨：我亲历的利比亚骚乱/红旗飘飘编著. —昆明：云南人民出版社，2011

13. 大马华族文史正论/陈良著. —吉隆坡：林连玉基金，2011

14. 戴国辉全集·华侨与经济卷/戴国辉著. —台北：文讯杂志社，2011

15. 碉楼外话/老真著. —北京：中国华侨出版社，2011

16. 东南亚华人文化传承之研究：以柬埔寨王国为例/陈伟之著. —新北：前程企管公司，2011

17. 东南亚客家的变貌：新加坡与马来西亚/萧新煌主编. —台北：中央研究院人文社会科学研究中心，2011

18．东南亚与华侨华人研究论文索引．2006—2010/徐斌编．—厦门：厦门大学出版社，2011

19．董教总任重道远：明确使命，站稳岗位/明光著．—雪兰莪：马来西亚华校董事联合会总会，2011

20．非传统威胁下中国公民海外安全分析/李晓敏著．—北京：人民出版社，2011

21．芙蓉湖畔忆“三林”：林文庆、林语堂、林惠祥的厦大岁月/林坚编．—厦门：厦门大学出版社，2011

22．改变：留学年代的脸谱/孙昌建，崔予缨主编．—杭州：浙江人民出版社，2011

23．根据华裔学志认识西方汉学家/魏思齐编；江日新译．—台北：辅仁大学出版社，2011

24．共和十年：《纽约时报》民初观察记（1911—1921）·社会篇/郑曦原编．—北京：当代中国出版社，2011

25．共和十年：《纽约时报》民初观察记（1911—1921）·政治篇/郑曦原编．—北京：当代中国出版社，2011

26．广东侨乡历史文化调查集/王克主编．—汕头：汕头大学出版社，2011

27．贵州侨史/吴筑星，李德生著．—北京：中国华侨出版社，2011

28．国际话语体系中的海外华文媒体：第六届世界华文传媒论坛论文集·2011/夏春平主编．—香港：香港中国新闻出版社，2011

29．国际移民政策研究/李明欢著．—厦门：厦门大学出版社，2011

30．国际友人与爱国华侨在武乡/郝雪廷著．—太原：山西人民出版社，2011

31．国务院侨务办公室汶川特大地震抗震救灾志/马儒沛主编．—广州：暨南大学出版社，2011

32．海内外华人企业战略联盟研究：以东方管理文化为视角/伍华佳著．—北京：经济管理出版社，2011

33．海外创出四重天：在新西兰做国会议员、律师、记者和诗人/［新西兰］霍建强著．—北京：北京师范大学出版社，2011

34．海外洪门与辛亥革命·外一种：辛亥革命时期洪门人物传奇/孙昉，刘旭华著．—北京：中国致公出版社，2011

35．海外华侨与辛亥革命/张应龙主编．—广州：暨南大学出版社，2011

36．海外华人林文镜在华决策行为研究/张学惠著．—福州：海潮摄影艺术出版社，2011

37．海外华语电视研究/李宇著．—北京：中国社会科学出版社，2011

38．鸿雁飞越加勒比：古巴华侨家书纪事/黄卓才著．—广州：暨南大学出版社，2011

39．互动与创新：多维视野下的华侨华人研究/刘泽彭主编．—桂林：广西师范大学出版社，2011

40．华工史话/董丛林著．—北京：社会科学文献出版社，2011

41．华教运动，动或不动：反思新纪元学院发展文集/刘镇东著．—马来西亚：新纪元校友会编委会，2011

42. 华侨华人研究报告·2011/丘进主编. —北京：社会科学文献出版社，2011

43. 华侨旗帜 民族光辉：爱国侨领陈嘉庚/孙成军，王一编著. —长春：吉林人民出版社，2011

44. 华侨史话/陈民，任贵祥著. —北京：社会科学文献出版社，2011

45. 华侨与新四军/福建省新四军研究会主编. —北京：中央文献出版社，2011

46. 华侨之光：张榕轩张耀轩张步青学术研讨会文集/黄浪华主编. —北京：中国华侨出版社，2011

47. 华侨壮歌/曾金玉著. —广州：花城出版社，2011

48. 华人饭商公会庆祝成立七十周年纪念特刊（1940—2010）/特刊编辑委员会编. —新加坡：华人饭商公会，2011

49. 华人移民与全球化：迁移、本土化与交流/廖建裕，梁秉赋主编. —新加坡：华裔馆，2011

50. 华人族裔企业：全球与在地的视野/方伟晶，陆超明编；王秀惠译. —台北：群学出版有限公司，2011

51. 华文教育社会心理学/宋兴川编著. —福州：福建教育出版社，2011

52. 华文教育心理学/唐燕儿编著. —广州：广东高等教育出版社，2011

53. 华文文学与文化政治/刘小新著. —镇江：江苏大学出版社，2011

54. 机遇和挑战：中国—东盟自由贸易区中的东南亚华裔/刘文正著. —新加坡：新加坡国立大学东亚研究所，2011

55. 技术移民法律制度研究：中国引进海外人才的法律透视/刘国福著. —北京：中国经济出版社，2011

56. 加国无忧：华人在加拿大的故事/加国无忧网站主编. —北京：中国经济出版社，2011

57. 江门五邑侨汇档案选编（1940—1950）/刘进，李文照主编. —北京：中国华侨出版社，2011

58. 近代香港与内地华资联号研究/张晓辉著. —桂林：广西师范大学出版社，2011

59. 眷恋江门：五邑侨乡之旅/曾晓华著. —广州：广东旅游出版社，2011

60. 开拓侨民与华语文教育新境界/黄崇云主编. —台北：海外华人学会，2011

61. 科技领军人物：全球50位杰出华人科技企业家荣誉访谈/科技领军人物编辑委员会主编. —北京：中国经济出版社，2011

62. 跨国语境下的美洲华裔文学与文化研究/程爱民，赵文书主编. —南京：南京大学出版社，2011

63. 梁诚与近代中国/梁碧莹著. —广州：中山大学出版社，2011

64. 了不起的中国人/苏东编著. —杭州：浙江大学出版社，2011

65. 留学史话/刘志强，张学继著. —北京：社会科学文献出版社，2011

66. 卢九家族与华人社会学术研讨会论文集/林广志，吕志编. —澳门：民政总署文化康体部，2011

67. 乱世华尔街：一位华人交易员的经历/渔阳著. —北京：中国人民大学出版社，2011

68. 马来西亚海南族群史料汇编（上下）/黄宏荫主编. —马来西亚：马来西亚海南会馆联合会，2011

69. 马新史学80年：从“南洋研究”到“华人研究”（1930—2009）/廖文辉著. —上海：上海三联书店，2011

70. 美国华裔女性作家东方主义观研究/邱智晶，何乃平，张晓辉，蒋红编著. —牡丹江：黑龙江朝鲜民族出版社，2011

71. 梦回东方：华侨华人百年心灵史/郑万里等著. —广州：广东人民出版社，2011

72. 民国华侨史料汇编/耿素丽，张军选编. —北京：国家图书馆出版社，2011

73. 民主行动党昂首走过华教风雨路/廖金华著. —吉隆坡：民主行动党，2011

74. 南洋1939/陈达娅，陈勇编著. —北京：中国华侨出版社，2011

75. 努山塔拉华裔纵横（北京大学华侨华人研究中心丛书47）/周南京编著. —香港：香港社会科学出版社有限公司，2011

76. 欧洲华侨华人与当地社会关系：社会融合·经济发展·政治参与/王晓萍，刘宏主编. —广州：中山大学出版社，2011

77. 侨情综览2010/暨南大学图书馆彭磷基华侨华人文献信息中心编. —广州：暨南大学出版社，2011

78. 青田华侨史/《青田华侨史》编纂委员会编著. —杭州：浙江人民出版社，2011

79. 情系五一三：一九五零年代新加坡华文中学学生运动与政治变革/陈仁贵，陈国相，孔莉莎编. —马来西亚：策略资讯研究中心，2011

80. 燃情西班牙：一个留学生的视觉笔记/李舒岩著. —北京：中国社会出版社，2011

81. 人才竞争：海外看中国的人才战略/王辉耀主编. —北京：东方出版社，2011

82. 日本对南洋华侨调查资料选编：1925—1945/崔丕，姚玉民，孙承，李文译. —广州：广东高等教育出版社，2011

83. 荣获诺贝尔奖的华裔科学家/张伯文编. —郑州：大象出版社，2011

84. 上海侨务理论研究报告集：2009—2010/上海侨务理论研究中心编. —上海：上海人民出版社，2011

85. 世界观点的中外交流史：海外中华1661AD—2011AD：台湾、香港与海外华人/萧弘德著. —出版地不详，2011

86. 世界华文传媒年鉴·2011/夏春平主编. —北京：世界华文传媒年鉴社，2011

87. 台湾移居美国侨民长期追踪调查报告·第八（2010）年/中华民国侨务委员会编. —台北：侨务委员会，2011

88. 天下晋江人：二编/中共晋江市委统战部，晋江经济报社，晋江市海外联谊会编. —福州：海峡出版发行集团，海峡文艺出版社，2011

89. 天下晋江人：三编/中共晋江市委统战部，晋江经济报社，晋江市海外联谊会编. —福州：海峡文艺出版社，2011

90. 天下浙商（港澳台卷）/徐友龙主编. —杭州：浙江教育出版社，2011

91. 天下浙商（海外卷）/徐友龙主编. —杭州：浙江教育出版社，2011

92. 外国人眼中的中国形象及华人形象研究/朱小雪主编. —北京：旅游教育出版

社，2011

93. 委内瑞拉华侨史略/高伟浓著. —吉隆坡：学林书局，2011

94. 文化异位研究：以美国华裔文学为例/陈晶著. —哈尔滨：黑龙江人民出版社，2011

95. 文学·影响·创意：华语电影独立制片面面观/陈秋伶主编. —台北：国立台湾文学馆，2011

96. 我的漫漫人生路：广州人移民在美国/蒋汉宇著. —长春：吉林出版集团有限责任公司，2011

97. 我在美国当公务员/何奇恩著. —北京：中国人事出版社，2011

98. 五邑华侨与中国民族民主革命/张运华著. —北京：中国华侨出版社，2011

99. 香港早期华人菁英/刘智鹏编著. —香港：中华书局，2011

100. 新加坡海南吴氏宗人事迹/海南吴氏公会编. —新加坡：新加坡海南吴氏公会，2011

101. 新加坡华文文学编年书目（1965—2009）/庄致颖，黄惠龄主编. —新加坡：新加坡国家图书馆，2011

102. 新加坡中国研究的知识密码：华裔离群者的身份策略与能动性展现/陈昌宏著. —台北：国立台湾大学政治学系中国大陆暨两岸关系教学与研究中心，2011

103. 新加坡中药公会七十周年纪念特刊，1940—2010/新加坡中药公会编. —新加坡：新加坡中药公会，2011

104. 新马归侨抗日抗英人名录·续集/黎亚久主编. —香港：足印出版社，2011

105. 兴隆华侨农场专辑/吴淑香主编. —海口：海南出版社，2011

106. 性别与种族政治：华裔美国女性文学作品研究/王建会著. —青岛：中国海洋大学出版社，2011

107. 寻庙：新加坡的华人庙宇/梁康伯著；徐李颖译. —新加坡：新加坡道教学院，2011

108. 亚洲教父：香港、东南亚的金钱和权力/史塔威尔著；史钰军译. —上海：复旦大学出版社，2011

109. 一个移植在海滨的村庄：广西防城港市企沙镇华侨渔业新村调查/郑一省，蒋婉著. —北京：社会科学文献出版社，2011

110. 银信与五邑侨乡社会/刘进，李文照著；田在原，赵寒松译. —广州：广东人民出版社，2011

111. 樱花与剑：跨文化适应的留学心理/徐光兴著. —合肥：安徽人民出版社，2011

112. 远行者的目光：海外学习工作见闻录/刘沪主编. —北京：北京师范大学出版社，2011

113. 越南华侨史/徐善福，林明华著. —广州：广东高等教育出版社，2011

114. 再读孙中山、南洋与辛亥革命/廖建裕主编. —新加坡：新加坡华裔馆，2011

115. 中国海外发展：海外看中国企业“走出去”/［加］王辉耀主编. —北京：东方出版社，2011

116. 中国侨史学界纪念辛亥革命100周年学术研讨会论文集/赵红英，张春旺主

编．—北京：中国华侨出版社，2011

117．中国人的美国梦/水光著；王晴佳点评．—北京：中国人民大学出版社，2011

118．中华民国99年侨务委员会议实录/中华民国侨务委员会编．—台北：中华民国侨务委员会，2011

119．中华血脉：探秘海外古今华裔族群/杨府，左尚鸿著．—北京：新世界出版社，2011

120．中美大学教育体验与比较：美国知名华裔学者访谈录/张海惠编著．—北京：中国人民大学出版社，2011

121．朱杰勤文集：华侨史/朱杰勤著．—南宁：广西师范大学出版社，2011

122．庄右铭文集/庄绍平编．—新加坡：八方文化创作室，2011

123．卓越的功勋：五邑华侨与辛亥革命图册/江门市档案局，江门市方志办，五邑大学广东侨乡文化研究中心编．—广州：广东教育出版社，2011

124．走进黄埔村/林干主编．—广州：广东教育出版社，2011

125．走向陌生的地方：内陆欧亚移民史话/杨军编著．—兰州：兰州大学出版社，2011

126．族群、历史与文化：跨域研究东南亚和东亚——庆祝王赓武教授八秩晋一华诞专集（上、下册）/黄贤强主编．—新加坡：新加坡国立大学中文系，八方文化创作室，2011

英文书目

1．A Guide to Conversation in the English and Chinese Languages：for the Use of Americans and Chinese in California and Elsewhere/ Stanislas Hernisz. —Whitefish，Montana：Nabu Press，2011

2．Asian English Writers of Chinese Origin：Singapore，Malaysia，Hong Kong/Lai，Amy Tak-Yee. —Newcastle upon Tyne：Cambridge Scholars，2011

3．British Policy and the Chinese in Singapore，1939 to 1955：the Public Career of Tan Chin Tuan / Lee Su Yin. —Singapore：Talisman Pub.，2011

4．Cantonese Society in Hong Kong and Singapore：Gender，Religion，Medicine and Money/ Essays by Marjorie Topley；Edited and Introduced by Jean DeBernardi. —Hong Kong：Hong Kong University Press，2011

5．Chinatown and China City in Los Angeles/Jennifer Cho，Chinese Historical Society of Southern California. —Charleston，SC：Arcadia Pub.，2011

6．Chinatowns in a Transnational World：Myths and Realities of an Urban Phenomenon/Edited by Vanessa Küunnemann and Ruth Mayer. —New York：Routledge，2011

7．Chinese Food and Foodways in Southeast Asia and beyond/ Chee Beng Tan. —Singapore：NUS Press，2011

8. Chinese Immigration Law/ Guofu Liu. —Farnham, Surrey, England; Burlington, VT: Ashgate, 2011

9. Chinese Indonesians and Regime Change/Marleen Dieleman, Juliette Koning, and Peter Post. —Leiden; Boston: Brill, 2011

10. Chinese Investment in Australia: Unique Insights from the Mining Industry / Xueli Huang and Ian Aus. —Basingstoke, Hampshire; New York: Palgrave Macmillan, 2011

11. Chinese Learning Journeys: Chasing the Dream/ Edited by Feng Su. —Stoke-on-Trent; Sterling, VA: Trentham Books, 2011

12. Chinese Religious Life/ Edited by David A. Palmer, Glenn Shive, and Philip L. Wickeri. —Oxford; New York: Oxford University Press, 2011

13. Chinese Schools in Peninsular Malaysia: the Struggle for Survival/ Lee Ting Hui. —Singapore: Institute of Southeast Asian Studies, 2011

14. Claiming Diaspora: Music, Transnationalism and Cultural Politics in Asian/Chinese America (American Musicspheres) / Su Zheng. —New York: Oxford University Press, USA, 2011

15. Contesting White Supremacy: School Segregation, Anti-Racism, and the Making of Chinese Canadians/ Timothy J. Stanley. —Vancouver: University of British Columbia Press, 2011

16. Diaspora and Class Consciousness: Chinese Immigrant Workers in Multiracial Chicago (Studies in Asian Americans) /Shanshan Lan. —London; New York: Routledge, 2011

17. Entrepreneurial and Business Elites of China: the Chinese Returnees Who have Shaped Modern China / Edited by Wenxian Zhang, Huiyao Wang and Ilan Alon. —Bingley, England: Emerald, 2011

18. Ethnic Chinese Business in Asia: History, Culture and Politics/ Yen, Ching-hwang. —Singapore: World Scientific, 2011

19. Ethnicity and Careers of Chinese-Canadian Young Adults/ Charles P. Chen. —New York: Nova Science Publishers Inc, 2011

20. Fortunate Sons: the 120 Chinese Boys Who Came to America, Went to School, and Revolutionized an Ancient Civilization/ Liel Leibovitz and Matthew Miller. —New York: W. W. Norton & Co., 2011

21. Ikat Weaving and the Ethnic Chinese Influence in Cambodia (Studies in the Material Cultures of Southeast Asia, 15) / John Ter Horst. —Bangkok: White Lotus Co. Ltd., 2011

22. Improving Adjustment of Chinese Students: To American Universities/ Xinhui Ren. —Saarbrucken: Lap Lambert Academic Publishing, 2011

23. In Pursuit of Gold: Chinese American Miners and Merchants in the American West (Asian American Experience) / Sue Fawn Chung. —Urbana: University of Illinois Press, 2011

24. Labor Migration from China to Japan: International Students, Transnational Migrants / Gracia Liu-Farrer. —London; New York: Routledge, 2011

25. Making and Faking Kinship: Marriage and Labor Migration between China and South

Korea / Caren Freeman. —Ithaca, N. Y.; London: Cornell University Press, 2011

26. Migration, Indigenization, and Interaction: Chinese Overseas and Globalization/ Edited by Leo Suryadinata. —Singapore: World Scientific, 2011

27. Nyonya Kebaya: Intricacies of the Peranakan Heritage/ Christine Ong Kiat Neo. —Singapore: Christine Ong Kiat Neo, 2011

28. Overseas Chinese, Ethnic Minorities, and Nationalism: De-centering China/ Elena Barabantseva. —Milton Park, Abingdon, Oxon [England]; New York: Routledge, 2011

29. Paradise Redefined: Transnational Chinese Students and the Quest for Flexible Citizenship in the Developed World / Vanessa L. Fong. —Stanford, California: Stanford University Press, 2011

30. Rebuilding the Ancestral Village: Singaporeans in China/ Kuah, Khun Eng. —Singapore: NUS Press, 2011

31. Rethinking Transnational Chinese Cinemas: the Amoy-dialect Film Industry in Cold War Asia / Taylor, Jeremy E. —New York: Routledge, 2011

32. Return Migration and Identity: a Global Phenomenon, a Hong Kong Case / Sussman, Nan M. —Hong Kong: Hong Kong University Press, 2011

33. Schooling for Sustainable Development in Chinese Communities: Experience with Younger Children/ Edited by John Chi-Kin Lee and Michael Williams. —New York: Springer, 2011

34. Singapore in Global History/ Edited by Derek Heng and Syed Muhd Khairudin Aljunied. —Amsterdam: Amsterdam University Press, 2011

35. Strangers at Home: History and Subjectivity among the Chinese Communities of West Kalimantan, Indonesia / Hui Yew-Foong. —Leiden; Boston: Brill, 2011

36. Strangers on the Western Front: Chinese Workers in the Great War / Xu Guoqi. —Cambridge, Mass.: Harvard University Press, 2011

37. Sun Yat-Sen, Nanyang and the 1911 Revolution/ Edited by Lee Lai To and Lee Hock Guan. —Singapore: Institute of Southeast Asian Studies, 2011

38. Teaching and Learning Chinese in Global Contexts: Multimodality and Literacy in the New Media Age/ Tsung, Linda T. H. —London; New York: Continuum, Pub., 2011

39. The Adjustment Problems of Chinese Graduate Students in American Universities/ Tsung-kao Yieh. —Whitefish, Montana: Nabu Press, 2011

40. The Bilingual Acquisition of English and Mandarin: Chinese Children in Australia / Ruying Qi. —Amherst, N. Y.: Cambria Press, 2011

41. The Canton Chinese, or the American's Sojourn in the Celestial Empire/ Osmond Tiffany. —London: British Library, Historical Print Editions, 2011

42. The China Challenge: Sino-Canadian Relations in the 21st Century / Edited by Huhua Cao and Vivienne Poy. —Ottawa: University of Ottawa Press, 2011

43. The Chinese Exclusion Act of 1882 / John Soennichsen. —Santa Barbara, Calif.: Greenwood, 2011

44. The Chinese/Vietnamese Diaspora: Revisiting the Boat People / Edited by Yuk Wah Chan. —London; New York: Routledge, 2011

45. The Martial Arts Cinema of the Chinese Diaspora: Ang Lee, John Woo, and Jackie Chan in Hollywood/Kin-Yan Szeto. —Carbondale: Southern Illinois University Press, 2011

46. The May 13 Generation: the Chinese Middle Schools Student Movement and Singapore Politics in the 1950s / Edited by Tan Jing Quee, Tan Kok Chiang, Hong Lysa. —Petaling Jaya, Malaysia: Strategic Information and Research Development Centre, 2011

47. The Next Generation: Immigrant Youth in a Comparative Perspective/ Edited by Richard Alba and Mary C. Waters. —New York: New York University, 2011

48. The Presentation of a Hybrid Identity in Fred Wah's "Diamond Grill": Food and Habitation as Ethnic Markers and Chinese Canadians /Katharina Eder. —Altstadt: GRIN Verlag, 2011

49. The Rice Room: Growing up Chinese-American from Number Two Son to Rock "n" Roll (Updated and Expanded Edition) / Ben Fong-Torres. —Berkeley: University of California Press, 2011

50. The Way of the Bachelor: Early Chinese Settlement in Manitoba/Alison R. Marshall. —Vancouver: University of British Columbia Press, 2011

51. Transmigration and the New Chinese: Theories and Practices from the New Zealand Experience / Edited by Manying Ip. —Hong Kong: Hong Kong Institute for the Humanities and Social Sciences, University of Hong Kong, 2011

52. Trepang: China and the Story of Macassan-Aboriginal Trade/ Marcia Langton; Edited by Alejandra Duschatzky and Stephanie Holt. —Melbourne: The Centre for Cultural Materials Conservation-University of Melbourne, 2011

53. USA: Chinese Immigrant Family, 3rd Generation/ Franklin "Frankie" Kam. —Philadelphia: Xlibris Corporation, 2011

54. Voices of the Second Wave: Chinese Americans in Seattle/ Dori Jones Yang. —USA: East West Insights, 2011

55. What Their Stories Tell Us: First Language (L1) Maintenance and Attrition among Young Chinese Adult Immigrants: A Multi-Case Study/ Mianmian Xie. —Saabrücken: VDM Verlag Dr. Müller, 2011

56. Whose Culture Has Capital?: Class, Culture, Migration and Mothering / Bin Wu. —Bern: Peter Lang, 2011

57. Yip Sang: and the First Chinese Canadians/ Frances Hern. —Surrey: Heritage House Publishing Co. Ltd., 2011

日文书目

1. 「すいません」が言えない中国人「すいません」を教えられない日本人：中国人と日本人のための研修テキスト/井上一幸著．—東京：健康ジャーナル社，2011

2. 2009－10年の日中民間交流——日本僑報電子週刊第815～955号目次と前書き/段躍中編著．—東京：日本僑報社，2011

3. 戴國煇著作選〈1〉客家・華僑・台湾・中国（戴國フェイ著作選1）/戴國煇著，春山明哲，松永正義，胎中千鶴，丸川哲史編．—川崎：みやび，2011

4. 横浜・みなとみらい・中華街とっても上等なランチ/オフィスクリオ著．—東京：メイツ出版，2011

5. 孫文・日本関係人名録/孫文記念館編．—神戸：孫中山記念会，2011

6. 孫文・辛亥革命と日本人/久保田文次著．—東京：汲古書院，2011

7. 孫文と長崎：辛亥革命100周年：写真誌——新装版/横山宏章，陳東華著；長崎中国交流史協会編．—長崎：長崎文献社，2011

8. 孫文と梅屋庄吉：100年前の中国と日本/東京国立博物館，毎日新聞社編．—東京：東京国立博物館，2011

9. 孫文と日本：神戸・長崎と東亜同文書院・愛知大学/愛知大学東亜同文書院大学記念センター編．—名古屋：あるむ，2011

10. 現代オーストロネシア語族と華人：口述歴史：台湾を事例として/林淑美編．—東京：汲古書院，2011

11. 辛亥革命と日本/王柯編．—東京：藤原書店，2011

12. 新華僑のスゴい仕事術/陳海騰著．—東京：徳間書店，2011

13. 一九三〇年代後期中国人日本留学生文学・芸術活動史/小谷一郎著．—東京：汲古書院，2011

14. 義の絆：大義之結：孫文と宮崎滔天/松本州弘著．—東京：大石浩司；朝日新聞出版（制作），2011

15. 戦争と華僑—日本・国民政府公館・傀儡政権・華僑間の政治力学（汲古叢書93）/菊池一隆著．—東京：汲古書院，2011

16. 真相究明書：九千万人のなかの孤独：福岡事件：福岡、中国人闇ブローカー殺し殺人請負強盗殺人事件/古川泰龍著．—東京：花伝社，2011

17. 中国のエリート高校生日本滞在記/張雲裳，人見豊編著．—東京：日本僑報社，2011

18. 中国系移民の故郷認識：帰還体験をフィールドワーク/奈倉京子著．—東京：風響社，2011

（本版责任编辑　易淑琼）

2011 年华侨华人研究博硕士学位论文一览

本版内容是2011 年华侨华人研究博硕士学位论文汇总，分中英文两大部分。中文以中国大陆、台湾为主，少量为新加坡高校学位论文；英文以北美地区为主，少量为英国、澳洲及东南亚地区高校学位论文。其中，中国大陆学位论文主要来源于 CNKI（清华同方）——中国优秀博硕士学位论文全文数据库、万方——中国学位论文全文数据库，以及各高校自建的博硕士学位论文数据库；中国台湾地区的学位论文主要来源于 CETD 中文电子学位论文服务、台湾 OAI 博硕士论文联邦查询系统；英文博硕士学位论文主要来源于 PQDT 博硕士论文文摘库，即（ProQuest Dissemination & Theses）A + B Abstract 库、ADT（Australasian Digital Theses Program）以及各高校自建的学位论文数据库。

中文博硕士学位论文

1. 19 世纪至20 世纪初马来亚华人的方言群分布和职业结构［博士论文］/王付兵著；庄国土指导．—厦门：厦门大学，2011：302 页

2. 90 年代后美国华裔女性小说研究［博士论文］/董美含著；付景川指导．—长春：吉林大学，2011：153 页

3. 当代华人社团跨境活动研究［博士论文］/罗向阳著；周聿峨指导．—广州：暨南大学，2011：172 页

4. 当代华语文教育与中国文化软实力研究［博士论文］/叶继海著；周聿峨指导．—广州：暨南大学，2011：165 页

5. 当代中国入境非法移民问题研究［博士论文］/鸿鸣著；吴楚克指导．—北京：中央民族大学，2011：157 页

6. 二十世纪八十年代以来泰华文学中的身份认同问题研究［博士论文］/朱丽著；李玲指导．—北京：北京语言大学，2011：111 页

7. 菲律宾殖民当局的对华政策（16—17 世纪）［博士论文］/陈丙先著；庄国土指导．—厦门：厦门大学，2011：312 页

8. 海外中国公民安全保护问题研究［博士论文］/陶莎莎著；宫力指导．—北京：中共中央党校，2011：149 页

9. 荷印殖民政府鸦片税收政策及其对爪哇华人社会的影响［博士论文］/沈燕清著；庄国土指导．—厦门：厦门大学，2011：227 页

10. 华侨作用下的江门侨乡建设研究［博士论文］/任健强著；田银生指导．—广州：华南理工大学，2011：300 页

11. “华文教学跨越式发展创新试验”在新加坡小学实施的条件与障碍［博士论文］/黄利发著；何克抗指导．—北京：北京师范大学，2011：48 页

12. 华裔美国人的异族婚姻——美国加州华裔与白人的婚姻实例调查［博士论文］/黄霜著；王恩铭指导. —上海：上海外国语大学，2011：284 页

13. 甲午战争前后韩国华商商业活动研究（1882—1910）［博士论文］/徐德根著；庄国土指导. —厦门：厦门大学，2011：208 页

14. 建构亚/华裔美国文化属性——赵健秀亚裔美国文学批评理论与文学作品研究［博士论文］/韩虹著；饶芃子指导. —广州：暨南大学，2011：126 页

15. 坎坷中的前行：印尼华人社团政治参与研究（1945—2010）［博士论文］/丁丽兴著；聂德宁指导. —厦门：厦门大学，2011：388 页

16. 跨国移民、人力资本结构和经济增长［博士论文］/范兆斌著；刘德学指导. —广州：暨南大学，2011：116 页

17. 跨越中、新的佛教大师——转道法师研究［博士论文］/张文学著；曾玲指导. —厦门：厦门大学，2011：293 页

18. 马来西亚华商对华投资研究（1984—2010）［博士论文］/郑达著；廖大珂指导. —厦门：厦门大学，2011：281 页

19. 全球化时代美国非法移民治理研究［博士论文］/陈积敏著；熊志勇指导. —北京：外交学院，2011：232 页

20. 全球治理视角下的国际迁移组织（IOM）研究［博士论文］/郭秋梅著；周聿峨指导. —广州：暨南大学，2011：245 页

21. 日常歌唱与文化认同：马来西亚华人叙事探究［博士论文］/黄美冰著；周怡，刘欣，桂勇指导. —上海：复旦大学，2011：216 页

22. 身份与排斥：中美非主流社会群体比较研究——以中国上海和美国西雅图为例［博士论文］/邵宁著；邓伟志指导. —上海：上海大学，2011：217 页

23. 台湾侨务传播媒体《宏观周报》之研究［博士论文］/李黎著；许清茂指导. —厦门：厦门大学，2011：288 页

24. 泰国华文教育及汉语教学的历史与现状研究［博士论文］/Wirawat Naraniratsai 著；张亚群指导. —厦门：厦门大学，2011：220 页

25. 晚清民国潮汕地区基督宗教女性研究［博士论文］/蔡香玉著；吴义雄等指导. —广州：中山大学，2011：175 页

26. 香港教育与中华文化传承——以中文教育为研究个案（1841—1997）［博士论文］/梁耀强著；王炳照，于述胜指导. —北京：北京师范大学，2011：215 页

27. 新加坡“福建人”研究（1819—1942）［博士论文］/李勇著；曾玲指导. —厦门：厦门大学，2011：293 页

28. 新加坡华人族群的生活世界与认同体系（1819—1912）［博士论文］/汪鲸著；高伟浓指导. —广州：暨南大学，2011：246 页

29. 由移民聚落到跨海宗族社会：一九四九年以前的金门珠山侨乡［博士论文］/袁兴言著；夏铸九指导. —台北：台湾大学，2011：378 页

30. 越南华侨与辛亥革命研究［博士论文］/曾氏清香著；陈谦平指导. —南京：南京大学，2011：172 页

31. 中国—东盟关系中的华商（1970—2010）——以东盟五国华商为例［博士论

文]/刘文正著；庄国土指导．—厦门：厦门大学，2011：365页

32．中国人留学日本政策研究（1896年—1949年）[博士论文]/任江辉著；曾玲指导．—厦门：厦门大学，2011：332页

33．族群文化认同视野下菲律宾华族移民母语教育发展及方略研究[博士论文]/章石芳著；沙平指导．—福州：福建师范大学，2011：199页

34．族裔性与文学性之间——美国华裔文学批评研究[博士论文]/刘增美著；张杰指导．—南京：南京师范大学，2011：129页

35．11世纪到14世纪泉州与印度洋的贸易和泉州区域社会的形成[硕士论文]/李大伟著；施诚指导．—北京：首都师范大学，2011：59页

36．1949—1978年海峡两岸华侨教育比较研究[硕士论文]/杨柳平著；刘华指导．—广州：暨南大学，2011：41页

37．1965—1990年间华人新移民融入美国社会的基本状况及原因分析[硕士论文]/赵云慧著；安然指导．—北京：北京师范大学，2011：54页

38．1970年代以来菲华社团的新变化[硕士论文]/陈改利著；庄国土指导．—厦门：厦门大学，2011：90页

39．1978年以来的日本中国大陆留学新移民[硕士论文]/邱显存著；郭玉聪指导．—厦门：厦门大学，2011：61页

40．1988年以来缅甸华人社会地位研究[硕士论文]/杨璟珠（Thet Thet Win）著；瞿健文指导．—昆明：云南大学，2011：43页

41．1990年以来加拿大华商发展状况研究[硕士论文]/叶琪炳著；庄国土指导．—厦门：厦门大学，2011：137页

42．1990年以来柬埔寨华商发展分析[硕士论文]/黄晓辉著；庄国土指导．—厦门：厦门大学，2011：87页

43．19世纪中期至20世纪初期美国加州华人、日本人研究[硕士论文]/温彩霞著；韩毅指导．—沈阳：辽宁大学，2011：52页

44．2008年马来西亚大选雪兰莪州华裔选民投票行为之研究[硕士论文]/冯浩峻著；李美贤指导．—南投：国立暨南国际大学，2011：94页

45．澳大利亚多元文化政策与华人华侨文化适应的互动研究[硕士论文]/刘天骄著；张海洋指导．—北京：中央民族大学，2011：74页

46．澳大利亚华人的语言使用考察[硕士论文]/[澳]瓦莱丽娅（Valeria Denisova）著；李勉东指导．—长春：东北师范大学，2011：28页

47．澳门缅华互助会的缘起与贡献[硕士论文]/陈家骏著；张明亮指导．—广州：暨南大学，2011：58页

48．澳门首份中文报刊——《镜海丛报》[硕士论文]/马颖著；裴晓军指导．—临汾：山西师范大学，2011：77页

49．巴西华侨华人及其与中巴两国的关系[硕士论文]/陈小粒著；郭玉聪指导．—厦门：厦门大学，2011：86页

50．百人会——美国华人社团的个案研究[硕士论文]/宾有文著；廖小健指导．—广州：暨南大学，2011：108页

51．被忽略的女性意识——加拿大新华文女作家群研究［硕士论文］/刘俊丽著；王列耀指导．—广州：暨南大学，2011：33 页

52．边缘境遇下的女性书写：论日本华人女性文学的身份认同［硕士论文］/李思默著；王确指导．—长春：东北师范大学，2011：33 页

53．槟榔屿潮州社会语言学研究［荣誉学士论文］/王嘉雯著；李子玲指导．—新加坡：新加坡国立大学，2011：80 页

54．赤坎宗族图书馆研究［硕士论文］/席婷婷著；程焕文指导．—广州：中山大学，2011：54 页

55．从“一个马来西亚”政府转型计划看马来西亚族群关系之未来［硕士论文］/林方凯著；纪舜杰指导．—新北：淡江大学，2011：122 页

56．从电视剧《小娘惹》看新加坡土生华人文化［硕士论文］/蓝洁著；陈希指导．—广州：中山大学，2011：37 页

57．从非传统性安全概念析论大陆地区对台湾非法移民之研究［硕士论文］/唐敏耀著；潘锡堂，龚春生指导．—新北：淡江大学，2011：124 页

58．从华人移民到美籍华人：试析华裔在美国社会的同化历程［硕士论文］/田胜著；张蕾指导．—北京：外交学院，2011：51 页

59．从侨刊看台山侨乡社会，1946—1949［硕士论文］/童蛟威著；袁丁指导．—广州：中山大学，2011：75 页

60．从在台华裔印度尼西亚留学生看新世代华裔印度尼西亚人认同倾向［硕士论文］/王兴国著；李美贤指导．—南投：国立暨南国际大学，2011：259 页

61．大陆配偶与外籍配偶集体认同之分析［硕士论文］/张瀞方著；陈婺郁指导．—南投：国立暨南国际大学，2011：167 页

62．大陆侨务立法及其对华侨华人投资影响研究——对比台湾地区引进侨资立法［硕士论文］/严格飞著；刘华指导．—广州：暨南大学，2011：41 页

63．德国穆斯林移民族群及其社会融合问题研究［硕士论文］/邵继娜著；宋全成指导．—济南：山东大学，2011：70 页

64．地方政府吸引海外人才政策研究——以无锡“530”系列政策为例［硕士论文］/余海光著；顾丽梅，陈晓原，潘伟杰等指导．—上海：复旦大学，2011：71 页

65．东南亚华文教师中华文化身份与教师角色观的研究［硕士论文］/何鑫华著；连榕指导．—福州：福建师范大学，2011：71 页

66．端方侨政研究［硕士论文］/田福生著；彭小舟指导．—保定：河北大学，2011：44 页

67．“多元文化，一种声音”：新加坡电视广播社会史（1965—1974）［荣誉学士论文］/曹世明著；容世诚指导．—新加坡：新加坡国立大学，2011：87 页

68．《儿童华语》和《美洲华语》比较研究——以《儿童华语》1—4 册和《美洲华语》1—2 册为例［硕士论文］/王慧如著；郭熙指导．—广州：暨南大学，2011：78 页

69．二十世纪初年美国华社舆论对家乡事态的关注——以《中西日报》为中心的研究（1900—1904）［硕士论文］/马少寅著；高伟浓指导．—广州：暨南大学，2011：76 页

70. 二十世纪五六十年代中国政府安置印尼归侨政策研究［硕士论文］/童蓉著；陈文指导. —广州：暨南大学，2011：87 页

71. 二战前东南亚华人会馆办学的个案——新加坡应新学校研究［硕士论文］/汤锋旺著；曾玲指导. —厦门：厦门大学，2011：108 页

72. 法福来：一个新加坡公司的中国发展策略［硕士论文］/许崇鑫著；周星指导. —厦门：厦门大学，2011：40 页

73. 非洲华文报纸整体面貌研究［硕士论文］/尹红磊著；樊昌志指导. —湘潭：湘潭大学，2011：47 页

74. 菲律宾多元文化背景下的华文教育研究——以密三密斯光华中学为例［硕士论文］/李进敏著；曾昭聪指导. —广州：暨南大学，2011：47 页

75. 菲律宾华文教育支持者分析研究［硕士论文］/刘许著；周静指导. —广州：暨南大学，2011：69 页

76. 菲律宾华校学生的华语学习动机与华校的激发策略——密三密斯光华中学的个案调查研究［硕士论文］/刘芸著；周静指导. —广州：暨南大学，2011：72 页

77. 福建省归侨侨眷华侨合法权益保护情况的研究［硕士论文］/蔡晓颖著；梁伟指导. —泉州：华侨大学，2011：40 页

78. 改革开放以来旅泰中国新移民研究［硕士论文］/曾晓东著；庄国土指导. —厦门：厦门大学，2011：80 页

79. 改革开放以来中国移民潮研究［硕士论文］/程胜杰著；焦润明指导. —沈阳：辽宁大学，2011：51 页

80. 高校海外高层次引进人才科研业绩评价体系构建研究［硕士论文］/张翌著；李长吉指导. —金华：浙江师范大学，2011：36 页

81. 关于清代华工出洋合法化的实现［硕士论文］/刘敏著；姚纯安指导. —湘潭：湘潭大学，2011：48 页

82. 归侨侨眷和华侨权益保护研究［硕士论文］/王少霞著；于立深指导. —长春：吉林大学，2011：62 页

83. 国籍冲突与双重国籍的承认［硕士论文］/高磊著；李道刚指导. —济南：山东大学，2011：55 页

84. 国家、地方与宗教：客家青年世代的族群认同建构［硕士论文］/钟效京著；林淑玲指导. —高雄：国立中山大学，2011：93 页

85. 海归知识员工归国适应的跨文化培训研究［硕士论文］/杨彬著；易凌峰指导. —上海：华东师范大学，2011：62 页

86. 海外归国人才加盟对民营科技企业核心竞争力的影响研究［硕士论文］/陆晓鸣著；陈东健指导. —苏州：苏州大学，2011：72 页

87. 海外归国人员创业自我效能及其与创业意向关系研究——基于上海海归的实证［硕士论文］/王建红著；易凌峰指导. —上海：华东师范大学，2011：83 页

88. 海外国际汉语教师工作压力实证研究［硕士论文］/叶青著；叶军指导. —上海：华东师范大学，2011：77 页

89. 海外孔子学院教学模式研究［硕士论文］/田迎春著；张晓曼指导. —济南：山

东大学，2011：70 页

90．海外中国公民领事保护问题研究［硕士论文］/解奥衍著；邢爱芬指导．—北京：北京师范大学，2011：56 页

91．汉语教师志愿者对华文教育态度的调查研究——以菲律宾和泰国为例［硕士论文］/雷蕾著；张金桥指导．—广州：暨南大学，2011：63 页

92．华侨捐资兴学与战地政务对金门教育发展之影响——以金门碧山聚落为例［硕士论文］/陈顺德著；江柏炜指导．—台北：国立台北教育大学，2011：126 页

93．华侨投资的公共决策支持系统构建：基于福建省华侨投资现状的研究［硕士论文］/张树之著；王丽霞指导．—泉州：华侨大学，2011：60 页

94．华人家庭团体科技场馆参观动机及其影响因素的研究［硕士论文］/季娇著；伍新春（David Anderson）指导．—北京：北京师范大学，2011：56 页

95．华人领导者关系表现策略之研究［硕士论文］/洪于琁著；蔡明田指导．—台南：成功大学，2011：103 页

96．华人社区精神关怀的若干文化分析［硕士论文］/Jacob Hollingsworth 著；陆扬指导．—上海：复旦大学，2011：73 页

97．华文教学中使用 PPT 教学手段与板书教学手段的探讨——以新加坡小学华文课堂为例［硕士论文］/佘红英著；宗世海指导．—广州：暨南大学，2011：43 页

98．《华文文学》对美欧澳华文文学的传播［硕士论文］/侯荣堂著；燕世超指导．—汕头：汕头大学，2011：66 页

99．华校校长领导风格、职业倦怠、文化焦虑现状以及关系的研究［硕士论文］/王维维著；连榕指导．—福州：福建师范大学，2011：79 页

100．环境、条件、抉择：新加坡一贯道宝光建德和发一天恩（群英）组线发展研究［硕士论文］/吴玉美著．—新加坡：新加坡国立大学，2011：97 页

101．寰球中国学生会与中国近代留学教育［硕士论文］/任秋敏著；余子侠指导．—武汉：华中师范大学，2011：42 页

102．基于教育服务贸易的东南亚汉语教师培养研究［硕士论文］/陈晓霞著；唐燕儿指导．—广州：暨南大学，2011：65 页

103．基于营销视角的海外华文教育拓展战略研究［硕士论文］/李莎著；曾路指导．—泉州：华侨大学，2011：68 页

104．加拿大华人新移民研究［硕士论文］/郭娟娟著；施兴和指导．—芜湖：安徽师范大学，2011：76 页

105．加拿大中国老年移民医疗资源利用与障碍［硕士论文］/王晶著；王培忠指导．—天津：天津医科大学，2011：91 页

106．“家”与“故乡”：金门后湖汉人宗族与聚落关系的民族志研究［硕士论文］/林俞辰著；容邵武指导．—南投：国立暨南国际大学，2011：153 页

107．柬埔寨《华文》教材的实用性研究［硕士论文］/谢巧美著；唐燕儿指导．—广州：暨南大学，2011：62 页

108．柬埔寨华校中学部华文教材分析［硕士论文］/王曼著；吴振国指导．—武汉：华中师范大学，2011：34 页

109. 柬埔寨之华人政策（1953—2008）［硕士论文］/徐佩琪著；陈鸿瑜指导. —新北：淡江大学，2011：132页

110. 金门番仔花研究［硕士论文］/杨培锋著；江韶莹指导. —台北：台北艺术大学，2011：134页

111. 近代广东侨乡房地产业与城镇发展研究（1862—1949）［硕士论文］/胡乐伟著；吴宏岐指导. —广州：暨南大学，2011：129页

112. 近代以来闽南侨批业发展史（1871—1958）［硕士论文］/张行著；王望波指导. —厦门：厦门大学，2011：63页

113. 抗战前期廖承志与八路军驻香港办事处之研究（1938—1941）［硕士论文］/韩志明著；齐茂吉指导. —桃园：国立中央大学，2011：149页

114. 孔子学院海外文化传播策略研究——基于马达加斯加孔子学院的调查分析［硕士论文］/廖典著；李春雷指导. —南昌：江西师范大学，2011：40页

115. 孔子学院海外文化传播模式研究——对马达加斯加和韩国两个案例的调查研究［硕士论文］/王云泉著；李春雷指导. —南昌：江西师范大学，2011：45页

116. 孔子学院与中国大陆援外政策：软实力的再诠释［硕士论文］/宋沛洁著；克思明指导. —高雄：国立中山大学，2011：134页

117. 跨国劳工迁移：以捷克为例［硕士论文］/杜维扬著；林建甫指导. —台北：台湾大学，2011：35页

118. 跨国宗教与在地社会——以马来西亚佛光山为例［硕士论文］/李姿仪著；龚宜君指导. —南投：国立暨南国际大学，2011：80页

119. 跨文化视野下的聂华苓离散写作研究［硕士论文］/许燕转著；贾益民指导. —广州：暨南大学，2011：62页

120. 老挝沙湾拿吉省崇德学校汉语教学的情况调查［硕士论文］/李弟龙著；袁焱指导. —昆明：云南大学，2011：61页

121. 冷战后少数族裔在美国总统大选中的行为特征和影响力研究［硕士论文］/何晓跃著；许开轶指导. —南京：南京师范大学，2011：50页

122. 冷战后越南的华人政策研究［硕士论文］/黄群芳著；倪保志指导. —济南：山东大学，2011：49页

123. 两岸侨务组织与政策之比较［硕士论文］/王文松著；张五岳指导. —新北：淡江大学，2011：120页

124. 两广督抚与晚清华工出国［硕士论文］/王鲁南著；黄小用指导. —湘潭：湘潭大学，2011：46页

125. 流散语境中的母国记忆——美国华文女作家聂华苓的“回望文学”研究［硕士论文］/仲昭阳著；周春宇指导. —无锡：江南大学，2011：53页

126. 留学生对中华民族文化认同的研究——以中山大学为例［硕士论文］/赵静著；王仕民指导. —广州：中山大学，2011：77页

127. 龙冈清真寺社群的形成和其在全球化脉络下的发展［硕士论文］/马欣著；陈奕麟指导. —新竹：国立交通大学，2011：114页

128. 论马来亚华人对辛亥革命的重要贡献［硕士论文］/赵钢著；李书源指导.

—长春：吉林大学，2011：45 页

129. 论美国的华人犯罪问题［硕士论文］/朱海著；黄贤全指导. —重庆：西南大学，2011：59 页

130. 论社会资本与新加坡华商跨国行为的关系——以傅长春集团投资中国为例［荣誉学士论文］/杨研著；李志贤指导. —新加坡：新加坡国立大学，2011：63 页

131. 论双重国籍下的外交保护制度［硕士论文］/任勇著；丁丽柏指导. —重庆：西南政法大学，2011：44 页

132. 论汤亭亭小说中华裔美国人身份的叠合认同与建构策略［硕士论文］/肖广鹏著；张世君指导. —广州：暨南大学，2011：61 页

133. 论伍慧明的《骨》中华裔美国人的身份协商——拉康式解读［硕士论文］/丁敬芝著；李贵苍指导. —金华：浙江师范大学，2011：67 页

134. 马来西亚的华人村落：布赖村观音诞仪式探究［硕士论文］/廖筱雯（Lew Siew Boon）著；邢莉指导. —北京：中央民族大学，2011：125 页

135. 马来西亚的客家斋堂——霹雳州打巴觉凡寺的个案研究［荣誉学士论文］/苏慧娟著. —新加坡：新加坡国立大学，2011：78 页

136. 马来西亚福建闽南语声调对华语声调影响的实证研究［硕士论文］/陈彩蓉著；张金桥指导. —广州：暨南大学，2011：65 页

137. 马来西亚国小华语教材练习设计对比分析——以一年级《国小华语》和《国小华文》为例［硕士论文］/黄晓薇著；郭熙指导. —广州：暨南大学，2011：54 页

138. 马来西亚华人新村的社会与空间变迁研究——以拱桥新村为例［硕士论文］/古燕秋著；张圣琳指导. —台北：台湾大学，2011：126 页

139. 马来西亚华文独立中学初中华文作文教学调查研究［硕士论文］/韩小萍著；宗世海指导. —广州：暨南大学，2011：58 页

140. 马来西亚华语和中国现代汉语语法差异现象研究［硕士论文］/韩爱珍著；张艳华指导. —济南：山东大学，2011：88 页

141. 马来西亚华族饰品的历史演变与特征［硕士论文］/陈君伟著；周怡指导. —北京：中国地质大学，2011：84 页

142. 马来西亚与新加坡华文教育发展历程比较研究［硕士论文］/郭健著；洪明指导. —福州：福建师范大学，2011：81 页

143. 马尼拉与宿雾华校幼童“闽华共学”的个案研究［硕士论文］/陈玉菁著；余伯泉指导. —台北：国立台北教育大学，2011：203 页

144. 美国《1986 年移民改革与控制法》研究［硕士论文］/陈炜著；王春英指导. —北京：外交学院，2011：50 页

145. 美国电影中的华人形象塑造［硕士论文］/杜实著；齐青指导. —上海：上海师范大学，2011：63 页

146.《美华文学》（1995—2009）研究［硕士论文］/温明明著；王列耀指导. —广州：暨南大学，2011：63 页

147.《美洲华语》的本土化研究［硕士论文］/孟祥磊著；贾益民指导. —广州：暨南大学，2011：47 页

148. 蒙古国旅蒙华侨蒙中友谊学校汉语教学调查及研究［硕士论文］/白白格勒玛著；贾益民指导. —广州：暨南大学，2011：54页

149. 缅北腊戌市华文中小学汉语教师队伍现状调查［硕士论文］/徐晓佳著；江傲霜指导. —北京：中央民族大学，2011：62页

150. 缅甸仰光华文教育收费问题调查研究［硕士论文］/高天龙著；王汉卫指导. —广州：暨南大学，2011：111页

151. 缅甸伊洛瓦底三角洲地区华文教育的调查与思考［硕士论文］/黄桂林著；熊琦指导. —南宁：广西民族大学，2011：34页

152. 民国华侨高等商科教育研究（1917—1949）：以国立暨南大学为个案［硕士论文］/熊杰著；夏泉指导. —广州：暨南大学，2011：85页

153. 民国时期外人出入境管理初探［硕士论文］/罗超群著；李育民指导. —长沙：湖南师范大学，2011：63页

154. 民国时期中国致公党政治主张及实践的历史考察［硕士论文］/肖小笑著；朱琳琳指导. —大连：大连理工大学，2011：61页

155. 明代隆庆开放后的旅菲华侨研究［硕士论文］/王剂波著；晁中辰指导. —济南：山东大学，2011：89页

156. 内地移民与澳门早期开发［硕士论文］/曹改平著；鲜于浩指导. —成都：西南交通大学，2011：72页

157. 南京国民政府侨务委员会研究（1932—1945）［硕士论文］/赵金文著；冀满红指导. —广州：暨南大学，2011：84页

158. 南洋华侨教育研究（1927—1949）［硕士论文］/张洪云著；刘克辉指导. —开封：河南大学，2011：62页

159.《南洋研究》看南洋华侨的危机与出路［硕士论文］/盛畅著；袁丁指导. —广州：中山大学，2011：52页

160. 逆境中的凄美之歌：论《扶桑》中华人形象的颠覆［硕士论文］/张苏扬著；王松涛指导. —呼和浩特：内蒙古大学，2011：46页

161. 牛宅村的海外移民与本土的互动［硕士论文］/李善龙著；曾少聪指导. —厦门：厦门大学，2011：90页

162. 欧洲移民政策一体化研究［硕士论文］/邱凌著；刘文汇指导. —南京：南京师范大学，2011：46页

163. 漂泊他乡的诗语——试论北岛、多多等海外中国诗人的域外写作［硕士论文］/王丹阳著；宋琳指导. —沈阳：沈阳师范大学，2011：39页

164. 侨务委员会推动华语文数字学习计划执行之评估［硕士论文］/杨慧萍著；黄荣护指导. —台北：世新大学，2011：95页

165. 侨乡宗族研究——以开平县赤坎镇司徒氏、关氏为中心（1912—1949年）［硕士论文］/邓玉柱著；潮龙起指导. —广州：暨南大学，2011：101页

166. 青田侨乡乡土文化教育调查报告［硕士论文］/尹琦玲著；尹笑非指导. —上海：华东师范大学，2011：44页

167. 清末澳门同善堂的建立与发展［硕士论文］/李立著；汤开建指导. —广州：

暨南大学，2011：57 页

168．情境式教学法在泰国大学汉语课堂教学中的应用——以泰国华侨崇圣大学为例［硕士论文］/王艳著；张艳华，许培新指导．—济南：山东大学，2011：58 页

169．琼侨联合总会回乡服务团研究［硕士论文］/孟晓吾著；赵康太指导．—海口：海南大学，2011：32 页

170．让苦难变得有意义——我与我的菲律宾学生华语文学习之旅［硕士论文］/宋婷慧著；蔡敦浩指导．—屏东：国立屏东教育大学，2011：166 页

171．人民日报海外版《望海楼》时评专栏研究［硕士论文］/汪思婕著；黎明洁指导．—南宁：广西大学，2011：59 页

172．认同与适应——第一次南洋华侨教育会议研究［硕士论文］/冯翠著；夏泉指导．—广州：暨南大学，2011：97 页

173．三十年来大陆的海外华文文学研究评述［硕士论文］/谢聪著；曹惠民指导．—苏州：苏州大学，2011：127 页

174．散居归侨地域认同研究［硕士论文］/叶英著；郑一省指导．—桂林：广西师范大学，2011：56 页

175．砂拉越福州人经济发展（1900—1962 年）［硕士论文］/郑毓莹著；黄建淳指导．—新北：淡江大学，2011：149 页

176．山东省海外侨商投资管理问题研究［硕士论文］/马楠楠著；王学玉指导．—济南：山东大学，2011：50 页

177．社会贤达：香港华人领袖研究（1860—1911）［硕士论文］/范棋崴著；郑永常指导．—台南：成功大学，2011：108 页

178．生育政治的期待与现实：马来西亚华裔生育图像的族群与性别政治分析［硕士论文］/杨洁著；范云指导．—台北：台湾大学，2011：152 页

179．试论泰国华人族群对中国传统文化的认同［硕士论文］/封丽金著；贾雯鹤指导．—重庆：重庆大学，2011：41 页

180．宿务华校"识简书正"与"识正书简"教学之个案研究［硕士论文］/林惠音著；余伯泉指导．—台北：国立台北教育大学，2011：143 页

181．孙中山的革命友人——日本华侨王敬祥之研究（1872—1922）［硕士论文］/叶淑媛著；赖泽涵指导．—桃园：国立中央大学，2011：123 页

182．台泰跨国婚姻文化适应现象：以南桃园客家庄泰籍妻子为例［硕士论文］/覃培清著；吕玫锾指导．—桃园：国立中央大学，2011：207 页

183．台湾华语教育发展史概论［硕士论文］/蔡璨瑢著；王幼敏指导．—上海：华东师范大学，2011：83 页

184．台湾客家族群的跨国认同与文化建构：以泰国台湾客家同乡会为例［硕士论文］/陈瑞珠著；王俐容指导．—桃园：国立中央大学，2011：193 页

185．台湾老年人移民美国适应过程之研究［硕士论文］/朱庭仪著；李本京指导．—新北：淡江大学，2011：80 页

186．台湾外籍配偶就业状况之实证研究［硕士论文］/黄雅铃著；何淑熙指导．—台中：岭东科技大学，2011：84 页

187. 泰国北柳府华人社区华人语言使用情况考察［硕士论文］/肖荷著；李素琼指导．—湘潭：湘潭大学，2011：73 页

188. 泰国汉语教学现状及展望［硕士论文］/陈秀珍著；唐健雄指导．—石家庄：河北师范大学，2011：29 页

189. 泰国华人家族企业的文化特征：以中央集团公司为例［硕士论文］/Nattakan Suvanprateeb 著；宋平指导．—厦门：厦门大学，2011：172 页

190. 泰国华人政治参与研究［硕士论文］/范锦荣著；周聿峨指导．—广州：暨南大学，2011：61 页

191. 泰国华文教育状况分析与对策［硕士论文］/陈美宣著；郑通涛指导．—厦门：厦门大学，2011：107 页

192. 泰国华文文学作品语言变异研究［硕士论文］/吴丹华著；李子荣指导．—南宁：广西大学，2011：80 页

193. 泰国清迈市市政府小学华文教育现状研究［硕士论文］/曹慧覃著；李军指导．—广州：暨南大学，2011：50 页

194. 泰国三所小学汉语教学调查研究［硕士论文］/［泰国］李小芬著；李蕊指导．—广州：中山大学，2011：40 页

195. 唐璆与辛亥革命时期的南洋论战（1908）——基于《南洋总汇新报》和《中兴日报》的研究［硕士论文］/冉彦著；郭世佑，赵晓华指导．—北京：中国政法大学，2011：38 页

196. 潼湖华侨农场茶叶公司生产部员工绩效考核方法研究［硕士论文］/黄冠著；彭兆祺指导．—北京：北京交通大学，2011：55 页

197. 外华裔儿童网络汉语教学研究——基于个案研究的视角［硕士论文］/周茜茜著；潘庆玉指导．—济南：山东师范大学，2011：50 页

198. 外来移民对西班牙经济的影响［硕士论文］/刘婷著；吴飒指导．—北京：对外经济贸易大学，2011：58 页

199. 晚清国籍问题与法律应对（1840—1911）［硕士论文］/张平著；李青指导．—北京：中国政法大学，2011：46 页

200. 晚清留日学生监督制度研究［硕士论文］/陈翠丽著；鞠玉华指导．—广州：暨南大学，2011：76 页

201. 晚清上海德侨史料研究［硕士论文］/刘文茵著；过文英指导．—上海：华东师范大学，2011：80 页

202. 晚清中国留美学生的构成及社会影响研究（1872—1911）［硕士论文］/刘松著；周正庆指导．—广州：暨南大学，2011：54 页

203. 晚清驻日使领馆与日本华侨社会研究（1858—1911）［硕士论文］/王林著；鞠玉华指导．—广州：暨南大学，2011：76 页

204. 晚清驻外领事研究［硕士论文］/赵高峰著；李峰指导．—苏州：苏州大学，2011：76 页

205. 文化的双重认同与融通——司马攻华文创作的文化延伸与变奏［硕士论文］/余贵梅著；李志峰指导．—南宁：广西大学，2011：65 页

206. 文化适应：美国华人的生存之道［硕士论文］/陈慧凯著；李小青指导. —成都：四川外语学院，2011：59 页

207. 文学视域下的战争——1937—1942 年新马华文文学的中国抗战书写［硕士论文］/温慰著；郭惠芬指导. —厦门：厦门大学，2011：69 页

208. 我国涉外收养法律研究——以跨国收养国际条约为视点［硕士论文］/李晓娟著；段卫华指导. —石家庄：河北经贸大学，2011：34 页

209. 西方国家排外运动共性研究——以 19 世纪晚期到二战的排犹运动和二战后的排华运动为例［硕士论文］/华强著；刘耀辉指导. —重庆：重庆师范大学，2011：50 页

210. 西爪哇华人产业分布与发展（1602—1939）［硕士论文］/林诗维著；陈伟明指导. —广州：暨南大学，2011：153 页

211. 现代侨乡经济社会发展探究——广东省中山市沙溪镇侨乡社会调查［硕士论文］/刘红著；张应龙指导. —广州：暨南大学，2011：90 页

212. 小学华文教材插图及版式研究［硕士论文］/李庆红著；张军指导. —广州：暨南大学，2011：57 页

213. 校长领导与学校组织气氛之探讨——某海外台湾学校之个案研究［硕士论文］/张雅婷著；杨振升指导. —南投：国立暨南国际大学，2011：100 页

214. 辛亥革命时期的暹罗华侨及其对暹罗社会的影响［硕士论文］/陈光明著；陈红民指导. —杭州：浙江大学，2011：91 页

215. 新加坡“差异教学”理念下的小学华文教材浅析——以定向阶段教材为例［硕士论文］/许琨著；彭小川指导. —广州：暨南大学，2011：90 页

216. 新加坡《小学华文》真实性研究［硕士论文］/王颖著；李子玲指导. —新加坡：新加坡国立大学，2011：109 页

217. 新加坡凤山寺在南安社群里的社会功能演变与影响力之探讨［荣誉学士论文］/林雨情著. —新加坡：新加坡国立大学，2011：61 页

218. 新加坡国际学校小学部教材《快乐儿童华语》（简体版）适用性研究［硕士论文］/黄晓萍著；宗世海指导. —广州：暨南大学，2011：57 页

219. 新加坡华人文化认同研究［硕士论文］/吴蓉敏著；宗世海指导. —广州：暨南大学，2011：112 页

220. 新加坡华文诗歌中的国家意识（1945—1970）［硕士论文］/张森林著；林立，魏艳指导. —新加坡：新加坡国立大学，2011：260 页

221. 新加坡华语运动研究［硕士论文］/姜丽萍著；周聿峨指导. —广州：暨南大学，2011：50 页

222. 新加坡闽南话借词 balu 的特征及来源初步调查［硕士论文］/张铭洲著；彭睿，王超贤指导. —新加坡：新加坡国立大学；北京：北京大学，2011：160 页

223. 新加坡南华中学华文阅读活动与学生阅读动机之相关研究［硕士论文］/王书乙著；叶军指导. —上海：华东师范大学，2011：88 页

224. 新加坡南洋客属总会之角色与网络——以周年纪念刊为例（1939—2010）［荣誉学士论文］/张玮缨著；黄贤强指导. —新加坡：新加坡国立大学，2011：37 页

225. 新加坡小学华文教材文体研究［硕士论文］/李瑶著；贾益民指导. —广州：

暨南大学，2011：47 页

226. 新加坡小学华文课外阅读情况调查［硕士论文］/潘兴红著；郭熙指导. —广州：暨南大学，2011：38 页

227. 新加坡小学华文作文批改的研究［硕士论文］/刘宁著；王汉卫指导. —广州：暨南大学，2011：52 页

228. 新中国归侨学生教育问题研究（1949—1979）［硕士论文］/魏建峰著；张应龙指导. —广州：暨南大学，2011：74 页

229. 雅加达高校中文系的华文教育状况［硕士论文］/郑惠友著；王茂林指导. —广州：暨南大学，2011：84 页

230. 亚裔美国人公众形象转变研究——从“黄祸”到“模范少数族裔”［硕士论文］/陈澄著；朱全红指导. —上海：华东师范大学，2011：70 页

231. 瑶族归侨的生计变迁与文化适应研究［硕士论文］/韦佳良著；郑一省指导. —桂林：广西师范大学，2011：60 页

232. 怡朗华商中学中学生非智力因素与学生华文成绩的相关性研究［硕士论文］/孙美君著；李军指导. —广州：暨南大学，2011：72 页

233. 移民的身份认同与文化表现：论《偶然生为亚裔人》和《西贡小子》［硕士论文］/林素珠著；高嘉励指导. —台中：国立中兴大学，2011：147 页

234. 移民美国的印度人研究（1965 年以后）［硕士论文］/田红娜著；吴宏阳指导. —郑州：郑州大学，2011：58 页

235. 印尼万隆华文教育现状探析——以万隆国际外语学院为案例［硕士论文］/邹保川著；张捷鸿指导. —曲阜：山东师范大学，2011：59 页

236. 因地制宜汉语推广模式的探讨——以南非罗德斯孔子学院为例［硕士论文］/刘畅著；马跃指导. —广州：暨南大学，2011：71 页

237. 印度尼西亚政府华人政策变迁之中国因素［硕士论文］/陈玟洁著；顾长永指导. —高雄：国立中山大学，2011：82 页

238. 印尼“小学—初中”华文教材衔接问题——以雅加达北区为例［硕士论文］/秦仙霞著；王汉卫指导. —广州：暨南大学，2011：82 页

239. 印尼归侨的历史和现状：访昆明印尼归侨及其组织［硕士论文］/欧阳玉容著；王卫东指导. —昆明：云南大学，2011：37 页

240. 印尼棉兰华裔和非华裔学生普通话语音习得偏误比较［硕士论文］/邓秀芬著；班弨指导. —广州：暨南大学，2011：30 页

241. 应用在线虚拟实境软件于华语教学之师生观感［硕士论文］/陈庆萱著；郑琇仁指导. —桃园：中原大学，2011：133 页

242. 影响华人社会多源评量结果接受态度因素之探讨——以权力距离与华人传统观念为调节变项［硕士论文］/许轩豪著；李诚指导. —桃园：国立中央大学，2011：50 页

243. 影响移民工作人对东南亚籍女性配偶态度之研究［硕士论文］/潘宜羚著；万育维指导. —花莲：慈济大学，2011：122 页

244. 由传统士人到新式教育家——钟荣光与岭南大学［硕士论文］/刘宝真著；马建春指导. —广州：暨南大学，2011：98 页

245. 与“我”同行——婚姻移民二代青少年的自我认同［硕士论文］/邱子雅著；洪惠芬指导．—台北：东吴大学，2011：105 页

246. 越南胡志明市华人教育现状［硕士论文］/裴雪贞著；艾红娟指导．—南宁：广西大学，2011：45 页

247. 越南华文现代诗的发展兼谈越华战争诗作（1960 年—1975 年）［硕士论文］/方明著；吕正惠指导．—新北：淡江大学，2011：150 页

248. 早期美国华侨社会的鸦片“烟毒”问题研究（1850—1930 年）［硕士论文］/胡晓攀著；潮龙起指导．—广州：暨南大学，2011：55 页

249. 战后广州市侨产纠纷问题研究（1945—1949）［硕士论文］/尤云弟著；张应龙指导．—广州：暨南大学，2011：93 页

250. 战前印度尼西亚华人作家郭德怀之社会关怀［硕士论文］/林勉丝著；李瑞腾指导．—桃园：国立中央大学，2011：129 页

251. 郑宝娟的家国与跨国书写研究［硕士论文］/陈怡龄著；蔡玫姿指导．—台南：国立成功大学，2011：223 页

252. 殖民与移民：史密斯、金文泰总督与新加坡华人社团［硕士论文］/陈哲维著；李盈慧指导．—南投：国立暨南国际大学，2011：251 页

253. 制度变动下的族群经济：以越南胡志明市华人为例［硕士论文］/陈氏芳莲著；王宏仁指导．—高雄：国立中山大学，2011：68 页

254. 中国传媒国际话语权建设刍议——中国新闻社国际传播能力建设的研究［硕士论文］/李永清著；林如鹏指导．—广州：暨南大学，2011：40 页

255. 中国—东盟自由贸易区与东南亚华商——基于社会资本的视角［硕士论文］/聂书芳著；王培林指导．—广州：暨南大学，2011：56 页

256. 中国赴日劳工权益保护研究［硕士论文］/李婷著；王秀芬指导．—大连：大连海事大学，2011：47 页

257. 中国国民党海外党务发展（1950—1962）［硕士论文］/叶川睿著；李盈慧指导．—南投：国立暨南国际大学，2011：179 页

258. 中国和马来西亚华裔父母教养方式对青少年自尊影响的比较研究［硕士论文］/吴小立著；傅宏指导．—南京：南京师范大学，2011：63 页

259. 中国留学生在新加坡的语码转换现象［硕士论文］/吕晶著；李子玲，王超贤指导．—新加坡：新加坡国立大学，2011：322 页

260. 中国文化外交效果分析——以孔子学院在欧洲与东南亚发展为例［硕士论文］/公维拉著；汪新生指导．—广州：中山大学，2011：67 页

261. 《中文》（修订版）和《菲律宾华语课本》词汇比较研究［硕士论文］/薛红珍著；师玉梅指导．—广州：暨南大学，2011：72 页

262. 《中文》与《汉语》插图比较研究［硕士论文］/王允巍著；贾益民指导．—广州：暨南大学，2011：50 页

263. 中印尼华文教育本科合作办学模式研究［硕士论文］/陈娜著；唐燕儿指导．—广州：暨南大学，2011：54 页

264. 重绘移民女性：聂华苓与严歌苓作品中的华裔美国移动论述［硕士论文］/林

怡君著；冯品佳指导．—新竹：国立交通大学，2011：114 页

265．重压下前行——《中西日报》广告视角下 20 世纪初的旧金山华埠经济［硕士论文］/郭世龙著；高伟浓指导．—广州：暨南大学，2011：88 页

266．自下而上的全球化：华侨对台山空间变化的作用［硕士论文］/关静雯著；薛德升指导．—广州：中山大学，2011：117 页

267．总理衙门与美洲华工［硕士论文］/李中省著；黄小用指导．—湘潭：湘潭大学，2011：56 页

268．族群产业与网络：以印度尼西亚商店为例［硕士论文］/洪佩瑜著；张翰璧指导．—桃园：国立中央大学，2011：106 页

英文博硕士学位论文

1. A Christian Perspective on Chinese Ancestral Practices in the United Kingdom [Ph. D.] /by Wong, Min Hoi. —United Kingdom: University of Wales, Bangor, 2011: 158 pages

2. A Comparison of Conceptual Models of Depression and Anxiety in Chinese Americans and European Americans and the Role of Culture [Ph. D.] /by Ferri, Lucia Victoria; Schiaffino, Kathleen, eadvisor. —United States: Fordham University, 2011: 165 pages

3. A Corpus-driven Study of Features of Chinese Students' Undergraduate Writing in UK Universities [Ph. D.] /by Leedham, Maria Elizabeth; Ann Hewings, Barbara Mayor, & Sarah North, eadvisor. —United Kingdom: Open University, 2011: 309 pages

4. Acculturation and Mental Health in Chinese Immigrant Youth [Ph. D.] /by Alidoost, Moona; Peverly, Stephen, eadvisor. —United States: Columbia University, 2011: 96 pages

5. Aging Across Borders: The Case of Older Taiwanese Immigrants and Their Return Counterparts [Ph. D.] /by Sun, Ken Chih-Yan; Hansen, Karen V., eadvisor. —United States: Brandeis University, 2011: 250 pages

6. An Anthropological Study of Ethnicity and the Reproduction of Culture among Hong Kong Chinese Families in Scotland [Ph. D.] /by Bell, Eona; Stafford, Charles & Astuti, Rita, eadvisor. —United Kingdom: University of London, 2011: 211 pages

7. Being Healthy: A Grounded Theory Study of Help Seeking Behaviour among Chinese Elders Living in the UK [Ph. D.] /by Liu, Zhenmi; Beaver, Kinta & Speed, Shaun, eadvisor. —United Kingdom: University of Manchester, 2011: 350 pages

8. Bodies in Motion: the Films of Transmigrant Queer Chinese Women Filmmakers in Canada [Ph. D.] /by Lin, Hui-Ling; Sharalyn Orbaugh, eadvisor. —Canada: University of British Columbia, 2011: 319 pages

9. Borderland without Borders: Chinese Diasporic Women Writers in the Americas [Ph. D.] /by Huang, Yi; Paquet, Sandra P., eadvisor. —United States: University of Mi-

ami, 2011: 179 pages

10. Challenging Cultural Essentialism: Gender, Power, and Family Politics among Mothers, Sons, and Daughters-in-Law Across Cultures [Ph. D.] /by Shih, Kristy Yu-Chieh; Pyke, Karen, eadvisor. —United States: University of California, 2011: 150 pages

11. Chinese American Mothers: A Phenomenological Study of Postpartum Depression [Psy. D.] /by Wong, Deanna L.; Bryan Kim, eadvisor. —United States: Alliant International University, 2011: 79 pages

12. Chinese Indonesians Pursuing Higher Education in Singapore: A Grounded Theory Approach [Ph. D.] /by Goh, Sunny; Dimmock, Clive & Taysum, Alison, eadvisor. —United Kingdom: University of Leicester, 2011: 173 pages

13. Chinese Language Political Mobilisation in Singapore, 1953 – 63 [Ph. D.] /by Thum, Pingtjin; Dr John Darwin & Dr Peter Carey, eadvisor. —United Kingdom: Oxford University, 2011: 359 pages

14. Convention, Control and Creativity: The Case of Chinese Medicine in Singapore [Ph. D.] /by Rittersmith, Arielle A.; Dr Elizabeth Hsu., eadvisor. —United Kingdom: University of Oxford, 2011: 353 pages

15. Corporate Culture in Singapore: Chinese Capitalism, Societal Characteristics and Political Economy [Ph. D.] /by Ng, Raye. —United Kingdom: University of Liverpool, 2011: 265 pages

16. Eating Bitterness: An Ethnographic Study of the Chinese Migrant Experience in Madrid [Ph. D.] /by Soothill, Deborah. —United Kingdom: University of London, 2011: 287 pages

17. Effects of Cooperative Learning on the Oral Proficiency of Chinese Students in the Teritary-Level EFL Classroom [Ph. D.] /by Lin, Meixiao. —United Kingdom: University of Leicester, 2011: 188 pages

18. Exceptional Visions: Chineseness, Citizenship, and the Architectures of Community in Silicon Valley [Ph. D.] /by Chung, Brian Su-Jen; See, Sarita, eadvisor. —United States: University of Michigan, 2011: 213 pages

19. From International Student to Integrated Academic: Supporting the Transition of Chinese Students and Lecturers in UK Higher Education [Ph. D.] /by Hsieh, Hui-hua. —United Kingdom: University of Newcastle, 2011: 261 pages

20. Immigration, Literacy, and Mobility: A Critical Ethnographic Study of Well-Educated Chinese Immigrants' Trajectories in Canada [Ph. D.] /by Wang, Lurong; Heller, Monica, eadvisor. —Canada: University of Toronto, 2011: 373 pages

21. In Flux: Racial Identity Construction among Chinese American and Filipina/o American Undergraduates [Ph. D.] /by Wong, Alina Siu; Carter, Deborah Faye, eadvisor. —United States: University of Michigan, 2011: 196 pages

22. Investigation of Views on Breast Cancer among Chinese Women in the UK [Ph. D.] /by Shang, Chenyu; Campbell, Malcolm, & Beaver, Kinta, eadvisor. —United Kingdom: University of Manchester, 2011: 422 pages

23. Mental Health in the Chinese Community [Psy. D.] /by Chan, Caroline Nai Man; Abrahamson, Twylla, eadvisor. —United States: Alliant International University, 2011: 122 pages

24. Narratives of English Literacy Learning: Chinese Adult Immigrants' Participation in a Community-Based ESL Writing Class [Ph. D.] /by Finn, Heather B; Nero, Shondel, eadvisor. —United States: New York University, 2011: 258 pages

25. Putting the Family First: Chinese Wives' Stories of Migration to Britain. [Ph. D.] /by Wei, Wenchao; Stevi Jackson, eadvisor. —United Kingdom: University of York, 2011: 219 pages

26. Stand up for Singapore? Gay Men and the Cultural Politics of National Belonging in the Lion City [Ph. D.] /by Tan, Kok Kee; Manalansan, Martin F., IV, eadvisor. —United States: University of Illinois at Urbana-Champaign, 2011: 242 pages

27. Stress, Religion and Mental Health Outcomes among Asian Americans [Ph. D.] / byLee, Kyeung Hae.; Brekke, John S., eadvisor. —United States: University of Southern California, 2011: 99 pages

28. The Human Resource Strategies of Chinese State Crewing Agencies with Special Reference to Labour Export and the Experience of Chinese Seafarers [Ph. D.] /by Zhao, Zhiwei. —United Kingdom: Cardiff University, 2011: 324 pages

29. The Impact of Acculturation and Generation Status on the Degree of Resilience in Chinese American Adults [Psy. D.] /by Lin, Ko-Han Carol; Kin Ching Kong, eadvisor. —United States: The Chicago School of Professional Psychology, 2011: 67 pages

30. The Unexpected Transformations of Chinese International Students in Australia [Ph. D.] /by Glen Stafford; Yoneyama, Shoko, eadvisor. —Australia: University of Adelaide, 2011: 285 pages

31. Transnational Social Spaces and Transnationalism: A Study on the New Chinese Migrant Community in Singapore [Ph. D.] /by Yim, Ching-ching; He Fangchuan, eadvisor. —Hong Kong: University of Hong Kong, 2011: 348 pages

32. Unraveling the Myths of Chinese American Giving: Exploring Donor Motivations and Effective Fundraising Strategies for U. S. Higher Education [Ph. D.] /by Tsunoda, Kozue; Lin, Jing, eadvisor. —United States: University of Maryland, 2011: 242 pages

33. A Comparative Study of the Educational Policy for Native Americans (1887 - 1928) and Chinese Ethnic Minorities (1912 - 1948) [M. A.] /by Mao, Xinyuan; Brose, Michael C., eadvisor. —United States: University of Wyoming, 2011: 103 pages

34. A Comparison of Earnings of Chinese and Indian Immigrants in Canada: an Analysis of the Effect of Language Ability [M. A.] /by Nath, Aaramya; Shelley Phipps, eadvisor. —Canada: Dalhousie University, 2011: 53 pages

35. A Favor Del Pueblo, Contra Los Chinos: Coverage of the Chinese by California's Spanish-Language Newspapers, 1855 - 1898 [M. A.] /by Bobadilla, Massiel Y.; Gutierrez, Felix, eadvisor. —United States: University of Southern California, 2011: 57 pages

36. An Analysis of Mainland Chinese Students' Decision to Choose Canada as Their Study Destination [M. A.] /by Ji, Rui; Ayaz Naseem, eadvisor. —Canada: Concordia University, 2011: 153 pages

37. Anti-Chinese Attitudes in Post-Communist Mongolia: The Lingering Negative Schemas of the Past [M. A.] /by Jargalsaikhan, Mendee; Paul Evans, eadvisor. —Canada: University of British Columbia, 2011: 68 pages

38. Cantonese Classifiers and the British-Born Chinese Children of Ap Chau [M. S.] /by Chan, Jessica Man Sin—United Kingdom: University of Oxford, 2011: 89 pages

39. Chinese Immigrant Parents' Communication with their Children's School Teachers: Experiences, Expectations, and Challenges [M. ED.] /by Jiang, Fan; Zhou, George, eadvisor. —Canada: University of Windsor, 2011: 137 pages

40. Chinese Indonesians Post 1998: An Exploratory Study of Educational Policies and Practices in Promoting Positive Relations in Medan, Indonesia [M. S] /by Harjatanaya, Tracey Yani. —United Kingdom: University of Oxford, 2011: 94 pages

41. Contesting Koreanness: Migration as a Challenge to the Ethnic Identity of the Korean Chinese [M. A.] /by Amelia Schubert; Oakes, Tim, eadvisor. —United States: University of Colorado at Boulder, 2011: 109 pages

42. Defining and Negotiating Identity and Belonging: Ethnic Name Change and Maintenance among First-Generation Chinese Immigrants [M. A.] /by Liao, Wenting; Ishu Ishiyama, eadvisor. —Canada: University of British Columbia, 2011: 198 pages

43. Deoli Camp: An Oral History of the Chinese Indians from 1962 to 1966 [M. A.] /by Li, Kwai; Guy Allen, eadvisor. —Canada: University of Toronto, 2011: 96 pages

44. English Language Training as a Preparation for Studying Abroad: an Investigation of Perceptions of Chinese Students [M. S.] /by Chen, Ying. —United Kingdom: University of Oxford, 2011: 93 pages

45. Examining Chosonjok Identity and Women's Agency In Transnational Migration [M. A.] /by Li, Qinghua; Cooper, Eugene, eadvisor. —United States: University of Southern California, 2011: 213 pages

46. Gender Issues for International Chinese Women Students: the Motivations and Aspirations of Chinese Women Students Who Come to Britain to Pursue Post-Graduate Study and to Develop Their English [M. A.] /by Guan, Shao Ling. —United Kingdom: University of London, 2011: 150 pages

47. Health Behavior, Primary Care Access, and Unmet Health Needs in Chinese Young Adults [M. S.] /by Christine Hui-Kuan Ou; Sabrina Wong, eadvisor. —Canada: University of British Columbia, 2011: 130 pages

48. Learning Journeys: The Educational Value of Film for Chinese Students' Adaptation to Quebec and Canadian Culture [M. A.] /by Chen, Di; Arpi Hamalian, eadvisor. —Canada: Concordia University, 2011: 78 pages

49. Nation Building and Insurgency in Southeast Asia [M. A.] /by Cullen, Martin;

Ritschel, Daniel, eadvisor. —United States: University of Maryland, 2011: 101 pages

50. On Chineseness and the Identities of Vancouver's Chinese Youth with Implications for Education [M. A.] /by Lee, Peter; Handel K. Wright, eadvisor. —Canada: University of British Columbia, 2011: 170 pages

51. Other People's Children: Protestant Missionaries, Chinese Christians and Constructions of Childhood in Colonial Hong Kong, 1880 - 1941 [M. A.] /by Pang, Ching-yee; David Pomfret, eadvisor. —Hong Kong: University of Hong Kong, 2011: 232 pages

52. Political Economic Racism: California's Policy Regarding its Asian Immigrants, 1848 - 1943 [M. A.] /by Kent, Marcus; Li, Xiao-Bing, eadvisor. —United States: University of Central Oklahoma, 2011: 133 pages

53. The Influence of Link Agencies on Application to UK Universities: An Investigation of the Experience of Chinese Students [M. S.] /by Pan, Meng. —United Kingdom: University of Oxford, 2011: 92 pages

54. Understanding the Role of Culture in Health-Seeking Behaviours of Chinese International Students in Canada [M. A.] /by Shen, Xueyi; Rukhsana Ahmed, eadvisor. —Canada: University of Ottawa, 2011: 138 pages

（本版责任编辑　景海燕）

2011年中国大陆华侨华人主要科研项目一览

本版内容以国家哲学社会科学规划办公室网站、教育部人文社科网、各省人文社科网站以及各高校社科处及院系网站公开发布信息为主要来源。

国家社科基金项目

1. 20世纪80年代以来东南亚华文报纸文学副刊研究［国家社科基金一般项目（11BZW112）］/吴奕锜主持. —广州：暨南大学，2011

2. 澳大利亚亚洲移民政策与亚洲新移民问题研究（20世纪70年代至今）［国家社科基金一般项目（11BRK002）］/张秋生主持. —徐州：徐州师范大学，2011

3. 百年海外华文文学研究［国家社科基金重大项目（11&ZD111）］/饶芃子主持. —广州：暨南大学，2011

4. 北美华人自传体写作发展史研究［国家社科基金一般项目（11BZW113）］/宋晓英主持. —济南：济南大学，2011

5. 当代国际移民的发展趋势、政策和理论研究［国家社科基金重点项目（11AMZ005）］/曾少聪主持. —北京：中国社会科学院，2011

6. 东南亚孔教、孔子信仰研究［国家社科基金一般项目（11BZJ032）］/王爱平主持. —厦门：华侨大学，2011

7. 东南亚兴化人的庙宇与仪式传统研究［国家社科基金青年项目（11CZS055）］/郑莉主持. —厦门：厦门大学，2011

8. 国际移民汇款对移民来源国经济发展的影响研究［国家社科基金一般项目（11BRK004）］/林勇主持. —福州：福建省社会科学院，2011

9. 国民政府战时难侨救济与战后华侨“复员”研究（1937—1949）［国家社科基金青年项目（11CZS041）］/凌彦主持. —广州：广州大学，2011

10. 海外华侨生存安全预警机制研究［国家社科基金重大招标项目］/骆克任主持. —厦门：华侨大学，2011

11. 民国时期留学史料整理与研究［国家社科基金重大项目（11&ZD101）］/周棉主持. —徐州：徐州师范大学，2011

12. 欧洲中国新移民社群研究［国家社科基金一般项目（11BMZ038）］/李明欢主持. —厦门：厦门大学，2011

13. 清末民初南洋华文文学研究（1881—1920）［国家社科基金青年项目（11CZW052）］/谢仁敏主持. —南宁：广西大学，2011

14. 日本馆藏近代以来中国留日美术家文献资料整理与研究［国家社科基金重大项目（11&ZD115）］/王学仲主持. —天津：天津大学，2011

15．泰国语言政策、外语竞争及其对汉语国际传播的启示研究［国家社科基金一般项目（11BYY029）］/郭熙主持．—广州：暨南大学，2011

教育部项目

1．20世纪上半期的中国留学生与中国文化的对外传播［教育部人文社会科学研究规划基金项目（11YJA770062）］/元青主持．—天津：南开大学，2011

2．边疆民族跨国流动与国家认同研究——以中越边境哈尼族为例［教育部人文社会科学研究规划青年基金项目（11YJC850015）］/卢鹏主持．—蒙自：红河学院，2011

3．当代海外华人政治研究［教育部人文社会科学重点研究基地重大项目（11JJD810008）］/廖小健主持．—广州：暨南大学，2011

4．当代外来移民对美国劳动力市场的影响研究［教育部人文社会科学研究青年基金项目（11YJC770042）］/欧阳贞诚主持．—大连：东北师范大学，2011

5．东南亚华人社群的建构与演化——以新加坡江兜王氏社群为研究个案［教育部人文社会科学研究青年基金项目（11YJC850016）］/孟庆梓主持．—上海：上海海洋大学，2011

6．东南亚华裔新生代：留学台湾与留学大陆［教育部人文社会科学研究规划基金项目（11YJA850028）］/俞云平主持．—厦门：厦门大学，2011

7．二十世纪中国留守群体研究：以福建侨眷为中心的考察［教育部人文社会科学研究青年基金项目（11YJC770047）］/沈惠芬主持．—厦门：厦门大学，2011

8．国际移民组织（IOM）及其移民治理研究——兼论对中国移民治理的启示［教育部人文社会科学研究青年基金项目（11YJCGJW005）］/郭秋梅主持．—贵阳：贵州师范大学，2011

9．海外华人学者对中国文论的阐发与研究［教育部人文社会科学研究规划基金项目（11YJA751050）］/刘绍瑾主持．—广州：暨南大学，2011

10．海外华人作曲家的艺术成就与文化影响［教育部人文社会科学研究青年基金项目（11YJC760101）］/冶鸿德主持．—南京：南京艺术学院，2011

11．海外新型华人社团的发展及其与居住地和祖籍国的关系［教育部人文社会科学重点研究基地重大项目（11JJD810003）］/高伟浓主持．—广州：暨南大学，2011

12．基于社会主义核心价值体系视阈下的客家优良传统研究［教育部人文社会科学研究一般项目（11YJA710050）］/刘加洪主持．—梅州：嘉应学院，2011

13．加拿大华人文学史论：多元和整合［教育部人文社会科学研究青年基金项目（11YJC752041）］/赵庆庆主持．—南京：南京大学，2011

14．孔子学院中方教师的跨文化适应和传播能力研究［教育部人文社会科学研究规划基金项目（11YJA860001）］/安然主持．—广州：华南理工大学，2011

15．跨国寄养背景下我国侨乡留守儿童的信息化教育支持研究［教育部人文社会科学研究青年基金项目（11YJC880120）］/王佑镁主持．—温州：温州大学，2011

16. 留学生与晚清文学转型［教育部人文社会科学研究青年基金项目（11YJC751035）］/姜荣刚主持. —许昌：许昌学院，2011

17. 美国华裔戏剧美学研究［教育部人文社会科学研究规划基金项目（11YJA752030）］/詹乔主持. —广州：暨南大学，2011

18. 清代中叶澳门华人社会研究［教育部哲学社会科学研究后期资助项目（11JHQ035）］/张廷茂主持. —广州：暨南大学，2011

19. 清末民初的中美交往与中国政局——以美国公、私英文资料中的伍廷芳为中心［教育部人文社会科学研究规划基金项目（11YJA770013）］/郭世佑主持. —北京：中国政法大学，2011

20. 日本古代大陆移民的文学研究［教育部人文社会科学研究青年基金项目（11YJC752026）］/王凯主持. —天津：南开大学，2011

21. 新加坡英汉双语教育史：新加坡近三代华人使用汉语方言、“华语”及英语的历史演变［教育部人文社会科学研究规划基金项目（11YJA740036）］/黄明主持. —厦门：集美大学，2011

22. 新中国涉侨经济政策与促进海内外同胞关系和谐研究［教育部人文社会科学研究青年基金项目（11YJC810041）］/张赛群主持. —泉州：华侨大学，2011

23. 一战华工问题研究［教育部人文社会科学研究规划基金项目（11YJA770027）］/李志学主持. —广州：暨南大学，2011

24. 中国—东盟自由贸易区进程中中越边境跨国民族流动研究［教育部人文社会科学重点研究基地重大项目（11JJD850004）］/秦红增主持. —昆明：云南大学，2011

25. 中国国家形象之海外构建的理论与实证研究——以新加坡《联合早报》的传播效果为例［教育部人文社会科学研究青年基金项目（11YJC860051）］/徐明华主持. —武汉：华中科技大学，2011

26. 中亚东干族文学及其与中华文化的关系研究［教育部人文社会科学研究规划基金项目（11YJA752014）］/孟长勇主持. —西安：西安外国语大学，2011

27. 族群认同、国家认同良性互动中的文化传播体系研究［教育部人文社会科学研究青年基金项目（11YJC860038）］/卿志军主持. —海口：海南师范大学，2011

28. 族群网络与专业网络——香港、上海、福建之间的华人跨界企业家成长研究［教育部人文社会科学研究青年基金项目（11YJC840063）］/ 袁建伟主持. —绍兴：绍兴文理学院，2011

29. 族裔性与文学性的融合——美国华裔文学批评研究［教育部人文社会科学研究规划基金项目（11YJA752012）］/刘增美主持. —济南：山东经济学院，2011

国务院侨办项目

1. 2010—2020 湖北侨务工作发展战略研究［国务院侨办基地项目］李其荣，邵元洲主持. —武汉：华中师范大学，湖北省外事侨务办公室，2011

2. 21世纪华文教材的发展、问题与对策研究［国务院侨办一般项目（GQBY2011033）］/胡建刚主持．—广州：暨南大学，2011

3. ECFA与全球华侨华人促进中国和平统一的相互影响研究［国务院侨办一般项目（GQBY2011）］/袁达松主持．—北京：北京师范大学，2011

4. 传承与认同——新形势下海外华文教育策略研究［国务院侨办一般项目（GQBY2011021）］/郭熙主持．—广州：暨南大学，2011

5. 东盟自贸区框架下海外华侨华人与中国经济转型的互动研究——以广西为例［国务院侨办一般项目］．—玉林：玉林师范学院，2011

6. 都市侨务工作：内容、对象和特点［国务院侨办重点项目（GQBZ2011019）］/张应龙主持．—广州：暨南大学，2011

7. 对海外涉侨突发事件的应急处理研究［国务院侨办一般项目（GQBY2011047）］/陈奉林主持．—北京：外交学院，2011

8. 多元文化视野下的族群关系　印尼华人的文化调适与和谐侨社研究［国务院侨办一般项目（GQBY2011048）］/施雪琴主持．—厦门：厦门大学，2011

9. 非洲华侨华人与中国对非公共外交［国务院侨办青年项目（GQBQ2011004）］/赵俊主持．—金华：浙江师范大学，2011

10. 公共外交中侨务部门的地位、作用［国务院侨办一般项目（GQBY2011008）］/潮龙起主持．—广州：暨南大学，2011

11. 广东省侨务资源管理现状调研及可持续发展策略分析［国务院侨办一般项目（GQBY2011058）］/陈淑妮主持．—深圳：深圳大学，2011

12. 广西兴边富民的边境侨务研究［国务院侨办一般项目］．—玉林：玉林师范学院，2011

13. 海外华侨华人与中国公共外交研究［国务院侨办一般项目］/吴前进主持．—上海：上海社会科学院，2011

14. 海外华侨华人与中国公共外交研究——华侨华人在中外“共有知识”建构中的作用［国务院侨办一般项目（GQBY2011009）］/周聿峨主持．—广州：暨南大学，2011

15. 海外华文教师等级标准研制［国务院侨办委托研究项目］/贾益民主持．—广州：暨南大学，2011

16. 海外华文教师职业发展规律研究［国务院侨办一般项目（GQBY2011022）］/吴勇毅主持．—上海：华东师范大学，2011

17. 海外华文教育“向世界说明中国”的功能拓展和方法创新研究［国务院侨办青年项目］/薛秀军主持．—厦门：华侨大学，2011

18. 海外华文教育的规律研究［国务院侨办重点项目（GQBZ2011）］/毛峰主持．—北京：北京师范大学，2011

19. 海外华文网站现状研究及相关数据库建设［国务院侨办青年项目］/郑文标主持．—厦门：华侨大学，2011

20. 海外人才与湖北社会经济转型——关于深度打造华创会品牌的理论与实践思考［国务院侨办重点项目（GQBZ2011007）］/邵元洲主持．—武汉：华中师范大学，2011

21. 华创会资料数据库开发与研究［国务院侨办青年项目（GQBQ2011023）］/杨海

主持. —武汉：华中师范大学，2011

22. 华侨高等院校的形象传播研究——以暨南大学为例［国务院侨办青年项目（GQBQ2011009）］/孙彧主持. —广州：暨南大学，2011

23. 华侨华人信息资源建设创新研究［国务院侨办一般项目（GQBY2011050）］/徐云主持. —广州：暨南大学，2011

24. 华侨华人与中国对美公共外交研究［国务院侨办青年项目（GQBQ2011005）］/娄亚萍主持. —深圳：深圳大学，2011

25. 华侨农场的旅游开发研究［国务院侨办一般项目（GQBY2011053）］/黄远水主持. —泉州：华侨大学，2011

26. 华文教育·华人认同·中国软实力——东南亚华文教育新形势下的我国侨务对策研究［国务院侨办一般项目］/王爱平主持. —厦门：华侨大学，2011

27. 华文教育与国际汉语推广研究［国务院侨办青年项目］/侯颖主持. —北京：北京华文学院，2011

28. 华文教育与汉语国际推广研究［国务院侨办青年项目（GQBQ2011012）］/蔡永强主持. —北京：中国人民大学，2011

29. 华裔在中国—东盟自由贸易区服务贸易发展中的作用［国务院侨办一般项目（GQBY2011016）］/朱芳主持. —广州：暨南大学，2011

30. 基于数字网络环境下的华侨华人资料数据库的研究与开发［国务院侨办重点项目（GQBZ2011016）］/包含丽主持. —温州：温州大学，2011

31. 近年来欧美地区维族华人华侨社团状况研究［国务院侨办青年项目］/赵国军主持. —上海：上海社会科学院，2011

32. 经济变革中华侨华人境内民商事权益保护的新发展——传统、突破与创新［国务院侨办重点项目（GQBZ2011002）］/夏利民主持. —北京：北京师范大学，2011

33. 孔子学院与海外华文教育［国务院侨办青年项目（GQBQ2011011）］/商昌宝主持. —天津：天津师范大学，2011

34. 两岸关系视野下的华侨华人及其政治认同——以菲律宾华侨华人社会为个案的研究［国务院侨办青年项目］/朱东芹主持. —厦门：华侨大学，2011

35. 廖承志侨务理论与实践研究［国务院侨办青年项目］/彭进进主持. —泉州：华侨大学，2011

36. 留学回国科技人员的创新环境建设与侨务引智工作的转型研究［国务院侨办青年项目］/高子平主持. —上海：上海社会科学院，2011

37. 美国128所国家一、二级大学华人学者资料数据库的建设与分析［国务院侨办重点项目（GQBZ2011018）］/王贤文主持. —大连：大连理工大学，2011

38. 面向东盟自贸区的侨务理论创新与实践［国务院侨办一般项目］. —玉林：玉林师范学院，2011

39. 面向海外华人的中国网络外交与传播策略［国务院侨办青年项目（GQBQ2011008）］/李洁主持. —广州：暨南大学，2011

40. 欧盟移民治理对华侨华人的影响及其对策研究［国务院侨办一般项目（GQBY2011006）］/文峰主持. —广州：暨南大学，2011

41. 欧洲华人商城经济研究：模式、挑战、前景与对策［国务院侨办重点项目］/丘进主持. —泉州：华侨大学，2011

42. 侨情普查的方法及数据开发利用研究［国务院侨办重点项目（GQBZ2011017）］/吴瑞君主持. —上海：华东师范大学，2011

43. 区域合作视域下地方政府参与公共外交研究——以广西通过东盟国家华人华侨参与公共外交为例［国务院侨办一般项目］. —南宁：广西社会科学院，2011

44. 全球化背景下北美华语传媒的中国形象及其建构研究［国务院侨办一般项目（GQBY2011031）］/陈林侠主持. —广州：暨南大学，2011

45. 全球化背景下襄助我国经济发展方式转变的涉侨政策研究［国务院侨办青年项目］/杨默如主持. —泉州：华侨大学，2011

46. 全球化时代中国侨务文化理论体系建构［国务院侨办一般项目（GQBY2011030）］/方汉文主持. —苏州：苏州大学，2011

47. 泉州侨资企业成功的关键性因素分析［国务院侨办青年项目（GQBQ2011024）］/柳云平主持. —泉州：华侨大学，2011

48. 涉侨突发事件处置与和谐侨社建设研究［国务院侨办一般项目（GQBY2011045）］/谢朝武主持. —泉州：华侨大学，2011

49. 涉外侨务突发事件监测预警指标体系研究［国务院侨办青年项目（GQBQ2011020）］/卢文刚主持. —广州：暨南大学，2011

50. 实施“科技侨务战略”，助推创新型国家建设研究［国务院侨办一般项目（GQBY2011002）］/于斌主持. —天津：南开大学，2011

51. 世界各国人才引进及其出入境政策研究［国务院侨办一般项目（GQBY2011001）］/李其荣主持. —武汉：华中师范大学，2011

52. 完善涉侨事件防治机制，促进侨社和谐发展［国务院侨办一般项目］/骆克任主持. —厦门：华侨大学，2011

53. 文化产业在侨务对台工作中的意义及其发展策略研究［国务院侨办一般项目］. —福州：福建省侨办，2011

54. 文化创意产业海外高端人才战略［国务院侨办一般项目（GQBY2011037）］/肖永亮主持. —北京：北京师范大学，2011

55. 文化的软权力化：作为国家对外传播战略的海外华文教育［国务院侨办青年项目（GQBQ2011010）］/李朝晖主持. —广州：暨南大学，2011

56. 新时期的侨务对台工作研究［国务院侨办重点项目］/彭俊主持. —北京：北京华文学院，2011

57. 新时期东南亚华文教育现状、需求及措施研究［国务院侨办一般项目］. —福州：福建省侨办，2011

58. 新时期我国高校海外华文办学战略的国际教育贸易战略研究［国务院侨办一般项目］/衣长军主持. —泉州：华侨大学，2011

59. 新世纪海外华商与义乌经济的互动发展研究［国务院侨办青年项目（GQBQ2011055）］/陈肖英主持. —金华：浙江师范大学，2011

60. 移居欧盟的浙江籍侨民问题研究［国务院侨办一般项目（GQBY2011049）］/翁

里主持. —杭州：浙江大学，2011

61. 印度、尼泊尔境内藏胞现状研究［国务院侨办一般项目（GQBY2011043）］/贾海涛主持. —广州：暨南大学，2011

62. 中国经济转型与在非华人事业的发展——理论分析与实证检验［国务院侨办青年项目（GQBQ2011007）］/刘青海主持. —金华：浙江师范大学，2011

63. 中国侨民社会保障便携性的理论与对策研究［国务院侨办青年项目（GQBQ2011002）］/郑雄飞主持. —上海：华东师范大学，2011

64. 中国侨务政策研究［国务院侨办重点项目（GQBZ2011003）］/刘国福主持. —北京：北京理工大学，2011

65. 中国特色的侨务理论研究［国务院侨办重大项目］/庄国土主持. —厦门：华侨大学，2011

66. 中国文化“青年使团”的建设机制研究［国务院侨办一般项目（GQBY2011035）］/王红主主持. —广州：暨南大学，2011

67. 中日韩经济一体化与华侨华人经济互动研究［国务院侨办一般项目（GQBY2011018）］/刘文主持. —济南：山东大学，2011

中国侨联项目

1. 1978年以来中国在外留学人员状况研究［中国侨联一般项目（11BZQK010）］/苗丹国主持. —北京：中国教育部国际司，2011

2. 21世纪欧洲华人社团发展变化研究［中国侨联一般项目（11BZQK002）］/李明欢主持. —厦门：厦门大学，2011

3. 澳大利亚移民政策与华人新移民问题研究（1972—2010）［中国侨联一般项目（11BZQK018）］/张秋生主持. —徐州：徐州师范大学，2011

4. 北美华人经济社会发展与侨务策略研究［中国侨联一般项目（11BZQK003）］/龙登高主持. —北京：清华大学，2011

5. 潮汕侨乡与海外潮人的文化互动（1978—2010）［中国侨联一般项目（11BZQK009）］/黄晓坚主持. —潮州：韩山师范学院，2011

6. 从“地下钱庄”看侨汇的管理与使用——以福清侨乡为个案的研究［中国侨联一般项目（11BZQK013）］/沈燕青主持. —厦门：厦门大学，2011

7. 从华侨华人视角看海外藏人的身份认同问题［中国侨联委托项目（11DZQK001）］/宁一主持. —北京：中国侨联办公厅，2011

8. 东南亚华商在中国—东盟自由贸易区和中国经济转型中的地位与作用研究［中国侨联一般项目（11BZQK017）］/沈红芳主持. —厦门：厦门大学，2011

9. 福建新老侨乡的比较研究［中国侨联一般项目（11BZQK007）］/郭玉聪主持. —厦门：厦门大学，2011

10. 广西传统侨乡的社会和文化变迁研究——以容县、东兴镇为例［中国侨联一般

项目（11BZQK014）］/郑一省主持．—南宁：广西民族大学，2011

11．国际潮团及其联谊年会研究［中国侨联一般项目（11BZQK023）］/思政部主持．—潮州：韩山师范学院，2011

12．海外浙商经济发展研究［中国侨联一般项目（11BZQK006）］/吴晶主持．—杭州：浙江省归国华侨联合会，2011

13．华商品牌的价值研究［中国侨联一般项目（11BZQK012）］/张洪云主持．—北京：清华大学，2011

14．近代中医药文化在海外华侨华人社会中的传播与影响［中国侨联一般项目（11BZQK015）］/聂德宁主持．—厦门：厦门大学，2011

15．冷战后中国—东南亚关系发展对华社的影响研究［中国侨联一般项目（11BZQK019）］/施雪琴主持．—厦门：厦门大学，2011

16．领事条约与华侨权益保护的对策研究——从国际公法、国际私法和国际经济法的角度分析［中国侨联一般项目（11BZQK008）］/许育红主持．—北京：中国外交部领事司，2011

17．缅甸华侨华人史［中国侨联重点项目（11AZQK002）］/范宏伟主持．—厦门：厦门大学，2011

18．欧债危机对新侨的影响与应对策略［中国侨联一般项目（11BZQK021）］/李鸿阶主持．—福州：福建省社会科学院，2011

19．侨居中东的少数民族华侨华人社会现状研究［中国侨联一般项目（11BZQK001）］/马建春主持．—广州：暨南大学，2011

20．侨刊对侨乡社会的建构及其海外联谊功能研究［中国侨联一般项目（11BZQK020）］/ 姚婷主持．—江门：五邑大学，2011

21．侨联人民团体地位与作用的新探索——加强和创新社会管理的思考［中国侨联委托项目（11DZQK004）］/程希主持．—北京：中国侨联中国华侨博物馆，2011

22．少数民族华侨华人归侨研究及侨联工作对策［中国侨联委托项目（11DZQK003）］/ 巫秋玉主持．—北京：中国侨联中国华侨华人历史研究所，2011

23．我国侨务工作与促进海内外同胞关系和谐研究［中国侨联重点项目（11AZQK001）］/吴前进主持．—上海：上海社会科学院，2011

24．悉尼菜农：广东要明新移民研究［中国侨联一般项目（11BZQK011）］/张应龙主持．—广州：暨南大学，2011

25．新时期我国侨务对台研究［中国侨联一般项目（11BZQK004）］/谢小建主持．—福州：福建省华侨历史学会，2011

26．新移民回国创业研究：成就、问题和对策［中国侨联委托项目（11DZQK002）］/张秀明主持．—北京：中国侨联中国华侨华人历史研究所，2011

27．浙江海外华侨华人社团的现状、特点、发展趋势与侨团建设工作［中国侨联一般项目（11BZQK016）］/夏凤珍主持．—杭州：浙江工商大学，2011

28．政党轮替后台湾之侨教政策研究［中国侨联一般项目（11BZQK005）］/陈文寿主持．—北京：北京联合大学，2011

29．中国境外投资与海外华商作用研究［中国侨联一般项目（11BZQK022）］/林在

明主持. —福州：福建省社会科学院，2011

其他省部级项目

1. 1965年以来美国华人社会结构的演变［广东省哲学社会科学“十二五”规划一般项目（GD11CHQ02）］/潮龙起主持. —广州：暨南大学，2011

2. 20世纪80年代以来东南亚华文报纸文学副刊与东南亚华文文学发展关系研究［广东省国家社科基金项目结项“优秀”配套项目（GD11CZW14）］/吴奕锜主持. —广州：暨南大学，2011

3. 北美华裔离散文学中的中西文化拼合研究［江西省社会科学研究“十二五”规划一般项目（11WX16）］/万桂莲主持. —南昌：南昌航空大学，2011

4. 当代南部非洲华人生存现状调研报告［浙江省哲学社会科学重点研究基地一般项目（11JDFZ02YB）］/徐薇主持. —杭州：浙江师范大学，2011

5. 东南亚非物质文化遗产及其在广西的传播［广西社科规划项目（11BMZ005）］/王红主持. —南宁：广西医科大学，2011

6. 非法移民治理：欧盟经验对广州的启示［广州市社会科学规划一般项目（11Y14）］/文峰主持. —广州：暨南大学，2011

7. 改革开放后广州海外乡亲慈善捐赠行为研究［广州市社会科学规划一般项目（11Y50）］/陈世柏主持. —广州：广东金融学院，2011

8. 国际移民视野下的留守群体与地方社会：以民国时期福建侨眷为中心［福建省社会科学规划一般项目（2011B238）］/沈惠芬主持. —厦门：厦门大学，2011

9. 国际移民适应性研究：以广州社区为例［广东省高等院校学科建设专项资金基地重大项目］/周大鸣主持. —广州：中山大学，2011

10. 海外华人电视台的生存模式及其对跨国传播理论的意义［浙江省哲学社会科学规划一般项目（11JCXW04YB）］/章宏主持. —杭州：浙江大学，2011

11. 海外华语使用情况调查［国家语委“十二五”科研规划委托项目（WT1252）］/郭熙主持. —广州：暨南大学，2011

12. 华人华侨与湖北经济发展研究——以“华创会”为研究中心［湖北省社会科学基金项目（［2010］263）］/李其荣主持. —武汉：华中师范大学，2011

13. 加强海外护侨工作的对策研究［广州市社会科学规划一般项目（11Y15）］/廖小健主持. —广州：暨南大学，2011

14. 马来亚华人的方言群分布和职业结构（1800—1911）［福建省社会科学规划一般项目（2011B220）］/王付兵主持. —厦门：厦门大学，2011

15. 面向东南亚的孔子学院建设研究［广西社科规划项目（11FYY017）］/刘亚辉主持. —桂林：广西师范大学，2011

16. 民间信仰视角下闽台地方认同研究——以妈祖信仰为例［福建省社会科学规划一般项目（2011B106）］/郑衡泌主持. —福州：福建师范大学，2011

17. 南宋中日佛教交流史研究——以日本史料为中心［浙江省哲学社会科学重点研究基地一般项目（11JDNS01YB）］/郭万平主持．—杭州：浙江工商大学，2011

18. 迁徙自广西的越南侬族语言使用及变异情况调查研究——以万承侬为例［广西社科规划项目（11CYY006）］/蒲春春主持．—南宁：广西民族大学，2011

19. 侨刊对侨乡社会的建构及其海外联谊功能研究［广东省哲学社会科学“十二五”规划青年项目（GD11YHQ02）］/姚婷主持．—江门：五邑大学，2011

20. 泰国华文纸媒的影响力研究［广西社科规划项目（11FXW010）］/黄海珠主持．—南宁：广西大学，2011

21. 温州人海外创业的融资机制研究——以纽约温州人标会为例［浙江省哲学社会科学重点研究基地一般项目（11JDWZ03YB）］/朱康对主持．—温州：温州市委党校，2011

22. 五邑碉楼与侨村建筑艺术特征研究［广东省哲学社会科学“十二五”规划共建项目（GD11XYS02）］/朱蕙主持．—江门：五邑大学，2012

23. 意识形态、多元解读和经典认同——台港澳暨海外华文文化圈对鲁迅的接受研究［福建省社会科学规划一般项目（2011B196）］/古大勇主持．—泉州：泉州师范学院，2011

24. 越南的海洋战略与中越关系［广东省哲学社会科学“十二五”规划一般项目（GD11CHQ01）］/黄云静主持．—广州：中山大学，2011

25. 浙江近代海洋文明史研究［浙江省哲学社会科学重点研究基地重点项目（11JDHY01Z）］/陈君静主持．—宁波：宁波大学，2011

26. 中国学生出国留学的现状、趋势及其影响研究［广东省哲学社会科学“十二五”规划一般项目（GD11CJY15）］/廖小健主持．—广州：暨南大学，2011

27. 中越跨境非法婚姻法制化之进路研究［广西社科规划项目（11FFX021）］/杜承秀主持．—南宁：广西政法管理干部学院，2011

28. 中越涉外婚姻法律问题研究［广西社科规划项目（11BFX008）］/覃晚萍主持．—南宁：广西民族大学，2011

厅局级项目

1. 2011—2020上海侨务工作发展态势研究：基于海外侨情的调查分析［上海侨务理论研究中心招标课题］/高子平主持．—上海：上海社科院信息所，2011

2. CAFTA背景下东南亚华商网络与区域产业发展研究［广西侨办年度侨务理论研究课题］．—南宁：广西社会科学院，2011

3. 大陆与台湾的文化软实力对比：以台湾书院与孔子学院为例［暨南大学“华侨华人研究”优势学科创新平台一般项目］/唐翀主持．—广州：暨南大学，2011

4. 当代海外温州人婚姻家庭观研究［温州文化研究工程第六批社科规划项目（Wyk11154）］/应国丽主持．—温州：温州大学，2011

5. 当代英国华人小说之中国文化意象研究［广东省教育厅学科建设专项资金资助人文社科育苗工程项目（WYM11026）］/肖淳端主持. —广州：暨南大学，2011

6. 东南亚国家华文教育人才库创建研究［暨南大学“华侨华人研究”优势学科创新平台重点项目］/唐燕儿主持. —广州：暨南大学，2011

7. 东南亚华商类别、行业、资本估算和国际化研究［暨南大学“华侨华人研究”优势学科创新平台一般项目］/李皖南主持. —广州：暨南大学，2011

8. 东南亚华文报的身份转换对当代中国文化输出的影响——马来西亚个案分析［暨南大学“华侨华人研究”优势学科创新平台一般项目］/骆莉主持. —广州：暨南大学，2011

9. 发展华人华侨民族传统体育的理论与实践研究［暨南大学“华侨华人研究”优势学科创新平台一般项目］/肖建忠主持. —广州：暨南大学，2011

10. 改革开放以来泉州华侨华人捐赠流向分析［泉州市哲学社会科学研究规划重点项目（2011Z07）］/张赛群主持. —泉州：华侨大学，2011

11. 公共外交视阈下美国华人新移民的文化传承与传播研究［暨南大学“华侨华人研究”优势学科创新平台一般项目］/李爱慧主持. —广州：暨南大学，2011

12. 关于世界温州人与家乡文化艺术交流的研究——针对“普拉托”华人的家乡传统艺术文化普及［温州文化研究工程第六批社科规划项目（Wyk11084）］/朱广宇主持. —温州：温州大学，2011

13. 构建幸福侨乡评价体系研究［江门市哲学社会科学规划自筹经费项目］/苏建辉主持. —江门：江门市统计局，2011

14. 海外华侨华人视域下中华文化形象的认知结构研究［暨南大学“华侨华人研究”优势学科创新平台重点项目］/朱磊主持. —广州：暨南大学，2011

15. 海外华侨华人与中国经济转型研究［广西侨办年度侨务理论研究课题］. —南宁：广西社会科学院，2011

16. 海外华侨网络与中国对外贸易发展——基于商会组织的考察［暨南大学“华侨华人研究”优势学科创新平台一般项目］/赵永亮主持. —广州：暨南大学，2011

17. 海外华人参政情况与前景分析［上海侨务理论研究中心招标课题］/王继停主持. —上海：上海社科院信息所，2011

18. 海外华人社会资本与我国高技术产业升级研究：全球价值链知识溢出的视角［暨南大学“华侨华人研究”优势学科创新平台一般项目］/陶锋主持. —广州：暨南大学，2011

19. 海外华人与中国国际化进程（1911—2011）：历史叙述和理论建构［暨南大学“华侨华人研究”优势学科创新平台重点项目］/张振江主持. —广州：暨南大学，2011

20. 海外华文媒体国际新闻中的他者图像［暨南大学“华侨华人研究”优势学科创新平台一般项目］/陈桂琴主持. —广州：暨南大学，2011

21. 海外华文网络信息资源分布现状与整合研究［暨南大学“华侨华人研究”优势学科创新平台一般项目］/王华主持. —广州：暨南大学，2011

22. 海外华文新媒体的传播力及其对新生代华人的影响［暨南大学“华侨华人研究”优势学科创新平台一般项目］/彭伟步主持. —广州：暨南大学，2011

23. 海外华语电视研究［暨南大学“华侨华人研究”优势学科创新平台一般项目］/谢毅主持. —广州：暨南大学，2011

24. 杭州市吸引“海归”政策与“准海归”就业期望研究［杭州市哲学社会科学规划常规性立项学科共建项目（C11SH09）］/许国成主持. —杭州：浙江理工大学，2011

25. “后留学”阶段的“北美留学生文学”研究［暨南大学“华侨华人研究”优势学科创新平台重点项目］/王列耀主持. —广州：暨南大学，2011

26. 护侨的出路：以新加坡的中国劳工权益保护为例［暨南大学“华侨华人研究”优势学科创新平台一般项目］/张明亮主持. —广州：暨南大学，2011

27. 华侨华人对促进上海经济转型的作用研究［上海侨务理论研究中心招标课题］/朱国宏主持. —上海：上海商学院，2011

28. 华侨华人与广东社会经济发展研究（1978—2011）［暨南大学“华侨华人研究”优势学科创新平台一般项目］/裴艳主持. —广州：暨南大学，2011

29. 华侨华人与上海经济转型的研究［上海侨务理论研究中心招标课题］/傅尔基主持. —上海：上海发展改革研究院，2011

30. 华侨华人与辛亥革命100周年［上海侨务理论研究中心招标课题］/张永广主持. —上海：上海社科院宗教所，2011

31. 华侨华人与中国的公共外交研究［上海侨务理论研究中心招标课题］/王健主持. —上海：上海社科院欧亚所，2011

32. 华侨华人与中国共产党执政资源研究［上海侨务理论研究中心招标课题］/李亚娟主持. —上海：浦东干部学院，2011

33. 华侨华人与中国经济转型研究［上海侨务理论研究中心招标课题］/许闲主持. —上海：复旦大学，2011

34. 华侨华人与中医药传播［暨南大学“华侨华人研究”优势学科创新平台重点项目］/张荣华主持. —广州：暨南大学，2011

35. 华侨华人在保护我国海外公民和企业正当权益地位与作用研究［上海侨务理论研究中心招标课题］/孙霞主持. —上海：上海社会科学院，2011

36. 华侨华人宗教侨务工作研究［华侨大学“中央高校基本科研业务费”国家社科基金培育计划专项项目（JB－SK1119）］/钟大荣主持. —厦门：华侨大学，2011

37. 华侨农场管理体制改革的法理研究［广西侨办年度侨务理论研究课题］. —玉林：玉林师范学院，2011

38. 华侨农场农户生计转型、风险与脆弱性——基于可持续性分析框架［暨南大学“华侨华人研究”优势学科创新平台一般项目］/张朝华主持. —广州：暨南大学，2011

39. 华侨企业家社会网络、组织学习与企业竞争力：基于珠三角企业的实证研究［暨南大学“华侨华人研究”优势学科创新平台一般项目］/陈林主持. —广州：暨南大学，2011

40. 华人互联网络的发展与侨务政策研究［华侨大学“中央高校基本科研业务费”国家社科基金培育计划专项项目（JB－SK1120）］/郑文标主持. —厦门：华侨大学，2011

41. 华人华侨旅游资源开发中委托代理问题研究［暨南大学“华侨华人研究”优势

学科创新平台一般项目］/郭淳凡主持．—广州：暨南大学，2011

42．华人企业基于价值管理的内部治理机制研究［暨南大学“华侨华人研究”优势学科创新平台一般项目］/郭葆春主持．—广州：暨南大学，2011

43．华文传媒与民族认同研究［暨南大学“华侨华人研究”优势学科创新平台一般项目］/侯东阳主持．—广州：暨南大学，2011

44．华文教育与中华优秀传统文化传承——晋江华文教育考察与研究［泉州市哲学社会科学研究年规划委托项目（11W28）］/刘以榕主持．—泉州：华侨大学，2011

45．华文教育中《文化词汇》课程建设与教材开发研究［暨南大学“华侨华人研究”优势学科创新平台一般项目］/王衍军主持．—广州：暨南大学，2011

46．华裔新生代发展态势研究［上海侨务理论研究中心招标课题］/李勇主持．—上海：上海社会科学院信息所，2011

47．华裔新生代企业家在沪发展态势研究［上海侨务理论研究中心招标课题］/徐培华主持．—上海：复旦大学，2011

48．华裔学习者华语及中华文化习得研究［暨南大学“华侨华人研究”优势学科创新平台一般项目］/刘慧主持．—广州：暨南大学，2011

49．基于海外高层次人才引进的SNS系统平台研发［浙江省人力资源与社会保障厅自筹项目（浙人社发〔2011〕274号2011－08－17）］/尹志主持．—宁波：宁波理工大学，2011

50．基于海外中文网络媒体的中国对外传播策略研究［暨南大学“华侨华人研究”优势学科创新平台一般项目］/李洁主持．—广州：暨南大学，2011

51．江门五邑侨乡铁路文化研究［江门市哲学社会科学规划项目（2011A01）］/戴永洁主持．—江门：五邑大学，2011

52．金华市海外留学人才职业发展调查研究［金华市社科联一般项目］/吕樱主持．—金华：浙江师范大学，2011

53．金华辛亥革命史研究［金华市社科联重点项目］/龚剑锋主持．—金华：浙江师范大学，2011

54．“金山故事”中的“母题”研究［江门市哲学社会科学规划项目（2011B13）］/成慧芳主持．—江门：五邑大学，2011

55．近现代华侨学人的中国认同［广西侨办年度侨务理论研究课题］．—玉林：玉林师范学院，2011

56．居住国政治危机背景下的华侨华人利益风险及保障机制研究［暨南大学“华侨华人研究”优势学科创新平台一般项目］/许先国主持．—广州：暨南大学，2011

57．跨国生存空间：近代日本华侨的社会生活研究（1860—1945）［华侨大学“中央高校基本科研业务费”国家社科基金培育计划专项项目（JB－SK1118）］/许金顶主持．—厦门：华侨大学，2011

58．老挝新华侨华人现状研究［广西侨办年度侨务理论研究课题］．—南宁：广西社会科学院，2011

59．马、新、菲三国华文教学质量控制专题研究［暨南大学“华侨华人研究”优势学科创新平台一般项目］/宗世海主持．—广州：暨南大学，2011

60. 美国、印度、中国侨务公共外交比较研究［暨南大学“华侨华人研究”优势学科创新平台一般项目］/郭又新主持．—广州：暨南大学，2011

61. 美国华侨堂会史研究（1850—1945）［暨南大学“华侨华人研究”优势学科创新平台一般项目］/潮龙起主持．—广州：暨南大学，2011

62. 美国华文媒体的传播力研究［暨南大学“华侨华人研究”优势学科创新平台一般项目］/林爱珺主持．—广州：暨南大学，2011

63. 美国华裔流散文学的文化认同研究［安徽省教育厅人文社科研究一般项目］/汪景峰主持．—合肥：安徽工程大学，2011

64.“民族认同”构建：辛亥百年来海外华文50份报媒和50名报人影响研究［暨南大学“华侨华人研究”优势学科创新平台一般项目］/喻季欣主持．—广州：暨南大学，2011

65. 企业集聚、异质性与华人企业技术创新研究［暨南大学“华侨华人研究”优势学科创新平台一般项目］/张萃主持．—广州：暨南大学，2011

66. 企业转型升级过程中的专利风险及其应对战略研究——以广东省侨资企业为例［暨南大学“华侨华人研究”优势学科创新平台一般项目］/金泳锋主持．—广州：暨南大学，2011

67. 侨务人才培养模式研究［广西侨办年度侨务理论研究课题］．—玉林：玉林师范学院，2011

68. 侨乡台山排球文化的历史发展与现状［江门市哲学社会科学规划自筹经费项目（2011C33）］/严强主持．—江门：五邑大学，2011

69. 侨乡文化遗产指定、管理与保护机制研究——以开平碉楼与村落为例［广东省教育厅人文社科一般项目（11WYXM050）］/王继远主持．—江门：五邑大学，2011

70. 区域、国家、族群：多维视野下的欧洲华侨华人与当地关系研究——兼论对海外侨务工作的启示［暨南大学“华侨华人研究”优势学科创新平台一般项目］/文峰主持．—广州：暨南大学，2011

71. 全球化背景下义乌非洲商人的社会适应类型与策略［金华市社科联一般项目］/许涛主持．—金华：浙江师范大学，2011

72. 全球视野下华裔流散作家及文学［安徽省教育厅人文社科研究一般项目］/高婧婧主持．—合肥：安徽大学，2011

73. 上海社区侨务工作新思路研究［上海侨务理论研究中心招标课题］/于挺主持．—上海：上海工程技术大学，2011

74. 少数民族华人与边疆非传统安全——中越边境的调查研究［暨南大学“华侨华人研究”优势学科创新平台一般项目］/梁茂春主持．—广州：暨南大学，2011

75. 社会距离与情感融入——在华新生代侨生的社会归属感研究［暨南大学“华侨华人研究”优势学科创新平台一般项目］/张蕾主持．—广州：暨南大学，2011

76. 涉台婚姻女性权益保障研究——以泉州地区为例［泉州市哲学社会科学研究年规划合作项目（2011H13）］/吴限英主持．—泉州：黎明职业大学，2011

77. 生态侨乡建设中的关键问题与对策研究［江门市哲学社会科学规划项目（2011B15）］/刘敏超主持．—江门：五邑大学，2011

78. 世界各国侨民战略比较研究［暨南大学“华侨华人研究”优势学科创新平台重点项目］/吴金平主持. —广州：暨南大学，2011

79. 苏州市海外高层次人才创业服务体系研究［苏州市哲学社会科学研究一般项目(11－D－21)］/华冬萍主持. —苏州：苏州科技学院，2011

80. 台山侨乡排球历史与文化价值研究［江门市哲学社会科学规划自筹经费项目(2011C34)］/潘兵主持. —江门：五邑大学，2011

81. 台山侨乡外来英语语言文化现象研究［江门市哲学社会科学规划自筹经费项目］/陈航主持. —江门：江门职业技术学院，2011

82. 台湾当局侨务政策研究［上海侨务理论研究中心招标课题］/彭峰主持. —上海：上海社会科学院法学所，2011

83. 温州侨界留守儿童的社会支持体系研究［温州文化研究工程第六批社科规划项目（Wyk11028)］/徐旭东主持. —温州：温州大学，2011

84. 温州侨乡留守儿童教育策略研究——以温州实验小学国际班为例［温州文化研究工程第六批社科规划项目（Wyk11054)］/陈海娜主持. —温州：温州大学，2011

85. 温州侨乡信息文化研究［温州文化研究工程第六批社科规划项目(Wyk11021)］/张小绿主持. —温州：温州大学，2011

86. 温州晚清留日学生与辛亥革命——兼论温州各界对辛亥革命的积极参与［温州文化研究工程第六批社科规划项目（Wyk11075)］/张小燕主持. —温州：温州大学，2011

87. 文莱华侨华人情况研究［广西侨办年度侨务理论研究课题］. —南宁：广西社会科学院，2011

88. 我国涉疆侨务工作面对的主要问题及政策建议［暨南大学“华侨华人研究”优势学科创新平台一般项目］/张小欣主持. —广州：暨南大学，2011

89. 五邑籍美国华裔作家与其短篇小说研究［江门市哲学社会科学规划项目(2011B14)］/王晋平主持. —江门：五邑大学，2011

90. 五邑侨乡文化胜地对外宣传规范性研究［江门市哲学社会科学规划项目(2011B06)］/田在原主持. —江门：五邑大学，2011

91. 现状、问题与未来：东南亚的中国新移民研究［暨南大学“华侨华人研究”优势学科创新平台一般项目］/代帆主持. —广州：暨南大学，2011

92. 印支三国华文新文学研究［华侨大学“中央高校基本科研业务费”国家社科基金培育计划专项项目（JB－SK1122)］/涂文晖主持. —厦门：华侨大学，2011

93. 英语语言交际教学法在海外华文教育教学中的运用［泉州市哲学社会科学研究规划委托项目（2011W31)］/黄慧铭主持. —泉州：华侨大学，2011

94. 政府侨务应急能力评价与对策研究［暨南大学“华侨华人研究”优势学科创新平台一般项目］/洪凯主持. —广州：暨南大学，2011

95. 中国—东盟经济协调下的华侨华人经济研究［广东省教育厅学科建设专项资金资助人文社科一般项目（11WYXM013)］/邱丹阳主持. —广州：暨南大学，2011

96. 中国共产党建党以来华侨华人政策演变和经验研究［上海侨务理论研究中心招标课题］/郭中军主持. —上海：上海社会科学院，2011

97. 中国古代村镇人居环境典型案例及政策建议研究——以开平碉楼及周边村落为例［国家文物局“指南针计划”专项项目（文物博函〔2011〕1806号）］/张国雄主持. —江门：五邑大学，2011

98. 中国侨民海外利益保护研究［暨南大学“华侨华人研究”优势学科创新平台一般项目］/王子昌主持. —广州：暨南大学，2011

99. 中华健身气功对外推广的标准化模式研究［暨南大学“华侨华人研究”优势学科创新平台一般项目］/范燕薇主持. —广州：暨南大学，2011

100. 宗教信仰背景下台湾与海外华人社会的关系——以国际关系的视野来考察［暨南大学“华侨华人研究”优势学科创新平台一般项目］/石沧金主持. —广州：暨南大学，2011

（本版责任编辑　景海燕）